Kynos Hundeführer

So finden Sie
den Richtigen!

Bilderläuterungen
Titelbild: Isabelle Francais
Obere Reihe: Jack Russell Terrier, Besitzer Shirley Taylor; Shar-Pei, Besitzer David Melvard; Boxer, Besitzer Richard Tomita; Dobermann, Besitzer Elizabeth Kamau; Basset Hound, Besitzer Pamela T. Robbins; Yorkshire Terrier, Besitzer Melissa und Amy Zahralban.
Mittelfoto: Bulldogwelpe, Besitzer Mage Deyorra
Untere Reihe: Brittany Spaniel, Besitzer Karen Wagner; Pomeranian, Besitzer Susan Lucatorto; Rottweiler, Besitzer Suzanne E. Burris; Golden Retriever, Besitzer Mary Vogler; Deutscher Schäferhund, Besitzer Jane A. Firestone; Border Collie, Besitzer Joan S. Fleming.
Foto Buchrücken: Shiba Inu, Besitzer Andrew De Prisco

Foto Seite 1: Das Foto zeigt entweder das Maskottchen eines Caterpillar oder einen phantastischen Skye Terrier-Welpen. Besitzer Robin Stiles und Susan Parsons.
Foto Seite 3: Australien Shepherds finden auf Schritt und Tritt neue Freunde. Diese Rasse ist ein Allzweckfamilienhund, gleichzeitig ein athletisch aufgebauter Arbeitshund. Besitzer Kathy Hauer.

Titel amerikanische Originalausgabe:
»Choosing a Dog for Life«
© 1996 Originally published by T.F.H. Publications, Inc., One T.F.H. Plaza,
Third & Union Avenues, Neptune City, New Jersey, 07753, USA

© 1997 Kynos Verlag Dr. Dieter Fleig GmbH
Am Remelsbach 30
D - 54570 Mürlenbach / Eifel
Telefon: 0 65 94 / 653
Telefax: 0 65 94 / 452

Übersetzung: Helga und Dr. Dieter Fleig

1. Auflage 1997

ISBN-Nr.: 3-929545-60-8

Gesamtherstellung: Druckerei Anders, Prüm/Eifel, Telefon: 06551/95030

Das Werk einschließlich aller seiner Teile ist urheberrechtlich geschützt. Jede Verwertung außerhalb der engen Grenzen des Urheberrechtsgesetzes ist ohne schriftliche Zustimmung des Verlages unzulässig und strafbar. Dies gilt insbesondere für Vervielfältigungen, Übersetzungen, Mikroverfilmungen und die Einspeicherung und Verarbeitung in elektronischen Systemen.

Kynos Hundeführer

Andrew De Prisco und James B. Johnson
Fotos: Isabelle Français

Ted Young, Jr., Spitzenhundevorführer in den USA und einer der beliebtesten Sportler in der Hundewelt. Hier präsentiert Ted den Cocker Spaniel Champion Kamp's Kaptain Kool.

Danksagung

An dieser Stelle ein Wort des Dankes an alle jene, die mir Begeisterung und Mut machten, ein gutes Buch zu schreiben: Rick Tomita und Bill Scolnik, BJ; Bill Andrews, Nona Kilgore Bauer und Dr. Samuel Draper! Alle Super-Hundeleute und beste Freunde!

Dank an Sherise Buhagiar für hervorragendes Design und Typographie.

Dank an Fred Mayo, Carole und John Hessels und Chris Farley, die so liebevoll meine Shibas betreut haben.

Dank an Jaime Gardner, Linda Lindner, Joseph Janish, Marcy Myerovich, Candida Moreira, Tom Roberts, Pat Marotta, Mike Secord und den ganzen Mitarbeiterstab des Verlages für viele harte Arbeit und Hingabe an dieses Buch.

Inhaltsverzeichnis

Vorwort 9
Ein Hund für das ganze Leben 10
Wie man den richtigen Hund - seinen besten Freund findet . . .22
Die einzelnen Rassen . . . . .32 bis 363

Belgische Schäferhund-Rassen.
BESITZER: P. Koller, K. Adams und C. Argento.

Affenpinscher 32 • Afghane 34 • Airedale Terrier 36 • Akita 38 • Alaskan Malamute 40 • American Bulldog 42 • American Cocker Spaniel 44 • American Eskimo 46 • American Foxhound 48 • American Pit Bull Terrier 50 • American Staffordshire Terrier 52 • American Water Spaniel 54 • Anatolischer Hirtenhund 56 • Australian Cattle Dog 58 • Australian Kelpie 60 • Australian Shepherd 62 • Australian Silky Terrier 64 • Australian Terrier 66 • Barzoi 68 • Basenji 70 •

Ein Champion-Shipperke mit seinem jugendlichen Führer-Handler Chandler Hahn.

Basset Hound 72 • Beagle 74 • Bearded Collie 76 • Bedlington Terrier 78 • Berner Sennenhund 80 • Bernhardiner 82 • Bichon Frisé 84 • Black and Tan Coonhound 86 • Bloodhound 88 • Border Collie 90 • Border Terrier 92 • Boston Terrier 94 • Bouvier des Flandres 96 • Boxer 98 • Briard 100 • Bulldog 102 • Bullmastiff 104 • Bull Terrier 106 • Cairn Terrier 108 • Canaan Dog 110 • Cao de Agua 112 Cardigan Welsh Corgi 114 • Cavalier King Charles Spaniel 116 • Chesapeake Bay Retriever 118 • Chihuahua 120 • Chinese Crested 122 • Chow Chow 124 • Clumber Spaniel 126 • Collie 128 • Curly Coated Retriever 130 • Dachshund 132 • Dalmatiner 134 • Dandie Dinmont Terrier 136 • Deerhound 138 • Deutsch Drahthaar 140 • Deutsch Kurzhaar 142 • Deutsche Dogge 144 • Deutscher Schäferhund 146 • Dobermann 148 • Dogo Argentino 150 • English Cocker Spaniel 152 • English Foxhound 154 • English Setter 156 • English Springer Spaniel 158 • Epagneul Breton 160 • Field Spaniel 162 • Finnenspitz 164 • Flat Coated Retriever 166 • Fox Terrier Drahthaar 168 • Fox Terrier Glatthaar 170 • Französische Bulldogge 172 • Golden Retriever 174 • Gordon Setter 176 • Greyhound 178 • Griffon Bruxellois 180 • Griffon d' Arrêt à Poil Dur (Korthals Grif-

Eins-Zwei-Drei... Französische Bulldoggen, von den Zehen bis zu den Ohrenspitzen.

fon) 182 • Groenendal 184 • Großer Münsterländer 186 • Großer Schweizer Sennenhund 188 • Harrier 190 • Havaneser 192 • Irish Red and White Setter 194 • Irish Setter 196 • Irish Terrier 198 • Irish Water Spaniel 200 • Irish Wolf Hound 202 • Italienisches Windspiel 204 • Jack Russell Terrier 206 • Japan Chin 208 • Japanischer Spitz 210 • Keeshond 212 • Kerry Blue Terrier 214 • King Charles Spaniel 216 • Komondor 218 • Kuvasz 220 • Labrador Retriever 222 • Laekenois 224 • Lakeland Terrier 226 • Lhasa Apso 228 • Löwchen 230 • Malinois 232 • Malteser 234 • Manchester Terrier 236 • Maremma 238 • Mastiff 240 • Mastino Napoletano 242 • Mexikanischer Nackthund 244 • Miniature Bull Terrier 246 • Mops 248 • Neufundländer 250 • Norfolk Terrier 252 • Norwegischer Buhund 254 • Norwegischer Elchhund 256 • Norwich Terrier 258 • Old English Sheepdog 260 • Otterhound 262 • Papillon 264 • Pekingese 266 • Pembroke Welsh Corgi 268 • Petit Basset Griffon Vendéen 270 • Pharaoh Hound 272 • Pinscher 274 • Podenco Ibicenco 276 • Pointer 278 • Polski Owczarek Nizinny (PON) 280 • Pomeranian 282 • Pudel 284 • Puli 286 • Pyrenäen Berghund 288 • Rhodesian Ridgeback 290 • Riesenschnauzer 292 • Rottweiler 294 • Saluki 296 • Samoyede 298 • Schipperke 300 • Schnauzer 302 • Scottish Terrier 304 • Sealyham Terrier 306 • Shar-Pei 308 • Shetland Sheepdog 310 • Shiba Inu 312 • Shih Tzu 314 • Siberian Husky 316 • Skye Terrier 318 • Soft Coated Wheaten Terrier 320 • Spinone Italiano 322 • Staffordshire Bull Terrier 324 • Sussex Spaniel 326 • Tervueren 328 • Tibet Dogge 330 • Tibet Spaniel 332 • Tibet Terrier 334 • Toy Fox Terrier 336 • Toy Manchester Terrier 338 • Toy Pudel 340 • Västgötaspets 342 • Vizsla 344 • Weimaraner 346 • Welsh Springer Spaniel 348 • Welsh Terrier 350 • West Highland White Terrier 352 • Whippet 354 • Yorkshire Terrier 356 • Zwergpinscher 358 • Zwergpudel 360 • Zwergschnauzer 362

Entscheide Dich für den PON und lese auf Seite 280!
BESITZER: L. Shields und D. Zalis.

Ein Schatz aus dem Garten Eden: Go, go, go Xolo!
BESITZER: Susan Corrone.

Kapituliere vor dem Shiba!
BESITZER: Andrew de Prisco.

Rassenverzeichnis 364
Wichtige kritische Anmerkungen zur deutschsprachigen Fassung .366

Jacquet's Tengu und Maikohime of Akatani (»Kabuki«) sind die Lebensgefährten von Andrew De Prisco. Obgleich diese zwei Shiba-Lieblinge mehr Energie und Unternehmungslust haben als die meisten Hundebesitzer denken, managen zu können, findet der Autor ihr liebevolles Wesen ebenso lohnend wie herausfordernd.

Vorwort

Wenn Du das *Time Magazine* liest oder zoologische Fernsehsendungen ansiehst, könntest Du auf die Idee kommen, daß an Rassehunden eigentlich überhaupt nichts Rasse ist. Nach diesen wissenschaftlich hochgestochenen Medien leiden Rassehunde an schlechtem Wesen und unheilbaren genetischen Krankheiten, können deshalb als Haushunde weder fröhlich noch gesund sein. Wir wollen uns hier überhaupt nicht daranmachen, Rassehunde zu verteidigen, vielmehr schützen wir Dich, den möglichen Besitzer eines Rassehundes, stellen die Tatsachen heraus, die Du über jede der einzelnen 166 Hunderassen, die in diesem Buch geschildert werden, einfach wissen mußt. Die Autoren haben Hunderte von Züchtern und Liebhabern ausführlich über ihre Rassen befragt. Wir vertrauen dem Realitätssinn, aber auch der kritischen Urteilskraft dieser Berater.

Mit Sicherheit wärest Du nicht für jeden in diesem Buch dargestellten Hund der Idealbesitzer. Das Ziel des Buches ist es, Dich zur richtigen Rasse - zu den richtigen Rassen zu führen. Dabei mußt Du die Anforderungen der Hunde kennen lernen, ihre Vorzüge und auch ihre Nachteile (einschließlich Charakter, Gesundheit und Ausbildungsfähigkeit). Nur so bist Du in der Lage, die beste Entscheidung zu treffen. Du mußt aber auch Dir selbst gegenüber ehrlich sein, wissen, was Du wirklich willst, dabei Deinen Lebensstil und Deine räumlichen Verhältnisse betrachten. Keinesfalls solltest Du Dich von jedem Paar schmelzender Welpenaugen verführen lassen, denen Du auf den nächsten mehr als 300 Seiten begegnest. Wie dringend Dein Wunsch auch ist, Dir einen Hund zu kaufen, unendlich viel wichtiger ist die Entscheidung für den von Dir auserkorenen Hund, dessen ganzes Leben von Deiner richtigen Entscheidung abhängt.

Ein Hund für das ganze Leben!

Der beste Freund kennt alle Deine Fehler, aber er liebt Dich trotzdem. »Des Menschen bester Freund« - dies ist eine Ehrenbezeichnung für den Hund, der zum Titel von vielen Büchern, Fernsehsendungen, Aufklebern, Tätowierungen und anderen Dingen geworden ist. Trotz dieses übertriebenen Gebrauchs - viel Wahrheit und Treffsicherheit liegen dennoch in diesen Worten. Heute hat der Mensch genauso viele Fehler wie schon immer - und unsere Hunde lieben uns dennoch unverändert.

Bedauerlicherweise sind die schlimmsten Fehler des Menschen seine Mißgunst und sein Egoismus - Eigenschaften, die auch seinem Freund - dem Hund - entsprechende Opfer abverlangen. Wir leben in einer schnellebigen Gesellschaft - in einer Gesellschaft besessen von Ungeduld und sofortiger Bedürfnisbefriedigung. Die Menschen schätzen Spontanität und Effizienz!

Heute kaufen die Menschen Hunde mit Kreditkarten - zumindest in einigen Ländern. Viel zu häufig können die Käufer nicht einmal den Namen der Rasse buchstabieren, die sie kaufen - sie wissen einfach, daß diese Hunderasse zum Zeitpunkt des Kaufes an der Spitze der Popularitätsliste steht.

Autor Andrew De Prisco mit seinem Shiba-Lebensgefährten Kabuki.
BESITZER ANDREW DE PRISCO.

Erziehung und Vorausblick, verbunden mit Wissen und Erfahrung, werden in eine Ecke gepackt - wie das Wissen um eine alt gewordene Stadtchronik.

Wenn Du einen Hund haben möchtest, brauchst Du eine gewisse Ausbildung. Du mußt Dir darüber im klaren sein, daß Hundehaltung eine Menge Arbeit mit sich bringt. Hunde müssen gefüttert und getränkt werden, ganz genauso wie Hauspflanzen, die Du in Deinem Garten betreust. Hunde brauchen Pflege, Zeit und Erziehung, genau wie Deine Kinder, die Dich quälen, ihnen einen Hund zu kaufen. Hunde werden krank, ungebärdig, ungehorsam, uninteressiert - wiederum wie Deine Kinder! Hunde bellen - ich hoffe, Deine Kinder nicht! Hunde verunreinigen die Wohnung, graben, raufen, furzen, winseln und heulen.

Und denke immer daran, wir kaufen unseren Welpen für die Dauer - zumindest haben wir diese Absicht.

Hunde sind - ob Du es nun möchtest oder nicht - etwas ähnliches wie Adoptivkinder und Deine eigenen Kinder. Sie lieben und brauchen Liebe, sie reagieren offen, bedingungslos und ohne Vorbehalt, sind aber auch abhängig. Selbstsüchtige Menschen sollten keine Kinder haben - ebensowenig Hunde. In aller Regel sind Kinder wie Hunde derartiger Menschen unglücklich und auch unangenehm, um mit ihnen zusammen zu leben. In aller Wahrscheinlichkeit ist dabei aber der Hund das Opfer - er wird auf die Straße gesetzt. Streunende Hunde sind ein Problem - ebenso sind Obdachlose ein Problem. Jährlich werden alleine in den Vereinigten Staaten etwa 10 bis 12 Millionen Hunde getötet. Die Zahlen von Obdachlosen - erschreckend und noch größer - sind nicht so genau - denn Obdachlose entziehen sich sowohl der Steuer wie dem Hundefänger.

Der Besitz eines Hundes war noch nie so modisch wie heute. Hollywoodstars, Sportler, Prinzen, Präsidenten und Serienmörder - sie alle haben ihre Lieblingshunde. Die Öffentlichkeit braucht solche Informationen über die Hunde der Stars, konsumiert sie regelmäßig.

Zwei modische Schönheiten aus den Jacquet Kennels. Der Shiba Inu wurde zum ersten Hund des Autors, ist Jacquet's Tengu.
ZÜCHTER: Richard Tomita.

Wenn man elegante Greyhounds, klevere Corgis, kraftvolle Mastiffs auf einem großen Bildschirm sieht, steigert dies das Ansehen der Hunderasse bei der breiten Masse, steigt die Nachfrage für bestimmte Rassen stärker als je zuvor. War das nun ein *American Bulldog* in diesem Disneyfilm?! Boomende Hunderassen sind gar kein neues Phänomen, aber der Boom ist heute ausgeprägter als je zuvor. Wenn eine Rasse übermäßig populär ist, wäre die beste und schmerzloseste Entscheidung - sie völlig zu meiden. Zu viele Abenteurer strömen in den Markt - von Hunden haben sie keinerlei Ahnung - ihr einziges Ziel ist der schnelle Profit mit der gerade besonders gefragten Hunde-

Der außerordentlich populäre Deutsche Schäferhund und sein kleiner Hütehundgefährte - der Pembroke Welsh Corgi - beide Rassen brauchen viel Auslauf, Zeit und Platz.
HALTER: James Moses; BESITZER: Jane Firestone.

Obwohl dieser Lakeland Terrier sich auf die Hinterläufe stellt, hat die Rasse beileibe keinen so hohen Popularitätsgrad erreicht - obwohl gerade dieser Hund dem Superstar Bill Cosby gehört!
BESITZER: William Cosby.

wirtschafteten, daher gefährlichen Rottweilern der 90er Jahre - die kaum noch schnell laufen können - haben Popularitätswellen von den Lieblingsrassen der Jahre einen schrecklichen Zoll gefordert.

Glücklicherweise waren immer wieder engagierte Züchter zur Hand, die schon über Jahrzehnte die Rasse betreuten, sie wurden die Retter! Über die ganze Zeit hatten diese Züchter gute Rassehunde mit gesundem Körperbau und ausgeglichenem Wesen für sich bewahrt. Sie züchteten schon, ehe der Rassenname in jedem Haushalt bekannt war, sie züchteten auch weiter, als der große Boom der Rasse nur noch ein Schatten war, keiner mehr daran zurückdachte.

Es gibt heute durchaus Wege, einen guten Vertreter auch einer populären Hunderasse zu kaufen. Die Autoren unterstreichen aber bewußt die Wichtigkeit, daß der Hundebesitzer selbst gut unterrichtet ist. Du mußt wirklich etwas über die Hunderasse, ihre Anforderungen, ihr Wesen und Einsatzmöglichkeiten wissen, ehe Du Dich auf den Weg machst, einen solchen Hund zu kaufen. Vielleicht zahlst Du noch an dem Kredit, den Du für den Hundekauf aufgenommen hast, und erlebst bereits unangenehme Überraschungen, wenn aus Deinem geliebten Fellbündel ein Hund heranwächst, der größer ist

rasse. Solche im Rampenlicht stehenden Hunderassen werden zum Massenprodukt. Daraus entwickelt sich zwangsläufig, daß solche Hunde auch verbreitet schlechtes Wesen, armseligen Körperbau (schlechte Hüften, schwache Hinterhand, falsche Gebißstellungen) haben, und es treten genetische wie medizinische Probleme auf, mit denen man fertig werden muß.

Fast ausnahmslos wurden über die letzten drei Dekaden die besonders populären Hunderassen durch profitsüchtige »Amateurzüchter« ruiniert, die von Hunden nichts verstanden - und noch weniger von Hundezucht. Von den nahezu schizoiden - verrückten - Irish Settern der 70er Jahre, schlankköpfigen, hochintelligenten Dobermännern der 80er Jahre bis zu den herunterge-

Beardies sind übermutige, liebenswerte Rassehunde, die sich einer mäßigen, aber gleichmäßigen Popularität erfreuen.
BESITZER: Penny Hanigan.

als der Platz in Deinem VW-Käfer. Möglicherweise beginnt er jetzt, die Autoreifen anzufressen, vielleicht übersteigen die Tierarztrechnungen sogar die Reparaturrechnungen des Autos.

Dieses Buch ist eigens für Menschen geschrieben, denen es darauf ankommt, einen Hund zu kaufen, der zu ihrem Lebensstil, zum vorhandenen zeitlichen und räumlichen Rahmen und der eigenen Persönlichkeit paßt. Ziel ist ein Hund, der keinesfalls einmal in der Statistik eines Tierschutzvereins auftaucht oder dem Züchter zurückgebracht wird. Hundekauf ist immer auf Dauer ausgerichtet. Alles, was wir anstreben ist, daß der von Dir ausgewählte Hund wirklich zum *Hund für das ganze Leben* wird.

Glücklicherweise steckt unsere Hundewelt voller Menschen, die ihre Tiere sorgfältig betreuen, wissen, daß jeder Hund ein tüchtiges Streicheln verdient hat. Gerade in jüngerer Zeit sind viele Hilfsorganisationen für in Not geratene Rassehunde aufgebaut worden. Diese Organisationen werden manchmal direkt von der Wohnung eines Züchters aus gesteuert, ihr Ziel ist es, im Stich gelassene Hunde einer bestimmten Hunderasse aufzunehmen und in liebevolle Hände auf Dauer zu vermitteln. Leider werden Hunde zu häufig einfach aus einer Laune heraus gekauft. Und solche Launen beim Hundekauf sind schlecht - am schlechtesten für die Hunde. Ganz gleich, wie erbärmlich ein Hund tatsächlich gezüchtet wurde, selbst wenn seine Hüften nicht so funktionieren, wie sie sollten, ein Hund ist immer ein Hund! Und Hunde sind ihrer Natur nach vertrauende, liebende Geschöpfe, sie gedeihen nur in enger und liebevoller Verbindung mit dem Menschen.

Die Geschichten von Tierheimen und geretteten Hunden beeindrucken selbst kälteste Herzen. Und gerade wir, die den Hunden sehr zugetan sind, fühlen uns aus Mitleid mit unseren Hunden ständig bedrückt. Alle Hunde sind Rudeltiere, als *einsamer Wolf* fühlen sie sich überhaupt nicht wohl. Sozialisierung ist das Schlüsselwort zum angenehmen Haushund. Und nur verantwortungsbewußte Züchter können einen Welpen richtig sozialisieren. Unter Sozialisierung versteht man hier das Vermitteln von lebendigen Erfahrungen. Die Hunde müssen die Geräusche unserer Welt hören, die menschliche

Die 1990er Jahre in den USA sind durch die Farben Schwarz/Lohfarben charakterisiert. Schnell wurden die Rottweiler zu den Rassehunden, welche die meiste Aufmerksamkeit fanden. Aber selbst sehr gut gezüchtete Rottweiler sind keine Hunde für jedermann.
BESITZER: Suzanne E. Burris.

Hand spüren, sollten auch einmal durch das menschliche Gesicht lecken dürfen. Gut gezüchtete Hunde sind nicht notwendigerweise perfekte Ausstellungshunde. Es genügt durchaus, wenn sie zuverlässige, richtig sozialisierte, wesensmäßig stabile und Menschen liebende Haustiere sind.

Es ist gar nicht leicht, ein Hund zu sein. Um ein guter Hund zu sein, bedarf das Tier der Erziehung. Züchter von Ausstellungshunden bieten möglicherweise den allerhübschesten, perfekten Hund. Jeder Züchter - unabhängig von der Hunderasse - sollte aber zuallererst auf ein ausgeglichenes Wesen züchten, auf Freisein seiner Tiere von allen genetischen und medizinischen Problemen. Züchter bieten vor allen Dingen *Hunde* - erst an zweiter Stelle kommt der Ausstellungserfolg. Etwa 80 Prozent aller Hunde werden *einfache Familienhunde*. Jede Hunderasse muß auf richtige Körperfunktionen gezüchtet werden - gute Haushunde sollten immer in der Lage sein, zu gehen, zu galoppieren und zu spielen. Gesucht sind Familienhunde, die sich über weit mehr als

Welpen brauchen liebende Hände und viel Fürsorge. Wähle nie einen Welpen, der handscheu ist.
ZÜCHTER: Larry und Angela Stein.

fünf bis sechs Jahre guter Gesundheit erfreuen. Während die Lebenserwartung jeder Hunderasse unterschiedlich ist, lautet die Forderung an unsere Hunde, daß sie zumindest zehn Jahre alt werden sollten - wenn irgend möglich auch noch weit länger gesund leben können. Wenn Du Dir Deinen Welpen kaufst, finde heraus, wie alt seine Großeltern wurden - wenn irgend möglich auch seine Urgroßeltern. Einige Statistiken über die großen und besonders populären Hunderassen sollten die meisten Käufer eigentlich abschrecken. Die Verbindung Mensch/Hund ist eine sehr starke - und wer möchte schon seinen Freund vorzeitig verlieren?

In den USA gibt es die *Delta Society*, deren Ziel darauf gerichtet ist, die Verbindung Mensch/Tier zu stärken. Diese Organisation hat viele Informationen erarbeitet wie Tiere unser Leben beeinflussen. Diese Studien enthüllen, daß der Kontakt Mensch/Hund den Blutdruck des Menschen absenken kann, bei einsamen älteren Menschen das Lächeln bewahrt, das Leben verlängert. Sie zeigen, wie positiv Haustiere die Entwicklung von Kindern beeinflussen, selbst autistische Kinder

Der Bulldog hat ein Gesicht, das eigentlich nur eine Mutter zu lieben vermag, aber manchmal ist gerade dieses Gesicht sein ansprechendstes Merkmal.

Hunde und Katzen haben auf Menschen eine beruhigende Wirkung. Schon in der Jugend muß man Kindern zeigen, Haustiere mit Respekt und Freundlichkeit zu behandeln.

und stellt freiwillige Helfer, welche die Tiere ausführen und füttern, erledigen, was immer nötig ist. *Powars* sorgt auch bei Abwesenheit des Besitzers für die Betreuung des Tieres. Es läßt sich wirklich sehr viel über die Stärke des Bandes Mensch/Hund sagen - auch über die Bedeutung unserer Hunde in unserer modernen Welt.

Theoretisch sollte die Beziehung Mensch/Hund eigentlich die einfachste sein, für jeden leicht zu pflegen. Hunde haben nur wenige Ansprüche, das bedeutet aber nicht, daß sie gar keine Bedürfnisse hätten. Menschliche Beziehungen beruhen in aller Regel auf Erwartungshaltungen. Die Auswahl des richtigen Hundes für das ganze Leben sollte verhältnismässig leicht sein, sich in aller Regel besonders lohnen. Richtiges Verstehen des Charakters des Hundes und seines instinktiven Verhaltensrepertoires sind für den Hundebesitzer außerordentlich nützlich.

und mißbrauchte Heranwachsende sich öffnen lassen. Diese Delta Society hilft auch den Körperbehinderten, den Blinden und Tauben, beschafft und vermittelt Therapiehunde, Hunde für Taube, Hunde für Blinde und Hunde als Hilfe für Körperbehinderte. Therapiehunde bringen Licht in die dunklen Räume von Altersheimen, Krankenhäusern, Nervenkliniken. Das gilt selbst für Gefängnisse!

Eine Unterorganisation von Delta namens *Powars* bietet einen sehr aufwendigen Service für durch Aids heimgesuchte Haustierbesitzer. Dieser Service hilft den Patienten, trotz Krankheit ihre Tiere zu halten

Man schätzt, daß ein Hund einen Intelligenzgrad erreicht, vergleichbar einem dreijährigen Kind. Wenn Du Dir dann vor Augen hältst, daß Fünfjährige heute bereits an ihren Computern einfache Arbei-

Dachshund, dem Streß des Alltaglebens entflohen.
Auch ein Hundeleben ist nicht immer leicht.
BESITZER: Diana Bartlett.

ten machen, spezielle Videospiele beherrschen - dies bedarf doch einiger geistiger und körperlicher Entwicklung. Aber natürlich sind Kinder Menschen, ebenso natürlich bleiben Hunde Tiere! Wenn unser Hund spricht, versucht uns etwas zu sagen, verstehen wir ihn nicht immer. Dies bedeutet in keiner Weise, daß der Hund zurückgeblieben wäre, vielmehr sagt er uns damit, wie wichtig es für alle ist, die hundliche Grundsprache zu beherrschen.

Einige Wissenschaftler betonen, daß neben den hochstehenden Primaten - Menschenaffen - und den besonders klugen Schweinen der Hund das beiweitem intelligenteste, auf dem Land lebende Tier ist. Wenn wir überlegen, zu wie vielen Aufgaben und Tricks Hunde fähig sind, werden wir schnell begreifen, wie intelligent der Hund tatsächlich ist. Und damit haben wir wahrscheinlich erst gerade die Oberfläche der tatsächlichen Fähigkeiten des Tieres erreicht. Unsere Gesellschaft hat dem Hund viele Aufgaben gestellt, und Hunde haben dabei in vielen Disziplinen mit Geschick und Einfallsreichtum gearbeitet. Man hat Hunde gelehrt, Menschen, die sich in den Schweizer Alpen verirrt haben, wiederzufinden, selbst wenn ein Mensch sieben Meter tief unter Schnee und Eis verschüttet liegt. Hunde können die Unterschiede der Gerüche von Kokain, Heroin, Marihuana und anderen verbotenen Substanzen unterscheiden, bewähren sich hervorragend beim Drogenschutz. Als Helfer für die Behinderten haben Hunde gelernt, den Knopf auf einer Weckeruhr, ebenso Elektroschalter, Toiletten und Fahrstühle zu bedienen; sie öffnen Türen, halten sie offen und ziehen Rollstühle. Hunde agieren auch in Filmen als Schauspieler. Dabei zeigen sie Aktionen, die Hundegegner nur zu gerne als Kameratricks abzuwerten versuchen, anstatt die Aufnahmefähigkeit der Hunde anzuerkennen.

Heute gehört der Golden Retriever zu den am stärksten auf Menschen ausgerichteten Hunderassen, sie sind gegenüber allen Hunden freundlich. Golden Retriever lassen sich praktisch für alle Aufgaben ausbilden, von schwierigen Apportieraufgaben zu Land und zu Wasser bis zur Suche nach Drogen und zum Sprung aus Helikoptern.
BESITZER: Debra M. Wales.

Die Familie der Hunde ist die verzweigteste aller Spezies auf unserer Erde; damit wird die Auswahl des richtigen Hundes und der passenden Rasse zu einem geistigen Abenteuer. Man muß wissen - die einzelnen Hunderassen entstanden für verschiedene Arbeitsaufgaben! Einige Hunderassen wurden auch entwickelt, um eine ökologische Nische auszufüllen, wieder andere ausschließlich für ein gewünschtes einmaliges Aussehen, ohne daß dahinter ein ersichtlicher Grund läge. Hundefreunde sollten sich über die verschiedenen Hunderassen ausführlich informieren, ehe sie ihre endgültige Entscheidung treffen.

Zu den frühesten Hundetypen, die entstanden, gehören die nordischen Hunde; im Äußeren bewahren sie noch in erheblichem Umfang das wolfsähnliche Aussehen, dazu einen beträchtlichen Anteil des Urverhaltens. Dies sind die Hunderassen der in der Arktis lebenden Nomaden, in manchen Ländern nennt man sie zusammenfassend Spitz-Rassen. In ihrem Äußeren wirken sie sehr natürlich, haben Wildhundfellmuster, Stehohren, dickes Fell, breiten und langen Fang, Ringelrute, empfindliche Tasthaare wie Wölfe, ihr Körper ist außerordentlich elastisch. Und diese Hunde leben gerne in Gruppen, sind recht wachsam. Es sind gutartige, ziemlich unabhängige Hunde, die sich trotzdem dem Menschen eng anschließen. Zu diesen Hunden zählen die Schlittenhunde wie Siberian Husky, Samoyede und Alaskan Malamute, außerdem Nordische Hüte- und Jagdhunde wie der Elchhund. Außerdem gehören hierzu Chow Chow und andere Gesellschaftshunde wie American Eskimo, Keeshond, Deutsche Spitze und Pomeranian.

Eine weitere sehr alte Hundegruppe sind die Parias, Hunde als Überlebenskünstler, die aller Wahr-

Die nordischen Hunde leben vorwiegend als Meutehunde, sind außerordentlich intelligent und dem Menschen eng verbunden. Von allen nordischen Rassen sind die Siberian Huskies eindeutig die Favoriten.
BESITZER: Maureen Kent.

scheinlichkeit nach von den frühesten domestizierten Hunden abstammen. Hierzu zählen der Basenji aus Afrika, der Pharaoh Hound aus Malta, der Canaan Dog von Israel. Kennzeichnend ist, daß diese Rassen weniger auf Menschen ausgerich-

Schneller als das Kaninchen gehört der Whippet zu den elegantesten und verspieltesten Windhunderassen.
BESITZER: Sharon Sakson.

Erstaunlicherweise dient der Bernhardiner dem Menschen auf vielerlei Art, vom schützenden Hund bis zum Suchhund und Lebensretter.
BESITZER: Michael Parker.

ghane, Barzoi und Whippet. Diese Tiere haben sehr ähnlichen Körperbau mit deutlich verlängertem Fang, tiefem Brustkorb, langen, kraftvollen Läufen, biegsamer Wirbelsäule. In vollem Galopp erreichen sie eine hohe Geschwindigkeit, einige von mehr als 60 Stundenkilometern.

Die heute als Molosser bekannten Hunderassen entstanden ursprünglich als sehr große Wachhunde. Die Faszination, die solch übergroße Wundertiere auf den Menschen ausübten, reichte fast bis zur Verehrung. Der Mensch schuf selbst lebensgroße Monster mit der Unterordnungsfreude anderer Haushunde, begleitet von unglaublicher Kraft und stark ausgeprägtem territorialem Schutztrieb. Diese Hunde arbeiteten als Kriegshunde, als Wachhunde und Herdenschutzhunde. Aus diesen Rassen entstanden Hunderassen wie Mastiff, Bullmastiff, Tibet Dogge, Pyrenäen Berghund, Deutsche Dogge und Bernhardiner.

Als man diese Molosser mit anderen Rassen kreuzte, erzielte man interessante Ergebnisse. Die Paarung von Windhunden mit Molossern brachten Rassen wie den Irish Wolfhound und den Scottish

tet sind als die nordischen Hunde, die man nicht aus den menschlichen Ansiedlungen vertrieben und dadurch zu Parias gemacht hatte.

Die Windhunderassen stehen den Parias nahe. Diese Rassen entstanden im südlichen Asien und nördlichen Afrika, um auf den offenen Grasflächen mehr nach dem Auge als der Nase zu jagen. Auch diese Rassen sind sehr alt, werden in der heutigen Hundefamilie repräsentiert durch Rassen wie Greyhound, Saluki, Af-

Ursprünglich wurde der Kuvasz als Herdenschutzhund gezüchtet. Heute besticht er als herausragender Familienwachhund. Seine Popularität liegt bedeutend niedriger als er es wirklich verdient hat.

Deerhound. Kreuzungen mit Terriertypen führten zum Bull Terrier und den Staffordshire Terriern.

Andere Einkreuzungen von Molossern führten zu den Schweißhunden - großen schweren Hunden wie Bloodhound, Basset Hound und andere europäische Jagdhunderassen. Diese Hunde haben tiefhängende Lefzen, sehr viel Haut am Kopf und schwere Hängeohren. Abkömmlinge dieser Hounds sind die populären leichteren Beagle, English und American Foxhounds und die Coonhounds.

Zur amerikanischen Kategorie der *Sporting Breeds* gehören noch ähnliche Rassen wie beispielsweise Dalmatiner, Pointer, Setter, Spaniel und Retriever. Vorstehhunde gehören in dieser Gruppe zu den ältesten, sie wurden besonders wegen ihrer Fähigkeit, vor entdecktem Wild vorzustehen, geschätzt. Hinzu kommen die Spaniels zur Jagd im Wasser wie an Land. Sie jagten auf Waldschnepfen - *Woodcocks* - deshalb Cocker ge-

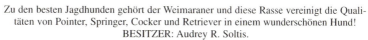

Der Bloodhound symbolisiert die Suche des Menschen nach Perfektion. Seine Nase ist tausendmal empfindlicher als die Nase des Menschen.
BESITZER: Mrs. Doris McCullough.

nannt. Andere Rassen sollten Vögel aufjagen (springing), man nannte sie deshalb *Springer*. Erst danach entstanden die Setter, nämlich aus Kreuzungen von Pointern mit Springern. Diese Hunde wurden parallel zu der Verbreitung der Schrotflinten entwickelt. Aufgabe dieser Hunde war das Aufspüren des Wildes, das Aufjagen auf Kommando. Retriever sind von all diesen Rassen den ursprünglichen Mastiffs am ähnlichsten - sie haben einen schwereren Körperbau, auch einen breiteren Fang. Zu den als Retriever - Apporteure - gezüchteten Rassen gehören Labrador, Golden,

Zu den besten Jagdhunden gehört der Weimaraner und diese Rasse vereinigt die Qualitäten von Pointer, Springer, Cocker und Retriever in einem wunderschönen Hund!
BESITZER: Audrey R. Soltis.

Miniatur-Jagdhunde! In vier leuchtenden Farben erwarten Cavalier King Charles Spaniels die ihnen geziemende königliche Behandlung.
BESITZER: Cindy Beebe.

Flat Coated und Curly Coated, dazu die Pudelschläge, die ursprünglich für die Wasserjagd entstanden.

Kleine Hunde all dieser verschiedenen Rassegruppen brachten uns eine attraktive Menagerie von Familienhunden - aber auch kleiner Raubzeugfänger. Die im englisch/amerikanischen Bereich als *Toy Dogs* bezeichneten Rassen entstammen Zwergmutationen, die zufällig auftraten, züchterisch fortentwickelt wurden. Einige dieser Zwergrassen sind sehr alt - beispielsweise Italienisches Windspiel und Chihuahua - andere sind neuere Züchtungen - wie zum Beispiel Toy Pudel, Chinese Crested und Cavalier King Charles Spaniel.

Bedauerlicherweise werden diese Toy-Hunde gerade in den Medien verunglimpft - es mangele ihnen an Gebrauchsfähigkeit. Da die heutige Funktion der meisten Hunde in erster Linie die des Begleiters der Menschen ist, sind gerade die kleinen Rassen der Zwergengruppe besonders als Freunde der älteren Menschen geeignet. Sie sind Hunde für das kleine Appartement, für Wohnverhältnisse in den Städten, oft auch besonders wichtige Lebensgefährten für Behinderte.

Die meisten Terrier sind kleine, kompakte Hunde, mit kräftiger Muskulatur, hartem und drahtigem Haarkleid. Ursprünglich wurden diese Hunde vorwiegend auf den britischen Inseln zur Bekämpfung von Nagern und kleinem Raubzeug gezüchtet. Nahezu alle heute bekannten Terrierrassen kommen von englischen-, irischen-, schottischen und walisischen Züchtern. Terrier gibt es in mannigfaltigen Größen, vom größten Airedale Terrier bis zum winzigsten Yorkshire Terrier. In ihrem Wesen sind alle diese Hunde mutig und furchtlos, dabei gerne etwas laut, oft auch dickköpfig und sehr erfinderisch.

Wesen und Gebrauchsfähigkeit der verschiedenen Rassegruppen sind ein ganz wichtiger Gesichtspunkt bei allen in diesem Buch beschriebenen Rassen. Die meisten Hundeliebhaber meinen instinktiv zu wissen, welche Art Hund zu ihnen paßt, welche Hunde mit Sicherheit aber auch nicht. Die Auswahl eines Hundes nur nach dem Äußeren kann zu schwerwiegenden Fehlern führen, denn das Wesen des Hundes ist genau so wichtig, wenn nicht wesentlich entscheidender. Keinesfalls dürfen wir auch die Gesund-

Kleine Terrierwelpen aus Irland. Der Glen of Imaal ist eine weniger verbreitete irische Terrierrasse mit einem ungewöhnlich guten Geschmack.
BESITZER: Ara Lynn und Paul Bush.

heit unserer Haustiere übersehen.

Wenn man sich die riesige Anzahl von Hunderassen auf der ganzen Welt ansieht, stoßen die Hundeliebhaber auf eine stattliche Auswahl von mit der Rute wedelnden Hunden. Diese Vierbeiner kommen aus Dutzenden verschiedener Nationen rund um den Globus. Von den heute auf der ganzen Welt existierenden etwa 400 Hunderassen sind etwa 150 Rassen amerikanischen Lesern und einige mehr englischen und deutschen Lesern zugänglich. In England bestehen durch die Quarantänebestimmungen besondere Einschränkungen. Aber je mehr sich das internationale Hundegeschehen entwickelt, um so mehr Hunderassen bieten sich unseren Augen und unseren Herzen.

Hundeliebhaber brauchen sehr gute Informationen - über all das Positive - aber auch über die negativen Eigenschaften der verschiedenen Hunderassen. Das Abonnement einer guten Hundezeitschrift, der gelegentliche Besuch einer Hundeausstellung, ein Anruf bei den Rassezuchtvereinen für Züchteradressen und Referenzen, ein Besuch bei Tierheimen und nicht zuletzt eingehende Studien in einer guten Bibliothek - dies alles bringt den Hundeliebhaber immer enger in die Hundeszene. Die Auswahl eines Hundes kann zu einem lustigen Abenteuer werden. Unser aller Ziel wird aber immer sein, den perfekten neuen Freund, das ideale Familienmitglied - einen Hund für das ganze Leben - zu finden.

Ursprünglich als fehlfarbene Cairn Terrier ausgemerzt, heute als West Highland White Terrier hoch geschätzt, besitzt diese Hunderasse aufgrund ihres freundlichen Wesens und ihrer großen Anpassungsfähigkeit weltweit eine große Anzahl begeisterter Anhänger.
BESITZER: Christine Forbes.

Eine kleine Kostbarkeit aus Polen, die langsam die Welt erobert, der PON - Polnischer Niederlaufhund. Er ist als robuster Familienhund mit einem großen Herzen schwer zu übertreffen.

Wie man den richtigen Hund –
seinen besten Freund - findet

Da gibt es Hundemenschen - und dann gibt es alle die anderen! Hundemenschen sind jene, deren ganzes Leben ohne Hund unvollständig wäre - die am liebsten zwei oder drei Hunde um sich hätten. Zugegeben, nicht alle Hundemenschen sind gute Hundebesitzer - jene weniger guten haben schon immer Hunde gehabt, halten Hunde aus Gewohnheit. Oft hört man: »Meine Mutter züchtete schon Schnauzer, deshalb habe ich selbst einen Cocker und einen Shar Pei.« Glücklicherweise gibt es aber auch Hundemenschen, welche die persönlichen Verpflichtungen erkannt haben, die jeder Hundebesitzer auf sich nehmen muß. Diese bedeuten nicht nur einfach Spazierengehen und Füttern, sondern viele persönliche, wertvolle Zeit mit dem Tier zu verbringen, ihm das Bewußtsein zu geben, daß es ein echter Teil der Familie ist. Aktive Familien wählen aktive Hunde, beispielsweise Golden Retriever oder Labrador, diese Hunde richtig zu beschäftigen und zu fördern ist ein Full-time Job.

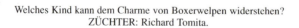

Welches Kind kann dem Charme von Boxerwelpen widerstehen?
ZÜCHTER: Richard Tomita.

Hast Du Dich entschlossen, daß Du wirklich einen Hund haben, Besitzer eines Hundes werden möchtest, mußt Du jetzt genau überlegen, was Du von Deinem Hund erwartest. Hunde sind sehr vielfältig talentiert, in ihrem Körperbau riesig oder winzig, fett oder dünn, im Charakter ruhig oder ungestüm. Hast Du überhaupt für einen Hund eine Aufgabe? Brauchst Du einen Wachhund, einen Hütehund, einen Familienhund, einen Babysitter, einen Jagdgefährten...? Die Auswahl eines Hundes läßt sich durchaus mit der Suche nach einem Lebenspartner vergleichen. Meist glaubt der Anfänger, er wisse genau, welcher Partner zu ihm paßt. Und viel zu häufig verfällt er einem Tölpel am Ende der Straße, anstelle sich für den Doppelchampion zu entscheiden, hinter dem drei Generationen von Ausstellungssiegern stehen.

Es fällt natürlich leicht, einen solchen Schafskopf zu lieben - Hundemenschen bietet er eine herzhafte Kumpanei - großartige Partnerschaft. Viele behaupten, Mischlinge - oder Bastarde - wären dem *natürlichen Hund* noch näher, ihr Genpool sei durch den Menschen nicht so einseitig ausgerichtet. Das Argument der Lebenskraft von Hybriden wiegt unverändert stark, Stromer überleben oft Rassehunde - zuweilen sogar doppelt bis dreifach - sind sie im allgemeinen auch tatsächlich gesünder?

Aber zurück zu dem jungen Menschen, der dem Mischling am anderen Straßenende nichts abgewinnen kann, für den ein Rassehund der große Traum ist. »Der Tag wird kommen, da er dem Hund begegnet, den er liebt!« Er muß sich aber im klaren darüber werden, wie sein Hund aussehen soll, groß und kräftig oder schlank und rank - soll er ihn schützen - ein guter Wächter sein? Oder kommt es darauf an, daß der Hund beson-

Erste Wahl für Dich! Dobermänner sind sowohl vorzügliche Wachhunde als auch unterordnungsfreudige, liebevolle Familienhunde.
BESITZER: Elizabeth Kamau.

ders empfindsam und häuslich ist?

Es gibt auf unserer Welt zumindest ebensoviele Hunde wie mögliche Ehepartner - Welpen lassen sich aber viel leichter erziehen als Menschen. Und ein Welpe hört Dir sogar zu, wenn Du ihm etwas erzählst.

Der künftige Hundebesitzer muß recht genau die Zeit einschätzen, die er für den Hund braucht, die Unterbringungsmög-

Der English Setter ist ein Jagdhund, erfordert genügend Auslauf, fühlt sich aber unter den meisten Umweltverhältnissen recht wohl.
BESITZER: Mary Oldham.

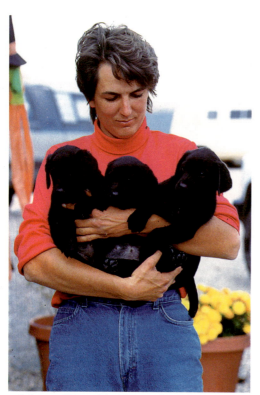

Achte sorgfältig auf das Wesen, selbst bei so freundlichen Rassen wie diesen Labrador Retriever. Der ganze Wurf sollte aus munteren, auf Menschen geprägten Welpen bestehen.
BESITZER: Juxi Burr und Sonya Ninneman.

Speiseplan gewöhnt, den Du übernehmen kannst. Wenn irgendmöglich solltest Du Dir beide Eltern des Wurfes ansehen. Meist ist aber nur die Hündin verfügbar. Vergiß nicht, sie hat über sechs oder acht Wochen einen lebhaften Wurf Welpen großgezogen, kann also durchaus etwas strapaziert aussehen. Viele Hündinnen verlieren bei der Geburt das Fell, das ist bei Langhaarrassen normal. Keinesfalls darf die Hündin aber heruntergekommen wirken, sich gegenüber Menschen, die ihre Welpen berühren, nervös zeigen. Das Wesen, das die Mutter zeigt, wird sie höchst wahrscheinlich auch auf ihre Welpen übertragen haben. Die eine oder andere Hündin ist zum Schutz ihrer Welpen Fremden gegenüber etwas ablehnend, das muß sich aber nach kurzer Zeit geben.

Vorsicht bei sogenannten *reinrassigen Kreuzungen,* die angeboten werden, viele von ihnen sind außerordentlich süß und verführerisch. Unter diesen besonders süßen Mischlingen haben wir Cockerpudel, Pekingesenpudel, Terrierpudel und Mopspudel gesehen - und noch sehr viele

Chow Chow Welpen sollten liebevoll und selbstsicher sein. Nur ein gut sozialisierter Chow-Welpe ist ein Hund, den man besitzen, lieben und ausstellen sollte.
BESITZER: Frank und Sandra Holloway.

lichkeiten prüfen - beispielsweise Größe der Wohnung oder des Hauses, eingezäunter Garten, Nachbarschaft, Zugang im gleichen Bereich zu einem Welpenkindergarten und Ausbildungsschulen. Am allerwichtigsten aber ist die Frage, wer in der Familie lebt, mit dem Hund auskommen muß.

Der Welpe Deiner Wahl sollte sehr gut sozialisiert sein, in seinem Wesen überprüft, schon auf die Welt der Menschen geprägt. Welpen müssen neugierig und selbstsicher sein, keinesfalls scheu. Du solltest klar alle die erwünschten Anzeichen von Vitalität und Gesundheit erkennen, die nun einmal bei einem solchen kleinen Geschöpf zu erwarten sind. Der Züchter muß sich offen allen Fragen stellen, die Probleme des Käufers ernst nehmen. Welpen müssen geimpft und entwurmt sein, auch an einen vernünftigen

Ein Hund für das ganze Leben - wähle Deinen Lebensgefährten immer mit großer Sorgfalt!
BESITZER: David Melvard.

andere Mischungen! Es gibt diese Hunde in allen Farben der Ausgangsrassen - und Cocker, Pudel und Pekingesen selbst haben schon mehr als ein Dutzend eigener verschiedener Farben! Aber alle die in diesen Rassen steckenden erblichen Probleme können bei diesen süßen kleinen Mischlingen unverändert wieder auftreten.

Beim Hundekauf solltest Du Dich keinesfalls vom Verkäufer unter Druck setzen lassen. Wichtig ist, daß Züchter die Kaufinteressenten gründlich befragen, um herauszufinden, ob die Lebensumstände für ihren Welpen günstig sind. Bei Rassen, die körperlich größer werden als die Toys und Terrier, interessieren sich die Züchter zurecht, ob der Garten eingezäunt ist. Andere Züchter wiederum - sicherlich die guten - möchten die ganze Familie kennenlernen und herausfinden, wie der Lebensablauf gestaltet ist. Die meisten Hunde fühlen sich überhaupt nicht wohl, wenn sie über längere Zeiten alleingelassen werden. Viele Züchter empfehlen die Anschaffung eines Käfigs, damit der Welpe schnell und vernünftig zur Stubenreinheit erzogen werden kann. Gerade verantwortungsbewußte Züchter bestehen auf einer vertraglichen Vereinbarung, daß für den Fall, daß der Käufer

Besonders die Züchter von American Staffordshire Terriern sind bei der Auswahl der Abnehmer ihrer Welpen wählerisch. Diese Hunde verlangen einen erfahrenen und verantwortungsbewußten Besitzer.

den Hund wieder abgeben möchte, er direkt an den Züchter zurückgeht.

Es gibt Hilfsorganisationen für in Not geratene Hunde, wo man zu bescheidenen Preisen zuweilen einen guten Rassehund kaufen kann. Weniger wahrscheinlich ist natürlich, daß man hier auch einen Welpen angeboten bekommt. Die verfügbaren Hunde sind vorwiegend im Stich gelassene Tiere.

In diesem Buch versuchen wir, interessierte Hundefreunde ziemlich genau über die Eigenschaften der einzelnen Hunderassen zu informieren, zeichnen auch ehrlich die Probleme auf, von denen bekannt ist, daß sie in diesen Rassen gelegentlich auftreten. Der Züchter sollte in der Lage sein, wichtige Informationen über die Gesundheit seiner Zuchttiere weiterzugeben. Beispielsweise gibt es in vielen Ländern von den Rassezuchtvereinen vorgeschriebene Röntgenuntersu-

Obgleich bei den meisten Rassehunden eine gründliche tierärztliche Untersuchung auf eventuelle Erbkrankheiten erforderlich ist, gilt die Rasse Bichon Frisé erfreulicherweise als frei von den meisten Erbkrankheiten.
BESITZER: Lori Kornfeld.

chungen auf Hüftgelenksdysplasie. In den USA - aber auch in vielen anderen Ländern - werden die Tiere generell auf erbliche Knochenprobleme untersucht. Neben HD folgen Untersuchungen auf *Craniomandibular Osteopathy (CMO), Osteochondritis Dessicans (OCD)*, nicht geschlossene Schädeldecke, Legg-Perthes-Erkrankung, UAP und FCP (beides Erkrankungen im Ellenbogenbereich). Es ist immer wertvoll, wenn das gesamte Zuchtmaterial des Züchters auf in der Rasse auftretende Erbkrankheiten untersucht wurde, das Untersuchungsergebnis das Freisein von diesen Erkrankungen bestätigt. Wichtig ist, daß die Untersuchungsinstitute absolut unabhängig und die Untersuchungsergebnisse eindeutig sind.

Du solltest Dir darüber im klaren sein, daß solche Vorsorge - Reihenuntersuchungen sich keinesfalls auf Ausstellungshunde beschränken sollten. Bei schwererem Grad führt beispielsweise

Dieser bestechend schöne Hund kann durch sein verfilztes schweres Fell kaum sehen. Der Komondor gedeiht besonders auf großen Grundstücken, ist ein vorzüglicher Wächter, hat aber einen erheblichen Bewegungsbedarf.
BESITZER: Ruben Collado.

Vielleicht die ausdrucksvollsten Hundeaugen in der ganzen Welt besitzt der Weimaraner. Empfohlen wird eine regelmäßige Augenuntersuchung, um die Rasse vor Augenerkrankungen zu schützen.
BESITZER: Laurel Lockhart.

Hüftgelenksdysplasie (HD) zu einer Verkrüppelung Deines Hundes, so daß er weder fähig ist, zu galoppieren noch zu springen. Häufig verursacht bereits eine einfache Bewegung Schmerzen. Die Forderung, an Erbkrankheiten leidende Hunde zu kastrieren, erscheint durchaus vernünftig. Dadurch wäre sichergestellt, daß sie ihre schlimme Erkrankung nicht auf Nachzuchten übertragen.

Es gibt auch Spezialinstitute zur Untersuchung von Augenerkrankungen. Bei einer ganzen Reihe recht populärer Rassen treten erbliche Augenerkrankungen auf. Die Hundebesitzer müssen wissen, daß Hunde unter Entropium, Ektropium, Pannus, Retinadysplasie, Linsenluxation, Progressiver Retinaatrophy (PRA), Collie-Augen-Anomalitäten und anderen Erkrankungen leiden können. Eine ganze Reihe von ihnen ist bereits in der Jugend zu erkennen. Verantwortungsbewußte Züchter stellen entsprechende Untersuchungen an.

Es gibt eine Vielzahl von Universitäten und Forschungsstationen, bei denen Züchter und Hundebesitzer ihre Tiere auf Erbkrankheiten untersuchen lassen können. Leider haben bei weitem nicht alle Züchter das ethische Bewußtsein, in der Rasse liegende Krankheiten nachhaltig zu bekämpfen. Viele Vermehrer züchten auch mit kranken Tieren. Das ist kurzfristig gesehen zuweilen durchaus profitabel, langfristig gesehen schadet es der Rasse, die diese Leute ja angeblich so lieben, schwer.

In diesem Buch finden die Leser detaillierte Hinweise, wie die einzelnen Rassen aussehen, auch wie die Welpen bereits aussehen sollten, um sich entsprechend dem Rassestandard zu entwickeln. Darin sehen wir einen besonderen Vorzug unseres Buches.

Wenn Du Dich für eine bestimmte Hunderasse entscheidest, mußt Du unbedingt wissen, wie sie anatomisch aussehen muß, welchen Charakter sie hat. Ist

Welpen brauchen Kauspielzeug. Es muß sorgfältig auf Sicherheit und guten Geschmack überprüft werden.
BESITZER: Nancy A. Pitas.

dies wirklich so leicht zu erkennen? Wenn Du Dir beispielsweise einen acht Wochen alten Pomeranian kaufst, der Züchter Dir ein Fellbündel mit einem Gewicht von zehn Kilo überreicht und Dir sagt: »Hier ist Dein neuer Pom!« - *Lauf weg, so schnell Du kannst!* Wenn der Labrador-Verkäufer Dir einen *außerordentlich seltenen gestromten Welpen mit einer stark befederten Rute übergibt und sagt: »Hier, das ist Dein neuer Labrador!«* lauf, so schnell die Beine tragen! Wenn Dein Boxerwelpe überwiegend weiß ist - wenn Dein Rottweilerwelpe sich nicht unbeschwert bewegen kann, mit acht Wochen bereits die Größe eines ausgewachsenen Boxers zeigt - wenn Dein Pit Bull-Welpe Dein dreijähriges Kind anknurrt - *lauf, lauf, lauf, so schnell Dich Deine Beine tragen!*

Besorge Dir den Rassestandard der ausgewählten Rasse und studiere ihn gründlich! Der Rassestandard zeigt in klaren Worten, wie diese Hunde in anatomischem Aufbau und Charakter sein müssen. Auch wenn Dich Hundeausstellungen überhaupt nicht interessieren, zeigt Dir der Standard trotzdem, worauf Du achten mußt, welche Fehler zu meiden sind. Die meisten Disqualifikationsmerkmale einer Hunderasse sind nicht einfach ästhetische Wünsche, meist beruhen sie auf anatomischen Grundanforderungen. Sind diese nicht eingehalten, scheidet ein solcher Hund

Im Zoofachhandel erhält man die besten Nylon-Kauknochen und Spielzeug aus dem gleichen Material. Sie dienen der Gesundheit der Zähne.
BESITZER: Linda S. Brennan.

für die Rasse aus. Der Begriff *Typ* ist zur Beurteilung eines reinrassigen Welpen außerordentlich wichtig. Man findet ihn auch im Rassestandard. Der American Kennel Club (AKC) definiert Typ als: »Die charakteristischen Merkmale, die eine Rasse auszeichnen - die Verkörperung aller Merkmale des Rassestandards.« Einfacher ausgedrückt - Typ ist das, was eine Rasse von der anderen eindeutig unterscheidet. Der Typ unterscheidet Deinen Golden Retriever von einem Labrador, Deinen Shih Tzu von einem Malteser. Er umfaßt alle Elemente von Größe, Farbe, Wesen, Gesichtsausdruck, anatomischem Aufbau und vieles mehr, was dahinter steht.

Vielleicht sollten wir es so ausdrük-

So hübsche Shih Tzus gibt es in allen Farben und Markierungen. Ein Hund ist schöner als der andere - deshalb halten sich Shih Tzu-Besitzer meist zwei oder gar drei.
BESITZER: Lynne Bennet.

ken: Wenn Du Dir einen Shih Tzu kaufen willst, aber einen weißen verlangst, dann liebst Du möglicherweise den Shih Tzu gar nicht - wahrscheinlich möchtest Du dann den Malteser. Für den Malteser ist die Farbe Weiß »Typ«! Ebenso verhält es sich, wenn Du den Labrador Retriever liebst, aber unbedingt einen gestromten Hund möchtest! Wahrscheinlich möchtest Du in Wirklichkeit einen Boxer, einen gestromten Tennessee Treeing Coonhound oder einen Mountain Cur - jedenfalls keinen Labrador.

Alle die wunderschönen Rassemerkmale der Einzelrassen sind nur von gut gezüchteten, typischen Elterntieren zu erwarten. Trotzdem, immer wieder treffen wir auf schlechte Züchter, die Rottweiler in Übergrößen produzieren, blonde Goldens, ohne athletische Körperformen, kurze, schweineähnliche Labradors und sich irregebärdende Toy-Pudel. Eine große Anzahl ihrer »Rassehunde« sind in Wirklichkeit nichts anderes als eine Karikatur der tatsächlichen Hunderasse.

Die Forderung nach korrektem Wesen kann gar nicht zu nachdrücklich erhoben werden. Familienhunde müssen sich unterwegs wie auch in der Familie wie Familienhunde benehmen. Gute Züchter testen die Veranlagung der Welpen, sozialisieren sie und beginnen frühzeitig mit der Erziehung. Es gibt recht einfache

Zum Typ des Keeshonds gehört das klar farblich markierte graue Haarkleid, Brillenmuster um die Augen, Halskrause und Hosen. Dieser Welpe wächst noch in seine Hosen hinein.
BESITZER: Paula Weiman.

Testverfahren, um festzustellen, wie munter und aufgeschlossen Welpen sind. Grundsätzlich sollte man nie einen scheuen Welpen kaufen, schon gar nicht aus Mitleid. Ebenso wichtig ist ein Dominanztest! Der Welpe muß Selbstvertrauen haben, aufgeschlossen sein, keinesfalls aber wild und überdreht. Durch fachkundigen Test läßt sich der Charakter eines Welpen recht gut feststellen. Im Idealfall wird ein Welpe auf Anruf gerne herankommen, freundlich sein, unabhängig davon, wie sehr er sich über Deine Gesellschaft freut. Es gibt Hunderassen, die auf Anruf zögernder kommen. Zeigt sich der gesamte Wurf zu sehr beschäftigt, um zu Dir zu laufen, liegt dies möglicherweise an in der Rasse verankerten Merkmalen.

Obgleich diese Sheltiewelpen noch viel zu jung zum Abgeben sind, beginnt bereits jeder seine eigene Persönlichkeit zu entwickeln, werden sie durch die Berührung der menschlichen Hand geprägt.
BESITZER: Linda Zimmerman.

Beim Gespräch mit dem Züchter ergibt sich zuweilen, daß es besser wäre, wenn er die Wahl aus dem Wurf für Dich trifft. Dies hat sich durchaus bewährt. Die alte Vorstellung, der Käufer sollte nur sein Herz sprechen lassen und daß der Welpe sich selbst seinen Besitzer wählt, ist in aller Regel Geschwätz - romantische Vorstellung, aber dennoch Geschwätz. Du mußt dem Züchter eindeutig klarmachen, wofür Du den Hund haben möchtest. Soll er nur Familienhund werden, wird der Züchter Dir wahrscheinlich nicht seinen Favoriten für künftige Ausstellungen anbieten, selbst wenn Dir dieser Hund besonders gut gefällt. Für den Züchter und sein Programm ist es außerordentlich wichtig, seinen besten Welpen einem Käufer zu geben, der diesen Hund auch auf Ausstellungen führt, so daß dadurch der Ruf des Züchters gemehrt wird. Ausstellungssiege sind für den Züchter wichtig.

Möchtest Du einen Wachhund oder einen Hund für Unterordnungswettbewerbe - auch dann weiß der Züchter am besten, wie die subtilen Unterschiede der charakterlichen Merkmale seiner Welpen sind, empfiehlt Dir, welcher Welpe hierfür die beste Wahl wäre. Leider spielt bei einigen Hunderassen die Farbe für den Hundebesitzer eine große Rolle. Viele Käufer möchten nur einen schwarzen Labrador oder einen falbfarbenen Whippet oder einen roten Corgi. Solche Vorurteile sind für die Hunde gar nicht gut! Diese Vorstellungen gehen meist auch weniger auf farbbewußte Liebhaber zurück, viel-

Oft wählt der Züchter den zum Käufer passenden Welpen aus. Seine Erfahrungen mit der Rasse und seine Beobachtung des Wurfes ermöglichen ihm meist die bessere Entscheidung.
BESITZER: Matthew L. Downing.

mehr auf voreingenommene Richter, die in einer Rasse nur bestimmte Farben akzeptieren. Züchter machen deshalb manche Kompromisse, wählen ihren besten Hund nur aus einem Teil des Wurfes aus, einfach weil Du nicht bereit bist, einen gelben Labrador oder einen blauen Whippet zu übernehmen. Wir ziehen den Hut vor allen aufgeschlossenen Hundeliebhabern und vor Richtern, die einen blauen Whippet oder einen geschimmelten Field Spaniel oder einen schokoladefarbenen Labrador auf Ausstellungen nach vorne stellen.

Einen Züchter einer seltenen Hunderasse - natürlich auch der anderen - herauszufinden, sollte nicht zu schwierig sein. Es reicht ein Anruf bei dem nationalen Zuchtverein, der gerne die Telefonnummer des zuständigen Rassezuchtvereins weitergibt. Beim Rassezuchtverein findet man fachkundigen Rat, welcher Züchter in welcher Gegend gerade gute Welpen zu verkaufen hat. Bei weniger verbreiteten Rassen muß man möglicherweise mit einem Platz auf einer Warteliste vorlieb nehmen, manchmal kann es dabei Jahre dauern bis zum gewünschten Kauf. Aber alles von Wert lohnt auch, darauf zu warten! Und warum solltest Du Dich gerade bei der Auswahl Deines nächsten und besten Freundes zeitlich überschlagen?

Wenn erst einmal die Hündin ihrem Nachwuchs die Grundbegriffe beigebracht hat, wird es Zeit zum Eingewöhnen in die neue Familie. Diese wasserfreudigen Otterhounds gehören zu den seltensten Hunderassen, haben eine lange Tradition und besitzen insbesondere unendlich viel Charme!
BESITZER: Robin Anderson.

Affenpinscher

Sein affenähnlicher Gesichtsausdruck und Bartwuchs sind die Merkmale des *le Diabletin Moustache* - des kleinen Teufels mit dem Backenbart - des Affenpinschers.
BESITZER: Mrs. Patricia Patchen.

BESCHREIBUNG

Der ausgewachsene Affenpinscher zeichnet sich besonders durch seinen munteren, affenähnlichen Gesichtsausdruck aus. Großartiger kleiner Backenbart, buschige Augenbrauen und Haarspitzen. Der Hund muß kompakt, gut ausbalanciert sein. Ideale Widerristhöhe 25 cm, quadratischer Körperbau (Hündinnen etwas länger als Rüden). Kopf nicht zu groß, in richtigen Proportionen zum Körper. Augen voll und rund, im richtigen Verhältnis zur Kopfgröße, nicht hervortretend. Kiefer vorbeißend. Bei geschlossenem Fang dürfen weder Zähne noch Zunge sichtbar sein. Farbe variiert stark, vorwiegend Schwarz, Grau, Silber, Schwarzlohfarben und Rot. Haarspitzen oft heller als Haarkleid, meist schwarze Maske. Haarkleid dicht und hart, Länge etwa 2,5 cm.

ANPASSUNGSFÄHIGKEIT

Affenpinscher sind richtige Kobolde. Sie ähneln nicht nur im Äußeren einem Affen, toben vielmehr affenartig mit älteren Kindern herum, können aber, richtig überwacht, auch mit Kleinkindern zusammenleben. Für rauhe Behandlung sind sie zu zart. Vorsicht, diese Hunde dürfen nicht zuviel springen, Affenpinscher haben zarte Läufe. Affenpinscher sind selbstbewußte kleine Hunde ohne Angst. Sie verteidigen sich und Familienmitglieder, die mit ihnen vertraut sind, furchtlos. Zurecht nennt man sie wahrscheinlich kleine Kläffer, sie schlagen einen Höllenlärm und gedeihen nur als Wohnungshunde. Wenn man ihnen von klein an das Kläffen abgewöhnt, zeigen sich ausgewachsene Hunde meist weniger laut.

Der Affenpinscher ist ein untersetzter Zwerghund, gut ausbalanciert und kompakt, meist von schwarzer Farbe.
BESITZER: Dr. und Mrs. Brian J. Shack.

WACHSTUMSPHASE

Bei der Geburt wiegen die Welpen durchschnittlich 85 bis 140 Gramm, ausgewachsene Hunde bringen 3,2 bis 3,6 Kilo auf die Waage. Im Alter von maximal fünf Tagen wird die Rute auf knapp einen Zentimeter kupiert. Ohrenkupieren ist in den meisten Ländern heute verboten. Bei der Auswahl sollte man zerbrechliche und zu kleine Welpen meiden. Aus dem Blickwinkel der Züchter sind 12 Wochen alte Welpen Junghunde, sie sind mit etwa 12 Monaten ausgewachsen. Ausgewachsene Affenpinscher haben einen guten Appetit. Wenn man nicht darauf achtet, werden sie leicht zu dick. Der Gebißwechsel erfolgt etwa zwischen vier und sechs Monaten. Über den Zahnwechsel können die Stehohren zuweilen nochmals kippen. Wenn das Haarkleid nicht getrimmt wird, beginnt der Wechsel in das Erwachsenenhaarkleid etwa mit sechs bis acht Monaten dauert einige Zeit und ist mit etwa 18 Monaten abgeschlossen. Das Er-

Bei der Auswahl des Welpen aus dem Wurf sollte man die Haarstruktur der Mutter beachten (sehr fest und drahtig).
BESITZER: Nancy E. Holmes.

wachsenenhaarkleid kann eine graue Schattierung zeigen. Mit vier Monaten müssen die Hoden voll abgestiegen sein, bei einigen Affenpinschern dauert es sogar etwas länger. Die erste Hitze der Hündinnen liegt meist zwischen acht und 14 Monaten.

GESUNDHEIT

Das größte Problem ist wohl die Gefahr von Knochenbrüchen - aufgrund des Temperaments und der Kleinheit des Affenpinschers. Knieluxation tritt in der Rasse auf, Züchter sollten ihr Zuchtmaterial darauf untersuchen lassen. Gute Augenpflege vermeidet zu starke Tränenbildung, die problematisch werden könnte. Der Züchter muß auf die Legg-Perthes-Krankheit achten - eine Degeneration des Femurkopfes, ohne Bakterienbefall oder andere Krankheitsauslöser. Wie bei anderen Zwerghunderassen gibt es Beispiele von Hydrozephalus (Wasserköpfigkeit).

Diese wenigen Wochen alten Welpen sind schlaksig, aber unwiderstehlich.
BESITZER: Nancy E. Holmes.

Roter Junghund im Fellwechsel.
BESITZER: Highland Kennels.

Auch Herzprobleme bei Welpen sind nachgewiesen. Einzelfälle nicht geschlossener Fontanellen (weiche Stelle im Zentrum des Schädels) sind zu beachten. Affenpinscher sind sehr aktive Hunde, die aufgrund ihrer Kleinheit in ihrem Bewegungsablauf überwacht werden sollten. Zur Fellpflege gehört leichtes Austrimmen, womit man am besten beim Junghund beginnt. Am besten läßt Du Dir den Pflegeprozeß einige Male von einem erfahrenen Züchter oder Pflegespezialisten zeigen, dann kannst Du Deinen Hund selbst pflegen. Abgesehen von gelegentlicher Futtermäkligkeit gibt es beim Affenpinscher keine besonderen Fütterungsprobleme. Diese Hunde erreichen ein Lebensalter von 10 bis 12 Jahren.

Affenpinscher

Afghane

Mit seinem unvergleichbaren Auftreten dokumentiert der Afghane seine Vornehmheit durch Ausdruck wie aristokratische Erscheinung.
BESITZER: Gregg, Scott und Todd Rechler.

Beschreibung

Der aristokratische Anblick und seine äußere Würde machen den Afghanen zu einem der attraktivsten Hunde - zum Topwettbewerber auf Hundeausstellungen. Mit seinem langen, seidigen Haar und der ungewöhnlichen Farbmarkierung, dem östlichen Ausdruck und seiner beeindruckenden Statur wirkt dieser Hund recht exotisch. Sein Kopf ist lang und schlank, mit seidigem, gescheiteltem Kopfhaar. Augen mandelförmig, fast dreieckig, nie übertrieben rund oder gar hervortretend. Hals von guter Länge, nicht zu dick. Die Hüftknochen zeichnen sich deutlich ab. Rückenlinie waagrecht, Schulterpartie und Lendenpartie zeigen eindrucksvolle Kraft. Die Kniewinkelung scheint deutlicher als sie wirklich ist, das liegt an den dicken Haaren der Läufe - den Hosen. Das Fell wird nicht geschoren. Die Rute hat am Ende eine Kurve oder Ringelung, darf nie zu hoch angesetzt sein und wird immer leicht nach oben getragen. In der Widerristhöhe erreicht der Rüde 68 cm, die Hündin 63,5 cm. Gewicht 22 bis 27 Kilo.

Anpassungsfähigkeit

Trotz ihrer Zurückhaltung und Empfindsamkeit sind Afghanen clownige, auf den Menschen ausgerichtete Hunde. Viele sind mit Kindern besonders angenehm. Dickköpfig und eigenwillig, ist der Afghane ein selbstbewußter, sehr eleganter, oft nervöser Hund - wie die meisten anderen Windhunderassen. Das Erscheinungsbild des Afghanen bietet für viele von uns ein Traumbild, recht ungewöhnlich, manche Tiere wirken fast menschlich. Diese Hunde lieben das Leben im Freien, können sich aber auch mit ihren

Um sich auszustrecken, brauchen Afghanen viel Platz.
BESITZER: Hutchings.

sehr geliebten menschlichen Haltern gemütlich vor dem offenen Feuer kuscheln. Beharrlichkeit ist der Schlüssel zur Erziehung des Afghanen. Aufgrund ihres dickköpfigen Wesens werden diese Hunde manchmal reizbar, ziehen sich zurück, werden zuweilen scheu. Man sollte dann nichts überstürzen, ruhig, aber konsequent sein. Afghanen sind sonst ausgeglichene Lebensgefährten.

Wachstumsphase

Das Gewicht des Afghanenwelpen variiert beträchtlich, liegt zwischen 285 und 500 Gramm. Die Hunde reifen sehr langsam aus, der Hundebesitzer darf nicht versuchen, diesen Prozeß zu beschleunigen. Die echte Farbe des Afghanen ist im Welpenhaarkleid oft noch unter den schwarzen Deckhaaren verborgen. Die spätere Fellfarbe sollte etwa mit vier Wochen erkennbar, Jugendflecken und noch nicht abgeschlossene Pigmentbildung mit drei Monaten verschwunden sein. Richtige Sozialisierung ist ein Muß, gerade Afghanen sind recht empfindliche Tiere. Die Züchter stimmen überein, daß zwischen 7 und 16 Monaten eine kritische Zeit für die Persönlichkeitsentwicklung liegt. Behutsamkeit und Beharrlichkeit sind die Schlüsselworte. Auch die körperliche Entwicklung erfolgt langsam, heranwachsende Afghanen erscheinen oft unausgewogen, sind zeitweise »häßliche Entlein«, wenn sie ihr Welpenhaar verlieren. Um Verletzungen zu vermeiden, muß die Bewegung überwacht werden. Beim Fellwechsel bedarf es zusätzlicher Fellpflege, um zu verhindern, daß das neue Fell mit dem alten verfilzt. Die Züchter empfehlen wöchentlich zumindest drei Pflegezeiten. Wachsende Afghanen werden leicht in der Fütterung wählerisch, schlechte Fresser. Gerade dann müssen zusätzliche Leckerbissen vermieden, ausgeglichene Ernährung sichergestellt werden. Im allgemeinen macht die Erziehung zur Stubenreinheit einige zusätzliche Mühe.

Afghanenwelpen entwickeln sich langsam, sind trotz ihrer Größe überraschend zart. Ab einem Alter von vier Wochen brauchen die Welpen sehr viel menschlichen Kontakt und Liebe.
BESITZER: Lucia Brown.

Afghanen wirken manchmal wie große Fellbündel, man muß sie genauer betrachten. Diese drei herrlichen Windhunde begeistern jeden echten Hundefreund.
BESITZER: Renee Wolcott.

Gesundheit

Die einzigartige Hüftkonstruktion des Afghanen ermöglicht ihm vorzüglichen Bewegungsablauf und auch bei hoher Geschwindigkeit schnelle Richtungsänderungen. Die Rasse ist aber auch von der verbreiteten Hüftgelenksdysplasie befallen, auch das Ellbogengelenk ist zuweilen Veränderungen unterworfen. Nekrotische Myelopathy, die zum Tod durch Atemlähmung führen kann, befällt nur Afghanen - sie bricht in der Regel im Alter von drei bis sechs Monaten aus. Bei Welpen kommt es häufig zu Milchallergien, es ist bekannt, daß die Rasse gegenüber chemischen Präparaten besonders empfindlich ist (beispielsweise Flohpulver). Weiterhin ist die Empfindlichkeit gegenüber Anästhesie, Beruhigungsmitteln und Cortison bei Afghanen bekannt, hierdurch kann es zu Haarausfall kommen. Ohrmilben und Pilzinfektionen treten in der Rasse häufiger auf, regelmäßige Kontrollen sind empfehlenswert. Befrage den Züchter genau nach Auftreten von grauem Star und Hypothyroidismus bei seinen Zuchthunden. Neben reichlichem Auslauf brauchen Afghanen auch sehr viel Sozialisierungszeit, andernfalls werden sie teilnahmslos, in sich gekehrt, möglicherweise schadet es auch ihrer Gesundheit. Das luxuriöse Fellkleid muß regelmäßig gepflegt werden, bis zu zwei Stunden wöchentlich, hinzu kommt ein monatliches Bad. Afghanen werden 14 und mehr Jahre alt.

Die Wachstumsphase ist gekennzeichnet durch ungleichmäßiges Wachstum, jugendlichen Übermut und noch nicht gefestigten Körperbau.
BESITZER: Renee Wolcott.

Afghane

Airedale Terrier

Beschreibung

Der Airedale Terrier sticht neben den anderen Terrierrassen durch seine Körpergröße und seine einmalige Vielseitigkeit als Gebrauchshund hervor. Ausgewachsene Airdales erreichen eine Schulterhöhe von 58 bis 61 cm, sind also deutlich größer als echte Erdhunde. Der Airedale ist wunderbar ausbalanciert. Langer Kopf, nicht zu breit zwischen den Ohren, Ohren v-förmig, seitlich des Kopfes hängend getragen. Nase schwarz und ziemlich groß; Augen dunkel, dürfen nicht hervortreten. Trotz seiner Körpergröße ist der Airedale ein echter Terrier, das muß man auch an seinem Ausdruck erkennen. Rücken kräftig und kurz, Schulterpartie lang und schräg gelagert. Haarkleid hart, dick und drahtig, dicht anliegend und gerade. Die Rasse trägt das klassische schwarzlohfarbene Haarkleid, Mahagonifarbe bevorzugt. Rüden wie Hündinnen haben kräftige Muskeln und starke Knochen.

Der Größte unter den Terrierrassen, der Airedale, besitzt drahtiges Deckhaar über seiner eleganten äußeren Linie.
BESITZER: Linda Hobbet.

Anpassungsfähigkeit

Seinem Besitzer bietet der Airedale das denkbar beste Verhalten eines Hundes in der ganzen Welt. Airedales sind wesensmäßig freundliche Gebrauchshunde, von bemerkenswerter Geschicklichkeit, Intelligenz und wachen Sinnen. Dieser Hund kann ohne zu ermüden über weite Strecken schwimmen, an Land jagen, auf der Jagd gegen Raubzeug eingesetzt werden. Er arbeitet auch als Polizei- und Diensthund. Ein Hund mit viel Selbstvertrauen, anatomisch gut aufgebaut. Da er von seinem Wesen her ziemlich dominant ist, muß man ihn zuweilen daran erinnern, sich als Gentleman zu betragen. Manchmal gebärdet er sich als Rowdy, möchte immer beschützen. Er liebt das Spiel und die Menschen. Sein aktives Temperament erfordert Gelegenheit zu sehr viel Bewegung. Er ordnet sich aber gern unter und kann außerordentlich gehorsam werden.

Die Welpen sollten acht Wochen Gelegenheit haben, bei ihrer Mutter gute Manieren und ihre Grenzen erkennen zu lernen.
BESITZER: Scott und Dottie Boeving.

Wachstumsphase

Bei der Geburt wiegen Airedale-Welpen etwa 340 bis 425 Gramm. Sie wachsen recht regelmäßig heran, wiegen ausgewachsen etwa 22 Kilo. Im Alter von acht Wochen bringen sie etwa fünf bis sechs Kilo auf die Waage. Auftretende hintere Wolfskrallen werden so früh wie möglich entfernt, die Rute wird auf zwei Drittel Länge kupiert. Während des Zahnens stehen und fallen oft die Ohren, manche Züchter korrigieren zuweilen die Ohrenhaltung. Hierüber sollte man mit einem Züchter oder Tierarzt sprechen. Temperament und Unterordnungsfreude des Airedales lassen die Flegelzeit der Heranwachsenden durchaus erträglich gestalten. Die Besitzer sollten von Anfang an diese Zeit zur Erziehung nutzen, den Schutztrieb ihres Hundes in die richtigen Bahnen lenken.

Einige Welpen haben von Natur aus eine gute Ohrenhaltung, andere zeigen etwas jagdhundartige Ohren, was unerwünscht ist.
BESITZER: Sandra Hamer.

Gesundheit

Airedales sind höchst intelligent und leicht zu erziehen. Sie brauchen viel aktive Zeit mit ihrem Besitzer, fühlen sich am wohlsten, wenn sie für körperliche Aufgaben eingesetzt werden. Leider hat die Hüftgelenksdysplasie auch bei dieser Rasse eine gewisse Bedeutung, man sollte sie röntgenologisch untersuchen. Die mittlere Lebenserwartung des Airedales beläuft sich auf 10 bis 15 Jahre. Bei älteren Hunden tritt zuweilen Krebs auf, insbesondere im Pancreas-Bereich, auch Nasentumore, Lympherkrankung und Blasenkrebs. Im übrigen unterliegt die Rasse wenigen rassespezifischen Problemen. Vorbiß, Nabelbruch, »Hot-Spots« und trockene Haut sind vorrangig von medizinischer Bedeutung. Nachdem einige Augenprobleme aufgetreten sind, werden die Hunde meist hierauf überprüft. Hautempfindlichkeit, ausgelöst durch Flohallergie und Schilddrüsenprobleme sind bekannt. Vereinzelt kommt es aufgrund fehlender Wachstumshormone zur Verzwergung. Fellpflege ist zur Verringerung des Auftretens von Hautirritationen und anderen Problemen sehr wichtig. Etwa alle zwölf Wochen sollte der Hund getrimmt werden. Aufgrund seiner Körpergröße nimmt diese einige Zeit in Anspruch, obgleich das Ausmaß des Trimmens sehr stark von der Fellqualität abhängt - besseres Fell verlangt weniger Pflege. Ein wichtiger Hinweis: Airedales sind besonders für ihre hohe Schmerzunempfindlichkeit bekannt, zuweilen sind sie schwerer verletzt als sie es merken lassen.

Der junge Airedale wächst ziemlich gleichmäßig heran, bietet früh den Eindruck eines Erwachsenen in Miniatur-Form.
BESITZER: Linda Baake.

Airedale Terrier

Akita

Der Akita ist ein Bärenhund - kein Vogelhund! Er muß Substanz und Kraft haben - unabhängig ob Rüde oder Hündin, ist er ein außergewöhnlicher Hund. Champion The Widow-Maker O'BJ, der zweierfolgreichste Akita-Zuchtrüde aller Zeiten.
BESITZER: BJ und Bill Andrews.

Beschreibung

Ein Hund mit Substanz, Kraft und Würde. Der Akita hat einen breiten, dreieckförmigen Kopf, recht massiv, aber immer ausgewogen. Charakteristisch sind die kleinen dreieckigen Augen und die Stehohren. Die nordische Ringelrute ist groß genug, um zum Kopf des Hundes die richtige Balance zu bringen. Ein wunderschön ausgewogenes Bild ist das Qualitätsmerkmal für die Rasse. Der Fang muß breit und kräftig, der Oberkopf flach sein. Wamme unerwünscht. Hals dick und muskulös, kurz, in Richtung Schultern breiter werdend. Körper geringfügig länger als Widerristhöhe, Brustkorb breit und tief. Rücken gerade mit gut bemuskelter Lende, Bauchlinie mäßig aufgezogen. Der Akita hat kräftige Knochen, darf im Körper nie windig wirken. Haut geschmeidig, aber nie lose. Die Wolfskrallen vorne werden nicht entfernt. Doppeltes Haarkleid mit dichter, dicker, weicher Unterwolle; Deckhaar gerade und abstehend. Der Standard verlangt als Farben der Rasse »jede Farbe einschließlich Weiß, Gestromt oder Pinto.« Das Pintofarbmuster besteht aus weißen Flecken gleichmäßig auf der Körperfarbe verteilt. Rüden messen 66 bis 71 cm, Hündinnen 5 cm weniger.

Anpassungsfähigkeit

Der Akita ist wahrlich der perfekte Haushund, wenn auch seine Größe zunächst den Eindruck vermittelt, er würde besser draußen leben. Hündinnen sind Kindern gegenüber angenehmer als Rüden, die etwas eigenwillig auftreten. Wähle den Akita sorgfältig aus, am liebsten lebt er als Einzelhund in der Familie. Erziehung von früher Jugend an ist ein Muß! Wenn der Akitajunghund sich erst einmal durchgesetzt hat, dauert es das ganze weitere Leben, um diesen Fehler auszugleichen. Wenn es einen Hund gibt, der zu denken vermag, ist es der Akita! Ein hingebungsvoller Wächter! Er fordert eine Familie, die so selbstbewußt und willensstark ist wie er selbst. Mit anderen dominanten Hunden kommt er nicht gut aus, während er Katzen gegenüber meist recht liebenswert auftritt. Wie alle großen Wachhunde sollte der Akita beim Umgang mit fremden Kindern gut überwacht werden. Akitas sind eine Herausforderung, faszinierende Hunde! Dies ist ein kraftvolles, aber freundliches Tier, elegant und nützlich, wenig zerstörerisch, außerdem die sauberste aller Hunderassen, vergräbt sogar wie eine Katze den eigenen Kot.

Wachstumsphase

Im Alter von acht Wochen wiegt ein Akitawelpe 6 bis 10 Kilo. Hündinnen erreichen ihre volle körperliche Reife etwa mit drei Jahren, bei Rüden dauert es bis zu vier Jahren. Einige Akitas entwickeln sich schneller. Schon mit vier Wochen rollt sich die charakteristische Rute über den Rücken. Mit sechs Wochen beginnen sich die Ohren zu stellen, zuweilen dauert es auch bis zu sechs Monaten. Vorsichtige Vitamin- und Kalziumergänzung wird empfohlen, bis die Ohren voll stehen. Korrekte Kieferstellung dauert manchmal bis zu einem Jahr. Der Junghund zeigt ausgeprägtes Dominanzverhalten, möglicherweise Dickköpfigkeit. Dementsprechend bedarf er konsequenter Ausbildung. Die Rasse ist für Härte in der Erziehung nicht geeignet, vielmehr bedarf es der Ausdauer und positiver Verstärkung erwünschten Verhaltens. Wenn der Akita ausgereift ist, wird die Winkelung steiler, die Hüftpartie schmaler, der Rücken erscheint länger, und ein langer schmaler Fang wirkt gestreckter. Auch die Hautfarben verändern sich allgemein innerhalb der ersten zwei Lebensjahre.

Gesundheit

Im allgemeinen sind Akitas langlebige robuste Hunde. Eine Lebenserwartung von 15 Jahren ist durchaus nicht ungewöhnlich, allerdings

Dieser fünf Wochen alte Akita braucht viel Kontakt zum Menschen. Seine Mutter sollte Menschen gegenüber immer freundlich und wesensfest sein.
BESITZER: Walter und Victoria Donach.

werden einige Zuchtlinien bedeutend weniger alt. Es gibt wenige rassespezifische Erbkrankheiten. Es wurden schon nervöse Störungen in der Rasse festgestellt - einschließlich Epilepsie. Hüftgelenksdysplasie ist bekannt, Röntgenuntersuchungen ein Muß. Auch der Akita leidet an PRA, vWD und Achondroplasie. Vereinzelt tritt auch Entropium auf, aber aufgrund des verhältnismäßig kleinen Auges des Akitas ist diese Erkrankung zuweilen kein echtes Entropium, wächst beim Junghund die einwärtsgerichtete Augenlid wieder heraus. Erkrankungen des Autoimmunsystems und Hypothyroidismus sind verbreitet, müssen beachtet werden. Während des Fellwechsels sollte er viel gebürstet werden, um das Haarkleid des Akitas in Form zu halten. Natürlich braucht diese Rasse sehr viel Bewegung draußen im Freien. Wie bei allen hellhäutigen und ringelrutigen Hunden muß man auf *Hot-Spots* (nässendes Ekzem) achten.

Akitas wachsen in verschiedenen Schüben, voll ausgewachsen sind sie erst zwischen drei und vier Jahren. Der Junghund verlangt eine feste, aber freundliche Hand. Nie darf man einen Akita quälen oder schlagen.
BESITZER: Ruth Zimmerman.

Alaskan Malamute

Der Alaskan Malamute ist ein kräftiger, starker Schlittenhund, muß kompakt und substanzvoll gebaut sein.
BESITZER: Mike und Jackie Cosentino.

Beschreibung

Zu den Rassemerkmalen gehört das volle, dichte Fell in allen Schattierungen zwischen Grau und Weiß, die kräftige Erscheinung, der mächtige Schädel, der intelligente Ausdruck, Stehohren und natürlich die stark befederte Rute, die nach typischer Art der nordischen Hunde über dem Rücken geringelt getragen wird. Die Widerristhöhe beträgt 59 bis 64 cm, der Hund bewegt sich in stolzer Haltung. Das Fellmuster zeigt eine über dem Kopf getragene »Kappe« und/oder schwarze Maske. Augen braun, nie blau, mandelförmig, wolfsähnlich eingesetzt; dennoch muß der Ausdruck der Rasse freundlich und gutartig sein. Körperbau kompakt, von guter Substanz. Rücken gerade, zu den Hüften leicht abfallend. Lendenpartie kraftvoll, von guter Länge, wodurch die Bewegung leichtfüßiger wird. Doppeltes Haarkleid, wobei das Deckhaar deutlich absteht. Halspartie ist stärker behaart als Schultern und Läufe. Gewicht etwa 38 Kilogramm.

Anpassungsfähigkeit

Obgleich der Alaskan Malamute aus seinem Welpenfell herauswächst, bleibt er immer ein verspielter, freundlicher Hund. Eine gutartige und intelligente Hunderasse, sie erfordert viel Zeit und von Jugend an feste Erziehung. Wie alle nordischen Schlittenhunde ist auch der Malamute vorwiegend auf seine Meutegenossen ausgerichtet, weniger ein Ein-Mann-Hund. Diese Meutenmentalität macht es erforderlich, daß der Besitzer die Rolle des Rudelführers - des Hundes Nummer Eins - übernimmt. Der Alaskan Malamute ist ein Hund, der sich im Freien besonders wohlfühlt, Schnee und Kälte liebt.

Für den Malamute ist die Fellzeichnung ein wichtiges Rassemerkmal. Nie darf diese Rasse blaue Augen haben.
BESITZER: Mike und Jackie Cosentino.

Wachstumsphase

Die Wurfgröße schwankt beträchtlich, das Geburtsgewicht liegt zwischen 340 und 600 Gramm. Über die ersten Wochen ist die Wachstumsrate groß, acht Wochen alte Welpen wiegen etwa 11 Kilo. Man muß wissen, in dieser Rasse gibt es starke Größenunterschiede, deshalb sollte man sich immer die einzelne Zuchtlinie genau ansehen, aus welcher ein Welpe stammt. Bis zum vollen Ausreifen brauchen die Hunde bis zu vier Jahre, aber auch das ist in den einzelnen Linien etwas unterschiedlich. Die Züchter betonen die Wichtigkeit, bei der Auswahl das Wesen genau zu beachten. Wenn irgendmöglich sollte man das Wesen der Elterntiere kennen. Welpen wie Elterntiere müssen Menschen gegenüber freundlich sein. Von ausgewachsenen Malamutes ist bekannt, daß sie zuweilen rebellieren, die Rudelführerschaft des Besitzers infrage stellen. Deshalb müssen die Besitzer fest und bestimmt sein, dann geht diese Phase auch ohne Komplikationen zu Ende.

Ein acht Wochen alter Welpe kann bis zu 11 Kilo wiegen. Obgleich die Rasse sehr schnell wächst, ist sie erst etwa im Alter von vier Jahren voll ausgereift.
BESITZER: Sandee Reeves und Cheryl Paterson.

Gesundheit

Der Malamute ist im allgemeinen sehr kräftig und widerstandsfähig. Das herausragende Gesundheitsproblem ist zuweilen Hüftgelenksdysplasie. In der Rasse sind auch Fälle von Verzwergung - Achondroplasie - vorgekommen, meist ist dies bereits bei der Geburt zu erkennen. Auch das Auftreten von Hemeralopie - Tagesblindheit - Unfähigkeit, in strahlendes Licht zu sehen - und von erblichen Nierenerkrankungen (Renal Cortical Hypoplasie) wird berichtet, die in der Regel im Alter von sechs Monaten bis zwei Jahren zum völligen Nierenversagen führen. Weiterhin bekannt ist das Auftreten von Überfunktion der Schilddrüse (Hypothyroidismus). Bei Malamutes gibt es auch genetisch ausgelöste Kupfer- und Zinkmangelerscheinungen. Bereits in früher Jugend ist eine feste und konsequente Erziehung - ohne Härte - angezeigt. Damit beschäftigt man das hohe Energiepotential dieser Hunde, schränkt jugendbedingte Zerstörungslust ein. Der Fellwechsel kann recht lästig werden. Man muß die Hunde gegen übertriebene Hitze schützen. Es können *Hot-Spots* (nässendes Ekzem) auftreten. Am wohlsten fühlen sich Malamutes, wenn sie Gelegenheit zum Arbeiten und Spielen im Freien - auch in der Kälte - haben.

Welpen sollten Menschen gegenüber recht freundlich sein. Während des Zahnwechsels fallen die Ohren meist nochmals herunter, stellen sich aber ganz von allein wieder.

Alaskan Malamute

American Bulldog

Beschreibung

Der American Bulldog ist ein leichtfüßiger Schwergewichtler, ein kraftvoller, mittelgroßer. Hund. Der erste Eindruck ist immer der eines sehr großen und athletischen Bulldogs - nicht eines Terriers. Der Kopf wird als kastenförmig beschrieben. Der Oberkopf ist groß und quadratisch, Fangpartie nie schmal oder sich verjüngend. Augen rund und breit eingesetzt; Rosenohr oder Hängeohr. Körper robust und kraftvoll, nicht übertrieben breit. Tiefe Brust und ziemlich kurzer Rücken. Hals ziemlich kurz, Schultern breit und stark bemuskelt. Hinterläufe mäßig gewinkelt, Vorderläufe gerade und muskulös. Rute lang genug, um das Sprunggelenk zu erreichen, mäßig dick, nicht kupiert. Haarkleid kurz, hart und glänzend. Die ideale Widerristhöhe etwa 64 cm, Gewicht 55 Kilo. Widerristhöhe Rüden 56 bis 71 cm, Hündinnen 43 bis 66 cm, also eine große Variationsbreite, begleitet von entsprechenden variablen Gewichten. Die Rasse kann noch nicht als durchgezüchtet angesehen werden, ist weder von FCI, noch von den Englischen und Amerikanischen Kennel Clubs anerkannt. Was die Farbe angeht, sollte der American Bulldog zumindest 50 Prozent Weiß tragen, mit braunen oder gestromten Abzeichen und Flecken. Reinweiße Hunde sind zugelassen. Einfarbig Schwarz, Schwarzlohfarben, Schwarzleberfarben, Merle und Falb mit schwarzer Maske nicht erlaubt.

In Größe wie Typ gibt es bei den Amercian Bulldogs große Unterschiede, es besteht über die Idealform unter den Züchtern noch keine Übereinstimmung. Ob untersetzt und klein, groß und schwer, diese Hunde sind gesunde, verläßliche Wachhunde.
BESITZER: Louis Maldarelli.

Anpassungsfähigkeit

Aufgrund seiner Intelligenz und seines Charakters wurde der American Bulldog in den USA zu einem recht beliebten Wachhund. Bezaubernd die Kombination von athletischer Körperform und außerordentlich freundlichem Wesen. Besonders Kindern gegenüber ist er überaus lieb und freundlich, bleibt dabei dennoch ein guter Schutzhund. Er braucht dringend engen Kontakt zu seinem Besitzer, dabei von Jugend an eine konsequente Erziehung, da er recht eigenwillig sein kann. Aber sein Hauptbestreben im Leben ist es, seinem Herrn zu gefallen. Ausgewachsene American Bulldogs sind empfindsame, fröhliche Hunde, die auch einen guten Spaß verstehen.

Wachstumsphase

Mit sieben Wochen wiegen kleine Rüden fünf bis sieben Kilo, Hündinnen etwas weniger. Aufgrund der sehr unterschiedlichen züchterischen Ausgangslinien gibt es beachtliche Größenunterschiede. Hundefreunde sollten übertrieben große Hunde meiden. Von Natur aus sind diese Hunde groß und starkknochig. Wird dies aber übertrieben, führt es nur vermehrt zu HD, Gelenkmißbildungen, Magenumdrehung und anderen damit zusammenhängenden Problemen. American Bulldogs reifen langsam, insbesondere körperlich. Wirklich ausgereift sind viele nicht unter zwei Jahren. Die Widerristhöhe wird meist im ersten Jahr erreicht, in den folgenden Monaten werden die Tiere breiter. Ausgewachsensein zeigt sich durch Dominanzstreben und wachsende Schutzinstinkte. Diese müssen rechtzeitig richtig gelenkt werden. Insbesondere sollte man schon von Jugend an Dominanzstreben entgegentreten, darf Aggression niemals tolerieren.

Gesundheit

Aufgrund seiner bisherigen Seltenheit gibt es wenig Untersuchungsergebnisse von Tierärzten. Liebhaber müssen auf Hüftgelenksdysplasie, Gelenkprobleme und Knochenmißbildungen achten. Unerwünscht sehr starker Vorbiß, schmale Hinterhand und viele andere Probleme, die nun einmal Bulldog-Rassen beeinträchtigen.

Dieser braungestromte American Bulldog kann trotz seines freundlichen Wesens Hunden gegenüber aggressiv reagieren.
BESITZER: Louis Maldarelli.

Hinzu sollte man bei reinweißen Hunden und Nachkommen aus solchen Linien auf das Auftreten von teilweiser oder völliger Taubheit und/oder Blindheit achten. Von Jugend an muß auf konsequente Disziplin geachtet werden. Dies ist ein außerordentlich kräftiger Hund mit Dominanzstreben. Eine Fülle an Auslauf ohne aggressive Spiele und rigoroses Körpertraining führen dazu, diesen Bulldog fröhlich und zufrieden zu halten. Fellpflege ist bei den meisten Hunden minimal. Sie haben einen guten Appetit! Vorsicht, damit sie nicht zu schwer werden!

Welpen wachsen langsam, aber stetig. Von Anfang an muß der Besitzer Rudelführer sein, damit übermütige Junghunde nicht das Kommando im Haus übernehmen.
BESITZER: Louis Maldarelli.

American Bulldog

American Cocker Spaniel

Beschreibung

Der American Cocker Spaniel ist ein kleiner, kompakter Spaniel, besonders berühmt für seinen edelgeformten, gemeißelten Kopf und sein üppiges Haarkleid. Der Oberkopf muß schön gerundet sein, ohne Übertreibung und ohne Tendenz zur Flachheit. Augenbrauen und Stop ausgeprägt. Fang breit und tief mit quadratisch wirkenden, gleichmäßigen Kiefern. Vorderkopf kräftig. Augäpfel rund und voll, Augenlider leicht mandelförmig. Ohren lang mit feinem Ohrleder, stark befedert. Hals lang, Schulter gut zurückgelegt. Rücken kräftig und leicht abfallend, Rute kupiert. Brust tief und breit, Vorderläufe gerade und parallel, eng am Körper anliegend. Gute Hinterhandwinkelung. Pfoten kompakt und groß, mit gut verhornten Ballen. Haarkleid seidig, flach oder leicht gewellt, mit starker Befederung von Ohren, Brust, Bauch und Läufen. Die drei Farbschläge sind BLACK (einfarbig Schwarz oder mit Lohfarbe, niemals mit Weiß); ASCOB (Any Solid Color Other than Black) und Parti-Color einschließlich Schimmelung, bei denen die Grundfarbe nicht über 90 Prozent betragen darf. Widerristhöhe Rüden 38 cm, Hündinnen 36 cm.

Amerikas beliebtesten Spaniel trifft man in drei Farbschlägen an: Schwarz, ASCOB (Büffelfarben) und Parti-Color (Buntgefleckt). Obiger schwarzlohfarbener Cocker dokumentiert eleganten Körperbau und ein vorzüglich gepflegtes Fell.
BESITZER: Samuel B. und Marion W. Lawrence.

Anpassungsfähigkeit

Aus vielen Gründen ist der American Cocker Spaniel eine sehr populäre Auswahl als Familienhund. Er ist klein, man kommt leicht mit ihm zurecht, aber am wichtigsten, ein liebevoller und fröhlicher Hund. Cockers tun alles, um ihrem Besitzer zu gefallen. Sie sind fröhliche Haushunde, brauchen allerdings einige Zeit und Geduld ihres Besitzers. Selbst ein Cocker in *Pet-Clip* fordert eine ganze Menge Fellpflegezeit. Diese Zeit und Energie ist auch deshalb erforderlich, um den Hundegeruch auf ein Minimum zu bringen. American Cockers sind weniger jagdleidenschaftlich als andere Spaniel-Rassen. Die attraktive Erscheinung, sein eleganter Kopf und die liebevolle freundliche Wesensart werden dem American Cocker Spaniel, solange es Hunde gibt, immer neue Bewunderer bringen.

Ganz besonders weit oben in der Popularität angesiedelt sind Parti-Color Cockers. Dieser Schwarzweiße ist ein außerordentlich schöner Vertreter.
BESITZER: Brigitte Berg.

Dieser lederfarbene Spaniel gehört zu den ASCOB (Any Solid Color Other than Black). Büffelfarben dokumentieren den populärsten Farbschlag.
BESITZER: Mary Maloney und Lee Bergstrom.

Wachstumsphase

Ein neugeborener Cocker-Welpe wiegt etwa 170 Gramm. Bei gutem Wachstum erreicht er mit etwa acht Wochen ein Gewicht von 2 bis 2,5 Kilo. Die Rute wird auf zwei Drittel kupiert, Wolfskrallen im Alter von drei bis sechs Tagen entfernt. Ihr volles Gewicht erreichen Cocker im allgemeinen mit neun Monaten, wirklich ausgereift sind Hündinnen nicht vor 11 bis 13 Monaten, Rüden mit 12 bis 16 Monaten. Welpen sollten neugierig sein, keinerlei Anzeichen von Furcht zeigen. Achte auf gründliche Gesundheitsinformationen, gerade bei besonders populären Hunderassen gibt es viele mögliche Gesundheitsstörungen. Der Hauptfellwechsel beginnt gewöhnlich so etwa mit elf Monaten, in dieser Zeit kommt es leicht zu vielen Verfilzungen. Natürlich werden Umfang und Intensität der Fellpflege dem entgegenwirken. Nur durch tägliche Pflege kann das Fell hübsch und frei von Verfilzungen gehalten werden. Bis zum Alter von sieben Monaten sollte man unbedingt zweimal füttern, dann möglicherweise auf einmal übergehen, je nach Aktivitätsspiegel des Hundes, Futterverwertung und anderen Gesichtspunkten.

Auch wenn Du gute Erinnerungen an American Cockers aus Deiner Jugend hast, solltest Du heute um so sorgfältiger beim Kauf auf gute Zucht achten. Dies gilt im Grundsatz für alle besonders populär gewordenen Hunderassen.

Gesundheit

Wahrscheinlich aufgrund der überwältigenden Popularität in den USA gibt es beim American Cocker eine Reihe von Gesundheitsstörungen. Viele davon sind nicht besonders ernsthaft, können bei Frühdiagnose und guter Pflege behandelt werden. Zu den Augenproblemen gehören PRA, Starerkrankungen, grüner Star und Keratitis. Frage sorgfältig nach, bestehe auf Augenuntersuchung. Entropium, Ektropium und Cherry-Eye kommen vor. Ziemlich verbreitet trifft man auf Hautprobleme, insbesondere Allergien, Talgdrüsenstörungen, Außenhautzysten, Pusteln im Lefzenbereich. Cocker reagieren bei Hautproblemen gut auf Vitamin A.

Bei allem Charme und Liebenswürdigkeit des Cockers muß der Besitzer immer bereit sein, das üppige Fell zu pflegen, auch auf die wunderschönen Augen und langen Ohren zu achten.
BESITZER: Michael Jones.

Schwarze Hunde erkranken häufiger an bösartigem Mundkrebs. Achte auf Hüftgelenksdysplasie, Knieluxation, von befallenen Elterntieren sollte man keinen Welpen kaufen. Die Züchter sollten auf Faktor X, immunbedingte Bluterkrankung und IVD achten. An Cardiomyopathie leidende Cocker reagieren günstig auf taurine Ersatzstoffe. In einigen Linien trifft man auf Pulmone Stenosis, Hypothyroidismus, Distichiasis, Steinbildung und metabolische Leberschäden. Gesunde Cocker können über bis zu 15 Jahre Lebensgefährten außerordentlicher Qualität sein.

Viele Züchter unternehmen in der Cocker-Zucht Farbexperimente. Die Zuchtresultate sind manchmal aufregend. Hauptziel des Züchters sollte aber immer die Gesundheit des Hundes bleiben.
BESITZER: Michael Jones und Judith Beauchamp.

American Cocker Spaniel

American Eskimo

Der American Eskimo Dog besitzt ein reinweißes Haarkleid von vorzüglicher Qualität. Die Rute wird über dem Rücken gerollt getragen, charakteristisches Merkmal aller nordischen Hunde.
BESITZER: Margaret A. Cannon.

Beschreibung

Der American Eskimo Dog ist ein eleganter, reinweißer Hund, Repräsentant des klassischen nordischen Hundes. Stehohren, geringelte Rute, dickes, doppeltes Haarkleid, keilförmiger Kopf. Es gibt die Rasse in drei Größen, Standard, Miniature und Toy. Der Toy-Schlag ist weniger populär als die zwei größeren Ausgaben. Körperbau kraftvoll und kompakt, starke, etwas breite Brust, gerade Rückenlinie. Vorderläufe parallel und gerade, Hinterhand stark entwickelt mit guter Winkelung. Augen leicht oval, nicht geschlitzt. Ohren an den Spitzen leicht abgerundet. Der mittellange Hals mündet fließend in die Schulterpartie, erlaubt eine stolze Kopfhaltung. Rute über den Rücken geringelt getragen, nicht zu eng gerollt, keinesfalls doppelt. Haarkleid üppig, Qualität ist aber wichtiger als Quantität. Um den Hals deutlich erkennbare dicke Halskrause. Widerristhöhe im Standardtyp 38 bis 48 cm, Miniature 30 bis 38 cm, Toys unter 30 cm - Hündinnen immer etwa 2,5 cm niedriger. Hinweis: Die Rasse wird nur vom AKC anerkannt, weder von FCI noch English Kennel Club.

Anpassungsfähigkeit

Der American Eskimo hat ein freundliches und anschmiegsames Wesen, ist ein beliebter mittelgroßer Familienhund, dabei nicht so groß, daß er die Kinder umwirft. Keinesfalls solltest Du einen scheuen Welpen kaufen, dies könnte zu Schwierigkeiten führen. Obwohl außerordentlich intelligent braucht der Eskie geduldige und feste Erziehung. Wenn der Eskie wirklich lernen möchte, schafft er alles in Minuten. Die eigentliche Aufgabe des Ausbilders ist es, seinem Hund beizubringen, daß Unterordnung Spaß macht und sich lohnt. Eskies sind im und außerhalb des Hauses Hochaktivitätshunde. Wie andere Spitzrassen fühlen sie sich in Schnee und Kälte unendlich wohl. Dein American Eskimo braucht viel Zeit und Liebe. Diese Hunde sind ziemlich nervig und ihrer Natur nach unabhängig. Sie dürfen aber nicht vernachlässigt werden. Unbeschäftigt haben sie Langeweile und werden sehr leicht zum Kläffer, zuweilen auch zum Nervenbündel.

Wachstumsphase

Entsprechend den drei Größenschlägen variiert natürlich auch das Geburtsgewicht. Gewicht im Alter von acht Wochen bei Toys unter 1.400 Gramm, Miniatures 1.400 bis 2.300 Gramm, Standard 2.700 bis 3.600 Gramm. Im Durchschnitt wird körperliche Reife etwa mit einem Jahr erreicht. Typische Toys reifen am schnellsten heran, die Standards brauchen am längsten. Beim Kauf sollte man auf gute Pigmentbildung und korrektes Gebiß achten - Vorbiß ist recht häufig. Nase und Augenlider sollten im Alter von sechs Wochen schwarz durchgefärbt sein. Mit fünf bis sechs Monaten wird das Welpenhaarkleid gewechselt, danach Fellwechsel entsprechend der Jahreszeit. Bei Hündinnen weiß man aus Erfahrung, daß sie besonders intensivem Fellwechsel unterliegen, sie wirken dann nahezu kahl, dies tritt meist etwa im dritten Sommer auf. Ausgewachsene Rüden testen gerne die Autorität ihres Herrn. Die Erziehung sollte von früher Jugend an einsetzen.

Gesundheit

Achte darauf, daß Dein Eskimo aus einer Zuchtlinie kommt, wo Knochen und Gelenke einwandfrei sind - die ärztlichen Untersuchungszeugnisse der Vorfahren sind ebenso wichtig wie Unterordnungsprüfungen. Eskimos unterliegen in etwa den gleichen Fehlern wie ihre Vorfahren beim Deutschen Spitz, darunter Kryptorchismus und Monorchismus, schwache Gelenke, Hypoglykämie (sehr niedrige Glukosewerte im Blut) - besonders bei Toys - ungenügende Schädelknochenentwicklung (bei der Geburt offene Schädeldecke). Bei einigen Hunden schließt sich auch der Tränenkanal nicht. Meist macht die Erziehung des Eskimos sehr viel Freude, die Hunde lieben das Laufen und Spielen. Diese Eigenschaften sollte man in der Erziehung wie beim Auslauf nutzen. Zur Pflege gehört sehr viel Bürsten, beim Jahreszeitwechsel kommt es zu intensivem Fellwechsel. Übertriebenes Baden sollte man meiden, trotz des weißen Fells ist es überflüssig, da das Fell weitgehend selbstreinigend ist. Der Hund muß gut abgetrocknet werden, sonst kann es zu *Hot-Spots* (nässendes Ekzem) kommen.

American Eskimos brauchen erfahrene Besitzer. Werden sie nicht konsequent erzogen und gehalten, können sie schwierig und verschlossen werden.
BESITZER: Cyndi Richards.

Der Toy American Eskimo entwickelt sich schneller als die beiden anderen Varietäten. Das schwarze Pigment kann schon in der zweiten Lebenswoche komplett sein.
BESITZER: Marilyn A. Pike.

American Eskimo

American Foxhound

Dies ist der schlankere von zwei anerkannten Foxhound-Rassen - der American Foxhound, für die Jagd geboren. Foxhounds sind robuste Athleten.
BESITZER: James M. und Judy G. Rea.

Beschreibung

In Amerika kann der Foxhound in seinem Äußeren je nach den verschiedenen Typen variieren, die quer durch das Land von den Jägern gezüchtet werden. Unabhängig von solchen Abweichungen ist der American Foxhound ein eleganter, muskulöser, für die Jagd gezüchteter Hund. Die Vorderläufe sind gerade, Hüften und Hinterhand kraftvoll und muskulös; Sprunggelenk kräftig und tief herabgelassen. Rute nicht lang, fröhlich getragen, mäßig hoch angesetzt. Das Fell ist dicht und hart, typisch für Jagdhunde. Oberkopf ziemlich lang und leicht aufgewölbt, nie flach. Fang weder zu lang noch geschnürt. Die Ohren müssen lang sein - bis zur Nasenspitze reichen - sind tief angesetzt und in der Berührung weich. Augen groß, gut auseinander eingesetzt. Gesichtsausdruck schmelzend und freundlich. Bei Foxhound-Rassen spielt die Farbe eine untergeordnete Rolle, aber natürlich ist das klassische dreifarbige Muster am verbreitetsten.

Anpassungsfähigkeit

In erster Linie ist der American Foxhound ein Familienhund, erst in zweiter ein Jagdhund, der in der Meute arbeitet. Diese Hunde kann man als Allzweckhunde bezeichnen. Sie lieben Menschen und Kinder, sind Fremden gegenüber so aufmerksam wie sie auf die Fährte eines Fuchses reagieren. Naturgemäß sind sie als Meutehunde anderen Hunden gegenüber freundlich, arbeiten aber auch als Wachhunde, haben eine besonders wohltönende Stimme.

Ein Gesichtsausdruck, der das freundliche Wesen des Foxhounds spiegelt.
BESITZER: Juanita Troyer.

Wachstumsphase

Bei der Geburt wiegen American Foxhounds etwa 440 Gramm, bis zum Alter von sechs Wochen erreichen sie ein Gewicht von 3 bis 3,5 Kilo. Bereits mit sechs Monaten wiegen sie etwa 25 Kilo bei einer Widerristhöhe von etwa 56 cm. Körperlich ausgereift sind sie im allgemeinen mit 18 Monaten, wiegen dann etwa 30 Kilo, bei einer Widerristhöhe von etwa 58 bis 63 cm. Es ist üblich, so früh wie möglich an Vorder- und Hinterläufen die Wolfskrallen zu entfernen, da diese bei einem Jagdhund zu unnützen Verletzungen führen könnten. Die Ohren müssen jagdhundartig sein, lang, tief angesetzt und ziemlich breit. Dies sieht man bereits zum Zeitpunkt der Geburt und vor allen Dingen etwa im Alter von acht Wochen. Fellqualität und Farbveränderungen spielen eine minimale Rolle. Der einjährige Hund sollte aber ein mittellanges, hartes, allem Wetter widerstehendes Fell haben.

American Foxhounds brauchen die Gesellschaft anderer Tiere. Von Natur aus sind sie freundlich, lieben es, sich in der Gruppe einzuordnen.
BESITZER: Juanita Troyer.

Gesundheit

Foxhounds sind verhältnismäßig frei von Erbkrankheiten, widerstandsfähig gegen Krankheiten. Möglicherweise besteht die größte Gefahr in ihrem Übermaß an Energie und ihrem ziemlich furchtlosen Wesen, dies kann zu Verletzungen und gebrochenen Knochen führen. Man meidet am besten Zuchtlinien mit dem Merle-Erbfaktor einschließlich deren Kreuzungen, da der Merle-Faktor bekanntlicherweise bei Hunden Komplikationen auslöst. Es wird von einigen Rückenproblemen gesprochen, einschließlich Osteochondrose. Erkundige Dich unbedingt über Thrombocytopathie, eine Bluterkrankung, die nur in dieser Rasse auftritt. Am wohlsten fühlen sich Foxhounds in Gesellschaft anderer Hounds, sie brauchen sehr viel täglichen Auslauf und Spielmöglichkeit. Dieser Hund ist ein unermüdlicher Arbeiter, kein Hund, der sich unbeschäftigt im Haus wohlfühlt, deshalb werden Foxhounds meistens in Zwingern im Freien gehalten. Die erforderliche Fellpflege ist minimal, zumindest aber wöchentlich müssen Ohren und Augen auf Anzeichen von Infektionen oder Fremdkörpern überprüft werden.

Der Foxhound ist ein Überlebenskünstler im klassischen Sinn des Wortes. Mit Ausnahme seiner großen Anforderungen an Bewegung läßt er sich leicht halten und erreicht in der Regel ein Alter von über 13 Jahren.
BESITZER: Lisa Schinker.

American Foxhound

American Pit Bull Terrier

Beschreibung

Der American Pit Bull Terrier ist der wahre Gladiator unter den Hunden. Ein mittelgroßer Hund mit einem Gewicht zwischen 16 und 27 Kilo, Hündinnen noch etwas darunter. Kopf von mittlerer Länge, keilförmig. Im Ohrbereich flach und am breitesten, Backen gut bemuskelt. Fang quadratisch, breit und tief, mit stark entwickelten Kiefern. Ohren hoch angesetzt, kupiert oder nicht kupiert. Augen rund, Hals leicht aufgewölbt und muskulös. Schultern kräftig, gut zurückgelagerte Schulterblätter. Rücken kurz und kräftig, im Lendenbereich leicht aufgewölbt. Brustkorb tief, aber nicht zu breit. Rute verhältnismäßig kurz und spitz auslaufend. Läufe groß und mit runden Knochen, Sprunggelenke stark und gerade. Alle Farben möglich, Haarkleid kurz, bei der Berührung hart. Die Rasse ist weder von FCI noch British Kennel Club anerkannt.

Der athletische Pit Bull Terrier ist seiner Natur nach immer beschäftigt - a natural »doer«. Diese Hunde brauchen Aufgaben, um ihre Energien auszuarbeiten und einen verantwortungsvollen Besitzer, der sich um sie kümmert.
BESITZER: Vicki Clensy und Gary Cleary.

Anpassungsfähigkeit

Der Pit Bull Terrier ist ein angenehmer Familienhund; wenn er mit Kindern aufwächst, genießt er geradezu die ihn belästigenden Krabbelkinder, ist ihnen gegenüber weitaus toleranter als die meisten Hunde. In der Öffentlichkeit muß der Hund angeleint bleiben, da er es liebt, sich mit anderen auseinanderzusetzen - ein Erbe seiner früheren Kampfhundegeschichte. Wenn Du zur Verantwortung nicht bereit bist, ist dies keine Rasse für Dich, der Pit Bull verlangt als Besitzer einen wohlerzogenen, empfindsamen Menschen. Etwa 40 Prozent dieser Hunde sind Katzen (und anderen Tieren) gegenüber aggressiv - wiederum ein Erbe ihrer Kampfhundevergangenheit. Diese Hunde haben ein eisernes Gemüt, lieben Menschen mehr als irgend etwas anderes, sind Athleten par excellence. Gegenüber Erziehung zeigen sie sich etwas weich, können auch ziemlich dickköpfig sein. Entscheidend ist richtige Erziehung von früher Jugend an. Diese Hunde lieben das Leben im Haus, sind ebenso bereit zum Faulenzen wie zu anstrengenden, stundenlangen Spaziergängen.

Pit Bull-Welpen fordern bei der Erziehung eine liebende, verständnisvolle Hand, gerade wegen ihrer manchmal auftretenden Dickköpfigkeit.
BESITZER: Beth Jones.

Wachstumsphase

Da es zwischen den einzelnen Zuchtlinien beträchtliche Größenunterschiede gibt, variieren entsprechend auch die Welpengrößen. Im Durchschnitt wiegt ein sieben bis acht Wochen alter Welpe fünf bis sieben Kilo. Körperlich ausgereift sind die Hunde nicht vor zwei Jahren, wobei die maximale Widerristhöhe meist bereits mit einem Jahr erreicht ist. Erwachsene Pit Bulls wiegen etwa 16 bis 27 Kilo. Es gibt keine Berichte der Züchter über Probleme in der Wachstumsphase. Demnach brauchen die Hunde nicht mehr als qualitativ einwandfreies Junghundefutter, sehr viel Sozialisierung und Auslauf, gute Erziehung von früher Jugend an. Die Züchter berichten, daß mögliche Aggressionen anderen Hunden gegenüber meist erst mit etwa 18 Monaten erkennbar werden. Es wird empfohlen, daß ab diesem Alter die Hunde grundsätzlich an der Leine geführt werden sollten, um Auseinandersetzungen zu vermeiden.

Gesundheit

Nach vorliegenden Berichten ist die Rasse verhältnismäßig frei von Erbkrankheiten - auch von Hüftgelenksdysplasie. Käufer sollten darauf achten, daß die Welpen keinen Vorbiß, lose Gelenke oder übertriebene Knochen und Muskulatur (insbesondere im Schulterbereich) haben. Von Nierensteinerkrankungen wird berichtet. Wahrscheinlich das größte Hindernis, sich einen Pit Bull zuzulegen, liegt in seiner großen Kraft, gekoppelt mit seiner hohen Schmerzunempfindlichkeit. Gezerrte Muskeln, abgebrochene Zähne, gerissene Bänder sind verbreitete Verletzungen. Der Pflegeaufwand ist minimal. Entsprechend groß ist aber das Bedürfnis nach freiem Auslauf. Diese Hunde müssen sehr früh richtig erzogen werden, wobei der Junghund motiviert, nicht unterdrückt werden sollte. Nie darf man diese Hunde aggressiv machen! Törichte Menschen haben gerade dadurch die Rasse in Mißkredit gebracht. Es ist Sache jedes Pit Bull-Besitzers, in aller Öffentlichkeit zu demonstrieren, was für angenehme Familienhunde diese Vierbeiner sind.

Der Gladiator in der Hundewelt! Unmißverständlich ist der American Pit Bull Terrier ein selbstbewußter, wehrhafter Hund.

Achte auf den Gesichtsausdruck der Hündin. Bei richtiger Erziehung und Sozialisierung wird der Welpe ebenso gutartig und wesensfest sein wie seine Mutter.
BESITZER: Mary Martin und Mary Happel.

American Pit Bull Terrier

American Staffordshire Terrier

Beschreibung

Der American Staffordshire ist ein muskulöser und beweglicher Hund. Viele sehen ihn als die Ausstellungsversion des American Pit Bull Terriers, da auf den ersten Blick die zwei Rassen nahezu nicht voneinander zu unterscheiden sind. Der American Staffordshire Terrier, wie er seit 1972 genannt wird, ist ein untersetzter, robuster Hund mit einer Widerristhöhe von 43 bis 48 cm. Für seine Größe besitzt dieser Hund außerordentliche Kraft. Kopf mittellang, Oberkopf breit, Bakkenmuskulatur stark ausgeprägt. Ohren hoch angesetzt, natürliche Ohrhaltung - Rosenohr oder halb aufrecht getragen bevorzugt. Rücken ziemlich kurz, vom Widerrist bis zu den Lenden leicht aufgezogen. Rippenkorb tief und gut gewölbt. Läufe breit stehend, wodurch der breite Brustkorb Raum hat. Fell kurz, dicht und hart. Rute tief angesetzt, nicht kupiert. Die Farbe ist von keiner besonderen Wichtigkeit, die Hunde dürfen aber nie reinweiß, mehr als 80 Prozent weiß, schwarzlohfarben oder einfach leberfarben sein.

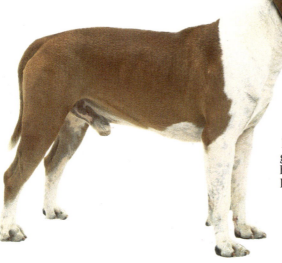

Der American Staffordshire Terrier ist ein kräftiger, robuster Hund mit aufgeschlossenem, ruhigem Wesen.
BESITZER: Yunhee und Kihong Kim.

Wähle immer einen Welpen mit Selbstvertrauen und Menschenfreundlichkeit, möglichst auch mit Scherengebiß.
BESITZER: Karen Hines.

Anpassungsfähigkeit

Der American Staffordshire Terrier stammt aus den gleichen Linien wie der American Pit Bull Terrier. Der AmStaff ist aber insgesamt bereits eine wesentlich besser durchgezüchtete Rasse, mehr auf das Ausstellungswesen ausgerichtet. Trotzdem sind diese Hunde dominant, recht mutig, bei vernünftigen Besitzern werden sie zum perfekten Familienhund und Gentleman. Kauft man diese Hunde von guten Züchtern, haben sie ein außerordentlich ausgeglichenes Wesen und vertragen sich recht gut mit Kindern. AmStaffs sind sehr aktive Hunde, lieben den Auslauf und freie Bewegung auf dem Land. Mit anderen dominanten Hunden kann es zu Schwierigkeiten kommen. Katzen gegenüber sind sie weniger freundlich als die meisten anderen Hunderassen.

American Staffords besitzen farbige Persönlichkeit und farbenfrohe Kleider.
BESITZER: J.D. Waymire.

Wachstumsphase

Das Geburtsgewicht liegt bei etwa 320 bis 380 Gramm. Über das erste Jahr verläuft das Wachstum ziemlich gleichmäßig, die volle Widerristhöhe ist mit 12 bis 14 Monaten erreicht. Danach werden Rüden wie Hündinnen über das zweite Lebensjahr noch im Körperbau breiter und tiefer, bei Rüden dauert es bis zum Ausgewachsensein zuweilen drei Jahre. Ein ausgewachsener Rüde erreicht leicht ein Gewicht von 32 Kilo. Aufgrund ihres Wachstums und ihrer Aktivität brauchen AmStaffs relativ hochwertige Nahrung, insbesondere im ersten Jahr. Gerade aufgrund des vorzüglichen Appetits dieses Hundes müssen die Besitzer einer Überfütterung vorbeugen, es könnte zu Dickleibigkeit und Gelenkproblemen kommen. Anders als bei anderen Rassen verändert sich eine fehlerhafte Gebißstellung bei diesen Hunden auch im Zahnwechsel nur sehr selten.

Gesundheit

Es gibt beim AmStaff eine Veranlagung zu Hüftgelenksdysplasie, Röntgen ist ein Muß. Auch Ellenbogendysplasie, lose Gelenke, überstarke Knochen und Muskulatur (insbesondere im Schulterbereich) sollten überprüft werden. Die außerordentliche Kraft dieser Hunde und ihre Schmerzunempfindlichkeit kann leicht zu Verletzungen wie Muskel- und Bänderzerrungen führen, auch zu abgebrochenen Zähnen.

Ein gerissenes Kreuzband ist nichts Ungewöhnliches, führt zu Langzeitschäden, wenn es nicht sofort behandelt wird. Man achte auf jedes Anzeichen von Lahmheit. Hündinnen sind wegen ihrer Neigung zu Scheinschwangerschaft bekannt, bilateraler grauer Star tritt in der Rasse auf. Auch über Allergien wird berichtet. Täglich muß das Fell gebürstet werden. Man achte auf der Haut auf trockene Stellen oder jede Rötung oder Reizung. Schon von früher Jugend an sollten diese Hunde erzogen werden, niemals darf man dabei Aggression oder Dominanzverhalten ermutigen.

Es ist wichtig, daß Hündinnen vor ihrem ersten Wurf ausgereift sind, nicht zu früh gedeckt werden. Gutes Wesen ist bei dieser Rasse ein absolutes Muß!
BESITZER: J.D. Waymire.

AmStaff-Welpen sind freundlich und auf Menschen geprägt, im Spiel aber echte Rowdies!
BESITZER: Judy Haight.

Schon spätestens im Alter von vier Wochen müssen Welpen ständigen Kontakt zum Menschen haben, um ihr angeborenes Vertrauen zum Menschen zu stärken.
BESITZER: Mary Jean Martin und Ruth Teeter.

American Staffordshire Terrier

American Water Spaniel

Eine wunderschöne, aber wenig verbreitete Jagdhunderasse. Der American Water Spaniel hat ein einzigartig enggelocktes Haarkleid in den Farben Leber, Braun oder Schokolade.
BESITZER: Sharon Dougherty.

BESCHREIBUNG

Der American Water Spaniel erreicht eine Widerristhöhe von 38 bis 45 cm. Die richtige Größe ist für die Symmetrie aller Körperteile sehr wichtig. Der Hund sollte etwas länger als hoch sein, weder quadratisch noch kompakt wirken. Die Haarstruktur und Farbe sind zu beachten. Das richtige Haarkleid variiert von einförmig wellig bis zu eng gelockt, muß nicht über den ganzen Körper gleichmäßig verlaufen. Um im Wasser und schwierigem Gelände zu arbeiten, ist die dichte Unterwolle des Hundes lebenswichtig. Die Farbe des Hundes ist entweder einfarbig Leberfarben, Braun oder Dunkelschokoladenfarben - etwas Weiß an Brust und Zehen erlaubt. Der Kopf des Hundes ist mäßig lang, Ohren lang und breit. Die Augen variieren zwischen hellem gelbbraun bis braun - leuchtend gelbe Augen disqualifizieren. Insgesamt ist dies ein kräftig gebauter, beweglicher Hund mit großen athletischen Fähigkeiten.

ANPASSUNGSFÄHIGKEIT

Ein unterordnungsfreudiger Jagdhund mit sehr ausgeprägtem Meuteinstinkt, der nur selten als Familienhund gehalten wird. Aber trotz seiner Neigung, seine eigenen Wege zu gehen, wird er zum vorzüglichen Familienhund, wenn er erst einmal weiß, wer der Boß ist. Ein handlicher Hund, sehr robust in der Haltung. Obgleich größer als der Cocker, ist er wesensmäßig anders. Ein Hund, der selbst denkt, deshalb klare Weisungen braucht. Er langweilt sich leicht, möchte eine Aufgabe, die er erfüllen muß. Geduldige Ausbilder erreichen mit dieser Rasse Vorzügliches. Wähle einen im Haus aufgezogenen Welpen, der furchtlos ist, einen munteren lebhaften Hund - dies führt zu einem friedlichen und erfolgreichen Zusammenleben. Diese Hunde binden sich

Ein phantastischer kleiner Jagdhund mit sehr viel Verstand. Trotz seines aufgeschlossenen Ausdrucks ist dieser Hund weniger leicht zu erziehen als der Cocker, fordert eine erfahrene Hand.
BESITZER: L.A. Alexander-Suesens.

sehr stark an ihre Besitzer, sind aber nicht besonders kinderlieb. Der Water Spaniel ist eigenwillig, weiß was ihm gehört, jagt nicht gern an der Seite von Fremden. Hündinnen bellen mehr als Rüden. Man darf diese Rasse nicht aus einer Laune heraus wählen. Ältere Hunde passen sich neuen Besitzern nur sehr schwer an.

Wachstumsphase

Im Alter von sieben bis acht Wochen wiegen American Water Spaniel-Welpen 3,5 bis 4,5 Kilo. Das Ausreifen dauert lange, manchmal bis zu 24 Monaten, obwohl in einigen Zuchtlinien auch zwölf Monate ausreichen. Ein ausgewachsener Rüde wiegt zwischen 13 und 20 Kilo, Hündinnen zwischen 11 und 18 Kilo. Beim Kauf achte man auf kompakten Körperbau, dickes gelocktes oder gewelltes Haarkleid. Kopf quadratisch, Fang mittellang, korrektes Gebiß. Man meide Welpen mit leuchtend gelben Augen, glattem Fell, insbesondere aber scheue oder überaktive Jungtiere. Heranwachsende Hunde unterliegen wenig körperlichen Veränderungen. Die Augenfarbe dunkelt etwas nach, die Körpersubstanz entwickelt sich, das Haarkleid wird dicker. Halbstarke Rüden testen ihre Besitzer, auch Hündinnen erweisen sich als recht munter. Beide Geschlechter haben einen ausgeprägten Besitztrieb. Bei richtiger Sozialisierung und Erziehung gehen solche Phasen rasch vorüber.

Gesundheit

Über diese Rasse gibt es wenige tierärztliche Untersuchungen. Nach den Züchterberichten treten Schilddrüsenunterfunktion, Hüftgelenksdysplasie und PRA auf, zuweilen auch Zwergenwuchs. Alle Zuchttiere sollten auf HD und PRA untersucht werden.

Ein Welpe sollte recht munter und aufgeschlossen sein, gelocktes Haar haben und keine leuchtend gelben Augen. Natürlich ist das Haarkleid der Hündin immer voller und dichter als das eines Welpen.

Beim Kauf sollte man beim Züchter nach Auftreten von Schilddrüsenproblemen, Jugendstar, Diabetes, gelben Augen und gelegentlich vorkommender Rattenrute fragen. Man sollte sich auch über das Wesen erkundigen. Wichtig ist, daß der Welpe gut sozialisiert ist, im Haus, nicht im Zwinger aufgezogen wurde. Diese Hunde brauchen viel Auslauf, insbesondere Schwimmen ist eine wichtige Aktivität in ihrem Leben. Besitzer sollten ihren Hunden immer etwas zu tun geben, sie auf die Jagd nehmen, Apportierspiele mit ihnen betreiben, um damit die ausgeprägte Arbeitsveranlagung des Hundes auszunutzen. Die Fellpflege ist einfach, muß aber durchgeführt werden, da das Fell recht dick ist, etwas ölig werden kann. Die Besitzer sollten regelmäßig Ohren, Haut und Analdrüsen überprüfen.

Zuchthunde müssen auf Augenerkrankungen untersucht werden.
BESITZER: Paul und Lynn Morrison.

Richtig sozialisierte Water Spaniels werden zu vorzüglichen Haus- und Wachhunden.
BESITZER: Sandra W. Bracken.

American Water Spaniel

Anatolischer Hirtenhund

Beschreibung

Ein muskulöser, schön proportionierter Hund, Widerristhöhe 71 bis 81 cm, Gewicht bis 63,5 Kilo. Ein großrahmiger Hund, erwünscht sind harte und schlanke Kondition. Ausgewogener Kopf mit kräftigem Fang, dreieckigen Ohren, mittelgroßen Augen, gut und breit eingesetzt, um ein breites Gesichtsfeld zu ermöglichen. Hals kraftvoll und muskulös, leicht geschwungen. Vorderläufe verhältnismäßig lang und starkknochig, Hinterhand muskulös, gut gewinkelt. Das Haarkleid variiert in seiner Länge beträchtlich - von kurz und gerade bis länger und leicht wellig, hat immer dicke Unterwolle. Gelocktes Fell unerwünscht. Eine Vielfalt an Farben ist zulässig, darunter Falbfarben, Falb mit schwarzer Maske, Gestromt mit Weiß. Rute ziemlich hoch angesetzt, bis zum Sprunggelenk reichend. In Ruhestellung tief getragen, leicht geschwungen. In Erregung hoch und radförmig getragen.

Der Anatolische Hirtenhund ist ein eindrucksvoller, großrahmiger Wachhund, starkknochig und kraftvoll. Es gibt ihn in Dutzenden von Farben und Farbmustern.
BESITZER: Vernon und Di Miles.

Anpassungsfähigkeit

Ein außerordentlich territorial ausgerichteter natürlicher Wachhund. Er bedarf großer Sorgfalt bei der Aufzucht, um ihn richtig zu ernähren und ihn zu einem ruhigen und gehorsamen Wachhund zu erziehen. Mit Kindern ist er freundlich, weniger geeignet für Kinder unter fünf Jahren, weil der Hund einfach zu groß und zu kräftig ist. Dieser Hund läßt sich nicht mit Gewalt abrichten, braucht vielmehr eine geduldige Erziehung. Traditionelle Unterordnungstechniken bewähren sich weniger, man sollte sich entsprechend vom Züchter beraten lassen. Ausgewachsene Hunde des gleichen Geschlechts kommen nicht gut miteinander aus. Dieser Hund neigt wenig zum Streunen, ist stark territorial geprägt. Für Städte weniger geeignet. Der Hund braucht ein großes Gelände, wo er sich unangeleint bewegen kann. Ein mutiger und tapferer Hund, dessen Haltung viel Freude macht.

Anatolier sollten nicht in gleichgeschlechtlichen Paaren gehalten werden, da sie zum Raufen neigen. Ihre Wesensmerkmale entwickeln sich schneller als ihr Körperbau - feste Erziehung von früher Jugend an ist unerläßlich.
BESITZER: Wanda Stutzer und Editha Collins.

Wachstumsphase

Anatolische Hirtenhunde sind sehr große Hunde, größer als sie auf den Bildern wirken. Bereits mit acht Wochen wiegen sie etwa 17 Kilo. Die Wachstumsphase dauert lange, Rüden sind mit etwa vier Jahren, Hündinnen mit drei Jahren voll ausgewachsen. Bei der Auswahl achte man auf dunkle Augen, breiten und tiefen Kopf und Fang. Die beste Farbe ist Falb mit schwarzer Maske. Im Wesen müssen diese Hunde mutig sein, ihre Eltern sollten natürlichen Wachinstinkt zeigen, aber keine Aggression. Der heranwachsende Anatolier braucht beachtliche Futtermengen, ist die richtige Größe erreicht, fällt der Appetit drastisch ab. Es gibt keine Notwendigkeit zur Überfütterung, für die Größe ist der Appetit der Erwachsenen mäßig. In den Flegeljahren stehende Rüden werden manchmal ungehorsam, zeigen sich als Machos. Frühsozialisierung ist absolut erforderlich, um den Anatolier zu einem angenehmen Lebensgefährten zu machen.

Gerade acht Wochen alt kann ein Welpe bereits 17 Kilo wiegen. Die Eltern sollten mutig und selbstbewußt sein.
BESITZER: Louise und Elizabeth Emanuel.

Gesundheit

Über lange Zeiten wurde der Anatolische Hirtenhund nur für seine Aufgaben gezüchtet, die türkischen Hirten unterwarfen ihn einem harten Auswahlprozeß. Hieraus entstand eine Hunderasse weitgehend frei von erblichen Gesundheitsschäden. Heute beobachtet man Vorkommen von HD, Entropium, Schilddrüsenunterfunktion, einseitigem oder beidseitigem Kryptorchismus, außerdem Vorbiß, Kreuzbiß und zeitweise Aggression. Käufer sollten auf genaue Untersuchung der Elterntiere sowohl auf Gesundheit wie auch Wesen achten. Verantwortungsbewußte Züchter ermutigen die Käufer, sich eingehend umzusehen, auch bei anderen Züchtern, um soviel wie möglich über die Rasse in Erfahrung zu bringen. Die Hunde haben einen großen Bewegungsbedarf, der durch lange Spaziergänge aber leicht gedeckt werden kann. Die Fellpflege ist zwar einfach, jedoch aufgrund des dichten Fells zeitintensiv. Anatolische Hirtenhunde haben eine Lebenserwartung von 12 bis 13 Jahren, einige sogar mehr - sehr erstaunlich für einen so großen Hund!

Welpen entwickeln viel Energie und tüchtigen Appetit.
BESITZER: Louise und Elizabeth Emanuel.

Zu ihnen anvertrauten Tieren sind diese Hunde sehr beschützend und freundlich.
BESITZER: Gayle Bouder.

Anatolischer Hirtenhund

Australian Cattle Dog

Beschreibung

Ein echter Arbeitshund. Der Australian Cattle Dog zeigt Kraft, Beweglichkeit und Ausdauer bei einem kompakten und harmonischen Körperaufbau. Der Kopf ist im Oberkopf breit, leichte Stirnfurche zwischen den Ohren. Die Backenpartie ist muskulös, ohne Übertreibung. Fang gut entwickelt, unter dem Auge ausgefüllt. Augen oval, weder eingesunken noch hervortretend. Ohren von mäßiger Größe, kleine Ohren gegenüber großen bevorzugt. Hals außerordentlich muskulös, keinesfalls Wammenbildung. Rückenlinie gerade, Rücken kräftig, langer Rumpf, leicht abfallend. Tiefe Brust und gute Rippenwölbung. Rute tief angesetzt, mittellang. Haarkleid gerade, mittellang, bei kurzer dichter Unterwolle. Farbe entweder blau oder rot gesprenkelt; schwarze, lohfarbene, rote oder blaue Markierungen am Kopf erwünscht, nicht aber am Körper. Bei blauen Hunden ist lohfarbene Unterwolle erlaubt. Widerristhöhe 43 bis 50 cm.

Der Australian Cattle Dog besticht durch Symmetrie, Muskelkraft und Gesundheit. Er ist ein Arbeitshund, Fremden gegenüber mißtrauisch, läßt sich aber gut erziehen.
BESITZER: Linda Bernard und The Ruben Hortas.

Anpassungsfähigkeit

Der Australian Cattle Dog lebt am liebsten im Freien, eignet sich weniger gut für ein Leben im Haus, ist ein guter Wächter von Familie und Eigentum. Er verlangt einen willensstarken Besitzer, denn er selbst ist auch willensstark - *smarter als ein durchschnittlicher Kuhhirte*. Von Jugend an muß er richtig erzogen werden. Entgegen vielen Gerüchten sind diese Hunde weder wild noch angriffslustig, haben aber einen ausgeprägten Schutztrieb.
Sie sind vielseitige Hunde, die sich außerordentlich gut anpassen, ihrer Familie viel Freude schenken. Gemeinsam mit der Familie lieben sie Arbeiten, Spielen und Ausruhen. Im allgemeinen leben sie innerhalb ihrer Familie am liebsten als Einzelhund.

Welpen wachsen in ihre Ohren hinein, manchmal dauert es neun Monate. Ausstellungswelpen sollten weder Löffel- noch Fledermausohren haben.
BESITZER: Bill und Susan Streaker.

Wachstumsphase

Mit sieben bis acht Wochen wiegen Australian Cattle Dog-Welpen vier bis fünf Kilo. Ihre volle körperliche Reife erreichen sie etwa mit zwei Jahren, einige Rüden noch etwas später. Zwischen neun und zwölf Monaten liegt eine besonders starke Wachstumsphase, in diesem Zeitraum erscheinen die Hunde etwas hochläufig und unausgewogen. Entsprechend brauchen die Hunde Bewegung, auch der Nahrungsbedarf ist in dieser Zeit höher. Die Rasse ist für ihren guten Appetit bekannt. Die Welpen der Rasse werden weiß geboren, schwarze Abzeichen sind unerwünscht. Etwa im Alter von zwei Wochen beginnt sich die erwünschte blaue oder rote Färbung zu zeigen. Die heranwachsenden Junghunde unterliegen zuweilen zwei bis drei Fellwechseln, die recht stark ausfallen, Deckhaar wie Unterwolle wird völlig erneuert. Bei heranwachsenden Hunden beobachtet man auch Wesensveränderungen, insbesondere Perioden fehlenden Selbstvertrauens. Die Züchter empfehlen, daß die Besitzer gerade während dieser »Angstphasen« sehr konsequent und beruhigend sein müssen.

Schon mit acht Wochen ist der Australian Cattle Dog ein untersetzter, kräftiger Hund mit starkem Bewegungsdrang und ausgeprägtem Willen, sich nützlich zu machen. Welpen brauchen Aufgaben, die ihre Pfoten, ihre Kiefer und ihre Vorstellungskraft beschäftigen.
BESITZER: Rhue Jefferson.

Wolfskrallen an den Hinterläufen sind eindeutig unerwünscht, ebenso Stummelrute, Ringelrute, hoch, gekrümmt oder über dem Rücken getragene Rute.

Gesundheit

Wahrscheinlich geht es auf die breite genetische Grundlage und harte Frühselektionen auf Arbeitsfähigkeit zurück, weshalb der Australian Cattle Dog weitgehend frei von genetischen Mängeln und auch Krankheiten gegenüber recht robust ist, selbst gegen Krebs. PRA und Taubheit sind die Hauptprobleme der Rasse. Die richtige Auswahl des richtigen Rassetyps steht in der Verantwortung des Züchters, unerwünscht ist Grobheit oder Windigkeit, steile Schultern und Kniegelenke, Kuhhessigkeit oder Faßbeinigkeit. Alle diese Merkmale könnten mit zunehmendem Alter Komplikationen auslösen. Nach Berichten kommt es zuweilen zu Nierensteinbildung. Die richtige Pflege der dicken Unterwolle ist wichtig, um Ekzeme und Hautprobleme zu vermeiden. Die mittlere Lebenserwartung liegt etwa zwischen neun und zwölf Jahren.

Diese zwei Junghunde wurden reinweiß geboren, erst einige Wochen später bildete sich ihre blaugesprenkelte Färbung.
BESITZER: Jamie Hansen.

Australian Cattle Dog

Australian Kelpie

Beschreibung

Der Kelpie ist gelenkig und aktiv, zeigt schon in seiner äußeren Form großartige körperliche Reserven und Ausdauer, ohne jede Anzeichen von Grobheit oder Schwerfälligkeit. Die Rüden haben eine Widerristhöhe zwischen 46 und 50 cm, Hündinnen 43 bis 48 cm. Die größeren und länger gestreckten Hunde werden bevorzugt, nie sollte der Kelpie quadratisch erscheinen. Zwischen den Ohren ist der Kopf breit, Oberkopf flach, sich in Richtung Fang verschmälernd. Ohren mäßig lang, von guter Größe (weder Fledermaus- noch Löffelohren). Augen breit auseinander eingesetzt, mandelförmig und von dunkler Farbe - helle Augen wirken bedrohlich. Hals kräftig und stark, die Schulterpartie zeichnet sich deutlich ab, Schultern eng beieinanderstehend. Die schräggestellten Schultern dürfen weder zu weit nach vorne gelagert noch zu steil gewinkelt sein. Brust mehr tief als breit, starke Rippenwölbung unerwünscht. Hinterhand breit und kräftig mit langem Ober- und Unterschenkel. Wolfskrallen an den Hinterläufen nicht erwünscht. Rute leicht geschwungen, bis zum Sprunggelenk reichend, in der Erregung hoch getragen. Haarkleid mäßig kurz, flach anliegend mit starker Unterwolle. Farben Schwarz, Schwarzlohfarben, Rot, Rotlohfarben, Falb, Schokoladenfarben und Rauchblau.

Als Arbeitshund hat der Kelpie wenig Konkurrenten. Sein Gesichtsausdruck darf nie verschlagen oder grob wirken.
BESITZER: Philip Delathiere.

Anpassungsfähigkeit

Der Kelpie gehört zu den ausdauerndsten Hütehunden, er arbeitet ruhig und bewegt alle Haustierarten, wird aber in erster Linie zum Hüten von Schafen und Kühen eingesetzt. Athletische Hunde, außerordentlich selbständig. Wahrscheinlich hat der Kelpie viel zuviel Energien, um als Haushund einzeln gehalten zu werden, dennoch zeigt er eine ausgeprägte Liebenswürdigkeit, insbesondere Kindern gegenüber. Einem Kelpie muß man immer etwas zu tun geben. Hundeliebhaber sollten sich des stark ausgeprägten Hüteinstinkts bewußt sein und verstehen, daß dieser Hund sich nicht wohlfühlt, wenn er einzig und allein seine Familie zum Hüten hat. Als Wachhund ist die Rasse nicht geeignet.

Athletisch und kraftvoll aufgebaut besitzt diese Hunderasse mehr Ausdauer als irgendeine andere. Gib diesem Hund Beschäftigung oder er sucht sich seine Arbeit selbst!
BESITZER: Philip Delathiere.

Mit der Erziehung sollte man beim Kelpie so früh wie möglich beginnen, diese Hunde sind körperlich wie geistig robust und aufgeschlossen. Klare Erziehung und eine liebevolle Hand erreichen alles, um dem Kelpie seinen richtigen Platz zuzuweisen.
BESITZER: Philip Delathiere.

WACHSTUMSPHASE

Ursprünglich wurden Kelpies der natürlichen Auslese unterworfen, Überleben der Robustesten! Dies hat eine sehr natürliche und problemfreie Hunderasse geschaffen. Kelpie-Junghunde wachsen völlig normal und unkompliziert heran, erreichen etwa mit zwei Jahren ihre körperliche Reife, wiegen dann etwa 14 Kilo. Die ersten Schritte in der Hütehundeausbildung beginnen mit etwa vier Monaten. Trotzdem erreicht der Kelpie nach Auffassung der Schäfer als echter Arbeitshund seine Spitzenleistung erst im Alter von drei Jahren. Aufgrund des ständigen Inbewegungsein und des athletischen Arbeitspensums brauchen alle Kelpies gute Nahrung. Gerade Hunde an der Herde sollten sachgemäß gefüttert werden.

GESUNDHEIT

Als außergewöhnlich athletischer und anpassungsfähiger Hund gibt es beim Kelpie wenig erbliche Krankheiten, hat die Rasse eine starke Widerstandskraft gegen Krankheiten. Bewegungsarmut bedeutet für diese Hunde Streß, für ihr Wohlbefinden brauchen sie sehr viel Bewegung und geistige Anregungen. Wenn dies nicht beachtet wird, kann dieser außerordentlich aktive Hund buchstäblich selbstzerstörerisch werden - dabei ist Streß der Hauptauslöser eines solchen Zustands. Auf gesunde Hüften sollte man achten. Ältere Hunde leiden verbreitet an Arthritis, was aber wahrscheinlich auf ihren ungewöhnlich harten Lebensstil und ihr mutiges Herangehen an jede Aufgabe zurückzuführen ist. In einigen Linien tritt Taubheit auf. Die durchschnittliche Lebenserwartung des Kelpies beträgt etwa 10 Jahre, es gibt aber auch Berichte über Hunde, die 17 Jahre alt geworden sind.

Australian Kelpie

Australian Shepherd

Der Australian Shepherd bietet ein Bild von Symmetrie und Leistungsfähigkeit. Die Rasse vereint gutes Aussehen und unvergleichlichen Arbeitseifer zu einer hochinteressanten Hundepersönlichkeit.
BESITZER: J. Frank Baylis.

Beschreibung

Australian Shepherds sind immer etwas länger als hoch. Das Haarkleid ist von mittlerer Länge, verschieden gefärbt, natürliche oder kupierte Rute. Der Hund ist ein Musterbeispiel von Symmetrie und Ausdauer mit leicht erkennbarer Beweglichkeit. Kopf kraftvoll und schön geformt, Oberkopf flach oder ganz leicht aufgerundet. Mäßiger Stop. Der Fang verschmälert sich nach vorne leicht. Kräftiger Hals von mittlerer Länge, Körper fest, Rückenlinie gerade. Brust tief, Lendenpartie kraftvoll und breit. Rute sollte auf 10 Zentimeter kupiert werden. Vor- und Hinterhand ausgewogen, mäßig gewinkelt, mit genügend zurückgelagerter Schulter. Haarkleid von mittlerer Struktur, gibt guten Schutz gegen die Witterung, sollte aber nicht zu üppig sein. Farben Bluemerle, Rot (Livermerle), einfarbig Schwarz, einfarbig Rot (Leberfarben, mit oder ohne weiße und/oder lohfarbene Abzeichen). Weiße Körperflecken unerwünscht. Das Farbmuster variiert von geschimmelt über gefleckt, gesprenkelt bis zu marmoriert. Widerristhöhe Rüden 50 bis 58 cm, Hündinnen 46 bis 54 cm. Die Rasse ist Stand Anfang 1997 von der FCI und damit durch die europäischen Hundezuchtvereine noch nicht anerkannt, wohl aber durch den Amerikanischen und Englischen Kennel Club.

Anpassungsfähigkeit

Der Aussie ist ein denkender Hütehund. Bei seinen Aufgaben zeigt er eine gute Hüteveranlagung und Schutztrieb. Fremden gegenüber ist er von Natur aus mißtrauisch. Als Familienhunde gelten diese Hunde als loyal und unterordnungsfreudig, sie sind dabei aber selbstbewußt. Aussies übernehmen gerne selbst die Initiative, sind fleissige Arbeiter und passen sich überall sehr gut an. Viele Hunde arbeiten in der Hitze von Texas, zahlreiche andere hüten bei Temperaturen unter 0° C im kanadischen Winter. Diese Hunde brauchen viel Bewegung und Anwendungsmöglichkeiten für ihre Talente. Zuhause benehmen sie sich gut, zeigen sich freundlich.

Ausgewachsene Aussies sind kluge, selbstbewußte Familienhunde. Aufgrund ihrer guten Eigenschaften gewinnen sie immer mehr an Popularität.
BESITZER: Mary-Lou E. Trone und Joan Della Rocco.

Wachstumsphase

In den einzelnen Zuchtlinien der Rasse gibt es beträchtliche Unterschiede, sowohl in der Größe wie im Wachstumstempo. Neugeborene Welpen wiegen zwischen 250 und 500 Gramm, ein ausgewachsener Australian Shepherd erreicht 32 Kilo. Die körperliche Reife ist meist erst mit drei Jahren erreicht. Bei den größeren Schlägen beobachtet man drastische Wachstumsschübe, in dieser Zeit übertrifft das Wachstum des Skeletts die Muskelentwicklung, dadurch wirken die Hunde hochläufig und unausgewogen. Sachgerechte Ernährung über diese Zeit ist wichtig, um möglichen Gelenkproblemen vorzubeugen. Auch die Bewegung sollte entsprechend angepaßt werden. In der Rasse gibt es deutliche Farbveränderungen. Die Welpen werden mit buntpigmentierten Nasen geboren, die sich nach und nach durchpigmentieren, auch die Bluemerlefärbung entwikkelt sich langsam. Kupferfarben verstärken sich im allgemeinen, bereits wenige Wochen nach der Geburt. Die Gebißstellung ist in der Regel mit sechs Monaten abgeschlossen, bei einigen Hunden sind aber Veränderungen noch bis zu zwei Jahren festzustellen. Vor- oder Rückbiß über 2,5 mm führen zu Disqualifikation. Wolfskrallen werden in den meisten Fällen in früher Jugend entfernt.

Um Dich vom guten Wesen eines Welpen zu vergewissern, solltest Du Dir immer die Mutter ansehen. Sie sollte ruhig, vertrauenswürdig und der Umwelt gut angepaßt sein.
BESITZER: Sandra K. Noell.

Gesundheit

Der Australian Shepherd ist eine robuste Hunderasse, seiner Umgebung gegenüber sehr anpassungsfähig und mit viel Widerstandskraft gegen Krankheiten. Die häufigsten Probleme dieses robusten Hütehundes sind durch Unfälle verursachte Verletzungen. Diese Rasse jagt gerne Fahrrädern, Autos und anderen beweglichen Objekten nach, versucht dabei den eigenen Hütetrieb auszuarbeiten. Als Hütehund kommt es natürlich zeitweise zu Verletzungen durch Tritte von Kühen. Routineuntersuchungen auf Hüftgelenksdysplasie, PRA und Retinaerkrankungen werden empfohlen. Als weitere Augenprobleme der Rasse wird von Microphthalmia (kleine Augen), Collie-Auge und Starerkrankungen berichtet. Interessenten sollten sich vor homozygoten Merle-Hunden hüten, die aus Kreuzungen von Merle x Merle entstehen. Solche Hunde sind für Gesundheitsprobleme außerordentlich anfällig. Es kann zu Taubheit, Blindheit, Nierensteinen und anderen Schwierigkeiten kommen. Fellpflege ist erforderlich, aber nicht in übertriebenem Maße. Durch Verfütterung von qualitativ hochwertigem Futter kann man die Hunde vor Hauterkrankungen wie *Hot-Spots* schützen. Die Lebenserwartung von Aussies wird mit 12 bis 15 Jahren angegeben.

Merlefarbene Hunde haben blaue Augen, ihr Fell dunkelt mit dem Alter meist nach.

Australian Shepherd

Australian Silky Terrier

Der Australian Silky Terrier entstammt der Kreuzung zweier populärer Kleinhunderassen des 20. Jahrhunderts, vereint die Vorzüge des Yorkshire Terriers und des Australian Terriers. Dabei zeigt der Australian Silky den Charme eines Kleinhundes, verbunden mit der Tapferkeit des Terriers.
BESITZER: William A. und Stephany S. Monteleone.

Beschreibung

Der blaulohfarbene Australian Silky Terrier ist ein echter Kleinhund. Sein Haar ist von seidiger Struktur, gerade, fein und leuchtend - nicht so lang, um bis zum Boden zu reichen, die Körperlinie zu verdecken. Es muß immer gut gepflegt sein, wird aber nicht eigens geformt. Das dichte Haar am Kopf bildet einen *Topknot,* Farbe Silber oder Falb. Haarlänge von hinter den Ohren bis zum Rutenansatz 13 bis 15 cm. Läufe von Knien und Sprunggelenken an bis Pfoten frei von langem Haar. Widerristhöhe des Australian Silky Terrier ungefähr 23 cm, Hündinnen etwas weniger. Erwünschtes Gewicht etwa vier Kilo. Kopf keilförmig, kräftig, mäßig lang. Ohren klein und v-förmig, hoch angesetzt und aufrecht getragen. Oberkopf flach, Stop schwach. Hals mittellang und fein. Obere Linie gerade, ohne Einsenkung. Brust mäßig breit, bis zum Ellenbogen reichend. Körper mäßig tiefgestellt. Rute hoch angesetzt, kupiert, gut behaart, aber frei von starker Befederung. Schulter gut zurückgelagert, Vorderläufe gerade, ziemlich feinknochig, Pfoten katzenartig und klein. Hinterhand kräftig entwickelt, gute Kniewinkelung. Von hinten gesehen Sprunggelenke tiefgestellt und parallel. Die Farbe variiert von Silberblau, Taubenblau bis Schieferblau, wobei das Tan - die Lohfarbe - immer dunkel und leuchtend ist.

Anpassungsfähigkeit

Der lebhafte Australian Silky Terrier ist ein idealer, pflegeleichter Miniature Terrier. Sein Fell, gebildet aus nahezu menschenartigem Haar, fällt nicht aus. Der Silky liebt es, im Haus zu leben, mit seinem Frauchen und der ganzen Familie. Er ist aber trotzdem kein Schoßhund! Diese Hunde sind robust genug, auch große Spaziergänge mitzumachen, in Australien arbeiten sie noch heute auf der Jagd. Sie tolerieren Kinder, haben aber wenig Spaß daran, Kleinkindern zu sehr ausgesetzt zu sein. Dieser Hund ist leicht zu erziehen, trotz all seiner *Seide* ist er *ein Hund* geblieben, einer, der es in sich hat. Ein Hund ohne Übertreibungen, man sollte ihn aber immer als Terrier behandeln, nicht als Spielzeug.

Der Aufstieg eines wunderbaren Kleinhundes, der weder sein Spielzeug noch seine Haare im ganzen Haus verstreut. Richtig erzogen ist der Australian Silky sehr aufgeschlossen und gehorsam. Kommt es mit der Rasse zu Problemen, hat der Mensch seinen Silky verdorben.
BESITZER: Ginny Curtis und Norma Baugh.

Wachstumsphase

Acht Wochen alte Silky Terrier wiegen etwa 1.400 Gramm. Innerhalb der ersten Woche müssen die Wolfskrallen entfernt, die Rute auf ein Drittel kupiert werden. Die Farben verändern sich beim Silky in ein Silberblau bis Schieferblau, mit lohfarbenem Gesicht und Pfoten, falbfarbenem *Topknot*. Körperliche Reife ist meist mit 18 Monaten erreicht, gleichzeitig ist auch das Erwachsenenhaarkleid in seiner Farbe voll entwickelt. Die Ohren stellen sich mit etwa vier Monaten. Australian Silky Terrier Welpen sollten selbstbewußt und freundlich sein, aus scheuen Welpen werden leicht Angstbeißer. Silky Terrier benötigen von früher Jugend an sehr viel Sozialisierung und Zeit, die man in der menschlichen Familie für sie übrig haben muß. Sie brauchen unbedingt Freundlichkeit, dabei konsequente und gleichmäßige Erziehung. Gut aufgezogene Silky Terrier sind meist für Familie und Wohnung ein guter Schutz, werden sogar großartige Wachhunde.

Silky-Welpen sind nicht von Geburt an seidig. Um richtig auszureifen braucht das Fell etwa 18 Monate.
BESITZER: M. L. und S. Stegemann.

Gesundheit

Die durchschnittliche Lebenserwartung des Australian Silky Terrier liegt etwa bei 12 bis 13 Jahren, Einzelne Tiere wurden bis nahezu 20 Jahre alt. Eine robuste Rasse, geschmückt durch ein luxuriöses Haarkleid. Die Pflegeanforderungen sind nicht übertrieben, man braucht aber immer so etwa 15minütige Pflegesitzungen. Nur wenig Trimmen ist erforderlich. Regelmäßiger Auslauf und ständige konsequente Unterordnungserziehung sind ein Muß. Als Rasse ist der Australian Silky Terrier relativ frei von Gesundheitsproblemen, es gibt aber die allgemeinen Erkrankungen, die nun einmal bei Kleinhunderassen auftreten. Hierzu gehören Hypoglykämie, Kryptorchismus, Patellaluxation, Nierensteine und Diabetes Mellitus. Auch Legg-Perthes-Erkrankung tritt auf. Hinzu kommt eine recht seltene Erkrankung namens *Storage Disease*, eine Stoffwechselstörung. Befallene Tiere scheinen bei der Geburt meist normal, wachsen aber nicht gut weiter, fallen später der Krankheit zum Opfer.

Etwa mit vier Monaten, manchmal früher, beginnt sich das Silkyohr natürlich zu stellen.
BESITZER: M. L. und S. Stegemann.

Australian Silky Terrier

Australian Terrier

Der Ausdruck des Australian Terriers wirkt intelligent und aufmerksam, der Kopf wird von einem weichen Haarschopf geziert.
BESITZER: Amy R. Marder, DVM.

Beschreibung

Klein, aber robust! Der Australian Terrier ist ein winziger Arbeitsterrier mit einer Widerristhöhe von 25 cm, Gewicht sechs Kilo. Das Haarkleid ist durch eine rauhe Halskrause und »Apron« - dazu weichem Topknot - gekennzeichnet, sonst insgesamt von sehr harter Struktur (etwa 6 cm lang, mit Ausnahme der Rute). Der Körper ist beträchtlich länger als hoch. Ein Hund in guter Arbeitskondition zeigt eine gute Ausgewogenheit in Anatomie wie Gewicht. Knochen mittelstark. Ohren aufrecht stehend, nicht seitlich getragen. Rute kupiert. Die Farben des Australian Terrier sind Blau mit Lohfarben, einfarbig Sandfarben oder Rot. Die zwei letzteren Farben gelten nur in den USA. Verwaschene Markierungen in den Farbpartien sind fehlerhaft, ebenso reinschwarzes Körperhaar und weiße Abzeichen an Pfoten und/oder Brust. Der Kopf muß lang und kräftig sein, intelligenter Ausdruck. Zu beachten ist ein V-förmiger Bereich mit weniger Behaarung, der sich von der Nase bis zum Fang erstreckt. Der Hals ist lang und leicht gebogen. Gute Rippenwölbung, der Hund darf dabei aber nie rundlich wirken. Lendenpartie ziemlich kurz, Bauchlinie leicht hochgezogen. Die Hunde sollten nie plump wirken. Vorderläufe gerade, Hinterläufe kräftig und in Knie und Sprunggelenk gut gewinkelt.

Anpassungsfähigkeit

Der Australian Terrier hat immer etwas Wichtiges zu tun. Ein kleiner, sehr beschäftigter Hund, der durchaus gehorsam und intelligent ist. Natürlich muß der Hund entsprechend erzogen werden, er entwickelt sonst seine eigenen Ideen. Die Hunde sind rasch in der Problemlösung, ihrer Natur nach Arbeitshunde; ihrem Besitzer bereiten sie gute Stunden enger Zusammenarbeit und machen ihm viel Freude. Sie sind gute Wachhunde, keine Kläffer, aber von einigem Temperament. Die Hunde sind leicht zu erziehen, haben aber ihren eigenen Kopf - sind eigenwillig, bei richtiger Behandlung dennoch gehorsam.

Die Hunde sollten immer in harter Arbeitskondition gezeigt werden. Sie besitzen ein struppiges, hartes Fell mit Halskrause und »Apron«.
BESITZER: Amy R. Marder, DVM.

Wachstumsphase

Bei der Geburt wiegen sie etwa 170 Gramm, eventuell vorhandene Wolfskrallen sollten so schnell wie möglich entfernt werden. Etwa im Alter von drei Tagen wird die Rute auf etwa zwei Fünftel Länge kupiert. Nie dürfen die Ohren kupiert werden, sie sollten etwa mit vier Monaten aufrecht stehen. Allerdings kann der Zahnwechsel dazu führen, daß die Ohren zwischenzeitlich nochmal absinken und sich erst später wieder stellen. Sind sie im Alter von vier Monaten nicht in richtiger Stellung, nehmen manche Besitzer Zuflucht zum Ohrenkleben. Körperlich ausgereift sind Australian Terrier im allgemeinen mit einem bis eineinhalb Jahren, ihre Widerristhöhe erreichen sie aber meist bereits mit sieben Monaten. Erwachsene Hunde wiegen zwischen 5,4 und 6,4 Kilo. Vereinzelt treten nicht korrekte Kieferstellungen auf. In der Rasse sind keine ungewöhnlichen Verhaltensmuster bekannt. Die Erfahrung rät aber, daß sich viel Körperkontakt mit dem Menschen sowohl auf die körperliche wie charakterliche Entwicklung sehr positiv auswirkt. Hundebesitzer sollten mit ihren Hunden gleichmäßig freundlich und liebevoll umgehen.

In den ersten Wochen ist der Aussie schwarz mit kleinen lohfarbenen Abzeichen. Mit dem Heranwachsen dehnen sich die farbigen Bereiche aus.
BESITZER: Debra L. Austin.

Gesundheit

Aufgrund der Zucht auf Arbeitsfähigkeit und des gesunden anatomischen Aufbaus ist der Aussie eine sehr robuste Hunderasse, nahezu frei von verbreiteten Krankheiten wie Hüftgelenksdysplasie, Entropium oder irgendwelchen erblichen Herzerkrankungen. Ganz vereinzelt treten Legg-Perthes-Krankheit und PRA auf. Diabetes Mellitus und Kryptorchismus sind zwei Probleme, aber auch sie treten nur recht vereinzelt auf. Am besten gedeihen Aussies als Haushunde. Sie sollten nicht zu sehr den Witterungseinflüssen ausgesetzt sein, können dann fröhlich 14 Jahre alt werden. Der Aussie ist ein energiegeladener Hund, fordert und erfreut sich deshalb an sehr viel Auslauf. Diese Hunde sind unterordnungsfreudig, erzielen in Gehorsamsprüfungen recht gute Ergebnisse. Hier sollte man sich durch ihre Kleinheit nicht täuschen lassen! Dieser robuste Bursche zeigt den typischen Terrier-Charakter, will immer im Vordergrund stehen. Tatsächlich braucht er aber sehr viel menschlichen Kontakt und Lob, um sich seelisch wirklich voll zu entwickeln. Zur Fellpflege gehört auch das Trimmen des harten Terrier-Haars. Diese Aufgabe steht nicht zu häufig an, braucht aber eine gewisse Geschicklichkeit. Diese Hunde dürfen nie geschoren werden!

Über ihr ganzes Leben möchten Aussies die Bestätigung ihres Besitzers. In den Wachstumsphasen kann sich ihr Selbstvertrauen manchmal etwas verringern. Ermutigung und Unterstützung durch den Besitzer helfen weiter.
BESITZER: Daniel L. und Pat A. Turner.

Australian Terrier

Barzoi

Der Barzoi oder Russische Wolfshund - wie er manchmal genannt wird - hat Kiefer, um einen Wolf zu greifen und festzuhalten! Er ist ein kraftvoller, aber zweifellos außerordentlich eleganter Windhund.
BESITZER: Amy L. Sorbie.

Beschreibung

Dank seiner unübersehbaren Eleganz ist der Barzoi ein Bild von Anmut und Aristokratie. Bei einer Widerristhöhe von 68 bis 73 cm - in Extremfällen bis zu 82 cm - gehört der Barzoi zu den größten Windhunderassen. Sein langes, seidiges Haar, sein langer, schmaler Kopf und seine tiefen mächtigen Kiefer, die selbst einen Wolf festzuhalten vermögen, sind seine charakteristischen Merkmale. Die Ohren sind klein und fein, werden im Ruhezustand zurückgelegt, heben sich, wenn er aufmerksam wird. Die Augen sind etwas schräg gestellt, nie rund, voll oder gar Glotzaugen. Halspartie klar geformt, keine Wammenbildung. Halskrause dicht und gelockt. Schultern schräg gestellt, niemals grob oder hervortretend. Brustkorb ziemlich schmal und tief. Die Rippen reichen weit nach unten, sind nur leicht aufgewölbt. Der Rücken hebt sich in der Lendenpartie und bildet eine elegante Kurve. Hinterläufe lang und kraftvoll, gut gewinkelte Knie. Rute lang, tief angesetzt, auch in der Bewegung tief getragen. Haarkleid entweder flach, wellig oder gelockt, aber nie wollig wirkend. Barzois gibt es in vielerlei Farben. Das Gewicht beträgt zwischen 34 und 48 Kilo, Hündinnen wiegen etwa 7 Kilo weniger.

Anpassungsfähigkeit

Dieser alte Wolfsjäger wurde zu einem freundlichen und gut erzogenen Mitglied der menschlichen Gesellschaft. Die meisten Hundefreunde sind von der Größe und ruhigen Gelassenheit des Barzois fasziniert. Trotz seiner Größe stellt er seinen Besitzern gegenüber wenig Ansprüche, braucht allerdings genügend Auslauf, ist außerhalb des Hauses sehr beweglich. Im Haus benimmt er sich ruhiger. Seine ruhige Gelassenheit entstammt seinem eigenwilligen Charakter, deshalb sollte er von Jugend an zu angenehmem Verhalten erzogen werden. Kindern gegenüber ist er verläßlich, gewöhnt sich an sie; allerdings

Obwohl er im Freien tüchtig umhertobt, benimmt sich der Barzoi in der Wohnung reserviert und vornehm.
BESITZER: Debbie Tapley.

muß man wissen, daß das Kinderzimmer nicht unbedingt sein Lieblingsaufenthalt sein wird.

Wachstumsphase

Der Barzoi ist eine schnellwüchsige, sich aber langsam entwickelnde Rasse, braucht bis zur Reife viel Zeit. Deshalb sollte man in allererster Linie bei einem Züchter mit gesundem Zuchtprogramm kaufen - in der Rasse treten körperliche Defekte einschließlich Knochenerkrankungen auf. Im wesentlichen beenden die Barzois ihre starken Wachstumsphasen zwischen neun Monaten und einem Jahr. Über den ganzen Zeitraum ist sachgerechte Ernährung von größter Bedeutung. Dabei darf man die Hunde nicht mit Leckerbissen oder Tischabfällen verwöhnen, sie werden sonst schlechte Fresser. Insbesondere über das erste Jahr sollte man den Futterplan des Züchters befolgen. Während der starken Wachstumsphasen ist deutlich das Wachstum der langen Knochen und Gelenke erkennbar. Dabei müssen die Besitzer auf irgendwelche Anzeichen von Schmerzen oder Lahmheit achten, diese könnten Probleme signalisieren. Volle körperliche Reife ist erst etwa mit drei Jahren erreicht. Man sollte dem Sozialisierungsprogramm des Züchters folgen, denn Streunen, Unzuverlässigkeit und Scheu sind Merkmale nicht richtig sozialisierter Hunde.

Gesundheit

Die Körpergröße mag den Hundefreund beim ersten Blick abschrecken. Barzois sind in aller Regel trotzdem, aufgrund ihres angenehmen Wesens und der minimalen Pflegeerfordernisse leicht zu betreuende Hunde. Zur Fellpflege gehört in erster Linie Bürsten. Etwas Trimmen im Bereich von After, Augen und Ohren hilft Infektionen zu vermeiden. Die gefährlichsten, die Rasse bedrohenden Krankheiten sind stoffwechselbedingte Knochenerkrankungen und Magenumdrehung. Vorbeugend gegen Magenumdrehung sollte man zumindest zweimal täglich kleinere Mahlzeiten verabreichen. Auslauf - nie nach den Mahlzeiten - kontrollieren! Auch muß der Hund immer Zugang zu frischem Wasser haben. Magenumdrehung fordert ihre häufigsten Opfer unter Hunden zwischen zwei und sechs Jahren. Stoffwechselbedingte Knochenerkrankungen treten in bestimmten Zuchtlinien vermehrt auf. Vom Barzoi weiß man, daß er gegenüber Barbituraten, Anästhesie und Flohbekämpfungsflüssigkeiten besonders empfindlich ist. Dies sollte man vorsorglich mit dem Tierarzt besprechen. Der Barzoi braucht ein weiches Lager, andernfalls treten Liegebeulen auf. Über Hüftgelenksdysplasie in der Rasse gibt es keine Berichte. Die Lebenserwartung der Barzois liegt bei 10 bis 12 Jahren.

Obgleich diese Rasse Fremden gegenüber zurückhaltend ist, darf die Barzoi-Hündin weder unfreundlich noch gar handscheu sein. Das Wesen der Mutter spiegelt eindeutig das Sozialisierungsprogramm des Züchters. Ein ruhiger Welpe, der sich gut anfassen läßt, ist immer eine gute Wahl.
BESITZER: Lena S. Tamboer.

Rüdenwelpen unterliegen schwierigeren Entwicklungsphasen als Hündinnen. Aber beide Geschlechter haben während ihres Wachstums von Knochen und Gelenken zuweilen deutliche Übergangsperioden.
BESITZER: Lena S. Tamboer.

Selbst ein ausgewachsener Barzoi ist in seinen Futteransprüchen bescheiden. Trotz der großen Körpergröße haben Barzois nur mäßigen Appetit.
BESITZER: Hardy.

Barzoi

Basenji

Dieser afrikanische *Jodler* »steht immer auf den Zehenspitzen«. Überall findet der Basenji ungewöhnlich viel Aufmerksamkeit.
BESITZER: Dianne T. Bleecker und Gustavo de la Garza.

Gestromt (links) und Kastanienrot (rechts) sind zwei populäre Basenji-Farben.
BESITZER: Susan Campeau.

Beschreibung

Der wunderschöne und intelligente Basenji hat einen kurzen Rücken, leichten Körperbau, ist für seine Stirnfalten und seine gedrehte Ringelrute allgemein bekannt. Besonders auffällig ist, daß dieser Hund nicht bellt! Er ist aber nicht stumm, vielmehr *jodelt* er! Intelligenter Ausdruck, eleganter Schädel, der von einem schön geschwungenen Hals stolz getragen wird. Augen mandelförmig, schräggestellt, dunkle Augenlider. Ohren klein und aufrecht getragen, leicht abgerundet. Oberkopf flach, deutlicher Stop, der Fang verjüngt sich von Augen bis zur Nasenspitze. Rücken kurz, in Balance zu dem kurzen Körper. Brustkorb von mittlerer Breite. Rute hoch angesetzt, ringelt sich eng und wird seitlich getragen. Haarkleid kurz und fein, Haut lose. Der Basenji hat weiße Pfoten, Brust und Rutenspitze. Der Körper ist entweder kastanienrot, tiefschwarz, schwarz mit rostroten Abzeichen (Tricolor) oder gestromt.

Ein Tricolor-Basenji
BESITZER: Arthur R. Gilbert

Anpassungsfähigkeit

Der Basenji ist immer schnell, auf den Läufen wie in seinen Gedanken. Mit diesem kleinen Hund Schritt zu halten kann zum FullTime-Job werden - aber jede Minute ist es wert! Der Basenji bietet hohe Intelligenz und sehr viel Liebe, ist in der Regel Fremden gegenüber ziemlich zurückhaltend. Seine Erziehung ist etwas schwierig, aber nirgends bewährt sich Geduld mehr als bei dieser Aufgabe. Diese Hunde verlangen Zuwendung, sind dabei sehr lebhaft und recht sensibel. Schenkt man ihnen nicht genügend Beachtung, ziehen sie sich zurück, sind beleidigt. Basenjis sind noch reinlicher als die meisten Katzen, pflegen sich selbst regelmäßig. Viele dieser Hunde können sogar wie Katzen klettern - gehen über Zäune und auf Bäume. Dem Basenji sollte man sich immer langsam nähern, ihn respektvoll behandeln - er besitzt eine sensible Seele. Da diese Hunde nicht bellen, sind sie natürlich auch keine guten Wachhunde.

Wachstumsphase

Das Durchschnittsgewicht eines neugeborenen Basenjis liegt bei 170 bis 230 Gramm. Sofort sollten Wolfskrallen an Vorder- wie Hinterläufen entfernt werden. Bei der Geburt ist der Nasenspiegel rosa, dunkelt erst mit dem Alter nach. Auch die Pfotenballen dunkeln nach. Hunde, die später ausgewachsen rot sein werden, zeigen als Junghunde ein dunkles Braun. Bei der Welpenauswahl soll man auf eine gute Gebißstellung achten, besonders Vorbiß verschlimmert sich in aller Regel mit dem Alter.

Die Erziehung eines Basenjis ist vergleichbar damit, »eine Welle auf Sand festzuhalten«. Sie sind hochintelligente, lebhafte Hunde, deren Erziehbarkeit ist ähnlich der unserer Katze.
BESITZER: Arthur R. Gilbert.

Gesundheit

Laß Dich nicht entmutigen - aber Basenji haben einige einzigartige Probleme. *Persistent pupillary membrane* (hierbei laufen quer über die Pupille pigmentierte Streifen) liegt in der Rasse. Ein Mangel an Pyruvatkinase, zu erkennen an einer ausgeprägten angeborenen Blutarmut, ist ebenfalls erblich bedingt und führt zum frühen Tod. Hemolytische Anämie, Fanconi-Syndrom und Nierensteine, Retinaablösung, Lymphangiectasie, erbliche Erkrankung der roten Blutzellen, Stoffwechselstörungen, an all diesen Problemen arbeiten die Züchter. Basenjis scheinen auch für Enteritis - eine bakterielle Infektion des Darms - anfälliger zu sein als andere Rassen. Viele Basenjis unterliegen allergischen Reaktionen gegenüber Chemikalien - beispielsweise Flohbekämpfungsmitteln. Trotz allem ist der gesunde Basenji ein sehr aktiver und langlebiger Hund, erreicht ein Durchschnittsalter von 13 Jahren. Man braucht viel Zeit für Spiel und Training, um diesen Hund aufmerksam und fröhlich zu halten. Ziemlich charakteristisch erscheint, daß Basenji-Hündinnen nur einmal jährlich heiß werden.

Basenji-Hündinnen gebären leicht, sind gute Mütter. Anders als bei den meisten anderen Hunden werden diese Hündinnen aber nur einmal, nicht zweimal jährlich heiß.
BESITZER: Amy Riddle.

Basenji

Basset Hound

Beschreibung

Ein Hund mit starken Knochen und charakteristisch kurzen Läufen. Der Basset Hound ist ein williger und stets unermüdlicher Arbeitshund, ebenso unermüdlich in seiner Liebe zum Menschen. Der Kopf des Bassets ist stark aufgewölbt, das Hinterhauptbein tritt deutlich hervor, darf nie flach sein. Die Haut am ganzen Kopf ist lose, fällt bei niedrig getragenem Kopf in Falten nach vorne. Der Fang ist schwer und tief, Lefzen pendelnd herabhängend, stark ausgeprägte Wamme. Leicht eingesunken wirken die Augen sprichwörtlich traurig, enthüllen ein sanftes Herz. Die deutlich erkennbare Nickhaut ist erwünscht. Die Ohren wirken außerordentlich lang und samtartig weich. Der Brustkorb ist tief mit stark hervortretendem Brustbein. Schultern stark und gut zurückgelegt, niemals steif, dürfen im Ellenbogenbereich nie nach innen oder außen gedreht werden. Die Vorderläufe dürfen nie in den Knöcheln nach vorne knicken, wirken kurz und kraftvoll. Der Hund steht fest auf seinen Hinterläufen, zeigt ein gut gewinkeltes Knie und ist in den Hinterläufen gerade. Die Widerristhöhe beträgt nicht mehr als 39 cm. Das Haar ist hart und glatt, muß ausreichend dicht, darf aber nie lang sein. Die Farben variieren in allen Hound-Farben.

Der Basset Hound steht niedrig auf sehr massiven kurzen Läufen, geht auf die großartigen Meutenhunde Englands zurück. Trotz einer Widerristhöhe von nur 39 cm kann er 30 Kilo und mehr wiegen.
BESITZER: Gabrio del Torre und Pat und Roger Turpen.

Anpassungsfähigkeit

Als wandelndes Friedenssymbol bewegt sich der Basset Hound durch Lärm und Hetze unserer Welt, etwas eigenwillig und mit äußerster Entschlossenheit. Zweifelsfrei ist er ein echter Gentleman, muß auch als solcher behandelt werden. Für den Basset sind harte oder sogar übermäßig laute Kommandos vollkommen unangemessen. Man sollte diese Hunde immer freundlich und liebevoll behandeln. Eigenwillig und trotzdem loyal schließt sich dieser Hund bei ihm gewährter Gelegenheit voll einer Einzelperson an. Damit er ein angenehmer Familienhund wird, sollte die Erziehung nur von mit Geduld ausgestatteten Familienmitgliedern erfolgen. Das tiefe, lautstarke Bellen des Bassets wirkt Wunder, läßt ihn zum Wachhund werden.

Basset-Welpen sind nicht die aktivsten, die man trifft. Wenn es um Herzigkeit und philosophischen Ausdruck geht, stehen sie aber erfolgreich im Wettbewerb mit allen anderen.
BESITZER: Pamela T. Robbins.

Wachstumsphase

Basset-Hündinnen haben im allgemeinen große Würfe, selbst 15 und mehr Welpen sind keine Sensation. Das Durchschnittsgewicht liegt bei der Geburt zwischen 250 und 450 Gramm, aber selbst ein beträchtliches Abweichen nach unten bedeutet noch nicht zwangsläufig mangelnde Lebensfähigkeit. Worauf der Käufer gerade bei sehr großen Würfen achten sollte ist, daß die Welpen gut gefüttert wurden. Im allgemeinen muß der Züchter die Hündin bei der Aufzucht unterstützen. Bei richtiger Ernährung wiegt ein junger Basset im Alter von acht Wochen zwischen 5 und 7,5 Kilo. Besitzer wie Züchter sollten die Hunde vor Überfütterung und Fettleibigkeit schützen. Zusatzfütterung von Kalzium oder anderen knochenentwickelnden Nährstoffen darf nur unter tierärztlicher Überwachung erfolgen, sonst könnte es zu Skelettschädigungen führen. Ganz besonders in den starken Wachstumsphasen muß die Bewegung eingeschränkt werden, es könnte sonst zu Gelenkproblemen führen. Schon beim jungen Basset läßt sich die korrekte Zahnstellung feststellen. Der Basset ist eine sehr süße Hunderasse, Wesensprobleme treten äusserst selten auf.

Nie dürfen Basset-Junghunde zu stark gefüttert, gestreßt oder bewegt werden. Genau wie ihre Mutter meistern sie alles auf ihre eigene Art.
BESITZER: Laura Bailey.

Gesundheit

Die Anatomie des Basset führt leider zu vielen Knochen- und Gelenkproblemen, am häufigsten tritt eine Schulter- oder Vorderlauflahmheit auf. Irreguläres Wachstum der Laufknochen - wodurch unter anderem gebogene Laufknochen entstehen - ebenso Gelenkmißbildungen sind bekannte Probleme. Außerdem wurde beim Basset Veranlagung zur Achondroplasie, Zwischenzehenzysten, Subaortischer Stenosis, Steinbildung und verschiedenen Krebserkrankungen festgestellt. Schon vor einem Alter von sechs Monaten könnte das Wobbler-Syndrom die Wirbelsäule des Bassets befallen. Entropium, Ektropium und Glaukom kommen vor. In der Rasse werden als Erbkrankheiten Störungen der Blutbildung und vWD beobachtet, besonders in amerikanischen Linien sind diese Probleme verbreitet. Bassets von guter Qualität sind leicht zu haltende Hunde, sie haben großen Appetit und wenig Ansprüche an die Fellpflege. Die Lebenserwartung liegt bei acht bis zwölf Jahren. Man achte unbedingt darauf, daß Appetit und zu wenig Bewegung - ausgeprägte Schwächen der Rasse - nicht zu Magendrehungen und im späteren Leben zu Rückenproblemen führen. Die Ohren müssen regelmäßig auf Entzündungen und Infektionen untersucht werden.

Im Idealfall wächst Dein Basset nie voll in seine Ohren hinein; selbst am glücklichsten Tag spiegeln seine Augen tiefste Melancholie.
BESITZER: Dawn Toune.

Basset Hound

Beagle

Warum kein Beagle? Der Beagle hat den meisten Menschen sehr viel zu bieten - kompakte Größe, großartige Hundepersönlichkeit, gutes Aussehen und Pflegeleichtigkeit.
BESITZER: Mark Lister, Bruce Tague, J. Ohn und Greta Haag.

Beschreibung

Ein wunderbar ausbalancierter Hund mit sanftem, freundlichem Ausdruck. Der Beagle hat einen breiten, starken und ziemlich langen Oberkopf, am Hinterhauptbein etwas aufgewölbt und nie flach. Die Ohren sind lang, reichen nach vorne gezogen fast zur Nasenspitze. Sie liegen völlig flach an und sind breit. Die Augen sind groß, breit auseinander eingesetzt, Augenausdruck freundlich und bittend. Nase weder nach unten abfallend noch nach oben gebogen. Fang nie langgestreckt, geschnürt oder besonders kurz. Elegant hebt sich der Hals aus dem Schulterbereich, ist weder kurz noch plump. Kehlbereich glatt, ohne Wammenbildung. Schultern rückwärts gelagert, nie gerade. Brustkorb tief und breit, aber ohne Übertreibung. Vorderläufe gerade, Vordermittelfuß kurz und gerade. Kniepartie kräftig und gut gewinkelt. Sprunggelenke mäßig gewinkelt und fest, nie gerade. Rute mäßig hoch angesetzt, fröhlich getragen, aber nicht zu lang. Haar dicht und hart von mittlerer Länge, nicht kurz, dünn oder weich. Beagle gibt es in allen echten Hound-Farben. Man unterscheidet in den USA zwei Beagle-Schläge: Widerristhöhe unter 33 cm und Widerristhöhe 33 bis 38 cm, aber nicht darüber. FCI und England: Mindestwiderristhöhe 33 cm, höchstens 40,5 cm. Keine separaten Größengruppen.

Eine Versammlung noch nicht schulpflichtiger Beagles.
ZÜCHTER: Richard Preston.

Anpassungsfähigkeit

Klug und ausgewogen ist der Beagle ein liebevoller und ordnungsfreudiger Familienhund, immer fröhlich und dabei robust. Und stets liebt der Beagle die Diskussion mit seinem Herrn, vermag ihn in vielerlei Hinsicht zu überzeugen. Man sollte mit der Erziehung früh beginnen, andernfalls hat man einen übergewichtigen, kläffenden Beagle, der manchmal nicht einmal stubenrein wird. Anderen Hunden gegenüber sind Beagles freundlich, besitzen aber vor allem den unersättlichen Wunsch, ihrem Herrn zu gefallen. Alles in allem gesehen ist der Beagle ein wunderbarer Hund.

Wachstumsphase

In den beiden amerikanischen Größenschlägen verläuft die Wachstumsrate unterschiedlich. Die Welpen der größeren Schläge wachsen schneller, aber nicht übermäßig. Die Welpen des kleineren Schlages sind in der Größe unterschiedlicher, einige von ihnen werden größer. Beim kleinen Schlag tritt vermehrt Kaiserschnittgeburt auf. Wolfskrallen sollten, wenn sie an Vorder- und Hinterläufen auftreten, entfernt werden. Beagles sind eine recht natürliche Rasse, keinerlei Entwicklungs- und Wachstumsstörungen sind bekannt. Bei guter Ernährung entwickeln sich Beagle recht gut, reifen gleichmäßig aus. Bei der Geburt sind die meisten Hunde schwarzweiß, die echte Färbung zeigt sich erst ab etwa drei Wochen. Zitronenfarbene Beagle sind meist bei der Geburt weiß, Blaue zeigen bei der Geburt eine graue Färbung. Nicht korrekte Gebißstellung tritt etwas häufiger auf, kann aber bereits in jugendlichem Alter erkannt werden. Fehlerhafte Gebißstellung sollte man meiden, mit solchen Hunden nicht züchten. Für den Liebhaber sollte aber eine etwas abweichende Gebißstellung keinerlei Probleme mit sich bringen.

Etwa ab drei Wochen zeigt sich die endgültige Färbung des Beagle-Welpen.
BESITZER: Richard Preston.

Gesundheit

Augenerkrankungen einschließlich grauer Star, Glaukom, Retinadysplasie und PRA treten in der Rasse auf, Augenuntersuchungen sind erforderlich. Der Körperbau des Beagles scheint eine Veranlagung zu Bandscheibenproblemen mit sich zu bringen, auch für Multiple Epiphyseal Dysplasie - eine Erkrankung, bei der die Hinterlaufgelenke absacken, einen schwankenden Gang auslösen; es handelt sich um Erbkrankheiten. Hüftgelenksdysplasie ist demgegenüber sehr selten. Dafür tritt Hämophilia auf, eine geschlechtsgebundene Erbkrankheit, worüber man den Züchter befragen sollte. Nierenerkrankungen, Drüsenvergrößerungen, Amyloidosis, IgA-Mangel, Meningitis, Pulmonic Stenosis und kongenitale Anämie kommen gleichfalls vor. Ein gut gezüchteter Beagle jedoch ist ein robuster und glücklicher Hund, erfreut sich einer Lebenserwartung von 12 bis 15 Jahren, braucht recht wenig Pflege und hat immer Appetit.

Man sollte immer nur Welpen von solchen Eltern kaufen, die auf mögliche Erbkrankheiten an Augen, Nieren und Blut getestet wurden. Damit sorgt man dafür, daß einem langen Leben des Hundes nichts entgegensteht.
BESITZER: Christine L. Voronovitch.

Bearded Collie

Als recht natürlicher Hütehund nimmt es der Bearded Collie wie es kommt - ob im Ausstellungsring, Wohnzimmer oder draußen in der Schäferhütte. Sein Haar trennt sich natürlich zu einem Rückenscheitel, darf nie getrimmt oder geformt werden.
BESITZER: Virginia und Michel Hanigan.

Beschreibung

Der Bearded Collie ist ein unverdorbener aktiver Hund, zeigt die Robustheit und Beweglichkeit eines echten Arbeitshundes. Er besitzt ein mittellanges Haarkleid, das nach beiden Seiten natürlich fällt, hart und zottig, nie aber wollig oder gelockt. Hierdurch wird die elegante äußere Linie unterstrichen, nicht verborgen. Der Körper ist lang und schlank, niemals schwer. Verhältnis Länge zu Widerristhöhe etwa 5 zu 4. Widerristhöhe 50 bis 56 cm. Kopf wohl proportioniert, Oberkopf breit und flach. Augen groß und breit eingesetzt, weder rund noch hervortretend. Nase groß und etwa quadratisch, Fang kräftig. Schultern gut zurückgelagert, Läufe gerade, aber nicht zu schwer. Brust tief, zumindest bis zu den Ellenbogen reichend. Lendenpartie kräftig, flache oder steile Kruppe ist ein ernsthafter Fehler. Gute Kniewinkelung, Sprunggelenke tiefgestellt. Die üppig befederte Rute ist tief angesetzt, reicht zumindest bis zum Sprunggelenk. Das Fell ist bestimmt durch seine Natürlichkeit, darf weder getrimmt noch geformt werden, ist weder besonders lang noch seidig. In der Farbe zeigt der ausgewachsene Bearded Collie jede Schattierung von Grau, von Schwarz über Schieferfarben bis Silber - oder jede Schattierung von Braun, von Schokoladenfarben bis Sandfarben. Die Blauen oder Falben variieren von den hellen bis zu den dunklen Schattierungen. Weiß tritt als Blesse auf dem Oberkopf, an der Rutenspitze, auf der Brust, an den Läufen und Pfoten und als Halskrause auf. Die Augenfarbe ist mit der Fellfarbe verbunden, bei blauen oder falbfarbenen Hunden sind auch hellere Augenfarben korrekt.

Anpassungsfähigkeit

Der Beardie liebt Kinder und die ganze Familie, ist ein großartiger Familienhund. Ungern bleibt er alleine, trauert bei Getrenntsein vom Menschen. Genügend Zeit für Spiel und Auslauf ist wichtig. Der Beardie ist ein neugieriger kleiner Kerl, ähnelt dabei einem zweijährigen Kind. Genügend Auslauf macht den Beardie zu einem ausgewogenen und entspannten Wohnungshund. Beardies haben eine weiche Seele, kommen mit roher Behandlung sehr schlecht zurecht. Man sollte ihnen gegenüber immer freundlich, aber konsequent sein. Wenn Du einen attraktiven zottigen Hund liebst, der Dich auch in traurigen Tagen fröhlich anspringt und leckt, dann entscheide Dich für einen Beardie!

Nichts gegen den Beardie, er ist ein fröhlicher Kamerad an Deiner Seite. Gib ihm Arbeit, gehe mit ihm ins Freie, laß ihn an Deinem Leben teilnehmen, und Du besitzt einen unübertroffenen, sich immer gut benehmenden Freund.
BESITZER: Carol Thurston.

Wachstumsphase

Die Geburtsgewichte variieren je nach Wurfgröße, die recht unterschiedlich ist, beträchtlich. Das Durchschnittswelpengewicht liegt bei 230 bis 280 Gramm. Beardie-Welpen wachsen schnell, sind allgemein recht umtriebig. Zugunsten der Mutter wird frühe Beifütterung empfohlen. Hundefreunde sollten auf munteres, unbefangenes Wesen achten, das Selbstvertrauen und natürlich auch Gesundheit demonstriert. In der Rasse tritt eine Erkrankung namens *Adolescent Trauma* (Junghundtrauma) auf, besonders bei Rüden. In dieser Zeit muß jeder Streß vermieden werden. Die Züchter empfehlen Sozialisierung und Erziehung einfach fortzuführen. Dabei muß man unbedingt darauf achten, Frustration und möglicherweise Zerstörungssucht zu vermeiden. Beardies reifen schnell heran. Die Hunde wachsen wie Unkraut, sind zeitweise auch ebenso unansehnlich. Gerade die Junghunde entwickeln sich sprunghaft, insbesondere im Skelett- und Muskelbereich. Tritt dann noch ein Fellwechsel hinzu, sehen sie zuweilen wie *häßliche junge Entlein* aus. Mit etwa einem Jahr verblaßt die Farbe häufig, scheint nahezu weiß. Zuweilen trifft man auf weiches Fell, bei dem das lange Deckhaar fehlt - ein solcher Fehler ist bereits mit acht Wochen zu erkennen. Volle körperliche Reife erreichen die Beardies mit etwa zwei Jahren.

Wähle einen Welpen mit munterem Wesen und strahlender Gesundheit. Ausstellungsanwärter sollten dunkel pigmentiert und harmonisch aufgebaut sein.

Gesundheit

Beim Beardie treffen wir auf ein relatives Freisein von Erbkrankheiten, hierfür verdienen die Züchter ein Lob. In ganz seltenen Fällen trifft man dennoch auf HD, PRA und eine ständige Pupillenmembran - bei dem pigmentierte Streifen über die Pupille laufen. Das ernsthafteste Gesundheitsproblem - aber nicht sehr verbreitet - ist nachlassende Hautpigmentation rund um die Augen, Lefzen und Nase. Diese Erscheinung kann erblich oder auch eine allergische Reaktion sein. Erwähnenswert ist, daß Beardies oft im Ruhezustand eine niedrige Herzschlagrate haben (60 Schläge je Minute), dazu auch eine niedrigere Körpertemperatur. Fellpflege - besonders Bürsten - ist ein unerläßliches Muß! Beardies haben eine empfindliche Haut, bei fehlender Pflege kommt es zu *Hot-Spots*. Überwachung auf Flöhe ist auch bei einem gesunden Beardie angezeigt. Für das Erwachsenenhaarkleid sollte der Hundebesitzer zumindest wöchentlich eine halbe bis eine Stunde Pflege einplanen. Während des Fellwechsels ist tägliches Bürsten sehr empfehlenswert. Die Fütterung kann manchmal problematisch werden, der Hund braucht gesundes, qualitativ hochstehendes Futter, darf nicht mit Leckerbissen oder Tischabfällen verwöhnt werden. Die Lebenserwartung reicht von 12 bis 14 Jahren.

Beardies wachsen schnell, aber entwickeln sich langsam. »Jugendhäßlichkeit« entsteht durch ungleiches, sprunghaftes Wachsen und unterschiedliches Fellwachstum.
BESITZER: June E. Hartzog.

Bearded Collie

Bedlington Terrier

Beschreibung

Ein ungewöhnlich eleganter Terrier! Trotz seines schäfchenartigen Aussehens ist der Bedlington ein harter, athletischer Hund mit sehr viel Eleganz und Stil. Der Kopf ist schmal, aber tief und gerundet. Kiefer lang, Oberkopf kurz. Kein Stop, die Linie von der Nasenspitze bis zur Krone ist ungebrochen. Der Kopf darf weder Backenbildung zeigen noch eingefallen sein. Augen mandelförmig, klein, schräg und tief eingesetzt, ziemlich hoch am Kopf eingesetzt. Die Ohren hängen flach, sind tief angesetzt, dreieckig bei abgerundeter Ohrspitze. Kiefer lang und sich verschmälernd, Kopf kräftig, unter dem Auge mit Knochen gut ausgefüllt. Hals lang, keine Wammenbildung. Der Kopf wird hoch getragen. Der Körper etwas länger als hoch, muskulös und schlank. Die Hinterläufe sind länger als die geraden Vorderläufe. Vordermittelfuß lang und ganz leicht gebogen. Sprunggelenk kräftig und tief gestellt, nie nach innen oder außen drehend. Das Fell ist das Wahrzeichen der Rasse, besteht aus einer Mischung von hartem und weichem Haar, das von der Haut absteht. Beim Berühren wirkt es nicht drahtig, sondern flachsartig. Es zeigt leichte Lockenbildung. Rute tief angesetzt, wie ein krummer Säbel geformt. Farben Blau, Sandfarben, Blaulohfarben, Sandlohfarben und Leberlohfarben. Rüden etwa 40 cm Schulterhöhe, Gewicht acht bis zehn Kilo, Hündinnen messen und wiegen etwas weniger.

Diese dunklen Augen sind die Fenster zu einer sehr abgeklärten Terrier-Seele. Die Kopfform des Bedlington ist einzigartig, verleiht der Rasse gegenüber allen anderen Hunderassen Einmaligkeit.
BESITZER: David P. Ramsey.

Anpassungsfähigkeit

Mit einem klaren Sinn für Humor ausgestattet, zählt der Bedlington zu den Clowns in der Hundewelt. Dieser Hund braucht sehr viel Aufmerksamkeit und Zuneigung von der ganzen Familie. In der Wohnung aufgezogen zeigt sich die Rasse Kindern gegenüber sehr duldsam, ist ihren Besitzern gegenüber außerordentlich loyal und liebevoll. Obwohl diese Hunderasse ursprünglich zum Rattenfangen gezüchtet wurde, zuweilen unglaublich furchtlos auftritt, findet man bei ihr keinerlei Bösartigkeit oder Aggressivität. Ihre Liebe Menschen gegenüber wurde immer etwas unterschätzt. Es bereitet keine Probleme, auch zwei und mehr Bedlingtons gemeinsam zu halten, es gibt keine Raufereien untereinander, und keine Spannungen wie bei vielen anderen Rassen.

Gekräuselt mit leichter Tendenz zur Lockenbildung zeigt sich das Haarkleid des Bedlingtons. Es besteht aus einer Kombination von weichem und hartem Haar.
BESITZER: Doug Lehr und Desiree Williams.

Wachstumsphase

Zwischen einem Welpen und einem ausgewachsenen Bedlington bestehen beträchtliche Unterschiede. Die Züchter stimmen darin überein, daß man nur mit sehr viel Erfahrung die Entwicklungschancen eines Welpen richtig beurteilen kann. Bedlington-Welpen werden schwarz, schokoladenbraun, dunkelkaffeebraun geboren, erwachsen sind sie dann blau, leberfarben und sandfarben. Diese Veränderungen erstrecken sich meist über das gesamte erste Lebensjahr. Der Käufer sollte Hunde mit langem Rücken, schmaler Brust, hochgetragenen Ruten meiden, auch Hunde die eindeutig Übergröße zeigen oder denen es an Substanz fehlt - diese Fehler wachsen sich meist nicht aus. Auch auf richtige Gebißstellung und auf enganliegende Lefzen ist zu achten. Man achte auch auf Zahnfehler. Bedlington sind im allgemeinen in der Fütterung problemlos, sie brauchen aber eine gut ausgewogene Ernährung.

Gesundheit

Im allgemeinen sind Bedlingtons gesunde und langlebige Hunde. Immer repräsentieren sie echte Terrier, haben das lebhafte und fröhliche Wesen dieser Rassegruppe. Die Ansprüche an Fellpflege sind hoch, für die richtige Schur braucht der Hundebesitzer meist die Hilfe des Fachmanns. Die Züchter berichten, daß diese Hunde besser gedeihen, wenn sie nicht ständig hohen Temperaturen ausgesetzt sind, insbesondere wenn das Fell länger gehalten wird. Das wichtigste Gesundheitsproblem besteht in einer Erkrankung, bei der Kupfer in zu hohem Umfang in der Leber gespeichert wird. Schätzungen gehen dahin, daß bis zu 50 Prozent der Rassevertreter hiervon betroffen sind. Zum Trost sei aber gesagt, daß die meisten dieser Hunde ein völlig normales Leben führen. Der Käufer sollte sich informieren, daß vom Züchter entsprechende Gesundheitstests bei beiden Elterntieren durchgeführt wurden. Ein weiteres Gesundheitsproblem ist gleichfalls erblich, die Retinadysplasie, so daß das Zuchtmaterial immer auch darauf kontrolliert werden muß. Der Bedlington ist ein lebhafter Terrier, der sich am wohlsten fühlt, wenn er sehr viel interessanten Auslauf hat, von seinem Besitzer auch durchaus systematisch zu Unterordnungsübungen ausgebildet wird.

Bedlington-Welpen werden schwarz oder braun geboren, Junghunde verändern über das erste Jahr nach und nach die Farbe, hellen auf. Möchte man einen Ausstellungswelpen, bedarf es bei der Auswahl schon einiger Erfahrung, denn gerade Bedlingtons entwickeln sich hinsichtlich Fell, Farbe und Anatomie schwer voraussehbar.
BESITZER: Jean L. Mathieu.

In seinem Charakter unterscheidet sich der Bedlington Terrier um einiges von anderen Terrier-Rassen. Manchmal wirken sie etwas teilnahmslos und dickköpfig. Deshalb braucht diese Rasse einen konsequenten, aber sehr geduldigen Erzieher.
BESITZER: K. Donovan.

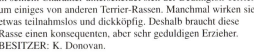

Bedlington Terrier

Berner Sennenhund

Der Berner Sennenhund zeigt das klassische Schweizer Tricolor-Farbmuster und ist mit einem reichen Haarkleid ausgestattet. Seine vornehme Ausstrahlung betont Aristokratie, verbunden mit Intelligenz und Beweglichkeit.
BESITZER: Heather Bremmer.

Beschreibung

Dieser Schweizer Arbeitshund besticht durch aristokratische Haltung, verbunden mit dem typischen schweizer dreifarbigen Fellmuster. Widerristhöhe Rüden 64 bis 70 cm, Hündinnen 58 bis 66 cm. Das Fell ist dicht, mäßig lang, leicht gewellt oder auch gerade. Sein Fell wird nie getrimmt, sondern völlig natürlich belassen. Stark gelocktes oder stumpfes Fell sind unerwünscht. Oberkopf flach und breit, gut sich abzeichnender, aber nicht übertriebener Stop. Ohren mittelgroß, hoch angesetzt, dreieckig geformt mit abgerundeten Ohrspitzen. Die Augen sind oval. Der Berner Sennenhund hat einen *trockenen Fang* mit wenig Lefzenbildung. Die obere Linie ist gerade, Brustkorb tief und gut gewölbt, ohne dabei faßartig zu wirken. Der Rücken ist breit und fest. In Erregung wird die buschige Rute oberhalb des Rückens getragen, aber nie über den Rücken geringelt wie bei nordischen Hunderassen. Die Schultern sind mäßig zurückgelagert, Schulterpartie fest. Vorderläufe gerade, gut unter den Körper gestellt. Sprunggelenke tief gestellt und gerade. Das dreifarbige Fellmuster besteht aus einer tiefschwarzen Grundfarbe mit sattem braunroten Brand über den Augen, an den Wangen, an allen vier Läufen und auf der Brust. Weiße Abzeichen symmetrisch angeordnet, Brustmarkierung in Form eines Kreuzes.

Anpassungsfähigkeit

Der Berner ist ein gutartiger Hund, Fremden gegenüber aber nicht so entgegenkommend wie manche glauben. Viele vergleichen sein Wesen mit dem des Golden Retrievers, er ist aber Menschen gegenüber bei weitem nicht so offen. Gegenüber seiner Familie ist dieser Hund selbstbewußt, dabei recht liebevoll. Fremden gegenüber zeigt er sich zurückhaltend. Ein Hund, der sich auch im Freien wohlfühlt, gerne draußen verweilt. Kindern gegenüber ist der Berner sehr freundlich und liebevoll. Dieser Hund freut sich seines Lebens, seine Ergebenheit gegenüber seinem Besitzer ist besonders erwähnenswert.

Dieser Welpe besitzt die erwünschte braunrote Markierung über den Augen, an den Wangen, auf Brust und Läufen und ist gerade fünf Wochen alt.

Wachstumsphase

Bei der Geburt wiegen Berner Sennenhunde etwa 450 bis 600 Gramm, je nach Größe des Wurfes. Ausgewachsen erreichen auch die kleineren Welpen meist die gleiche Körpergröße wie die größeren. Züchter behalten ihre Welpen in der Regel über acht Wochen, prägen sie im Zwinger auf Menschen wie Tiere, was sich als recht positiv für die Wesensentwicklung erweist. Hoher Stoffwechsel und schnelle Wachstumsraten fordern für Welpen wie Heranwachsende entsprechende Ernährung. Die Fütterungsempfehlungen variieren von Züchter zu Züchter, wichtig dabei ist immer ein niedriger Proteingehalt und Ergänzung durch Vitamine und Mineralien. Diese Ernährung ist wichtig, damit es zu keiner Entwicklungsstörung des Skeletts kommt. Im allgemeinen werden Welpen anfänglich viermal täglich gefüttert, später dreimal, wenn die Wachstumsrate gleichmäßiger verläuft. Die meisten Gelenkprobleme zeigen sich im Alter zwischen vier und acht Monaten. Die Fellmarkierung läßt sich meist im Alter von drei Wochen bereits klar erkennen. Schwierigkeiten bereitet die Beurteilung der künftigen Kieferstellung, weil bei dieser Rasse während des Heranwachsens noch Änderungen auftreten. An den Hinterläufen vorhandene Wolfskrallen sollten früh entfernt werden.

Berner Sennenhunde sollten über das erste Lebensjahr täglich regelmäßig drei- bis viermal gefüttert werden. Niedrig proteinhaltige Futtermittel halten sie schlank, bewahren sie vor möglichen Gelenkproblemen.

Gesundheit

Berner Sennenhunde-Welpen sollte man nicht früher als im Alter von acht Wochen abgeben.

Der Berner Sennenhund ist ein großer, freundlicher und selbstbewußter Hund. Sein Bewegungshunger ist nicht besonders groß, trotzdem genießen diese Hunde sehr lange Spaziergänge. Manchmal werden sie auch als Zughunde für kleine Wagen der Kinder eingesetzt. Vorsicht - jede Überanstrengung in der Jugend muß vermieden werden. Die Fellpflege ist nicht zu anspruchsvoll, trotzdem sollte man das Fell durch häufiges Bürsten sauber und frei von Verfilzungen halten, was natürlich insbesondere für die Zeit des Fellwechsels gilt. Hüftgelenksdysplasie, Osteochondrosis und Osteochondritis (zwei ähnliche Knorpelerkrankungen) gehören wie PRA zu den auftretenden Erbkrankheiten. Beim Berner wurde als erstes von allen Rassen auch Ellenbogendysplasie erkannt, eine Erberkrankung, die viele Rassen befällt. Osteochondrosis und Osteochondritis treten in der Regel in der stärksten Wachstumsperiode auf, typisch zwischen vier bis acht Monaten. Wachstumsstörungen mit kleinen Knochenabspaltungen, die sich äußerlich ähnlich zeigen wie Ellenbogendysplasie, sind gleichfalls in der Rasse bekannt. Kleinhirndegeneration gehört auch zu den genetischen Erkrankungen des Berner Sennenhundes. Obgleich Hirnhautentzündung in der Rasse selten auftritt, sehen Tierärzte deren Ursache in einer Gefäßerkrankung. Vor dem Kauf sollte man sorgfältig auf die Gesundheit der Vorfahren achten. Am wichtigsten für die Gesundheit ist aber seine Ernährung. Man hüte sich vor jeder Überfütterung, insbesondere vor zuviel Protein. Auch beim Erwachsenen sollte man zwei kleinere Mahlzeiten täglich wählen, das schützt gegen Magenumdrehung. Unbedingt sollte man beim Berner Sennenhund, ehe er voll ausgereift ist, große Anstrengungen meiden und darauf achten, daß er ein Karrenzughund, keinesfalls ein Hund zur Überwindung hoher Hindernisse ist.

Bei Welpen großer Rassen muß man in der Jugend darauf achten, daß sie nicht zuviel bewegt werden. Berner Welpen wachsen buchstäblich im Schlaf!

Berner Sennenhund

Bernhardiner

Der Bernhardiner verdankt seinen Namen Abt Bernard de Menthon vom Hospiz des Großen St. Bernard. Sein hohes Ansehen erwarb er als Menschenretter, der Rasse werden mehr als 2.000 gerettete Menschenleben zugeschrieben.
BESITZER: Dr. Clyde E. und Catherine E. Dunphy.

Beschreibung

Der Bernhardiner ist ein großer, ausgewogener, muskulöser Hund mit einem ausdrucksstarken, sehr mächtigen Kopf. Oberkopf massiv und breit mit erkennbarer, aber keinesfalls übertriebener Faltenbildung. Fang kurz, gleichmäßig breit. Nase breit, eckig, schwarz pigmentiert. Ohren hoch und breit angesetzt, mittelgroß. Augen mittelgroß, mäßig tiefliegend, dunkelbraun, mehr nach vorne als seitlich gerichtet. Hals kräftig, Kehl-und Halswamme mäßig entwickelt. Brustkorb mäßig tief mit gut gewölbtem Rücken, nicht tiefer als bis zum Ellenbogen reichend. Rücken breit, kräftig, fest, völlig gerade. Senkrücken und langer Rücken sehr unerwünscht. Vorderhand breit, gerade und parallel gestellt. Starke Knochen. Ellenbogen gut anliegend. Hinterhand mäßig gewinkelt, parallel stehend, muskulös mit breiten Keulen. Unterschenkel ziemlich lang. Rutenansatz breit und kräftig, lang und schwer, bis zum Sprunggelenk reichend. Rute in der Ruhe gerade herabhängend, in der Erregung höher getragen. Beschaffenheit des Haars, Varietät Stockhaar: Deckhaar dicht, glatt, anliegend und derb, reichlich Unterwolle. Varietät Langhaar: mittellanges gerades Deckhaar mit reichlich Unterwolle, über Hüfte und Kruppe meist etwas gewellt. Stark behaarte Vorderläufe und Keulen, Rute buschig. Gesicht und Ohren kurz behaart. Widerristhöhe Rüden mindestens 70 cm, Hündinnen 65 cm. Widerristhöhe maximal Rüden 90 cm, Hündinnen 80 cm. Grundfarbe Weiß mit kleineren oder größeren rotbraunen Platten (Plattenhunde) oder durchgehend rotbraune Decke bis Pfoten und Fang (Mantelhunde). Gestromtes Rotbraun zulässig, Braungelb toleriert. Dunkle Verbrämung am Kopf erwünscht, Anflug von Schwarz am Körper toleriert. Erwünscht weißer Kragen, symmetrische dunkle Maske.

Anpassungsfähigkeit

Der Bernhardiner ist eine Art sanfter Heiliger, für den richtigen Besitzer ein Segen. Er liebt das Familienleben, genießt die Gesellschaft von Kindern. Weder scheut er kaltes Wetter, noch vorwiegenden Aufenthalt im Haus. Von Grund aus ist er ein sehr reinlicher Hund, aber er sabbert leicht, die Besitzer müssen darauf achten. Im allgemeinen ist er weniger ein besonders extrovertierter Charakter, vielmehr ein langsamer, tiefer Denker. Ein sehr eigenwilliger Hund,

Man sollte Bernhardiner-Welpen keinesfalls als Heilige ansehen, sondern sie richtig erziehen. Die Hunde fühlen sich im Haus wohl, können aber bei viel Kontakt mit Menschen auch zeitweise in Zwingern gehalten werden.

der durchaus zum tüchtigen Wachhund werden kann und ein wunderbar ausgewogenes Wesen hat. Am besten erzieht man ihn schon vom Welpenalter an, sozialisiert ihn mit Menschen, Tieren und Umwelt. Er braucht die Möglichkeit zum freien Auslauf, ohne ein zu hohes Bewegungsbedürfnis geltend zu machen.

Wachstumsphase

Die Wurfstärke liegt meistens hoch, das Geburtsgewicht im allgemeinen etwa bei 450 Gramm. Bernhardiner wachsen mit einer erstaunlichen Schnelligkeit, insbesondere im ersten Jahr können monatlich so etwa 12 Kilo hinzukommen. Das Wachstum verläuft zuweilen ungleichmäßig, wobei dann die Welpen etwas disproportioniert aussehen. Bernhardiner-Besitzer sollten viel Wissen über die Rasse erwerben, zumindest über das erste Jahr auch eng mit dem Tierarzt zusammenarbeiten. Die Fütterung mit einem hochwertigen Futter nach Vorschrift mit festgelegten Mengen hat sich bewährt.

Dieser drei Pfund schwere Welpe wird über die nächsten Monate jeweils etwa 12 Kilo zunehmen.

Große Hunderassen wachsen schnell, was zuweilen Probleme auslöst. Keinesfalls dürfen Welpen überfüttert werden, unkontrolliert Zusatzstoffe erhalten. Richtige Ernährung beeinflußt maßgebend das orthopädische Wohlbefinden des Hundes.

Wenn man Welpen gestattet, sich den Bauch voll zu schlagen oder auch zu wenig Futter aufzunehmen, führt dies häufig zu Wachstumsstörungen oder Überfütterung. Grundvoraussetzung für richtiges Wachstum ist natürlich eine gesunde Zucht. Den Käufern wird ausdrücklich empfohlen, beim Kauf sehr sorgfältig vorzugehen, vor allen Dingen darauf zu achten, daß die Zuchttiere gesundheitlich überwacht und kontrolliert sind. Das Wesen wird beim Bernhardiner nur selten zum Problem, aber man sollte sich dennoch klar darüber sein, daß ein außer Kontrolle geratener Bernhardiner die Frage der Beherrschung von etwa 80 Kilo Körpergewicht stellt. Richtig aufgezogen und erzogen entwickelt sich der Bernhardiner zu einem selbstbewußten, freundlichen, seinem Besitzer ergebenen, großartigen Hund.

Gesundheit

Der Bernhardiner gehört zu den schnell wachsenden Riesenrassen, hiermit verbunden ist eine Vielfalt von Skelettproblemen. Hüftgelenksdysplasie ist eine sehr ernsthafte Frage, man sollte nur von weitgehend HD-freien Linien kaufen. Störungen der Hirnanhangsdrüse sind verbreitet, in erster Linie Folge einer Veranlagung zu Akromegalie. Hieraus entstehen sehr verbreitet Knochenwachstumsprobleme, zu starke Hautbildung und Diabetes Mellitus. Magenumdrehung und Krebserkrankungen (insbesondere Knochenkrebs und Osteosarkoma) sind nicht selten. Entropium, Ektropium und Distichiasie sind weniger häufig auftretende Probleme. Vereinzelt kommt es zu Hämophilia B und Epilepsie, aber verhältnismäßig selten. Die Lebenserwartung des Bernhardiners dürfte zwischen 8 und 12 Jahren liegen.

Trotz der nur mäßigen Popularität des Bernhardiners sollte der Käufer seinen Welpen sehr sorgfältig auswählen. Achte darauf, daß Eltern und Großeltern allen notwendigen gesundheitlichen Untersuchungen unterzogen wurden. Deine zusätzlichen Stunden bei der Suche nach dem richtigen Züchter können dem Leben Deines Welpen zusätzlich viele Jahre schenken.

Bernhardiner

Bichon Frisé

Beschreibung

Die ausgewogenste und gesundeste *Puderquaste in der Hundewelt* - der Bichon Frisé - ist ein kleiner, fester weißer Hund. Seine fröhlich über dem Rücken getragene Rute entspricht seinem freundlichen Wesen. Ein Kontrast zum schneeweißen Haarkleid bilden die dunklen Augen, die sanft, aber sehr munter wirken. Dieser weiße Engel hat noch Lidschatten rund um die Augen, schwarzpigmentierte Haut rings um die Augen, wodurch der Eindruck noch verstärkt wird. Die Hängeohren sind mittellang, von langem, fließendem Haar bedeckt. Oberkopf leicht aufgewölbt. Unter dem Auge leicht eingefallen, aber nicht so stark, daß der Fang schwächlich oder überstreckt wirkt. Die Nase ist stark entwickelt, immer von schwarzer Farbe. Hals lang und geschwungen. Obere Linie gerade mit Ausnahme einer geringfügigen Wölbung über der Lende. Brust genügend breit, damit sich die Vorhand frei bewegen kann. Vorbrust gut ausgeprägt, etwas hervorstehend. Untere Linie mäßig aufgezogen. Rute in Rückenlinie angesetzt, dicht behaart und elegant über den Rücken gebogen getragen. Rute nie kupiert. Korkenzieherrute, tief angesetzte oder in Rückenhöhe getragene Rute fehlerhaft. Die Struktur des Deckhaars ist grober und gelockter als die weiche und dichte Unterwolle. Das Fell fühlt sich seidig und sehr fein an. In Ländern, wo es gestattet ist, wird das Fell leicht getrimmt, um die natürlichen Körperlinien zu zeigen. Zu starkes Trimmen ist unerwünscht. In England wird die Rasse ungetrimmt gezeigt, aber an Pfoten und Fang etwas »gesäubert«.
Die Fellfarbe des Bichon ist weiß, leichte Markierungen in Cremefarben, Buff oder Apricot werden akzeptiert, aber nicht mehr als zehn Prozent. Widerristhöhe 24 bis 29 cm.

Von der Insel Teneriffa stammt diese niedliche, schneeweiße Schönheit! Unter all dieser fließenden Watte steckt ein anatomisch gut gebauter Hund.
BESITZER: Anita Carolls, Barbara B. Stubbs und Lois K. Morrow.

Etwa ab zwei Wochen sollten die Welpen eine klare weiße Farbe zeigen. Einige Welpen haben einen Anflug von Lohfarben oder Cremefarben an ihren Ohren.
BESITZER: Joyan Nolan.

Anpassungsfähigkeit

Der Bichon ist sehr anpassungsfähig und familienfreundlich, insbesondere nett mit den Kindern. Ein unkomplizierter Hund, der sein Herz bedingungslos verschenkt. Als Ausstellungshunde sind Bichons aufgrund ihres außergewöhnlichen Haarkleids besonders attraktiv. Sie bewähren sich aber auch auf Unterordnungsprüfungen, da sie eine sehr seltene Verbindung von Intelligenz mit Gehorsam zeigen. Im Bichon findest Du einen süßen Hund, der sich allen Lebensverhältnissen anzupassen vermag. Hitze mag er nicht, er bevorzugt ein Leben im Haus.

Wachstumsphase

Neugeborene Welpen wiegen etwa 115 Gramm, mit acht Wochen liegt das Gewicht bei 1,8 bis 2,7 Kilo. Das Haarkleid des Welpen ist dunkler als das des Erwachsenen, mit dem Heranwachsen verblaßt die Farbe. Die Welpennase ist rosa, sollte aber etwa mit drei Monaten schwarz pigmentiert sein. Augen dunkelbraun oder schwarz mit vollpigmentierten Augenlidern. Volle körperliche Reife erreicht die Rasse mit ein bis eineinhalb Jahren. Voll entwickelt sind Bichons erst mit drei bis vier Jahren - eine wirklich lange Jugendzeit. Die Züchter unterstreichen, daß beim Bichon unter den Halbstarken nicht wie bei anderen Rassen Probleme entstehen. Diese Hunde sind typisch gute Futterverwerter, haben selten Wesensprobleme. Der Fellwechsel führt im allgemeinen nicht zu unschönen Zwischenstadien (*häßliches Entlein*) wie bei anderen lang-

Aus diesen Bichon-Welpen werden sehr schöne Hunde. Eigentlich gibt es auch im Wachstum nie ein *häßliches Entlein*, das Haarkleid des Bichons entwickelt sich immer natürlich und wirkt plüschartig.
BESITZER: Jerome Podell.

haarigen Rassen. Anfänglich ist das Haarkleid kräftig, aber einschichtig, das doppelte Haarkleid entsteht erst mit zunehmender Reife. Möglicherweise kommt es beim Zahnwechsel zu Problemen. Von Bichons weiß man, daß sie für den Zahnwechsel lange brauchen. Die Besitzer sollten diesen Prozeß überwachen, dafür sorgen, daß der Hund immer etwas zum Kauen hat, damit die neuen Zähne richtig durchbrechen.

Gesundheit

Von früher Jugend an sollte man den Bichon an Haarpflege gewöhnen. Für zu Hause wie für die Ausstellung - Bichons fordern einige Zeit für das Bürsten und Zurechtmachen.
BESITZER: Estelle und Wendy Kellerman.

Bichons sind eine lebhafte und sehr gesunde Hunderasse, widerstandsfähig gegen Krankheiten und relativ frei von erblichen Problemen. Aufgrund der Kleinheit der Rasse ist der Anspruch an Auslauf gering, trotzdem sollten die Besitzer nicht auf regelmäßige Spaziergänge und viel freies Spiel verzichten. Die große Unterordnungsbereitschaft des Hundes macht ihn für Unterordnungstraining besonders geeignet, das sollten die Besitzer auch nutzen. In dieser Rasse gibt es sehr selten Sozialisierungsprobleme. Das Ausstellungswesen in Amerika fordert bei der Fellpflege meist die Hilfe des Fachmanns. Immer ist die Fellpflege aber auch für den Haushund wichtig, um ein Verfilzen und mögliche Hautprobleme zu vermeiden. Vereinzelt treten in der Rasse Patellaluxation und Epilepsie auf. Bei weiblichen Bichons kommt es häufiger zu Blasensteinen. Für den Bichon-Besitzer ist es am wichtigsten, Augen, Zähne und Fell sorgfältig zu pflegen. Gerade bei den Zähnen ist darauf zu achten, daß es zu keinen Verfärbungen oder Zahnsteinbildung kommt. Der Bichon ist auch dafür bekannt, daß zuweilen Zahnprobleme auftreten (Pyorrhea und Pemphigus), regelmäßige Prophylaxe ist zweckmäßig. Im übrigen ist der Bichon ein recht robuster und langlebiger Hund, erreicht ein Lebensalter bis zu 17 Jahren.

Bichon Frisé

Black and Tan Coonhound

Beschreibung

Der Black and Tan Coonhound ist Spezialist, ein guter Arbeitshund auf der Fährte, ein Hund, der das Wild zum Aufbaumen bringt. Dieser Coonhoundschlag ist der einzige, der international von FCI wie vom Englischen und Amerikanischen Kennel Club anerkannt ist. Ein großer, kräftiger Hund, pechschwarz mit reichen lohfarbenen Abzeichen über den Augen, seitlich des Fangs, auf Brust, Läufen und Pfoten. Recht kräftiger Kopf, klar modelliert, stark entwickelte Lefzen, aber keine Hautfalten. Die Ohren hängen elegant gefaltet tief herab, umrahmen majestätisch den Kopf. Hals elegant und muskulös, stärkere Wammenbildung unerwünscht. Rücken gerade, der Brustkorb reicht bis zu den Ellenbogen. Rute lang, hoch und frei getragen. Das Haarkleid ist kurz und dicht. Größe: Rüden 63 bis 68 cm, Hündinnen 58 bis 63 cm. Widerristhöhe immer in richtiger Proportion zur Gesamterscheinung. Der Coonhound wirkt langläufig, darf nicht zu nahe am Boden stehen. Weiße Markierungen auf Brust und anderen Körperpartien unerwünscht. Ein weißes Abzeichen mit Durchmesser von über 2,5 cm disqualifiziert den Hund im Ausstellungsring.

Der Coonhound ist ein kraftvoll aufgebauter Jagdhund, ursprünglich stets in den Farben schwarzloh.
BESITZER: James S. und Kathleen M. Corbett und Margo Sensenbrenner.

Seelenvolle Augen und ein freundliches Wesen.

Coonhounds arbeiten als Meutehunde, sind in Spiel wie Arbeit unersättlich.
BESITZER: Katherine Settle und Arilla E. Turner.

Anpassungsfähigkeit

Ein unermüdlicher Jagdhund, dem Menschen gegenüber freundlich. Der Black and Tan Coonhound ist ein außerordentlich leistungsfähiges Tier, seine Anpassungsfähigkeit unübertroffen. Diese Hunde kommen mit tiefsten Wintertemperaturen wie tropischen Temperaturverhältnissen zurecht. Im Umgang mit Menschen gibt es keinerlei Probleme. Am glücklichsten ist die Rasse aber bei der Erfüllung der Aufgaben, für die sie gezüchtet wurde. Diese Hunde sind kühn und kraftvoll, brauchen geduldige Erziehung. Liebhaberhunde sollten an der Leine geführt werden, denn wenn sie auch nur das Funkeln des Auges eines Waschbären oder den Schwanz eines Eichhörnchens erblicken, hält sie nichts mehr zurück.

Wachstumsphase

Über die ersten Monate scheint der Black and Tan-Welpe ein schnellwachsendes Bündel loser Haut zu sein, wächst langsam in seine dumboähnlichen Ohren wie in sein samtiges Fell hinein. Über seine Jugendzeit hat er noch nicht die rassetypische Robustheit seines Körperbaus. Die Hunde brauchen zum Ausreifen volle zwei Jahre. Junghunde fordern sehr viel menschliche Betreuung, um ihr Selbstvertrauen zu entwickeln. Für einen großen Hund ist der Black and Tan Coonhound bemerkenswert langlebig, erreicht 15 Lebensjahre. Ins Pensionsalter kommt er frühestens mit zehn Jahren. Über seine erste Lebensdekade ist er ein aktiver, zu allen Abenteuern und Späßen bereiter Kumpan.

Coonhound-Welpen sind selbstsicher und von freundlichem Wesen, fordern aber Bestätigung des Besitzers, um schneidige und leistungsfähige Jagdhunde oder Wachhunde zu werden.
BESITZER: Jan Brungard und Linda D. Pincheck.

Gesundheit

Hüftgelenksdysplasie gehört zu den Hauptproblemen, röntgenologische Untersuchung ist ein Muß. Ektropium - nach außen drehende Augenlider - tritt häufiger auf, läßt sich aber bei richtiger Auswahl vermeiden. Hämophilia B - gekennzeichnet durch verlängerte Blutungen - könnte zum Problem werden. Es handelt sich um eine geschlechtsgebundene, rezessive Erbkrankheit. Jäger und Fieldtrailer sollten sich der Gefahren von Polyneuritis bewußt sein - einer Coonhound-Lähmung - die etwa sieben bis zehn Tage nach einer Begegnung mit einem Waschbären auftreten kann. Bei richtiger Behandlung bessert sich der Zustand innerhalb von drei bis sechs Wochen. Immer sollten die langen Hängeohren regelmäßig geprüft werden, da leicht äußere Ohrinfektionen (Otitis externa) auftreten.

Obgleich ein Hund, der in erster Linie im Freien lebt, benimmt sich der Coonhound auch im Haus sehr angenehm und gehorsam.
BESITZER: Jan Brungard und Linda D. Pinchek.

Black and Tan Coonhound

Bloodhound

Der König unter den hundlichen Spürnasen - der Bloodhound.
BESITZER: Dr. John und Susan Hamil und Dr. Marlene Zahner.

Beschreibung

Der edle Bloodhound gehört zu den schwersten der Jagdhunderassen, Rüden erreichen ein Gewicht von 50 Kilo, Hündinnen von 45 Kilo (obgleich das Durchschnittsgewicht etwa 10 Kilo niedriger liegt). Am auffälligsten ist der edle Kopf der Rasse, im Verhältnis zur Kopflänge und Körperlänge verhältnismäßig schmal. Das Hinterhauptbein tritt deutlich hervor, die Augen sind tief eingesetzt. Die Ohren fassen sich weich und dünn an, sind sehr tief angesetzt und lang mit Faltenbildung. Starke Falten zieren diesen Kopf, dabei fällt die Haut insbesondere nach vorn und seitlich des Gesichtes. Der Hals ist lang, Brust tief, eine Art Kiel bildend; Vorderläufe gerade, starkknochig mit gut zurückgelagerten Ellenbogen. Sprunggelenke schön gewinkelt und tiefstehend. Lendenpartie leicht aufgewölbt und tief, Rücken kräftig. Bloodhoundfarben sind Schwarzlohfarben, Rotlohfarben und einfarbig leuchtend Rot. Kleine weiße Flecken zulässig. Widerristhöhe 58 bis 68 cm, wobei größere Tiere bevorzugt werden, vorausgesetzt Qualität und Ausgewogenheit sind erhalten geblieben.

Reiche Falten bestimmen den Gesichtsausdruck von Jugend an.
BESITZER: Gretchen Schuecking.

Ein lebendes Relikt des alten St. Hubert Hounds. Keine andere Rasse kann den Bloodhound in seiner Spürfähigkeit übertreffen.
BESITZER: Dr. John und Susan Hamil und Dr. Marlene Zahner.

Das klassische Farbmuster Schwarzlohfarben.
BESITZER: Robert Sharps.

Anpassungsfähigkeit

Für seine gute Nase weltweit anerkannt gilt der Bloodhound als bester Spürhund, möglicherweise ist er auch einer der ruhigsten Hunde. Ein entschlossener Hund, der ohne zu ermüden seine Aufgabe erfüllt. Wie die meisten anderen Jagdhunderassen liebt er Menschen, insbesondere Leute mit Humor. Im Haus ist er ruhig, außerhalb des Hauses manchmal etwas laut, wobei er ein hundliches Urheulen ertönen läßt. Die Besitzer brauchen ein großes Grundstück, da Bloodhounds die Böden ziemlich strapazieren. Eine hohe Einzäunung ist ein Muß, weil sie urplötzlich eine Fährte verfolgen. Von seiner Nase sagt man, sie sei zwei Millionen mal empfindlicher als die des Menschen. Trotz seiner Größe ist der Bloodhound kein Wachhund, greift niemals an. Er gehört zu den freundlichsten und geduldigsten Seelen in der ganzen Hundewelt. Dieser Hund ist mehr beharrlich als schnell entschlossen, er braucht einen verständisvollen Besitzer.

WACHSTUMSPHASE

Die Wurfgrößen variieren stark, von nur einigen bis zu 15 Welpen. Naturgemäß variiert entsprechend auch die Welpengröße, in den größeren Würfen liegen kleinere Welpen. Bei richtiger Ernährung und zusätzlicher Fütterung der großen Würfe erreichen die kleineren Welpen die gleiche Größe wie die großen. Bei der Geburt sind Bloohoundwelpen nahezu völlig schwarz oder rot, verändern die Farbe im Wachstum in schwarzlohfarben oder tiefrot. Bloodhounds wachsen schnell, sollten immer nach dem Futterplan des verantwortungsvollen Züchters ernährt werden. Bei den Halbwüchsigen findet man zuweilen schlechte Fresser. Hierauf muß man insbesondere in den Hauptwachstumsphasen achten, in denen richtige Ernährung besonders wichtig ist, um Entwicklungsstörungen zu vermeiden. Der Bloodhound erreicht seine körperliche Reife nicht vor etwa zwei Jahren, Rüden brauchen häufig sogar noch länger. Hündinnen kommen oft erstmals etwa im Alter von einem Jahr - manchmal sogar später - in Hitze. Vorbiß kann sich im Alter zwischen drei Monaten und einem Jahr entwickeln.

Bloodhound-Welpen wachsen schnell, die Hunde erreichen aber volle körperliche Reife erst mit zwei bis drei Jahren.
BESITZER: Gretchen Schuecking und Jimmie und Delores Jackson.

GESUNDHEIT

Auf vielerlei Art ist der Bloodhound ein problemloser Familienhund. Er hat ein freundliches und ausgeglichenes Wesen, seine Auslaufbedürfnisse lassen sich weitgehend auf längeren Vergnügungsspaziergängen erfüllen. Auch ist die Rasse relativ frei von ernsthaften Erberkrankungen, allerdings gibt es Berichte über HD und Ellenbogendysplasie. Die meisten Probleme beziehen sich auf die Augen (Ektropium und Kerato Konjunctivitis Sicca). Ersteres ist meist die Folge, daß das untere Augenlid zu stark absinkt und sich hier Schmutz ansiedelt, was zu Komplikationen führt. Aufgrund der langen Hängeohren treten verbreitet Infektionen auf. Immer sollte man die Hautfalten auf Anzeichen von Reizungen kontrollieren. Von Bloodhounds weiß man, daß sie an Magenumdrehung erkranken können, am besten füttert man sie zweimal täglich mit kleineren Mahlzeiten, bewegt sie mäßig, aber regelmäßig, sorgt dafür, daß sie nicht zuviel Wasser auf einmal aufnehmen. Außerdem sind in der Rasse Wachstumsstörungen der Knochen bekannt. Diese sollten beim Tierarzt durch Kontrolluntersuchungen in der Wachstumsperiode festgestellt und behandelt werden.

Ohren und Augen des Bloodhounds fordern regelmäßige Kontrolle, um sie sauber und gesund zu halten.
BESITZER: Mrs. Diana Dixon.

Bloodhound

Border Collie

Der Border Collie ist in jeder Hinsicht ein Arbeitshund. Die äußere Erscheinung ist gegenüber seiner Eignung als Hütehund zweitrangig, seine Aufgabe ist das Schafehüten.
BESITZER: Sharon Holm.

Beschreibung

Der Border Collie besitzt einen festen und athletischen Körperbau, seine fließenden äußeren Linien zeigen einen Hund von Eleganz, Qualität und Ausgewogenheit. Oberkopf ziemlich breit, kräftige Backen, ein sich verjüngender, mäßig kurzer Fang, ausgeprägter Stop. Die ovalen Augen sind gut auseinander eingesetzt, Steh- oder Kippohr. Hals von guter Länge und leicht gebogen. Körper länger als hoch, Hinterhand breit, tiefer Rutenansatz. Hinterhand gut gewinkelt, lange Laufknochen, tiefstehendes Sprunggelenk. Rute mäßig lang, in der Erregung erhoben getragen, aber nie über den Rücken geringelt. Border gibt es in zwei Fellarten, die verbreitetste ist mittellang, ihr Fell bildet eine Mähne, Hosen und eine buschige Rute. Der englische Standard gestattet auch glatthaarige Hunde. Alle Farben möglich und erlaubt, solange Weiß nicht dominiert. Widerristhöhe 48 bis 53 cm, Hündinnen etwa 2,5 cm kleiner.

Anpassungsfähigkeit

Ein Arbeitshund mit einer Fülle von Energie und Intelligenz! Der Border Collie ist der originale workaholische Hütehund, nur dazu geboren, Befehle auszuführen und die Schafe in Bewegung zu halten. Ist der Besitzer nicht Schäfer und hat der Hund keine Schafe zu hüten, braucht dieser Hund klare Aufgaben, um sich wohlzufühlen. Diese Hunde bestechen in Wettbewerben für Agility und Unterordnung, insbesondere natürlich bei Hütehundprüfungen. Border Collies lernen schnell, sind von Natur aus gehorsam und so gezüchtet, daß sie auf Handzeichen des Schäfers folgen. Es gibt Meinungen, wonach der Border Collie der allerintelligenteste aller Hunde sei, wobei man den Pudel als Hauptkonkurrenten für diesen Ehrenplatz sieht.

Laufende Arbeit an der Herde hat alle Sinne des Border Collies geschärft. Viele der besten Hundeausbilder sehen im Border den intelligentesten Rassehund.
BESITZER: Peter und Ann Stacey.

WACHSTUMSPHASE

Bei der Geburt wiegt ein Border Collie etwa 450 Gramm, ziemlich viel für einen Hund, der ausgewachsen 14 bis 20 Kilo wiegt. Als noch sehr natürliche Rasse findet man kaum Wachstums- oder Entwicklungsstörungen. Natürlich bringt diese aktive und athletische Hunderasse sehr lebhafte und bewegungshungrige Welpen, die wiederum sehr viel Geduld erfordern. Unterordnungserziehung und Auslauf beginnen bereits in frühem Alter. Auf dem Bauernhof arbeitende oder für Hütewettbewerbe zu erziehende Hunde werden bereits mit vier Monaten zielgerecht ausgebildet. Die Rasse ist im allgemeinen körperlich mit einem Jahr oder etwas später ausgereift. Trotzdem dauert es zumindest ein weiteres Jahr, manchmal zwei, ehe diese Hunde wirklich auf der Höhe ihres Leistungsvermögens stehen.

Border-Welpen sind geistig und körperlich immer in Bewegung, fordern einen geduldigen Besitzer und ständige Aufmerksamkeit.
BESITZER: Jerri A. Carter.

GESUNDHEIT

Der Border Collie gilt als ein sehr robuster, gesunder Hund, ist weitgehend frei von Erbkrankheiten, außerordentlich anpassungsfähig an seine Umwelt, was auch zu einer großen Widerstandskraft gegen Krankheiten führt. Hüftgelenksdysplasie und PRA kommen zwar vor, aber selten, außerdem Collieauge und Epilepsie. Sorgfältige Zuchtprogramme halten diese Erscheinungen gering. Ein weiteres Problem ist Osteochondritis Dessicans, ein Knorpelproblem, das im allgemeinen in den starken Wachstumsperioden zwischen vier und acht Monaten auftritt, besonders Rüden befällt. Richtige Ernährung entsprechend den Empfehlungen des guten Züchters ohne Übervitaminisierung oder zu viele Ergänzungsstoffe ist über diese Zeit besonders wichtig. Gebißfehler, Allergien, Taubheit und Kryptorchismus treten auf, bilden aber kein ernsthaftes Problem. Border Collies brauchen regelmäßige Fellpflege, viel Auslauf und geistige Anregungen. Diese Hunde erreichen ein Lebensalter von 10 bis 14 Jahren, einige wurden sogar 18 Jahre alt.

Verantwortungsvolle Zucht und Gesundheitskontrollen haben den Border Collie zu einer sehr gesunden Hunderasse gemacht.
BESITZER: Jerri A. Carter.

Die Ohren werden aufrecht oder halb aufgerichtet getragen. Das Haarkleid ist von mittlerer Länge, zuweilen auch kürzer.
BESITZER: Linda Husson.

Border Collie

Border Terrier

Die Verkörperung eines Terriers! Der Border Terrier besitzt den Kopf eines Otters, die Intelligenz einer Kobra, ist furchtlos und schnell.
BESITZER: Betsy Kirkpatrick, Cindy Peebles und W. Henry Odum III.

Beschreibung

Ein mittelgroßer Arbeitsterrier, auf der Jagd *stahlhart wie Nägel*. Sein otterähnlicher Kopf unterscheidet ihn deutlich von den anderen Terriern. Ein Arbeitsterrier-Rüde wiegt 6 bis 7 Kilo, eine Hündin 5 bis 6,4 Kilo. Knochen mittelkräftig, sehr guter anatomischer Aufbau, dabei in Schulterpartie, Körper und Hinterhand ziemlich schmal. Charakteristisch ist sein sehr drahtiges Haarkleid, das sich eng dem Körper anlegt (nie gewellt oder gelockt). Border werden auf Ausstellungen nur geringfügig *zurechtgemacht* vorgeführt. Die Augen werden als *voll Feuer und Intelligenz* beschrieben. Seine Ohren sind klein und v-förmig, nicht zu hoch angesetzt, fallen nach vorne gegen die Wangen. Fang kurz und gut ausgefüllt. Beim Stop wünscht man eine mäßig verlaufende Kurve. Hals trocken und muskulös, verbreitert sich zu den Schultern. Der Rücken ist kräftig, senkt sich hinter der Schulter nicht ab. Rippen gut nach hinten gelagert, nicht stark gewölbt. Untere Linie wenig hochgezogen. Rute mäßig kurz, an der Wurzel dick, sich schnell verjüngend. Hinterhand kräftig und muskulös, lange Knochen. Farben Rot, Weizenfarben, Grau und Lohfarben oder Blau und Lohfarben. Dunkler Fang erwünscht. Kleiner weißer Brustfleck erlaubt, aber kein Weiß an den Pfoten.

Anpassungsfähigkeit

Dieser bescheidene kleine braune Hund gehört zu den verborgenen Geheimtips der Fachleute! Der Border Terrier ist ein ungewöhnlich bezaubernder Familienhund, voller Charme und Leben. Ein hundertzehnprozentiger Terrier, durchaus jagdfreudig, er fängt Mäuse, Kaninchen, Eichhörnchen, Raubzeug. Wenn auch die Familienkatze gesichert erscheint, andere Haustiere sind es weniger. Sein Besitzer muß einen gut eingezäunten Garten haben, so hoch, daß der Hund nicht überspringt, im Boden eingegraben, daß er nicht durch kann. Ein verläßlicher, unterordnungsbereiter, empfindsamer, freundlicher und liebevoller Hund! Trotzdem ist der Border recht unabhängig, liebt eigene Entscheidungen. Die Erziehung muß früh erfolgen. Sein Jagdtrieb sagt ihm, er müsse sich sein eigenes Mittagessen beschaffen, dadurch gewinnt jeder Spaziergang mit ihm an Reiz. Ein richtig erzogener Border entwickelt keine schlechten Gewohnheiten, belästigt auch andere Tiere nicht, gewinnt unter den sensiblen Hundefreunden immer mehr Bewunderer, auch ohne weiches Fell oder augenblickliche Modewelle. Viele Border Terrier Besitzer entscheiden sich noch für einen zweiten, um dem ersten einen Gesellschafter zu geben.

Im oder außerhalb des Hauses - Border lieben es, mit Menschen zusammen zu sein, sie gegen schädliche Tiere zu schützen. Border sind recht angenehme Familienhunde. Nur kleiner weißer Brustfleck gestattet.
BESITZER: Wayne und Joyce Kirn.

Wachstumsphase

Neugeborene Border Terrier wiegen etwa 280 Gramm. Für einen kleinen Hund reifen Border Terrier ziemlich langsam, sind erst mit etwa eineinhalb Jahren ausgewachsen, einige Linien etwas früher. Ungleichmäßiges Wachstum könnte ein Hinweis sein, daß ein Junghund kein Ausstellungshund wird. Der Käufer sollte immer auf ausgewogene Anatomie achten. Im Alter von acht Wochen wiegt ein Border 1,6 bis 2,3 Kilo. Das charakteristische harte Fell entwickelt sich erst ab drei Monaten, wird noch grober, wenn der Hund heranreift, das Welpenhaar getrimmt wird. Im allgemeinen gibt es keine Wesensveränderungen, trotzdem ist laufende Sozialisierung gegenüber Menschen und anderen Tieren von entscheidender Bedeutung, um zu vermeiden, daß sich der Hund in sich selbst zurückzieht. Eine Periode von Scheusein tritt häufig auf. Hier braucht der Besitzer einfach viel Geduld, muß den Hund ermutigen, mit der Sozialisierung fortfahren. Der Besitzer sollte aber übermäßige Stimulation vermeiden, damit sich der Junghund nicht zum Rüpel entwickelt, was sich auch beim erwachsenen Hund dann fortsetzen könnte. Es wurde schon beobachtet, daß die Hoden noch bis zum Alter von sechs Monaten herabsteigen.

Bei der Welpenwahl im Alter von acht Wochen achte man auf ausgewogenen anatomischen Körperbau. Im Alter von zehn bis zwölf Wochen scheinen die Läufe zuweilen etwas zu kurz, die meisten Junghunde wachsen aber aus dieser Phase wieder heraus.
BESITZER: Robin Jones und Teresa Tipton.

Gesundheit

Ein Border Terrier bietet viele Jahre reizvoller Gemeinschaft, seine Lebenserwartung reicht bis zu 15 Jahren. Vorausgesetzt der Hund wird in der Jugend richtig sozialisiert, tüchtig und überlegt bewegt, erhält auch Kauarbeit für seine Zähne, erweist sich der Border als ein gutartiger Hund mit viel Humor. Wenn man von notwendigem Terriertrimmen absieht, das eine bestimmte Geschicklichkeit erfordert, ist der Border Terrier leicht zu pflegen. Dies verdankt er seiner Kleinheit und seinem robusten Wesen. In der Rasse kommen erbliche Herzprobleme, Hüftgelenksdysplasie und PRA vor. Dies ist zwar selten der Fall, trotzdem sollte das Zuchtmaterial darauf untersucht werden. In der Jugend wie über das ganze Leben sollten die Hunde einmal jährlich vom Tierarzt auf Herz - und andere mögliche Störungen untersucht werden.

Border Terrier reifen langsam, mit zunehmendem Alter verkleinern sich meist kleine Flecken auf der Brust. Für Ausstellungshunde sollte man weiße Zehenspitzen meiden.
BESITZER: Wayne und Joyce Kirn.

Junghunde wirken anfänglich robbenfarbig, nach und nach setzt sich dann die Lohfarbe durch.
BESITZER: Hazel Wichman.

Border Terrier

Boston Terrier

Die Stadt Boston hat dieser uramerikanischen Hunderasse ihren Namen geschenkt. Das Haarkleid des Boston Terriers ist glatt und leuchtend: mit einer Schmetterlingskrawatte wäre er komplett angezogen.
BESITZER: Elisabeth McNeil und Jodi Ghaster.

Beschreibung

Der Boston Terrier vereinigt den Körper eines Terriers mit einem ausgeprägt kurzen Kopf. Dies ist kein Zwerghund, mehr ein mittelgroßer, obwohl es ihn in drei Gewichtsklassen gibt. Unter sieben Kilo, sieben bis neun Kilo und neun bis elf Kilo, dabei sollte die oberste Grenze nicht überschritten werden. Das Haarkleid ist glatt, Farben Gestromt, Schwarz oder Sealfarben (Schwarz mit rotem Anflug). Wichtig ist eine gleichmäßige schneeweiße Markierung bandförmig um den Fang, Blesse, Vorbrust und nach Möglichkeit auch auf den Läufen. Ein kräftiger Hund, kompakt aufgebaut und gut ausgewogen. Niemals sollte er dünn oder grob wirken. Der Kopf ist das wichtigste Merkmal der Rasse, quadratischer Oberkopf, oben flach, flache Wangen, Augenbrauen ausgeprägt, deutlicher Stop. Augen breit eingesetzt, dunkle Farbe (nie Blau). Fang kurz und quadratisch, tief und breit. Nase schwarz, keinesfalls gefleckt (dudley). Kiefer quadratisch, Zangengebiß oder leichter Vorbiß. Kreuzbiß sollte man meiden! Der Körper wirkt kurzrückig, Rute tief angesetzt, gerade oder schraubenartig, nie kupiert. Um eine terrierartige Bewegung zu ermöglichen, müssen die Schultern schräg eingesetzt und gut zurückgelagert, die Läufe kräftig sein.

Anpassungsfähigkeit

Der Boston Terrier ist der Gentleman von New England, ruhig, ausgewogen, neugierig, außergewöhnlich kinderfreundlich. Bostons sind peinlich saubere Hunde, haben keinen hundlichen Geruch, was sie zu leicht zu pflegenden Familienmitgliedern macht. Obgleich als Schoßhund etwas groß, scheinen die meisten Besitzer dieses zusätzliche Gewicht nicht zu scheuen! Im Haus ist der Boston Terrier ruhig, wohlerzogen, kann zum guten Wachhund werden. Boston Terrier sind im allgemeinen keine streitsüchtigen Burschen, aber getreu ihrer Herkunft können sie sich durchaus selbst verteidigen. Ihre etwas hervortretenden und sehr runden Augen sind verletzungsanfällig, falls das Spiel einmal zu grob wird.

Das typische Merkmal des Bostons ist sein Kopf. Gefordert wird eine abgegrenzte weiße Blesse, kurzer und quadratischer Fang, weit auseinander eingesetzte Augen.
BESITZER: Elisabeth McNeil und Jodi Ghaster.

Wachstumsphase

Entsprechend den unterschiedlichen Größengruppen innerhalb der Rasse gibt es auch verschiedene Welpengrößen. Boston-Welpen wachsen unterschiedlich. Während sich die meisten ziemlich gleichmäßig entwickeln, durchlaufen einige Jungtiere Perioden rapiden Wachstums. Junghunde, bei denen solche Schübe auftreten, sehen manchmal etwas unausgewogen und häßlich aus; in dieser Zeit sollte man die Bewegung anpassen, damit es zu keinen Verletzungen oder - wichtiger - Frustrationen beim Junghund kommt. Im allgemeinen sind Boston Terrier mit einem Jahr ausgewachsen, Rüden gewinnen aber auch danach noch zusätzliche Substanz. In einigen Ländern wird das Kupieren von Ohren und Ruten gestattet, im allgemeinen ist es aber unerwünscht. Boston Terrier müssen nachhaltig mit anderen Tieren und Menschen sozialisiert werden. Dies gilt besonders für Rüden, um Streitlust und anderes antisoziales Verhalten zu unterbinden. Bei dieser Rasse empfiehlt sich immer frühzeitige Unterordnungserziehung.

Besonders Welpenaugen sind durch rauhes Spiel oder Kratzen verletzungsgefährdet. Züchter wie Besitzer müssen dies wissen, auch daß es in der Rasse noch andere Augenprobleme gibt, wie Glaukom, Distichiasis und andere.
BESITZER: Anna M. Benedetto.

Der Boston ist ein vorzüglicher Allround-Familienhund, leicht zu pflegen, mit starker Bindung an seinen Besitzer. Er ist auch ein vorzüglicher Wachhund.
BESITZER: Anna M. Benedetto.

Gesundheit

Insgesamt ist diese Rasse robust und langlebig, auch wenn die nachstehenden Probleme Hundefreunde zunächst abschrecken. Dies muß im richtigen Rahmen gesehen werden. Zu den Erbkrankheiten gehören Herzstörungen, Taubheit und jugendlicher Star. Hinzu kommen *Hydrocephalus* (Wasserköpfigkeit), *Walrus Puppies* (stark aufgeblähte, deformierte Welpen) und *Swimmer Puppy Syndrom* (eine Erkrankung, bei der die Welpen nicht von sich aus auf die Läufe kommen). Kiefermißbildungen, steile Kniewinkelung, Knieluxation, Cherry-Eye, Hyperadrenocorticismus und Störungen im Wirbelsäulenbereich können auftreten. Bösartige und nicht bösartige Tumore und Zysten gibt es bei älteren Hunden. Bei einigen Bostons berichtet man von Reaktionsproblemen auf Anästhesie. Aufgrund des brachycephalischen Fangs, der Kurznasigkeit, können Probleme wie Hitzschlag auftreten. Alle diese Hinweise unterstreichen die Bedeutung guter Zucht und sorgfältiger Auswahl. Man sollte sich die Familien, aus denen die Welpen stammen, vor dem Kauf sehr genau auf mögliche Krankheiten anschauen. Die Pflegeerfordernisse sind minimal, das Auslaufbedürfnis entspricht gemeinsamen täglichen Spaziergängen und regelmäßigen Ausbildungszeiten. Gesunde Bostons können 12 bis 15 Jahre alt werden.

Boston Terrier

Bouvier des Flandres

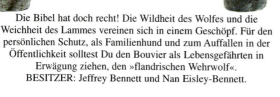

Die Bibel hat doch recht! Die Wildheit des Wolfes und die Weichheit des Lammes vereinen sich in einem Geschöpf. Für den persönlichen Schutz, als Familienhund und zum Auffallen in der Öffentlichkeit solltest Du den Bouvier als Lebensgefährten in Erwägung ziehen, den »flandrischen Wehrwolf«.
BESITZER: Jeffrey Bennett und Nan Eisley-Bennett.

Beschreibung

Rauh, kraftvoll und kompakt - der Bouvier des Flandres ist gekennzeichnet durch sein rauhes äußeres Erscheinungsbild, unterstrichen durch seinen Bart und die buschigen, hervorstehenden Augenbrauen. Oberkopf stark entwickelt und flach, Ohren hoch angesetzt, Kupieren heute verboten. Fang breit und gut ausgefüllt. Die Körperproportionen sind quadratisch, Hunde mit langen Körpern sind fehlerhaft. Der Rumpf ist breit und kraftvoll, nicht eingesunken. Rute auf zwei bis drei Glieder kupiert. Es gibt auch rutenlose Hunde, was völlig akzeptiert wird. Schultern ziemlich lang und nie überladen, Ellbogen dicht am Körper anliegend. Vordermittelfuß ziemlich kurz, leicht nach vorne gestellt. Hinterhand mit sehr kräftigen Schenkeln, parallel zur Vorderhand stehend. Doppeltes Haarkleid, ziemlich zerzaust anzusehen. Deckhaar hart und trocken, Länge etwa sechs Zentimeter, Unterwolle fein und dicht. Bouvier-Farben variieren von Falb bis Schwarz zu Grau, Gestromt und Pfeffer/Salz. Weißer Bruststern zulässig. Schokoladenbraun, Weiß und Mehrfarbigkeit nicht zugelassen. Widerristhöhe Rüden 70 cm, Hündinnen 67 cm. Gewichte etwa 34 bis 43 Kilo.

Anpassungsfähigkeit

Ursprünglich war der Bouvier ein Arbeitshund zum Treiben von Kühen. Heute besticht er seine Bewunderer als guter Wachhund und vorzüglicher Familienhund. Bei all seiner robusten Wildheit bleibt der Bouvier Kindern gegenüber glücklicherweise recht vorsichtig. Berühmt wurden die Hunde durch ihre Arbeit als Polizeihund, Ziehhund, während der Kriege als Sanitäts- und Meldehund. Die ihnen zugewiesenen Aufgaben begreifen die Hunde schnell und führen sie willig aus.

Intelligenz und Unterordnungsfreude haben dem Bouvier über die Jahre viele neue Aufgaben gebracht.
BESITZER: Debbie Arbucci.

Wachstumsphase

Wurf- und Welpengröße sind in der Rasse sehr verschieden, ohne daß beide immer direkt in Zusammenhang stehen. Neugeborene Bouviers wiegen zwischen 230 und 680 Gramm. Empfohlen wird, sowohl besonders große wie zu kleine Welpen zu meiden, weil sie meist nicht korrekt ausreifen. Besonders übergroße Hunde unterliegen hinsichtlich Knochen und Gelenken leicht Entwicklungsstörungen, sind auch durch Magenumdrehung stärker bedroht. So früh wie möglich sollten Wolfskrallen entfernt werden, das Rutenkupieren erfolgt etwa im Alter von drei Tagen. Ohrenkupieren ist heute verboten, sollte also unterlassen bleiben. Richtiges Abgabealter bei Bouvier des Flandres ist etwa acht Wochen. Schon mit drei Monaten zeigen Junghunde erste Anzeichen von Wachinstinkt. Dunkel gefärbte Bouviers dunkeln mit dem Alter noch weiter nach, werden in ihren späteren Jahren nahezu kohlschwarz, falbe Hunde werden mit dem Alter heller.

Wähle immer einen kräftig gebauten, ausgewogenen Welpen, nicht übergroß und nicht zu schmal. Bouvier-Welpen sollten aktiv und verspielt sein.
BESITZER: Emmy Walters.

Richtige Sozialisierung ab früher Jugend ist für die Gesamtentwicklung von größter Wichtigkeit. Wenn man diese großen Hunde vernachlässigt oder übertrieben stimuliert, kann dies später zu echten Problemen führen.

Gesundheit

Im Zweiten Weltkrieg wäre die Rasse nahezu ausgestorben, wurde danach auf einer ziemlich schmalen Zuchtbasis neu aufgebaut. Diese starke Inzucht hat zu Fruchtbarkeitsproblemen geführt - einschließlich Entzündung des Innenbereichs des Uterus und Zysten am Eierstock. Magenprobleme, die von einigen Besitzern berichtet werden, lassen sich meist leicht behandeln, vor Magenumdrehung kann man den Hund schützen, indem man zumindest zweimal täglich kleinere Mahlzeiten gibt. Insgesamt ist der Bouvier ein bemerkenswert kräftiger und robuster Hund, erstaunlicherweise relativ frei von HD und anderen Knochenerkrankungen. In sehr kleiner Anzahl wird von Lymphosarkoma und Hypothyroidismus berichtet. Es ist außerordentlich wichtig, Welpen nur aus gesunden Linien zu wählen. Selbst bis zu einem Alter von zehn Jahren liebt es der Bouvier zu arbeiten. Die allgemeine Lebenserwartung liegt bei etwa zwölf Jahren. Die Fellpflege ist etwas aufwendig, das harte Deckhaar muß gelegentlich getrimmt werden. Bei gut gepflegten Hunden treten nur selten Hautprobleme auf.

Dunkelpigmentierte Welpen werden mit zunehmendem Alter noch dunkler - hellfarbige oder falbe Welpen hellen weiter auf.
BESITZER: Debbie Goldstein.

Bouvier des Flandres

Boxer

Beschreibung

Das Merkmal des Boxers ist sein wunderschön geformter Kopf. Dieser steht in perfektem Verhältnis zum mittelgroßen und quadratischen Körperbau. Der Fang ist breit und stumpf, paßt zu Harmonie und Ausgewogenheit des Oberkopfes. Der Körperbau des Boxers ist für die Rasse kennzeichnend. Dieser Hund vereinigt Eleganz mit guter Substanz. Ein quadratischer Hund mit kurzem Rücken, kräftigen Läufen, leuchtendem Fell, das seine Muskeln noch betont. Intelligent im Ausdruck und von beeindruckender Eleganz, zeigt der Boxer eine angemessen breite Brust, gut entwickelte Vorbrust. Der Rücken ist kurz, verbindet in gerade Linie Widerrist mit Hinterhand. Lendenpartie kurz und muskulös. Bauchlinie leicht aufgezogen, eine elegante Linie bildend. Vordermittelfuß ganz leicht schräggestellt; Schultern dürfen niemals überladen oder locker wirken. Die Hinterhand entspricht in der Winkelung der Vorhand, darf weder steil noch überwinkelt sein. Unterschenkel gut entwickelt und fest, dabei weder zu massiv noch leicht wirkend. Sprunggelenk tiefgestellt, nicht überwinkelt (sichelförmig). Dieser Aufbau ist für einen Hund, der sich mit kraftvollem Schub bewegt, erforderlich. Boxer-Farben Gelb oder Gestromt, mit schwarzer Maske, die den Ausdruck noch unterstreicht. Nie darf mehr als ein Drittel des Körpers weiß sein, ebenso unerwünscht ist reinweiß. Widerristhöhe 53 bis 63 cm, wobei Ausgewogenheit und richtige Körperproportionen eine Schlüsselfunktion einnehmen.

Der Boxer vereint Eleganz mit guter Substanz, ist ein harmonisch aufgebauter Arbeitshund.
BESITZER: Richard Tomita.

Der Deutsche Boxer hat von Natur aus Hängeohren, wird grundsätzlich nicht kupiert wie heutzutage leider noch in den Vereinigten Staaten.
BESITZER: Frederick und Sophie Miller.

Anpassungsfähigkeit

Der Boxer ist seinem Menschen tief verbunden, Anhänglichkeit und Liebe bestimmen sein Sein. Boxer sind verspielte, energiegeladene Familienhunde, werden erstklassige Wachhunde. Trotz seiner Größe, Muskulatur und seines drohenden Bellens eignet sich der Boxer als reiner Wachhund weniger, denn die meisten Boxer werden Eindringlinge freudig ablecken oder sie mit einem Kauknochen im Fang einladen. Obgleich es mit seinem Namen nicht übereinstimmt - der Boxer ist ein besonders liebenswerter Hund, weniger ein Kämpfer. Boxer werden allgemein aufgrund ihres ausgewogenen Wesens und nur geringem Sabbern geschätzt. Sie ähneln so sehr einem menschlichen Kind, daß sie gerade in einem Haushalt mit Kindern besonders willkommen sind, als großartiger Spielgefährte für alle Kinder!

Wachstumsphase

Je nach den einzelnen Linien gibt es beträchtliche Unterschiede. Die Geburtsgewichte der Welpen liegen zwischen 280 bis 450 Gramm. Einige Welpen entwickeln sich ziemlich gleichmäßig und harmonisch, bei anderen beobachtet man starke Wachstumsschübe, die aber - angemessene Fütterung vorausgesetzt - unproblematisch verlaufen. Acht Wochen alte Welpen wiegen zwischen 3,6 und 5,4 Kilo. Die Ruten werden zwischen dem dritten und siebten Tag kupiert. In wenigen Ländern, in denen es noch nicht verboten ist, werden die Ohren etwa mit acht Wochen kupiert. Diese Operation erfordert beträchtliche Nachfürsorge, sollte deshalb vermieden werden. Die Körperliche Reife dauert zumindest ein Jahr, häufig auch 18 Monate oder mehr. Insbesondere Rüden gewinnen nach Erreichen ihrer Körpergröße noch zusätzliche Substanz. Heranwachsende Boxer sind voller Energie, verzehren ihre Mahlzeiten mit großem Vergnügen. Futtermäkler kann man durch etwas zusätzliches Fleisch (frisch oder in Büchsen) zu den Mahlzeiten verwöhnen. In der Jugendzeit brauchen Boxer eine richtige Mischung zwischen Spiel, Auslauf und Ruhezeit, sollten unbedingt sorgfältig zur Unterordnung erzogen werden. Ein gut sozialisierter und richtig aufgezogener Boxer wächst sich zu einem vorzüglichen Familienmitglied und Wachhund aus. Boxer sind ihrer hohen Intelligenz wegen berühmt, man spricht ihnen die Fähigkeit zu, vor dem Handeln zu denken. Entgegen einigen Vorurteilen bewähren sich richtig sozialisierte Boxer durchaus auch in Haushalten mit mehreren Hunden.

Weiße Körperabzeichen wirken zwar elegant, dürfen aber nie überhand nehmen. Dies sind Nachzuchten aus einer führenden amerikanischen Zucht - Jacquet Boxer.
BESITZER: Richard Tomita.

Gesundheit

Boxer verlangen wenig Pflege. Die Fellpflege ist minimal, regelmäßiges Bürsten reicht völlig aus. Viel wurde über die Gesundheit von Boxern diskutiert, genaue Untersuchungen beweisen, daß die Rasse im allgemeinen robust und gesund ist, wenn auch eine ganze Reihe von Einzelerkrankungen auftreten. Der Käufer sollte eine gesunde Linie auswählen, Gesundheitsprobleme offen mit dem Züchter diskutieren. Beim Boxer verzeichnet man ein häufiges Auftreten von Tumoren - bösartigen wie gutartigen. Lymphdrüsenerkrankungen, Herz- und Lungentumore, Herzstörungen, Subaortic Stenosis, Überempfindlichkeit gegenüber Cortison, erbliche Spondilose, Drüsen- und Hodenkrebs, dies alles tritt auf, wobei einige Blutlinien einen stärkeren Befall als andere zeigen. Monorchismus gibt es, auch Anfälligkeit gegen Magenumdrehung. Gerade die Magenumdrehung hat eine Reihe erstklassiger Hunde das Leben gekostet, hierauf muß man achten. Schilddrüsenunterfunktion, Bandscheibendegeneration kommen vor, eine ungewöhnliche Veranlagung zur Geschwürbildung auf der Hornhaut - eine Art Erosion der Hornhaut - wird für Boxer als rassetypisch gesehen, obwohl sie nur selten auftritt. Pustelbildung auf dem Fang, eine Pyodermie - wird mit Antibiotika behandelt. Boxer leben ihr Leben voll aus, altern aber ziemlich plötzlich. Die allgemeine Lebenserwartung liegt bei acht bis neun Jahren, aber es gibt Hunde, die auch 13 Jahre und älter werden. Cardiomyopathie befällt einige ältere Boxer, sie ist gekennzeichnet durch eine Degeneration des Herzmuskels. Es gibt hiergegen wirksame Medikamente.

Wenn von früher Jugend an richtig sozialisiert, gehören die Boxer zu den zuverlässigsten von allen Hunden, sind liebevoll und schützen ihre Familie.
BESITZER: Richard Tomita.

Briard

Völlig anders als bei dem berühmten Briard-Käse aus der gleichen französischen Region findet man an dieser Hunderasse nichts Weiches. Vielmehr handelt es sich beim Briard um einen ganz natürlichen, robusten Arbeitshund.
BESITZER: Kenneth und Valerie Fox.

Beschreibung

Der Briard oder Berger de Brie ist ein großer, hübscher Hund mit attraktivem, vornehmem langem Fell. Widerristhöhe 47 bis 58 cm. Wie auch die anderen kräftig gebauten Hütehunde zeigt der Briard Kraft ohne irgendwelche Plumpheit. Körperbau nahezu quadratisch, geringfügig länger als Widerristhöhe. Der Kopf wirkt lang, ist genügend breit, ohne plump zu wirken. Der Standard beschreibt den Kopf als zwei ineinander übergehende gleichlange Rechtecke; der Oberkopf ist das breitere, das schmälere die Fangpartie. Das Fell ist üppig, verbirgt mit seinem langen, natürlich fallenden Haar fast den Kopf. Die Augen müssen dunkel sein, sind durch das Fell nur teilweise zu sehen. Ohren hoch und breit angesetzt. Trotz Kupierverbot geschnittene Ohren haben nach oben eine starke Öffnung. Natürliche Ohren nicht flach anliegend, sondern werden bei Aufmerksamkeit leicht angehoben. Der Fang wirkt durch die Bartbildung etwas breit, die Nase ist immer schwarz. Die Rückenpartie verläuft von einem akzentuierten Widerrist in einen geraden Rücken, breite Lendenpartie und leicht gewölbte Kruppe. Rute unkupiert, tief getragen, stark befedert mit leichter Hakenbildung an der Rutenspitze. Die Hinterläufe zeigen doppelte Wolfskrallen, die nie entfernt werden dürfen. Das Fell fühlt sich trocken an, ist leicht gewellt; Unterwolle fein und dicht. Briard-Farben Falb, Schwarz oder Grau, dunklere Schattierungen bevorzugt, keinesfalls Weiß. Keine Körperflecken. Weißer Brustfleck gestattet, wenn er nicht 2,5 cm Durchmesser übersteigt.

Anpassungsfähigkeit

Seiner Natur nach ist der Briard ein Wachhund, wird auch zum angenehmen Familienhund, besitzt allerdings starke Hüteinstinkte. Im allgemeinen binden sich Briards besonders stark an ein Familienmitglied, sind bekannt dafür, daß sie die Kinder gegen elterliche Korrekturen schützen. Für Kids ein großartiger Hund! Der jugendliche Briard kann etwas bossig werden, feste, aber freundliche Erziehung ist eine Notwendigkeit. Wie auch andere hochintelligente Hunde lieben es Briards, ihre eigenen Besitzer zu testen. Intelligente Besitzer sind die *Top Dogs,* sie sollten ihren Hund laufend sozialisieren, ihn zu Freundlichkeit und Unterordnung erziehen. Heranwachsende Briards werden als typische Teenager beschrieben, die immer ihre Grenzen testen. Die Rasse verlangt sehr viel menschlichen Kontakt und nahes Zusammenleben über das gesamte Leben.

Um sicher zu stellen, daß der Briard menschenfreundlich heranwächst, sollte der Welpe bereits ab drei Wochen sorgfältig sozialisiert werden.

Wachstumsphase

Mit acht Wochen wiegen Briard-Welpen etwa 2,8 bis 4,5 Kilo. Die Rasse wächst schnell, bereits drei Monate alte Junghunde können bis zu elf Kilo wiegen. Aus diesem Grund ist gute Ernährung besonders wichtig. Volle körperliche Reife erreichen die Hunde aber erst mit drei Jahren, obgleich die Schulterhöhe etwa mit einem Jahr erreicht ist. Richtige Sozialisierung ist von größter Wichtigkeit, um die vollen positiven Eigenschaften der Rasse zu entwickeln und zu erhalten. Die Haarfarbe verändert sich innerhalb der Wachstumsphase. Bis zu einem Jahr hellen dunkle Welpen auf, bis dann ist die rötlich-falbe Fellfarbe erreicht. Im späteren Leben dunkelt das Fell im allgemeinen wieder nach, wird auch gröber. Während der Wachstumsphase treten bei schwarzen Junghunden häufig graue Haare im Fellkleid auf, die aber meist wieder verschwinden.

Gesundheit

Im allgemeinen erfreut sich der Briard guter Gesundheit. Um den starken Energien dieses Arbeitshundes ein Betätigungsfeld zu geben, braucht er viel Bewegung. Auch seine Anforderungen an Fellpflege sind beträchtlich, wobei es aber keiner Spezialmaßnahmen bedarf. Viel Bürsten, wobei die richtige Technik darin besteht, die einzelnen Schichten Lage um Lage fellabwärts durchzuarbeiten. Das ist notwendig, um das Fell sauber und frei von Verfilzungen zu halten, wichtig, um die Fellwechselzeiten einzugrenzen, den Hund vor möglichen Hautproblemen zu bewahren. Früher war in der Rasse Hüftgelenksdysplasie verbreitet, wurde aber durch sorgfältige Zucht eingedämmt. Trotzdem müssen Zuchttiere auf HD geröntgt werden. PRA tritt in bestimmter Häufigkeit auf, sollte unbedingt beachtet werden. Das mit Abstand ernsthafteste Problem ist die Magenumdrehung. Die Hundehalter sollten die Anweisungen der Züchter hinsichtlich Fütterung und Auslauf unbedingt Folge leisten. Schilddrüsenstörungen treten in der Rasse auch auf, ebenso Nachtblindheit und bestimmte Herz- und Bluterkrankungen. Ein Briard erfreut sich aber in aller Regel 10 bis 12 Jahre eines aktiven Lebens.

Briard-Mütter beschützen und betreuen ihre Welpen gut. Leider werden in einigen Ländern ohne Kupierverbot den Welpen noch die Ohren verstümmelt.

Wie andere große Hunderassen wachsen Briard-Junghunde unregelmäßig und schnell, erscheinen in der Wachstumsphase zuweilen wenig ausgeglichen.

Dunkelfarbige Welpen hellen bis zu einem Jahr in der Farbe noch auf.

Briard

Bulldog

Der Bulldog zeigt kraftvollen Unterkiefer und gleichmäßigen Vorbiß. Der Charakter der Rasse ist absolut britisch: huldvoll, höflich, zuweilen akzentuiert. Eigenwilligkeit.
BESITZER: Robert und Jean Hetherington, JR. und Margaret K. Curtis.

Beschreibung

Der Bulldog ist ein mittelgroßer Hund, dessen tiefgestellter, kräftiger Körperbau, klobiger, massiver und kurznasiger Kopf den Stolz von Züchtergenerationen spiegelt, die auf Aussehen - nicht Funktionstüchtigkeit - züchteten. Wenn auch seine ursprünglichen Aufgaben längst vorbei sind, sollte er noch immer ein gesundes Tier mit vernünftigen Proportionen sein. Rüden wiegen im Idealfall 25 Kilo, Hündinnen 23 Kilo, diese Ideale werden aber leider wesentlich überschritten. Der Unterkiefer ist außerordentlich kurz, breit und leicht nach oben gebogen. Das Gebiß ist kräftig und beißt vor. Die Nase muß schwarz sein. Augen rund, breit auseinanderstehend, von dunkler Farbe, weder zu tief liegend noch hervortretend. Die Augenlider sollten keine Bindehaut zeigen. Ohren hoch und breit angesetzt, verlangt ist Rosenohr, klein und dünn, das Ohrinnere etwas freigebend. Die Ohren dürfen nie aufrecht gestellt sein oder gar kupiert werden. Der Hals ist kurz, sehr dick, leicht gewölbt. Die Rückenlinie fällt hinter den Schultern zunächst leicht ab, hebt sich Richtung Lendenpartie und kurvt dann plötzlich zum Rutenansatz wieder nach unten. Dieses Merkmal ist für die Rasse charakteristisch, man nennt es einen Radrücken. Die Brust ist breit, tief und mächtig. Untere Bauchlinie aufgezogen. Die Rute verläuft gerade, in den USA ist Korkenzieherrute zulässig. Vorderläufe kurz, sehr massiv und gerade, dabei sind die Knochen weder gebogen noch krumm. Ellenbogen tief, etwas seitlich vom Körper nach außen gestellt. Die Hinterläufe sind länger als die Vorderläufe, damit die Lendenpartie höher als die Schulterpartie steht. Sprunggelenke leicht gebogen, tiefgestellt. Der Bulldog bewegt sich in kurzer, schwankender Gangart, leicht seitwärts gerichtet, wodurch ein rollender Trab entsteht. Das Haarkleid ist fein und in der Struktur glatt, flach anliegend. Kopf und Gesicht mit starken Hautfalten ausgestattet, auch Wammenbildung. Der Körper ist von weicher, loser Haut bedeckt. Die Farben sind - gereiht nach Beliebtheit - Rot gestromt, alle anderen gestromten Farben, Reinweiß, einfarbig Rot, Falb, Gescheckt oder eine Kombination dieser Farben. Jede klare Farbe ist gegenüber verwaschenen Farbmustern zu bevorzugen. Schwarz und Schwarzlohfarben außerordentlich unerwünscht. Leberfarbene (Dudley) Nase höchst unerwünscht.

Beginne mit der Erziehung des jungen Hundes sofort. Vermeide jedes Verwöhnen oder hartes Strafen - sei stets gleichmäßig und fair.
BESITZER: Emmanuel.

Anpassungsfähigkeit

Trotz allem Schnarchen, Watscheln und Grunzen ist diese Rasse als Familienhund außerordentlich populär. Der Bulldog ist ein friedlicher, gutartiger Hund mit seelenvollen Augen, sehr liebevoll. Er liebt das Spiel mit Kindern, auch Erwachsene können sich selten dem Charme und dem Reiz der Rasse entziehen. Der Bulldog muß freundlich, aber konsequent erzogen werden - eine harte Strafe könnte ihn seelisch schwer verletzen. Der Bulldog ist nicht sehr beweglich, fühlt sich zu Hause am wohlsten, braucht deshalb einen Besitzer, der sich viel mit ihm beschäftigt. Als Wachhund sticht der Bulldog nicht gerade hervor. Er gedeiht am besten als Lebensgefährte älterer Menschen, mit denen er eine große Zahl altmodischer Lebensgewohnheiten gerne teilt.

Wachstumsphase

Bulldog-Welpen wiegen mit acht Wochen etwa 3,5 bis vier Kilo, je nach Zuchtlinie ist das Wachstum etwas unterschiedlich. Im allgemeinen ist die Widerristhöhe mit zehn Monaten erreicht, während das volle Ausgewachsensein erst zwischen 18 Monaten und drei Jahren eintritt. Der Bulldog-Käufer sollte sorgfältig auf eine gesunde Zucht und Anatomie achten. Junge Bulldogs dürfen weder fett noch überschwer sein. Ihr Atmen muß frei wirken, gefordert sind klare Augen, gut schließende Augenlider. Am besten läßt man den Welpen von einem Tierarzt gründlich untersuchen, besonders auf Herz- und Atemfunktion. Dabei sollte auch das Gebiß kontrolliert werden, wobei Vorbiß bei der Rasse korrekt ist. Züchter unterstreichen, daß heranwachsende Bulldoggen ihren Haltern wenig Probleme machen. Sie fressen gern, beteiligen sich nur zu gerne an allen Familienangelegenheiten. Dabei sollte die Futteraufnahme kontrolliert werden, um Dickleibigkeit zu vermeiden. Junge Bulldoggen sind manchmal überenthusiastisch, auch recht eigenwillig. Aber gute Erziehung und Sozialisierung lassen solche Neigungen einwandfrei kontrollieren.

Immer sollte man bei der Welpenwahl auf Gesundheit, Fitneß und Beweglichkeit achten. Meide Welpen, die deutlich erkennbar Atemprobleme, entzündete Augen oder Hautentzündungen zeigen.

Gesundheit

Bulldog-Welpen sind wie ihre Eltern weniger aktiv als Welpen anderer Rassen. Sie bewegen sich langsam, etwas plump. Vorsicht, bei zuviel Aufregung oder Spiel können sie sich übernehmen!
BESITZER: Connie Gibson.

Bulldoggen leiden unter einer Vielzahl von erblichen Erkrankungen. Am verbreitetsten sind Spaltrachen, Walroß-Puppys (deformierte, stark aufgetriebene Welpen) und Welpen mit Swimmer-Syndrom. Auch Hüftgelenksdysplasie ist ein Problem, Vorderhandlahmheit tritt häufig und sehr ernsthaft auf. Der Käufer sollte die Schulterpartie sorgfältig auf Lockerheit überprüfen lassen und nur aus Zuchtmaterial kaufen, das röntgenologisch als einwandfrei erkannt ist. Entropium und Ektropium, Hauterkrankungen, zu enge Nasenpassage, verlängerte, weiche Gaumenspalte, dies alles tritt auf, muß behandelt werden. Pusteln auf dem Fang lassen sich mit Antibiotika heilen. Von den Tierärzten liegen auch Berichte über Nierensteine, Cherry-Eye, Taubheit, Distichiasis, Hypothyroidismus und erbliche Leberdefekte vor, Kerato Konjunctivitis Sicca, pulmonische Stenosis und Ventricular Septal-Defekte. Käufer sollten nur von vertrauenswürdigen Züchtern kaufen, das Tier über das erste Jahr häufiger dem Tierarzt vorstellen, da Früherkennung von Fehlern den Hunden ein gesundes Leben sichert. Die Lebenserwartung des Bulldogs liegt bei acht bis zehn Jahren.

Bullmastiff

Ursprünglich als Schutzhund des Wildhüters gegen Wilddiebe gezüchtet, übertrifft der Bullmastiff heute die meisten anderen Wachhunde. In der Anatomie muß er frei von allen Übertreibungen sein, darf nicht plump wirken, was seiner geschmeidigen Bewegung abträglich wäre.
BESITZER: Malinda Raby und Peter Kozel.

BESCHREIBUNG

Ein ausgewachsener Bullmastiff-Rüde wiegt 50 bis 60 Kilo, Hündinnen etwa fünf Kilo weniger. Ein ausgewachsener Rüde mißt 62,5 bis 68,5 cm Widerristhöhe, Hündinnen etwa 2,5 cm weniger. Ein kraftvoll aufgebauter, großer, aber kompakter Hund. Der Bullmastiff besitzt einen starken, breiten Kopf mit leichter Faltenbildung und aufmerksamem Ausdruck. Starker Vorderkopf mit breitem, tiefem Fang. Mässiger Stop, Stirnpartie flach. Sein Hals ist kräftig, sollte nahezu dem Kopfumfang gleichkommen. Obere Linie gerade. Breite und tiefe Brust, kurzer Rücken. Rute hoch angesetzt, gerade oder leicht gebogen, aber nie wie beim Jagdhund hoch getragen. Vor- und Hinterhand gewährleisten kraftvolle Bewegung, freie Aktion. Schultern nie überladen. Vorderläufe gerade, Ellenbogen gut anliegend, gute Winkelung, nie kuhhessig. Das Fell ist kurz und dicht, Farben Rot, Falb oder Gestromt. Kleine weiße Abzeichen nur auf der Brust gestattet.

ANPASSUNGSFÄHIGKEIT

Als Wachhund gezüchtet besteht dieser 60 Kilo schwere Hund vorwiegend aus Muskeln und sollte jeden Einbrecher abschrecken. Diese Hunde lieben ihre Familie, sollten trotz ihrer Größe in erster Linie im Haus gehalten werden, entwickeln sich nur voll in der Familie. Es besteht eine tiefe Bindung zwischen dem Hund und jedem Familienmitglied, einschließlich Familienkatze und Hängebauchschwein. Diese Hunde sind furchtlos, aber freundlich. Gut gezüchtete Bullmastiffs wirken aufmerksam und beweglich, freuen sich an Spaziergängen und frohem Spiel mit der ganzen Familie. Die meisten Rüden sind gegenüber fremden Rüden dominant, Besuchern gegenüber zurückhaltend, wenn sie nicht von einem Familienmitglied eingeführt werden.

Schon Junghunde zeigen Selbstbewußtsein, sollten bei der Größe dieser Hunde sehr frühzeitig mit Menschen und Tieren sozialisiert werden.
BESITZER: Steven und Linda Allen.

Wachstumsphase

Das Geburtsgewicht schwankt zwischen 340 und 680 Gramm, zwischen Geburtsgewicht und der Größe des ausgewachsenen Hundes gibt es aber keine Korrelation. Sechs Wochen alt wiegen die meisten Welpen zwischen sechs und sieben Kilo, mit 16 Wochen 21 bis 24 Kilo. Man sollte übergroße Hunde meiden, hier treten leicht Knochen- und Bänderprobleme auf. Diese Rasse ist von Natur aus schon groß, Übertreibungen erscheinen absurd. Der Käufer sollte sorgfältig den Körperbau des Welpen prüfen, er sollte kräftig, gut zusammengefügt und ausbalanciert wirken. Achte auf zu kurze Ruten, Knickruten und Gebißstellung. Bullmastiffs sollen entweder Scherengebiß oder leichten Vorbiß haben. Das Wesen ist das Allerwichtigste. Züchter, die in ihrer Zucht sorgfältig auf gutes Wesen achten, sollte man bevorzugen. Bullmastiff-Welpen müssen freundlich und unterordnungsfreudig sein, menschlichen Kontakt suchen. Etwas Zurückhaltung Fremden gegenüber ist normal, darf aber nicht übertrieben sein. Bei richtiger Erziehung wird der Bullmastiff ein vorzüglicher Schutz- und Wachhund. Richtige Fütterung ist wichtig. Hier stellen Bullmastiffs eigene Ansprüche. Man sollte sich vom Züchter einen guten Futterplan geben lassen, auch der Tierarzt kann zu Rate gezogen werden. Vorsicht vor unausgewogener Ernährung, falsche Kalziumzusatzstoffe könnten mehr schaden als nützen.

Welpen müssen anatomisch gut aufgebaut sein, sich ohne Schwierigkeiten bewegen, Fremden gegenüber aufgeschlossen und selbstbewußt sein.
BESITZER: Debbie Jones.

Gesundheit

Die gefährlichsten Erkrankungen beim Bullmastiff sind Krebs und Magenumdrehung. Keine dieser Erkrankungen läßt sich völlig vermeiden, ihr Auftreten aber kann man durch einen gesunden Lebensablauf des Hundes einschließlich richtiger Ernährung und Bewegung stark eingrenzen. Hüftgelenksdysplasie tritt in der Rasse auf, Röntgen ist ein Muß. Vereinzelt treten Haut- und Augenprobleme auf (einschließlich Ekzeme, Dermatitis, Pustelbildung am Fang und Alopecia, Entropium, Glaukom und PRA). Es gibt Berichte über erblich bedingte Rückenerkrankungen mit Mißbildungen im Nackenbereich in verschiedenem Ausmaß, woraus leichte Lahmheit bis Teillähmungen entstehen können. Diese Erkrankung ist aber selten. Tumore und Nierensteine können ältere Hunde beeinträchtigen. Die normale, typische Lebenserwartung eines Bullmastiffs liegt bei zehn Jahren.

Vergewissere Dich, daß die Elterntiere auf Hüftgelenksdysplasie untersucht sind, erkundige Dich auch über das Auftreten von Krebserkrankungen in der Zuchtlinie.

Bullmastiff

Bull Terrier

Beschreibung

Herausragendes Merkmal des Bull Terriers ist sein Kopf, der von vorne gesehen eiförmig und völlig ausgefüllt wirken muß. Intelligenter Ausdruck, keinerlei Anzeichen von Grobheit. Lang, kräftig und tief. Der Kopf muß harmonisch zum Körper passen, darf nicht übertrieben groß wirken. Hals lang, schön gewölbt und elegant. Breite Brust von großer Tiefe. Körper wohlgerundet mit schöner Rippenwölbung, kurzem und kräftigem Rücken. Läufe starkknochig, ohne grob zu wirken. Rute tief angesetzt, kurz, spitz auslaufend. Bull Terrier gibt es in Weiß und verschiedenen Farben. Bei den Weißen sind Farbabzeichen ausschließlich am Kopf, nicht aber auf dem Körper erlaubt. Hautpigment darf nicht als Fehler gesehen werden. Die Farbigen sind gestromt, rot, falb

Der Bull Terrier ist der weiße Kavalier unter den Hunderassen. Dieses Bild zeigt seine ausgeprägte Muskulatur und körperliche Harmonie.
BESITZER: Jay und Mary Remer und W. E. Mackay-Smith.

oder dreifarbig. Bei den Farbigen darf Weiß nie dominieren. Vorausgesetzt im übrigen gleicher Qualität sind Gestromte zu bevorzugen. Das Fell ist kurz, flach und fühlt sich hart an, Farben leuchtend. Im Standard gib es keine Vorschriften über Größe oder Gewicht, gefordert wird vielmehr ein Maximum an Substanz für die Größe des Hundes, passend zum Geschlecht. Qualität ist gefordert. Insgesamt zeigt der Bull Terrier im allgemeinen recht ausgeglichene Größenrelationen, die Gewichte liegen bei etwa 22 bis 32 Kilo. Die Standardanforderung an den Miniature Bull Terrier ist eine maximale Widerristhöhe von 35,5 cm.

Dieser gestromte Bull Terrier zeigt das rassetypische kurze, harte Fell.
BESITZER: Gay Hillman und Jay und Mary Remer.

Anpassungsfähigkeit

Der Bull Terrier ist ein sanftmütiger Gladiator, dieser mutige Hund hat ein großes Herz. Die Bull Terrier-Freunde sehen bei diesem kraftvollen Wachhund als Triebfeder seine Liebe zur Familie. Grundlage ist sein natürlicher Territorialinstinkt. Aus der Rassegeschichte stammt seine angeborene Lust am Raufen, was durch liebevolle, aber konsequente Erziehung in richtige Bahnen gelenkt werden muß. Bull Terrier findet man meist nicht auf den ersten Blick schön. Sie sind manchmal auch etwas eigenwillig. Trotzdem haben sie eine große Anzahl von Anhängern, gelten als besonders kinderlieb. Feste und liebevolle Erziehung vom ersten Tag an ist für einen wohl erzogenen Hund erforderlich, der auch mit anderen Tieren harmonisch auskommt. Mit anderen dominanten Hunden kann es zu Problemen kommen, wenn der Besitzer die Erziehung vernachlässigt.

Der Bull Terrier ist ein Schutzhund in bescheidenen körperlichen Dimensionen, vereinigt kompakte Kraft und Leistungsfähigkeit.
BESITZER: Karen D. Cooke und Marion Dussault.

Wachstumsphase

Ein Welpe wiegt bei der Geburt 280 bis 380 Gramm. Nie werden Ohren oder Ruten kupiert. Die Ohren stellen sich von ganz alleine, obgleich der Zahnwechsel und andere Einflüsse dies möglicherweise verzögern. Schwere Hunde stellen später die Ohren, künstliche Manipulationen zum Ohrenstellen sollten unterbleiben. Auch hängeohrige Hunde sind angenehme Familiengefährten. Die Entwicklung der Junghunde verläuft in aller Regel problemlos. Mit einem Jahr ist das Größenwachstum abgeschlossen, im zweiten Jahr entwickelt sich aber die Substanz noch weiter. Appetit ist bei der Rasse selten ein Problem, vielmehr sollten die Besitzer darauf achten, daß die Hunde nicht zu schwer werden. Zwingend erforderlich ist von früher Jugend an richtige Sozialisierung und Erziehung. Bei den Halbstarken können Dominanzbestrebungen auftreten, sie müssen korrigiert und zu angenehmem Verhalten erzogen werden. Das Wesen eines Hundes ist stark erblich bestimmt, man sollte sich deshalb die Vorfahren und das Zuchtprogramm des Züchters genau ansehen. Frühzeitiger Besuch von jungen Bull Terriern im *Welpenkindergarten* ist sehr empfehlenswert.

Der Bull Terrier-Schädel ist in der Hundewelt einzigartig. Für die Liebhaber verkörpert dieser Kopf Kraft, Intelligenz, Eigenwilligkeit und Harmonie.
BESITZER: Jay und Mary Remer und W.E. Mackay-Smith.

Gesundheit

Diese Rasse hat nie eine übertriebene Popularität erreicht, ist im großen und ganzen in der Zucht von verantwortungslosen Züchtern verschont geblieben, leidet deshalb an wenig gesundheitlichen Problemen. Taubheit gehört zu den in der Rasse liegenden Fehlern - insbesondere bei weißen Hunden. Im Zweifelsfall sollte ein Hörtest durchgeführt werden. Bull Terrier sind hautempfindlich, auch treten in einer Reihe von Linien Nierenprobleme auf. Unbedingt zu meiden sind Züchter, in deren Blutführungen Aggressivität oder Scheu auftreten. Dieses Problem sollte man sehr ernsthaft mit dem Züchter diskutieren. Im Vordergrund jeder Zucht muß aber immer der einmalige Charakter der Rasse stehen. Scheu und Aggressivität - dies sind zwei Erscheinungen, auf die bei den Vorfahren sorgfältig zu achten ist. Naturgemäß haben junge Bull Terrier einen hohen Betätigungsdrang, sie lieben es, Gegenstände zu benagen, manche auch zu verschlucken. Nur nachweisbar sicheres Kaumaterial und Spielzeug darf gegeben werden, immer brauchen die Hunde aber etwas zum Kauen. Täglicher Auslauf ist ein Muß, damit sich der Bull Terrier wohlfühlt, insbesondere aber auch gut sozialisiert wird. Ein übertriebenes Bewegungsbedürfnis ist nicht festzustellen, wohl aber Freude am Spiel mit Artgenossen. Die Fellpflege ist außerordentlich einfach. Es bedarf wenig mehr als regelmäßiges Bürsten, gleichzeitiger Kontrolle von Augen und Ohren.

Bull Terrier-Welpen wachsen gleichmäßig heran. Man achte auf klare Augen, sauberes, glänzendes Fell, Selbstvertrauen und Verspieltsein. Besonders bei weißen Welpen sollte man sicher sein, daß sie auf beiden Ohren eindeutig hören.
BESITZER: Drewes.

Bull Terrier

Cairn Terrier

Der Name stammt von den *Cairns* - Steinwällen - in denen diese Hunde Raubzeug jagen. Der Cairn Terrier repräsentiert die moderne Version des ursprünglichen Arbeitsterriers aus Schottland.
BESITZER: Betty Hyslop.

BESCHREIBUNG

Ein kurzläufiger, kräftig gebauter Terrier. Er steht ausgewogen auf seinen Läufen, macht einen fuchsartigen Eindruck, besitzt ein hartes Haarkleid und kleine Stehohren. Cairn Terrier sind nicht schwer gebaut, aber gut bemuskelt und sollten immer in harter Arbeitskondition stehen. Der Kopf muß im Verhältnis zur Länge des Oberkopfes breit sein, nie zu schmal, mit ausgeprägtem Stop. Das Kopfhaar ist etwas weicher als das Körperhaar. Fang kräftig, aber nie zu lang und schwer. Augen ziemlich tiefliegend, mittelgroß, nie zu groß oder heraustretend. Die Ohren dürfen nie groß oder an den Spitzen abgerundet sein. Sie sind am Kopf breit angesetzt, nur schwach behaart. Die Läufe haben gute Knochen, weder zu leicht noch zu schwer. Vorderläufe in den Ellenbogen gut angelegt, völlig gerade. Die Vorderpfote kann leicht nach außen gestellt sein, ist größer als die hintere. Körper mit guter Rippenwölbung, gerade, mittellanger Rücken. Der Rücken darf nicht zu kurz, aber auch nicht lang und schwach sein. Rute in Rückenhöhe angesetzt. Doppeltes Haarkleid mit zottig wirkendem, hartem längerem Deckhaar und üppiger, weicher Unterwolle. Nie offenes, aufgeplustertes oder zu kurzes Fell. Leichte Wellenbildung erlaubt, keinesfalls aber Locken oder Seidenartigkeit. Cairns gibt es in einer Vielfalt von Farben, nie aber Weiß. Keine weißen Abzeichen. Ohren, Fang und Rute sollten etwas dunkler sein. Gewicht 6 bis 7,5 Kilo, Widerristhöhe 28 bis 31 cm. Beides muß im richtigen Verhältnis zueinander stehen. Seitlich betrachtet darf der Cairn Terrier weder hochläufig noch zu tief gestellt wirken.

Cairns sind sehr unterordnungsfreudig. Geduld und Fairneß bei der Erziehung lehren den Cairn, wie er seinem Besitzer am besten gefällt.
BESITZER: Mr. und Mrs. Wallace.

ANPASSUNGSFÄHIGKEIT

Cairn sind für die *Kids* vorzügliche Spielgefährten. Sie lassen die Kinder rechtzeitig wissen, wann das Spiel zu Ende ist. Cairn Terrier sind viel klüger als man annimmt. Als Familienhund bevorzugen sie zuweilen ein einzelnes Mitglied, ohne den anderen den angemessenen Anteil an Liebe zu verweigern. Cairns sind keine Schoßhunde, auch nicht verschmust, sie werden auch nicht unbedingt auf jeden Befehl sofort gehorchen. Dies ist ein unabhängig denkender, intelligenter und aktiver Hund, der recht eigenwillig sein kann. Seine Erziehung muß freundlich und fest sein, hierfür bedarf es nicht mehr als weniger, aber richtig gewählter Worte. Diese Hunderasse ist klein genug, um beim Umhertoben in der Wohnung genügend Bewegung zu haben, aber auch robust genug, um problemlos schwierige Wanderungen mitzumachen. Cairn-Besitzer müssen das Terrier-Wesen verstehen: Erdhunde graben, sie lieben es, heranwachsende Karotten im Garten auszubuddeln, sind immer auf Jagd nach Raubzeug. Tue so, als freutest Du Dich sehr über eine tote Maus, die Dein Cairn Dir stolz als Geschenk anschleppt - Kreischen würde ihn nur verwirren. Cairn Terrier sind territorial, insbesondere die Rüden, Du gehörst mit zu ihrem Eigentum. Sie lieben es aber nicht, zu viel begrapscht zu werden!

Wachstumsphase

In den ersten Wochen wachsen Cairn-Welpen schnell.

Beim acht Wochen alten Cairn ist Ausgewogenheit am allerwichtigsten. Innerhalb des ersten Jahres gibt es immer unausgeglichene Wachstumsperioden. Ein Züchter drückt es so aus - *der Junghund geht zuweilen durch ein Stadium, wo er aussieht, als bestände er nur aus Ohren, Läufen und Rute.* Welpen, die mit acht Wochen gut ausbalanciert sind, zeigen dies in der Regel auch ausgewachsen - im Alter von etwa einem Jahr. An Substanz nimmt der Cairn aber noch bis zu drei Jahren weiter zu. Die Rute wird nie kupiert. Wolfskrallen an den Hinterläufen sollten so früh wie möglich entfernt werden, an den Vorderläufen steht es im Belieben des Züchters. Cairn-Rüden sind dafür bekannt, daß sie ihre sexuelle Reife sehr früh erreichen. Mit dem Trimmen des Welpenhaars beginnt man, wenn das flockige Welpenhaar lose wirkt. Bereits im Alter von drei Monaten sollte sich das Fell etwas härter anfühlen. Das Haarkleid dunkelt im Rahmen des Fellwechsels nach, einige Cremefarbene und Weizenfarbene dunkeln bei fast jedem Fellwechsel weiter nach. Man sollte den Zahnwechsel überwachen. Von Cairns ist bekannt, daß zuweilen die Welpenzähne stehenbleiben, möglicherweise vom Tierarzt gezogen werden müssen. Freude am Fressen kann zum Problem werden, die Fütterung sollte kontrolliert werden, Leckerbissen gibt es nur selten. Ausgewachsene Hunde halten in der Regel ihr Gewicht mit einer halben bis zwei Drittel Tasse qualitativ hochwertiger Fertignahrung pro Tag. Bei Junghunden ist Kläffen normal, man sollte es von Anfang an eindämmen.

Die Rute wird nie kupiert, immer natürlich belassen. BESITZER: Susan W. De Witt.

Im Alter von acht Wochen sollte der Cairn-Welpe recht ausbalanciert wirken - während des Wachstums verliert sich dies zuweilen - kehrt aber meist wieder zurück. BESITZER: Jon Lawrence.

Gesundheit

Mögliche Gesundheitsrisiken der Welpen sollten durch Kontrolle der Elterntiere klein gehalten werden. BESITZER: Jon Lawrence.

Vom Typ her ein robuster, langlebiger Hund, der bis zu 14 oder 15 Jahre alt wird. Um das zu erreichen, braucht der Cairn sehr viel Auslauf und Aktivitäten. Die Fellpflege ist nicht besonders aufwendig, aber das harte Deckhaar muß von Zeit zu Zeit getrimmt werden. Wie bei vielen anderen Rassen gibt es auch hier Erbkrankheiten, beim Cairn aber wahrscheinlich weniger. Eine ungewöhnliche Krankheit - der Löwenrachen - ist als craniomandibulare Osteopathie (CMO) bekannt geworden. Sie befällt Junghunde, zeichnet sich durch akutes Anschwellen der Kiefer aus. Diese Krankheit läßt sich behandeln, korrigiert sich zuweilen selbst, verläuft selten tödlich. Die Krabbe-Erkrankung (Globoide Cell Leukodystrophie) befällt Jungtiere ab wenigen Wochen bis über die ersten Lebensmonate, es handelt sich um eine Bluterkrankung, die zum Tode führt. Beim Cairn und einigen anderen Terriern wird eine weitere ungewöhnliche Erkrankung berichtet, man nimmt an, sie werde rezessiv vererbt, sie nennt sich Cerebellar Hypoplasie. Sie ist recht selten, die Symptome sind verschiedenartig, manchmal verläuft die Krankheit progressiv, manchmal verschwindet sie von selbst. Bei Cairn Terriern tritt sekundärer grauer Star und ungewöhnliche Wimpernbildung auf. Hämophilia A und B und Leistenbrüche sind bekannt, ebenso PRA, vWD und Legg-Perthes. Züchter warnen vor einer Flohbißdermatitis, die recht verbreitet auftritt, sich aber, frühzeitig entdeckt, leicht kontrollieren läßt.

Cairn Terrier

Canaan Dog

BESCHREIBUNG

Der Canaan Dog ist ein Mitglied der Spitzfamilie, ein mittelgroßer, quadratischer Hund mit einer Widerristhöhe von 50 bis 60 cm. Sein Kopf ist spitzartig, kräftig und keilförmig, gerundeter Oberkopf und leichter Stop. Die Stehohren haben eine breite Basis und abgerundete Spitzen. Hals mittellang, gut geschnitten, schön gewölbt. Vorderläufe gerade, mittlere Knochenstärke. Rückenlinie gerade. Hinterhand breit, mit gut bemuskelten Schenkeln. Pfoten rund, katzenähnlich und mit harten Ballen. Rute hoch angesetzt, buschig, wird über dem Rücken getragen. Die Farben variieren von Sandfarben zu Rotbraun, Weiß oder Schwarz mit dunkler oder weißer Maske. Auf dem Körper sind weiße Abzeichen verbreitet, graue und schwarzlohfarbene Abzeichen fehlerhaft. Haarkleid gerade, hart und von mittlerer Länge. Läufe gut befedert, bei Rüden leichte Mähnenbildung.

Ein modernes Phänomen - der Canaan Dog sucht einen Besitzer. Dieser uralte Überlebenskünstler - der Canaan Dog - verbrachte die ersten 4.000 Jahre seiner Geschichte als wildlebender Hund, trug nie ein Halsband.

ANPASSUNGSFÄHIGKEIT

Dieser israelische Nationalhund muß sich trotz seiner Einmaligkeit als Hundepersönlichkeit noch eine Anhängerschaft unter den amerikanischen, englischen und kontinentalen Hundeliebhabern erobern. In Israel wird der Canaan Dog für seine Vielseitigkeit, Intelligenz und angenehme Größe hoch gelobt. Seine Anlagen befähigen ihn zum Hütehund, Wachhund, Blindenführhund, Rettungshund, Minensuchhund und Familienhund. Seine hochentwickelten *detektivischen* Eigenschaften verdienen Anerkennung, die Annäherung von Fremden erkennt er auf große Entfernungen. Sein Schutzinstinkt und sein lautes Warnen machen ihn zu einem erstklassigen Kandidat als Wachhund. Seine Erziehung erfordert Geduld und viel Zeit. Der Canaan Dog wird leicht das Lernen überdrüssig, ist kein Freund von Wiederholungen. Dieser Hund glaubt, er müsse seinen aktiven Verstand und seine Läufe immer beschäftigt halten. Biete Deinem Canaan Dog ein gutes Beispiel - er lernt durch Beobachten. Viele Canaan Dogs sind Hunden gegenüber aggressiv, geraten ohne Aufsicht ins Raufen.

Kelef K'naani - der *Dingo* des gelobten Landes - verfügt über eine Ahnenreihe über tausende von Jahren, man zählt ihn zu den ältesten Hunderassen. Trotz seines etwas gewöhnlichen Aussehens ist der Canaan Dog ebenso intelligent und talentiert wie jeder andere Hund und stellt - wie der perfekte Hochzeitsgast - wenig Ansprüche.
BESITZER: Myrna Shiboleth.

Wachstumsphase

Aufgrund ihrer Geschichte als freilebender Pariahund ist die Rasse Fremden gegenüber mißtrauisch. Canaanwelpen sind zurückhaltender als die meisten anderen Welpen. Die Hunde schließen sich der eigenen Familie eng an, es bedarf aber frühzeitiger und intensiver Sozialisierung, damit sie auch Fremde akzeptieren.
BESITZER: Isabella Zirri.

Die Welpen beginnen ihr Leben mit 370 bis 450 Gramm Geburtsgewicht. Normales Wachstum ohne Gesundheitsprobleme. Das Welpengewicht variiert beträchtlich, das der ausgewachsenen Hunde liegt zwischen 16 und 23 Kilo. In Naturbelassenheit lassen sich wenige Rassen mit dem Canaan Dog vergleichen. Beim Junghund entwickelt sich das Stehohr mit wenigen Monaten. Das weiche Welpenhaar wird etwa mit sechs Monaten immer dicker. Die Junghunde zeichnen sich durch gesteigertes Mißtrauen aus, die meisten Hunde kommen aber ohne viele Probleme durch dieses Stadium. Charakteristisch für die Rasse ist ihr Mißtrauen gegen fremde Menschen. Die Welpen sind ungewöhnlich lautstark, werden mit einem angeborenen Sprachensinn geboren. Einige sprechen Yiddish, andere Hebräisch, andere in vielerlei Zungen, wieder andere singen einfach typische Mittelostmelodien. Von Jugend an sollte man ihr Bellen eindämmen, andernfalls kann es recht problematisch werden. Die Züchter empfehlen dringend frühe Sozialisierung.

Gesundheit

Der fitteste Hund auf der Erdoberfläche! Wenn es nach dem Canaan Dog ginge, müßten die meisten Tierärzte verhungern. Die Geschichte der Rasse als einzige, die ohne Kontrolle des Menschen entstand, führt dazu, daß der Canaan Dog sehr geringe Ansprüche an seinen Besitzer stellt. Es gibt wenige Gesundheitsprobleme. Der Appetit des Hundes ist mäßig, Anforderungen an Fellpflege und Baden sind minimal oder überhaupt nicht vorhanden. Das Auslaufbedürfnis der Hunde läßt sich leicht erfüllen. Wie die meisten anderen Hunderassen mit doppeltem Haarkleid stehen die Hunde zweimal jährlich im Fellwechsel. Der Zuchtverein berichtet, daß HD und PRA in ganz kleinem Umfang auftreten, wohl dem niedrigsten unter allen Hunderassen. Einzelne Hunde erkranken an Epilepsie. Die mittlere Lebenserwartung liegt bei 14 bis 15 Jahren, einige Hunde werden auch 20 Jahre alt. Viele Besitzer unterstreichen, daß die älteren Hunde bis in die hohen goldenen Jahre aktiv und lebhaft bleiben.

Geringe Gesundheitsprobleme gehören zu den Vorzügen des Canaan Dog. Diese Hunde überleben die meisten anderen Rassen, sie bleiben aktiv und genießen auch das zweite Lebensjahrzehnt.

Canaan Dog

Cao de Agua
Portuguese Water Dog

Wenn Du gerne fischst, warum alleine sein? Dies ist der Originalhund des Fischers. Seine Vorfahren apportierten zerrissene Netze, trieben ganze Fischschwärme zusammen, trugen Botschaften von einem Boot zum anderen oder zur Küste.
BESITZER: Dr. Lou Guthrie und Steven Bean.

Beschreibung

Für die Wasserarbeit geschaffen ist der Cao de Agua, ein in Portugal gezüchteter robuster Schwimmer. Er ist mittelgroß, Rüden zwischen 50 und 57 cm, Hündinnen 43 bis 52 cm. Sein Kopf ist ausgeprägt stark, aber sehr schön proportioniert, mit besonderer Breite des Oberkopfs. Augen mittelgroß, breit voneinander eingesetzt, von dunkler Farbe. Stop gut ausgeprägt, Fang kräftig, Nase breit. Hals kurz und gerade, gut bemuskelt, ohne Wammenbildung. Brustkorb breit und tief. Rute unkupiert, am Ansatz breit, sich dann verjüngend. Meist über dem Rücken getragen, dient beim Schwimmen als Ruder. Front und Hinterhand ausgewogen, kraftvoll und gut gewinkelt. Pfoten rund und ziemlich flach mit einer Art Schwimmhaut zwischen den Zehen. Haarkleid entweder mit kompakten, zylindrischen Locken bedeckt oder gewellt, bei Wellen statt Locken zeigt es mehr Glanz. Meist werden die Hunde in Löwenschur oder Retriever-Clip vorgestellt. Die Farben sind Schwarz, Weiß, verschiedene Braunschattierungen, Schwarzweiß und Braunweiß. Für Ausstellungen wird ab der letzten Rippe der gesamte hintere Körperbereich geschoren, die Rute zu zwei Dritteln, während der Rest buschig behaart bleibt.

Anpassungsfähigkeit

Ein athletischer Hund, für das Leben im Freien geschaffen, aufgeschlossen und arbeitsfreudig. Der Cao de Agua übertrifft die meisten anderen Wasserhunde sowohl an Verstand wie auch Schönheit. Der *Portie* genießt als Familienhund mäßige Popularität, obwohl ihn seine Vielseitigkeit und Unterordnungsfreudigkeit für viele empfiehlt. Er ist ein vorzüglicher Retriever, ein ausgezeichneter Arbeiter im Wasser, ein guter Wachhund und vorzüglicher Freund der Kinder. Sein gewinnendes Wesen und Freundlichkeit werden ihm auch in Zukunft viele neue Partner für das Schwimmen und Fischen und ein abenteuerlustiges gemeinsames Leben bringen. Dank seiner Intelligenz ist er leicht zu erziehen, sollte aber von früh an sozialisiert und in die richtigen Bahnen gelenkt werden.

In dieser Löwenschur erweckt der *Portie* Vorstellungen einer Katze, die gerne schwimmt. Dies sind loyale und liebevolle Familienhunde, auch gute Wachhunde. Der intelligente, athletische Hund ist für eine aktive Familie mit Wasserambitionen ein echter Gewinn.
BESITZER: Christine Noyes und Steven Dostie.

WACHSTUMSPHASE

Acht Wochen alte Cao de Aguas wiegen zwischen acht und zehn Pfund. Die Rasse entwickelt sich langsam, volle Widerristhöhe ist etwa mit 18 Monaten erreicht, wirklich voll ausgereift sind die Hunde erst mit drei bis vier Jahren. Beim Kauf sollte man nach einem freundlichen, fröhlichen Welpen suchen, niemals scheu oder furchtsam, mit viel Aktivität, sowohl im Wurf wie auch bei der Begegnung mit Menschen. Die Farbe bleibt im wesentlichen gleich, nur verkleinern sich weiße Abzeichen meist. Die Pigmentbildung muß dunkel sein. Die zwei Haartypen sind in frühem Alter zu erkennen, gelockt sind Hunde, bei denen Locken deutlich sichtbar sind, sich am Ende des Haares bilden. Gewellte Hunde haben gerades Haar, das sich am Ende etwas wellt, aber nicht lockt. Dieser Felltyp wird auch beim Erwachsenenhaarkleid vorhanden sein. Die Halbstarkenzeit ist von hoher Aktivität gekennzeichnet. Vereint mit der hohen Intelligenz der Hunde kann dies zur echten Herausforderung werden. Die Züchter sehen in einem heranwachsenden Cao de Agua einen echten Halbstarken, der seinen Besitzer fordert, von früher Jugend an in Unterordnung erzogen werden muß. Das Wachstum verläuft stetig, auch die Freßgewohnheiten bleiben konstant. Man sollte aber den Hund immer vor Dickleibigkeit bewahren.

Wähle einen lebhaften Welpen mit dunklem Pigment, der sich auch freut, Dich kennenzulernen. Die Rasse besitzt nicht die überschäumende offene Freundlichkeit des Golden Retriever, verhält sich stattdessen reservierter, sollte aber nie scheu oder furchtsam sein.

GESUNDHEIT

Die wichtigsten Aspekte zur Gesundheit des Cao de Agua sind wahrscheinlich Auslauf und Erziehung. Diese hochaktiven, sehr intelligenten Hunde können leicht selbstzerstörerisch werden, wenn man sie nicht täglich in richtiger Weise beschäftigt. Diese Aufgabe fordert vom Besitzer viel Zeit, ihre Fellpflege sehr viel weniger. Diese Hunde haaren kaum. Ihr Fell besteht aus viel Haar. Die einfachen Pflegenotwendigkeiten sollten eingehend mit einem Züchter oder Fachmann besprochen werden. Beim Cao de Agua trifft man heute auf drei wichtige Erbkrankheiten, nämlich HD, PRA und eine ungewöhnliche Erkrankung namens *Storage Disease*, durch Enzymmangel charakterisiert. Diese *Storage Disease* kann bereits im Alter von sechs Wochen durch einen Bluttest festgestellt werden. Die Käufer sollten sich auch genau erkundigen - Garantien anfordern, ob in der Blutlinie starker Haarverlust vorkommt. Dieses Merkmal wird zuweilen genetisch weitergegeben. In aller Regel erreicht der Cao de Agua ein Lebensalter von 10 Jahren und mehr.

Der heranwachsende Portie ist von seiner späteren Perfektion weit entfernt, ein echter Halbstarker, der die Kommandos und Wünsche seines Herrn herausfordert. Baue früh engen Kontakt mit dem jungen Hund auf, warte nicht mit dem Beginn der Erziehung.
BESITZER: Kristin Cofield.

Bereit zum Familienportrait

Cao de Agua

Cardigan Welsh Corgi

Mit einem leuchtenden gestromt/weißen Haarkleid hübsch ausgestattet verbrachte der Cardigan lange Arbeitstage im Bereich der Hufe eigenwilliger Kühe, fand von der Treiberarbeit dann seinen Weg zum eleganten Lebensgefährten seines Herrn.
BESITZER: Jacque Schatz.

Beschreibung

Der Cardigan ist ein mittelgrosser, kurzläufiger Hund mit mässig starken Knochen und tiefer Brust. Seine charakteristische Rute wird als fuchsartige Lunte beschrieben. Ein gut ausbalancierter, kräftiger Hund mit einer Widerristhöhe von etwa 30 cm. Gewicht Rüden 13,6 bis 17,2 Kilo, Hündinnen 11,3 bis 15,4 Kilo, immer im richtigen Verhältnis zur Widerristhöhe stehend. Der Hund scheint wesentlich länger als hoch. Von der Nasenspitze bis Rutenspitze mißt der Cardigan zwischen 90 cm und 110 cm. Fehlende Ausgewogenheit wird ebenso wie Über- oder Untergröße als ernsthafter Fehler angesehen. Der Kopf wirkt fuchsähnlich, hat einen freundlichen Ausdruck. Die Ohren ragen aus dem Kopf heraus, sind groß, Ohrspitzen leicht abgerundet, immer aufrecht und nach vorn gerichtet getragen. Die Augen sind mittel bis groß, aber nicht hervortretend, breit auseinanderstehend. Blaue Augen sind nur bei merlefarbenen Hunden gestattet. Wangenpartie flach, der Fang verjüngt sich, wirkt aber nicht spitz oder plump. Bei bluemerlefarbenen Hunden ist Schmetterlingsnase gestattet. Hals mäßig lang und kräftig. Rute ziemlich tief angesetzt, reicht weit unter das Sprunggelenk, darf nie hoch angesetzt oder hoch getragen werden. Vorderpfoten ziemlich groß und gerundet, leicht nach außen gedreht. Die Front nicht zu gerade, aber auch nicht so gekrümmt, um ausgedreht und schwach zu wirken. Die Knochen sollten nicht so schwer sein, daß sie grob wirken, die Beweglichkeit beeinträchtigen. Doppeltes Haarkleid von mittlerer Länge, nicht drahtig, gelockt oder seidig. Der Cardigan ist hübsch ausgestattet mit Halskrause, Hosen und buschiger Rute. Das Fell darf aber nicht flauschig oder besonders lang wirken. Die Farben sind Rot, Zobelfarben, Gestromt, Schwarz oder Schwarzlohfarben und Bluemerle. Weiße Markierungen, die aber an Kopf und um das Auge nicht dominieren dürfen. Vorwiegend weiße Hunde werden im Ausstellungsring disqualifiziert.

Trotz seiner Kurzläufigkeit ist der Cardigan ein mittelgroßer - kein kleiner - Hund.
BESITZER: Doreen Pargo.

Anpassungsfähigkeit

Als intelligenter Menschenhund besticht der Cardigan aufgrund seiner Intelligenz und Erziehbarkeit, er hat Freude am Lernen und möchte lernen. Tatsache ist - wenn Du ihn nicht erziehst - wird er Dich erziehen. Herausforderungen sind die Würze im Leben eines Cardigan - Agility, Unterordnung und Fährtensuche sind Bereiche, wo der Cardigan herausragt. Als Familienhunde sind sie superb, nicht nur wegen ihrer handlichen Größe. Sie lieben das Schwimmen, Wanderungen, jede Sportart und selbst das Fernsehen (insbesondere während der Fußballsaison). Da sie so nahe am Boden leben, zeigen einige Hunde eine Vorliebe für die Füße eines ganz bestimmten Familienmitglieds.

Wachstums- phase

Im Durchschnitt wiegen Cardigans mit acht Wochen etwa 3,6 Kilo, bis zum Alter von sechs Monaten kommt wöchentlich etwa ein englisches Pfund hinzu. Mit sechs Monaten ist das Wachstum weitgehend abgeschlossen, trotzdem geht der Reifungsprozeß bis etwa drei Jahre weiter, bis sie wirklich völlig ausgereift sind. Die Ohren des Cardigans sollten sich zwischen acht und zwölf Wochen stellen. Durch den Zahnwechsel fallen die Ohren - wie auch bei anderen Rassen - nochmals vorübergehend und heben sich wieder. Manchmal hilft der Mensch durch Kleben nach. Der Junghund wechselt das Welpenhaar etwa zwischen sechs und zehn Monaten. In der Folgezeit wechseln einige Cardigans einmal jährlich, die anderen über das ganze Jahr nach und nach das Fell. Cardigan-Junghunde sollte man bis zumindest sechs Monaten vom Treppensteigen abhalten, andernfalls könnten ernsthafte Schäden in der Vorderhand entstehen.

Cardigan-Welpen wachsen gleichmäßig heran, zeigen selten ein unansehnliches Äußeres. Bis zum Alter von sechs Monaten nehmen sie wöchentlich rund ein Pfund zu.
BESITZER: Cindi Bossi.

Gesundheit

Augenprobleme treten beim Cardigan auf, darunter PRA und sekundärer grüner Star, tierärztliche Untersuchungen sind eine Notwendigkeit. Aufgrund des Körperbaus der Rasse entstehen Knochen- und Gelenkprobleme, insbesondere im Bereich Schulter und Handwurzel. Die Besitzer sollten darauf achten, daß Junghunde nicht zuviel springen oder Treppen steigen. Generell muß bei jungen Hunden Überfütterung vermieden werden. Der lange Rücken läßt Rückenprobleme auftreten. Sorgfältig sollte man insbesondere bei älteren Hunden gegen Dickleibigkeit und Trägheit einschreiten. Die Züchter unterstreichen, daß trotz des langen Rückens der Hunde Bandscheibenvorfälle oder Verletzungen wenig auftreten. Etwas häufiger wird von Blasensteinen berichtet - insbesondere bei Rüden - man erkennt dies an Schwierigkeiten beim Urinieren. Insgesamt sind dies aber leicht zu pflegende, gesunde Hunde mit einer Lebenserwartung zwischen 12 und 14 Jahren.

Bereits mit wenigen Wochen beginnt die Sozialisierung des Cardigans. In aller Regel sind die Junghunde freundlich und gutartig, leben besonders gerne in der Gesellschaft mit Menschen.
BESITZER: Cindi Bossi.

Cardigan Welsh Corgi

Cavalier King Charles Spaniel

Zum vollen Ausreifen braucht der Cavalier 18 bis 24 Monate. Haarlänge, Farbstärke und Körperbau entwickeln sich rechtzeitig für einen bildschönen Ausstellungshund.
BESITZER: Cindy Beebe.

Beschreibung

Ein Miniature Spaniel, aktiv und elegant, perfekt ausbalanciert. Der Cavalier King Charles Spaniel wiegt 5,4 bis 8,1 Kilo bei einer Widerristhöhe von 30 bis 33 cm. Der Oberkopf ist zwischen den Ohren nahezu flach, deutlicher Stop. Augen groß und dunkel, breit auseinander eingesetzt, nie hervortretend. Ohren hoch angesetzt, lang und stark befedert. Hals leicht gewölbt und mäßig lang. Brustkorb mäßig tief. Schultern gut zurückgelagert, Läufe gerade mit mittelstarken Knochen. Die Rute muß im richtigen Verhältnis zur Körperlänge stehen, wird fröhlich, aber nicht über den Rücken gerollt getragen. Das Haarkleid ist lang und seidig, üppig befedert, nie gelockt - leichte Wellen erlaubt. Traditionell gibt es den Cavalier King Charles Spaniel in vier Farben: Schwarzlohfarben, Ruby (einfarbig Rot), Rotweiß (Blenheim) und Tricolor (dreifarbig).

Anpassungsfähigkeit

Die meisten Cavalier-Besitzer sind diesen wunderschönen Hunden zutiefst verbunden, möchten am liebsten gleichzeitig zwei oder drei Hunde haben. Warum nicht! Sie sind klein, sauber und elegant. Cavaliere lieben ein *fettes Leben,* lassen sich verwöhnen und ertragen Alles mit königlicher Eleganz. In Cavalierfamilien ist das Schlafen im Bett des Herrn und Trinken aus dem Glas der Herrin sehr verbreitet. Diese Hunde sind recht aktiv und liebevoll, haben den *schnellsten Rutenschlag* von allen aus England kommenden Hunden, wo sie in der Popularität als Spitzenrasse gelten. Perfekte Wohnungshunde, die sich auch im Appartement sehr gut benehmen, keine allzu großen Ansprüche an Auslauf stellen.

Cavalier-Welpen dürfen nie überfüttert werden. Die Rasse hat einen herzhaften Appetit, schlägt sich bei jeder Gelegenheit den Bauch voll. Bei vielen verwöhnten Cavaliers fordert Dickleibigkeit - die Plage aller Zwerghunde - ihre Opfer.
BESITZER: Cindy Beebe.

Wachstumsphase

Entsprechend der Wurfgröße sind die Gewichte unterschiedlich. Welpen aus kleinen Würfen sind schwerer, wachsen sich im allgemeinen etwas größer aus als Welpen aus grossen Würfen (6 oder mehr). Unabhängig davon liegt das Gewicht bei Welpen von acht bis zehn Wochen so etwa um drei bis vier Pfund. Junge Cavaliere sind als gute Fresser bekannt. Der Besitzer muß darauf achten, genau nach Futterplan vorzugehen, nur ein Minimum an Leckerchen und Tischabfällen zu geben. Außerdem brauchen junge Cavaliere genügend Auslauf im Freien, auch um Erfahrungen zu sammeln. Man sollte Cavaliere immer als kleine Jagdhunde - nicht als delikate Schoßhunde - halten. Im Alter von acht Wochen sollten die Hoden im Hodensack liegen - zuweilen kann dies aber auch erst mit sechs Monaten der Fall sein.

Wenn man seinen Cavalier-Welpen nach Hause bringt, ist er etwa drei Pfund schwer. Dies sind delikate und zärtliche Hunde, die ganz von der Liebe des Menschen und freundlicher Betreuung abhängig sind.
BESITZER: James und Christine Meager.

Vorbiß bei Welpen ist verbreitet, das korrigiert sich zuweilen noch bis zum Alter von 18 Monaten. Trotzdem sollte man bei der Auswahl extreme Kieferstellung nicht akzeptieren.

Gesundheit

Glücklicherweise ist der Cavalier relativ frei von schwereren Krankheiten. Am wichtigsten ist richtige Pflege von Augen, Ohren und Fell. Ohrinfektionen und Milben sind recht verbreitet, nicht zuletzt aufgrund der langen, schweren Hängeohren. Bei jungen Hunden trifft man häufig auf Schuppenbildung. Die Fütterung sollte immer entsprechend der Empfehlung des Tierarztes oder Züchters erfolgen. Einzelne Herzerkrankungen treten auf, darunter ein gewisses Herzmurmeln mit etwa sechs Monaten, aber auch ernsthafte erbliche Herzerkrankungen, die zum vorzeitigen Tod führen. Von einer einzigartigen und ungewöhnlichen Haluzinationserscheinung wird berichtet, man nennt sie im allgemeinen Fliegenfangen (ohne daß Fliegen anwesend wären). Die Ursache ist nicht genau bekannt. Cavaliere sind langlebig - Durchschnittsalter neun Jahre, viele erreichen 13 bis 15 Jahre, Ausnahmen sind 19 Jahre. Im

Bei der Welpenwahl sollte man auf ein leuchtendes, sauberes Fell achten, auch auf Milbenbefall an Fell oder Ohren, besonders wenn die jungen Hunde einmal vier Monate oder älter sind.
BESITZER: Linda Stebbins.

allgemeinen ein gesundes Tier mit minimalen Pflege- und Auslaufansprüchen. Ein Trimmen des Cavaliers ist verboten, nur das Haar zwischen den Pfoten darf geschnitten werden. Natürlich muß mehrfach wöchentlich das Fell tüchtig durchgebürstet werden.

Cavalier King Charles Spaniel

Chesapeake Bay Retriever

Ein Jagdhund durch und durch. Der Chesapeake Bay Retriever besticht in vielen Arbeitsbereichen, an Land wie im Wasser, bei Unterordnungswettbewerben wie im Ausstellungsring - nicht zuletzt auch als Familienhund.
BESITZER: Stephan und Margee S. Webb.

Beschreibung

Ein vorzüglich aufgebauter Arbeitshund ohne Übertreibungen. Besonderes Merkmal ist seine Fellfarbe, die totem Gras ähnelt, in verschiedenen Schattierungen von Dunkelbraun bis zu einer stumpfen Strohfarbe auftritt. Breiter, runder Oberkopf, mittlerer Stop, kleine Ohren, hoch am Kopf angesetzt, mittelgroße Augen von gelber oder Bernsteinfarbe. Körper mittellang, im Flankenbereich hochgezogen, kurzer Rücken, tiefe breite Brust. Vorder- und Hinterläufe kräftig, Schultern schräggestellt, gut gewinkelt, weit ausgreifend. Hinterläufe etwas höher als der Schulterbereich. Hasenpfoten mit ausgeprägten Schwimmhäuten, Läufe kerzengerade. Wolfskrallen an den Hinterläufen werden entfernt. Die Rute ist gerade oder leicht gebogen, reicht bis zum Sprunggelenk. Befederung nicht zu stark. Von großer Wichtigkeit sind Qualität und Struktur des Fells. Das Deckhaar ist dick und kurz, nicht länger an irgendeinem Körperteil als 4,5 cm. Unterwolle dicht und wollig. In den USA führt leichtgelocktes Fell zur Disqualifikation. Weiße Abzeichen auf dem Fell - mit Ausnahme von Brust, Bauch oder Pfoten - außerordentlich unerwünscht. Rüden wiegen etwa 30 bis 38 Kilo, Hündinnen 25 bis 32 Kilo, Widerristhöhe Rüden 58 bis 66 cm, Hündinnen 53 bis 61 cm.

Anpassungsfähigkeit

Chessies sind athletische, robuste Hunde, lieben die Gesellschaft von Hunden wie Menschen. Sie spielen im allgemeinen sehr viel rauher als die meisten Retriever-Rassen, arbeiten ebenso hart wie jede andere. Diese Hunde leben nicht gerne nur im Haus, obgleich sie sich in der Familie sehr wohlfühlen. Draußen im Freien bewegen sie sich vital, zeigen all ihre Kraft. Chessies sind dominanter als allgemein angenommen, sind deshalb recht gute Schutzhunde. In kleinen Dosierungen sollte man von frühester Jugend mit der Erziehung für Unterordnung und spätere jagdliche Arbeit beginnen.

Chessies brauchen viel Zeit bis zur vollen Reife, die meist erst mit drei Jahren erreicht wird.
BESITZER: Pamela Woodes.

WACHSTUMSPHASE

Neugeborene Welpen wiegen etwa 450 Gramm. Wolfskrallen hinten werden entfernt, vorne meist belassen. Je nach Zuchtlinie gibt es bei den Welpen größenmäßige Unterschiede. Achtwöchige Welpen wiegen 4 bis 6,8 Kilo. Diese Rasse reift langsam, die volle Widerristhöhe ist zwischen neun und zwölf Monaten erreicht, bis zur vollen Reife dauert es aber zweieinhalb bis drei Jahre. Die Welpen werden dunkler geboren, hellen nach und nach über verschiedene Fellwechselperioden zur Erwachsenenfarbe auf. Die Welpen zeigen im Welpenhaar Wellen, diese verschwinden bald, erscheinen aber wieder. Mit acht Wochen sieht man die Wellen meist auf Rute, Ohren, manchmal an den Läufen. Je deutlicher sichtbar in dieser Zeit, um so welliger ist später das Fell. Heranwachsende Hunde erscheinen oft unausgeglichen - nur Läufe, hinten überbaut u.s.w. Im allgemeinen sind sie gute Fresser, bekommen alles, was sie für das Wachstum brauchen. Rüden testen zuweilen die Autoriät des Besitzers, Früherziehung ist sehr, sehr wichtig. Ausgewachsene Chessies sind meist recht ruhige Hunde. Von Natur aus haben sie guten Schutztrieb, dieses Merkmal zeigt sich aber meist nicht vor einem Alter von 18 Monaten.

Bei der Welpenauswahl achte man auf ein leicht gewelltes Fell und freundliches, neugieriges Wesen. Die Mutter sollte schön ausgewogen und wesensfest sein.
BESITZER: Pamela Woodes.

GESUNDHEIT

Das Welpenhaar hellt mit dem Alter auf, nach mehreren Fellwechseln erreicht der Hund seine endgültige Farbe.
BESITZER: Helen T. Siegel.

Mit der Chessie-Erziehung kann man nie zu früh beginnen.
BESITZER: Janice Bykowsky.

Über diese Rasse gibt es wenig tierärztliche Forschung, bekannt ist das Auftreten von PRA. Weiterhin wird bei Junghunden von Entropium berichtet. Man achte auf Hüft- und Ellenbogendysplasie, diese beeinträchtigen die meisten anderen Jagdhunde ähnlicher Größe. Ohrinfektionen belasten die meisten hängeohrigen Rassen. Es gibt Tierarztberichte über vWD und Starerkrankungen in der Rasse. Der Chessie wurde auf herausragende athletische Leistungen gezüchtet und dafür erhalten, er besitzt eine gute Widerstandsfähigkeit gegen Krankheiten. Richtig aufgebaut und gehalten werden diese Hunde 12 Jahre oder länger ein gesundes Leben führen. Welpenkäufer sollten Tiere meiden, welche die Rute über den Rücken gerollt tragen. Das Allwetterhaarkleid braucht sehr wenig Pflege, um aber möglichen Hundegeruch zu vermeiden, wird regelmäßiges Bürsten empfohlen. Natürlich sind bei diesem temperamentvollen Jagdhund die Anforderungen an Auslauf und Erziehung hoch.

Chesapeake Bay Retriever

Chihuahua

Der langhaarige Chihuahua zeigt schöne Fransenbildung an Ohren, Rute, Läufen, unter dem Körper und eine attraktive Brustkrause.
BESITZER: Keith Thomas.

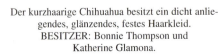

Der kurzhaarige Chihuahua besitzt ein dicht anliegendes, glänzendes, festes Haarkleid.
BESITZER: Bonnie Thompson und Katherine Glamona.

BESCHREIBUNG

Der winzige Chihuahua ist ein schön ausgewogener Toy-Hund mit seinem charakteristischen, munteren Ausdruck und dem erwünschten Apfelkopf (mit oder ohne Molera - eine kleine Öffnung im Oberschädel). Chihuahuas sollten höchstens 2,5 Kilo wiegen. Der Körper ist etwas länger als hoch, bei Rüden ist ein kurzer Körper besonders erwünscht. Augen voll, nicht aber hervortretend, breit auseinander eingesetzt. Ohren groß, vom aufmerksamen Hund aufrecht getragen, in Ruhestellung seitlich absinkend. Kupierte Ohren führen zur Disqualifikation. Hals leicht gebogen. Gute Rippenwölbung, ohne faßförmig zu wirken. Rute mäßig lang, sichelförmig hoch, nach außen oder gerollt getragen. Die Rute darf nie zwischen den Läufen eingeklemmt oder kupiert sein. Es gibt zwei Haarschläge, Lang- und Glatthaar. Das lange Haarkleid ist von weicher Struktur, flach oder leicht gewellt mit guter Unterwolle. Befederung an Ohren, Rute, Läufen und Hals. Spärliches Haar außerordentlich unerwünscht. Das Glatthaar ist weich und leuchtend, liegt dicht an, Unterwolle zulässig. Stärker behaarte Rute bevorzugt. Die Farbenvielfalt ist außerordentlich, einfarbig oder mit Abzeichen und Flächen. Keine Farbe und keine Kombination ist verboten.

ANPASSUNGSFÄHIGKEIT

Als winzigster unter allen Hunderassen ist der Chihuahua notwendigerweise ein freundlicher, sich leicht bewegender Haushund. Diese Hunde sind sich ihrer Kleinheit nicht bewußt. Das Bellen des Chihuahuas zeigt klar an, daß es sich um einen selbstbewußten, mutigen Hund handelt. Trotzdem beschreibt man ihn als gerne »im Clan lebend«, er bevorzugt die Gesellschaft von Hunden der eigenen Rasse. Ein territorialbewußter Hund, der seine Familie aus vollem Herzen verteidigt. Chihuahuas lieben das bequeme Leben, genießen jede Zuwendung und Schmusen. Man sollte den Chihuahua frühzeitig mit Freunden und anderen Hunden sozialisieren, damit er nicht später zu einem aggressiven, kläffenden erwachsenen Hund wird.

WACHSTUMSPHASE

Acht Wochen alte Chihuahuas wiegen etwa 225 Gramm. Das Wachstum dieser winzigen Rasse ist je nach Linie unterschiedlich. Im allgemeinen sind die Hunde etwa mit einem Jahr ausgewachsen. Als Daumenregel für das spätere Gewicht des Erwachsenen nimmt man das doppelte Gewicht des drei Monate alten Hundes an. Bei der Auswahl sollten die Käufer übertriebene Kleinheit meiden, denn die Kleinen sind gesundheitlich anfälliger. Man achte auf richtige Kopfform, eventuelle Verformungen des Oberkopfs. Dies aber bitte nicht mit der Molera am Oberkopf verwechseln, sie ist durch den Standard erlaubt. Man wähle nach kompakter Körperform und selbstbewußtem, freundlichen Wesen. Scheu und Nervosität kann in späterem Leben zu ernsthaften Problemen führen. Junghunde machen ihren Besitzern viel Freude. Im Wesen sind sie ausgeglichen, ihre Verspieltheit dauert bis ins hohe Alter. Es gibt wenig Änderungen in Fellstärke und Farbe.

GESUNDHEIT

Chihuahuas sind eine bemerkenswert langlebige Hunderasse, werden bis zu 20 Jahre alt. Es gibt aber in der Rasse einige Gesundheitsprobleme, Spaltrachen, sekundären grünen Star, Hämophilia A und verschiedene Herzklappenprobleme. Sie alle treten aber nur vereinzelt auf. Nierensteine, Kryptorchismus, Wasserköpfigkeit und Pulmonic Stenosis treten auf, sind aber nicht alarmierend verbreitet. Auch fehlerhafte Schulterlagerung kann zum Problem werden. Besitzer müssen wissen, daß die Molera - eine offene Fontanelle - in der Rasse erlaubt ist, eine besonders vorsichtige Behandlung erfordert. Natürlich brauchen die Langhaarigen mehr Pflegezeit als die Glatthaarigen, beide Schläge sind aber im Grundsatz leicht zu pflegen, leicht zu füttern und haben keine großen Ansprüche an Auslauf. Im Grundsatz sind Chihuahuas Hunde für ältere Menschen. Kinder sind für sie zuweilen zu strapaziös, achten zu wenig auf die Zerbrechlichkeit dieser kleinen Hunde. Eine Hunderasse, die mit wenig Aufwand gehalten werden kann und sehr viel Freude schenkt!

Keine Welpen sind so zart wie die des Chihuahuas, des kleinsten Hundes der Welt. Die offene Fontanelle (oder Molera) am Schädel macht diese Hunde besonders leicht verletzlich.

Alle anderen Hunderassen überlebend wird der Chihuahua - selbstbewußt und in keiner Weise schwächlich - sicherlich einmal die ganze Welt erben. BESITZER: June und Jennifer Ferrante.

Ein Clan von Chihuahua-Babies. BESITZER: Barbara Sporer.

Chihuahua

Chinese Crested

Was dem Chinese Crested an Haaren fehlt, gleicht er durch viele Vorzüge aus. Er eignet sich für die Haltung bei Hyperallergikern, unterliegt keinem Fellwechsel, ist geruchslos. An die Haltung stellt er wenig Anforderungen, eine kleine *Kostbarkeit* für den Kenner.
BESITZER: Orville Vaughn.

Beschreibung

Der Chinese Crested tritt als Nackthund oder behaart auf, letztere nennt man Powderpuff. Der Powderpuff ist am ganzen Körper von doppeltem, weichem und seidigem Fell bedeckt. Die Wenigsten wissen, daß es zwei Haarschläge gibt. Dieser Toy-Hund hat eine Widerristhöhe 28 bis 33 cm bei Rüden, Hündinnen 23 bis 30 cm. Höchstgewicht 5,5 Kilo. Der Kopf ist von vorne gesehen keilförmig, trägt weit auseinander eingesetzte mandelförmige Augen. Die großen unkupierten Ohren werden aufrecht getragen. Schön geformte Wangen, leichter Stop, gut pigmentierter Nasenspiegel. Beim Hairless-Nackthund dürfen fehlende Zähne nicht als Fehler angesehen werden - beim Powderpuff dagegen wohl. Hals schlank und leicht geschwungen. Obere Linie gerade. Flanken mäßig aufgezogen, schmal in der Lende, Brustbein darf nicht hervortreten. Die Rute reicht bis zum Sprunggelenk, wird in der Bewegung fröhlich leicht geschwungen getragen. Die Vorderhand hat schönen Vortritt; mäßige Kniewinkelung. Beim Nackthund (Hairless) ist die Haut glatt und weich. Alle Farben sind erlaubt, wobei beim Crested einige ungewöhnliche Hundefarben auftreten, wie beispielsweise Pink, Blau, Lavendel und Kupfer!

Anpassungsfähigkeit

Ein Hund ohne Haare! Chinese Crested - glaube es oder nicht - sind normaler als viele andere Rassehunde. Trotz ihres ungewöhnlichen Aussehens - diese Hunde sind im allgemeinen sehr verspielt, liebevoll und robust. Ihre Besitzer müssen aber wissen, daß ihre fast nackten Anvertrauten richtig behandelt, manchmal sogar angezogen werden müssen. Während eines echten Winters sind Pullover und Westen für einen richtig angezogenen Crested ein Muß. Die Rasse gehört ins Haus, liebt die Familie und toleriert gut erzogene Kinder. Diese Hunde sind recht unabhängig und intelligent.

BESITZER: A. Butterklee, V. Helu und J. Wendelkin.

Behaarte Rassevertreter (Powderpuffs) fallen in den gleichen Würfen wie ihre nackten Geschwister. Sie bestechen durch ihr herrliches Haarkleid, lange, fließende Seide.
BESITZER: Arlene Butterklee.

Wachstumsphase

In den einzelnen Zuchtlinien gibt es verschiedene Gewichte und Wachstumsraten. Ein sieben bis acht Wochen alter Junghund wiegt zwischen 0,5 und 1,5 Kilo. Sorgfältige Welpenauswahl ist erforderlich. Ehe Du einen genetisch so einmaligen Hund kaufst, solltest Du viele Kontakte pflegen, Wissen über die Rasse erwerben. Meide Welpen mit Anzeichen von Zerbrechlichkeit oder übertriebener Feinheit, solche Hunde sind Risiken hinsichtlich Gesundheit und möglicher Verletzungen. Prüfe auch Zähne und Haut. Hunde mit Anzeichen von Hauterkrankungen sollten mit Sicherheit gemieden werden. Der ausgewachsene Hund braucht etwas zusätzliche Pflege und Geduld. Vorübergehende Verhaltensänderungen sind verbreitet, insbesondere während des Zahnwechsels. Bei Heranwachsenden kommt es manchmal zu Akne. Körperbau und Farbe verändern sich über diesen Zeitraum geringfügig. Der Liebhaber sollte immer mit dem Züchter oder anderen Kennern zusammenarbeiten, um seinem ganz speziellen Hundefreund die richtige Pflege angedeihen zu lassen.

Gesundheit

Natürlich ist der Chinese Crested auf vielerlei Art einmalig. Was seine Gesundheit angeht, sind die wichtigsten Folgen der Haarlosigkeit gewisse zusätzliche Probleme mit Zähnen und Haut. Fehlende Zähne, insbesondere Molare und Prämolare, sind verbreitet, ebenso verschiedene Hautprobleme. Im übrigen ist die Rasse einigen Krankheiten unterworfen wie Toy-Rassen insgesamt, darunter Legg-Perthes, Patellaluxation, Glaukom, Linsenluxation, Starerkrankungen, PRA und Aortic Stenosis. Dies unterstreicht die Wichtigkeit, Züchter und Welpen sorgfältig auszusuchen. Die Körperpflege ist bei einem Nackthund natürlich einmalig - die Powderpuffs verlangen ähnliche Pflege wie andere Hunde. Hier sollten die Besitzer sorgfältig den Empfehlungen der Züchter hinsichtlich Hautpflege, Fütterung und anderen Anforderungen nachkommen. Sonnenbrand ist ein verbreitetes Problem. Einige Chinese Crested entwickeln Allergien gegen Wolle und Lanolin.

Ein Chinese Crested-Welpe sollte die gleichen Gesundheitsmerkmale wie ein Welpe mit normalem Fell haben - zusätzlich klare, gesunde Haut. Die Haut des ausgewachsenen Hundes fühlt sich weich, aber dicker an als die anderer Hunde, heilt bei Verletzungen schneller. Crested-Hunde schwitzen (wie Menschen), anstatt zu hecheln (wie andere Hunde).
BESITZER: Jackie Wendelkin.

Powderpuff-Welpen müssen genau wie die nackten Welpen freundlich und auf Menschen geprägt sein. Meist wirken sie im Vergleich mit anderen Toy-Hunden unabhängiger und selbstbewußter.
BESITZER: Jackie Wendelkin.

Chow Chow

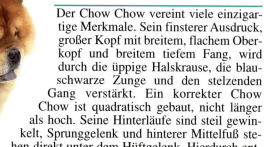

Der Chow Chow ist ein quadratisch aufgebauter Hund. Das üppige Fell des Langhaar-Chows besteht aus geradem grobem Haar.
BESITZER: Robert Banghart, Frank Holloway und Eileen Baldi.

Beschreibung

Der Chow Chow vereint viele einzigartige Merkmale. Sein finsterer Ausdruck, großer Kopf mit breitem, flachem Oberkopf und breitem tiefem Fang, wird durch die üppige Halskrause, die blauschwarze Zunge und den stelzenden Gang verstärkt. Ein korrekter Chow Chow ist quadratisch gebaut, nicht länger als hoch. Seine Hinterläufe sind steil gewinkelt, Sprunggelenk und hinterer Mittelfuß stehen direkt unter dem Hüftgelenk. Hierdurch entsteht der für die Rasse so charakteristische kurze, gestelzte Gang. Zwei Schläge sind anerkannt, Langhaar und Kurzhaar, beide Schläge haben doppeltes Haarkleid, dessen Qualität und Struktur ebensowichtig ist wie die Länge. Das lange Haar ist üppig, gerade und abstehend, wirkt beim Berühren ziemlich grob. Das Glatthaar ist grob und dicht, ohne Halskrause und Befederung. Im Verhältnis zur Größe ist der Kopf des Chow Chows groß und wird stolz getragen. Nie darf dadurch der Hund kopflastig wirken. Die Haut darf nicht zu lose sein. Ohren unbedingt klein und mäßig dick, dreieckig mit abgerundeten Ohrspitzen. Sie werden aufrecht und nach vorne gerichtet getragen. Hängeohren führen zur Disqualifikation. Die Nase muß groß und schwarz pigmentiert sein. Die Zunge ist durchgehend blauschwarz. Gefleckte Nase oder - mit Ausnahme von blauen Chows - andere Nasenfarbe als schwarz, ebenso wie rosa gefleckte Zunge führen zur Disqualifikation. Die Chow-Farben sind Rot (Hellgold bis Tiefmahagoni), Schwarz, Blau, Zimtfarben (helles Falb bis Zimtfarben), Creme und Weiß. Gewisse Aufhellungen und Schattierungen erlaubt, aber keine Scheckung. Widerristhöhe Rüden 48 bis 55 cm, Hündinnen 45 bis 50 cm. Der Chow Chow ist ein gut proportionierter, mittelgroßer, muskulöser Hund mit kräftigen Knochen. Übertreibungen sind dabei unerwünscht.

Anpassungsfähigkeit

Der mürrisch wirkende Chow Chow von gestern ist nicht vergleichbar mit dem liebevollen, erziehungsfreudigen Chow von heute. Viele Züchter haben den Chow davon überzeugt, daß er Menschen vertrauen kann, sie wohlwollend zu ihm stehen. Wir glauben, daß Chows mit mürrischem Wesen in allererster Linie nicht das Produkt erblicher Schwächen sind, sondern Opfer von mangelnder Erziehung und Sozialisierung. Früher hatten sie den Ruf, vorsätzlich ungehorsam zu sein, sich vom Menschen zurückzuziehen. Heute sind viele Chows unterordnungsfreudig und liebevoll, haben dabei aber ihre vornehme Zurückhaltung bewahrt. Dieser Hund ist zwar nicht der imposanteste von den löwenähnlichen Begleitern, zeigt sich unverändert dominant und etwas dickköpfig. Aber bei aller löwenähnlichen Eigenwilligkeit braucht man für seine Erziehung weder Peitsche noch Podest. Es reicht der überzeugende Tonfall der menschlichen Stimme und die natürliche Geduld eines Löwen. Chows haben viele hervorragende Eigenschaften, sind hübsche Tiere, aber keine Hunde für jedermann. Frühzeitige Sozialisierung ist notwendig, man muß den Chow mit möglichst vielen Fremden und neuen Umwelten vertraut machen. Richtige Sozialisierung beginnt mit frühester Jugend. Wird dies unterlassen, kann der ausgewachsene Hund ziemlich eigenwillig und schwer zu beherrschen sein. Von Natur aus unabhängig, versucht der Junghund die Dinge auf seine Art zu lösen. Wahrscheinlich die zeitraubendste Aufgabe für einen Chow-Besitzer ist die Pflege, insbesondere wenn das Welpenhaar ins Erwachsenenhaar übergeht. In diesem Stadium muß der Junghund regelmäßig gebürstet und gebadet werden, damit das neue Fell gut wächst.

Wachstumsphase

Bei einer Wurfgröße von vier bis sechs schwankt das Geburtsgewicht zwischen 280 und 560 Gramm. Den Unterschieden in der Größe bei Erwachsenen entsprechend treffen wir auch auf verschiedene Wachstumsraten der Welpen. Die Zunge ist bei Geburt rosa, sollte bis zum Alter von sechs Wochen komplett blauschwarz durchgefärbt sein. Ist die Zunge mit acht Wochen nicht völlig durchgefärbt, verringern sich künftige Ausstellungschancen, obgleich man schon beobachtet hat, daß sich die Zunge noch bis zu neun Monaten färbt. Mit zunehmendem Alter dunkelt das Fell nach, bei rotem oder zimtfarbenem Fell kann man sagen, je mehr dunklere Haare bei der Geburt, um so dunkler das Erwachsenenfell. Bei der Geburt ist es schwer, zwischen den Farben Blau und Zimtfarben zu unterscheiden.

Chow-Welpen werden mit dem eisernen Willen eines unabhängigen, denkenden Geschöpfes geboren. Wähle einen Welpen, der freundlich ist, dem Menschen vertraut und sozialisiere diesen Welpen richtig.
BESITZER: Sandra Holloway.

Gesundheit

Leider tritt Hüftgelenksdysplasie beim Chow recht häufig auf, Zuchttiere müssen unbedingt geröntgt werden. Auch über Ellenbogendysplasie gibt es Berichte. Wichtiger aber sind Knieluxationen, wofür der Chow durch seine steile Hinterhandwinkelung vorprogrammiert ist. Der Besitzer muß die Entwicklung der hinteren Läufe überwachen, darf im Entwicklungsalter den Hund nur vorsichtig bewegen. In einigen Linien tritt auch Verzwergung auf. Entropium, Ektropium, Collie-Auge, grüner Star und Hypothyroidismus sind erblich verankert. In einzelnen Linien gibt es weiche Gaumenspalten und ungewöhnlich kurze Ruten, darauf muß man achten. Die Fellpflege beim Langhaar-Chow ist recht zeitraubend, der Fellwechsel tritt meist heftig auf. Flohbefall, Allergien und Seife können beim Chow ernsthafte Hautprobleme auslösen. Da Chows gegen Hitze empfindlich sind, muß man sie vor dem Hitzschlag schützen. Wichtig hierfür ist Vorsorge gegen zu hohes Gewicht, aber auch zu reichliches Sonnenbaden ist schädlich. Gelegentlich tritt Magenumdrehung auf, entsprechende Fütterung ist notwendig. Einige Hunde sind besonders empfindlich gegen Anästhetika. Die Lebenserwartung von Chows beläuft sich auf 10 bis 12 Jahre.

Mit zunehmendem Alter wird das Fell des jungen Chows härter, während die dichte Unterwolle beträchtlich weicher wird.
BESITZER: Linda Albert.

Der Kurzhaar-Chow ist mit Ausnahme des Fells mit dem Langhaar-Chow identisch. Alle Chows müssen die charakteristische blauschwarze Zunge besitzen.

Chow Chow

Clumber Spaniel

Der Clumber Spaniel war der Favorit des englischen Königshauses, gehört zu den ersten in Amerika gezüchteten Rassehunden. Bescheiden dokumentiert er Würde, Charme und Arbeitsfreude. Dieser wunderschöne Ausstellungsrüde Champion Clussexx Country Sunrise war der erste Clumber, der die Westminster Kennel Club Dog Show 1996 gewann.
BESITZER: Richard und Judith Zaleski.

BESCHREIBUNG

Der Clumber Spaniel ist lang, tiefgestellt und schwer, hat ausgeprägte Augenwülste, tiefe Brust und massive Knochen. Seine Grundfarbe ist Weiß mit zitronenfarbigen oder orangefarbigen Markierungen. Sprenkelung ist nicht selten, aber je weniger Markierungen, um so besser. Widerristhöhe Rüden 48 bis 50 cm, Hündinnen 43 bis 48 cm. Idealgewicht Rüden 36 Kilo, Hündinnen 29,5 Kilo. Der Kopf des Clumbers ist kräftig, breite Ohren, tief angesetzt. Flacher Oberkopf, ausgeprägtes Hinterhauptbein, starker Stop, breiter und tiefer Fang. Die Nase ist braun gefärbt mit Schattierungen (zwischen Beige und Kirschfarben). Langer Hals, leichte Wammenbildung. Gerader und fester Rücken, Lendenpartie nur schwach aufgewölbt. Vorderläufe gerade und kurz, Ellenbogen fest anliegend. Vordermittelfuß nur leicht schräggestellt, Pfoten groß mit dicken Ballen. Kniewinkelung deutlich ausgeprägt. Der Körper ist rechteckig geformt. Gerades und dichtes Fell von weicher Struktur. Gute Befederung an Hals, Läufen, Bauchpartie, Rute und Ohren.

ANPASSUNGSFÄHIGKEIT

Ein ausgeglichener, leicht erziehbarer Spaniel, den Geduld und viel Nachsicht auszeichnen. Der Clumber Spaniel ist als Familienhund trotz dieser Vorzüge nicht besonders populär geworden. Wahrscheinlich wirkt der Clumber verdächtig tugendhaft. Er ist nie mißgelaunt, hat selten schlechte Gewohnheiten, ist auch im Haus nicht überaktiv oder zerstörerisch. Kinder liebt er sehr, ist eine natürliche Gouvernante. Einige behaupten, der Hund sei faul, ziehe es vor, sich gar nicht zu bewegen. Aber der Besitzer kann seine Aktivitäten wecken, denn es ist ein natürlicher Jagdhund, der Spaziergänge durch Wald und Feld sehr liebt.

Die Vorzüge des Clumbers sind mannigfaltig, ihm fehlt wenig - mit Ausnahme von Popularität. Er ist ein freundlicher, geduldiger Hund, der unterordnungsfreudig ist, sich über jede Aufmerksamkeit freut, sich aber auch mit wenig Lob zufrieden gibt.
BESITZER: Dr. Gerald Nash und Janice Friis.

Wachstumsphase

Neugeborene Welpen wiegen zwischen 350 und 450 Gramm, die durchschnittliche Wurfgröße beträgt vier bis sechs Welpen. Schon von früher Jugend an wachsen Clumber-Welpen schnell heran, weshalb hochwertige Fütterung wichtig ist. Glücklicherweise sind sie begeisterte Fresser. Selten ist es schwierig, einen Clumber zu überreden, ein nahrhaftes Mahl zu sich zu nehmen. Während sie schnell heranwachsen, reifen sie tatsächlich langsam, sind erst etwa mit drei Jahren wirklich ausgewachsen. Aufgrund dieser Tatsache werden keine Vitamin- oder Mineralergänzungsstoffe empfohlen, sie können zu Fehlentwicklungen führen. Clumber Spaniels sind aktive und neugierige Junghunde, sollten von Jugend an erzogen werden. Regelmäßiger Auslauf - angepaßt an das Entwicklungsstadium - wird empfohlen.

Für einen so schweren Hund wie den Clumber ist eine Lebenserwartung von 12 bis 14 Jahren recht eindrucksvoll.
BESITZER: George und Dorothy O'Neil.

Gesundheit

Eingeschränkter und sorgfältiger Zucht gebührt das Verdienst, daß beim Clumber Spaniel wenig genetische Probleme vorliegen. Entropium und - weniger häufig - Ektropium treten zuweilen auf, hierauf muß kontrolliert werden. Auch Hüftgelenksdysplasie ist in der Rasse bekannt, Zuchttiere sollten geröntgt werden. Man muß auch auf Vorbiß und fehlende Zähne prüfen. Das Allerwichtigste ist, der Besitzer sollte Überfütterung vermeiden, täglichen mäßigen Auslauf gewährleisten - am besten ohne Leine durch Feld und Wald oder auf Spaziergängen. Dies gilt für das gesamte Hundeleben. Andernfalls kommt es bei diesen langen, niedriggestellten schweren Hunden möglicherweise zu Gelenk- und Bandscheibenproblemen, wodurch auch lebenswichtige Organe beeinträchtigt werden könnten. Die Bindehaut tritt ziemlich deutlich hervor, bei Clumbers vollkommen normal. Für einen Jagdhund braucht diese Rasse nur minimale Pflege, trotzdem sollte der Clumber mehrfach wöchentlich tüchtig durchgebürstet werden, insbesondere nach der Arbeit in Wald und Feld. Clumber können bis zu 14 Jahre alt werden.

Da Clumber Spaniels nur mäßig nachgefragt werden, wird nur von den Besten gezüchtet. Dementsprechend gibt es wenige genetische Probleme in der Rasse.
BESITZER: G. Bird.

Clumber-Welpen mögen etwas weniger aktiv sein als andere, aber die Züchter haben wenig Mühe, sie beschäftigt zu halten. Wie alle Welpen sind sie recht neugierig und verspielt.

Clumber Spaniel

Collie

Der freundlich lächelnde Collieausdruck sagt alles. Der Collie ist ein Hund von Schönheit, Persönlichkeit und Intelligenz.
BESITZER: Nancy McDonald und Joyce Dowling.

Beschreibung

Der populäre Collie ist ein wunderschöner, ausdrucksstarker und intelligenter Hund. Es gibt ihn in zwei Haararten, als Langhaar und als Kurzhaar. Collies sind perfekt ausbalanciert, harmonisch proportioniert, ohne irgendwelche nutzlosen Übertreibungen. Der Kopf wirkt wie ein stumpfer und schlanker Keil, zeigt glatte und klare äußere Linien. Nie zu starke Backenbildung. Korrekte Kiefer sind für den Ausdruck des Collies wichtig, dies fordert ein Scherengebiß. Fanglänge und Breite des Oberkopfes müssen zueinander passen, um den korrekten Collie-Kopf zu schaffen. Die Ohren können kaum zu klein sein, müssen korrekt getragen werden, kippen natürlich nach vorne, wobei etwa drei Viertel aufrecht stehen. Die Fangpartie wirkt wie gemeißelt. Die Augen sind gut eingesetzt, mandelförmig, von mittlerer Größe, wirken dreieckig, nie voll und rund. Der Hals ist fest und geschwungen, beim Langhaar-Collie geschmückt durch eine schöne Halskrause. Der Körper ist etwas länger als hoch, muß fest sein, zeigt keinerlei Schwäche oder gar Fettansammlungen. Die Vorderläufe sind gerade bei guter Knochenbildung. Knie und Sprunggelenke schön gewinkelt. Rute mäßig lang, in der Rutenspitze leicht aufgebogen. Das Deckhaar des Langhaar-Collies ist gerade und hart, nie weich, offen oder gelockt. Das Deckhaar des Kurzhaar-Collies ist kurz, hart und dicht. Bei beiden Schlägen weiche und üppige Unterwolle. Die anerkannten Farben der Rasse sind Zobelfarben mit Weiß, Tricolor oder Bluemerle. Nur bei merlefarbenen Hunden sind verschiedenfarbige Augen zulässig. Widerristhöhe Rüden 56 bis 61 cm, Hündinnen 51 bis 56 cm. Die Größengrenzen beider Geschlechter liegen in den USA um 5 cm höher.

Anpassungsfähigkeit

Es ist überhaupt nicht verwunderlich, daß der Collie zum sprichwörtlichen Kinderhund wurde. Der Collie ist ein dynamischer, süßer Hund, der sich immer den Stimmungen seines Besitzers anpaßt. In allererster Linie ist er ein außerordentlich gehorsamer Hund, leicht zu erziehen und bestrebt, seinem Besitzer angenehm zu sein. Am besten gedeihen Collies als Familienhunde, können aber auch im Zwinger gehalten werden, sind dann nahezu Tag und Nacht draußen im Freien. Am Wichtigsten für einen neuen Besitzer ist es, von Anfang an den Collie-Welpen nicht ständig kläffen zu lassen. Nicht richtig erzogen werden Collies zu schlimmen Kläffern. In den USA führt dies zuweilen dazu, daß Tierärzte für verantwortungslose Besitzer die Stimmbänder durchtrennen. Außerordentlich wichtig - Collies brauchen immer eine Beschäftigung, müssen Aufgaben erfüllen, andernfalls werden sie verstockt und ziehen sich langsam zurück.

Wesentlich weniger häufig ist der Kurzhaar-Collie. Er besitzt alle Vorzüge seines schön gekleideten Bruders, es fehlt das üppige Haarkleid, gleichzeitig hat er bescheidene Pflegeanforderungen.
BESITZER: Duncan C. und Libby Beiler.

Wachstumsphase

Collies haben zuweilen große Würfe, je nach Wurfgröße beträgt das Geburtsgewicht der Welpen zwischen 170 und 340 Gramm. Collies wachsen sehr schnell, Rüden noch verstärkt. Das Gewicht im Alter von acht Wochen kann sechs Kilo und mehr erreichen. Die Züchter unterstreichen die Wichtigkeit guter Ernährung, dadurch werden die Junghunde fest, dürfen weder zu dünn noch zu dick sein. Dickleibigkeit führt zu Problemen, übertrieben dünne Junghunde erreichen möglicherweise als erwachsene Hunde nie die notwendige Substanz. Welpen erhalten in der ersten Zeit täglich drei Mahlzeiten, Junghunde zwei Mahlzeiten. Auch bei ausgewachsenen Hunden werden zwei Fütterungen empfohlen. Bei der Auswahl achte man auf aufgeschlossenes, selbstbewußtes und liebevolles Wesen. Collies brauchen freundliche Erziehung, positive Verstärkung, sind gegen harte Erziehung recht empfindlich. Der Fellwechsel beginnt etwa mit acht bis neun Monaten, ist je nach Zuchtlinie und Felltyp meist mit eineinhalb Jahren abgeschlossen. Beim Fellwechsel dunkelt die Farbe meist nach. Während des Zahnwechsels achte man besonders auf die Ohren, damit sie aufrecht stehen bleiben.

Collie-Welpen müssen gut genährt sein, Substanz zeigen, dürfen aber nie fett wirken. Die meisten Welpen wachsen schnell heran, hier gibt es aber individuelle Unterschiede.
BESITZER: Joe Koehler.

Gesundheit

Collie-Welpen brauchen von früher Jugend an viel Kontakt zum Menschen und liebevolle Erziehung, werden zu wunderbaren Familienhunden.
BESITZER: Theresa Thomas.

Der Collie hat sich langsam von den Zuchtproblemen aus der *Lassiezeit* erholt, erfreut sich heute relativ guter Gesundheit. In einzelnen Würfen gibt es Zwergenwuchs, diese Hunde sind bei der Geburt weitgehend normal, befallene Hunde wachsen aber langsamer und erreichen nie die volle Größe. Meist kommt es dann im späteren Leben zu Gesundheitsproblemen. Merlefarbene Collies unterliegen zuweilen der mit dieser Farbe verbundenen Taubheit. Am auffälligsten sind Hautprobleme, einschließlich Demodikose, Pyoderma im Nasenbereich und Nasal Solar Dermatitis (auch Collie-Nase genannt). Richtige Ernährung und gute Fellpflege, besonders beim Langhaarcollie, tragen dazu bei, solche Probleme einzugrenzen.

Mit acht Wochen können Collie-Welpen bereits 6 Kilo wiegen.
BESITZER: Theresa Thomas.

Trotz des langen Fells des Langhaarcollies bedarf es nicht mehr als einmal wöchentlich guter Fellpflege. Bei einigen Collies kommt es zu Augenproblemen (Collie-Auge und PRA). Bei Langhaar-Collies unter einem Jahr tritt zuweilen *Rod-Cone Dysplasie* auf - Röntgenuntersuchungen sind notwendig. In einigen Linien sind Hämophilia A, Epilepsie und Nabelbrüche vertreten. Achte darauf, daß Dein Tierarzt weiß, daß einige Collies unerwartete Reaktionen auf Ivermectin zeigen, in den betroffenen Ländern allgemein als Vorbeugung gegen Herzwürmer eingesetzt. Zecken können bei Collies ernsthafte Hautentzündungen - *Pemphigus* - auslösen. Bereits beim ersten Besuch sollte der Tierarzt Deinen Welpen auf Collie-Auge untersuchen. Ohne richtige Pflege und Kaumöglichkeiten verlieren Collies manchmal ziemlich früh ihre Zähne. Die Rasse zeigt gegenüber bestimmten Hundezahncremes größere Empfindlichkeit, die Zähne müssen oft gebürstet werden und am besten gibt man Kauknochen. Im allgemeinen beträgt die Lebenserwartung etwa 10 bis 12 Jahre.

Curly-Coated Retriever

Beschreibung

Eine herausragende, ausdauernde Jagdhunde-Rasse mit den besonderen Merkmalen ihres Haarkleids mit kleinen, engen, ausgeprägt festen Locken. Langer, gut proportionierter Kopf, Oberkopf nicht zu flach. Kiefer lang und kräftig, nie schwächlich. Augen ziemlich groß, nicht herausragend, Farbe Schwarz oder Braun, nie Gelb. Schultern schön zurückgelagert, Brust nicht zu breit, aber tief. Körper kurz und muskulös mit tiefer, kraftvoller Lendenpartie. Läufe mäßig lang, starke Hinterhand, Sprunggelenk tiefgestellt, Knie- und Sprunggelenke mäßig gewinkelt. Rute mäßig kurz, ziemlich gerade, hängend getragen. Das Fell muß überall lockig sein, etwas weniger enge Locken sind nicht ungewöhnlich, was auch nicht zu schwer beanstandet wird. Sattelbildung oder ein Fleck nicht gelockten Haares unerwünscht, ebenso weiße Flecken (meist auf der Brust). Die Farben sind Schwarz und Leberfarben.

Der Curly-Coat frägt geradezu nach Erziehung! Immer ist er bestrebt, für seinen Herrn alles gut und richtig zu machen.
BESITZER: Gary E. und Mary Meeks.

Anpassungsfähigkeit

Der Curly-Coated besticht als Retriever und guter Schwimmer, hat sehr gute jagdliche Veranlagungen. Von Natur aus ruhig und reserviert läßt sich die Rasse leicht erziehen. Freundlich mit Kindern und Familie zeigt sich der Hund Fremden gegenüber zurückhaltend, mag nicht intensiv angefaßt werden. Die Züchter bemühen sich, aufgeschlossene, freundliche Welpen zu züchten, die jede Art von Anfassen akzeptieren. Diese Rasse darf man nie hart erziehen. Da diese Hunde echte Workaho-liker sind, sollte der Besitzer nahe einem Fluß oder See leben, so daß der Hund jede Gelegenheit zum Schwimmen hat. Ist er erst einmal im Wasser, wird es manchmal schwierig, ihn wieder herauszubekommen.

Das gelockte Fell des Retrievers hat ihm seinen Namen gegeben, zeichnet ihn besonders aus. Er ist ein hart arbeitender Jagdhund mit einem anpassungsfähigen, ausgeglichenen Wesen und erwähnenswerten Qualitäten als Wachhund.
BESITZER: Gary E. und Mary Meeks.

WACHSTUMSPHASE

In dieser Rasse gibt es bei Welpen wie ausgewachsenen Hunden beträchtliche Größenunterschiede. Die Wurfstärken reichen von 1 bis 15, Welpen wiegen zwischen 230 und 400 Gramm. Mit acht Wochen liegt das Welpengewicht zwischen 5,5 und 6,8 Kilo. Eine ausgewachsene Hündin wiegt zwischen 20 und 32 Kilo, Rüden etwa sechs Kilo mehr. Der Käufer sollte die Zuchtlinie auf die darin repräsentierte Größe prüfen. Curly-Coated Retriever brauchen in der Entwicklung länger, die Widerristhöhe wird etwa zwischen einem Jahr und 18 Monaten erreicht, danach kann sie aber immer noch um etwa zwei Zentimeter steigen. Die Züchter sehen die Hunde mit zwei bis drei Jahren als voll ausgereift an. Curly-Coated-Welpen (auch Erwachsene) sind im allgemeinen zurückhaltender als Labradors. Der ganze Wurf neigt manchmal mehr dazu, zunächst einen Besucher zu beobachten als sich auf ihn zu stürzen. Mit acht Wochen ist das Fell flauschig, vergleichbar etwa einem jungen Pudel.

Die Erwachsenenfarbe zeigt sich bereits. Leberfarbige haben leberpigmentierte Nasen, Augenlider und Lefzen. Die Augen variieren von gelb bis braun, je dunkler desto besser. Die Schwarzen zeigen schwarzes Pigment und braune Augen. Ab vier Monaten läßt sich das Haarkleid richtig beurteilen. Davor erscheint es gewellt, fühlt sich flach an, es fehlt Dicke und Gelocktsein des Erwachsenenfells. Die Rasse wächst in Schüben, besonders etwa mit zehn Wochen und sieben bis acht Monaten, manchmal wirken die Junghunde bis zu einem Jahr unausgeglichen. Etwa mit 18 Monaten bis zwei Jahren zeigt sich dann das endgültige schöne Bild.

Für einen Hundefreund, der einen Hund braucht, der keine Allergien verursacht, kann dies - wenn er nicht nur auf Pudel eingeschworen ist - der Hund seiner Träume sein!
BESITZER: Mr. und Mrs. Robinson.

GESUNDHEIT

HD und PRA treten gelegentlich auf, entsprechende Untersuchungen aller Zuchttiere sind erforderlich. Die Hundebesitzer sollten eine Erscheinung kennen, die man *Patterning* nennt, erblich bedingt zeigt sich ein Muster (Pattern) kahler Flecken. Diese Erscheinung ist nicht voll aufgeklärt, teilweise hormonell bedingt. Verantwortungsbewußte Züchter garantieren manchmal, daß ihre Tiere frei davon sind. Fälle von Krebs und Epilepsie werden berichtet, zur Stunde ist aber noch nicht klar, ob es sich hierbei um Einzelfälle handelt oder in der Rasse eine spezifische Veranlagung besteht. Bei dieser Rasse tritt der Haarwechsel plötzlich und massiv auf, meist Ende Frühjahr oder Anfang Sommer. In dieser Zeit fällt das Fell büschelweise aus. Man sollte täglich den Hund bürsten und kämmen. In den übrigen Zeiten ist der Haarausfall minimal, Fellpflege praktisch nicht erforderlich. Die Züchter nennen den Curly-Coated einen *Wash and Wear-Dog*. Tüchtiges Abreiben mit Tüchern sollte vermieden werden, hierdurch wird das Haar gedehnt, was die Locken negativ beinflußt. Curly-Coated Retriever erreichen ein Alter zwischen 10 und 15 Jahren.

Curly-Coated Retriever

Dachshund

Ein deutscher Jagdhund, dessen Name schon seine ursprüngliche Aufgabe zeigt, die Jagd auf den Dachs. Heute arbeiten die Dachshunde nicht mehr für ihren täglichen Hundekuchen, wenn sie auch unverändert über vorzügliche jagdliche Eigenschaften verfügen... und auch gut zu betteln verstehen.
BESITZER: Kaye Ladd und Elizabeth A. Patterson.

Der Rauhhaardachshund - der zuletzt entstandene der drei Haarschläge - zeigt das charakteristische Rauhhaar am Fang wie am ganzen Körper. Totes Haar muß gelegentlich ausgetrimmt werden.
BESITZER: Kellie Williams und Duan und Evelyn Pettyjohn.

Unabhängig vom Felltyp muß die äußere Silhouette des Dachshunds unverwechselbar bleiben. Der Langhaarschlag hat ein setterähnliches Haarkleid mit einer langen, seidigen Rute, die einer Standarte ähnelt.
BESITZER: Dr. Roger und Deborah Brum und Sherry Snyder.

BESCHREIBUNG

Der Dachshund steht bei den unter der Erde arbeitenden Jagdhunden in erster Reihe. Typische Rassemerkmale sind sein langer Rücken, seine kurzen, kräftigen Läufe und der solide, muskulöse Rahmen. Seinen Kopf trägt er mit dem kühnen Mut des Jägers, der sich einer vorzüglichen Nase und starker Jagdhundstimme rühmt. Drei Ausstellungsgrößen verlangt das Ursprungsland Deutschland: Schwerer Schlag: Rüden 7 Kilo, Hündinnen 6,5 Kilo; leichter Schlag: Rüden bis 7 Kilo, Hündinnen unter 6,5 Kilo; Zwergteckel: Rüden bis 4 Kilo, Hündinnen bis 3,5 Kilo. Zusätzlich kommt noch der Kaninteckel mit einem Brustumfang von maximal 30 cm, während der Zwergteckel 35 cm aufweist. Der Kopf verjüngt sich zur Nasenspitze, Augen mittelgroß, mandelförmig. Die knöchernen Augenwülste sind deutlich zu erkennen, Oberkopf leicht gewölbt, aber weder übermäßig breit noch schmal. Scherengebiß. Hals lang, muskulös, ohne Wammenbildung. Der Körper des Hundes ist charakteristisch langgezogen, der Unterbauch leicht hochgezogen,. Brustbein deutlich hervortretend. Vorderhand kurz, mit harter, elastischer Muskulatur. Schultern gut zurückgelagert, von gleicher Länge wie Oberarm. Nach rassetypischer Anatomie muß sich der Oberarm dem Brustkorb anpassen, wird deshalb geringfügig nach innen gestellt. Hieraus ergibt sich, daß die Vorderpfoten leicht nach außen gedreht erscheinen. Ein Nach-vorne-Knicken des Vordermittelfußes wäre ein schwerer Konstruktionsfehler, würde den Hund für seine Arbeit schädigen. Hinterläufe kräftig und muskulös, weder nach innen noch nach außen gedreht. Rute tief oder in Rückenhöhe getragen, aber nicht wesentlich darüber. Die drei charakteristischen Haararten sind: Kurzhaar, kurzes, leuchtendes Fell. Rauhaar, kurzes, dickes, rauhes Deckhaar mit weicher Unterwolle, längeres Kopfhaar mit Bartbildung, aber am übrigen Körper keinerlei weiches Haar. Das Langhaar besteht aus geschmeidigem, leicht gewelltem Haar bei einer setterähnlichen Rutenfahne. Häufigste Farbe bei Kurz- und Langhaar zweifarbig Schwarzloh oder einfarbig Rot. Bei den Rauhhaarteckeln dominieren Rot, Dachsfarben und Hasenfarben. Es gibt auch gefleckte, getigerte und gestromte Teckel, meist heller, bräunlich Grau bis sogar weißem Grund mit dunklen, unregelmäßigen Flecken.

ANPASSUNGSFÄHIGKEIT

Dachshunde haben ein ausgeglichenes Wesen, sind ihrer Natur nach gehorsam. Voraussetzung ist aber frühzeitige, konsequente Erziehung, damit der Junghund bereits versteht, was man von ihm verlangt. Diese Rassehunde sind eigenwillig, teilweise dickköpfig. Ihrer Arbeitsaufgabe nach müssen die Hunde weitgehend selbständig arbeiten können, besitzen die Fähigkeit, sich auch einmal einige Stunden selbst zu unterhalten. Sie lieben es aber außerordentlich, an der Seite des Herrn zu leben, verhalten sich gegenüber Kindern wie älteren Menschen gut. Die meisten Dachshunde sind freundlich, schätzen Lob und Zuneigung. Rauhe Behandlung vertragen sie nicht, können dadurch aggressiv werden oder sich zurückziehen. Anderen Hunden gegenüber sind sie recht tolerant und freundlich. Bei konsequenter, frühzeitiger Erziehung ein ideales Familienmitglied.

Wachstumsphase

Je nach Größenschlag variieren Geburtsgewicht und Wachstumsrate der Teckel. Acht Wochen alte Standardteckel wiegen in der Regel 2,7 bis 3,6 Kilo, ausgereift liegen sie bei 6,5 bis 7 Kilo. Zwergteckelwelpen wiegen etwa ein Kilo weniger. Bei der Auswahl sollte man auf einen kräftigen, anatomisch gut aufgebauten Welpen achten, der aktiv seine Umwelt erforscht. Scheue oder schnappende Welpen sollte man meiden. Der Brustkorb sollte lang sein, sich wesentlich über die Vorderläufe hinaus erstrecken, den langen Rücken stützen. Das endgültige Wesen entwickelt sich beim heranwachsenden Hund, die Periode zwischen neun und zwölf Monaten ist manchmal etwas kritisch. Man sollte den jungen Hund nicht zu stark belasten, für Hündinnen gilt dies bis zur zweiten Hitze. Dachshunde lassen sich nur zu gerne verwöhnen, verstehen sich dann als Rudelführer. Der Hundebesitzer sollte konsequent Autorität wahren, dabei seinen Hund aber immer liebevoll behandeln.

Bei Dachshunden gibt es mannigfaltige Farben wie diese getigerten Junghunde und ihre Mutter demonstrieren.
BESITZER: Mary Jean Martin und Ruth K. Teeter.

Schon im Alter von wenigen Wochen lassen sich die lohfarbenen Abzeichen dieser Kurzhaarteckel deutlich erkennen.
BESITZER: Mary Jean Martin und Ruth K. Teeter.

Gesundheit

Rückenprobleme, insbesondere Bandscheibenschäden, können beim Dachshund leicht auftreten, eine Folge des kurzläufigen, langrückigen Körperbaus. Man kaufe nur aus erstklassigem Zuchtmaterial. Treppensteigen, Hochspringen und andere stark belastende Aktivitäten sollten beim Teckel immer eingeschränkt werden - unbedingt vermeide man Übergewicht. Augenprobleme, darunter Glasauge, PRA, Bindehautentzündungen, Ektasiasyndrom, Kerato Konjunctivitis, Mikrophthalmie treten in der Rasse auf, spezialärztliche Untersuchungen sind ein Muß. Übertriebene Verknöcherung der langen Knochen, Osteopetrosis, die eine Erkrankung ähnlich dem Swimmersyndrom auslöst, sind als erblich nachgewiesen. Diabetes Mellitus (Zuckerkrankheit), Renale Hypoplasie (Nierenerkrankung), Cystinuria (Erkrankung von Harnleiter und Blase) sind gleichfalls zu beobachten. Die Tierärzte berichten über Achondroplasie, Taubheiten bei bluemerlefarbenen Hunden und vWD. Die Fellpflege ist von der Fellart abhängig, macht aber bei allen drei Haararten wenig Probleme. Teckel können bis zu 14 oder 16 Jahre alt werden.

Wenn Rauhhaarwelpen erste Anzeichen von Bartbildung zeigen, werden bald ihre Bärte ebenso hübsch aussehen wie der ihrer Mutter.
BESITZER: Pat Leone.

Dachshunde sind gegen harte Behandlung empfindlich. Ausgeglichene und konsequente, dabei freundliche Erziehung führt zu den besten Ergebnissen.
BESITZER: Shirley J. Stummer.

Dachshund

Dalmatiner

Ursprünglich ein Kutschenhund, Zirkusartist, Wach- und Jagdhund, steht hinter dem Dalmatiner eine reiche Geschichte faszinierender Eigenschaften. Und hinzu kommt noch sein einzigartiges geflecktes Kleid.
BESITZER: Mrs. Walter A. Smith.

Beschreibung

Der Dalmatiner unterscheidet sich von allen anderen Rassen durch sein einmalig geflecktes Fell, reinweißer Untergrund mit schwarzen oder leberfarbenen Flecken. Die einzelnen Flekken müssen rund und gut abgegrenzt sein, variieren in ihrer Größe zwischen einer 10-Pfennig-Münze und einem 5-Mark-Stück (2 bis 3 cm). Widerristhöhe Rüden 58 bis 61 cm, Hündinnen 56 bis 58 cm. Der Körperbau des Dalmatiners ist nahezu quadratisch. Kopf von mittlerer Länge, frei von jeder losen Haut. Augen mittelgroß, weit auseinander eingesetzt, rund, Farbe Dunkelbraun, je dunkler, desto besser. Ohren hoch angesetzt, mittelgroß. Lefzen trocken und eng anliegend. Schön gewölbter Hals, mittellang. Elegante obere Linie, fester Rücken, Lendenpartie kurz und leicht aufgewölbt, Rute tief angesetzt, nie über dem Rücken getragen. Brust tief und geräumig, Ellenbogen eng anliegend. Knie gut gewinkelt, Kuhhessigkeit sehr fehlerhaft. Pfoten rund, kompakt mit kräftigen Ballen. Fell kurz, dicht und leuchtend, nie wollig oder seidig wirkend. Ausschließlich schwarze oder lohfarbene Flecken zulässig. Sehr selten gibt es auch Dreifarbige, was aber zur Disqualifikation führt. Gefordert wird eine regelmäßige, aber nicht zu intensive Fleckung. Stärkere Abzeichen, die nicht aus überlappenden Flecken entstanden sind, disqualifizieren den Hund auf Ausstellungen.

Anpassungsfähigkeit

Heute ist die Walt Disney-Geschichte von den 101 Dalmatinern in aller Munde. Bei wachsender Popularität ist der Dalmatiner noch immer auf Bildern und in Filmen bedeutend verbreiteter als im Alltagsleben. Die echten Dalmatiner sind Hunde von mittlerer Größe, recht energiegeladen, meist voller Bewegungsdrang. Werden die Hunde richtig erzogen und ernährt, erweisen sie sich für ein Leben in der Stadt wie auf dem Land als anpassungsfähig. Reine Zwingerhaltung ist nicht akzeptabel, diese Hunde brauchen menschliche Partnerschaft. Bei der Erziehung von früher Jugend an muß man konsequent sein, schnell wächst der Welpe zu einem robusten Halbstarken heran. Schlechte Gewohnheiten bilden sich leicht, sind dann schwer abzugewöhnen.

Dalmatiner-Welpen werden einfarbig weiß mit erkennbaren Pigmentflecken auf der Haut geboren. Bis zum Alter von zwei Wochen bilden sich pigmentierte Haarbüschel im Fell.

In der überwiegenden Mehrheit sind dies Hunde mit guten Manieren, leicht erziehbar - sie sind außerordentlich liebeheischend und werden zu entzückenden Clowns. Sei Dir im klaren darüber, Dalmatiner haben einen ausgeprägten Jagdinstinkt, lieben zu rennen, Hindernisse zu überwinden und zu klettern. Gewöhnung an den Hauskäfig wird empfohlen, dabei darf man aber seinen Dalmatiner nie mehr als einige Stunden im Käfig lassen, das könnte sonst zu Blasen- und Nierenproblemen führen.

Wachstumsphase

Neugeborene Dalmatiner wiegen zwischen 320 und 420 Gramm, stammen vorwiegend aus großen Würfen. Mit acht Wochen erwartet man ein Gewicht von 3 bis 5 Kilo. Dalmatiner sind zwischen 18 und 24 Monaten körperlich ausgereift. Beim Welpenkauf achte man darauf, daß der Hund ein aufgeschlossenes Wesen besitzt, richtig sozialisiert wurde. Dalmatiner sollten immer neugierig

Bei der Auswahl achte man auf einen ruhigen und selbstbewußten Welpen. Schaue Dir die Mutter genau an, sie darf keinesfalls hyperaktiv oder bei Annäherung ängstlich zurückhaltend sein.

und freundlich sein. Korrekte Überprüfung beidseitiger Hörfähigkeit mit tierärztlichem Zertifikat sollte man verlangen. Bei schlecht gezüchteten oder aufgezogenen Hunden kann es zu Hyperaktivität und Aggressionen kommen. Heranwachsende Hunde brauchen feste Disziplin und sehr viel Auslauf. Von Dalmatinern weiß man, daß sie ihre Besitzer testen, besonders Rüden neigen dazu, dominant zu sein. Die Hunde brauchen ständig viel Kauspielzeug, denn beim Dalmatiner scheint der Zahnwechsel monatelang zu dauern, sie brauchen Arbeit für ihr Gebiß.

Gesundheit

Taubheit - beidseitig oder einseitig - gehört zu den Hauptproblemen der Dalmatinerzucht. Verantwortungsbewußte Züchter lassen alle Zuchttiere sorgfältig untersuchen, dämmen das Problem ein, können es aber nicht eliminieren. Pigmentmangel an Augenlidern und Nase treten gleichfalls auf, zuweilen parallel zur Taubheit. Unvollständige Pigmentbildung verschlechtert sich im allgemeinen mit dem Alter aufgrund einer damit verbundenen Pigmentabschwächung. Farbflecken - ausgeprägter als die erwünschten Flecken - treten auf. In den USA werden auch blaue Augen akzeptiert, im Bereich FCI und England nicht. Beim Dalmatiner gibt es eine rassetypische, einmalige Erkrankung namens Urolithiasis/Dermatitis-Syndrom mit ernsthaften Beeinträchtigungen der Gesundheit; durch eine genaue Diät können die Folgen gemindert werden. In der Rasse treten häufig Nierensteine auf, deshalb darf der Hund nie zu lange eingesperrt sein - Blasendrang kann das Problem verschärfen. Dalmatinern sollte man keine Vitamin C-Zusatzstoffe füttern. In der Rasse tritt zuweilen Epilepsie auf, die Erkrankung läßt sich medikamentös kontrollieren, befallene Hunde aber sollte man kastrieren, da die Erkrankung mit bestimmten Hormonen in Verbindung steht. Dalmatiner-Zucht ist schwierig und genetisch kompliziert - man sollte sie Fachleuten überlassen. Die Lebenserwartung liegt zwischen zehn und zwölf Jahren.

Für Liebhaberbesitzer sind die genaue Verteilung der Flecken und die Augenfarbe von geringerer Bedeutung. Gutes Wesen und beidseitige Hörfähigkeit steht im Vordergrund gegenüber allen anderen Überlegungen. *Nie* sollte man einen tauben Welpen kaufen.
BESITZER: Ben Riley.

So unwiderstehlich süß ein Dalmatiner-Welpe ist, man muß wissen, daß er ausgewachsen mehr Hund sein wird als es den Anschein hat. Kein idealer Hund für Ersthundebesitzer. In der Flegelzeit testet der Dalmatiner seinen Besitzer. Wird er nicht richtig erzogen, kann die Flegelhaftigkeit fortdauern.
BESITZER: Stephanie Podejko.

Dalmatiner

Dandie Dinmont Terrier

Der Dandie Dinmont Terrier gehört zu den einmaligen englischen Terrier-Rassen, wurde ursprünglich zur Jagd auf Dachs, Wiesel und anderes Raubzeug gezüchtet.
BESITZER: Nancy Herman.

Beschreibung

Ein robust gebauter, tiefgestellter Arbeitsterrier. Sein wunderschön geformter Kopf wird von einem großartigen seidigen Schopf gekrönt. Seine großen runden Augen unterstreichen den freundlichen, klugen Ausdruck des Hundes. Der Dandie Dinmont besitzt eine elegante äußere Linie, ein rauhes doppeltes Haarkleid in den Farben Mustard (Blaßfalb bis leuchtend Tan mit cremefarbenem Topknot) und Pepper (fahles Silber bis tief Blauschwarz mit silberweißem Topknot). Widerristhöhe 20 bis 28 cm, Körperlänge etwa fünf Zentimeter weniger als doppelte Schulterhöhe. Ein Hund mit 25 cm Schulterhöhe und einer Körperlänge von etwa 45 cm wiegt in Arbeitskondition acht bis elf Kilo. Oberkopf schön aufgewölbt, zwischen den Ohren breit. Ohren tief angesetzt, etwa 7,6 bis 10 cm lang. Fang tief und kraftvoll, die Wangenpartie verschmälert sich. Muskulöser Hals, gut in die Schultern übergehend. Körper lang und flexibel. Rute krummschwertförmig, 20 bis 25 cm lang. Vorderläufe kräftig entwickelt, kurz; Hinterläufe wie Vorderläufe breit gestellt, aber nicht so weit, daß dies der freien und leichten Bewegung im Wege steht. Das Dandie-Fell ist besonders charakteristisch, ein Gemisch von hartem, rauhem Deckhaar mit weicher Unterwolle. Topknot und reiche Befederung der Ohren und des Fangs geben dem Dandie seinen rassetypischen Ausdruck.

Anpassungsfähigkeit

Dandie Dinmonts sind eine weniger populäre Terrierrasse, obgleich sie vorzügliche Familien- und Ausstellungshunde sind. Hinzu kommt ihr einmaliges Äußeres, das immer viel Aufmerksamkeit erweckt. Diese Hunde können eigenwillig sein, sie sind Terrier und territorial bewußt. Gezüchtet wurden sie aus alten Jagdhundeschlägen, besitzen ausgeprägte Raubzeugschärfe. Sie könnten plötzlich hinter einem Eichhörnchen lospreschen, während sie gerade für die Ausstellung zurechtgemacht werden. Mit der Erziehung sollte man früh beginnen.

Mustard Dandie Dinmont (Blaßfalb bis leuchtend Tan). Ein Hund, der viel Würze ins menschliche Leben bringt.
BESITZER: Marvin und Sharon Gelb.

Man achte auf Bellen, es könnte Einbrecher - aber auch die Nachbarn - wesentlich beunruhigen. Dandie Dinmonts darf man nie rauh behandeln, sie verlangen stetige und freundliche Erziehung.

WACHSTUMSPHASE

Die meisten Dandies werden sehr dunkel geboren. Die endgültige Pepper- oder Mustardfärbung zeigt sich erst mit fünf bis sieben Monaten deutlicher.
BESITZER: James und Barbara Monroe.

Das Geburtsgewicht liegt zwischen 230 und 280 Gramm, mit drei bis vier Wochen sind etwa drei Pfund erreicht. Die Züchter betonen, daß von Wurf zu Wurf, von Welpen zu Welpen sich die Wachstumsraten beträchtlich unterscheiden. Dandies werden mit dunklem, weichem Fell geboren, Peppers wirken schwarzlohfarbig, Mustards zeigen viele schwarze Haare auf Körper, Ohren, Rute und Fang, am Oberkopf zumeist schwarzgoldene Haare. Das Welpenhaar ist bei der Geburt sehr weich, etwa mit 12 bis 15 Wochen wird es erstmals getrimmt, wodurch das Wachstum eines doppelten rauhen Haarkleids eingeleitet wird. Die härteren Haare brauchen zwei bis drei Monate, um richtig durchzubrechen, häufig ist erneutes Trimmen erforderlich, ehe sich das korrekte Erwachsenenfell bildet. Das typische rauhe Gefühl beim Anfassen des Felles ergibt sich aus einer Mischung von ein Drittel weichem, flachsartigem Haar mit zwei Drittel hartem Deckhaar. Das Welpenhaarkleid muß über das ganze erste Jahr täglich durchgekämmt werden. Damit vermeidet man jede Verfilzung und gibt ihm ein welliges Aussehen. Mit neun Monaten sind die meisten Dandies ausgewachsen, die Brust senkt sich aber noch bis zu 18 Monaten weiter ab. Bei einigen Rüden kann es bis zu zweieinhalb Jahren dauern, bis die Brust ihre endgültige Lage erreicht hat. Im allgemeinen sind Hunde mit kurzem Fang für fehlende Molare oder Prämolare anfälliger, dies gilt in gewissem Umfange auch für den Dandie Dinmont. Etwa mit einem Jahr wächst sich der *Topknot* zu seiner cremeweissen oder silberweißen Färbung aus. Heranwachsende Jungtiere brauchen mehr Aktivitäten als ausgewachsene Hunde, aber alle Dandies schätzen den regelmäßigen Spaziergang.

Das Welpenkleid ist weicher als das der ausgewachsenen Hunde. Nach einem ersten oder zweiten Trimmen entwickelt das Fell die erwünschte Mischung zwischen hartem und weichem Haar.
BESITZER: James und Barbara Monroe.

GESUNDHEIT

Der langrückige und kurzläufige Dandie leidet wie andere lange und kurzläufige Hunde an gewissen Rückenproblemen. Zur Vorbeugung gehört sorgfältige Auswahl aus gutem Zuchtmaterial, eingeschränktes Treppensteigen, Springen und andere den Rücken strapazierende Aktivitäten; wichtig ist das Vermeiden von Übergewicht. HD, Patellaluxation und übertriebene Verkalkung der langen Knochen treten auf. Zu den verbreitetsten Verletzungen der Dandies gehören Bänderzerrungen, dazu Kreuzbandriß am Hinterlauf. Ältere Hunde leiden verbreitet an Arthritis. Achte auf Ohrinfektionen und Ohrmilben, regelmäßige Kontrolle der Ohren ist notwendig. Obgleich der Dandie keinem Fellwechsel unterliegt, braucht er regelmäßige Fellpflege, gegebenenfalls auch durch den Fachmann. Dandies erreichen ein Lebensalter von etwa 13 Jahren.

Mustard-Welpen zeigen viele dunkle Haare auf dem Körper. Bei der Geburt enthüllt nur die Farbe des Kopfes die künftige Goldfärbung.
BESITZER: James und Barbara Monroe.

Dandie Dinmont Terrier

Deerhound

Hirschjagd! Dies ist ein 80 cm hoher Windhund, der früher in den schottischen Hochebenen Hirsche jagte. Diese athletische, mystische Schönheit hetzt heute in der Regel eher die Familienkatze oder ein Einhorn - die Zeiten der großen Hirschjagden sind vorbei. Uns verbleibt eine wunderschöne Windhunderasse, die viele Freunde gefunden hat.
BESITZER: John D. Hogan.

Beschreibung

Der Deerhound ähnelt am meisten einem großrahmigen, rauhhaarigen Greyhound. Mindestwiderristhöhe Rüden 76 cm, Hündinnen 71 cm. Rüden wiegen etwa 46 Kilo, Hündinnen 37 Kilo. Der Deerhound darf niemals übergroß oder grob wirken, vielmehr ist seine Gesamterscheinung symmetrisch, bei gutem Knochenbau. Ein Hund, der sich mit Leichtigkeit zu bewegen vermag. Der Kopf ist lang, wird stolz getragen, sehr elegant geformt und gut ausbalanciert. Körper lang, sehr tiefer Brustkorb, gute Rippenwölbung, schöne Breite der Hüfte. Vorderläufe kraftvoll und völlig gerade, Ellenbogen weder nach innen noch nach außen gestellt. Schöne, lange Laufknochen, muskulös, gute Kniewinkelung, schön aufgewölbte Lendenpartie, Bauchpartie schön hochgezogen. Das Haarkleid ist hart und drahtig, zottig und dick, etwa 7 bis 10 cm lang. Behaarung auf Kopf, Brust und Körper etwas weicher. Leichte Befransung an der Innenseite der Vorder- und Hinterläufe. Pfoten geschlossen, kompakt und schön aufgeknöchelt. Ohren hoch angesetzt, Augen dunkel, mäßig rund, in Ruhestellung mit sanftem Blick. Rute lang und leicht geschwungen. Farben Dunkelblaugrau, dunkleres und helleres Grau, Gestromt und Gelbtöne, Sandrot oder Rotfalb mit schwarzen Haarspitzen. Weiße Brust, weiße Rutenspitze erlaubt, je weniger Weiß, um so besser. Weiße Blesse oder weißer Halskragen nicht zulässig.

Anpassungsfähigkeit

Freundliche Würde und ein Fell, frei von jedem Schmutz - der Scottish Deerhound ist ein sich zurückhaltender Gentleman, außerordentlich gehorsam. Am besten reagieren Deerhounds auf sanfte Korrekturen. Sie sind sehr groß, scheinen sich ihrer Größe auch bewußt, dabei mit Kindern recht freundlich. Natürlich ist Auslauf für Harmonie und Ausgewogensein dieses athletischen Windhundes von entscheidender Wichtigkeit. Er möchte am liebsten eng in die Familie integriert sein, begleitet sie auf den längsten Wanderungen. Frühzeitig sozialisiert und artgerecht erzogen schenkt dieser Hund dem Menschen viel Freude. Man sollte sich aber der Körpergröße und des Platzbedarfes des Hundes bewußt sein.

Wachstumsphase

Die Würfe sind zahlenmäßig meist groß. Etwa acht Welpen in einem Wurf mit einem Durchschnittsgewicht zwischen ein und zwei Pfund sind die Norm. Die Welpen werden schwarz geboren, meist mit weißen Flecken auf Brust und Zehen. Mit dem Alter hellt die Farbe auf, entsteht die dunkelblaugraue oder rötliche Färbung. Sowohl innerhalb der Linien als auch bei den Einzelhunden sind die Wachstumsraten unterschiedlich. Das Wachstum verläuft häufig sporadisch, kann durch genetische wie Umweltfaktoren beeinflußt sein.

Junghunde haben ein Übermaß an Energien, brauchen Überwachung und während schneller Wachstumsschübe auch ausgieb Ruhezeiten. Keinesfalls sollte man Deerhounds in Käfigen unterbringen.

Im allgemeinen wachsen Deerhounds über das erste Jahr sehr rasch heran, brauchen dabei nahrhaftes Futter. Dickleibigkeit wird selten zum Problem, dafür könnte Überernährung zu Wachstumsproblemen führen. Die volle Widerristhöhe ist erst mit 18 Monaten erreicht, bis zur vollen Reife dauert es meist etwa drei Jahre. Die Geschlechtsreife von Deerhounds ist meist nicht vor einem Jahr erreicht. Heranwachsende Deerhounds müssen vor ihrer eigenen Energie geschützt werden, insbesondere während der Zwischenperioden, in denen das Wachstum ungleichmäßig verläuft, Balance und Koordination der Glieder leiden. Zuviel Bewegung ist genauso schädlich wie zu wenig.

Gesundheit

Im allgemeinen sind Deerhounds recht langlebige, gesunde Hunde. Das Hauptproblem ist, sie reibungslos durch die Wachstumsperiode zu bringen, denn Entwicklungs- und Wachstumsstörungen führen zu Schäden. Man muß die Zuchtlinie des eigenen Hundes kennen, die Fütterung strikt nach den Anweisungen von Züchter oder Tierarzt durchführen, dem Hund dabei genügend - aber nicht zuviel - Auslauf bieten. Das Bewegungsbedürfnis des Deerhounds ist über das gesamte spätere Leben hoch, verringert sich natürlich etwas in den Seniorenjahren. Aufgrund der hohen Aktivität, verbunden mit der tiefen Brustbildung der Rasse, sollte man besonders vorsichtig in Richtung Magenumdrehung sein. Diese Krankheit fordert Jahr für Jahr ihre Opfer in der Rasse - gute Vorbeugung bieten kleinere Mahlzeiten und vor und nach dem Fressen beschränkter Auslauf. Beim Einsatz von Narkotika wird Vorsicht empfohlen. Der Pflegebedarf ist nicht besonders groß, die Besitzer müssen aber bereit sein, zumindest eine Stunde wöchentlich für tüchtiges Bürsten und leichtes Trimmen des Fells einzusetzen. Glücklicherweise ist der HD-Befall in der Rasse gering, sollte aber kontrolliert werden. Es wurde bekannt, daß bei älteren Hunden Herzprobleme auftreten. Zysten in den Harnwegen werden von der Rasse berichtet. Die Lebenserwartung des Scottish Deerhound liegt zwischen 10 und 13 Jahren.

Der Magenumdrehung fallen manche Deerhounds zum Opfer. Die Züchter empfehlen mehrere kleinere Mahlzeiten und richtig kontrollierten Auslauf.
BESITZER: Betina Adams.

Deerhound

Deutsch Drahthaar

Beschreibung

Sein berühmtes Drahthaar gibt dem Deutsch Drahthaar ein wasser- und wetterfestes Haarkleid nebst attraktiven Augenbrauen und Bartbildung. Widerristhöhe Rüden 61 bis 68 cm, Hündinnen 57 bis 64 cm. In den USA liegt die Widerristhöhe niedriger. Abweichungen nach oben wie nach unten werden nicht toleriert, denn sowohl größere wie kleinere Hunde sind jagdlich benachteiligt. Kopf mäßig lang, Behang hoch und breit angesetzt, nicht gedreht, nicht zu eng am Kopf anliegend. Stop deutlich erkennbar, langer, breiter, kräftiger, tiefer Fang. Nase der Haarfarbe entsprechend kräftig pigmentiert. Lefzen gut anliegend. Hals mittellang, trockene Halslinie, Rücken fest, in eine breite, lange, leicht abfallende Kruppe übergehend. Brust breit und tief, mit ausgeprägter Vorbrust. Untere Linie leicht aufgezogen. Rute hoch angesetzt, horizontal oder leicht nach oben gerichtet getragen, etwa auf zwei Fünftel kupiert. Schultern schön zurückgelegt, Vorderläufe gerade, fester Ellenbogenschluß. Hinterläufe gut gewinkelt, gerade und parallel stehend. Deckhaar drahtig hart, zwei bis vier Zentimeter lang, anliegend und dicht. Farben ausschließlich Braunschimmel, Schwarzschimmel mit oder ohne Platten, Braun mit und ohne Brustfleck. Alle anderen Farben nicht zulässig. Drei Fotos auf diesen Seiten zeigen in Deutschland nicht zugelassene Farben.

Ein drahthaariger Jagdhund mit enormen jagdlichen Fähigkeiten und Ausdauer, ein Multitalent, das mit seinem kurzhaarigen Vetter vieles gemeinsam hat. Diese Hunde stehen vor, suchen nach und apportieren, vereinen die Aufgaben eines ganzen Zwingers europäischer Jagdhunde in einem Hund.
Eine amerikanische Farbvariation.
BESITZER: Richard und Judith Zaleski.

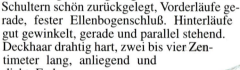

Den Deutsch Drahthaar kleidet ein drahtiges, hartes Deckhaar, einfarbig Braun, Braunschimmel oder Schwarzschimmel. Ein robuster Jagdhund und liebevoller Familienhund.
BESITZER: Jeffrey und Lisa George.

Anpassungsfähigkeit

Ein intelligenter und erstaunlich vielseitiger Jagdhund, unermüdlicher Arbeitshund und angenehmer Familienhund. Wenn dieser Hund in einer Jägerfamilie leben kann, um so glücklicher ist er, um so besser seine Entwicklungsmöglichkeiten. Für einen so triebstarken Jagdhund zeigt er sich im Haus bemerkenswert ruhig. Allerdings sollte er von früher Jugend an erzogen werden, die Umgangsregeln des Hauses zu respektieren. Von klein an erzogen und gut gehalten verträgt er sich mit anderen Hunden, allerdings nicht so bereitwillig wie viele andere Jagdhunde. Von Hause aus ist dieser Hund der typische Jagdhund, der gerne mit seinem Herrn alleine auf die Jagd zieht.

WACHSTUMSPHASE

Mit acht Wochen wiegt ein Deutsch Drahthaar-Welpe etwa sieben Kilo, bis zu vier Monaten ist die Wachstumsphase besonders stark. Über die ersten vier Monate ist ausgewogene Ernährung besonders wichtig. Die endgültige Widerristhöhe erreicht der Drahthaar etwa mit zehn Monaten, es dauert aber zwei bis drei Jahre, bis diese Hunde voll ausgereift sind. Bei der Welpenwahl achte man in erster Linie auf das Wesen, dann auf anatomischen Aufbau und Haarqualität. Deutsch Drahthaar sind sehr liebevolle, temperamentvolle Hunde, eignen sich für die Zwingerhaltung nur bedingt. Die Erziehung sollte früh erfolgen, fest und konsequent, aber immer mit freundlichen Kommandos. Gerade in den Flegeljahren braucht der Deutsch Drahthaar Bestätigung durch seinen Herrn, richtige Erziehung, um sich auch mit anderen Haustieren gut zu vertragen.

GESUNDHEIT

Obgleich sich Deutsch Drahthaar und Deutsch Kurzhaar sehr ähnlich sind, liegen über den Deutsch Drahthaar wenig Berichte über Erbkrankheiten vor. Die Zucht dieser Rasse als Arbeitshunde bis in jüngste Zeit haben sie sehr robust und widerstandsfähig gehalten. Berichtet wird von Hüftgelenksdysplasie, von der Willebrand's-Disease, Augenproblemen wie Entropium, Hautproblemen wie Zystenbildung. Möglicherweise kommt es in der Rasse auch einmal zur Magenumdrehung. Die Hundebesitzer sollten regelmäßig die Augen kontrollieren, Ohren auf Entzündungen und Fremdkörper überwachen. Die Pflege des Drahthaars erfordert in beschränktem Umfang Trimmen, was bei einem Hund dieser Größe einige Zeit in Anspruch nimmt. Sorgfältig sollte darauf geachtet werden, daß die Ernährung richtig abgestimmt ist, der Hund genügend Auslauf hat.

Deutsch Drahthaar unterliegen keinem Wachstumsproblem, volle Reife erreichen diese Hunde im allgemeinen erst mit zwei bis drei Jahren. Diese Farbe der abgebildeten Hunde ist nur in den USA zulässig.
BESITZER: Bernee Brawn.

Bei der Auswahl ist immer das Wesen der wichtigste Faktor. Bei Ausstellungshunden muß man natürlich die gesamte Anatomie und auch das Haarkleid beachten. Die Farben dieses Junghundes sind nur in den USA zulässig.
BESITZER: Bernee Brawn.

Die Züchter des Deutsch Drahthaar sind sehr bemüht, Erbfehler in der Rasse zu bekämpfen. Einen gesunden Junghund zu kaufen, sollte bei der Vielzahl verantwortungsbewußter Züchter keine Schwierigkeiten bereiten.
BESITZER: Regina Schwabe, DVM.

Deutsch Drahthaar

Deutsch Kurzhaar

Der kurzhaarige Deutsche Vorstehhund ist ein typischer Allzweckjagdhund, Lebensgefährte, Wachhund, Ausstellungshund, und - einer der vielseitigsten Jagdhunde auf der Welt!
BESITZER: Susan Harrison.

Beschreibung

Der kurzhaarige Deutsche Vorstehhund ist ein vorzüglicher, begeisterter Jagdhund mit eleganten äußeren Linien, einem scharf gemeißelten Kopf, kraftvollem kurzen Rücken, tiefer Brust, schön zurückgelagerten Schultern, starken Knochen und einem festen Fell, das man als kurz bezeichnen kann. Auf den ersten Blick bestechen Symmetrie und Ausgewogenheit. Der Kopf darf weder zu leicht noch zu schwer sein, Oberkopf etwas breiter. Die Linie zum Vorderkopf senkt sich nach und nach, ohne ausgeprägten Stop. Der Fang ist lang, darf weder geschnürt wirken noch gar wie beim Pointer auf dem Nasenrücken abgesenkt sein. Ohren hoch angesetzt, breit, nicht zu lang. Augen mittelgroß, dunkelbraune Farbe bevorzugt (gelbes Auge unerwünscht). Nase braun, gefleckte oder fleischfarbene Nase unerwünscht. Komplettes Scherengebiß. Schultern gut zurückgelagert, fest angelegt, nie lose oder steil. Langer Oberarm mit gutem Vortritt. Haarkleid kurz und dick, fühlt sich rauh an. Auch die Haut liegt eng und fest an. Rute hochangesetzt und fest, kupiert, immer gut getragen, Widerristhöhe Rüden 58 bis 65 cm, Hündinnen 53 bis 59 cm. Nach USA-Standard Rüden 25 bis 32 Kilo, Hündinnen 20 bis 27 Kilo. Farben einfarbig Braun mit weißen oder gesprenkelten Abzeichen oder Platten. Helle und Schwarzschimmel mit und ohne weiße Platten. Die bestechende Schönheit dieser Rasse steckt in ihrem Bewegungsablauf. Guter Schub aus der Hinterhand und schöner Vortritt sind für die Rasse charakteristisch.

Anpassungsfähigkeit

Der Deutsch Kurzhaar ist ein energiegeladener, aktiver Hund, fühlt sich in ländlicher Umgebung, wo er viel Auslauf findet, am wohlsten. Kein Hund für Appartementhaltung, diese Hunderasse gedeiht nicht in zu eingeschränkten Lebensverhältnissen. Der Deutsch Kurzhaar liebt Kinder, mit denen er freundlich ist, auch gerne spielt. Er ist ein Jagdhund mit einer außerordentlich guten Nasenleistung. Bei einem gut und früh geprägten Hund erweist sich die Erziehung als nicht schwierig. Man sollte sich aber bewußt sein, daß ein verläßlicher Jagdhund stets voll unter der Kontrolle des Jägers stehen muß.

Laß Dich von der Ruhe dieser zwei Deutsch Kurzhaar nicht irreführen - dies sind aktive, bewegliche Begleithunde. Sie brauchen sehr viel Auslauf und Anregungen, möglichst auch Arbeitsaufgaben. Dies bedeutet überhaupt nicht, daß sie es nicht lieben, am Ende eines langen Tages behaglich neben Dir zu ruhen.

Wachstumsphase

Mit acht Wochen wiegt der Deutsch Kurzhaar etwa sieben Kilo. Sein Wachstum setzt sich bis zu vier Monaten ziemlich zügig fort, dann gleichen sich die Proportionen wieder aus. Über diese ersten vier Monate mit schnellem Wachstum ist richtige Fütterung wichtig, man beachte die Hinweise des guten Züchters. Bei richtiger Ernährung wird die endgültige Widerristhöhe etwa mit zehn Monaten erreicht, voll ausgewachsen sind die Hunde aber erst mit etwa zweieinhalb bis drei Jahren. Gute Gebißstellung ist in der Rasse die Regel, in der Jugend auftretender leichter Vorbiß gleicht sich zeitweise bis zum erwachsenen Hund noch aus. Den Ausbilder erwartet ein sehr aktiver Halbstarker mit ausgeprägtem Jagdinstinkt, der in dieser Rasse verankert ist. Man braucht einige Zeit am Tag, um diesen Überfluß an Energie in die richtigen Kanäle zu lenken, den Hund so auszuarbeiten, daß er nicht zerstörerisch wird.

Gesundheit

Der Deutsch Kurzhaar ist ein robuster, hart arbeitender Jagdhund, bleibt oft über sein ganzes Leben ein aktiver Junghund. An Krankheiten treten Hüftgelenksdysplasie, Entropium, von Willebrand-Krankheit (Typ II selten, aber erblich) und Thrombocytopathie (Bluterkrankung) in beschränktem Maße auf. Progressive Keratitis (eine zu behandelnde Augenerkrankung) und Ausstülpung der Nickmembrane (drittes Augenlid) sind häufiger. Krebserkrankungen (besonders Fibrosarcoma und Melanoma) werden berichtet. Ältere Deutsch Kurzhaar leiden zuweilen an Nierenversagen, Herzanfällen und schwerer Arthritis. Vereinzelt tritt beim Deutsch Kurzhaar eine sehr ungewöhnliche Erkrankung auf names *Amaurotic Idiocy,* sie zeichnet sich durch progressive Verwirrung und fehlende Koordination aus, führt meist zum Tode. Einige Fälle von Meningitis (Hirnhautentzündung) sind aufgetreten. Die Anforderungen an Fellpflege sind minimal, man kontrolliere sorgfältig Augen und Ohren, insbesondere Ohrentzündungen treten häufiger auf. Um Magenumdrehung zu vermeiden, sollten Fütterung und Auslauf entsprechend reguliert werden. Diese ganze Aufzählung klingt etwas dramatisch. Dies ist aber eine recht populäre Hunderasse, entsprechend aktiv sind auch die Tierärzte. Im Grunde genommen ist jedoch der Deutsch Kurzhaar ein recht robuster Jagd- und Familienhund, erfreut sich einer guten, mittleren Lebenserwartung.

Dieser substanzvolle mittelgroße Hund hat auch einen stattlichen acht Wochen alten Welpen. Diese Rasse ist so munter wie die aufgehende Sonne und ebenso leuchtend.

Kaufe Dir einen Welpen voller Selbstvertrauen und Neugierde. Meide nervöse oder aggressive Welpen. Ruhiges, stabiles Wesen erleichtert Erziehung und Zusammenleben. Die Erziehung muß gleichmäßig und fest sein, um den Deutsch Kurzhaar zu beeindrucken, künftigem Ärger vorzubeugen.

Deutsch Kurzhaar

Deutsche Dogge

Beschreibung

Dieser wunderschöne Hund wurde auch als der *Apollo* unter den Hunden bezeichnet. Bestechend seine Größe mit einer Widerristhöhe bei Rüden von mindestens 80 cm, Hündinnen 72 cm. Schöne ausgewogene Proportionen vorausgesetzt und bei Gewährleistung des Rassetyps werden größere Hunde favorisiert. Kopf lang gestreckt, schmal, markant, ausdrucksvoll und fein gemeißelt, betonter Stop. Augen mittelgroß, rund, möglichst dunkel, mit lebhaftem klugem Ausdruck. Ohren natürlich hängend, hoch angesetzt, von mittlerer Länge, an den Bakken anliegend. Hals lang, trocken und muskulös. Der Widerrist geht in einen kurzen, geraden Rücken über. Vorbrust gut ausgeprägt, Brust breit und tief, Brustkorb reicht bis zu den Ellenbogen. Rute hoch und breit angesetzt, bis zum Sprunggelenk reichend. In der Erregung oder im Lauf leicht säbelartig getragen. Schöne Vor- und Hinterhandwinkelung mit freiem Vortritt und gutem Schub. Haarkleid kurz, dicht, glatt anliegend und glänzend. Farben Gestromt, Gelb (mit schwarzer Maske), Blau, Schwarz oder Schwarzweiß gefleckt (Tigerdoggen). Kupieren in Deutschland verboten.

Wer weiß, daß die Vorfahren dieser eleganten Deutschen Dogge einmal als Saupacker arbeiteten? Glücklicherweise bleibt dieser wunderschönen deutschen Hunderasse heute ein solches Leben erspart, sie erfreut sich vieler Anerkennung als imposanter Wachhund, schöner Ausstellungshund und geliebter Familienhund.
BESITZER: Terri Loncrini.

Anpassungsfähigkeit

Deutsche Doggen sind große Hunde... großartige große Hunde. Wenn er auch keine Ahnung hat, wie groß er wirklich ist, ist er überraschend freundlich und angenehm zu halten. Die meisten Besitzer unterstreichen, daß sich die Deutsche Dogge auch in einem Appartement außerordentlich wohlfühlt. Glücklicherweise ist diese Rasse im Wesen recht ausgeglichen, nicht aggressiv. Sie läßt sich aber durch den Fachmann natürlich zu einem recht guten Schutzhund erziehen. Die Deutsche Dogge ist Kindern gegenüber lieb und freundlich, ja sie betet Kinder geradezu an - vielleicht glauben manche Kinder, sie sei ein Pony! Deutsche Doggen sind ihrer Natur nach fröhliche und anpassungsfähige Hunde. Vorsicht, wenn sie mit der Rute wedeln! Man sollte sicherheitshalber zerbrechliche Gegenstände vom Tisch räumen. Natürlich braucht die Rasse ausgewogene Ernährung, richtige Erziehung von Jugend an. Regelmäßiger Auslauf ist Grundvoraussetzung, daß sich dieser Hund wohlfühlt.

Blaue Doggen-Welpen, eine der fünf zulässigen Farbvarianten der Rasse.
BESITZER: Diana Bartlett.

Das natürlich fallende Hängeohr hat sich in der Mehrzahl der Länder durchgesetzt, dadurch wirkt der Hund freundlicher und gutmütiger.
BESITZER: Carolyn Dean.

WACHSTUMSPHASE

Neugeborene Welpen wiegen zwischen 340 und 680 Gramm, von der Mutter entwöhnt sind sie mit etwa fünf bis sechs Wochen. Im Alter von acht Wochen kann man ein Gewicht von 10 bis 12 Kilo erwarten. Zwischen etwa vier und zehn Monaten tritt eine rapide Wachstumsperiode ein. Erstklassiges Futter mit mäßigem Proteingehalt ist erforderlich. Das von Natur aus schnelle Wachstum darf keinesfalls durch Ergänzungsstoffe nochmals verstärkt werden, andernfalls riskiert man beachtliche Wachstums- und Knochenprobleme. Die Besitzer sollten unbedingt die Futteranweisungen des Züchters oder Tierarztes beachten. Zuviel Futter kann sowohl zu Wachstums- wie zu Streßproblemen führen. Über diesen Zeitraum empfehlen die Züchter eine gewisse tierärztliche Überwachung, damit das Wachstum in den richtigen Bahnen verläuft. Auch der Zahnwechsel ist zu beachten, beeinträchtigt zuweilen die Ohrhaltung. Auch hier soll man Kalziumzusätze vermeiden. Mit etwa einem Alter von zwei Jahren sind Deutsche Doggen ausgewachsen und ausgereift.

GESUNDHEIT

Trotz ihrer stattlichen Körpergröße bedarf eine gesunde Deutsche Dogge wenig zusätzlicher Pflege. Fellpflege und Ohrenkontrolle sind minimal. Diese Hunde brauchen einen gut eingezäunten Garten, richtige Ernährung. Das freundliche, ausgeglichene Wesen bringt es mit sich, daß diese Hunde leicht erziehbar sind, die täglichen Spaziergänge Hund und Herrn viel Freude machen. Unglücklicherweise leiden Deutsche Doggen unter einer Reihe von Gesundheitsproblemen, insbesondere hinsichtlich Knochen, Augen und Haut, hinzu kommt eine Reihe weiterer Probleme - von der Mandelentzündung über Krebs bis zur Herzerkrankung. Hypertrophische Osteodystrophie (HOD) tritt besonders in der schnellen Wachstumsperiode auf, kann Junghunde etwa ab vier Monaten befallen. Herzprobleme sind besonders bei Drei- bis Vierjährigen häufig. Etwa ab einem Alter von 18 Monaten tritt im Nervensystem mancher Doggen das Wobbler-Syndrom auf. Hypothyroidismus (Schilddrüsenunterfunktion) ist eine weitere Erkrankung. Bei Tigerdoggen (Harlequin) tritt vereinzelt Taubheit auf. Welpenkäufer sollten sich ausführlich über die Rasse und einzelne Zuchtlinien unterrichten, ehe sie eine Dogge kaufen. Sprich mit Züchtern und Besitzern, unterhalte Dich mit Deinem Tierarzt. Deutsche Doggen haben eine verhältnismäßig kurze Lebenserwartung, sie reicht von nur 5 bis 10 Jahren. Natürlich berichten Züchter auch über Deutsche Doggen, die 14 Jahre alt wurden, sie geben aber durchaus zu, daß es sich hierbei um eine Ausnahme handelt. Bei Deutschen Doggen sollte man ab vier Jahren eine sorgfältig ausgewogene Futtermischung wählen, die laufend dem wachsenden Alter angepaßt wird. Lassen Sie sich nicht durch diesen Bericht von einer Hunderasse abhalten, die ihren Menschen sehr viel zu bieten hat, achten Sie aber beim Kauf Ihres Hundes auf eine gesunde Zuchtlinie.

Aufgrund sehr starker Wachstumsschübe bei heranwachsenden Deutschen Doggen empfehlen die Züchter hochwertige Nahrung mit niedrigem Proteingehalt. In der Wachstumsphase wirkt sich Überfütterung ebenso negativ aus wie übermäßige Bewegung. Hierauf muß man achten.

Bei der Zucht von Tigerdoggen liegen zuweilen merlefarbige Welpen im Wurf. Tritt der Merlefaktor in doppelter Dosis auf, ist dies meist mit krankmachenden Defekten verbunden, weshalb diese Farbe recht unerwünscht ist.
BESITZER: Dorothy J. Carlson.

Bei der Entscheidung für die Deutsche Dogge mußt Du Dir darüber im klaren sein, daß sehr große Hunde eine kürzere Lebenserwartung haben als kleinere und mittlere. Am besten erkundigst Du Dich sorgfältig über das Lebensalter, welches die Vorfahren tatsächlich erreicht haben, entscheidest Dich erst dann für den Welpen aus gesunder, langlebiger Linie.
BESITZER: Tom und Dee Mooney.

Deutsche Dogge

Deutscher Schäferhund

Das Geheimnis des Deutschen Schäferhundes liegt in seiner Kraft, Substanz, Fitneß und Ausdauer. Das Bild zeigt Champion Altana's Mystique, in den USA Nummer Eins aller Ausstellungshunde. Wir freuen uns, diese Schönheit hier unseren Lesern vorstellen zu können.
BESITZER: Jane A. Firestone und James Moses.

Beschreibung

Der Deutsche Schäferhund ist ein beweglicher, sehr gut ausbalancierter Hund, länger als hoch, mit bemerkenswert tiefgestelltem Körper und eleganten äußeren Linien. Der Gesamteindruck des Tieres ist geprägt von Kraft, muskulöser Fitneß und Substanz, nie wirkt er schwach oder plump. Widerristhöhe 55 bis 65 cm. Der Kopf spiegelt Adel und Qualität der Rasse, sauber gemeißelt, ohne Grobheit oder übertriebene Verfeinerung. Ohren mäßig spitz, stehen in gutem Verhältnis zum Oberkopf, immer aufrecht getragen. Hals verhältnismäßig lang, kräftig und schön geformt, ohne lose Haut. Widerrist höher als der Rücken, mündet in einen mittellangen Rücken, der fest sein muß, ohne abzusinken oder aufgewölbt zu sein. Brust tief, gut zwischen den Vorderläufen gelagert. Schöne Rippenwölbung und lange Brustpartie weder faßförmig noch zu flach. Buschige Rute, die bis zum Sprunggelenk reicht, mit leichter, säbelähnlicher Biegung. Oberschenkel breit, sehr gute Hinterhandwinkelung. Sprunggelenk und Mittelfuß (Metatarsus) kurz, und ausgeprägt. Der Deutsche Schäferhund trägt ein stockhaariges doppeltes Haarkleid, gerades, hartes Deckhaar, eng anliegend. Im Halsbereich und an den Läufen etwas längere Behaarung. Das Fell darf nie weich, seidig, zu lang, wollig, gelockt oder offen sein. Erwünscht ist eine leuchtende Farbe, die man in erster Linie bei den Dunkelwolfsfarbenen, bei den Schwarzen und den Schwarzgelben findet. Weiße Farbe disqualifiziert.

Anpassungsfähigkeit

Aus einer Vielzahl vernünftiger Gründe ist unter allen Hunden der Deutsche Schäferhund eine erstklassige Wahl, als Familienhund wie als Arbeits- und Schutzhund. Er ist ein hübscher, intelligenter, gehorsamer, liebevoller Hund mit ausgeglichenem Wesen. Wenn man einen gut gezüchteten Deutschen Schäferhund richtig sozialisiert und fachkundig erzieht, bietet er seinem Besitzer das Beste in der gesamten Hundewelt. Diese Hunde sind niemals aggressiv oder lassen sich durch die Annäherung eines Fremden verunsichern. Im Idealfall ist er ein freundlicher, anpassungsfähiger und alles mitmachender Familienhund, der gleichzeitig Familie und Besitz jeden Schutz bietet. Er leistet wertvolle Dienste, bringt vorzügliche Leistungen als Hütehund, als Blindenführhund, als Helfer für Behinderte, bei der Polizei, in den Armeen, bei der Bekämpfung des Drogenschmuggels wie auch beim Aufspüren von Sprengstoffen. Ein Aufgabengebiet, das in dieser Vielfalt von kaum einer anderen Hunderasse in der ganzen Welt mit gleicher Geschicklichkeit bewältigt wird.

Es gibt keine Rasse, über die so viele Berichte über Hingabe und Leistung für den Menschen vorliegen wie beim Deutschen Schäferhund. In zahllosen Aufgabengebieten dient dieser Hund dem Menschen Tag für Tag. Nicht zuletzt ist er ein vorzüglicher Familien- und Wachhund.
BESITZER: Nataly Jacob-Lauvier.

WACHSTUMSPHASE

Die Welpengewichte mit acht Wochen schwanken beträchtlich zwischen drei und acht Kilo, liegen im Schnitt bei etwa sechs Kilo. Bei der Auswahl achte man auf ein freundliches Selbstbewußtsein. Die Elterntiere sollten weder aggressiv noch übertrieben unterwürfig sein, gefordert ist ein freundliches, offenes Wesen. Das Skelettwachstum verläuft beim Deutschen Schäferhund sehr schnell, manchmal bleibt die Muskelbildung etwas zurück. Deshalb wirken Halbstarke manchmal etwas hochläufig. Richtige Ernährung mit einem sorgfältig zusammengestellten Futter ist für eine optimale Entwicklung entscheidend. Zusätzliche Vitaminisierung oder Spurenelemente nur dann, wenn sie im Normalfutter nicht vorhanden sind - und nur in Abstimmung mit dem Tierarzt. Der Zeitpunkt des Ausgereiftseins schwankt, einige Hunde sind schon mit 16 Monaten weitgehend fertig, bei anderen dauert es drei Jahre. Hündinnen sind in aller Regel mit zwei Jahren voll ausgereift. Die sexuelle Reife liegt meist etwa mit acht bis zehn Monaten vor, mit dem Züchten sollte man aber bis nach der zweiten Hitze warten. Die Ohren beginnen sich etwa zwischen zehn und zwölf Wochen zu stellen, manchmal aber auch später. Zuweilen verursacht der Zahnwechsel ein nochmaliges Absinken der Ohren. Die Färbung der gelben Abzeichen verstärkt sich noch bis zu einem Alter von 18 Monaten bis zwei Jahren.

Hüftgelenksdysplasie tritt auch beim Deutschen Schäferhund auf, wird vom Zuchtverein nachhaltig bekämpft. Grundsätzlich darf nur von Elterntieren gezüchtet werden, die auf diese Krankheit sorgfältig überprüft sind.
BESITZER: Roberta Laufer.

Bei einer so populären Hunderasse muß man bei der Welpenwahl aufpassen, darauf achten, daß der Welpe selbstbewußt und freundlich ist, keinesfalls aggressiv oder gar scheu. Auch die Mutter sollte freundlich sein, ausgewogen, kraftvoll und ruhig erscheinen.
BESITZER: Roberta Laufer.

GESUNDHEIT

Der Deutsche Schäferhund verfügt über eine außerordentlich große Popularität in der gesamten Welt, steht sicherlich an der Spitze aller Rassehunde. Dies hat in einigen Ländern zu übertriebener Zucht geführt, wodurch auch einige Erkrankungen gefördert wurden. Es ist von größter Wichtigkeit, daß sich der Käufer nur Hunde aus sehr guten Zuchten zulegt. Die Hundebesitzer beklagen als Hauptproblem Verhaltensstörungen. Wesenstests bei allen Zuchthunden sollten unabdingbar sein. Wie auch bei anderen Rassen treffen wir auf Hüft- und Ellenbogendysplasie und andere Knochen/Gelenkprobleme (Panosteitis, hypertrophische Osteodystrophie und Myasthenia Gravis), auf Augenprobleme wie Pannus (abnorme Hornhautverdickung), Starerkrankungen, Retinadysplasie und Collie-Auge, Krebs, Blasen- und Darmerkrankungen, Hämophilia A, von Willebrand's-Erkrankung, Herzprobleme, Magenumdrehung und Epilepsie. Diese Krankheiten sind in der Rasse nachgewiesen, was aber natürlich auch daran liegt, daß es die verbreitetste Hunderasse der Welt ist. Klare Gesundheitszeugnisse, Röntgenuntersuchungen, Arbeitsprüfungen und Langlebigkeit in den Zuchtlinien - dies alles sind Voraussetzungen, auf die Käufer achten sollten. Gut gezüchtete Schäferhunde können etwa 12 Jahre unser Leben bereichern, ohne daß sie viel Ansprüche stellen. Zuweilen tritt der Haarwechsel sehr reich auf, hiergegen macht man nicht mehr als tüchtiges Bürsten und Auskämmen.

Etwa mit zehn bis zwölf Wochen beginnen sich die Ohren zu stellen, werden die Junghunde immer bewegungsfreudiger. Nie darf man einen Junghund zu stark bewegen, solange Knochen und Muskulatur nicht voll entwickelt sind.
Deutsche Schäferhunde sollte man auch niemals überfüttern. Beachtet man diese Grundregeln, bewahrt man sie weitgehend vor möglichen orthopädischen Problemen.
BESITZER: Karen Harms und Ted Brozowski.

Deutscher Schäferhund

Dobermann

Dieser Schutzhund wurde von einem Steuereintreiber namens Dobermann in Apolda, Thüringen ab etwa 1890 gezüchtet. Er verkörpert Mut, Eleganz, Kraft und Arbeitsfähigkeit, fordert einen konsequenten Herrn.
BESITZER: Ann E. Nelson, Gianna Crouch, DVM und Joe Reid.

Beschreibung

Der Dobermann ist ein mittelgroßer, stark bemuskelter Hund mit quadratischem Körperbau. Sein Auftreten symbolisiert Eleganz und Mut. Ein kompakt aufgebauter Hund, gezüchtet auf Schnelligkeit und Ausdauer. Widerristhöhe Rüden 68 bis 72 cm, Hündinnen 63 is 68 cm. Kopf lang gestreckt und trocken, ähnelt einem stumpfen Keil. Augen mäßig tief eingesetzt, mandelförmig. Ohren hoch angesetzt, mittelgroß, unkupiert gut an den Wangen anliegend. Oberkopf flach, leichter Stop, unter dem Auge gut ausgefüllt. Hals trocken und muskulös, gefällig gebogen, stolze Kopfhaltung. Brust breit, mit gut ausgeprägter Vorbrust. Gute Rippenwölbung, Bauchlinie deutlich aufgezogen, Rücken kurz und fest, breite Lendenpartie. Die Rute ist hoch angesetzt, wird auf zwei Rutenwirbel kurz kupiert. Vor- und Hinterhand gut gewinkelt, Läufe gerade, parallel stehend. Haar kurz, hart, eng anliegend. Farbe Schwarz, Dunkelbraun oder Blau mit rostrotem, scharf abgegrenztem und sauberem Brand. Andere Farben, Langhaar oder welliges Haar führen im Ausstellungsring zur Disqualifikation. Weiße Abzeichen nicht zulässig.

Dobermann-Welpen lieben die menschliche Gesellschaft, sollten selbstbewußt, munter und neugierig sein. Bei der Auswahl ist scharf abgegrenzter, rostroter Brand wichtig.
BESITZER: Betty Cuzzolino.

Anpassungsfähigkeit

Der Dobermann ist ein herausragender Familien- und Schutzhund für Haus und Besitz. Der Dobermann bindet sich eng an die eigene Familie, sollte immer innerhalb der Familie leben. Richtig erzogen kommt er mit Kindern gut zurecht. Der Dobermann ist ein hochintelligenter Hund, bestrebt, seinem Herrn alles recht zu machen. Diese Hunde lassen sich zu vorzüglichen Schutzhunden ausbilden, bestechen durch Vielseitigkeit und Kraft. Sie bewähren sich vorzüglich in Unterordnung wie auch als Polizeihund. Vom richtigen Züchter und in der Hand der richtigen Menschen ist der Dobermann ein freundlicher und angenehmer Hund, nie aggressiv oder hinterhältig. Der Dobermann ist sehr kurzhaarig, darauf muß man in kälterem Klima aufpassen.

Dobermann-Welpen sollte man immer nur aus bekannten Linien namhafter Zucht kaufen. Durch hohe Popularität in den USA kam es dort zu einer Reihe von Erbkrankheiten, vorwiegend in unkontrollierten Zuchten.

Wachstumsphase

Im allgemeinen haben Dobermänner starke Würfe. Die Welpen entwickeln sich sehr schnell, weshalb der Züchter für sehr gute Ernährung sorgen muß. Rutenkupieren und Entfernung der Wolfskrallen erfolgt meist innerhalb der ersten drei Tage. Wo Ohren leider noch kupiert werden, erfolgt dies etwa mit sieben Wochen. Acht Wochen alte Dobermänner wiegen zwischen sieben und neun Kilo. In diesem Alter ist schon deutlich zu erkennen, wie die Jungtiere ausgewachsen - also etwa im Alter von zwei Jahren - aussehen werden. Die Käufer sollten in allererster Linie auf gutes Wesen achten, sich dabei auch die Elterntiere genau ansehen. Vernünftige Züchter legen größten Wert auf gutes Wesen. Über die ersten zwei Jahre brauchen Dobermänner sehr nahrhaftes Futter. Die Jungtiere wachsen schnell, brauchen nicht nur richtige Ernährung, sondern auch Auslauf. In der Ernährung sollte man keinen Kalk zusätzlich füttern. Bei der Erziehung muß der Dobermann-Freund konsequent sein, dabei aber immer freundlich und verständnisvoll. Gerade für die Halbstarken ist intensives richtiges Sozialisieren mit Menschen und Tieren und konsequente Erziehung wichtig.

Mit neun bis zehn Wochen sollte der Welpe die ausgewogenen Proportionen der Rasse aufweisen, auch Augenform und Ohrenansatz.
BESITZER: Jane Silver.

Dobermann-Mütter sorgen vorzüglich für ihre Welpen, schenken ihnen viel Liebe und sorgfältige Pflege.
BESITZER: Betty Cuzzolino.

Gesundheit

Der Dobermann sollte im Haus gehalten werden, nicht im Freien oder im Zwinger. Seine Pflegeanforderungen sind minimal, umso höher die Zeit für Auslauf und Erziehung. Als Krankheit steht *Cardiomyopathie* im Vordergrund, sie führt zu Blutstau und plötzlichem Tod. Die Züchter bemühen sich nachhaltig, ihre Zuchtlinien von dieser Krankheit zu befreien. Es treten auch verschiedene Skelettprobleme auf, neben Hüftgelenksdysplasie finden wir das Wobbler-Syndrom, das insbesondere Tiere zwischen vier und zehn Jahren befällt, das sich in seinem Ausmaß von leichter Lahmheit bis nahezu völliger Lähmung der Hinterläufe erstreckt. Auch Osteosarkoma (Knochenschwund) tritt auf. Eine Hautkrankheit befällt in erster Linie blaue Dobermänner, es kommt zu einem farbverändernden Haarausfall, daraus entstehen stumpfes Fell, schuppige Haut, Pusteln und völliger Haarausfall - die Krankheit ist aber zu behandeln. Erwähnenswert ist die von Willebrand's Disease, sie zeigt sich durch längere Blutungen, Bildung von subkutanen Hämatomen und anhaltendem Durchfall - meist blutdurchsetzt. Erbliche Erkrankungen des Blutsystems werden gleichfalls berichtet, auch erbliche Nierenhypoplasie, eine Erkrankung ähnlich Nierenversagen und erblicher metabolischer Leberschaden. Auch Schilddrüsenunterfunktion tritt auf, kann aber recht effektiv behandelt werden. Dobermänner guter Gesundheit haben eine Lebenserwartung von etwa zehn Jahren. Im allgemeinen besitzen schwarze Dobermänner besonders schönes Fell, die Blauen das schönste Gebiß, unterliegen aber einigen Haut- und Fellproblemen.

Dobermann-Welpen brauchen frühe und fortwährende Sozialisierung, sehr viel Lob, um sich zu angenehmen, liebenswerten Haushunden zu entwickeln.

Dogo Argentino

Beschreibung

Ein mäßig großer, sehr muskulöser Hund mit reinweißem Fell, das nur kurzes Deckhaar, keine Unterwolle hat. Im Profil gesehen zeigt die Rasse eine klare, saubere anatomische Linie, die von der Nasenspitze bis zur Rute verläuft. Der Dogo Argentino wiegt 38 bis 50 Kilo, Rüden haben eine Widerristhöhe von 62 bis 68,5 cm, Hündinnen sollten eine Widerristhöhe von mindestens 60 cm haben. Massiver Oberkopf, Fang von gleicher Länge wie der Oberkopf. Scherengebiß, nie Vorbiß oder Rückbiß. Augen dunkelbraun oder haselnußfarben. Schwarze Nase. Ohren gut angesetzt, leider noch in vielen Ländern kupiert. In Ländern mit Kupierverbot Hängeohr. Hals kraftvoll und leicht gebogen, mit nicht zu eng anliegendem Fell. Brust breit und tief, Widerrist hoch und kräftig, in einen festen Rücken übergehend. Hinterläufe gut bemuskelt, Mittelfußknochen senkrecht stehend. Rute lang und dick, natürlich hängend, nie geringelt getragen. Augen niemals blau oder porzellanfarben (ungleichmäßige Melaninverteilung). Lefzen fest anliegend, nie heruntelhängend. Gespaltene oder rosafarbene Nase nicht zulässig. Kleine schwarze Pigmentflecken werden toleriert, keinesfalls aber größere schwarze Kopfabzeichen.

Ein reinweißer Hund, harmonisch und muskulös aufgebaut. Der Dogo ist ein zuverlässiger Wachhund, betet seine Besitzer an und braucht liebevolle Behandlung.
BESITZER: Joseph Kraer.

Anpassungsfähigkeit

Diese aus Argentinien stammende Rasse ist manchmal mehr Hund als der Durchschnittshundefreund zu beherrschen vermag. Der Dogo Argentino wurde als Jagd- und Schutzhund gezüchtet, ist dadurch als Wachhund eine hervorragende Wahl. Manchmal wurde die Rasse schon als »übergroße Pit Bulls« beschrieben, wesensmäßig liegt sie aber dem Boxer viel näher. Kindern gegenüber sind sie absolut zuverlässig und gedeihen bei viel Liebe und Streicheleinheiten sehr gut. Der Dogo verfügt über eine überragende hundliche Intelligenz, es macht Freude, ihn auszubilden. Aufgrund seiner hervorragenden Lernfähigkeiten und Eigenwilligkeit ist der Besitzer gut beraten, bereits mit der Erziehung von klein an zu beginnen, um die natürliche Begeisterung und das Energiepotential dieser Hundepersönlichkeit in die richtigen Kanäle zu leiten. Dogo-Rüden sind anderen Hunden gegenüber nicht aggressiver als die anderen Schutzhunderassen auch. Im allgemeinen lassen sich Hündinnen leichter erziehen. Die meisten Dogos passen sich dem Leben im Haus sehr gut an, werden zu angenehmen Familienhunden.

Schon früh entwickelt sich beim Dogo-Welpen die Pigmentierung von Nase und Augenrändern.
BESITZER: Joseph Kraer.

Wachstumsphase

Mit sieben bis acht Wochen sollten Welpen etwa sieben Kilo wiegen, körperliche Reife erreicht die Rasse nicht vor einem Alter von zwei bis drei Jahren. Die Welpen müssen gut proportioniert und schlank sein. Welpen, die übertrieben schwer oder plump wirken, werden in aller Regel auch recht unproportionierte, wenig ansehnliche erwachsene Hunde. Die Rüden entwickeln sich langsamer, dies gilt körperlich wie auch für die psychische Entwicklung. Der Dogo wird aufgrund seines festen Wesens und seiner Vielseitigkeit als Familienhund und Schutzhund außerordentlich geschätzt. Besonders erwachsene Rüden sind ihrem Besitzer stark verbunden, mehr noch als Hündinnen, die nicht so viel Zuneigung fordern. Einige temperamentvolle junge Hunde entwickeln Neigungen zum *Schoßhund,* bei der Rückkehr ihres Besitzers zeigen sie all ihre Freude, tanzen im Zweistepptango auf den Hinterläufen - ein einmaliges Merkmal dieser heißblütigen südamerikanischen Rassehunde.

Wähle immer einen Welpen mit ausgeglichenem Wesen und ausgewogener Anatomie. Gerade im Alter von 7 bis 8 Wochen zeigt der Dogo seine Symmetrie - aber auch zuweilen den Mangel daran.
BESITZER: Joseph Kraer.

Gesundheit

Genau wie bei einigen anderen weißen Hunderassen ist erblich auftretende Taubheit eine ernsthafte Gefahr. Etwa im Alter von sechs Wochen kann das Hörvermögen des Welpen medizinisch beurteilt werden. Auch nur einseitig taube Welpen dürfen ausschließlich mit klarer Deklaration des Fehlers unter Ausschluß jeder künftigen Zuchtverwendung an Liebhaber abgegeben werden.

Nur Hunde mit einwandfreiem beidseitigem Hörvermögen können zur Zucht eingesetzt werden. In dieser Frage braucht man einen absolut zuverlässigen Züchter als Partner. Das einzige weitere Gesundheitsproblem ist die Hüftgelenksdysplasie, die bei einigen Tieren auftritt, es fehlt aber an einer klaren Übersicht. Hundezüchter von gutem Ruf lassen grundsätzlich ihre Tiere auf HD untersuchen. Hasenscharte als Erbfehler tritt zuweilen auf, wobei sie häufig gemeinsam mit Spaltrachen beobachtet wird. Wiederum sind beide Fehler zuchtausschließend, Spaltrachen-Welpen sollten immer eingeschläfert werden. Der Dogo hat ein pflegeleichtes Haarkleid, riecht nicht nach Hund - seine Pflegeanforderungen sind minimal. Einige Züchter berichten über Dogos, die bis zu 15 oder 17 Jahre alt wurden. Die mittlere Lebenserwartung liegt bei 10 bis 12 Jahren.

Etwa mit sechs Wochen sollte man beim Dogo das Gehör testen. Ein gut gezüchteter, richtig erzogener Dogo wird zu einem liebevollen, langlebigen Familienfreund.
BESITZER: Joseph Kraer.

Dogo Argentino

English Cocker Spaniel

WACHSTUMSPHASE

Ein Jagdhund mit guten Knochen und Substanz, kompakt gebaut, voller Aktivität. Widerristhöhe Rüden 39 bis 41 cm, Hündinnen 38 bis 39 cm. Gewicht etwa 12,7 bis 14,5 Kilo. Der English Cocker Spaniel ist in erster Linie ein gut ausgewogener Hund mit fröhlichem und munterem Wesen. Der Kopf ist kräftig, darf aber nie grob wirken, mit weichen Übergängen. Oberkopf aufgewölbt, leicht abgeflacht. Augen mittelgroß, voll, breit eingesetzt mit festen Lidern. Ohren tief angesetzt, dicht am Kopf hängend, mit langem, seidigem Haar. Fang schön ausgepolstert, von gleicher Länge wie der Oberkopf. Hals elegant und muskulös, keine Wammenbildung. Brust tief und von mittlerer Breite. Lendenpartie breit und kurz. Die Rute wird kupiert. Vor- und Hinterhand mäßig gewinkelt, Vorderläufe gerade, Oberschenkel breit. Haar flach oder leicht gewellt, fühlt sich seidig an. Gute Befederung, aber natürlich weniger als beim amerikanischen Vetter, nie so dicht, daß es für die jagdliche Arbeit hinderlich ist. Farben umfassen einfarbig Rot, Schwarz und Leberfarben. Mehrfarbige sind deutlich markiert, geschimmelt oder gefleckt. Bei einfarbig Schwarzen und Leberfarbigen wie auch bei Mehrfarbigen tritt Lohfarbe auf. Die Markierungen auf dem Körper der mehrfarbigen Hunde sollten klar umrissen und gleichmäßig wirken.

Der Cocker Spaniel ist Englands Spitzenhund, ein fröhlicher, robuster Jagdhund von hoher Intelligenz und vorzüglichen jagdlichen Eigenschaften. Der English Cocker läßt sich leicht erziehen, lebt, um seinem Besitzer zu gefallen.
BESITZER: Susan Fiore-McChane und Joan Davis.

ANPASSUNGSFÄHIGKEIT

Der Cocker Spaniel Englands ist ein liebenswerter, auf die Familie ausgerichteter Hund, hübsch und gehorsam. Kinder sollte man klar anweisen, den Welpen nicht rauh zu behandeln, ihm genügend Schlafenszeit zu lassen. Diese englische Rasse hat wesentlich weniger Behaarung als der American Cocker Spaniel, trotzdem braucht sie tägliche Fellpflege. Cocker nutzen ihre bettelnden Augen, um sich durchzusetzen, erweisen sich als höflich manipulativ. Ihre ausdrucksstarken, traurigen Augen führen möglicherweise zu Mißverständnissen - in Wirklichkeit ist der Cocker in allererster Linie eine fröhliche Hunderasse.

Das Haarkleid des Cockers ist nicht so dicht und üppig wie das seines amerikanischen Vetters. Trotzdem zeigt es reiche Befederung, fordert einige Pflege.
BESITZER: Sue und Annie Kettle.

Wachstumsphase

Die Durchschnittswurfstärke beträgt fünf, wenn auch größere und kleinere Würfe häufig vorkommen. Innerhalb der ersten sechs Monate wachsen die Welpen schnell heran, danach verläuft das Wachstum wesentlich langsamer. Bis zu einem Alter von 18 bis 24 Monaten gewinnt der English Cocker immer noch etwas Substanz und etwas Höhe, dann ist er ausgewachsen. Cocker Spaniels brauchen über die gesamte Wachstumsphase viel Auslauf, das stimuliert das Wachstum, hält es gleichmäßig in Gang. Junghunde fordern feste, aber freundliche Erziehung. Rüden gegenüber muß man manchmal etwas härter sein, zuweilen demonstrieren sie eigene Unabhängigkeit. Im Wesen ist der Cocker Spaniel immer freundlich und unterordnungsfreudig. Der Fellwechsel tritt zwischen sechs und acht Monaten ein, dann verliert das Fell seine Flauschigkeit. Es folgt die längere Befederung an Läufen, Körper und Ohren. In dieser Zeit bedarf es vermehrter Pflege, damit Fell und Haut gesund bleiben, keine Verfilzungen auftreten.

Das liebenswerte Wesen des Cockers ist ebenso wichtig wie seine Fähigkeiten, artig an der Leine zu gehen, Wild aufzustöbern oder sich auf Kommando zu setzen. Schau Dir immer die Eltern des Welpen an - ist die Mutter freundlich, fröhlich und selbstbewußt?
BESITZER: Helyne Copper.

Gesundheit

English Cocker Spaniels erreichen leicht ein Lebensalter von 12 bis 15 Jahren, leider kommt es aber häufiger ab zehn Jahren zur Erblindung. Augenerkrankungen sind das vorherrschende Gesundheitsproblem. PRA, Starerkrankungen und Glaukom sind nachgewiesen, treten zu häufig auf. In Cocker Spaniel-Würfen liegen zuweilen Swimmer - das sind Welpen, die keine richtig feste Muskulatur entwickeln, sich deshalb nicht aufrichten können. Kryptorchismus wird berichtet, und ganz ungewöhnlich gibt es Hinweise auf Hermaphroditismus (Doppelgeschlechtlichkeit). Tierärzte berichten von Distichiasie und MAP. Die langen Hängeohren neigen zu Ohrerkrankungen, die Gefahr wird durch regelmäßige Kontrolle, Reinigung und Pflege verringert. Richtige Fütterung und täglicher Auslauf sind bei dieser langsam reifenden Hunderasse entscheidend für richtige Knochen- und Muskelbildung. Es gibt einige Fälle von vWD, eine Bluterkrankung und in einigen Familien Nephropathie, eine Nierenerkrankung.

Bis zum Alter von sechs Monaten wachsen Cocker schnell heran. In den folgenden Monaten beginnt der Fellwechsel, die Wachstumsrate verlangsamt sich. Entsprechend wird volle Reife erst etwa mit zwei Jahren erreicht.
BESITZER: John Poucher und Tracey Deyette.

Gesunde Cocker-Welpen haben klare Augen. Gesundheitstests bei Eltern und Welpen sichern Langlebigkeit und gutes Sehvermögen des Hundes.
BESITZER: Corky Meck.

English Cocker Spaniel

English Foxhound

Beschreibung

Der robuste English Foxhound erreicht eine Widerristhöhe von etwa 60 cm, besitzt kerzengerade Läufe und kräftigen Kopf, der aber nie schwer sein darf. Ohren hoch angesetzt, eng an den Wangen getragen, in der Ohrenspitze oft *vom Menschen abgerundet*. Fester Gebißschluß, weder Vorbiß noch Rückbiß. Hals lang und elegant, keine Wammenbildung. Er mündet in lange, gut zurückgelagerte, muskulöse Schultern. Brustumfang mehr als 78 cm, hintere Rippen tief nach unten reichend. Rücken und Lendenpartie muskulös, Rute gut angesetzt, fröhlich - nie aber über dem Rücken - getragen. Ellenbogen gerade, durch einen langen Oberarm weit nach unten reichend. Der Rassestandard berichtet: »Jeder *Master of Foxhounds* besteht darauf, daß die Läufe gerade wie ein Laternenpfosten und ebenso kräftig sind«. Nach vorne knickende Knöchel wären ein schwerer Fehler. Knochen stark, Pfoten rund und katzenartig. Fell kurz, dicht, hart und leuchtend. Die Farben des English Foxhounds umfassen alle *Houndfarben* (dreifarbig, zweifarbig oder gescheckt).

Der klassische Meutehund in klassischen Fellfarben! Der English Foxhound ist ein mutiger Meutehund von freundlichem, aber eigenwilligem Wesen.
BESITZER: Emily Latimer und Suzy Reingold.

Anpassungsfähigkeit

Als Haushunde sind Foxhounds keine populäre Wahl, obgleich sie von Grund aus ein ausgeglichenes, freundliches Wesen haben. Foxhounds sind auf andere Hunde orientiert, wurden als Meutehunde gezüchtet, vertragen sich deshalb vorzüglich mit jedem anderen Foxhound und anderen Hunden. Obgleich sie menschenfreundlich sind, Kinder mögen und sich eng an die menschliche Familie anschließen, werden Foxhounds im allgemeinen draußen gehalten, leben in Mehrfachhaltung im Zwinger. Ihre jagdlichen Instinkte sind sehr ausgeprägt. Diese Hunde brauchen weit mehr Auslauf als etwa ein durchschnittlicher Beagle!

Bis zu sieben Wochen nehmen Foxhound-Welpen im Durchschnitt wöchentlich ein Pfund zu. Obgleich sie in der Pflege ähnliche Anforderungen wie Beagle stellen, sind sie für eine Haltung in der Wohnung wenig geeignet.
BESITZER: Giselle Saskor.

Wachstumsphase

Bei der Geburt wiegen Foxhounds im allgemeinen etwa 450 Gramm, ihre körperliche Entwicklung verläuft gleichmäßig. Eine sehr natürliche Hunderasse, bei der wenig Entwicklungsstörungen beobachtet werden. Dies ist aber eine sehr spezialisierte Hunderasse, wurde für eine ganz bestimmte Aufgabe gezüchtet. Erstbesitzern wäre dringend zu raten, sich über die Rasse eingehend kundig zu machen, bei Aufzucht und Erziehung ihres Hundes engstens mit dem Züchter und Kennern der Rasse zusammen zu arbeiten. Foxhounds brauchen ihre eigene Pflege, eigene Erziehung und eine ganz bestimmte Ernährung, um zu einem ausgezeichneten Jagdhund zu werden.

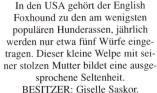

In den USA gehört der English Foxhound zu den am wenigsten populären Hunderassen, jährlich werden nur etwa fünf Würfe eingetragen. Dieser kleine Welpe mit seiner stolzen Mutter bildet eine ausgesprochene Seltenheit.
BESITZER: Giselle Saskor.

Gesundheit

Eine sehr natürliche Rasse ohne züchterische Übertreibungen. English Foxhounds erfreuen sich weitgehender Freiheit von Erbschäden, sind gegen Erkrankungen recht widerstandsfähig. Die Hauptgefahr liegt in Verletzungen aus wildem Spiel oder beim jagdlichen Einsatz. Einige Rückenprobleme einschließlich Osteochondrose treten auf. Thrombocytopathie - eine Bluterkrankung - tritt nur bei Foxhounds auf. Der Pflegeaufwand ist minimal, zumindest einmal wöchentlich sollten Ohren und Augen auf Fremdkörper oder Anzeichen von Infektionen kontrolliert werden. In einigen wenigen Linien tritt auch Taubheit auf. Ein Hund mit einer recht guten Lebenserwartung, vorausgesetzt sein Besitzer sorgt für ausreichende Bewegung und Beschäftigung.

Mit sechs Monaten hat der junge Foxhound bereits etwa 80 Prozent seiner Widerristhöhe erreicht. Bis zur völligen Ausreifung dauert es aber ein Jahr und länger.
BESITZER: Silla E. Turner.

Der Foxhound ist als Hunderasse weitgehend frei von erblichen Problemen, ein robuster, langlebiger, leicht zu pflegender Rassehund. Der Foxhound macht jährlich eine handvoll Besitzer sehr glücklich.
BESITZER: Giselle Saskor.

English Foxhound

English Setter

Elegant wie ein Jaghund nur sein kann steht der English Setter seit Jahrhunderten dem Menschen auf der Jagd zur Seite, erfreut sich heute großer Beliebtheit als loyaler und eleganter Familienhund.
BESITZER: A.L. Polley.

Beschreibung

Dieser auffällige und elegante Hund ist symmetrisch und substanzvoll aufgebaut, Verkörperung von Kraft, Eleganz und Ausdauer. Diese Rasse ist in ihrem Äußeren niemals grob oder zeigt extreme Übertreibungen. Das flache Fell ist stark befedert, seidig, Grundfarbe Weiß mit schwarzer, leberfarbener oder zitronenfarbener Fleckung. Die Liebhaber benutzen die Bezeichnung *Belton* als Beschreibung für die Tüpfelung oder Schimmelung des Fells. Der Kopf ist lang und schlank, Stop gut ausgeprägt, Kopfgröße harmonisch und in richtiger Proportion zum Körper. Oberkopf von Ohr zu Ohr ovalförmig, Kopfebenen parallel zueinanderstehend, Hinterhauptbein etwas ausgeprägt. Fang lang und quadratisch, Lefzen nicht zu tief hängend, Wangen flach. Augen rund, leuchtend, dunkelbraun oder haselnußfarben, je dunkler um so besser. Ohren weit hinten tief angesetzt, eng an den Wangen hängend. Hals lang und elegant, obere Linie gerade, Brust genügend tief, Rute hängend getragen, stark befedert mit geradem und seidigem Haar. Schultern dicht beieinander, Läufe gerade, parallel stehend; Ellenbogen und Sprunggelenke dürfen weder nach innen noch nach außen gestellt sein. Das Fell ist flach, weder wollig noch gelockt. Federung an Ohren, Brust, Bauch, Läufen, Hosen und Rute nie so stark, um die Körperlinien des Hundes zu verdecken. Widerristhöhe Rüden 63 bis 68,5 cm, Hündinnen 60 bis 63 cm. Das Farbmuster *Belton* ist durch helle oder dunkle Fleckung oder Schimmelung gekennzeichnet. Die Farben sind Orangebelton, Leberfarbenbelton, Zitronenfarbenbelton, Blaubelton und Dreifarbig (Blaubelton mit lohfarbenen Abzeichen).

Anpassungsfähigkeit

Der English Setter ist eine perfekte englische Hunderasse. Er hat die guten Manieren der königlichen Familie, dieser Hund vermeidet aber jeden Skandal und Konflikt. Eine friedfertige, weise Seele, so ausgeglichen und anpassungsfähig, wie ein Hund nur sein kann. Dieser Hund liebt Kinder, hat mit ihnen unendlich viel Geduld, unabhängig wie oft sie ihn an seinen Ohren ziehen. Beim Vermeiden von Konflikten kann er recht

Wenn je ein Engländer in eine amerikanische oder kontinentale Familie paßt, ist es der English Setter. Ein anpassungsfähiger, pflegeleichter Hund, immer zu allen Aktivitäten bereit.
BESITZER: Ardys McElwee und Janice Burgesson.

eigenwillig, ja kreativ sein - manche sehen in ihm einen denkenden Hund. Ein exzellenter Familienhund, auch für kleinere Appartements geeignet. Richtig erzogen kann er unverändert als Jagdhund Einsatz finden, obgleich sein Jagdtrieb etwas gedämpfterscheint. Von Anfang an sollte dieser Hund auf Unterordnung erzogen werden.

Wachstumsphase

Bei der Geburt sind English Setter weiß oder weiß mit schwarzen Haaren an den Ohren und schwarzem Nasenpigment. Etwa drei Tage nach der Geburt zeigt sich bereits die endgültige Färbung. Mit drei Wochen sind Fellfarbe und Pigmentierung deutlich zu erkennen, es dauert aber etwa bis zu zwei Jahren, ehe beim ausgereiften Hund das Fell seine volle Schönheit erreicht. Die Züchter empfehlen viel Fellpflege, insbesondere im ersten Fellwechsel. Während des Fellwechsels ist zweimal tägliche Fellpflege nicht zuviel, besonders sollte man auf die schwere Befederung achten. Die sexuelle Reife in dieser Rasse tritt in den einzelnen Linien verschieden auf, bei Rüden von sechs Monaten, bis teilweise 18 Monaten. Der Käufer sollte immer auf körperliche Gesundheit und gutes Wesen achten. Setter-Welpen sind anziehend und freundlich, sollten nie scheu oder hyperaktiv wirken.

Etwa mit acht Wochen kann der Züchter die künftige Farbe des Welpen erkennen. Die Pigmentierung ist an den Ohren am dunkelsten, Fleckung oder Schimmelung zeigt sich bereits während der ersten Lebenswoche.
BESITZER: Marianne Cameron.

Ein Wurf von »Llewelyn Settern«, ein Versuch, den Originaltyp zu erneuern, der über Generationen verloren schien. Alle English Setter werden reinweiß geboren.
BESITZER: Kevin R. Lager.

Gesundheit

In der Rasse treten progressive Retinaatrophie (PRA) und HD auf, alle Zuchttiere sollten darauf überprüft werden. Erbliche Taubheit beunruhigt die Züchter, alle Welpen müssen auf Anzeichen von Taubheit geprüft werden - die Hörfähigkeit kann sich mit dem Alter progressiv verschlechtern. Eine seltene und ungewöhnliche Krankheit tritt auf, man nennt sie *Juvenile Amaurotic Familial Idiocy* - ursächlich soll eine Stoffwechselstörung sein. Die Krankheit zeichnet sich durch vermehrte Nervosität, Muskelspasmen, verminderte Lernfähigkeit und Bewußtwerden der Umwelt aus. Die Krankheit beginnt gewöhnlich etwa mit einem Jahr, der Tod tritt meist im folgenden Jahr ein. Beim English Setter stellt man auch Hautprobleme fest, Dermatitis, Pyodermie und Demodexräude. Tierärzte berichten von subaortischer Stenosis und primärer ciliarischen Dyskinese. Die wunderschöne, zum Markenzeichen gewordene Rute der Rasse verlangt besondere Pflege. Hier treten manchmal Verletzungen auf, die schwer heilen. English Setter erreichen ein Lebensalter von bis 14 Jahren, Krebs gehört zu den häufigsten Todesursachen.

Achte bei der Auswahl auf einen aktiven und fröhlichen Welpen, der das freundliche und ausgeglichene Wesen des English Setters zeigt.
BESITZER: Marianne Cameron.

English Setter

English Springer Spaniel

Von allen englischen Land-Spaniels steht der English Springer Spaniel am höchsten auf den Läufen, hat die elegantesten Körperformen. Ein symmetrischer, athletischer und wunderschön anzusehender Hund.
BESITZER: Dr. John R. und Diane C. Ostenberg.

Beschreibung

Der freundliche English Springer Spaniel ist ein besonders hübsches, kompaktes Mitglied der Spaniel-Familie, von mittlerer Größe, mit langen, herabhängenden Ohren, mäßig langem, glänzendem Fell. Der Körper ist tief, die Läufe kräftig, ohne weiteres in der Lage, ihn überall hinzutragen. Seine Haltung dokumentiert Stolz und Selbstbewußtsein. Für diese Rasse gibt es keine Übertreibungen, sie ist wunderschön ausbalanciert, harmonisch aufgebaut, mit starken Knochen. Rücken kurz und gerade, stark entwickelte Läufe, gute Pfoten und kupierte Rute. Die Rückenlinie darf nie länger sein als die Widerristhöhe, im Idealfall sind sie beide gleich. Widerristhöhe etwa 51 cm. Gewicht zwischen 22 und 25 Kilo. Die Schönheit des Kopfes liegt in den klaren Linien, er ist gut ausgewogen und ausdrucksstark. Ausgewachsene Hunde sollten nie hochläufig, kurzhalsig oder schwer wirken, ovale Kopfform, steile Schultern oder Hasen- oder Spreizpfoten haben. Das Haarkleid ist am Körper flach oder wellig, von mittlerer Länge. Ohren, Brust, Läufe, Rute und Bauchpartie mit längerem Haar. Das Fell darf nie rauh oder gelockt sein. Die Springer-Farben sind Leberfarben mit Weiß oder Schwarz mit Weiß, mit oder ohne lohfarbene Abzeichen.

Anpassungsfähigkeit

Ein angenehmer Begleiter und erstklassiger Familienhund, freundlich und anpassungsfähig, so daß er leicht zu kontrollieren ist. Weder überspannt, aggressiv noch scheu. Der Springer Spaniel muß in die Familie integriert werden, eignet sich nicht für Zwingerhaltung. Wie im Rassestandard verlangt, muß er freundlich und unterordnungsbereit, schnell lernfähig und gehorsam sein. Weniger gut gezüchtete Hunde zeigen sich zuweilen eigenwillig oder übertrieben furchtsam, einige sind auch in unangenehmer Art aufmüpfig, schnappen und knurren. Ausgeglichenes Wesen und eindeutiger Spaniel-Charakter sind der Schlüssel zur richtigen Wahl.

English Springer-Welpen sind selbstbewußt und neugierig. Wähle einen lebhaften Welpen, der darauf drängt, angefaßt zu werden.
BESITZER: Deborah Kirk.

Mit dem Springer Spaniel wählst Du einen Wohnungshund für die Familie. Verweigerst Du ihm den Zugang zum Familienleben, hat er keine Chance, zu dem liebevollen Allroundgesellschafter zu werden, wozu er eigentlich geboren ist.
BESITZER: Deborah Maltby.

Wachtumsphase

Bei der Geburt wiegen Springer zwischen 280 und 420 Gramm. Sie werden mit unvollständiger Pigmentierung geboren. Die endgültige Färbung ist meist erst bei Einjährigen abgeschlossen. Von Springer Spaniels weiß man, daß sie sich weiterentwickeln und bis zu einem Alter von zwei Jahren reifen. Die Ruten werden auf ein Drittel kupiert, Wolfskrallen so früh wie möglich entfernt. Mit acht Wochen wiegen Welpen zwischen 3.600 und 4.500 Gramm. Bei der Auswahl sollte man darauf achten, daß der Hund durchaus aktiv ist, aber die menschliche Stimme schätzt, sich unterordnungsfreudig zeigt. Weder Aggression noch Dominanz treten häufiger auf, sie sind in aller Regel die Folge, wenn die Hunde in der Jugend falsch behandelt werden. Junge Springer Spaniels haben immer einen recht guten Appetit, neigen selbst in den Wachstumsmonaten zu Dickleibigkeit. Besitzer müssen darauf achten, trotzdem dafür sorgen, daß die Tiere gutes Futter erhalten. Da bei den Heranwachsenden das Jugendfell gewechselt wird, braucht man für tägliches oder wöchentliches Pflegen einige Zeit, zuweilen die Unterstützung durch einen Fachmann.

Springer Spaniels wachsen zügig heran, ihr Appetit ist selten ein Problem. In der Wachstumsphase zwischen 12 und 24 Wochen sollte man den Junghund keinesfalls überfüttern, viele Züchter berichten über Gewichtsprobleme in diesem Zeitraum.
BESITZER: Libby O'Donnell.

Gesundheit

Im allgemeinen genießen Springer Spaniels ein gutes Leben, können bis etwa 15 Jahre alt werden. Neben einigen altersbedingten Krankheiten sind Springer Spaniels besonders anfällig für Dickleibigkeit. Vernünftige Fütterung und regelmäßiger Auslauf sind für das gesamte Hundeleben erforderlich. Ohren und Augen sollten sorgfältig kontrolliert werden. Auftretende Augenkrankheiten sind Retinadysplasie, zentrale PRA, Ektropium, Entropium und Starerkrankung (Glaukom). Zuchttiere müssen unbedingt gründlich untersucht werden. Die Ohrenprobleme verlaufen einfacher, es handelt sich meistens um eine Ohrenentzündung (Otitis Externa) oder Milben, beides läßt sich durch regelmäßige Säuberung weitgehend vermeiden. Auch Hüftgelenksdysplasie tritt auf. Hinzu kommen vereinzelt Hautprobleme, beispielsweise das ziemlich seltene und ungewöhnliche Ehlers-Danlos-Syndrom, das sich durch schlechtes Heilen relativ kleiner Wunden zeigt. Tierärzte berichten beim Springer vereinzelt von Störungen im Bereich der roten Blutzellen, von Cardiomyopathie (Herzschaden) und Myasthenia Gravis - verbunden mit Muskelschwäche. Im Normalfall sind Springer Spaniels gesunde und kräftige Hunde, die ihr Leben mit viel Spielen und Freude an Erziehung genießen.

Welpen brauchen beim Züchter regelmäßige frühe Sozialisierung, so daß ihr Übergang in die menschliche Familie völlig natürlich und problemlos verläuft.

Im allgemeinen sind Springer Spaniels langlebige Hunde. Es zahlt sich aus, sorgfältig den richtigen Züchter und eine Linie zu suchen, wo in der Rasse liegende Gesundheitsstörungen wenig auftreten.
BESITZER: Kathryn Kirk.

English Springer Spaniel

Epagneul Breton

Noch lebhafter als die anderen Spanielrassen, besitzt der *Brittany* ganz überragende Talente. Seine reichen Gaben teilt er mit seinem Herrn draußen auf der Jagd wie zu Hause.
BESITZER: Dr. Dennis und Andrea Jordan und G.K. Nash.

Beschreibung

In den angelsächsischen Ländern trägt die Rasse die Bezeichnung *Brittany*. Der Epagneul Breton ist ein gut aufgebauter Jagdhund. Die Rasse erscheint etwas langbeinig, umso besser kann sie den Boden überwinden. Sie ist sehr lebhaft und steckt voller Kraft. Ein quadratischer Hund, Rute natürlich belassen oder auf etwa 10 cm Länge kupiert. Widerristhöhe 44 bis 52 cm, Gewicht 14 bis 18 Kilo. Nie dürfen die richtigen Proportionen verlorengehen, weder lange Hunde sind erwünscht, noch Hunde mit zu schwachen oder zu schweren Knochen. Kopf mittellang und gerundet, ganz leicht keilförmig. Stop gut ausgeprägt, aber nicht zu stark. Augen gut eingesetzt, mit schützenden Augenbrauen. Ohren hoch angesetzt, hängend getragen, gut behaart, Ohrspitzen leicht abgerundet, weinlaubförmig geformt. Hals mittellang, nicht zu stark. Obere Linie leicht abfallend. Tiefe Brust. Kurzer, gerader Rücken, Flanken leicht gerundet, gut behaart. Schulter nach hinten gelagert, nicht zu breit auseinanderstehend, niemals steil gewinkelt. Vorderläufe frei beweglich. Vordermittelfuß leicht schräg gestellt, nie gerade. Knie gut gewinkelt, kräftige Hinterläufe. Fell dicht, flach oder gewellt, nie aber gelockt. Struktur recht fein, weder drahtig noch seidig. Befederung nicht zu stark. Brittanys sind weiß/orange, weiß/leberfarben oder dreifarbig, entweder reinfarbig oder mit Schimmelmuster. Dreifarbige Hunde sind in den USA weniger erwünscht. Schwarze Farbe auf Fell oder Nase führen in den USA zur Disqualifikation.

Anpassungsfähigkeit

Spaniels insgesamt sind möglicherweise die angenehmsten Jagdhunde, der Epagneul Breton zeigt noch deutlichere Qualitäten als der Durchschnittsspaniel. Er gehört zu den talentiertesten Jagdhunderassen und als Familienhund ist er nicht zu übertreffen. Als Jagdhund ist er kraftvoll und unermüdlich, außerordentlich vielfältig in seinen Einsatzmöglichkeiten. Der Brittany ist ein Hund für das Leben draußen im Freien, er braucht einen Besitzer, der ihm täglich viel Auslauf gewährt. Brittanys lieben Kinder, sind glücklich, wenn sie mit ihnen herumtoben können. Diese Hunde sind ziemlich selbständig, brauchen deshalb genügend Zeit, um richtig erzogen zu werden.

Brittanys sind intelligente, aber sehr empfindsame Schüler. Lobe sie tüchtig - und sie reagieren mit großer Begeisterung.
BESITZER: Theresa Mann.

Wachstumsphase

Mit etwa zwei Jahren sind Brittanys ausgewachsen. Heranwachsende Hunde zeigen sich aktiv, brauchen viel Bewegung. Die Welpenrute wird meist im Alter von zwei Tagen auf 2 cm Länge kupiert, Wolfskrallen an Vorderläufen werden entfernt. Brittany-Hündinnen werden erstmals zwischen neun und zwölf Monaten heiß. Bei der Welpenauswahl achte man auf Ausgewogenheit und kompakten Körperbau - dabei auch auf genügend Lauflänge.

Gesundheit

Der Brittany ist ein sehr lebhafter, intelligenter Hund, stellt an seine Besitzer wenig Anforderungen für seine Gesundheit. Die Fellpflege erfordert wenig mehr als regelmäßiges Bürsten, manchmal werden auch einige überlange Haare abgetrimmt. Die Hängeohren des Epagneul Breton sollten regelmäßig gereinigt werden, hierdurch vermeidet man Infektionen. Im allgemeinen ist der Brittany weitgehend frei von ernsthaften Erkrankungen und Erbleiden, HD tritt aber in der Rasse auf. Untersuchung auf Hüftgelenksdysplasie ist ein Muß. Bei der Welpenauswahl sollte man sich, wenn immer möglich, die im Zuchtprogramm stehenden, zurückliegenden Generationen näher ansehen. Monorchismus, Schilddrüsenstörungen und Hämophilia A treten auf. Im Grundsatz bringt aber der von allen Übertreibungen freie Körperbau des Brittanys mit sich, daß eine mittlere Lebenserwartung von 12 bis 13 Jahren angenommen werden kann.

Brittany-Welpen sind besonders muntere Hunde, geistig früh entwickelt, neugieriger als eine Katze. Brittany-Junghunde machen viel Freude, fordern aber gute Erziehung.
BESITZER: Wendy Archinal und Sharon Buehler.

Eine anspruchslose Hunderasse, die sich den meisten Lebensstilen anpaßt. Sie fordert aber genügend Auslauf, um fit zu bleiben, und sachgerechte Erziehung.
BESITZER: Betsy Wallace und Claire Stidsen.

Epagneul Breton

Field Spaniel

Etwas schwerer als der Cocker Spaniel, aber genauso fröhlich, wurde der Field Spaniel auf gutes Wesen, jagdliche Arbeit, Ausdauer und Freundlichkeit gegenüber dem Menschen gezüchtet.
BESITZER: James und Lucy Gallagher.

Beschreibung

Der Field Spaniel ist ein mittelgroßer Jagdhund, zeichnet sich durch Schönheit und Adel aus. Ein symmetrisch und gesund aufgebauter Hund, der sich sehr gut bewegen kann, viel Aktivität und Ausdauer zeigt. Widerristhöhe etwa 46 cm, Gewicht 18 bis 25 Kilo. Der Hund sollte immer etwas länger als hoch wirken. Der Kopf ist schön proportioniert, Ohren mäßig lang und breit. Fang lang und schlank, nie geschnürt oder quadratisch geformt. Lefzen eng anliegend. Hals lang und leicht geschwungen, gut bemuskelt. Rücken gerade und fest. Brustkorb tief. Rute tief angesetzt, kupiert, in Rückenhöhe getragen. Das einfache Haarkleid ist mäßig lang, immer dicht und glänzend, flach anliegend oder leicht gewellt. Übertriebene Behaarung steht im Widerspruch zu den jagdlichen Aufgaben des Hundes, ist deshalb unerwünscht. Farben des Field Spaniels sind Leberfarben (einschließlich Goldleberfarben), Schwarz oder Geschimmelt. Lohfarbene Abzeichen bei allen Farben erlaubt.

Anpassungsfähigkeit

Von Natur aus ist der Field Spaniel im Wesen ausgeglichen, nicht nervös. Eine Spaniel-Rasse mit ausgeprägter natürlicher Intelligenz. In England wie in den USA werden viele Field Spaniels jagdlich geführt, auch in anderen Ländern wächst der jagdliche Einsatz dieser Hunde. Kindern gegenüber sind Field Spaniels zuverlässig, sie lieben das Leben im wie ausserhalb des Hauses. Manchmal haben diese Hunde einen lockeren Hals, rechtzeitige sorgfältige Erziehung sollte auch in dieser Richtung erfolgen - zum Vorteil der Nachbarschaft.

Nicht viele Hundefreunde haben Field Spaniels schon kennengelernt, noch weniger einen Field Spaniel mit Schimmelfärbung. Diese Schimmelfärbung beim Field Spaniel soll durch Einkreuzung vom Springer Spaniel entstanden sein.
BESITZER: E.B. Alexander und Sarah W. Evans.

WACHSTUMSPHASE

Neugeborene wiegen etwa 230 Gramm, im Abgabealter von acht Wochen beträgt das Gewicht zwei bis drei Kilo. Zwischen drei und fünf Tagen wird die Rute auf ein Viertel kupiert, werden Wolfskrallen entfernt. In der Regel erreichen die Hunde schon mit neun Monaten ihr endgültiges Gewicht. Ausgereift sind Hündinnen etwa zwischen 11 und 13 Monaten, Rüden zwischen 12 und 16 Monaten. Die Welpen sollten freundlich und neugierig sein, keinerlei Furcht oder Zurückhaltung zeigen. Normale Fütterung mit drei Mahlzeiten bis zum Alter von etwa sieben Monaten, dann kann dies auf zwei Mahlzeiten reduziert werden. Einige Hunde sind recht aktiv, haben einen intensiven Stoffwechsel. Man achte auf entsprechende Ernährung.

Der Field Spaniel steht in der Hand von wenigen, aber begeisterten Anhängern, er gehört zu den weniger populären Hunderassen. Insgesamt gesehen ist dies eine recht zuverlässige Hunderasse, die meisten Welpen sind gesund und machen keine Probleme.
BESITZER: Lynn G. Finney.

GESUNDHEIT

Aufgrund der geringen Zuchtzahlen wurden bisher kaum tierärztliche Spezialuntersuchungen durchgeführt. Nachgewiesen sind Hüftgelenksdysplasie und Pyometra, der genaue Umfang ist aber unbekannt. Züchter berichten über Schilddrüsenprobleme von Hündinnen nach der Geburt. Tierärzte sollten wissen, daß Field Spaniels auf Betäubungsmittel empfindlich reagieren. Aufgrund der schmalen züchterischen Basis des Field Spaniels erscheint es möglich, daß durch Einkreuzung von Springer Spaniels einzelne Linien mit weiteren Problemen behaftet sind.

Das Wachstum verläuft gleichmäßig, je nach Einzeltier und Geschlecht wird zwischen 11 und 16 Monaten körperliche Reife erreicht.
BESITZER: George und Dorothy O'Neil.

Manchmal sind Welpen Fremden gegenüber etwas reserviert, rassetypisch ist aber eine große Menschenfreundlichkeit. Durch frühe Sozialisierung wird diese wertvolle Eigenschaft noch gestärkt.
BESITZER: Lynn G. Finney.

Field Spaniel

Finnenspitz

Viele sehen bei dieser Rasse einige Ähnlichkeiten mit dem Fuchs - spitzer Fang, Stehohren und leuchtend rote Farbe. Hinzu kommt ihr charakteristisches, jodelähnliches Bellen.
BESITZER: Tom T. und Marg G. Walker.

Beschreibung

Der fuchsähnliche Finnenspitz zeigt ein brillantes dichtes Fell roter Farbe, gestreckten Fang, kleine Stehohren, dichtes Haarkleid und Ringelrute. Von großer Wichtigkeit ist ein symmetrischer, quadratischer Körperbau, Freisein von Übertreibungen aller Merkmale. Widerristhöhe Rüden 44 bis 50 cm, Hündinnen 39 bis 45 cm, schön geformter, edler Kopf, Augen mandelförmig mit schwarzen Augenlidern. Ohren hoch angesetzt, Oberkopf zwischen den Ohren flach. Ausgeprägter Stop, schwarze Lefzen. Schöner Hals, tiefe Brust, gute Rippenwölbung. Vorder- und Hinterhand ausgewogen, mäßig breit stehend, um raumgreifende Bewegung zu erlauben. Doppeltes Haarkleid. Deckhaar lang und hart mit geraden Haaren, besonders üppig im Hosenbereich, Nackenbereich und auf dem Rücken. Unterwolle weich und dicht. Die Farben sind leuchtend klar, variieren in Schattierungen von blaß Honigfarben bis zu tief Rostrot.

Anpassungsfähigkeit

Der Finnenspitz ist ein munterer und immer stimmfreudiger Hund, hat seinem Besitzer, der seine Freude daran hat, wie dieser kleine Hund die Welt ringsum aufnimmt, ständig etwas zu erzählen. Wie auch die anderen Spitzrassen zeichnet sich der Finnenspitz durch Intelligenz aus, weiß viel mehr als sein Ausbilder - ist zumindest davon überzeugt. Die Erziehung kann Schwierigkeiten bereiten. Er hört nicht gerne auf anderer Leute Rat, noch weniger auf ihm unerwünschte Korrekturen. Macht ihm die Erziehung Spaß, erfolgt sie zu seinen Bedingungen, lernt er mit der Geschwindigkeit des Intelligenten. Das *Jodeln* des Finnenspitzes sollte man auf ein Minimum beschränken - Klagen der Nachbarn sind nahezu unvermeidlich. Diese Hunde fordern Geduld und Verständnis. Man muß den wachen Verstand und das übermütige Temperament der Rasse verstehen. Menschen, die Spiele und Joggen lieben, sind die idealen Lebenspartner. Der Finnenspitz ist recht anpassungsfähig, bietet auch für Familien, die einen ausgewachsenen Hund adoptieren möchten, eine vorzügliche Wahl.

Der Finnenspitz besitzt das wunderschöne dichte Haarkleid der nordischen Hunde und eine dicht behaarte Ringelrute. In Finnland arbeitet er als sehr qualifizierter Jagdhund. Er wird teilweise *bellender Vogelhund* genannt.
BESITZER: Tom T. und Marg G. Walker.

Wachstumsphase

Mit acht Wochen wiegt der Finnenspitz etwa sieben bis neun Pfund. Volle Widerristhöhe erreicht er mit etwa einem Jahr, es dauert aber bis zur völligen körperlichen Reife zwischen zwei und drei Jahre. Bei der Geburt sind die Welpen ziemlich dunkel, mit acht Wochen haben sie die Farbe *Papiersackbraun* - erst etwa mit einem Jahr kommt das leuchtende Rot durch. Die Ohren sollten sich früh stellen. Finnenspitzwelpen brauchen sehr viel Sozialisierung und menschlichen Kontakt. Beim Kauf sollte man immer auf Freundlichkeit und Fröhlichkeit des Welpen achten. Richtig aufgezogene Junghunde haben ein offenes Wesen. Es ist aber allgemein bekannt, daß in der Rasse eine gewisse Neigung zur Zurückhaltung gegenüber Fremden besteht.

Eine Verkörperung von angeborener Neugierde! Finnenspitz-Welpen sind freundlich und voller Leben.
BESITZER: Heather Store und Christine Roesler.

Gesundheit

Aufgrund der schmalen Zuchtbasis und Begrenzung zunächst auf das Land Finnland gibt es im englischsprachigen Raum noch wenig Forschungsergebnisse. Ein Züchter berichtet, daß finnische Tierärzte unterstreichen, daß »wenn es in Finnland keine anderen Hunde als Finnenspitze gäbe, die Tierärzte ausgestorben wären. Finnenspitze seien so gesund, daß sie nahezu niemals beim Tierarzt auftauchen«. Trotzdem sollten sich die Käufer beim Züchter näher erkundigen, darauf achten, ob Augen, Hüften, Schilddrüse etc. unter Kontrolle stehen. Keine Spezialfutteranforderungen werden berichtet, trotzdem sollte sich der Liebhaber an die Empfehlungen des Züchters halten, insbesondere über das erste Jahr. Zweimal jährlich wechselt der Finnenspitz das Fell, dann ist Fellpflege sehr wichtig. Diese Hunde stehen aber nicht laufend im Fellwechsel. Sollte einmal ein Baden notwendig werden - was bestimmt selten der Fall ist - muß der Hund sorgfältig abgetrocknet werden, um *Hot-Spots* zu vermeiden.

Junghunde erscheinen manchmal etwas unausgewogen, bis sie zwischen zwei und drei Jahren voll ausgereift sind. Beim Kauf sollte man immer auf gutes Wesen mehr als auf körperliche Ausgewogenheit des Welpen achten.
BESITZER: Heather Store und Christine Roesler.

Bis zum Alter von einem Jahr wirkt das Fell *papiersackbraun*. Achte auf die Brillanz des Fells der Mutterhündin, dann erkennst Du, wie fuchsrot der Welpe einmal sein wird.
BESITZER: Heather Store und Christine Roesler.

Finnenspitz

Flat-Coated Retriever

Von englischen Jägern gezüchtet arbeitet dieser Jagdhund immer eng beim Jäger, ist ein vorzüglicher Retriever auf dem Land wie im Wasser.
BESITZER: Philip und Sandra Park, Libby Baarstad und Lana Griffin.

BESCHREIBUNG

Der Flat-Coated Retriever ist kraftvoll und schnell, von mittlerer Substanz, sehr schön proportioniert, darf nie plump wirken. Sein Markenzeichen ist das gerade, flach anliegende Fell. Der Schädel ist lang, schön geformt, ziemlich flacher Oberkopf, flache Wangenpartie, tiefer Fang. Augen breit voneinander eingesetzt, unter und zwischen den Augen gut ausgefüllt. Ohren ziemlich klein, eng am Kopf getragen, nicht so tief angesetzt wie beim Setter und anderen Jagdhunderassen. Langer Hals, der elegant in die Schulterpartie übergeht, Schultern schön zurückgelagert. Obere Linie gerade, tiefe Rippen, betonte Vorbrust, untere Linie mäßig aufgezogen. Vor- und Hinterhand so aufeinander abgestimmt, daß sich eine kraftvolle, raumgreifende Bewegung ergibt. Fell mäßig lang und dicht. Schöner Glanz, niemals wollig, gelockt, kurz, flauschig oder seidig wirkend. Die Befederung vermittelt den Eindruck eines vollen Haarkleids, sie darf aber nie buschig oder faserig wirken. Farben stets einfarbig Schwarz oder einfarbig Leberfarben. Widerristhöhe 58 bis 61 cm, Hündinnen 56 bis 59 cm. Gewicht Rüden 27 bis 35 Kilo, Hündinnen 25 bis 34 Kilo.

ANPASSUNGSFÄHIGKEIT

Der Flat-Coated Retriever ist eine Hundepersönlichkeit, die genauso leuchtet wie ihr Haarkleid. Er liebt alle Menschen, sieht in niemandem einen Fremden, ist jedermanns bester Freund. Ein vorzüglicher Jagdhund, voller Aktivität und Energie. Man kann ihn für eine Vielfalt von Aufgaben erziehen. Trotz ihres ausgeglichenen und freundlichen Wesens ist diese Rasse bisher als Familienhund noch recht wenig populär, obgleich sie alle Eigenschaften besitzt, die man von einem perfekten Familienhund nur erwarten kann.

Gleich welche Farbe, einfarbig Schwarz oder Leberfarben - diese Hunde sind Multi-Talente, einfühlsame und leicht zu behandelnde Lebensgefährten.
BESITZER: Kurt D. Anderson.

Wachstumsphase

Mit acht Wochen wiegen Flat-Coats etwa sechs bis sieben Kilo. Im allgemeinen brauchen sie in der Entwicklung länger - zwei bis drei Jahre - aber hier gibt es individuelle Unterschiede. Die endgültige Widerristhöhe ist mit acht bis neun Monaten erreicht, danach verändert sie sich nur wenig, maximal um zwei bis drei Zentimeter. Beim Kauf sollte man auf ein aufgeschlossenes, freundliches Wesen achten. Flat-Coated Retriever sehen nicht aus wie Labradors mit langem Fell. Sie sind schlank, sollten auch einen schlanken Kopf zeigen. Richtiges Welpenfell ist entweder flaumig, flach oder wirkt seidig. Je flaumiger das Welpenfell, um so üppiger das Fell des aus-

Flat Coated-Welpen haben längere und schlankere Köpfe als Labrador, obgleich dieser Unterschied bei ausgewachsenen Hunden wesentlich geringer ist.
BESITZER: Steve und Nancy Wickmark.

gewachsenen Hundes. Die Welpen werden in ihrer endgültigen Farbe - Schwarz oder Leberfarben - geboren. Leberfarbene Hunde haben auch leberfarbenes Pigment an Augenlidern, Nase und Lefzen. Das Auge sollte von Haselnußfarben bis Schwarz sein, je dunkler um so besser. Welpen zeigen keine oder ganz wenig Befederung. Es kann bis zu drei Jahre dauern, bis sich das Erwachsenenfell voll entfaltet. Bei den heranwachsenden Junghunden trifft man auf wenig Farbveränderungen, in dieser Zeit verschwinden aber meist jugendliche weiße Abzeichen. Halbstarke haben ihre eigenen Vorstellungen, lernen aber schnell. Diese Hunde sind von Natur aus nicht dominant, brauchen aber einen zielbewußten und beharrlichen Erzieher. In der Jugend ist zuweilen das Wachstum ungleichmäßig, zwischen sechs und zehn Monaten erscheinen die Hunde besonders unausgewogen.

Gesundheit

Bisher beschränkt sich die Zucht des Flat-Coated Retrievers auf eine kleine Anzahl von Hunden. Dies ermöglicht es den Züchtern, rassespezifische Gesundheitsprobleme genau zu beachten und zu berücksichtigen. Nach bisherigem Kenntnisstand tritt HD selten in der Rasse auf, trotzdem wird Röntgen als erforderlich angesehen. Andere Probleme sind das Auftreten von Krebs und Patellaluxation. Zur Stunde ist nicht klar, ob gerade Krebserkrankungen rassetypisch oder vorwiegend umweltbedingt sind. Man sollte immer nur bei Züchtern kaufen, die sich für diese Probleme interessieren und sich darum kümmern. Dies gilt auch für Magenumdrehung und Schilddrüsenprobleme. Flat-Coated Retrievern schmeckt das Futter immer, sie brauchen keine spezielle Ernährung. Vorsicht vor zu reicher Fütterung und Dickleibigkeit, diese Rasse sollte in der Körperfülle nie mit dem Labrador Retriever verwechselt werden. Die Pflegeanforderungen sind normal, beschränken sich auf Bürsten, Augen- und Ohrenkontrolle. Die mittlere Lebenserwartung liegt bei neun bis zehn Jahren, es gibt aber auch Hunde, die 14 Jahre alt wurden.

Im allgemeinen haben dicht behaarte Welpen stärkeres Erwachsenenkleid als Hunde mit weniger Behaarung. Bei Welpen ist noch keine Befederung zu erkennen, diese entwickelt sich erst beim heranwachsenden Hund.
BESITZER: Steve und Nancy Wickmark.

Flat-Coated Retriever

Fox Terrier Drahthaar

Beschreibung

Das Auge des Drahthaar Fox Terriers ist voll Feuer und Intelligenz, was den Charakter der Rasse spiegelt. Er hat ein hübsch gefaltetes, schmales, v-förmiges Ohr und trägt seine hoch angesetzte Rute besonders fröhlich. Diese drei Merkmale sind sehr charakteristisch. Sein Fell ist dicht, von drahtiger Struktur, Länge an den Schultern 2 cm, an Widerrist, Rücken und an den Seiten mit ausgeprägter Bartbildung im Fangbereich 4 cm. Der Fox Terrier ist ein Arbeitsterrier, für seine Größe besitzt er starke Knochen und viel Kraft. Dieser klever aufgebaute Jagdhund darf nie klobig wirken, weder hochläufig noch kurzläufig. Sein kurzer Rücken ermöglicht ihm, viel Boden zu decken. Widerristhöhe 39 cm, sein Rücken ist nur etwa 30 cm lang. Gewicht in Ausstellungskondition Rüden 8,25 Kilo, Hündinnen etwa ein Kilo weniger. Oberkopf ziemlich flach, verschmälert sich auf die Augen zu geringfügig. Fanglänge und Oberkopflänge etwa gleich. Kraftvoller Kiefer, Scherengebiß, Fangpartie kräftig, nicht zu keilförmig geformt. Nase schwarz. Hals von fairer Länge, frei von loser Haut, bildet von der Seite gesehen eine elegante Kurve. Kurzer, gerader Rücken. Muskulöse Lende, leicht aufgewölbt. Tiefe Brust, Rippenkorb mäßig gewölbt, gut zurückgelagerte Schulterpartie. Vorderläufe gerade mit guten Knochen bis zur Pfote. Ellenbogen fest angelegt. Pfoten rund, kompakt mit kleinen, gut gepolsterten Ballen. Die Hinterläufe sorgen für starken Schub, sind recht muskulös. Gute Kniewinkelung, tiefstehende Sprunggelenke, parallelstehend. In der Farbe dominiert Weiß mit schwarzen, schwarzlohfarbenen oder lohfarbenen Markierungen. Gestromte, rote, leber- oder kieferblaue Abzeichen unerwünscht. Farben sind aber bei dieser Hunderasse weniger wichtig.

Der Drahthaar Fox besticht als Ausstellungshund wie als Spielgefährte der Kinder. Für viele Richter ist der Drahthaar Fox Terrier für den Titel Ausstellungssieger eine Lieblingsrasse. Fox Terrier haben die berühmte Westminster Show öfter gewonnen als irgendeine andere Rasse.
BESITZER: Mr. und Mrs. Richard Vida.

Der Drahthaar Fox ist in vielerlei Hinsicht problemlos. Er läßt sich leicht erziehen, und man kann gut mit ihm leben. Hart ist er nur im Fell und seiner Haltung gegenüber allem Raubzeug.
BESITZER: Andrew DiGiorgio.

Anpassungsfähigkeit

Der Drahthaar Fox Terrier ist ein eleganter Hund, schmückt das Haus seines Besitzers. Trotzdem muß man wissen, daß dies ein robuster Hund mit sehr ausgeprägten Terrierinstinkten ist. Er ist ein vorzüglicher Gefährte für Kinder, er liebt sie und ihren unaufhörlichen Wunsch, mit ihm zu spielen. Wenn dieser Hund richtig gehalten, erzogen und früh sozialisiert ist, wird er recht gehorsam, kann man seine typische Eigenwilligkeit als Terrier mit Leichtigkeit meistern. Als Ausstellungshund gibt es für den Drahthaar Fox Terrier wenige Wettbewerber. Um den Drahthaar Fox Terrier wirklich als wunderschönen Rassehund zu zeigen, braucht man für die Fellpflege meist professionelle Hilfe - nicht gut zurechtgemachte und gekämmte Drahthaar Fox Terrier sehen manchmal etwas rattenähnlich aus, was aber an ihrer Liebenswürdigkeit nichts ändert.

WACHSTUMSPHASE

Welpen werden reinweiß oder mit Abzeichen geboren. Im Gesicht wandelt sich Schwarz meist in Lohfarben, dasselbe geschieht auch oft mit dem Schwarz auf Schultern, Hüfte und Rute. Bei der Geburt kann die Nase schwarz, schwarzrosa oder rosa sein, mit acht Wochen sollte das Pigment aber vorhanden sein. Acht Wochen alte Fox Terrier wiegen etwa 1,4 bis 1,8 Kilo, körperliche Reife wird mit 18 bis 24 Monaten erreicht. In der ersten Lebenswoche wird die Rute kupiert, Wolfskrallen entfernt. Korrektes Rutenkupieren wird für Ausstellungshunde verlangt, sollte nur vom Experten gemacht werden. Etwa ein Drittel der Rute wird dabei entfernt. Käufer sollten bei einem Welpen auf einen guten, langen schlanken Kopf achten, ohne auftragende Knochenbildung, insbesondere unter den Augen - *Cheeky* - genannt. Die Läufe müssen parallel stehen, Pfoten klein, sehr schön aufgeknöchelt. Man meide Welpen, deren Pfoten nach innen oder außen gedreht oder deren Hinterläufe zu nahe zusammen stehen. Die Ohren heben sich meist zu Zeiten des Zahnwechsels. Gute Ohrhaltung und richtige Kieferstellung können vor einem Alter von sieben Monaten von niemandem garantiert werden. Für Terrier ist es typisch - heranwachsende Hunde testen die Autorität ihres Besitzers. Vernünftige Frühsozialisierung und konsequente, aber liebevolle Erziehung sind angezeigt. Beim Welpenkauf meide man fleischfarbene oder gefleckte Nase, zu kurze Rute, Stehohr, Tulpenohr oder Rosenohr und falsche Kieferstellung.

Wenn Du einen Hund für die Ausstellung suchst, achte auf Ausgewogenheit, langen, schlanken Fang, mittelstarke Knochen, parallelstehende Läufe und kleine Pfoten. Meide Welpen, deren Pfoten nach innen oder außen gedreht sind. Die Mutterhündin sollte immer neugierig und freundlich wirken.
BESITZER: Debra Dehne.

Mit diesem Junghund kannst Du überall hingehen. Der Drahthaar Fox folgt Dir bis zum Ende der Welt - zumindest bis zum nächsten Wald!
BESITZER: Debra Dehne.

GESUNDHEIT

Der Drahthaar Fox Terrier gilt in Charakter wie Körperbau als der klassische Terrier. Die Rasse ist spritzig, hochintelligent, fordert gute und vernünftige Erziehung. Auch die Pflegeanforderungen sind beträchtlich. Um das elegante Fox Terrier-Aussehen zu erzielen, muß das Terrierhaarkleid regelmäßig getrimmt und gepflegt werden. Die richtige Fellpflege beim Drahthaar Fox beginnt etwa mit drei Monaten. Zuweilen bedarf es der Hilfe des Experten. Die Hauptprobleme sehen die Züchter in Erkrankungen von Augen und Knochen. Hierzu gehören Linsenluxation, Distichiasis und Starerkrankungen. Hüftgelenksdysplasie und Legg-Perthes-Erkrankung sind selten, kommen aber doch vor. Bei weitem verbreiteter sind Schulterfehlstellungen. Taubheit, Kropfbildung und rezessive Ataxie treten auf, letztere meist im Alter von zwei bis vier Monaten, sie ist Folge eines Schadens im Spinalkanal, der unkoordinierten Bewegungsablauf auslöst, zur völligen Lähmung führen kann. Wenig verbreitet sind Pulmonic Stenosis und subaortische Stenosis. Die Lebenserwartung beim Drahthaar Fox Terrier beläuft sich auf gut 12 Jahre.

Fox Terrier Drahthaar

Fox Terrier Glatthaar

Dieser intelligent gezüchtete Jagdhund steht fest auf seinen vier Läufen, das perfekte Bild von Fitneß, Ausdauer und Kraft. Der Glatthaar Fox Terrier verkörpert mit leuchtenden, feurigen Augen den aktiven Terrier.
BESITZER: Michael und Suzanne Sosne.

Beschreibung

Die Worte schnell, ausdauernd und kraftvoll beschreiben den Fox Terrier in seinen jagdlichen Qualitäten. Er verkörpert die Symmetrie des großen Foxhounds. Der glatthaarige Fox Terrier besitzt ein hartes, gerades, flaches, dichtes und üppiges Haarkleid. Er darf in keiner Weise hochläufig wirken, genauso wenig kurzläufig. Er muß viel Boden decken, besitzt hierfür den wünschenswert kurzen Rücken. Seine Widerristhöhe beträgt nicht über 39 cm, dabei sollte die Rückenlinie nicht mehr als 30 cm lang sein. Das Rüdengewicht liegt bei 7,3 bis 8,2 Kilo, Hündinnen wiegen 6,8 bis 7,7 Kilo, wobei man sich vor Augen halten sollte, daß das Gewicht nicht das angemessene Maß für die Fitneß eines Terriers sein kann. Der Oberkopf ist flach, mäßig schmal, verschmälert sich weiter von den Augen bis zur Nasenspitze. Wenig Stop. Backenmuskulatur zeichnet sich wenig ab. Nase immer schwarz. Augen dunkel, klein, ziemlich tiefliegend, voll Feuer und Intelligenz. Ohren v-förmig und klein, nach vorne gegen die Wangen fallend. Ohrfalte oberhalb Oberkopfebene. Hals schön geschnitten und muskulös, keine Wammenbildung. Brust tief, aber nicht breit. Vordere Rippenpartie mäßig gewölbt, hintere Rippen tief reichend. Schulter lang und nach hinten gelagert, schöner Ellenbogenschluß. Vorderläufe gerade und starkknochig, Pfoten klein, rund und kompakt mit harten Ballen. Die Hinterläufe sorgen für Schubkraft, müssen kräftig und muskulös sein, gute Winkelung zeigen. Raumgreifender Bewegungsablauf. In der Farbe dominiert immer Weiß. Es kann Reinweiß sein oder Weiß mit lohfarbenen, schwarzen oder schwarzlohfarbenen Abzeichen. Gestromte, rote oder leberfarbene Markierungen äußerst unerwünscht.

Anpassungsfähigkeit

Unter allen Hundcrassen ist der Fox Terrier eigentlich der Hund für jedermann... fast. Dies sind robuste, saubere kleine Hunde mit viel Verstand und Persönlichkeit, passen sich - wenn man ihnen die Chance gibt - jedem Lebensstil an. Sie lassen sich leicht erziehen, lieben und pflegen. Immer muß der Fox Terrier richtig sozialisiert werden, um sein Terrierherz milder zu stimmen. Er liebt es zu bellen, zu graben, beides Talente, die man eindämmen sollte. Eine feste Hand ist alles, was ein Fox Terrier braucht, um Deine Wünsche zu verstehen und zu erfüllen.

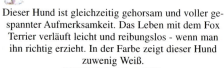

Dieser Hund ist gleichzeitig gehorsam und voller gespannter Aufmerksamkeit. Das Leben mit dem Fox Terrier verläuft leicht und reibungslos - wenn man ihn richtig erzieht. In der Farbe zeigt dieser Hund zuwenig Weiß.
BESITZER: Linda Hill.

Wachstumsphase

Acht Wochen alte Fox Terrier wiegen drei bis vier Pfund, körperliche Reife erreichen sie mit 18 bis 24 Monaten. Innerhalb der ersten Lebenswoche werden die Ruten auf etwa ein Drittel kupiert, die Wolfskrallen entfernt. Bei der Welpenauswahl achte man auf einen guten, langen, schlanken Oberkopf, ohne zu starke Knochenentwicklung insbesondere hinter den Augen - als *Cheeky* bekannt. Die Läufe müssen parallel stehen, kleine Pfoten, schön aufgeknöchelt, recht eng stehend. Man meide Welpen mit nach innen oder außen drehenden Pfoten, ebenso Welpen mit Hinterläufen, die zu nahe beieinander stehen. Die Ohren heben sich im allgemeinen im Zeitraum des Zahnwechsels. Richtig getragene Ohren und korrekte Kieferstellung können frühestens mit sieben Monaten beurteilt werden. Es ist für alle Terrierrassen typisch - heranwachsende Junghunde testen häufiger die Autorität ihres Besitzers. Gleichmäßigkeit und Festigkeit in der Erziehung sind für die richtige Erziehung dieser Hunde der angemessene Schlüssel.

Eine recht lebhafte Bereicherung Deines Haushalts! Fox Terrier-Welpen sollten immer freundlich und munter sein, bringen Fröhlichkeit in das Leben der Menschen.
BESITZER: Debra Dehne.

Gesundheit

Der Fox Terrier ist ein robuster und anatomisch außerordentlich gut aufgebauter Hund, hat eine Lebenserwartung von über 12 Jahren. Bestimmt keine Problemrasse, trotzdem leidet der Fox Terrier an einigen Krankheiten der Augen und Knochen. Linsenluxation, Distichiasie und Starerkrankungen sind in der Rasse bekannt. Zu den wenigen Knochenproblemen gehören Schulterfehlstellung und Legg-Perthes-Erkrankung. Sie befallen auch andere Terrierrassen in gleichem Maße, wobei der Femurkopf langsam zerfällt, was zu wachsemder Lahmheit führt. Hüftgelenksdysplasie ist in der Rasse selten. Taubheit, Kropfbildung, Subaortic Stenosis, Pulmonic Stenosis und rezessive Ataxie - ein Wirbelsäulendefekt, der unkoordinierten Bewegungsablauf verursacht, bis zur völligen Lähmung führen kann, gewöhnlich im Alter von zwei bis vier Monaten auftritt - sind verhältnismäßig seltene Erkrankungen. Myasthenia Gravis ist eine Muskelerkrankung, die beim Glatthaar Fox Terrier mit einer vergrößerten Speiseröhre verbunden zu sein scheint. Der Pflegebedarf ist minimal, es genügt, wenn das Fell einige Male während der Woche gründlich durchgebürstet wird. Für die Gesundheit der Rasse ist es ganz wichtig, daß diese Hunde genügend Auslauf finden. Wichtig ist dies auch, damit sich der Hund reibungslos in das Familienleben einfügt.

Der ideale erste Hund. Für den unerfahrenen Hundefreund ist der Glatthaar Fox eine *benutzerfreundliche Wahl.*

Fox Terrier Glatthaar

Französische Bulldogge

Ursprünglich Symbol alles Englischen, wurde diese Rasse in Frankreich zur Perfektion gebracht. Der *Bouledogue Francais* vereint trotz seiner Rassegeschichte den Körper eines Gentleman mit Höflichkeit und Charme. Stelle Dir vor, wie geschockt die Engländer reagierten, als sie beobachten mußten, daß ihr Nationalhund durch die *Frogs* (Schimpfwort) *schrumpfte*. Ein echtes Drama!
BESITZER: Sarah Sweatt.

Beschreibung

Der solide, kleine Französische Bulldog ist kompakt aufgebaut, hat kräftige Knochen. Sein Wahrzeichen sind die Fledermausohren, im Ansatz breit, an der Spitze abgerundet, hoch angesetzt, aber nicht zu dicht beieinander aufrecht und nach vorne gerichtet getragen. Idealgewicht Rüden 12,7 Kilo, Hündinnen 10,9 Kilo. Die Gesundheit darf keinesfalls der Kleinheit geopfert werden. Der Kopf ist groß, flacher Oberkopf, gerundeter Schädel. Fang tief, breit, mit starker Backenmuskulatur. Kräftiger Hals, schön gebogen, mit etwas loser Kehlhaut. Brust breit und tief. Körper kurz und schön gerundet. Rute gerade, sehr kurz, tief angesetzt, gerade oder geknickt nach unten getragen; an der Wurzel dick, sich schnell verjüngend. Vorderläufe kurz und gerade, breit auseinanderstehend. Hinterläufe länger als Vorderläufe. Haarkleid kurz und mäßig fein. Große Farbenvielfalt einschließlich Gestromt, Falb, Gescheckt. Unerwünschte Farben sind einfarbig Schwarz (ohne gestromten Anflug), Mausfarben, Leberfarben, Schwarzlohfarben oder Grau/Blau. Pigment schwarz, bei Falben auch hellere Pigmentierung gestattet.

Anpassungsfähigkeit

Ein Hund von guter Größe in kleinem Rahmen! Der *Frenchie* ist mit einem riesigen Sack voller Persönlichkeit und komischer Einfälle ausgestattet. Ein kleverer, kleiner Hund mit dem Herzen eines Riesen, das er mit jedermann zu teilen bereit ist. Kindern gegenüber sehr tolerant liebt er das Familienleben. Französische Bulldoggen passen sich reibungslos an, sind immer bestrebt, das Richtige zu tun. Sie lieben die Familie, zeigen dabei durchaus Qualitäten als kompetenter Wachhund. Eine Hunderasse, um sich darin zu verlieben! Vorsicht - einige Französische Bulldoggen schnarchen! Noch ein Hinweis: Dies ist eine empfindliche Hunderasse, die extreme Temperaturen nicht gut verträgt.

Französische Bulldoggen sind muskulöse, kleine Hunde mit kräftigen Knochen und glattem Fell. Es gibt sie in farbenfreudigen Kombinationen. Ihre vielseitige und verspielte Persönlichkeit ist kaum zu übertreffen.
BESITZER: Mark A. und Beth A. Carr.

WACHSTUMSPHASE

Das Geburtsgewicht liegt bei etwa 170 Gramm. Im Alter von acht Wochen wiegen die meisten Französischen Bulldoggen etwa fünf Pfund. Ab diesem Zeitpunkt wachsen die Rüden des gleichen Wurfs meist schneller als die Hündinnen, erreichen ausgewachsen auch mehr Körpergröße. Züchter empfehlen nachhaltig, bei der Auswahl der Welpen größte Vorsicht walten zu lassen. Schlecht gezüchtete Welpen lösen viele Probleme aus, in Gesundheit wie im Wesen. Es lohnt sich immer, auf gut gezüchtete Welpen etwas länger zu warten. Junghunde stecken voller Leben, sind fröhlich, machen ihrem Besitzer viel Freude, wenn er Zeit zum fröhlichen Spiel hat. Die Junghunde sind neugierig, erforschen alles und wirken meist wie kleine Clowns. Um den in der Rasse liegenden Eigenwilligkeiten entgegenzutreten, sollten die Besitzer von früher Jugend an mit liebevoller Erziehung beginnen. Voll ausgewachsen sind Französische Bulldoggen etwa mit zwei Jahren, ihre endgültige Widerristhöhe und sexuelle Reife sind aber wesentlich früher erreicht. Mit dem Heranwachsen des Junghundes verändert sich die Haarstruktur - bei den Gestromten auch die Farbe, die Stromung wird deutlicher.

Die Züchter haben zwischen Anatomie und Charakter des Französischen Bulldogs eine sehr schöne Ausgewogenheit erzielt. Frenchies sind zurückhaltend genug, nicht übertrieben wild, immer fröhliche und gutartige Hunde. Welpen sind über ein oder zwei Monate meist besonders übermüig, das gibt sich aber.

Welpen wachsen nie so richtig in ihre Ohren hinein.

GESUNDHEIT

Das schwerwiegendste Problem dieser Rasse liegt heute in ihrer Anfälligkeit für Krebserkrankungen. Der Käufer sollte sich sorgfältig beim Züchter über eventuelle in der Zuchtlinie liegende Risiken aufklären lassen. Verbreitet gibt es auch mit Übergrößen und Übergewicht Probleme. Atemschwierigkeiten, Herzkomplikationen, Rückenprobleme - sie alle treten beim zu großen Frenchie verstärkt auf. Vorsicht bei der Welpenwahl. Achte auf richtige Ernährung und Bewegung. Die von Willebrand-Krankheit, die auch bei vielen anderen Rassen auftritt, ist eine erbliche Bluterkrankung, wodurch sowohl die Gerinnung wie auch die Funktion der Plättchen beeinträchtigt wird. Auch Hautallergien sind nicht ungewöhnlich. Knickruten und zu kurzer Oberkopf sind bereits bei der Geburt zu sehen. Es gibt Bandscheibenvorfall, aber glücklicherweise nicht häufig. Abgesehen von richtiger Ernährung und viel, aber maßvoller Bewegung fordert der Französische Bulldog wenig Spezialbehandlung. Französische Bulldoggen leben etwa 12 Jahre oder gar länger.

Traumfest der Fledermausohren! Diese Welpen zeigen gespannte, fröhliche Aufmerksamkeit, handliche Größe und besonders attraktive Farben.

Französische Bulldogge

Golden Retriever

Die Autorin Nona Kilgore Bauer hat es auf den Punkt gebracht. Sie nennt ihre Lieblingsrasse, den Golden Retriever, *den Hund für alle Jahreszeiten*. Vielseitigkeit und Liebe zum Besitzer charakterisieren diese Rasse, machen den Golden zum idealen *Hund für das ganze Leben*.
BESITZER: William und Marie Wingard und James und Pamela Cobble.

Beschreibung

Diese Jagdhunderasse ist mit einem reichen, leuchtend goldenen Haarkleid von vorzüglicher Qualität mittlerer Länge gesegnet. Der Golden Retriever ist ein intelligenter und freundlicher Hund, kraftvoll, aktiv und gesund, von perfekter Symmetrie. Sein Kopf ist feingemeißelt, schöne klare Linien. Klarer, aber nicht zu abrupter Stop. Fang breit und tief. Die Augen spiegeln die echte Persönlichkeit der Rasse. Sie sind mittelgroß, breit eingesetzt, in der Farbe dunkel. Ohren verhältnismäßig kurz, leicht nach vorne getragen. Komplettes Scherengebiß erwünscht. Hals mittellang, mündet in eine schön zurückgelagerte Schulterpartie. Kurzer Körperbau, tiefe, breite Brust, die bis zu den Ellenbogen reicht. Lendenpartie breit, kurz und tief, leicht gewölbt. Nie darf der Golden schmalbrüstig wirken oder in der Bauchpartie zu stark aufgezogen sein. Rute gerade angesetzt, kräftig und leicht befedert. Das doppelte Haarkleid ist sehr dicht und wasserabstoßend. Deckhaar nie seidig oder grob, eng anliegend, entweder gerade oder leicht gewellt. Natürliche Halskrause mit mäßiger Befederung an Bauch und Läufen. Das Fell darf nicht übertrieben lang, offen oder weich sein. Die Farben variieren, sollten aber immer leuchtend und reich sein, weder zu blaß noch besonders dunkel. Weiße Abzeichen oder schwarze Haare nicht erlaubt. Widerristhöhe Rüden 56 bis 61 cm, Hündinnen 51 bis 56 cm. Der Rassetyp in den USA weicht um einiges von dem englischen und kontinentalen Typ ab.

Anpassungsfähigkeit

Der Golden Retriever ist der Idealhund für Natur liebende Menschen, deren Freizeitbeschäftigung von Jagen, Wandern, Joggen oder Schwimmen bestimmt ist, die gerne ihr Leben mit einem Hund teilen. Obgleich der Golden Retriever das Leben im Freien liebt, sollte er immer ein fester Bestandteil des Familienlebens sein. Golden Retriever haaren.... und mancher Hausfrau fällt es schwer, sich mit soviel Haaren abzufinden. Der Golden ist in allererster Linie ein Retriever, deshalb darauf ausgerichtet, alles mit dem Fang zu fassen. Der Junghund wird nur zu gerne jeden Gegenstand, den er packen kann, tragen, versuchen ihn umherzuschleppen, zu ziehen. Dieser Hund liebt das Wasser. Richtige Erziehung ist notwendig, um seine Wasserleidenschaft in die richtigen Bahnen zu lenken. Golden sind eine intelligente Hunderasse, manchmal scheinen sie etwas zu viel zu denken, interessieren sich für alles, was sich bewegt. Dies wirkt sich auch in der Erziehung aus, sie sollte mit viel Einfühlungsvermögen und Sorgfalt unternommen werden. Diese Hunde sind außerordentlich freundlich und liebenswert, aber keinesfalls wenig aktiv, sie brauchen immer eine Beschäftigung. Insgesamt gesehen ist der Golden ein liebenswerter, wunderschöner Allroundhund für Menschen, die ihn entsprechend pflegen, ihr Leben mit dem Hund teilen.

Das freundliche Lächeln des Golden Retrievers zeigt, daß diese Hunderasse nie jemanden als Fremden ansieht.

Wachstumsphase

Das Gewicht eines sieben bis acht Wochen alten Welpen beträgt etwa 3,5 bis 6 Kilo. Man sollte bei der Auswahl auf kompakten Körperbau und gerade Läufe achten, das Fell muß dicht und sauber sein. Nase, Augenlider und Ballen sollten schön pigmentiert sein. Mit zunehmendem Alter wird das Fell etwas dunkler. Es ist züchterische Erfahrung, daß die Farbe an den Ohren der Welpen einen guten Hinweis auf die Farbe des erwachsenen Hundes bietet. Hündinnen sind etwa mit eineinhalb Jahren, Rüden mit zwei Jahren ausgewachsen. Aber beide Geschlechter erreichen ihre volle Schönheit erst mit etwa drei Jahren. Junghunde brauchen beträchtlich Auslauf, müssen auch Gelegenheit haben, Gegenstände umherzuschleppen, mit ihrem Fang zu arbeiten. Man sollte sie schon etwas überwachen, ihnen Aufgaben stellen, damit sie aufgrund von Müßiggang nicht ihre eigenen Wege gehen. Die Hundebesitzer müssen zu starke Fütterung meiden, ihren Hund schlank halten, um Gesundheitsproblemen vorzubeugen. Die Grunderziehung kann und muß früh beginnen, möglichst bereits mit sieben Wochen.

Die meisten Käufer wählen den Golden Retriever wegen seiner Persönlichkeit als Familienhund. Entsprechend ist es Aufgabe aller Züchter, dem Wesen größte Aufmerksamkeit beizumessen.
BESITZER: Julie McKinnon.

Gesundheit

Die enorme Popularität des Golden Retrievers in einer Vielzahl von Ländern in den letzten Jahrzehnten führte zur Massenzucht, begleitet von einer Vernachlässigung von Gesundheitsproblemen. Man sollte Welpen nur bei Züchtern kaufen, bei denen alle Zuchttiere auf HD untersucht wurden. Auch Augenprobleme gibt es in der Rasse, darunter Entropium, Ektropium, Starerkrankungen, Retinadysplasie, PRA, Trichiasie und Distichiasie. Regelmäßige Augenuntersuchungen aller Zuchttiere sind unbedingt angezeigt. Die von Willebrand's-Erkrankung, die auch viele andere Rassen befällt, tritt beim Golden auf. Schilddrüsenerkrankungen, Diabetes Mellitus, subaortische Stenosis und Epilepsie kommen gleichfalls vor. Krebserkrankungen fordern das Leben einer wachsenden Anzahl von Goldens, die Tierärzte berichten besonders von Leukämie, Lymphomanie und Knochenkrebs. Die Fellpflege ist im Grundsatz einfach, muß aber regelmäßig durchgeführt werden - diese Hunde haaren über das ganze Jahr. Golden Retriever leben etwa 12 Jahre, es gibt aber auch Berichte, wonach sie ein Lebensalter von 16 bis 17 Jahren erreichen. So etwa ab zehn Jahren ergrauen die Hunde, manche bekommen einen ganz weißen Fang.

In Anbetracht einiger rassetypischer Krankheiten sollte man bei der Welpenauswahl sehr sorgfältig vorgehen. Nur gesunde Elterntiere, die entsprechenden Untersuchungen unterzogen wurden, gewährleisten, daß Dein Golden frei von größeren Risiken ein langes und gesundes Leben führen wird.
BESITZER: Lisa Smith und Paula M. Ashby.

Das Haarkleid des Junghundes dunkelt mit zunehmendem Alter nach. Für Ausstellungshunde ist eine reiche, leuchtend goldene Farbe wünschenswert, eine sehr hellblonde Farbe ist weniger beliebt.
BESITZER: Arthur und Cheryl Carl.

Golden Retriever

Gordon Setter

Dieser schwarzlohfarbene Jagdhund ist heute weltweit als Gordon Setter bekannt geworden, seine Heimat ist Schottland. Er besticht durch seine Schönheit und sein gutes Wesen.
BESITZER: Suzanne Lach und Mary Ann Alston.

Beschreibung

Der Gordon Setter besticht durch sein wunderschönes, schwarzlohfarbenes Haarkleid, durch Substanz, Muskeln und Knochen. Er ist ein stilvoller, aktiver Jagdhund von guter Größe. Ideale Widerristhöhe Rüden 66 cm, Hündinnen 62 cm, Gewicht Rüden 29,5 Kilo, Hündinnen 25,5 Kilo. Der charakteristische Kopf ist ziemlich tief und schwer, wirkt fein gemeißelt, wodurch Eleganz und Würde des Gordons unterstrichen wird. Ohren tief angesetzt und ziemlich lang, schön gefaltet und dicht am Kopf getragen. Fang ziemlich lang, darf nicht spitz zulaufen. Hals lang und schlank, ohne Wammenbildung. Obere Linie mäßig abfallend. Körper kurz bei tiefem Brustkorb. Rute kurz, mit schöner Befederung, so angesetzt, daß sie nicht zu fröhlich getragen wird, wie eine Art Standarte wirkt. Winkelung von Vor- und Hinterhand gestattet freien Vortritt und kraftvollen Schub. Haarkleid weich und leuchtend, gerade oder leicht gewellt, nie gelockt. Kürzere Befederung an Ohren, Läufen und Bauchpartie. Die Farbe muß kohlschwarz sein, mit mahagoniroten oder kastanienfarbigen Markierungen.

Anpassungsfähigkeit

Natürlichkeit und Intelligenz bestimmen das Auftreten des Gordon Setters. Diese Hunde sind eigenwilliger als die meisten Jagdhunderassen, entsprechend fordert der Gordon von früh an Einiges an Ausbildung. Seine Jagdleidenschaft ist stark entwickelt, er läßt sich auch bei Spaziergängen im Park leicht von Tauben und Eichhörnchen ablenken. Ein schöner, großer, athletischer Hund, nicht gerade die ideale Wahl für Bewohner kleiner Appartements. Zu wenig Bewegungsfreiheit wäre für den Gordon Setter eine Tortour. Insgesamt jedoch ist er ein freundlicher, liebenswerter Hund, der das Zusammensein mit Kindern liebt.

Der Gordon Setter ist ein intelligenter, selbstbewußter Hund. Manche meinen, er könnte denken.
BESITZER: Joanne van Aller und Michelle Ostermiller.

Wachstumsphase

Die Wurfgröße liegt bei acht bis zwölf, Geburtsgewicht 250 bis 320 Gramm. Die bei der Geburt schon erkennbare Lohfarbe verstärkt sich so etwa mit acht Wochen. Zuweilen werden auch rote Welpen geboren, in den USA kann man sie eintragen, nicht aber damit züchten oder sie ausstellen. Stoffwechsel und Nahrungsanforderung ist in den einzelnen Zuchtlinien leicht unterschiedlich. Am besten fragt man den Züchter nach einem genauen Futterplan, insbesondere über das erste Jahr. Der Gordon Setter ist ein erstaunlich langsam heranreifender Hund. Einige behaupten, seine körperliche Schönheit erreiche er erst etwa im sechsten Lebensjahr, während sein Fell zum Ausreifen etwa vier Jahre brauche.

Gordon-Welpen wachsen etwas langsamer als die meisten anderen Rassen, fordern ausgewogene Ernährung und Pflege. Der Züchter kann Dir am besten sagen, wodurch sich seine Zuchtlinie auszeichnet, welcher für Dich der richtige Welpe ist.

Gesundheit

Gordon Setter sind gesunde Hunde. Allerdings braucht die Rasse viel Auslauf im Freien, vernünftige Erziehung durch ihre Besitzer. Aufgrund des reichen Haarkleids ist regelmäßige Fellpflege ein Muß. Die lang herunterhängenden Ohren sind Ursache mancher Ohrentzündungen. Bei jagdlichem Gebrauch sollten die Pfoten regelmäßig auf Verletzungen kontrolliert, aber insbesondere auch von zuviel Haar freigehalten werden. Vorsicht vor Hitzschlag. Allgemeinerkrankungen, denen auch andere Hunderassen unterliegen, treten auch beim Gordon Setter auf, in erster Linie HD, PRA und Schilddrüsenstörungen. Eine seltenere Hundeerkrankung - als *Cerebellar Cortical Atrophie* bezeichnet - führt zu mangelnder Koordination der Glieder, zu einem unbeholfenen Gang - die ersten Anzeichen treten etwa mit sechs Monaten auf. Dies ist eine rezessiv vererbte Krankheit, dementsprechend müssen beide Elterntiere Krankheitsträger sein. Von nachweislichen Trägertieren sollte man nie weiter züchten. Hunde, die an dieser Erkrankung leiden, werden häufig schmerzlos eingeschläfert. Tierärzte berichten auch, daß in der Rasse Fälle erblicher Retinadysplasie auftreten. Beim Welpenkauf sollte man sich immer davon überzeugen, daß die Linie, aus welcher der Welpe stammt, möglichst wenig von Krankheiten befallen ist. Die Lebenserwartung des Gordon Setters liegt bei über zehn Jahren.

Für einen Jagdhund besitzt der Gordon Setter ziemlich viel Fell. Von Jugend an sollte man den Hund an regelmäßige Fellpflege gewöhnen. BESITZER: Sue Drexel.

Gordon Setter

Greyhound

Genauso wie die Vollblutpferde hat der Greyhound unter den Windhunden keinen echten Konkurrenten, seine Schnelligkeit ist phänomenal. Sein ganzer Körperbau ist nur auf eines ausgerichtet - das Rennen!
BESITZER: Tad W. und Ellen C. Lowdermilk.

Beschreibung

Der Greyhound ist ein symmetrisch aufgebauter Windhund in großrahmigen Proportionen. Langer Kopf und Hals, geräumiger Brustkorb, kraftvolle Vor- und Hinterhand, leicht aufgewölbte Lendenpartie und schön zurückgelagerte und eng anliegende Schultern. Kopf lang und schmal, aber mit genügend Breite zwischen den Ohren. Stop nur schwach ausgeprägt. Ohren klein und von feiner Struktur, werden manchmal als rosenförmig bezeichnet. Kiefer kraftvoll, fein gemeisselt. Augen oval, schräg eingesetzt, in der Farbe möglichst dunkel. Schultern muskulös, ohne überladen zu wirken. Vorderläufe völlig gerade. Brust tief, schöne Rückenwölbung. Lendenpartie kräftig, schön geformte Flanken. Hinterhand sehr muskulös, tiefliegendes und gut gewinkeltes Knie. Pfoten fest und geschlossen, eher hasenpfotig als katzenpfotig wirkend. Rute ziemlich tief angesetzt, lang, leicht gebogen und tief getragen. Haarkleid kurz, feste Struktur. Die Farben umfassen Schwarz, Weiß, Rot, Blau, Falb, Fahl, Gestromt. Alle diese Farben einfarbig oder auch mit Farbflecken auf weissem Grund. Widerristhöhe Rüden 71 bis 76 cm, Hündinnen 68 bis 71 cm.

Anpassungsfähigkeit

Die Greyhounds sind die Rennpferde unter den Hunden, unglaublich schnell und von aristokratischem Auftreten. Hinzu kommt aber noch, diese wunderschönen Hunde werden auch für Hundefreunde, die bereit sind, die Verantwortung zu übernehmen, die nun einmal mit der Windhundehaltung verbunden ist, großartige Familienhunde. Der Greyhound ist ein freundlicher Hund, gar nicht so übertrieben aktiv wie zuweilen berichtet wird. Er ist ein Sohn des Windes, das heißt, er stürmt mit einer Geschwindigkeit von bis zu 70 Stundenkilometern durch das Gelände. Das Grundstück muß gut eingezäunt, das Umhertoben überwacht werden. Von der Rennbahn zurückgezogene Greyhounds werden für die richtigen Menschen zu wunderbaren wertvollen Familienmitgliedern. Diese im Ruhestand lebenden *Professionals* brauchen viel Geduld, meist fehlt ihnen richtige Sozialisierung in früher Jugend, sind sie mit dem häuslichen Leben wenig vertraut. Rennstrecken haben nun eben einmal weder Türen, Fenster, Stufen, Bälle noch Tische.

Der Greyhound hat eine weiche Seele, ist ein ganz liebevoller ruhiger Haushund, gleichzeitig ein ausdauernder Athlet von unübertrefflicher Ausdauer.
BESITZER: Laurie Renaud.

Wachstumsphase

Die Geburtsgewichte variieren beträchtlich, liegen im allgemeinen bei etwa 450 Gramm oder etwas mehr, Hündinnen sind etwas leichter als Rüden. Die meisten Welpen werden mit verhältnismäßig langen Ruten geboren, in die sie noch *hineinwachsen*. Man sollte in den ersten Monaten darauf achten, daß sich die Junghunde nicht die Ruten verletzen. Hinsichtlich der Farbe gibt es im Standard keine Einschränkungen, Greyhounds gibt es in einer Vielfalt von Farben. Einige dieser Farben verändern sich noch mit dem Heranwachsen. Das Wachstum beim Greyhound verläuft relativ schnell. Viele Hunde haben bereits mit neun Monaten ihre volle Widerristhöhe erreicht. Die körperliche Reife dauert aber meist bis zu einem Alter von drei Jahren, dann sieht man die Hunde in ihrer vollen körperlichen Schönheit. Geschlechtsreife tritt bei dieser Rasse zuweilen etwas spät ein, von einigen Hündinnen wird berichtet, daß sie etwa mit zwei Jahren erstmals heiß wurden. Greyhound-Junghunde sind höchst aktive Tiere, brauchen sehr viel körperliche Aktivitäten, genießen jede Gelegenheit zum Sprinten und Laufen. Greyhounds müssen immer schlank gehalten und richtig ernährt werden.

Da heute viele Hundefreunde Greyhounds erst nach ihrem Rückzug von der Rennbahn kaufen, haben wenige das Vergnügen, die Aufzucht von Greyhound-Welpen zu beobachten. Nur eine Handvoll Würfe wird jährlich von Nicht-Rennhundzüchtern aufgezogen, verglichen mit Hunderten von Würfen mit Tieren nur für das Rennen.
BESITZER: Stacy Pober.

Gesundheit

Der Greyhound ist wahrscheinlich der extremste Athlet unter allen Haushunden, braucht deshalb eine Fülle geregelter Bewegung. Voraussetzung für die Haltung ist ein hoch eingezäunter offener Auslauf, in dem der Hund unbeschwert von der Leine umhertoben kann. Beachte - diese Hunde verfügen über ein beträchtliches Sprungvermögen! Die Rasse demonstriert eine vorzügliche Gesundheit, sogar Freisein von einer so verbreiteten Erkrankung wie HD. Trotzdem gibt es Hinweise über zu kurze Wirbel und Mißbildungen an der Speiseröhre. Eine Veranlagung in der Rasse scheint auch hinsichtlich Hautentzündungen auf der Rute zu bestehen. Sie sind dafür bekannt, aufgrund ihres niedrigen Körperfettgehalts gegen gewisse Medikamente, besonders Narkose, empfindlich zu sein. Hämophilia A - durch starke Blutungen markiert - kommt vor. Aber die verbreitetsten Probleme der Greyhound-Besitzer sind Folgen von Verletzungen aufgrund der geradezu explosiven körperlichen Fähigkeiten dieser Rasse. Die Lebenserwartung liegt bei etwa zehn Jahren, wobei aber eine Reihe frühere Rennhunde, aufgrund der Anstrengungen auf der Rennbahn, möglicherweise auch Folge der Eingabe von Steroiden, nur sieben Jahre alt werden. Übernommene Renn-Greys brauchen viel Zahnpflege, ihre Zähne sind meist stark vernachlässigt, tierärztliche Beseitigung von Zahnstein hilft dabei, den *Drachenatem* des Hundes zu mildern. Sehr empfehlenswert sind wohlschmeckende Kauknochen. Es ist nachgewiesen, daß einige junge Rennhunde an Babesiosis erkrankt sind, eine durch Zecken ausgelöste Krankheit. Besitzer in zeckenverseuchten Gebieten sollten hierauf besonders achten.

Mit Menschen und anderen Hunden aufgezogen wachsen Greyhound-Welpen zu lustigen, unterordnungsfreudigen Familienhunden heran. Sie lassen sich leicht sozialisieren und passen sich dem Familienleben recht gut an.
BESITZER: Stacy Pober.

Der Greyhound rühmt sich, die einzige großrahmige Hunderasse zu sein, die HD-frei ist. Hundebesitzer sollten auf die Empfindlichkeit der Rasse achten, mit der sie auf verschiedene Medikamente und Narkose reagiert.
BESITZER: Donna A. Hess.

Greyhound

Griffon Bruxellois

Griffon bedeutet *drahthaarig,* was dieser hübsche Rassevertreter unterstreicht. Die ins Auge fallenden Ausstellungshunde heutiger Zeit würden sicherlich ihre Ahnen - die Belgischen »Straßenköter« - mit Stolz erfüllen.
BESITZER: Cleola Moorhead.

Beschreibung

Würde man den Griffon Bruxellois nicht als Hundeschönheit anerkennen, stellte dies unser Verständnis von Schönheit in Frage- denn Schönheit besteht nur im Auge des Betrachters - und der kleine Griffon bietet dem Betrachter sehr viel! Die Rasse gibt es in zwei Haararten - glatthaarig und drahthaarig, im übrigen sind diese Hunde identisch. Die offizielle Rassebezeichnung für die Glatthaarigen ist *Petit Brabançon.* Das herausragende Merkmal des Griffons ist sein Kopf, sein Ausdruck wird als *fast menschlich* bezeichnet, er ist auch wirklich ungewöhnlich. Ein großer, runder Kopf mit aufgewölbtem Vorderkopf; kleine, hoch angesetzte Ohren, leider zuweilen noch kupiert. Lange, schwarze Augenwimpern. Rund um die Augen bildet sich ein Rahmen von Augenbrauen, Schnurrbart, Kinnbart und langen Haaren auf den Wangen. Der Körper ist kurz und untersetzt, Rücken gerade, Rippen gut gewölbt, kurz, Rute hoch angesetzt, auf ein Drittel kupiert. Das Rauhhaarfell sollte möglichst hart und drahtig sein, nie wollig oder seidig, auch nicht zottig wirken. Beim *Petit Brabançon* ist das Fell gerade, kurz und leuchtend, nie drahtig. Der *Griffon Bruxellois* ist immer rot, der *Griffon Belge* schwarz, schwarzlohfarben oder rotgrizzle. Bei allen Farben ist Weiß nicht zulässig. Ausgewachsene Griffons wiegen 2,7 bis 4,5 Kilo.

Anpassungsfähigkeit

Dieser Hund könnte in Hollywood zu Hause sein, denn er ist ein ungewöhnlicher Hundestar mit natürlicher Begabung, seine Menschen zu manipulieren, zu schmeicheln und sich über sie lustig zu machen. Wenn man diesen Hund nicht richtig erzieht, könnte er auch allerhand Unheil stiften. Es sind mutige und herausfordernde Kobolde! Sie versuchen über ihr ganzes Leben, ihre geliebten Menschen dazu zu veranlassen, sie zu verwöhnen. Der Griffon Bruxellois ist ein sehr empfindsamer, wunderbarer Hund in Haus und Familie, einfallsreich genug, um *menschlich zu wirken* (zumindest aus einem vorangegangenen Leben).

In Belgien und allen FCI-Ländern ist der glatthaarige Schlag als *Petit Brabançon* bekannt geworden.
BESITZER: Howard Ogden.

WACHSTUMSPHASE

Bei der Geburt wiegen die Welpen ungefähr 140 bis 200 Gramm. Etwa mit fünf Tagen müssen Wolfskrallen entfernt, Ruten auf ein Viertel kupiert werden. Ohrenkupieren ist heute gesetzlich verboten, erfolgte früher etwa im Alter von drei Monaten. Die Färbung der Neugeborenen ist recht unterschiedlich. Es gibt Schokoladenfarbene, bei denen schwarzes Pigment völlig fehlt, selten auch Blaue. Diese Welpen haben rosa Pfotenballen, Bäuchlein und rosa oder leberfarbene Nasen. Diese Farben sind natürlich nicht akzeptable Fehler, solche Hunde sind auf Ausstellungen unerwünscht, sollten als Familienhunde preisgünstig abgegeben werden. Das rauhe Erwachsenenfell entwickelt sich etwa mit sechs Monaten. Sorgfältige Fütterung, bei der es wenig Leckerbissen gibt, genügend Auslauf und Früherziehung führen zu einem gesunden, sich wohlverhaltenden Griffon Bruxellois.

Die Welpen sind ziemlich zart und klein, brauchen eine freundliche liebevolle Hand. Ausgewachsene Hunde werden recht robust und selbständig.
BEISTZER: Cheryl Stevens.

GESUNDHEIT

Der Griffon Bruxellois gehört zu den Robustesten unter den Zwerghunderassen, er ist relativ frei von rassespezifischen Fehlern. Wasserköpfigkeit tritt auf, aber nur sehr selten. Auch gibt es Berichte über Schulterprobleme und zu kurze Köpfe. Um so genauer sollte man sich von gutem Körperbau der Vorfahren unterrichten. Manchmal gibt es sogenannte *Leakers* - Welpen, die laufend Urin verlieren. Sie sollten schmerzlos erlöst werden, da im späteren Leben unausweichlich Probleme auftreten werden. In völlig normalen Würfen trifft man auf Spaltrachen und Hasenscharten. Auch diese Welpen sind nicht überlebensfähig. In der Rasse sollten die Augen regelmäßig kontrolliert werden, da sie verletzungsgefährdet sind. Tägliche Spaziergänge und Fütterung mit einem guten Markenfutter werden empfohlen. Die Pflege hängt vom Haartyp ab. Die rauhhaarigen Griffon Bruxellois müssen regelmäßig getrimmt werden, eine einfache

Das weiche Welpenfell wird etwa mit sechs Monaten durch ein hartes Haarkleid ersetzt. Die Farben variieren beträchtlich, hellen meist mit dem Alter auf.
BESITZER: Doug Matney und Terry Page.

Glücklicherweise gilt in der Mehrzahl aller Länder heute das Kupierverbot! Wie reizvoll unkupierte Ohren sind, dokumentiert dieses Foto.
BESITZER: Doug Matney und Terry Page.

Prozedur, wenn man sie sich richtig zeigen läßt. Rassemerkmal ist der Vorbiß, durch regelmäßige Zahnpflege müssen frühe Abnutzung und Zahnfleischerkrankungen vermieden werden. Häufig verlieren die Welpen ihre Milchzähne spät, manchmal müssen sie gezogen werden, wenn sie der Entwicklung des zweiten Gebisses im Wege stehen. Die Lebenserwartung reicht bis zu 15 - manchmal 18 Jahren.

Griffon Bruxellois

Griffon d' Arrêt à Poil Dur (Korthals Griffon)

Beschreibung

Der aus dem Ursprungsland Frankreich stammende Korthals Griffon ist ein mittelgroßer, rauhhaariger Vorstehhund und Retriever. Kopf und Fang sind quadratisch, nur leicht akzentuierter Stop und Hinterhauptbein. Augen groß und rund, Ohren von mittlerer Größe, flach anliegend. Die Nase muß braun sein. Scherengebiß. Der Hals ist ziemlich lang, Rücken kraftvoll und fest. Brust weder zu breit noch zu schmal. Lendenpartie kraftvoll und stark entwickelt. Rute auf ein Drittel oder bis zur Hälfte der Ursprungslänge kupiert. Schultern lang, schön zurückgelagert. Vorderläufe gerade, Pfoten rund und fest mit gut aufgeknöchelten Zehen. Hinterhand kräftig, gut gewinkelt. Sprunggelenke gerade, weder nach innen noch nach außen gedreht. Knie und Sprunggelenke schön gewinkelt und kräftig. Doppeltes Haarkleid mit mittellangem Deckhaar, das gerade und drahtig ist - weder wollig noch gelockt. Darunter liegt eine weniger üppige, aber wasserabweisende, feine dichte Unterwolle. Das Kopfhaar des Hundes (Bart und Augenbrauen, Ohrbehänge) gibt dem Griffon sein charakteristisches, ungekämmtes Aussehen. Die Farben sind vorwiegend Stahlgrau mit braunen Markierungen, auch Kastanienbraun oder Schimmelung, Weiß mit Braun, Weiß mit Orange. Nie darf das Fell Schwarz sein, das führt zur Disqualifizierung.

»Ein vorzüglicher Jagdhund« beschreibt nur bescheiden die Qualitäten des Korthals Griffons. Die leichte Erziehbarkeit, Hingabe an die Familie und das allgemein freundliche Wesen dieser Rasse bezaubern alle, die sie kennen.
BESITZER: Joe und Marge Gryskiewicz.

Der Griffon-Welpe, obwohl wenig nachgefragt, ist glücklich, die Anforderungen auch der anspruchsvollsten Hundefreunde zu erfüllen.
BESITZER: Elaine Hunsicker.

Anpassungsfähigkeit

Diese seltene Jagdhunderasse trifft man heute vorwiegend in den USA und in einzelnen europäischen Ländern wie Deutschland, Österreich und Frankreich an. Ein vielseitig orientierter Jagdhund mit vorzüglichen Eigenschaften. Am wohlsten fühlt sich dieser Hund bei der Arbeit in Feld und Wasser, eignet sich sehr für ein Leben auf dem Land, wo er nach Möglichkeit jagdliche Betätigung finden sollte. Ein athletischer Hund, sehr ausbildungsfähig, mit mehr Energien auf der Jagd als die meisten Jäger fordern. Zu Hause ist er ruhig und liebevoll, schließt sich seiner Familie eng an. Frühe Sozialisierung ist ein Muß, denn einige Rassevertreter haben eine Veranlagung zur Scheu, zeigen sich zuweilen furchtsam.

WACHSTUMSPHASE

Korthals Griffons werden weiß mit braunen Köpfen geboren. Etwa ab einer Woche bilden sich erste braune Tupfen, mit drei Wochen beginnen sich die Flecken und Markierungen auszudehnen. Die Rasse ist in der Entwicklung langsam, erreicht meist erst mit zweieinhalb bis drei Jahren volle Reife. Bei der Auswahl sollte man übergroße Welpen meiden - Zuchtziel ist der mittelgroße Hund. Angestrebte Widerristhöhe Rüden 56 bis 60 cm, Hündinnen 51 bis 56 cm. Die Rasse ist als ziemlich sensibel bekannt, keinesfalls sollte man einen scheuen Welpen kaufen, vielmehr nach einem munteren und freundlichen Ausschau halten. Vermeide weiches oder gelocktes Fell, das Haarkleid muß immer drahtig sein, selbst im jugendlichen Alter. Die Züchter unterstreichen, daß dies eine aktive Hunderasse ist, aber nicht hyperaktiv! Junghunde sollten leicht zu erziehen, intelligent und von gutem Wesen sein.

GESUNDHEIT

Der Korthals Griffon ist nach vorliegenden Berichten weitgehend frei von erblichen Erkrankungen. Hüftgelenksdysplasie tritt auf, aber nur in geringem Rahmen. Das drahtige Fell der Rasse braucht wöchentliche Pflege. Um es kurz zu halten, sollte es leicht übertrimmt werden. Eine Verfilzung der Unterwolle kann zu Haut-

Griffons binden sich eng an ihre Besitzer. Wähle einen munteren, lebhaften Welpen als bestmöglichen Jagdgefährten.
BESITZER: Elaine Hunsicker.

problemen führen, auch das Ansiedeln von Pararasiten erleichtern. Gründliches regelmäßiges Bürsten ist eine wirksame Gegenmaßnahme. Besonders achte man auf das Haar rings um Augen, Fang, Ohren und After. Diese Bereiche müssen kurz gehalten werden, um Infektionsgefahren vorzubeugen. Dies sind robuste Arbeitshunde, die sich bei Jägern am wohlsten fühlen, die ihnen genügend Aufgaben stellen, damit sie ihre stark entwickelten jagdlichen Eigenschaften ausarbeiten können. Der Korthals Griffon ist verspielt und neugierig und sollte einen gut eingezäunten Garten als Spielplatz haben. Die Lebenserwartung liegt bei etwa 10 oder mehr Jahren. Nicht zu vergessen - diese Hunde brauchen einen einfühlsamen, aber konsequenten Erzieher.

Der »Happy Hunter!« Dieser Welpe steht erstmals vor. Die meisten Experten stimmen überein, daß der Korthals Griffon sich nur für jagdlich orientierte Besitzer und Familien eignet.
BESITZER: Elaine Hunsicker.

Griffon d' Arrêt à Poil Dur

Groenendael
Belgischer Schäferhund

Der Groenendael ist ein gut aufgebauter, reinschwarzer Hütehund von mittlerer Größe. In einigen Ländern wird er einfach nur als Belgischer Schäferhund bezeichnet.
BESITZER: Julia E. Fiechter.

Beschreibung

Dieser schwarze Belgische Schäferhund ist quadratisch gebaut, beweglich, kräftig, sehr munter mit stolzer Körperhaltung. Ein gut proportionierter und eleganter Hund, Widerristhöhe Rüden Durchschnitt 64 cm, Hündinnen 58 cm. Der Kopf ist kräftig, steht in richtigem Verhältnis zum Körper. Augen mittelgroß, mandelförmig, nie hervortretend. Ohren dreieckig und als Stehohr getragen, niemals hängend. Hals gebogen, lang genug, um den Kopf stolz zu tragen. Widerrist etwas höher, setzt sich in einer waagrechten und geraden Rückenlinie fort. Brust tief, aber nicht breit. Bauchpartie weder übertrieben hochgezogen, noch hängend. Kruppe mittellang und leicht abfallend. Vorderläufe kräftig und parallel, Hinterläufe gleichfalls parallel und stark, Knochen eher oval als rund. Rute kräftig, nie kupiert. Fell gerade und üppig, weder seidig noch drahtig, von mittelharter Struktur. Unterwolle außerordentlich dicht, je nach Klimaverhältnissen variabel. Farbe immer einfarbig Schwarz, etwas Weiß gestattet.

Anpassungsfähigkeit

Auch als Familienhund hat der Groenendael einige Popularität gefunden, leider wird er immer einmal wieder mit einem reinschwarzen Deutschen Schäferhund verwechselt. Alle Belgischen Hütehunde bestechen durch eine Vielzahl an Eigenschaften, darunter Gehorsam, Hütetrieb, Einsatz als Schlittenhund, Agility, Fährtenhund und Rettungshund, Polizeihundearbeit sowie als Drogenspürhunde. Eine bemerkenswerte Rasse, ein herrlicher Spielgefährte für die Kinder, der das Spiel im Freien liebt. Auch in der Wohnung benimmt er sich gut, ist außerordentlich angenehm, für ein Leben in einem kleinen Appartement ist er aber wesentlich zu aktiv.

Der ideale Groenendael-Welpe ist aufgeschlossen und menschenfreundlich, zeigt sich aber etwas reserviert. Ein richtig sozialisierter Wurf besticht durch gute Gesundheit und neugierige, selbstsichere Welpen.

WACHSTUMS-PHASE

Mit acht Wochen wiegt ein Groenendael etwa 5,5 bis 6,5 Kilo. Voll ausgereift ist die Rasse erst mit vier Jahren, Hündinnen sind etwas schneller als Rüden. Die Züchter streben vor allem einen zuverlässigen Hütehund an. Körperliche Gesundheit in der Rasse ist die Norm. Jeder Hundebesitzer sollte den Standard kennen, bei der Auswahl auf körperliche Gesundheit achten. Besonders wichtig ist das Wesen. Belgische Schäferhunde sind für ihre Ergebenheit und Intelligenz berühmt. Ihre Welpen zeigen sich ihrer Natur nach leicht mißtrauisch, dürfen aber weder scheu noch aggressiv sein. Der heranwachsende Hund wechselt sein weiches, daunenartiges Welpenfell in ein dichtes, schwarzes Erwachsenenhaarkleid. Der ausgewachsene Hund braucht sehr viel Auslauf und viel Zeit seines Besitzers und der menschlichen Familie. Mit der Erziehung sollte man schon in früher Jugend beginnen. Diese Hunde kauen gerne, hierauf muß man achten und ihnen dazu Gelegenheit durch Büffelhautknochen und Ähnlichem geben.

Das Welpenhaar ist weich und daunenartig, in der Regel reinschwarz. Einige Welpen haben weiße Brustmarkierungen, die oft aber nach dem Fellwechsel verschwinden.

Das lange Haarkleid des Groenendaels unterscheidet ihn deutlich von dem einfarbig schwarzen Deutschen Schäferhund, mit dem die Rasse zuweilen verwechselt wird.
BESITZER: William G. und Cathy H. Daugherty.

GESUNDHEIT

Ein ausgewogener Welpe mit gutem Bewegungsablauf verspricht Einiges für den ausgewachsenen Hund.
BESITZER: Jan Manuel und Carolyn Kelso.

In der Rasse tritt Hüftgelenksdysplasie auf, aber weniger als in vergleichbaren Arbeitsrassen. Es wird auch über einige Fälle von Epilepsie berichtet, ein EEG in früher Jugend klärt solche Fälle. Weiterhin wurde über die Rasse bekannt, daß sie manchmal gegen Impfungen ungewöhnlich reagiert, auch eine gewisse Empfindlichkeit gegenüber Anästhesie vorliegt. Hierauf müssen Züchter wie Tierärzte achten. Der Fellwechsel ist stark, manchmal entwickelt sich gerade in dieser Zeit eine Dermatitis. Der Groenendael braucht sehr viel Auslauf und sollte systematisch erzogen werden. Für alle Belgischen Schäferhunde ist charakteristisch, daß sie zehn Jahre und älter werden.

Groenendael

Großer Münsterländer

Lächle auch - und freue Dich an diesem wunderschönen Kopfportrait eines Münsterländers!
BESITZER: Keith Groom.

Beschreibung

Der Große Münsterländer ist ein vorzüglicher Jagdhund, fällt durch seine Schwarzweißfärbung (zuweilen Blauschimmel) auf. Ein sehr schön proportionierter Hund, der sich geschmeidig bewegt, immer den *Berufsjagdhund* dokumentiert. Oberkopf leicht aufgewölbt, genügend breit. Augen mittelgroß, dunkel. Ohren breit, hoch angesetzt, flach und dicht am Kopf anliegend. Verlangt wird komplettes Scherengebiß. Kräftiger Hals, leicht geschwungen. Breite Brust, Schultern schön zurückgelagert, kurzer Rücken. Hinterhand stark bemuskelt und schön gewinkelt. Rute schön angesetzt, leicht nach oben oder waagrecht getragen. Haarkleid lang und dicht, gute Befederung an Vorder- und Hinterläufen wie Rute. Widerristhöhe Rüden 61 cm, Hündinnen 59 cm. Gewicht Rüden 25 bis 29 Kilo, Hündinnen etwa 25 Kilo. Kopf einfarbig Schwarz mit weißer Blesse, kleines Fleckchen oder Stern zulässig. Körper Weiß oder Blauschimmel mit schwarzen Flecken.

Anpassungsfähigkeit

Eine mittelgroße Hunderasse, die sich sehr harmonisch dem Familienleben anpaßt, immer liebevoll und gehorsam ist. Für den ernsthaften Jäger ein perfekter Allzweckjagdhund. Diese Hunde sind sehr arbeitsfreudig und lernen schnell. Sie fordern viel Auslauf, schlechtes Wetter stört sie dabei in keiner Weise. Diese Hunde brauchen einen Besitzer, der ihnen genügend Zeit und Liebe widmet. Mit richtiger Erziehung wird der Große Münsterländer zu einem leicht zu kontrollierenden Familienhund, dessen Stärken aber eindeutig im jagdlichen Bereich liegen.

In vielen Ländern der Erde ist der Große Münsterländer noch wenig bekannt. Trotz seiner Seltenheit besitzt dieser hübsche Deutsche Jagdhund hervorragende jagdliche Eigenschaften und viel persönlichen Charme. Beides sollte ihm noch viele Herzen erschließen!
BESITZER: Keith Groom.

WACHS-TUMSPHASE

Acht Wochen alte Große Münsterländer wiegen sechs bis sieben Kilo. Wie bei allen etwas selteneren Hunderassen sollte man bei der Welpenauswahl einen Fachmann hinzuziehen, der die Rasse kennt. Trotz des Rassennamens ist dies kein großer Hund, Käufer sollten übergroße Hunde meiden. Die Auswahl zielt auf einen gesunden, gut ausbalancierten Welpen, möglichst mit einfarbig schwarzem Kopf und dunklen Augen. Helle Augen dunkeln in den seltensten Fällen zur korrekten Farbe nach. Mit dem Alter dunkelt die Fellfarbe nach, kommt es zu neuer Fleckenbildung auf weißem Grund, wodurch ursprünglich weiße Bereiche ausgefüllt werden. Hier gibt es einen Züchtertip. Wenn man das Fell gegen den Strich bürstet, sieht man beim Junghund graue Bereiche, ein Hinweis auf die spätere Färbung des erwachsenen Hundes. Junghunde sind voller überschüssiger Energie, brauchen körperliche wie geistige Bewegung. Diese Rasse sollte man in aller Regel zweimal täglich füttern, auch die Ausgewachsenen.

Der Große Münsterländer ist immer schwarzweiß, Widerristhöhe 59 bis 61 cm. Ein Allzweckjagdhund, besonders gut für die Vogeljagd, aber auch ein gesunder, leicht zu pflegender Familienhund für den Liebhaber. BESITZER: Keith Groom und Linda Flint.

GESUNDHEIT

Die Züchter berichten über wenige Gesundheitsprobleme, die Tatsache, daß diese Hunde weitgehend in den Händen verantwortungsbewußter Halter stehen, unterstreicht diesen Bericht. Im Rassezuchtverein wird das Zuchtmaterial auf erbliche Augenkrankheiten - in erster Linie Starerkrankungen - untersucht. HD tritt in der Rasse auf, aber nur wenig, trotzdem ist Untersuchung angezeigt. Aus räumlichen Gründen wurde der *Kleine Münsterländer* nicht in das Buch aufgenommen, nebenstehendes Foto stellt aber die Rasse zumindest vor. Bitte auch Bildunterschrift beachten!

Der Große Münsterländer ist mit dem *Kleinen Münsterländer* nahe verwandt, der Kleine Münsterländer hat eine Widerristhöhe von 48 bis 56 cm, zeigt immer die Farben Weiß-Braun. Das Bild hier zeigt den *Kleinen Münsterländer*.

Großer Münsterländer

Großer Schweizer Sennenhund

BESCHREIBUNG

Der Große Schweizer Sennenhund ist ein großer und kraftvoller Hund, schön ausbalanciert, niemals plump. Die Widerristhöhe beläuft sich bei Rüden auf 65 bis 72 cm, Hündinnen 58 bis 68 cm. Farbe Schwarz mit schönen lohfarbenen Abzeichen an Wangen, über den Augen und an allen vier Läufen. Symmetrische weiße Blesse im Gesicht, weiße Abzeichen an Brust und Rutenspitze. Das typische Merkmal der Schweizer Farben liegt darin, daß die rote Farbe immer zwischen Schwarz und Weiß liegt. Kopf flach und breit, leichter Stop, Oberkopf und Fang von gleicher Länge. Augen mittelgroß, weder tiefliegend, noch hervortretend. Ohren mittellang, dreieckig geformt, hoch angesetzt. Enganliegende Lefzen, keine Wammenbildung. Hals mäßig lang und schön geformt. Die Körperlänge steht zur Widerristhöhe etwa im Verhältnis 10 zu 9. Rücken mäßig lang und gerade. Tiefe und breite Brust mit sich leicht abzeichnendem Brustbein. Rute etwa in Körperhöhe getragen, bis zu dem Sprunggelenk reichend. Schultern lang, schräg gestellt und kraftvoll. Starke Vorderläufe. Widerrist hoch und lang, Kruppe lang und breit. Haarkleid dicht, etwa 2,5 bis 4,5 cm lang, dicke Unterwolle.

Wie sein langhaariger Vetter der Berner Sennenhund, zeigt auch der Große Schweizer Sennenhund die klassischen Schweizer Farben - Schwarz, Weiß und Rot. Dabei tritt Rot immer zwischen Schwarz und Weiß auf.

ANPASSUNGSFÄHIGKEIT

Ein großer, aktiver Hund, der einen beträchtlichen Bewegungsbedarf im Freien aufweist. Fachleute beschreiben den Großen Schweizer Sennenhund als intelligent, freundlich und als einen erstklassigen Familienhund. Die Rasse ist auch im Ursprungsland Schweiz und in Deutschland verhältnismäßig selten, findet aber zunehmend Interesse, auch in England und in den USA. Ein unterordnungsfreudiger Hund, der sich allen Verhältnissen anpaßt. Diese Hunde haben wenig Sozialisierungsprobleme. Sie lieben Menschen, haben ein ausgeglichenes Wesen, sind bei Annäherung von Fremden weder scheu noch übertrieben aggressiv. Gut erzogen werden sie zu imposanten und eindrucksvollen Wachhunden.

Der Große Schweizer Sennenhund ist ein ruhiger und zugänglicher Hund. Seiner Herkunft nach kein ausgesprochener Wachhund, vielmehr diente die Rasse in erster Linie zum Ziehen kleiner Karren, arbeitete in Ställen und hütete Rinder. Er ist durchaus ein guter Wachhund, zeigt aber nicht die charakteristischen Merkmale der Molosserrassen.
BESITZER: Terry Mehle.

Wachstumsphase

Der Große Schweizer Sennenhund wiegt mit etwa acht Wochen neun bis zehn Kilo. Die Käufer sollten sich ernsthaft mit der Rasse befassen, sich vor dem Kauf eines Welpen mit allen Problemen vertraut machen. Bei der Auswahl steht immer das Wesen im Vordergrund, diese Hunde dürfen weder aggressiv noch scheu sein. Von Jugend an müssen Große Schweizer Sennenhunde gut erzogen werden. Sie brauchen auch angemessenen Auslauf, wobei man aber entsprechend dem Gewicht der Hunde Übermüdungen vermeiden sollte. Beachte unbedingt den Futterplan des Züchters, gerade schnell wachsende Rassen brauchen eine Nahrung mit niedrigem Proteingehalt, lieber häufigere und kleinere Mahlzeiten. Von Hause aus ein Meister im Wagenziehen empfiehlt sich für den Großen Schweizer Sennenhund von Jugend an konsequente Unterordnungserziehung, Besuch im Welpenkindergarten und alle anderen Formen der Sozialisierung mit Menschen und Tieren.

Gesundheit

Diese starkknochigen Hunde erfreuen sich guter Gesundheit, in erster Linie aufgrund mengenmässig beschränkter und verantwortlicher Zucht. Auf kleiner Zuchtbasis wächst die Popularität. Käufer sollten unbedingt sorgfältig auswählen, in erster Linie auf gutes Wesen und Gesundheit achten. Der Große Schweizer Sennenhund ist anfällig gegen Magenumdrehung - man sollte täglich öfter kleinere Mahlzeiten geben. Ausgewachsene Hunde fressen weniger als man nach ihrer Größe vermutet. Man sollte in den Zuchtlinien immer auf eventuelles Vorkommen von HD, Ellenbogendysplasie, Osteoporose und Gelenkproblemen achten. Schweizer Sennenhunde haben eine Lebenserwartung von acht bis zehn Jahren, in einigen gesundheitlich sehr guten Linien auch beträchtlich höher.

Gutes Wesen und richtige Sozialisierung sind die Hauptziele der Züchter. Dank verantwortungsvoller Zucht sind Große Schweizer Sennenhunde selbstbewußte, gesunde Hunde, treten nur wenig Erbkrankheiten auf.
BESITZER: Jim und Cheri Barton und Terry Mehle.

Man muß dem Welpen und Junghund Zeit lassen. Diese Hunde wachsen ganz von alleine, trotz schnellem Wachstum sollte man ihnen in den Entwicklungsmonaten keine Ergänzungsstoffe geben, die Proteinaufnahme unter Kontrolle halten.
BESITZER: Catherine O. Cooper.

Großer Schweizer Sennenhund

Harrier

Ein Lob dem Harrier, einer der seltensten Hunderassen der Welt! Trotz einer langen Geschichte jagdlichen Einsatzes als Meutehund in England arbeitet der Harrier heute unermüdlich nur noch für eine ganz kleine Schar von Liebhabern.
BESITZER: Kenneth und Miriam Nell.

Beschreibung

Der Harrier arbeitet als starkknochiger Meutehund, ist robust aufgebaut, zeigt sich im jagdlichen Einsatz unermüdlich und leistungsfähig. Widerristhöhe Rüden 48 bis 50 cm, Hündinnen etwas kleiner. Beim Harrier sind Bewegung und Koordination von größter Bedeutung. Gesunde Anatomie von Vor- und Hinterhand sind eine Grundvoraussetzung. Vorhand mäßig gewinkelt, lange, schräg gelagerte Schulter, Ellenbogen nicht zu eng am Rippenkorb. Vorderläufe gerade und starkknochig. Die Qualität der Hinterhand entspricht der Vorhand. Kräftige Muskulatur. Starker Schub der Hinterhand bei raumgreifendem Vortritt. Kopf im Verhältnis zum Körper schön ausgewogen, freundlicher Ausdruck, munter, aber dennoch sensibel. Augen mittelgroß, braun bis haselnußfarben, dunklere Farbe bevorzugt. Ohren tief angesetzt, von guter Größe, flach an den Wangen anliegend, Haarkleid kurz, dicht und glänzend. Rute hoch angesetzt und lang, hoch getragen, an der Rutenunterseite leichte Bürstenbildung. Alle Houndfarben zulässig.

Anpassungsfähigkeit

Nur selten wird der Harrier als Familienhund gekauft. Gezüchtet wurde er vorwiegend für die Meutearbeit als leistungsfähiger Jagdhund. Trotzdem hat er die gleichen positiven Eigenschaften wie der Beagle, was ihn als Familienhund empfiehlt. Er paßt sich dem Familienleben reibungslos an, freut sich, vollen Anschluß zu finden. Ein gutartiger, liebevoller Hund, leicht zu pflegen und leicht zu erziehen. Harrier haben eine hohe Schmerztoleranz, ertragen klaglos auch das Hin- und Herzerren durch Kleinkinder. Harrier werden leicht stubenrein, sind ganz besonders saubere Haustiere, sollten aber nicht nur auf das Wohnen in einem Appartement beschränkt werden. Aktive Hundebesitzer sind ihr Ideal! In der Erziehung vertragen Harrier schlecht eine schwere Hand, man braucht sie meist nicht zweimal zu korrigieren. Natürlich sind sie ebenso unabhängig wie andere Meutehunde, zeigen meist auch eine besondere Zuneigung zu anderen Hunden. Ihre Lust zum Graben und Heulen muß kontrolliert werden. Nie darf man seinen Harrier im Hof oder Zwinger einsperren, er braucht sehr viel Liebe und Gesellschaft.

Glaube keinem anderen Buch! Der Harrier ist ein großartiger Familienhund, kann problemlos auch im Haus leben. Für Einige bietet er viel mehr als der Beagle, bestimmt aber weniger Probleme. Eine langlebige Hunderasse, die auf ihrem Gesundheitszeugnis besonderes Lob erhält.
BESITZER: Kenneth und Miriam Nell.

WACHSTUMSPHASE

Mit sieben bis acht Wochen wiegt ein Welpe 4,5 bis 5 Kilo. Etwa mit neun Monaten ist die endgültige Widerristhöhe erreicht. Bis zum völligen Ausreifen dauert es etwa 18 Monate. Beim Welpenkauf sollte man auf freundliche und selbstbewußte Welpen achten, keinesfalls einen scheuen kaufen. Da die Nachfrage nach dieser Rasse außerordentlich niedrig liegt, muß man einige Zeit Geduld aufbringen, ehe man den passenden Welpen findet. Möchte man seinen Welpen ausstellen, muß er gute Knochen und Substanz haben. Zu meiden sind über den Rücken kurvende Ruten, aufgewölbte Rückenlinie, schmaler Fang und helle Augen. Dreifarbige Junghunde verlieren zuweilen den dunklen Sattel, sind als ausgewachsene Hunde zweifarbig.

GESUNDHEIT

Der Harrier ist den wenigen, die überhaupt von ihm wissen, als recht gesunder und widerstandsfähiger Hund bekannt. HD tritt sehr begrenzt auf, Probleme über Augenerkrankungen sind bisher nicht bekannt geworden. Das enganliegende, wetterfeste Jagdhundhaarkleid braucht sehr wenig Pflege, die Ohren sollten wöchentlich gereinigt werden. Von den Züchtern werden einige Zahnprobleme berichtet, deshalb sollten die Käufer sorgfältig auf entsprechende Zahnpflege achten. Für diesen unternehmungslustigen, gesunden Jagdhund sind regelmäßiger Auslauf und vernünftige Erziehung von Jugend an eine Notwendigkeit.

Freundlich und leicht zu erziehen. Als Familienhund übertrifft der Harrier viele rauhe Jagdhundtypen, ist angenehm als Wohnungshund und als Jagdhund eine gute Wahl.
BESITZER: Betty M. Burnell.

Wo sind alle Harrier geblieben? Es ist gar nicht leicht, einen guten Züchter zu finden!
BESITZER: Donna K. Smiley-Auborn.

Harrier

Havaneser

Aus dem kommunistischen Kuba in die westlichen Demokratien geschmuggelt - man sollte den Havaneser kennenlernen. Diese Rasse war früher eines der best bewahrten kubanischen Geheimnisse. Der Havaneser - oder *Havana Silk Dog* - entstammt der gleichen Familie wie Malteser und Bichon Frise, er ist nur farbenprächtiger!
BESITZER: Linda Cosner.

Beschreibung

Der Havaneser ist ein kleiner, kurzläufiger Hund vom Typ Bichon, unter seinem weichen, üppigen Haarkleid recht kompakt gebaut. Widerristhöhe zwischen 21 und 29 cm, Gewicht 6 Kilogramm. Der Bewegungsablauf ist durch federnde Elastizität charakterisiert. Die Rasse darf nicht quadratisch sein, ist vielmehr länger als hoch. Kurze Läufe, trotzdem darf der Havaneser nicht zu niedrig wirken. Kopf von mittlerer Länge, harmonisch zur Körpergröße passend. Augen groß, dunkel, mandelförmig. Sie sind das Fenster zur Seele des Havanesers, enthüllen sein liebevolles, freundliches und fröhliches Wesen. Sein Ausdruck ist stark von Augenform und -farbe abhängig. Kleine oder runde Augen, fehlendes Pigment, sind nicht korrekt. Obere Linie gerade, über der Kruppe leicht aufgewölbt. Pfoten kompakt, schön aufgeknöchelt. Rute hoch angesetzt, mit langer seidiger Befederung über dem Rücken gerollt getragen. Weiche Unterwolle, Deckhaar gerade bis leicht gelockt. Gelocktes Haarkleid neigt zur Schnürenbildung, gewelltes Fell erwünscht. Das Fell darf nie getrimmt sein, wird nur an den Pfoten etwas gesäubert. Das Erwachsenenhaar kann 15 bis 20 cm lang werden. Die Farben variieren von Reinweiß über alle Schattierungen von Creme, Champagner, Gold, Schwarz, Silber, Schokoladenfarbig und jede Kombination dieser Farben - auch Zweifarbig und Dreifarbig.

Allergiker gegen Zigarrenrauch? Stolz präsentiert der Havaneser seine Dienste. Kein Haarausfall, keine Allergien auslösend, ein außerordentlich angenehmer Haushund, der auch selbst *Nichtraucher* bevorzugt.
BESITZER: James A. und Katharine R. Rodgers.

Anpassungsfähigkeit

Der Havaneser verkörpert den *fröhlichen Hund*, bleibt über sein ganzes Leben immer *welpenähnlich*. Die Züchter empfehlen diese Hunde mit ihrer idealen Größe sowohl für kinderreiche Familien wie auch für ältere Menschen. Die Hunde brauchen menschlichen Kontakt, gedeihen nur als Familienmitglied. Das Fell ist geruchlos, unterliegt keinem Haarwechsel. Menschen mit Haarallergien sollten sich mit dieser Rasse näher vertraut machen. Havaneser sind auch unangeleint problemlos, lassen sich leicht erziehen, bestechen in Unterordnungswettbewerben. Richtig sozialisiert und an Menschen und Umwelt gewöhnt zeigt sich der Havaneser als ein freundlicher und offener Hund. Von Natur aus scheint diese Rasse jedes Kind auf dieser Erde zu lieben, verhält sich manchmal zurückhaltend und scheu gegenüber Erwachsenen, die er nicht kennt. Die Erziehung innerhalb des Hauses ist problemlos, auf Spaziergängen kann es zu unerwarteten Ereignissen kommen. Diese Hunde sind robuste Schwimmer, lieben das Wasser sehr. Sie lieben es, kleine Tiere zu hüten - auch kleine Kinder. Sie eignen sich ganz besonders zum Lernen von Tricks.

Wachstumsphase

Havaneser-Welpen brauchen Schutz und liebevolle Behandlung. Im Alter von acht Wochen wiegen sie etwa zwei Pfund. Vor diesem Alter darf man Havaneser nicht übernehmen. Beim Kauf sollte man unbedingt scheue Welpen meiden, nur aus Würfen auswählen, die nicht zu hart ingezüchtet sind. Etwa ab acht Monaten wird das Welpenfell vom Erwachsenenfell ersetzt. Obgleich sich das Welpenhaar leicht verfilzt, was für die meisten Hunderassen im Fellwechsel normal ist, erfordert das Erwachsenenkleid wenig Pflege. Aber wolliges Haar filzt zuweilen auch bei ausgewachsenen Hunden. Bei schwarzen Welpen muß man mit Farbveränderungen rechnen - meist in Richtung Silber. Dunkler gefärbte Welpen werden meist wieder heller, dunkeln dann aber im Verlauf ihres Lebens wieder ab. Die Rasse ist mit 15 bis 16 Monaten ausgereift. Die Züchter empfehlen Sorgfalt bei der richtigen Futterwahl.

Wähle immer einen munteren Havaneser-Welpen, der Menschen liebt. Scheue Welpen werden leicht zu Angstbeißern, lassen sich auch erwachsen nur ungern anfassen.
BESITZER: Elizabeth Vargo und Linda Cosner.

Das Welpenfell des Havanesers neigt während des Fellwechsels zu Verfilzungen. Das weiche Welpenhaar muß mehrfach wöchentlich ausgebürstet werden, um den Hund an die Pflegeroutine zu gewöhnen.
BESITZER: I. Hanin.

Gesundheit

Der Havaneser ist ein beachtlich robuster Hund, hat wenig Gesundheitsprobleme. Ist der Welpe erst einmal mit acht Wochen abgabereif, sollte er ziemlich widerstandsfähig sein. Alle Toyjunghunde sind etwas empfindlich, ja aufgrund ihrer Kleinheit fragil. Wie bei anderen Bichon-Hunden werden Zuchttiere auf PRA und jugendlichen Star untersucht, das Auftreten der Erkrankung in der Rasse ist aber nicht alarmierend. Die Anforderungen an Auslauf lassen sich leicht erfüllen, den ganzen Tag über ist der Havaneser ein lebhafter und aktiver Hund, im wie außerhalb des Hauses. Dreimal wöchentlich müssen die Hunde gebürstet und gekämmt werden, wobei die Fellpflege recht einfach ist. Die Lebenserwartung des Havanesers liegt zwischen 14 und 16 Jahren.

Wenn man Welpengesichter dieser Art betrachtet, wundert man sich nicht mehr, warum der Havaneser in der Hundewelt so riesige Aufmerksamkeit findet.
BESITZER: Elizabeth Vargo.

Havaneser

Irish Red and White Setter

Der Irish Red and White Setter repräsentiert alte irische Tradition, erreichte aber nie die gleiche Popularität wie der Rote Irish Setter. Mit Ausnahme der Farben haben die Rassen viele Gemeinsamkeiten.

Beschreibung

Der Irish Red and White Setter ist ein attraktiver Jagdhund, kraftvoll, athletisch, ohne plump oder überfeinert zu wirken. Kopf aufgewölbt, ohne die starke Ausprägung des Hinterhauptbeins wie beim Irish Setter. Stop gut erkennbar, Fang schön geformt. Augen Haselnußfarben oder Dunkelbraun. Ohren in Augenhöhe angesetzt, eng anliegend. Hals mäßig lang, nicht zu dick oder gar Wammenbildung. Schulter gut zurückgelagert, Ellenbogen frei, tiefe Brustpartie. Hinterhand muskulös, Knie gut gewinkelt, Sprunggelenk tiefgestellt. Rutenansatz kräftig, Rute sich schnell verjüngend. Das Fell ist in der Struktur fein mit schöner Befederung, wellig, aber keinesfalls gelockt. Zweifarbiges Fellmuster von Weiß mit einfarbig Rot. Fleckung und Tüpfelung gestattet, nicht aber Schimmelung. Idealverhältnis Weiß zu Rot liegt bei 60 Prozent Weiß und 40 Prozent Rot. Widerristhöhe Rüden 60 bis 65 cm, Hündinnen 5 cm kleiner.

Anpassungsfähigkeit

Diese Rasse teilt alle angenehmen Eigenschaften ihres einfarbigen Bruders, des Irish Setter. Die Hunde sind freundlich und gutartig, unterordnungsbereit. Natürlich muß man sie von früher Jugend an erziehen, damit sie wissen, was man von ihnen erwartet. Da ein Irish Red and White Setter nicht für das Leben in einem Appartement geeignet ist, kann es zu Schwierigkeiten kommen. Sei zu diesem Hund immer liebevoll, und er wird sein Äußerstes tun, um gehorsam zu sein. Obgleich die Jagdinstinkte des Irish Red and White Setter nicht mehr so stark ausgeprägt sind wie in früherer Zeit, ist diese Rasse noch immer ein sehr kompetenter Jagdhund, bewährt sich ebenso im jagdlichen Alltag wie als Familienmitglied.

Wachstumsphase

Wurfgröße wie Welpengewicht variieren, die Welpengewichte liegen zwischen 250 bis 360 Gramm. Die Welpen weisen allgemein bereits bei der Geburt rote Markierungen auf, diese verändern sich noch in der Leuchtkraft, dunkeln meist mit dem Alter nach. Auch bei reinrassigen Irish Settern kommt es manchmal zu Rot-Weiß-Farben, da beide Rassen einen gemeinsamen Ursprung haben. Im allgemeinen reift die Rasse körperlich wie wesensmäßig langsam Heran. Häufiger werden Hündinnen verhältnismäßig spät heiß. Irish Red and White-Welpen sind für ihren vorzüglichen, ziemlich wahllosen Appetit bekannt. Die Besitzer sollten darauf achten, daß die Hunde nicht zuviel fressen. Wie bei anderen langsamer heranreifenden Hunderassen sollte der Irish Red and White Setter immer nach den Anweisungen des Züchters ernährt werden. Regelmäßiger Auslauf ist erforderlich, darf aber bis zur vollen Reife nicht übertrieben werden.

Bei richtiger Sozialisierung und Erziehung paßt sich der Irish Red and White Setter dem Familienleben gut an, ist ein zufriedener, freundlicher Hausgenosse.

Gesundheit

Genetisch gibt es zwischen Irish Red and White Setter und Irish Setter viele Gemeinsamkeiten, trotzdem bestehen eine Reihe von Unterschieden. Im allgemeinen ist aber der Irish Red and White weitgehend den gleichen Problemen ausgesetzt wie der Rote Irish Setter. Hervorzuheben ist, daß bei den langsam reifenden Irish Settern Gelenkprobleme auftreten. Dessen müssen sich die Züchter bewußt sein, Zuchttiere besonders auf HD untersuchen. Beide Setterarten sollten entsprechend den Vorschriften der Züchter oder Tierärzte ernährt werden, viele der Knochenprobleme der Rasse können auch mit falscher Ernährung zusammenhängen. Der Welpenkäufer sollte sich beim Züchter informieren, ob in der Blutlinie irgendwelche Augenprobleme aufgetreten sind - insbesondere Starerkrankungen. Bei den Rassen ist bei der Eingabe von Medikamenten Vorsicht angezeigt, zuweilen liegt Überempfindlichkeit vor. Dem Irish Red and White Setter wird eine Lebenserwartung von 12 Jahren zugeschrieben.

Der Irish Red and White Setter hat außerhalb von Großbritannien noch nicht viele Anhänger gefunden, in seiner Heimat genießt er einen sehr guten Ruf.
BESITZER: Suzanne Humphries.

Irish Red and White Setter

Irish Setter

Der Irish Setter bezaubert jeden Betrachter durch seine Anmut und Statur. Nur wenige können sich der Schönheit des Irish Setter entziehen. Diese Hunde sind größer und üppiger behaart als die meisten anderen Jagdhunderassen.
BESITZER: Randy Kubacz und Mrs. Jean Roche.

Beschreibung

Der Irish Setter ist ein substanzvoller, dabei eleganter Hund, repräsentiert das Portrait des Aristokraten in reichen Mahagonifarben. Ideale Widerristhöhe Rüden 68,5 cm, Hündinnen 63 cm, Gewicht Rüden 31 Kilo, Hündinnen 27 Kilo. Das Fell ist mäßig lang mit Ausnahme von Kopf und Vorderläufen, wo es kurz und fein anliegt. Kopf lang und schlank. Seine Schönheit wird noch durch die delikate Meißelung des Fanges, der Augenpartie und der Wangen unterstrichen. Oberkopf oval, im Profil gesehen leicht aufgewölbt. Hals mäßig lang, keinesfalls dick oder mit Kehlwamme. Rute reich befedert, nahezu waagerecht angesetzt und sich schnell verjüngend. Körper genügend lang, Lendenpartie mäßig lang, Brust tief. Vor- und Hinterhand schön gewinkelt, so ausbalanciert, daß der Hund sich in kräftigem, lebhaftem Trab bewegt, mit schönem Vortritt und gutem Schub. Läufe kerzengerade, Pfoten fest und ziemlich klein.

Anpassungsfähigkeit

Nachdem der Irish Setter eine Welle der Popularität überstanden hat, wieder fest auf seinen vier Läufen gelandet ist, bietet er eine sehr gute Wahl, wenn man aus den Jagdhunden einen liebevollen und freundlichen Hausgenossen möchte. Dieser Hund ist elegant und wunderschön, benimmt sich wie ein Gentleman, bevorzugt natürlich das Landleben gegenüber der Stadt. Viel Auslauf ist der Schlüssel zu einem ausgewogenen Temperament. Allerdings fordert die Rasse frühzeitige und konsequente Erziehung, um diesen intelligenten Hund zu lehren, worum es geht, wer das Sagen hat. Für Kinder ist er ein liebevoller Hausgenosse, liebt es sehr, auch im Haus seine Zeit zu verbringen, wenn er einen tüchtigen Nachmittagsspaziergang hinter sich hat.

Mit der Erziehung des Junghundes für Ausstellungen sollte man schon früh beginnen. Weiße Brustflecken sind beim erwachsenen Hund unerwünscht, verschwinden meist mit zunehmendem Alter, sollten deshalb die Kaufentscheidung nicht zu schwerwiegend beeinträchtigen.
BESITZER: Elaine und Michelle de Chambeau.

WACHSTUMSPHASE

Die Wurfgröße variiert beträchtig, kann zwölf Welpen erreichen, entsprechend liegt das Geburtsgewicht irgendwo zwischen 240 und 560 Gramm. Die Farben der Welpen sind unterschiedlich, von Dunkelmahagoni bis zu einem hellen Falb. Die Welpenfarbe verändert sich noch, liegt erst dann fest, wenn der Haarwechsel zum Erwachsenenkleid abgeschlossen ist. Im allgemeinen reift diese Rasse körperlich wie charakterlich langsam, ist erst mit drei Jahren ausgewachsen. Auch die sexuelle Reife verzögert sich zuweilen, was sich insbesondere durch den Zeitpunkt der ersten Hitze einer Hündin manifestiert. Man beobachtet einen deutlichen Unterschied in der Entwicklung von Hunden aus jagdlicher Zucht und Ausstellungszucht. Die ersteren Hunde bleiben kleiner, wachsen langsamer, aber bei ihnen verläuft der Reifeprozeß schneller. Der Irish Setter sollte immer nach dem Futterplan des guten Züchters aufgezogen werden, die Hunde brauchen in der Wachstumsperiode regelmäßigen Auslauf. Dabei ist es wichtig, daß die Besitzer sie weder überfordern noch unterfordern, insbesondere im Entwicklungsalter.

Welpen sind gutartig und pflegeleicht, eine Eigenschaft, die sich über die gesamte Jugendzeit fortsetzt.
BESITZER: Kenn und Joan Sadler.

Irish Setter müssen richtig erzogen werden. Sie brauchen bei der Erziehung zur Unterordnung klare Weisungen, notfalls Korrekturen. Glaube nicht, daß dieser Hund im Lernen schwerfällig sei, er ist zuweilen dickköpfig, uninteressiert, eigenwillig und liebt es, seinen eigenen Weg zu gehen. Festigkeit, Geduld und Konsequenz sind angezeigt.
BESITZER: Kenn und Joan Sadler.

GESUNDHEIT

Fellpflege ist sehr wichtig, aber nicht besonders aufwendig. Man denke daran, daß Entzündungen am Ohr und auf der Haut häufiger auftreten. Alle Zuchttiere sollten wesensmäßig strikt überprüft werden, die Welpen brauchen von früher Jugend an Sozialisierung und Erziehung. In den 1970er Jahren waren die Irish Setter extrem populär, in dieser Zeit und danach traten Gesundheits- und Wesensstörungen auf. In der jüngeren Vergangenheit haben sich aber viele dieser Probleme gelöst. Noch immer tritt Hüftgelenksdysplasie in der Rasse auf, Zuchttiere müssen geröntgt werden.

Verbreitet sind auch Skelettprobleme, darunter Osteodystrophie, Osteochondritits und Rachitis - alle diese Krankheiten treten in der Wachstumsphase auf. Zu den Augenproblemen gehören jugendlicher Star, auch hier sollten die Tiere frühzeitig untersucht werden. Knickruten und zu kurze Ruten treten zuweilen auf, diese Defekte lassen sich aber bereits bei der Geburt feststellen. Wasserköpfigkeit, Fruchtbarkeitsstörungen, Magenumdrehungen und Tumore treten auf. Man weiß, daß Irish Setter auf Penicillin und andere Medikamente einschließlich Antibiotika empfindlich reagieren, die Einzelheiten muß der Tierarzt kennen. Bei dieser Rasse ist es ganz besonders wichtig, daß man seinen Welpen nur bei verantwortungsbewußten Züchtern kauft, die ihr Zuchtmaterial sorgfältig auf Gesundheitsstörungen überprüfen. Irish Setter leben 10 bis 12 Jahre.

Beim Irish Setter kommt es vor allen Dingen auf das Wesen an. Viele Züchter bemühen sich über Jahrzehnte, durch frühe Sozialisierung der Hunde sie zu angenehmen Familienmitgliedern zu machen. Die meisten Welpen sind menschenfreundliche, aufgeschlossene Persönlichkeiten.
BESITZER: Elaine und Michelle De Chambeau.

Irish Setter

Irish Terrier

Ursprünglich trug die Rasse den Ehrennamen *Daredevil* - man nannte sie die *Roten Teufel von Irland*. Ein roter Hund, jederzeit einsatzbereit, seit Jahrhunderten findet er in Irland Einsatz bei der Raubzeugbekämpfung. Möglicherweise hat er auch den Heiligen Patrick vor den Schlangen gerettet...?
BESITZER: Stan Wojewodski, Jr.

Beschreibung

Drahtig in der Bewegung, drahtig im Haarkleid - der Irish Terrier ist ein für die Bewegung geschaffener Hund, ein Hund mit viel Temperament, ein Hund von äußerster Raubzeugschärfe. Sein Kopf ist lang, aber wohl proportioniert, mit ziemlich schmalem, flachem Oberkopf. Kiefer kraftvoll, ausreichend lang, keine Backenbildung. Aufgepumpt wirkende Köpfe sind fehlerhaft. Haarkleid dicht und drahtig, mit mäßiger Bartbildung, die aber nicht zu übertrieben wie ein Ziegenbart wirken darf. Hals von mäßiger Länge, Schulterpartie lang und elegant. Körper mäßig lang, Rücken nicht zu kurz, aber gerade und kräftig, ohne Einsenkung. Läufe mäßig lang, völlig gerade, gute Knochen. Sprunggelenk nahe am Boden stehend. Die Rute sollte auf ein Viertel kupiert sein, ist hoch angesetzt und darf nicht überzogen getragen werden. Farbe einfarbig Rot oder Weizenfarben. Kleines weißes Brustabzeichen wird toleriert. Schwarze Haare beim Erwachsenenkleid nicht zulässig. Das Zuchtziel ist ein mittelgroßer Hund mit einem Gewicht von etwa 12,5 Kilo. Ideale Widerristhöhe Rüden 48 cm, Hündinnen 46 cm.

Anpassungsfähigkeit

Ein furchtloser Terrier, der selbst den Teufel nicht scheut! Obwohl sehr viel für diesen Hund spricht, ist er als Familienhund wie als Ausstellungshund nicht so häufig gefragt. Unverändert bleibt er ein Arbeitsterrier, einer der besten zum Bekämpfen von Raubzeug. Der Familie gegenüber ist er ergeben und loyal, beteiligt sich an allen häuslichen Angelegenheiten mit großer Begeisterung. Das Graben gehört zu seiner natürlichen Veranlagung, ein gesundes Maß an Eigenwilligkeit und Ausdauer macht ihn auch in häuslicher Umgebung zuweilen etwas wild und anstrengend. Diese Hunde brauchen von früher Jugend an fachgerechte Erziehung, um ihr Temperament zu zügeln.

Der Standard verlangt eine Hunderasse mit gutem Wesen, außerordentlich liebevoll, Menschen gegenüber absolut loyal. Die Terrierinstinkte sind noch voll intakt, die Erzieher müssen sich mit dem brennenden Wunsch ihres Hundes vertraut machen, *jeden Gegner zu verfolgen.*
BESITZER: Mark Eskridge und Rejean Charlebois.

WACHSTUMSPHASE

Das Geburtsgewicht liegt bei etwa 230 Gramm, das Wachstum verläuft gleichmäßig und ohne Komplikationen. Im Alter von vier Tagen sollten die Ruten kupiert, Wolfskrallen entfernt werden. Die Ruten werden auf zwei Drittel bis drei Viertel Länge gekürzt. Die richtige Ohrhaltung ist wichtig, das verleitet zuweilen die Besitzer, die Ohren *zu kleben,* um sie in richtige Position zu bringen. Kleben verändert aber niemals die Genetik der so behandelten Tiere. Im übrigen brauchen Irish Terrier aufgrund ihres hohen Stoffwechsels fachgerechte Ernährung, viel Auslauf, um sich voll zu entwickeln.

Irish Terrier-Welpen sind immer beschäftigt und neugierig, ihre Mutter hat einiges zu tun, damit sie sich nicht in Schwierigkeiten bringen. Sie lieben die Menschen, bei richtiger Sozialisierung bereiten sie viel Freude.
BESITZER: Maureen Moskowitz.

GESUNDHEIT

Irish Terrier leben manchmal etwas gefährlich, ihre Lebenslust kann ihnen zuweilen Zerrungen, Verstauchungen und Verletzungen einbringen. Ansonsten ist die Rasse relativ problemfrei, nur wenige Krankheiten werden aufgezeigt. Die Züchter sehen in ihrer Hautempfindlichkeit das Hauptproblem. Durch regelmäßige Fellpflege kann man dieses Problem kontrollieren, sollte aber beachten, daß sich durch häufiges Baden Hautprobleme meist verschlimmern. Blasensteine - in erster Linie bei Rüden - treten auf, Schmerzen beim Urinlassen sind ein deutliches Warnsignal. Die Terrierfamilie insgesamt zeigt eine gewisse Veranlagung zu Nebennierentumoren, hierüber gibt es aber beim Irish Terrier keine weiteren Berichte. Diese Hunde sind großartige Allwetter-Begleithunde, brauchen viel Bewegung. Zielbewußte, frühzeitige Erziehung ist bei dieser Rasse sehr angezeigt, besonders bei Rüden, die sich anderen Rüden gegenüber zuweilen recht aggressiv verhalten. Eine Hunderasse für Menschen mit Lust an großen Spaziergängen, Freude an der Natur. Ihnen ist der Irish Terrier ein freudiger und liebenswerter Begleiter.

Mit zunehmendem Alter gewinnen die Augen des Irish Terrier an durchdringendem Glanz. Aber schon in den Augen der Welpen erkennt man Intelligenz und Selbstbewußtsein.
BESITZER: Maureen Moskowitz.

Irish Terrier

Irish Water Spaniel

Beschreibung

Ein leicht gelockter Haarschopf über einem glatthaarigen, neugierigen Gesicht! Der Irish Water Spaniel ist ein perfekt aufgebauter Jagdhund, geziert von krausen, kleinen, leberfarbenen Haarkringeln und einem wedelnden, vornehmen Rattenschwanz. Er ist ein intelligenter, robuster Jagdhund, besitzt einen elegant gemeißelten Kopf ohne Backenbildung, mit großem, aufgewölbtem Oberkopf und leichtem Stop. Seine Ohren sind lang, üppig von kleinen Locken bedeckt. Hals lang und geschwungen, Schultern schräg gelagert. Rückenlinie kräftig und gerade. Körper von mittlerer Länge, Brust tief, schöne Rippenwölbung. Die Vorhand erscheint kräftig, aber nicht schwer, Vorderläufe von mittlerer Länge mit guten Knochen, genügend Oberarmlänge bei schönem Vortritt, Ellbogen dicht anliegend. Hinterläufe schön gewinkelt, kraftvoll, vorzüglich zum Schwimmen geeignet. Doppeltes Haarkleid rundum mit einer Fülle von dichten, engen, krausen kleinen Kringeln. Dieses Haar hat einen natürlichen Fettgehalt. Farbe immer einfarbig Rotbraun und Dunkelbraun. Der englische Standard verlangt »leuchtend Dunkelleberfarben mit purpurfarbenem Anflug«. Widerristhöhe Rüden 53 bis 58 cm, Hündinnen 51 bis 56 cm. Rüden wiegen zwischen 25 und 29 Kilo, Hündinnen etwa 20,4 bis 26 Kilo.

Unter den festen krausen Haarkringeln lebt ein robuster, kräftig gebauter Jagdhund. Der Irish Water Spaniel braucht kraftvolles Spiel und reichlich Auslauf - am meisten liebt er das Wasser und einen Besitzer mit Sinn für Humor.
BESITZER: Gregory M. Siner und Marcy Rose.

Anpassungsfähigkeit

Dieser jeden Spaß mitmachende Jagdhund besitzt viele Bewunderer, interessant sind sein vornehmes Äußere und seine Ähnlichkcit mit dem Pudel. Er ist ein natürlicher Wasserathlet, braucht einen aktiven Besitzer. Seinem Herrn gegenüber ist der Irish Water Spaniel außerordentlich loyal, dabei wenig geneigt, mit ihm unbekannten Fremden Freundschaften zu schließen. Die Kinder müssen lernen, diesem schnell denkenden, unabhängigen Hund seinen Freiraum zu geben. Natürlich braucht der Irish Water Spaniel von früher Jugend an fachgerechte Erziehung und Sozialisierung mit Menschen und Tieren.

Wenn Dir beim Aufwachen dieser Haarwuschel entgegenkommt, mußt Du für einen recht aktiven Tag bereit sein.
BESITZER: Landowski.

Wachstumsphase

Häufig werden die Welpen mit weißen Flecken auf Brust und Pfoten geboren. Bis zum Alter von sechs bis acht Wochen sollten diese verschwinden - beim ausgewachsenen Hund sind weiße Abzeichen unerwünscht. Die Augenfarbe ist zunächst blaß oder hellgrün, beim ausgereiften Hund muß sie auf die erwünschte Haselnußfarbe nachdunkeln. Im Hinblick darauf sollte man bei der Auswahl darauf achten, einen Welpen mit dunkleren Augen und möglichst wenig Weiß nehmen. Das klassische Haarkleid des Water Spaniels beginnt sich etwa mit vier bis fünf Monaten zu entwickeln. Etwa zwischen zehn Monaten und einem Jahr kommt das volle Erwachsenenfell durch und der *Topknot* tritt in Erscheinung. Der Hundebesitzer muß bereit sein, viel Zeit einzusetzen, um mit dem Junghund zu arbeiten und ihm Auslauf zu geben. Die Grunderziehung sollte immer von früher Jugend an erfolgen.

Gesundheit

Die Züchter haben den Irish Water Spaniel immer etwas aus dem Rampenlicht gehalten, und diese Fürsorge hat zur vorzüglichen Gesundheit der Rasse und relativem Freisein von erblichen Krankheiten beigetragen. Geringfügig tritt Hüftgelenksdysplasie auf, auch einige Fehler in der Zahnstellung. Die Rasse wird von einer Erbkrankheit heimgesucht, die man *Patterning* nennt, sie zeichnet sich durch einen *musterbildenden* Haarausfall aus. Richtige, regelmäßige Fellpflege ist außerordentlich entscheidend, denn dieses Fell verfilzt leicht, was dann zu Hautreizungen führt. Das dicht gelockte Fell kann auch sehr leicht Parasiten wie Zecken und Flöhe verbergen. Zur Fellpflege gehört auch das Austrimmen von Haar aus Ohren und zwischen den Pfoten, damit es hier nicht zu Entzündungen kommt. Bei der Rasse gibt es auch eine chronische Erkrankung, welche die Krallen befällt, was sich durch Lahmen anzeigt. Der Irish Water Spaniel ist eine energiegeladene Hunderasse, die sich allen Alltagsproblemen furchtlos nähert. Die vorzügliche Veranlagung dieses Hundes muß frühzeitig in richtige Kanäle gelenkt werden, auch seine Apportierleidenschaft braucht Beschäftigung. Richtig erzogen werden sie zu angenehmen Lebensgefährten und etwa 12 Jahre alt.

Für die Ausstellung sollte man einen Welpen mit schöner dunkler Pigmentierung wählen, nur minimale weiße Flecken dürfen vorhanden, die Augenfarbe nicht zu hell sein.

Ein gut erzogener Irish Water Spaniel trägt wesentlich zur Bereicherung des Familienlebens bei. Man muß diesen Hunden von früher Jugend an klarmachen, was richtig und falsch ist. Er ist ein furchtloser und einfallsreicher Hund - zuviel Freiheit kann Probleme auslösen.
BESITZER: Susan G. Anderson und Carolyn Lanthrop.

Irish Water Spaniel

Irish Wolfhound

Der größte Hund unserer Erde besticht durch sein rauhes Haarkleid, scharfes Sehvermögen und ruhiges, freundliches Wesen. Rüden sollten zumindest 79 cm Widerristhöhe erreichen.
BESITZER: Richard und Linda Beluscak.

Beschreibung

Ein großrahmiger, rauhhaariger greyhoundähnlicher Windhund. Der Irish Wolfhound muß als Rüde zumindest eine Widerristhöhe von 79 cm, als Hündin von 71 cm erreichen, die Mindestgewichte belaufen sich auf 54,5 beziehungsweise 41 Kilo. Diese Maße machen den Irish Wolfhound bei richtig proportionierter Körperlänge zum größten Hund der Welt. Diese Hunde haben ein vorzügliches Sehvermögen, ihre Kraft und Schnelligkeit ist außerordentlich eindrucksvoll. Der Kopf ist lang mit einem nicht zu breiten Oberkopf, langem, sich mässig verschmälerndem Fang. Insgesamt darf der Kopf weder zu schwer noch zu leicht sein. Ohren klein, nach hinten zurückgelegt getragen, in der Ruhe gefaltet, aufmerksam halb aufgerichtet. Hals ziemlich lang, schön gewölbt ohne lose Haut oder Wammenbildung. Brustkorb sehr tief, Rücken eher etwas lang als zu kurz. Rute lang, etwas geschwungen getragen. Untere Linie schön aufgezogen. Vorderläufe völlig gerade mit starken Knochen. Ellenbogen gut unter den Körper gestellt, Vorder- und Hinterläufe lang und stark bemuskelt. Das Haarkleid ist rauh und hart, insbesondere über den Augen und unter dem Fang länger und drahtig. Pfoten mäßig groß und rund. Die Farben spielen eine untergeordnete Rolle, anerkannt sind Grau, Gestromt, Rot, Schwarz, Reinweiß, Falb, Weizenfarben und Stahlgrau.

Anpassungsfähigkeit

Ein typischer Ire, fröhlich, freundlich, von ausgeglichenem Wesen, unterordnungsfreudig, dabei schützend; dies alles in einem hübschen 80 cm umfassenden Paket zusammengebunden. Wer könnte übersehen, daß die erste Anforderung eines Wolfhounds genügend Auslauf ist. Dieser Hund braucht Gelegenheit zum Galoppieren, zur freien Bewegung. Trotzdem fühlt sich dieser Hund auch in einer kleineren Wohnung wohl, im Haus ist er ausgeglichen und ruhig. Seine Ansprüche an die Fütterung sind beiweitem nicht so groß wie man bei einem solchen Riesen erwarten könnte. Die Kinder lieben ihn, und er ist freundlich zu ihnen. Allerdings ist er sich nie seiner ganzen Größe bewußt, insbesondere beim Spielen. Diese Hunde sind von Natur aus nicht aggressiv, beachten durchaus ein klares Kommando ihres Herrn.

Diese Welpen sind noch zu jung, um abgegeben zu werden. Die meisten Züchter geben Irish Wolfhound-Welpen nicht vor einem Alter von 12 Wochen in neue Hände.
BESITZER: James Fowlow.

Wachstumsphase

Kleine Würfe sind die Regel. Das Durchschnittsgeburtsgewicht liegt bei etwa 680 Gramm, bei Hündinnen etwas darunter. Mit sieben bis acht Wochen liegt das Welpengewicht bei zehn Kilo. Irish Wolfhounds wachsen sehr schnell, richtige Fütterung und Auslauf sind in der Entwicklungsphase von größter Bedeutung. Welpen sollte man nicht in Käfigen einsperren, sie müssen zu jeder Zeit die Freiheit der Bewegung haben - natürlich nicht durch das ganze Haus. Hierdurch wird die Erziehung zur Stubenreinheit manchmal schwieriger. Dieser Hund braucht viel nahrhaftes Futter, während der Wachstumsphase liegt zuweilen der Appetit niedrig. Der Besitzer muß dafür sorgen, daß er trotzdem die wichtigen Nährstoffe erhält. Züchter empfehlen Fütterung über das erste Jahr bis zu fünfmal täglich - dann ist das Höhenwachstum meist abgeschlossen. Voll ausgereift sind diese Hunde aber nicht vor einem Alter von drei bis vier Jahren. In der Jugendzeit ist das Fell ziemlich grob, manchmal kommt es zu starken Farbveränderungen. Durch richtige Sozialisierung sollten sich die Besitzer bemühen, ihren Wolfhound freundlich und aufgeschlossen gegenüber allen Menschen und Tieren aufzuziehen.

Die Lebenserwartung des Irish Wolfhounds steht im Verhältnis zu seiner Körpergröße. Wähle Deinen Welpen sorgfältig, schaue Dir seine Vorfahren an, halte Kontakt zum Züchter und suche einen Tierarzt Deines Vertrauens.
BESITZER: James Fowlow.

Gesundheit

Beim Irish Wolfhound gibt es einige schwere Gesundheitsprobleme. Die gewaltige Wachstumsrate erfordert eine entsprechend klar umrissene Ernährung. HD, stoffwechselbedingte Knochenerkrankungen und weitere Knochen/Gelenkprobleme sind recht verbreitet. Wolfhound-Welpen darf man nicht im Käfig halten, vielmehr müssen sie freien Auslauf haben, damit beugt man Skelettproblemen vor. Rutenverletzungen und Stirnhöhleninfektionen treten beim Wolfhound häufiger auf als bei anderen Rassen auf. Das schwerwiegendste Problem für Hundebesitzer ist die relativ niedrige Lebenserwartung eines Wolfhounds. In den USA liegt diese beispielsweise bei Rüden nur bei 5 bis 6 Jahren, bei Hündinnen 6 bis 7 Jahren. Mangenumdrehung, Krebs und Herzerkrankungen fordern die meisten Opfer. Richtige Ernährung und Auslauf mindern das Risiko von Magenumdrehung. Sorgfältige Kontrolle der Zuchtlinien auf das Auftreten von Krebs und anderen Erkrankungen erscheinen empfehlenswert. Das Verschreiben der richtigen Medikamente für den Wolfhound erfordert Spezialkenntnisse, Rezepte nur nach dem Gewicht allein könnten gefährlich werden. Lasse Dich nicht durch diese Anmerkungen von dieser wunderbaren Hunderasse abschrecken, führe aber ausführliche Gespräche mit dem Züchter, versuche die gesundheitlichen Risiken kleinzuhalten. Letztendlich sucht jeder Hundebesitzer einen Lebensgefährten für zumindest etwa acht bis zehn Jahre.

Entsprechend dem starken Wachstum der Rasse darf man Wolfhounds nicht auf einen Käfig beschränken, er braucht genügend Platz, um seine immer wachsenden Glieder auszustrecken.
BESITZER: Lynn Cox.

Die Wurfgröße schwankt sehr, vom Einzelwelpen bis zu 12 Babys. Alle Welpen brauchen reichlich Spielzeit und Aufmerksamkeit des Menschen. Im ersten Jahr sollten diese Hunde vier- bis fünfmal täglich gefüttert werden.
BESITZER: James Fowlow.

Irish Wolfhound

Italienisches Windspiel

Dieser kleine, aber typische Windhund hat eine lange geschichtliche Entwicklung in Italien hinter sich. Dort nannte man ihn *Piccoli Levriere Italiani* - also Kleines Italienisches Windspiel.
BESITZER: James R. Bray, Md. und Scott R. Thompson.

Beschreibung

Das Kleine Italienische Windspiel ist in seinen äußeren Formen eindeutig ein Windhund, nur ist es in allen Proportionen kleiner und schlanker. Der Kopf ist schmal und lang, verjüngt sich in Richtung Nase. Der Fang ist lang und fein. Augen dunkel, von mittlerer Größe. Ohren klein, sie fühlen sich zart an, werden in der Erregung im rechten Winkel gefaltet getragen. Die Ohren dürfen weder Stehohren noch Knopfohren sein. Der Standard verlangt komplettes Scherengebiß, Vor- oder Rückbiß sind fehlerhaft. Hals lang und schlank, elegant geschwungen. Körper mittellang, Widerrist hoch, aufgewölbter Rücken, leichte Wölbung in der Lendenpartie. Hochgezogene Bauchlinie. Schultern lang und schräggestellt. Brust tief und schmal. Vorderläufe lang und gerade, gut unter die Schultern gestellt. Hinterläufe lang, parallel zueinander stehend. Die Bewegung erfolgt im hohen Steppschritt, wobei sich Vorder- und Hinterläufe in gerader Linie vorwärts bewegen. Rute fein und sich schnell verjüngend. Hasenpfoten mit gut aufgeknöchelten Zehen. Fell kurz und glänzend, fühlt sich weich an. Zu den Farben gehören Schwarz, Blau, Creme, Falb, Rot, Weiß, alle diese Farben auch mit Weiß kombiniert. Weiße Hunde wiederum mit vorstehenden Farben gefleckt. Schwarz, Gestromt und Blau *mit lohfarbenen Abzeichen* nicht zulässig. Gewicht von 2,7 bis 4,5 Kilo, Widerristhöhe etwa 33 bis 38 cm.

Anpassungsfähigkeit

Dieser kleine Windhund ist für kleine Appartements ideal. Das Italienische Windspiel ist ein großartiger Familienhund, der zu allen Familienmitgliedern guten Kontakt aufbaut, aber meist ein einzelnes Familienmitglied durch ganz besondere Loyalität auszeichnet. Diese Hunde sind auch angenehm mit Kindern, Überwachung ist aber notwendig, weil das Windspiel so klein ist, leicht Verletzungen auftreten. Welpen sollte man nie Kindern auf den Arm geben. Für ihre Größe sind Windspiele recht ausdauernd und beweglich, können außergewöhnlich gut laufen und klettern. Richtig sozialisiert sind sie nicht scheu, entwickeln häufig ein recht freundliches Wesen und zeigen sich im Ausstellungsring vorzüglich.

Cave Canem: Vorsicht vor dem Hund! Einige glauben, dieser berühmte lateinische Spruch sei ursprünglich gar nicht auf Wachhunde ausgerichtet gewesen, die Warnung habe vielmehr den Menschen gegolten, nicht über das zerbrechliche Italienische Windspiel zu fallen.

Wachstumsphase

Für ihre Kleinheit haben Windspiele ziemlich große Würfe, vier oder fünf Welpen. Das Welpengewicht schwankt zwischen 140 und 200 Gramm. Im Alter von acht Wochen wiegen die Welpen etwa drei Pfund, zeigen langsam die richtige Ohrenhaltung. Am besten wählt man etwas untersetzte, robuste Welpen, die liebevoll, offen und freundlich sind. Windspiele entwickeln sich schnell, erreichen ihre Widerristhöhe häufig schon mit sechs Monaten, zuweilen aber erst mit einem Jahr. Substanz gewinnen sie aber danach immer noch über weitere 6 bis 12 Monate. Die Entwicklung von Oberkopf und Kiefer dauert meist auch bis zu zwei Jahre. Junge Windspiele sind dafür bekannt, daß sie für ihre Größe guten Appetit haben. Sie brauchen kleine Mahlzeiten, mehrfach über den Tag, um sich richtig zu entwickeln, durch die Einzelmahlzeit nicht zu belasten zu sein. Besitzer und Züchter stimmen überein, daß die Erziehung zur Stubenreinheit bei diesen Hunden etwas länger dauert als bei anderen. Richtige und laufende Sozialisierung ist wichtig, um neue oder allgemeine Zurückhaltung Fremden gegenüber zu überwinden.

Das Gehenlernen ist für ein Windspiel nicht ganz einfach, bald setzen sie aber eine Pfote vor die andere. Die Mutter betreut die Welpen vorzüglich, bringt ihnen bald die ersten Schritte bei, so daß sie sich auf allen vier Läufen wohlfühlen.
BESITZER: Susan Pinkus.

Gesundheit

Gegenüber anderen kleinen Hunderassen erscheint das Italienische Windspiel gesünder, trotzdem gibt es einige Zuchtprobleme. Besondere Sorgen machen sich die Züchter über Schilddrüsenprobleme, sowohl Unterfunktion (begleitet von Haarverlust) wie Überfunktion treten auf. Meist erkennt man dieses Problem erst in einem Alter von einem Jahr, es läßt sich aber in der Regel medikamentös behandeln. Alle Zuchthunde sollten auf Schilddrüsenfunktion untersucht werden. Auch das Gebiß macht Probleme, Rückbiß, Vorbiß, fehlerhafte Zähne oder fehlende Zähne werden berichtet, auch Zahnfleischschwund. Das Gebiß des Windspiels sollte laufend kontrolliert werden. Tägliche Zahnfleischmassage und Zahnpflege werden dringend empfohlen. Die Züchter warnen vor Knochenbrüchen der Läufe, besonders häufig im ersten Jahr. Die Anforderungen an Fellpflege sind minimal, Ohrenentzündungen und Hautprobleme treten wenig auf. Einige Italienische Windspiele sind gegenüber Narkose, Flohspray und anderen Insektiziden besonders empfindlich. Im Grundsatz sind Italienische Windspiele recht langlebige Hunde, erreichen sogar bis zu 15 Jahre und mehr. Der Durchschnitt liegt etwa bei 12 Jahren. Italienische Windspiele haben eigentlich die Popularität noch nicht erreicht, die sie als angenehme Haus- und Familienhunde wirklich verdienen.

Neu ins Haus kommende Welpen darf man nicht verwöhnen. Unabhängig von der Größe sind Erziehung und Stubenreinheit gleich wichtig. Es ist bekannt, daß Stubenreinheit dem Windspiel nicht so leicht fällt wie den meisten anderen Hunderassen.
BESITZER: Susan Pinkus.

Italienisches Windspiel

Jack Russell Terrier

Beschreibung

Der Jack Russell Terrier ist ein aktiver und munterer Arbeitsterrier mittlerer Größe mit auffälliger Kraft und Ausdauer. Ideale Widerristhöhe Rüden 35 cm, Hündinnen 33 cm. Kopf gut ausbalanciert, mäßig breit, zu den Augen hin allmählich schmäler werdend, keine Backenbildung. Augen mandelförmig, dunkel, höchst lebhafter Ausdruck. Ohren klein, v-förmig, mäßig dick, nach vorne fallend, dicht am Kopf getragen. Nase voll schwarz durchpigmentiert. Hals von guter Länge, klar umrissen. Schultern lang und schräg zurückliegend. Brustkorb schmal und mäßig tief. Rücken kräftig und gerade. Rute hoch angesetzt, kräftig und fröhlich getragen, nicht zu kurz kupiert. Vorderläufe stark und gerade, Hinterhand kräftig, muskulös, gute Winkelung. Haarkleid von Natur aus harsch, dicht und anliegend, weder lang noch kurz. Traditionell unterscheidet man noch in Kurzhaar und Rauhhaar, dies findet aber im FCI-Standard und beim Englischen Kennel Club im Standard keinen Niederschlag. Farbe Reinweiß oder überwiegend Weiß mit lohfarbigen, zitronengelben oder schwarzen Abzeichen, nach Möglichkeit auf Kopf und Rutenansatz beschränkt.

Dieser kleine Terrier trägt den Namen seines Schöpfers - Parson Jack Russell. Dieser entwickelte die Rasse Anfang des 19. Jahrhunderts in Devon, in England als Helfer bei der Fuchs-Meuten-Jagd. Vorsicht - dieses Foto ist irreführend, der Hund hat zu kurze Läufe. Standardforderung des gültigen Rassestandards sind längere Läufe. Interessanterweise haben Jack Russell Terrier bereits 1862 auf Englands ersten Hundeausstellungen im Ring gestanden.
BESITZER: Michele Reilly.

Anpassungsfähigkeit

In erster Linie ein leistungsfähiger Jagdhund, der sich aber auch als Familienhund als anpassungsfähig erweist, sich Kindern und Erwachsenen gegenüber vorbildlich verhält. Diese Hunde sind weder überdreht noch *schnappig,* sie brauchen aber eine feste Hand, um sich an die Hausordnung zu halten. So schnell wie eine Spitfire, ein unverdorbener Hochenergie-Arbeitshund, der Menschen, Pferde und andere Hunde liebt. Richtige Erziehung unterbindet Dominanzgebaren gegenüber anderen Hunden. Von Natur aus sind sie neugierige Hunde, die begeistert graben, auch Neigung zum Stromern haben. Gerade in der Stadt muß man sehr sorgfältig auf den Verkehr achten, denn diese kleinen Hunde stürzen sich plötzlich auf eine Fährte und schauen nicht wieder hoch.

Rauhaarige Jack Russell Terrier haben ein grobes Deckhaar, dichte Unterwolle. Auch die hier abgebildeten Hunde sind zu kurzläufig. Alle Jack Russell Terrier sind Hunde für Individualisten, verfügen über eine Intelligenz, die schwerlich zu übertreffen ist.

Wachstumsphase

Mit sieben bis acht Wochen wiegt ein Jack Russell-Welpe etwa drei Pfund. Ausgewachsen ist er in der Regel mit einem Jahr, obgleich die volle körperliche und charakterliche Reife etwa 18 Monate braucht. Bei der Welpenwahl achte man auf Gesundheit, Munterkeit, Aufgeschlossenheit des Welpen, die Anatomie sollte im Rassestandard liegen. Am besten wählt man weder die besonders dominanten Jungtiere noch einen scheuen Welpen. Unerwünschte Merkmale sind Stehohren, krumme Läufe, fehlerhafte Kieferstellung und dichte Behaarung. Bei den Halbstarken kommt der wahre Charakter der Rasse zum Ausdruck. Das Temperament insgesamt bleibt unverändert, bei den Heranwachsenden zeigt sich aber schnell richtige Zucht und Sozialisierung mit anderen Tieren, die beim Züchter schon beginnen sollte, vom Käufer vom ersten Augenblick an fortgesetzt werden muß. Glatthaarige Jungtiere zeigen beim Heranwachsen zuweilen leichte Bartbildung, die Fellfarbe wird heller, insbesondere die schwarze Farbe bei den Dreifarbigen.

Jack Russell Welpen sollten munter und fröhlich sein. Vorsicht vor zu dickem Haarkleid, fehlerhafter Kieferstellung, krummen oder kurzen Läufen und Stehohren, wenn man am Ausstellungsgeschehen Interesse hat.
BESITZER: Strickland.

Die Aufzucht eines Jack Russell Terrier Welpen ist ein Fulltime-Job. Das einzige, was bei diesen Hunden noch schneller geht als das Laufen ist das eigene Denken! Du mußt schon früh aufstehen, wenn Du mit Deinem Jack Russell Schritt halten willst.
BESITZER: Janet Fredericks.

Gesundheit

Insgesamt ist der Jack Russell Terrier ein sehr robuster, gesunder und gut gezüchteter Hund. Seine Futterwünsche sind bescheiden, der Käufer sollte sich aber weitgehend an den Futterplan des Züchters halten. Die Ansprüche an Erziehung und Auslauf sind hoch, nur dann kann man diese fröhlichen Jagdhunde zufrieden und gesund halten. Die Züchter haben sich bei der Rasseentwicklung weitgehend auf die jagdlichen Aufgaben konzentriert, der echte Terrierinstinkt blieb erhalten. So haben wir im Jack Russell Terrier eine weitgehend naturbelassene Rasse, sie zeigt wenig erbliche Krankheiten. Besonders sollte man auf Linsenluxation und erblichen Star achten, zwei Probleme, die in der Rasse auftreten, meist aus *wilden Zuchten*. Beim Kauf sollte man sich vom Züchter nachweisen lassen, daß seine Zuchttiere entsprechend untersucht werden. In einigen Linien gibt es auch Patellaluxation und *Myasthenia Gravis,* eine Erkrankung des Muskelsystems. Auch hierauf sollte man achten. Im allgemeinen erreichen Jack Russell Terrier eine Lebensdauer von 12 bis 14 Jahren.

Die Jugend wie das ganze Leben sind immer zu kurz - nimm Dir Zeit, um die Blütenzeit zu genießen!
BESITZER: Janet Fredericks.

Japan Chin

Der Japan Chin repräsentiert die Geheimnisse einer uralten Rassegeschichte und die Weisheiten Buddhas.
BESITZER: Harold J. und Marie A. Langseth.

Beschreibung

Der Japan Chin ist eine vornehme, zweifarbige Zwerghunderasse, zart und intelligent. Charakteristisch der breite, gerundete Oberkopf und die großen, leuchtenden Augen. Kleinheit ist für den Japan Chin ebenso wichtig wie seine geschichtliche Gottesnähe. Angestrebtes Idealgewicht 1,8 bis 3,2 Kilo. Sein Haarkleid ist dicht, lang und seidig, es darf nie wellig, gelockt oder zu flach wirken. Meist Schwarzweiß-Farben, trifft man den Japan Chin auch in den Farben Rotweiß. Verboten ist Dreifarbig oder jede andere Farbe. Das Rot in dieser Rasse umfaßt alle Schattierungen von Zobelfarben, Zitronenfarben oder Orange. Je leuchtender und klarer das Rot, um so besser. Erwünscht ist eine gleichmäßige Verteilung der Farbe auf Wangen, Ohren und Körper. Körperbau untersetzt, kompakt, quadratisch, mit breiter Brust. Die Rute ist charakteristisch stark eingedreht, wird über dem Rücken gerollt getragen, ist reich behaart. Im Verhältnis zum Körper wirkt der Kopf groß, er wird auf einem kurzen, mässig dicken Hals getragen. Fang sehr kurz mit breiter Nase. Ohren klein, v-förmig, reiche Befederung. Augen dunkel, breit auseinander eingesetzt, leicht hervortretend. Gerade Läufe, feine Knochen, wodurch der Hund zart wirkt. Läufe bis auf die Hasenpfoten herunter stark befedert.

Anpassungsfähigkeit

Der Japan Chin ist unter den Zwerghunderassen ein wahres Geschenk. Er eignet sich sowohl für den Einzelbesitzer wie die ganze Familie. Im Wesen sind diese Hunde lieb und charmant. Diese Tiere sind empfindsam, möchten gerne alles richtig machen und haben - für einen so winzigen Hund - das Gedächtnis eines Elefanten. Japan Chin unterrichtet man, man erzieht sie nicht, dabei haben sie immer ihre eigene Meinung. Man kann sie aber nicht so leicht verderben wie viele andere Zwerghunde. Richtige Sozialisierung ist von größter Bedeutung, erst dann entfaltet sich die den Menschen anbetende Persönlichkeit dieser Rasse.

Trotz der Weisheit der chinesischen Kaiser wäre es falsch, den Japan Chin der heutigen Gesellschaft als Geschenk anzubieten. Dem widerspricht unser turbulenter Alltag. Wie schade - könnte man sich ein köstlicheres, friedlicheres Geschenk vorstellen?
BESITZER: Kip Kopatch.

WACHSTUMSPHASE

Neugeborene Welpen wiegen zwischen 170 und 220 Gramm, sieben bis acht Wochen alte Welpen haben ein Gewicht zwischen etwa 700 und 900 Gramm. Bei der Welpenwahl achte man auf guten Körperbau, meiden sollte man besonders zarte Welpen und Hunde mit übertrieben vortretenden Augen. Die Züchter warnen vor der Verletzungsgefahr solcher Augen, die Käufer sollten gezielt fragen, wenn Welpen verletzte oder tränende Augen aufweisen. Gesunde Augen sind klar und dunkel. Das Wachstum verläuft mit wenig Komplikationen, volle Körpergröße ist etwa mit zehn Monaten erreicht. Das Fell braucht länger, um auszureifen. Bei heranwachsenden Hunden kommt es zu einem sehr starken Fellwechsel, das Flauschige verschwindet, für kurze Zeit kann ein solcher Hund nahezu nackt wirken. In dieser Zeit braucht der Hund gezielte Fellpflege. Ihrer Natur nach sind Japan Chins süße, charmante Hausgenossen. Die Hundebesitzer sollten diese Eigenschaften unbedingt erhalten und durch laufende Sozialisierung und Gewöhnung an die Umwelt weiterentwickeln.

Japan Chin-Welpen sollten robust wirken, nicht zerbrechlich. Stark hervortretende Augen bergen immer die Gefahr von Verletzungen, darauf sollte man beim Welpenkauf achten.
BESITZER: Kip Kopatch.

GESUNDHEIT

Japan Chins haben eine hohe Lebenserwartung, werden im allgemeinen 13 oder mehr Jahre alt. Sie sind vorzügliche Wohnungshunde, es gibt wenig Berichte über ernsthafte Gesundheitsstörungen. Einige behandeln Bandscheibenprobleme der Hunde mittleren Alters. Der Japan Chin braucht täglich gründliche Fellpflege, damit sein Fell gesund und sauber ist, Hautreizungen vermieden werden. Pfoten, Augen und Ohren fordern zusätzliche Aufmerksamkeit. Haare zwischen den Pfoten und Ballen müssen getrimmt werden, um Reizungen zu vermeiden. Die großen, hervorstehenden Augen der Rasse müssen laufend auf Kratzer und Fremdkörper kontrolliert werden. Bei den Ohren sollte man auf Ohrschmalz und zu starke Behaarung achten. Der brachycephalische Fang zeigt Zangengebiß oder leichten Vorbiß. Diese Hunde müssen gegen Überhitzung und Hitzschlag geschützt werden. Aufgrund der zarten Knochenbildung kommt es häufig zu Knochenbrüchen. Durch richtige Ernährung entsprechend der Empfehlung von Züchter und Tierarzt kann man dem vorbeugen. Man sollte das Gebiß auf übertriebenen Vorbiß kontrollieren, unregelmäßige Zahnstellung läßt tägliche Zahnpflege ratsam erscheinen.

Den Japan Chin gibt es nicht nur in den Farben Schwarzweiß, man achte auch auf die Rotfarbenen in den Schattierungen Zobelfarben, Zitronenfarben und Orange.
BESITZER: Kip Kopatch.

Japan Chin

Japanischer Spitz

Suchen wir eine schneeweiße Schönheit, die niemand anderes im ganzen Park besitzt? Vielleicht ist der Japanische Spitz der Hund, der den nächsten Weg in Dein Herz und in Deine Wohnung findet. Er ist nur halb so groß wie ein Samoyede, ruhiger als der kanadische Eskie, aber ein Idealpartner für Appartement wie Iglu.

Beschreibung

Obwohl er aus Japan stammt, gehört er mit seinem dichten, reinweißen abstehenden Haarkleid zu den nordischen Rassen. Der Japanische Spitz zeigt eine unverwechselbare Ähnlichkeit mit dem Kanadischen Eskimo und dem Samoyeden, was nur zu verständlich ist, denn alle diese Rassen haben einen gemeinsamen Ursprung. Der Japanische Spitz erreicht eine Widerristhöhe von 30 bis 36 cm, Hündinnen etwas kleiner. Er zeigt einen munteren und intelligenten Gesichtsausdruck. Kopf mittelgroß, mäßig breit, Oberkopf leicht aufgewölbt, schön geformt. Der Fang läuft spitz zu, ist aber nicht zu lang oder dick. Nase und Augenlider schwarz. Augen dunkel, ovalförmig und dreieckig eingesetzt. Ohren klein, dreieckig, aufrecht stehend. Brust breit und tief. Hinterhand schön proportioniert, mäßig gewinkelt. Rute stark befedert, mäßig lang und über dem Rücken gerollt getragen. Deckhaar gerade, abstehend, weiche, dichte Unterwolle. Der ganze Körper ist von langem Haar bedeckt, im Bereich von Hals und Schultern zeigt sich eine deutliche Mähne.

Anpassungsfähigkeit

Obgleich der Japanische Spitz seit Anfang der 1950er Jahre in England bekannt ist, hat die Rasse bisher noch wenig an Popularität gewonnen. Dieser Hund hat nur die Hälfte der Körpergröße des populäreren Samoyeden, ist aber mit Sicherheit ebenso freundlich und munter wie sein aus dem Schnee kommender Vetter. Seine Größe macht ihn als Wohnungshund besonders angenehm, obwohl er natürlich auch das Leben in der freien Natur liebt. Warum solltest Du nicht der erste in Deinem Häuserblock sein, der diese wunderschöne Spitzrasse sein Eigen nennt? Er ist eine vorzügliche Wahl für eine Familie mit Kindern. Seine muntere Natur und sein Bellen, das einem großen Hund ähnlich klingt, empfehlen ihn auch als Wachhund. Für einen Spitz ist dieser Hund sehr liebevoll und wachsam. Eine Reihe guter Hunde findet man heutzutage nicht nur in England, sondern auch in den USA, Schweiz und Österreich.

Wachstumsphase

Welpen wiegen mit acht Wochen fünf bis sechs Pfund. Diese Hunde wachsen schnell heran, haben ihre Widerristhöhe meist bereits mit acht Monaten erreicht. Der Käufer sollte sich einen munteren Welpen wählen mit klaren, leuchtenden Augen, ohne Anzeichen von Tränenfluß. In diesem Alter sollte die schwarze Pigmentierung bereits abgeschlossen sein. In der Halbstarkenzeit - allgemein zwischen sechs und acht Monaten - kommt es zuweilen zu Dominanzstreben. Der Besitzer muß dafür sorgen, daß der Hund frühzeitig erkennt, wie die Rangordnung in der Familie aussieht. In dieser Zeit wird auch das flaumige Welpenhaar abgeworfen, von einem kräftigeren weißen Haarkleid ersetzt. Wenn man das tote Haar auskämmt, erleichtert man dadurch den Fellwechsel wesentlich. Der Japanische Spitz ist wirklich eine recht anspruchslose Hunderasse, in der Wachstumsphase sind wenige Komplikationen bekannt. Man sollte darauf achten, daß diese

Der Gesichtsausdruck des Japanischen Spitzes zeigt deutlich sein munteres und liebevolles Wesen.

Hunde - wie alle Spitze - zu Kläffer werden können, wenn man es ihnen nicht abgewöhnt. Die Hundebesitzer sollten sich nach den ihnen von erfahrenen Züchtern empfohlenen Erziehungsratschlägen richten.

Gesundheit

Bei dieser recht unbekannten Hunderasse gibt es wenig tierärztliche Forschungsergebnisse. Die Züchter unterstreichen, daß ihre Rasse weitgehend frei von Erbkrankheiten sei. Ein großes Problem bildet Patellaluxation. Weitere Aspekte wie Fütterung und Fellpflege verursachen wenig Probleme. Der Fellwechsel kann relativ kräftig ausfallen, dem sollte man durch regelmäßiges Kämmen vorbeugen. Wichtig ist zu wissen, daß Baden nur bei besonders stark verschmutzten Hunden empfohlen wird. Muß der Hund gebadet werden, ist sehr gutes Abtrocknen wichtig, es könnte sonst zu *Hot-Spots führen*. Die Züchter unterstreichen, daß sich das Fell des Japanischen Spitzes weitgehend selbst reinigt. Die Anforderungen der Rasse an Auslauf und Bewegung sind nur mäßig stark.

Damit Dein weißer Liebling so rein wie frisch gefallener Schnee wirkt, bedarf er einiger Pflege. Um Deinen Hund in dieser schneeweißen Verfassung zu halten, muß täglich gebürstet werden.

Japanischer Spitz

Keeshond

Der Keeshond ist eine hübsche, natürliche Hunderasse, gekleidet in ein üppiges Fell mit schöner Hosenbildung. Diese Hunde haben viel Charme, verfügen in den USA wie in England über eine treue Gefolgschaft, sind aber von der FCI als Hunderasse nicht anerkannt.
BESITZER: Joanne Reed.

Beschreibung

Der ursprünglich holländische Keeshond ist ein mittelgroßer Spitz mit wolfsgrauem Fell. Besonders attraktiv wirken die *Brille rund um die Augen,* seine Halskrause und seine Hosen. Die Rasse ist in den USA wie England anerkannt, aber nicht durch die FCI und alle angeschlossenen europäischen Länder. Ideale Widerristhöhe Rüden 46 cm, Hündinnen 43 cm. Ein schön ausbalancierter, kurzrückiger Hund. Erwähnt wird sein leicht fuchsartiger Ausdruck, seine kleinen Stehohren, seine üppig behaarte Rute, die über dem Rücken gerollt getragen wird. Der Kopf ist keilförmig, verlangt wird ein ausgeprägter Stop. Augen dürfen weder rund noch hervorstehend sein. Ohren hoch angesetzt, dreieckig. Augen dunkelbraun oder schwarz, mandelförmig, nicht hell. Charakteristisch für einen gut gezüchteten Keeshond ist die Brillenbildung um die Augen. Apfelköpfigkeit ist genauso fehlerhaft wie unregelmäßige Gebißstellung. Kompakter Körper, gerader Rücken; Vorderläufe gerade, kräftige Hinterläufe mit mäßiger Winkelung.

Üppiges Haarkleid mit langem, geradem, abstehendem Deckhaar, gekrönt durch Mähnenbildung und Hosen an den Hinterläufen. Das Fell darf weder seidig, wellig noch gelockt wirken. Insgesamt ist der Keeshond ein recht selbstbewußter und attraktiver Hund.

Anpassungsfähigkeit

Ein intelligenter, angenehmer Begleithund, der nie zufrieden ist, wenn die Menschen nicht um ihn herum sind. So paßt der Keeshond in viele Lebensverhältnisse auf dem Land, in der Stadt oder auf hoher See. Er ist ein robuster, unternehmungslustiger Hund mit großer Anpassungsfähigkeit an eine Vielfalt von Witterungsverhältnissen - trotz seines dicken Haarkleids. Der Keeshond liebt das Spielen, Kinder und andere Hunde sind seine Lieblingsspielgefährten. Er ist intelligent, lernt schnell, ist von Natur aus aber eigenwillig, weshalb eine feste und liebende Hand notwendig ist.

Anders als eine Vielzahl von Hunderassen darf der Keeshond nie geschoren werden. Wenn Du nicht bereit bist, diesen Hund regelmäßig tüchtig zu bürsten, Deine Wohnung mit dem Staubsauger zu reinigen, solltest Du diesen holländischen Lebensgefährten wahrscheinlich nicht in Dein Zuhause aufnehmen.
BESITZER: Janice A. Wanamaker.

Wachstumsphase

Bei der Geburt wiegen Keeshond-Welpen etwa 230 bis 300 Gramm. Sie sind kurzhaarig, nahezu völlig schwarz, zeigen manchmal weiße Abzeichen an Pfoten und Brust. Diese weißen Flecken verschwinden meist bis zu einem Alter von acht bis neun Wochen. Mit acht Wochen ist auch bereits das üppige Haarkleid sichtbar, mit hellfarbiger Unterwolle und Deckhaar mit schwarzen Spitzen. Hellere Markierungen an den Läufen und Pfoten, Schulterpartie, Rute und Mähne werden sichtbar. Bis die Hunde ausgewachsen sind, gibt es bei Keeshonds mehrere Haarwechsel, Fellpflege ist in dieser Entwicklungsperiode ziemlich wichtig. Mit zehn Monaten haben diese Hunde ihre endgültige Widerristhöhe erreicht, ihre Substanz nimmt aber weiter zu, ebenso das Haarkleid – bis zum Alter von zwei oder sogar drei Jahren. Das Wesen ist bei diesen Hunden nur selten problematisch, die Hundebesitzer sollten aber unbedingt darauf achten, daß die Hunde von Jugend an richtig sozialisiert und erzogen werden.

Mit acht Wochen haben die Welpen bereits das typische Haarkleid des Keeshonds, wobei es natürlich noch nicht so üppig ist. Die Fellentwicklung geht durch viele Stadien, braucht beträchtliche Pflege.
BESITZER: Linda Moss.

Welpen erben ihr offenes freundliches Wesen von ihren Müttern. Die Rasse ist für ihr lebhaftes, liebevolles Wesen hoch geschätzt.
BESITZER: Ernest und Donna Williams.

Gesundheit

Der Keeshond ist eine recht gesunde Hunderasse. Natürlich leiden diese Hunde auch an Krankheiten, aber die meisten sind in der Rasse sehr selten. Zu den schwierigeren Problemen gehören HD, Epilepsie und Schilddrüsenstörungen. Hüftgelenksdysplasie ist nicht verbreitet, trotzdem sollten alle Zuchthunde untersucht werden. Epilepsie tritt bei Rüden häufiger auf als bei Hündinnen, Züchter müssen darauf achten. Im allgemeinen zeigt sich diese Erkrankung erst etwa mit drei Jahren. Schilddrüsenunterfunktion führt zu stumpfem Fell, auch zu Haarverlust, aber im allgemeinen läßt sich die Krankheit mit entsprechenden Medikamenten behandeln. Nierenerkrankungen, die sich durch Schwäche, Erbrechen und Zuckungen zeigen, treten in der Rasse auf. Zu den Hauptproblemen der Rasse gehören Tumore, insbesondere Hauttumore. Regelmäßig sollte die Haut des Hundes kontrolliert werden, ganz besonders, wenn der Hund älter wird. Haarausfall verursacht einige Probleme, noch gefährlicher sind Hautreizungen und Parasiten. Dies läßt sich aber durch regelmäßige Fellpflege in Ordnung bringen, wobei aber von Flohallergien berichtet wird. Aus den tierärztlichen Berichten sind noch Fälle von Verzwergung, Tetralogie of Fallot (Herzerkrankung), vWD und Diabetes Mellitus bekannt.

Der Keeshond hat eine Reihe gesundheitlicher Probleme, die aber von verantwortungsbewußten Züchtern auf ein Minimum eingeschränkt wurden.
BESITZER: Sharon A. Elphick.

Kerry Blue Terrier

BESCHREIBUNG

Der Kerry Blue Terrier leitet seinen Namen von seiner irischen Heimat und seiner vornehmen blaugrauen Farbe ab, die für das Fell dieses Hundes charakteristisch ist. Beim ausgewachsenen Hund variiert die Farbe Blaugrau von tiefem Schiefergrau bis zum hellen Blaugrau, wobei Fang, Kopf, Ohren, Rute und Pfoten dunkler gefärbt sind. Ein sehr gut aufgebauter Terrier mit kurzem, geradem Rücken, schöner tiefer, flacher, nicht runder Brust. Im Verhältnis zum Körper ist sein Kopf lang, Oberkopf flach mit sehr leicht ausgeprägtem Stop. Die Länge der Fangpartie gleicht der Länge des Oberkopfs. Ohren v-förmig und klein, an den Wangen anliegend getragen, niemals jagdhundeartig groß. Augen dunkel und klein mit selbstbewußtem Terrierblick. Hals mäßig lang, elegant geformt. Abweichend von den meisten anderen Terriern ist das Fell des Kerrys weich, dicht und gewellt. Hartes und drahtiges Haarkleid sind ernsthafte Fehler. Ideale Widerristhöhe Rüden 46 bis 48 cm, Hündinnen etwas weniger. Idealgewicht etwa 16 Kilo.

Die Rasse stammt aus der Grafschaft Kerry im Südwesten Irlands, viele sehen in ihm *mehr als nur einen Terrier.* Als Arbeitshund besticht der Kerry Blue Terrier, er kann nicht nur Ratten fangen, sondern auch Schafe hüten, apportieren und als Wachhund arbeiten. Außerdem ist er ein vorzüglicher Ausstellungshund.
BESITZER: Dr. und Mrs. R. A. Reilly.

ANPASSUNGSFÄHIGKEIT

Ein eleganter Allround-Terrier, vorzüglicher Kinderhund, bewährter Wachhund und eine Bereicherung jeder Hundeausstellung. Seine irische Abstammung machte ihn zu einem echten Arbeitshund, anderen Hunden gegenüber ist er manchmal etwas aggressiv, er weiß sein Territorium zu beschützen. Er hat einen sehr eigenwilligen Charakter, kennt, was er unternehmen muß, um sein Ziel zu erreichen. Wichtig ist frühzeitige Sozialisierung und konsequente, aber liebevolle Erziehung. Dies ist ein Hund, der auch in der Stadt wohnen kann, sich vielen Lebensverhältnissen anzupassen weiß. Voraussetzung ist genügend Beschäftigung und Auslauf. Diese Hunde brauchen guten Familienanschluß.

Ein unternehmungslustiger, kleverer Terrier. Manche Hunde übernehmen, wenn ihr Besitzer sie nicht richtig erzieht, selbst das Kommando. Ein unternehmungslustiger Terrier, der einen Besitzer braucht, der immer auf alle Überraschungen gefaßt ist.
BESITZER: Mr. und Mrs. K. Neill.

Wachstumsphase

Bei der Geburt wiegen die Welpen zwischen etwa 230 und 340 Gramm. Sie werden schwarz geboren, manchmal mit kleinen weißen Abzeichen auf Brust oder Pfoten, manchmal auch mit einigen weißen Haaren auf dem Körper. Ganz selten werden Welpen braun mit rosa Nasenspiegel geboren. Dies wird als Fehlfarbe angesehen, soll auch gesundheitlich bedenklich sein. Nach wenigen Tagen werden die Ruten kupiert, Wolfskrallen entfernt. Für das Aussehen des Kerry Blues wird der Ohrenhaltung große Bedeutung beigemessen, man sollte sich Elterntiere und Vorfahren darauf ansehen, wobei ziemlich verbreitet die Ohrhaltung durch menschliche Nachhilfe verbessert wird. Die Farbe des Fells verändert sich bei den heranwachsenden Hunden von Schwarz bis zu dem erwünschten Blau. Die meisten weißen Abzeichen, vorausgesetzt sie sind nicht zu groß, verschwinden beim ausgewachsenen Hund. Über das erste Jahr braucht der Kerry sorgfältige und gezielte Sozialisierung mit Menschen und Tieren. Nur hierdurch lassen sich Rauflust und anderes antisoziales Verhalten rechtzeitig unterbinden.

Das schwarze Welpenhaarkleid hellt sich beim Junghund auf, gewinnt nach und nach seine blaue Schattierung. Welpen, bei denen die Auflichtung zu früh erfolgt, könnten zu hell werden.
BESITZER: Aileen Santo.

Gesundheit

Ein robuster, vielseitiger Terrier, ein kraftvoller Körper gekoppelt mit einem selbstbewußten Wesen. Abgesehen vom Trimmen - und er ist ein großer Terrier - sind die Pflegeanforderungen gering. Wenn man ausstellen will, bedarf es dennoch einiger Mühe. Während vor dem letzten Jahrzehnt die Kerry Blue Terrier als außerordentlich langlebig galten - über 15 Jahre alt wurden - wird in jüngerer Zeit von einem bemerkenswerten Anstieg bösartiger Tumore bei älteren Kerrys berichtet, was die Lebenserwartung mindert. Der Käufer sollte die Zuchtlinien sorgfältig darauf überprüfen, kann möglicherweise dadurch das Krebsrisiko seines Hundes besser einschätzen. Einige Augenprobleme wie Entropium und Distichiasie sind bekannt. Hüftgelenksdysplasie wird in der Rasse als weniger problematisch angesehen, während Ellenbogendysplasie häufiger vorkommt. Es gibt eine neurologische Erkrankung, die den jungen Kerry befällt, wobei das erste Anzeichen eine Versteifung der Glieder ist. Diese Extrophyamido Nuclear Abiotrophie genannte Krankheit verschlimmert sich in wenigen Monaten, so daß der Hund nicht mehr in der Lage ist zu gehen. Die Lebenserwartung des Kerry Blue Terrier liegt heute zwischen 10 und 13 Jahren.

Für einen Haushalt mit nur einem Hund ist der Kerry Blue erste Wahl. Diese Rasse bevorzugt die Gesellschaft des Menschen beiweitem gegenüber der mit anderen Hunden.
BESITZER: Aileen Santo.

Kerry Blue Terrier

King Charles Spaniel

Der King Charles Spaniel - in den USA auch als *English Toy Spaniel* bezeichnet - ist eine der englischen Ausgangsrassen, die auch hinter anderen kleinen Spaniels steht. Das Bild zeigt Champion Cheri-A's Lord Andrew, einen der berühmtesten Vertreter der Rasse.
BESITZER: John Wood JR., Mary Dullinger-Cunha und Jerome Elliot.

Beschreibung

Der King Charles Spaniel ist ein munterer kleiner Bursche, charakterisiert durch einen großen, aufgewölbten Kopf, der recht rundlich, nie aber grob wirkt. Recht kurznasig, mit sehr kurzem Fang, breitem, quadratischem Kiefer, leicht vorbeißende Gebißstellung. Die Ohren sind sehr lang, tief angesetzt. Der Kopf drückt Intelligenz und viel Charme aus. Der King Charles Spaniel hat einen kompakten Körperbau, quadratisch und tief mit breitem Rücken. Hals mäßig lang. Die Rute wird in der Regel nicht mehr kupiert, sondern in natürlicher Länge belassen. Üppiges Haarkleid mit guter Befederung an Ohren, Körper, Brust und Läufen. Standardfarben Blenheim (leuchtend Rot mit Weiß), Tricolor, Schwarzlohfarben und Rubinrot. Der King Charles Spaniel bewegt sich frei und mit gutem Schub. Voraussetzung sind eine gerade, starkknochige Front und gute Winkelung von Vor- und Hinterhand. Gewicht 3,6 bis 6,3 Kilo.

Anpassungsfähigkeit

Der King Charles Spaniel oder - nach amerikanischer Sitte English Toy Spaniel - ist eine delikate, dabei dennoch robuste Hunderasse, ein süßer und komischer Familienhund. Diese Hunde brauchen einen geschickten Besitzer und Erzieher. Trotz sein auf Manche komisch wirkendes Äußere ist dies ein völlig normaler Hund, der sich recht vernünftig als Familienhund erziehen läßt. Kleine Kinder sind nicht geradezu der Idealpartner, wenn man einen Welpen ins Haus holt, weil dieser recht zart und empfindlich ist. Die Hunde lieben Menschen, bauen eine sehr herzliche und enge Verbindung zu ihren Familien auf. Trotzdem sollte man nicht vergessen, daß sich auch kleine Hunde in die Familienordnung einfügen müssen. Freundliche, aber konsequente Früherziehung ist empfehlenswert.

Seine Kopfform charakterisiert den King Charles Spaniel. Die sehr großen, weit nach vorne eingesetzten Augen brauchen sorgfältige Pflege.
BESITZER: Mary Dullinger-Cunha.

Wachstumsphase

Das Leben dieser Kleinhunde beginnt mit etwa 150 bis 280 Gramm Geburtsgewicht, die Welpen erreichen mit acht Wochen etwa vier bis fünf Pfund. Bei der Geburt haben die Welpen noch wenig Pigment, das sich aber bald bildet. Die Züchter berichten über keine ungewöhnlichen Probleme in der Wachstumsphase. Der King Charles Spaniel reift zügig heran, sexuelle Reife und volle Widerristhöhe sind in der Regel mit einem Jahr erreicht. Die endgültige Körperform und das üppige Haarkleid brauchen meist zwei Jahre. Diese Hunde sind weder wählerische noch gierige Fresser, brauchen keine Spezialnahrung. Ihre Besitzer sollten auf angemessene Knochenentwicklung - an Gliedern wie Oberkopf - achten, eine Regel, die für viele Kleinhunde gilt.

King Charles Spaniel-Welpen wirken besonders süß und kompakt. Das Wachstum verläuft bei dieser Rasse normal, ohne Schwierigkeiten.
BESITZER: Patricia A. Zbock.

Gesundheit

Diese Hunde brauchen wenig besondere Pflege, erreichen ein Alter von 9 bis 15 Jahren. Wie andere Kleinhunderassen ist auch der King Charles Spaniel mit Knieluxation und anderen Gelenkproblemen belastet. Mit Hunden von zu zarten Knochen sollte man nicht züchten. Augenprobleme treten in erster Linie durch den nach vorne gerichteten Augeneinsatz auf. Atemprobleme werden zum Teil der brachycephalischen Kopfform zugesprochen. Diabetes Mellitus, erbliche Herzfehler, Nabelbrüche und nicht geschlossene Fontanelle - eine weiche Stelle am Schädel, die auch beim ausgewachsenen Hund bleibt - beeinträchtigen die Rassevertreter. Die Pflege des King Charles Spaniel ist nicht kompliziert, verlangt aber speziell an Läufen und Ohren Ausdauer. Das lange, stark behaarte Ohrleder kann zu Ohrentzündungen führen, insbesondere bei heißem Wetter. Der Vorbiß läßt regelmäßige Gebißkontrolle angezeigt erscheinen. Ansonsten hat man mit diesen kleinen Hunden in sein Leben sehr viel Freude geholt.

Ein ruby-farbener Welpe mit kleiner weißer Brustmarkierung, die in der Regel mit dem Heranwachsen verschwindet, dazu ein Tricolor-Welpe, zwei aus den vier zulässigen King Charles Spaniel-Farben.
BESITZER: Patricia A. Zbock.

Komondor

Beschreibung

Ein kräftiger, schwerer Hund, dessen imposante Muskulatur unter einem Fell verfilzter, quastenartiger Schnüre von reinweißer Farbe verborgen liegt. Der Kopf scheint breiter als groß, die Augen sind mandelförmig, müssen von dunkler Farbe sein, dürfen aber nicht zu tief liegen. Blaue Augen sind als Albinomerkmal nicht akzeptabel. Ohren v-förmig hängend. Nase breit, schwarzes Pigment, fleischfarbene Nase unerwünscht. Der Fang ist verglichen mit dem Oberkopf breit, wirkt grob, darf nicht spitz auslaufen. Mächtige Brust, tief und angemessen breit. Breiter Rumpf, muskulös, sich zur Rute hin verschmälernd. In der

Der Komondor besitzt ausgeprägten Territorialinstinkt, wehrt Fremde ab. Im Unterschied zu den meisten anderen Hunderassen leben diese Hunde recht eigenständig und fröhlich in großen Außenanlagen.
BESITZER: Patricia Turner und Anna Quigley.

Erregung wird die Rute in Rückenhöhe getragen, am Rutenende leicht nach oben gebogen. Die Rute darf nie kurz, gerollt oder kupiert sein. Das Fell besteht aus grobem Deckhaar, gewellt oder gelockt, mit weicher Unterwolle. Das Haar bildet aus sich selbst heraus Quasten, wirkt schnürenartig. Die Schnüre des ausgewachsenen Hundes sind stark und schwer, fühlen sich hart an. Wenn man das Fell sich selbst überläßt, entwickeln sich große Matten und Platten. Die Schnürenbildung entsteht ziemlich langsam, ist vor einem Alter von zwei Jahren nie abgeschlossen. Farbe immer Weiß. Gewünscht wird graue Hautfarbe, aber auch rosafarbene Haut ist erlaubt.

Anpassungsfähigkeit

Eine ganze Menge Hund und sehr viel Fell, das so aussieht und sich anfühlt, als bestände es aus lauter Schnüren. Der Komondor fesselt das Auge des Betrachters, ist ein eindrucksvoller Schutzhund. Er braucht einen richtigen Besitzer und einen guten Erzieher, außerdem einen sicher eingezäunten Auslauf. Ihrer Natur nach sind diese Hunde groß, eigenwillig und manchmal aggressiv, wenn man ihre Veranlagung nicht in die richtigen Kanäle lenkt. Auf den Hügeln Ungarns arbeitete der Komondor alleine, hat sich dort zu einem außerordentlich unabhängigen Hund entwickelt. Frühzeitige Sozialisation mit anderen Hunden und Menschen ist absolut notwendig, ebenso konsequente und zielbewußte Erziehung.

Wie eindrucksvoll dieser Hund wirkt! Bis zu 50 Kilo selbstbewußter Mut und dichte Haarkordeln! Früher verteidigte dieser Hund in Ungarn die Herden gegen Raubtiere, heute besticht er als Wach- und Schutzhund.
BESITZER: Patricia Turner und Anna Quigley.

Wachstumsphase

Bei der Geburt wiegt der Komondor etwa ein Pfund oder mehr, die weitere Entwicklung erfolgt schubweise. Die meisten Hunde entwickeln sich aber gleichmäßig und reifen später aus. Andere zeigen große Wachstumsschübe, sind früher ausgereift. Die Einzelheiten sollte der Käufer mit dem Züchter seines Hundes besprechen. Bei der Auswahl achte man auf gut pigmentierte Nase, dunkle Augen und Ballen, weniger rosa Haut, insbesondere im Ohrbereich. Helle Nase und blaue Augen sollte man nicht wählen. Unbedingt meiden muß man auch scheue Hunde, dies kann zu schwerwiegenden Verhaltensstörungen führen. Schon beim Junghund beginnt sich das geschnürte Haarkleid zu entwickeln, das dauert oft drei Jahre und länger. Zuweilen kommt es in den Wachstumsphasen dazu, daß die Hunde schlecht fressen. Dies kann insbesondere bei Hunden problematisch werden, bei denen starke Wachstumsschübe auftreten. Gezielte Ernährung ist in aller Regel notwendig.

Der Komondor-Junghund wächst in unterschiedlichen Raten. Man sollte ihm ein abwechslungsreiches Futter bieten, damit er nicht wählerisch wird.

Das Welpenhaar ist verhältnismäßig weich, bereits mit drei bis sechs Monaten kommt es zur ersten Schnürenbildung. Ob Du es glaubst oder nicht, Fellpflege und die Pflege der Kordeln ist gar nicht so schwierig oder zeitraubend, wie es auf den ersten Blick aussieht. Erfahrene Züchter verraten gerne das Geheimnis, wie dieses Fell gepflegt werden muß.

Gesundheit

Der Komondor ist nachweislich eine robuste Hunderasse, ziemlich widerstandsfähig gegen Krankheiten. Hüftgelenksdysplasie spielt jedoch eine größere Rolle, verantwortungsbewußte Züchter haben sie aber weitgehend unter Kontrolle. Wesentlich verbreiteter sind Hautreizungen und Infektionen, insbesondere bei weniger gepflegten Hunden. Die Fellpflege erfordert Spezialkenntnisse und Geschicklichkeit, hierum muß sich der Besitzer unbedingt kümmern. Die Rasse scheint besonders empfindlich für Staphylokokkeninfektion und Hauterkrankungen zu sein. Allergische Dermatitis - im allgemeinen *Hot Spots* genannt - sind bei der Rasse bekannt. Sie lassen sich zwar alle kurieren, die Behandlung ist aber durch das Haarkleid der Rasse kompliziert. Züchter berichten darüber, daß einige ihrer Hündinnen Fellverluste zeigen, vor allem im Bereich Schulter und Vorhand, ohne daß ein klarer Grund gefunden wurde. Die Rasse ist gegen Narkose und einige Flohsprays empfindlich. Richtige Fütterung ist wichtig. Das Wohlbefinden der Hunde ist aber genauso abhängig von genügend tüchtigem Auslauf, gekoppelt mit regelmässiger Erziehung. Ein gut gezüchteter und richtig gehaltener Komondor kann leicht zehn oder mehr Jahre alt werden.

Zur Bildung der Kordeln dauert es in aller Regel etwa ein Jahr, mit zwei Jahren ist die Schnürenbildung abgeschlossen. Das Erwachsenenhaarkleid kann bis zu fünf Jahren brauchen, bis es seine volle Form gefunden hat.
BESITZER: Janet Cupolo.

Kuvasz

Einer der Geheimtyps in der Hundewelt wird hier vorgestellt - der Kuvasz. Ein eleganter, kraftvoller hochqualifizierter Arbeitshund, von Popularität und leichtsinniger Zucht bisher in keiner Weise verdorben.
BESITZER: Lynn Brady und C.D. Townsend.

Beschreibung

Der Kuvasz ist ein weißer Herdenschutzhund von aussergewöhnlicher Balance, kräftig gebaut, sehr groß, starke Muskulatur und schöne Knochen. Widerristhöhe 70 bis 76 cm, Gewicht Rüden etwa 52 Kilo, Hündinnen etwas weniger. Dieser Hund bietet das Bild von Kraft, vereint mit Aktivität und Leichtfüßigkeit. Von großer Wichtigkeit ist der richtig proportionierte Kopf, er ist länger als breit. Augen mandelförmig, breit eingesetzt. Ohren dick, v-förmig, hängend getragen, leicht abgerundete Spitzen, weit hinten angesetzt. Der Fang steht im richtigen Verhältnis zur Kopflänge, gerader Nasenrücken, nicht spitz zulaufend. Hals muskulös, von mittlerer Länge, keine Wammenbildung. Rücken von mittlerer Länge, Lendenpartie kurz und muskulös. Brust tief mit langen, gut gewölbten Rippen. Rute tief getragen, bis zum Sprunggelenk reichend. Widerrist höher als Rücken. Mittlere Knochenstärke. Der Femur ist lang, wodurch eine gute Kniewinkelung entsteht. Das volle üppige Haarkleid des Kuvasz ist doppelt, mit geradem bis welligem Deckhaar und feiner Unterwolle. Hals und Brust von einer Mähne bedeckt, Läufe stark befedert. Das Fell muß reinweiß sein, erwünscht ist dunkles Hautpigment. Typ und Qualität sind immer wichtiger als nur die Grösse. Diese Rasse hat als Wach- und Schutzhund einen vorzüglichen Ruf, ist in diesen Aufgaben schwerlich zu übertreffen.

Anpassungsfähigkeit

Ein imponierender Anblick! Immer mehr Hundefreunde interessieren sich für den Kuvasz, sie suchen einen attraktiven Schutzhund, der imponierend aussieht. Er ist ein eleganter und kräftiger Hund. Wenn man diesen Hund von Jugend an richtig sozialisiert, seine natürlichen Territorialinstinkte in die richtigen Bahnen lenkt, wird er zum idealen Wachhund. Kindern gegenüber ist der Kuvasz zuverlässig, aber bei weitem kein *so tolerantes Opfer* wie ein Golden Retriever. Der Besitzer muß einiges an Zeit in Erziehung und Auslauf investieren, denn der Kuvasz ist ein großer intelligenter Hund, der Beschäftigung braucht.

Ein Bild guter Gesundheit und wacher Intelligenz. Der Kuvasz wurde gezüchtet, um Rinderherden zu schützen. Fremden gegenüber ist er zurückhaltend, bleibt stets höflich mißtrauisch. Seine Hingabe und Geduld bilden sein zweites Wesen, und er weiß, auf sich selbst gestellt zu handeln.
BESITZER: Lynn Brady und C.D. Townsend.

Wachstumsphase

Kuvasz haben im allgemeinen große Würfe, was einiges an Zusatzfütterung erfordert. Mit acht Wochen wiegt ein Kuvasz stolze sechs bis neun Kilo, Rüden sind im Schnitt größer. Körperliche Reife wird im allgemeinen mit 18 Monaten erreicht, aber die Substanz entwickelt sich weiter, insbesondere bei Rüden. Außer auf guten Körperbau sollte der Welpenkäufer auf charakterliche Zuverlässigkeit der Eltern achten, begleitet von rassetypischer Zurückhaltung, die man nicht mit Scheu verwechseln sollte. Die Wachstumsperiode bringt den Wechsel vom Welpen- zum Erwachsenenfell, letzteres ist kurz, gerade und dicht. Man braucht über diesen Zeitabschnitt sehr viel zusätzliche Fellpflege, um das tote Haar zu entfernen, Verfilzungen zu verhindern. Diese Extrapflege ist auch bei künftigem Fellwechsel wieder erforderlich. Bereits beim Junghund entwickeln sich Dominanzstreben und Schutzinstinkt. Der Kuvasz ist dafür bekannt, daß er in diesem Zeitraum seinen Besitzer herausfordert - Festigkeit und Konsequenz des Besitzers sind wichtig. Wenn man den Kuvasz richtig erzieht und frühzeitig sozialisiert, hat man einen zuverlässigen und loyalen Familien- und Wachhund.

Dieser intelligente Hund mit dominanten Zügen und imposanter Körpergröße fordert einen erfahrenen Hundebesitzer, der ihn richtig erzieht und sozialisiert. Die Erziehung muß konsequent und ausdauernd sein, andernfalls wird bald der Kuvasz die gesamte Familienherde kontrollieren.

Gesundheit

Wie auch bei den anderen Jahrhunderte alten Herdenschutzhunderassen, die niemals um des Geldes willen verzüchtet wurden, ist auch beim Kuvasz die Widerstandskraft gegen Krankheiten hoch, gibt es nur wenige Erbkrankheiten. Das große Problem ist HD, für diese Krankheit sind große Rassen nun einmal prädisponiert. Man sollte nur von Züchtern kaufen, deren Zuchtmaterial laufend überwacht ist. Auch beim Kuvasz gibt es Hautprobleme, wie sie allgemein Hunde mit so üppigem Fell nun einmal befallen, besonders Hunde mit weißer Farbe. Richtige tägliche Fellpflege, insbesondere Bürsten der dichten Unterwolle, kann das Auftreten von Hautproblemen verringern. Die durchschnittliche Lebenserwartung des Kuvasz liegt leider unter zehn Jahren.

Ein mißtrauischer Welpe zeigt die abwartende Haltung des Kuvasz. Dieser wünschenswerte Zug darf nicht mit Scheuheit verwechselt werden.

Kuvasz

Labrador Retriever

Beschreibung

Der Labrador ist ein vorzüglicher Jagdhund von hoher Aktivität und guter Substanz, kräftig aufgebaut, fester Rücken, breite und tiefe Brust. Fell, Rute und Pfoten garantieren seine erstklassige Ausrüstung für die Arbeit im Wasser. Das Fell ist dicht und eng anliegend, besitzt eine wasserabweisende Unterwolle und ist frei von Befederung. Seine *Otterrute* ist auffällig gerundet, mit dickem, dichtem Haar bedeckt und verjüngt sich nach und nach. Kompakte Pfoten, schön aufgeknöchelt. Oberkopf breit, leichter Stop, Kopf elegant geschnitten, frei von Backenbildung. Nase breit, Augen mittelgroß, Augenfarbe meist parallel zur Fellfarbe. Fell einfarbig Schwarz, Gelb - von Fuchsrot bis helle Cremefarbe - oder Schokoladenfarbe. Ein kleiner weißer Brustfleck ist zulässig. Die Nasenfarbe sollte dunkel sein, aber parallel zur Fellfarbe ist auch eine leichte Auflichtung zulässig. Fehlendes Nasenpigment disqualifiziert aber den Hund. Widerristhöhe Rüden 56 bis 57 cm, Hündinnen 54 bis 56 cm. Gewicht Rüden 30 bis 36 Kilo, Hündinnen 25 bis 32 Kilo. Vorderläufe gerade und kraftvoll, Ellenbogen gut anliegend, was freien und mühelosen Vortritt erlaubt. Gut gewinkelte Hinterhand mit schönem Schub. Wie bei allen Jagdhunderassen sind Kuhhessigkeit oder Faßbeinigkeit unerwünscht.

Unter den drei Farben der Rasse steht der gelbe Labrador bei den Liebhaberhunden an der Spitze. Schwarze Labrador dominieren auf Jagdhundeprüfungen, Schokoladenfarbene sind seltener anzutreffen.
BESITZER: Pierre und Suzanne Saey.

Anpassungsfähigkeit

Als ein Hund von überschäumender Energie, Arbeitsfähigkeit und Liebe zu seiner Familie ist der Labrador Retriever bei der Auswahl als Familienhund heute Nummer Eins. In allererster Linie ist er recht anpassungsfähig und gehorsam, fühlt sich bei regelmäßigem Auslauf wohl, ist von Natur aus sehr sozial ausgerichtet. Aufgrund der enormen Popularität der Rasse ist es von entscheidender Wichtigkeit, einen gut gezüchteten, genetisch gesunden Welpen zu kaufen. In solchen Rassen treibt der Hundehandel sein Unwesen. Als vielseitiger Arbeitshund für Feld- und Wasserjagd und als Wettbewerber in Unterordnungsprüfungen hat er wenig ernsthafte Konkurrenten. Die Anforderungen an Auslauf und Ausbildung liegen beim Labrador hoch, einige Spezialisten fordern 10 Kilometer täglichen Spaziergang, um den Energien des Hundes Rechnung zu tragen. Kinder und Labrador schließen sich eng an, werden schnell unzertrennlich, teilen Bett, Bälle und Frühstück. Für die Adoption eines erwachsenen Hundes ist ein Labrador wiederum eine erstklassige Wahl.

Aufgrund der hohen Popularität der Rasse gibt es viele Labrador-Züchter. Doch durch die hohe Nachfrage ist es gar nicht einfach, sofort einen gesunden Welpen aus verantwortungsbewußter Zucht zu finden. Prüfen und Geduld zahlen sich langfristig aus!
BESITZER: Sharon Celentano.

Wachstumsphase

Mit sieben bis acht Wochen haben Labrador-Welpen ein Durchschnittsgewicht von etwa fünf Kilo. Der Welpenkäufer sollte sich mit dem Rassestandard vertraut machen, danach seine Wahl treffen. Achte auf kräftig gebaute, gut ausbalancierte Welpen mit guten Knochen und breitem Kopf. Eine Züchterregel lautet: Labrador-Welpen müssen aussehen wie ein ausgewachsener Miniatur Labrador. Meide dünne, langläufige Hunde, schmalen Fang, auch besonders große Hunde. Ein ausgewachsener 50 Kilo Labrador wird sicherlich kein gut im Typ liegender Rassevertreter. Auch das Wesen muß sorgfältig geprüft werden, Scheu und Aggression scheiden aus. Die außerordentliche Popularität der Rasse hat viele Hundevermehrer angelockt, um so vorsichtiger muß die Auswahl erfolgen. Bei Züchtern von gutem Ruf gibt es meist eine Warteliste. Heranwachsende Hunde sind wahre Energiebündel, sie brauchen unbedingt frühzeitige Sozialisierung und Unterordnungserziehung. In der Wachstumsphase verändern sich Labrador nur sehr wenig. Sie entwickeln sich gleichmäßig bis zum ausgewachsenen Hund, erreichen mit zwei bis zweieinhalb Jahren volle Reife. Das weiche Welpenhaar entwickelt sich zu dem erwünschten doppelten, wasserdichten Haarkleid. Ausgereift werden Labrador wesentlich ruhiger und ausgeglichener.

Laß Dich auch von *20 Fragen des Züchters* nicht entmutigen. Er verkauft keinen Gebrauchtwagen, er sucht für das Leben, das er geschaffen hat, einen passenden Hundebesitzer. Zeigt sich dagegen der Züchter aufdringlich, weicht er Deinen Fragen aus, solltest Du wieder nach Hause gehen.
BESITZER: Diane Ammerman.

Weltweit werden jährlich hunderttausende Labradorwelpen gezüchtet - USA 126.400, England 29.000 - sie alle suchen ein gutes Zuhause.
BESITZER: Sandra MacLeon.

Gesundheit

Der so übermäßig populäre Labrador mit all seinen natürlichen Kräften und wunderbarem Temperament zeigt Gesundheitsprobleme, in erster Linie als Folge von Massenzucht. Zu den wichtigeren Störungen gehören HD und Ellbogendysplasie, PRA und Epilepsie. Züchter, die diese Erbprobleme nicht sorgfältig überwachen, sollte man meiden. Starerkrankungen und Retinadysplasie sind beim Labrador die Augenprobleme. Auch Hämophilia B, Epilepsie, Osteodystrophie, Hypoglykämie, Schilddrüsenüberfunktion, Verzwergung, fehlende Zähne, metabolische Leberschäden, Osteosarkoma und Diabetes sind nachzuweisen. Den Krebserkrankungen muß der Labrador Tribut zollen. Gesunde Labradors sind aber sehr leicht zu haltende Lebensgefährten. Die Haarpflege ist minimal, tägliches Bürsten verhindert *Hot-Spots* und andere Hautreizungen. Es gibt Berichte über Flohallergien. Ohrinfektionen haben ihre Wurzel in den Hängeohren der Rasse und ihrer Wasserleidenschaft. Ein gut gezüchteter, gesunder Labrador kann 11 bis 15 Jahre alt werden.

Zweifellos sind Labrador Welpen aufgeschlossene und aktive Hunde, gedeihen aber nur bei vollem Familienanschluß und richtiger Erziehung.
BESITZER: Diane Ammerman.

Labrador Retriever

Laekenois
Belgischer Schäferhund

Der Laekenois zeichnet sich durch ein hartes, drahtiges Fell von rotfalber Farbe aus. In allen anderen Eigenschaften gilt für den Laekenois dasselbe wie für die anderen Belgischen Schäferhunde.
BESITZER: Mona B. Moore.

Beschreibung

Der Laekenois ist ein quadratischer Hund, beweglich, kräftig, sehr munter, mit stolzer Haltung. Ein gut proportionierter und eleganter Hund, Widerristhöhe Rüden Durchschnitt 64 cm, Hündinnen 58 cm. Der Kopf ist kräftig, steht in richtigem Verhältnis zum Körper. Augen mittelgroß, mandelförmig, nie hervortretend. Ohren dreieckig und als Stehohr getragen, niemals hängend. Hals geschwungen, lang genug, um den Kopf stolz zu tragen. Widerrist etwas höher, setzt sich in einer waagrechten und geraden Rückenlinie fort. Brust tief, aber nicht breit. Bauchpartie weder übertrieben hochgezogen, noch hängend. Kruppe mittellang und leicht abfallend. Vorderläufe kräftig und parallel, Hinterläufe gleichfalls parallel und kräftig. Knochen eher oval als rund. Rute kräftig, nie kupiert. Das Fell ist hart, besonders drahtig, ohne irgendwelche gelockten oder weichen Bereiche. Die Länge des Haares beträgt etwa sechs Zentimeter. Die Augen dürfen durch das Haar nicht verdeckt werden. Auch das Barthaar sollte nicht so stark sein, daß der Kopf quadratisch erscheint. Keine Befederung an der Rute. In der Farbe ist der Laekenois rötlich falb mit schwarzen Schattierungen, in erster Linie an Fang und Rute.

Anpassungsfähigkeit

In den USA ist die Rasse kaum bekannt, vom AKC auch nicht anerkannt, in England gibt es eine kleine Anhängerschaft engagierter Züchter. Das gleiche gilt auch für den gesamten Raum der FCI. Der Laekenois ist ein eigenwilliger, robuster Hund, manche bezeichnen ihn als *das schwarze Schaf* unter den Hütehunden. Für einen Schäferhund ist sein drahtiges Fell einzigartig, er ist der einzige Belgische Hütehund, den man bestimmt nie mit einem Deutschen Schäferhund verwechseln wird. Wie seine anderen Kollegen unter den Belgischen Schäferhunden zeichnet er sich als sehr guter Babysitter aus. Er schafft es, auch am Abend zur Schlafenszeit ein ungebärdiges Kind in sein Bettchen zu bringen. Dabei besitzt diese Rasse ähnlich wie der Border Collie einen gewissen starren Blick, der normalerweise beim Schafehüten eine Rolle spielt, insbesondere beim Einpferchen der Schafe.

Wachstumsphase

Bei der Geburt wiegen Welpen etwa 450 Gramm. Bis zum Abgabealter von acht Wochen erreichen sie etwa 4,5 bis 5,5 Kilo. Die Welpen werden mit einem weichen, flauschigen Fell geboren, das nach und nach durch das erwünschte korrekte drahtige Haar ersetzt wird. Die Entwicklung verläuft langsam, ist erst etwa im Alter von 18 Monaten abgeschlossen. Es gibt aber auch Rassevertreter, bei denen dies bis zu drei Jahre dauert. Die Fellfarbe wird mit zunehmendem Alter heller. Etwa mit drei Monaten beginnen die Ohren sich aufzurichten. Diese Hunde sollten von Jugend an planmäßig erzogen werden. Sie verlangen Respekt und Liebe, gleichzeitig aber auch Konsequenz und Festigkeit.

Gesundheit

Alle vier Belgischen Schäferhunderassen sind untereinander verwandt, teilen ihre einmaligen körperlichen Merkmale - mit Ausnahme von Haarkleid und Farbe. Bei dieser Rasse ist auf Hüftgelenksdysplasie und Epilepsie zu achten. Auch hier gibt es Hinweise, daß zuweilen Schutzimpfungen Reaktionen auslösen, auch gegen Anästhetika ist die Rasse empfindlich. Hierauf sollten Züchter wie Tierärzte achten. Das graue Haarkleid des Laekenois bedarf trotz seines einmaligen Aussehens wenig Pflege. Genau wie die anderen drei Belgischen Schäferhundrassen sind die Anforderungen des Laekenois an ausreichend Bewegung und Beschäftigung durch den Besitzer hoch.

Gesichtsausdruck aufmerksam und neugierig, Augen klar. Wenn bei einem Junghund das Haarkleid des Laekenois noch weich und faserig wirkt, verschwindet beim erwachsenen Hund meist alles Weiche und Lockige.
BESITZER: Mona B. Moore.

Der Laekenois ist ein selbständiger und intelligenter Arbeitshund, besonders geschätzt wird seine Ausbildungsfähigkeit. Diese Hunde sind nicht besonders eigenwillig, tun vielmehr alles, um ihrem Besitzer zu gefallen. In den USA ist der Laekenois noch wenig vertreten, dafür in England und auf dem Kontinent in etwas höherer Zahl.
BESITZER: Mona B. Moore.

Laekenois

Lakeland Terrier

Dieser Farmer-Terrier schützte Schafe und Geflügel gegen Füchse und anderes Raubzeug, das sie bedrohte. Seinen Aufgaben ging der Lakeland Terrier mit Begeisterung nach, ohne viel Dank dafür zu erwarten. Abweichend von den anderen Terriern auf der Fuchsjagd wurde der Lakeland gezüchtet, um sein Opfer zu töten.
BESITZER: William H. Cosby und Jean L. Heath.

BESCHREIBUNG

Der Lakeland ist ein quadratisch gebauter, robuster Arbeitsterrier, gezüchtet um auf Raubzeug zu jagen. Sein ziemlich schmaler und tiefer Körperbau erlaubt ihm, sich auch durch Felsspalten zu manövrieren. Seine Läufe sind gerade und lang genug, um genügend Boden leicht zu überwinden. Sein Kopf ist rechteckig (nicht keilförmig), Oberkopf flach, mäßig breit, Wangen flach und glatt. Sein Arbeitskleid ist drahtig, für Wärme und Schutz doppellagig, faßt sich hart an. Das Haar im Gesicht und an den Vorderläufen ist üppig, aber immer ordentlich zurechtgemacht. Ein kleiner Terrier, Widerristhöhe maximal 37 cm, Hündinnen etwa 2 cm weniger. In harter Arbeitskondition Gewicht Rüden 7,7 Kilo, Hündinnen 6,8 Kilo. Augen mäßig klein, von dunkler Farbe, ziemlich weit voneinander eingesetzt. Fang kräftig, unter dem Auge gut ausgefüllt. Ohren klein und v-förmig. Fang nie zu lang, aber auch nicht zu kurz. Nase schwarz pigmentiert, keinesfalls gefleckt. Rücken kräftig, mäßig kurz, Brustkorb schmal. Vor- und Hinterhand gut gewinkelt. Farben Schwarzloh, Blauloh, Rot, Weizenfarben, Rotgrizzle, Leberfarben, Blau oder Schwarz. Kleine weiße Flecken an Pfoten und Brust unerwünscht, aber zulässig.

ANPASSUNGSFÄHIGKEIT

Bei der Vielfalt von Terrierrassen wenig auffällig. Der Lakeland ist ein Hund voller Selbstvertrauen, bewegungsfreudig, spielt für die Kinder den großartigen, clownigen Freund. In der Körpergröße ideal, nicht zu klein, daß man über ihn fällt, nicht zu groß, daß er nicht in einem Appartement oder kleinen Wohnung leben könnte. Wie alle Terrier ist er voller Selbstbewußtsein und Lebhaftigkeit. Er braucht deshalb eine feste Hand für seine Erziehung.

Lebhaft und schnell in der Auffassungsgabe entwickelt sich der Lakeland zu einem verläßlichen Lebensgefährten für Kinder. Ihm fällt immer etwas Neues ein. Die Rasse fordert einen erfahrenen Erzieher.
BESITZER: Susan Fisher.

WACHSTUMSPHASE

Im allgemeinen haben Lakelands kleine Würfe, die Welpengröße variiert beträchtlich. Mit drei Monaten wiegen die Junghunde drei bis vier Kilo, Rüden sind etwas schwerer. Frühzeitig werden die Ruten kupiert, Wolfskrallen entfernt. Einige Welpen werden mit kurzen Ruten geboren, die nur wenig kupiert werden müssen. Mit Ausnahme der roten Hunde, die bereits in dieser Farbe geboren werden, sind Lakeland-Welpen allgemein bei der Geburt schwarz mit lohfarbenen Flecken. Ab zwei Wochen zeichnet sich die Lohfarbe deutlicher ab, entwickelt sich aber bis etwa zum Alter von zwei Jahren weiter. Auch weiße Abzeichen kommen vor, starke weiße Markierungen sollte man meiden. Kleine Abzeichen auf dem Körper und an den Pfoten verschwinden manchmal völlig. Die Jugend ist gekennzeichnet von einem härter werdenden Haarkleid, der Wandlung vom Welpenhaar zum erwachsenen Terrierhaarkleid. Gerade in diesem Übergang ist richtige Fellpflege wichtig. Das echte Terrierwesen des Lakelands bedarf in der Regel einiger Dämpfung. Das Ziel ist ein Hund, der gut sozialisiert, lebhaft und gehorsam ist.

Während der ersten Monate verändert sich die Welpenfarbe noch beträchtlich. Dieser Lakeland zeigt schon seine Sattelmarkierung, die in der Regel etwa mit drei Wochen oder später sichtbar wird.
BESITZER: Susan Fisher.

Diese Welpen können bei richtiger Ernährung und Pflege später über 15 Jahre alt werden. Obwohl Lakelands sehr anspruchslos sind, fordern sie vom Hundehalter eine Langzeitverpflichtung.
BESITZER: Susan Fisher.

GESUNDHEIT

Wie andere Hunde, die über lange Jahre auf Gebrauchsfähigkeit, weniger auf Schönheit gezüchtet wurden, erfreut sich auch der Lakeland guter Gesundheit, robuster Widerstandskraft gegen Krankheiten und wenig erblicher Probleme. Zu den Sorgen der Züchter gehören Vorbiß und Kryptorchismus, am gefährlichsten aber sind die Legg-Perthes und die von Willebrands Disease. Während Lakelands nie in großer Zahl gezüchtet wurden, spricht die kleine genetische Zuchtbasis dafür, übertriebene Linienzucht nur mit großer Vorsicht zu betreiben. Ein eindeutiger Gesundheitsbeweis - Lakelands werden öfter älter als 15 Jahre. Zur Fellpflege gehört ein beträchtlicher Zeitaufwand für das Trimmen, vorwiegend für Ausstellungshunde, weniger für Familienhunde. Man sollte regelmäßig die Ohren reinigen, auch die Zähne, besonders bei Hunden mit unkorrektem Gebiß. Im übrigen sind diese Hunde recht pflegeleicht.

Lakeland Terrier

Lhasa Apso

Wenn Du einen bezaubernden, liebevollen, dekorativen Klosterhund suchst, hast Du ihn hier gefunden. Einen Mönch aufzuheitern ist keine leichte Aufgabe! Über tausend Jahre hat es der Lhasa Apso geschafft, inzwischen erheitert er als Familienhund Tausende von Menschen.
BESITZER: Michael A. Santora und Alan J. Loso.

Beschreibung

Ein Lhasa Apso in vollem Haarkleid bleibt immer ein kleiner Hund, ideale Widerristhöhe Rüden 25 cm, Hündinnen etwas kleiner. Das Fell ist schwer, gerade und hart, die längste Befederung trifft man an Kopf, Ohren, Läufen und Rute. Die Farben der Rasse variieren beträchtlich, umfassen Gold, Sandfarben, Honigfarben, Dunkelgrizzle, Schieferfarben, Rauchfarben, Zweifarbig Schwarz mit Weiß oder Braun. Alle haben gleiche Wertigkeit. Ohren und Bart zeigen bei vielen Farben schwarze Spitzen. Fang mittellang, nicht quadratisch. Oberkopf schmal, weder flach noch aufgewölbt. Fang gerade, bei mäßigem Stop ein Drittel der Kopflänge. Nase schwarz, Augen mittelgroß, oval, direkt nach vorne gerichtet. Hängeohren üppig befedert. Hals kräftig, schön gewölbt. Vorderläufe gerade, Hinterhand parallel stehend, gut gewinkelt. Körper kompakt, schön ausbalanciert, Körperlänge etwas mehr als Widerristhöhe. Rute dicht behaart, hoch angesetzt, über dem Rücken gerollt getragen, oft mit leichtem Haken am Ende.

Anpassungsfähigkeit

Den Lhasa Apso sollte man nie mit einem Zwerghund oder Schoßhund verwechseln, vielmehr ist er ein robuster, kleiner Hund, der durch Schönheit und Intelligenz besticht. Seine Eleganz hat ihm viele Bewunderer gebracht, ein eigenwilliger und dem Menschen vertrauender Hund. Verwöhnen dieses Hundes und ihn wegen seiner handlichen Größe herumschleppen sind verbreitete Schlüssel zu Verhaltensstörungen. Wenn man diesen Hund von früher Jugend an richtig erzieht, wird er zu einem perfekten Haushund, der das Spiel mit den Kindern wahrlich genießt. Ein erstklassiger Familienhund!

Auf den großen Tag vorbereitet - Lhasa sind herausragende Ausstellungshunde. Aufgrund der Haarlänge schützen *Rollen* das Haar, geben dabei dem Hund zu Hause mehr Freiheiten um sich zu bewegen.
BESITZER: Nancy Sehnert.

Beim ausgewachsenen Lhasa Apso erreicht das volle Haarkleid immer den Boden, selbst im Stand!
BESITZER: Robert und Janie Brewer und Cindy Butsic.

Wachstumsphase

Neugeborene Lhasas wiegen etwa 170 Gramm. Für einfachere Fellpflege sollten die Wolfskrallen frühzeitig entfernt werden. Mit acht Wochen erreicht der Lhasa etwa drei Pfund. Die Rasse entwickelt sich ziemlich gleichmäßig, erreicht aber erst mit drei Jahren volle Reife. Die Widerristhöhe ist in der Regel mit einem Jahr abgeschlossen. Der Käufer sollte einen freundlichen, aufgeschlossenen und gesund aussehenden Welpen wählen, weder zerbrechlich, noch übergroß. Das Wesen ist von allergrößter Bedeutung, denn in allererster Linie sind Lhasas erstklassige Familienhunde. Die dramatische Fellentwicklung beim Lhasa erfolgt etwa mit acht Monaten. Natürlich dauert es beträchtlich länger, bis sein Fell voll ausgereift ist. Während des Fellwechsels braucht er sehr viel tägliche Pflege. Es ist bekannt, daß Lhasas zeitweise eigenwillig und dickköpfig sind. Laufende freundliche Sozialisierung und Erziehung werden eine solche Neigung stark einschränken.

Lhasa Apso-Welpen ähneln ihren Eltern wenig. Das Fell ist weich und flauschig, ihre Farben sind meist dunkler.
BESITZER: Nancy Sehnert.

Gesundheit

Der Lhasa Apso ist ein reizender Familienhund, fordert aber von seinem Besitzer sehr viel Zeit, sowohl als Lebensgefährte wie auch für die Pflege. Es besteht durchaus eine positive Verbindung zwischen Langlebigkeit und der Zeit, die der Mensch seinem Hund widmet. Obgleich der Lhasa wie ein Schoßhund aussieht, ist er recht aktiv und genießt regelmässige Spaziergänge und Bewegung. Man sollte ihn vor Übergewicht schützen, denn Dickleibigkeit kann zu Rückenproblemen führen. Die Anforderungen an Pflege sind beträchtlich, wöchentlich muß man den Hund mehrere Stunden bürsten, um Verfilzungen zu vermeiden, die sonst zu Hautreizungen führen würden. Augenprobleme, darunter *Kerato Konjunktivitis Sicca* und Hornhautgeschwüre könnten darauf zurückzuführen sein, daß aufgrund des brachycephalischen Fangs des Lhasas Haare die Augen reizen. Als Haushunde gehaltenen Lhasas kann man die Haare etwas kürzen, damit den Pflegeaufwand verringern. Die Züchter beunruhigen sich heute etwas über HD, die in jüngerer Zeit in der Rasse stärker auftritt, ebenso über Augenprobleme, auf die alle Zuchttiere untersucht werden müssen. PRA und Distichiasis sind recht verbreitet. Man kennt auch Nierenprobleme, ja sogar Nierenversagen, dies aber eher in bestimmten Linien als allgemein in der Rasse.

Der Welpe sollte immer länger als hoch wirken, die Rute wird schraubenartig über dem Rücken gerollt getragen. Man achte darauf, daß der Welpe frei atmen kann.
BESITZER: Nancy Sehnert.

Schon früh muß man das volle Vertrauen des Lhasas suchen. Fremden gegenüber rassetypisch vorsichtig, betrachtet der Lhasa die Seinen mit Respekt und Gehorsam. Seine Liebe zeigt er vorsichtig dosiert mit leichtem Rutenwedeln bis zum fröhlichem Bellen.

Lhasa Apso

Löwchen

Zuweilen scherzhaft als König des Dschungels bezeichnet, ist das Löwchen einer der original europäischen Löwenhunde.
BESITZER: Kaja Denaan.

Beschreibung

Der *Little Lion Dog* trägt seinen Namen nach seiner phantastischen löwenähnlichen Schur, wobei die Halsmähne stehenbleibt, Kopf, Pfoten und Rute reich befedert sind. Das Löwchen ist ein kleiner Hund mit einer Widerristhöhe von 25 bis 33 cm. Es gibt eine ganze Reihe von Farben und Farbmustern. Der Kopf ist kurz, verhältnismäßig breit. Augen rund und dunkel, Ohren hängend getragen und reich befedert. Nase je nach Haarkleid schwarz oder braun pigmentiert. Hals von schöner Länge und stolz getragen. Vorderläufe fein und gerade, Körper kurz, schön proportioniert bei gerader Rückenlinie. Hinterläufe gut bemuskelt. Rute mittellang mit Haarquaste. Das feine, seidige Haar ist ziemlich lang und gewellt, nie gelockt. Alle Farben und Farbkombinationen zulässig.

Anpassungsfähigkeit

Trotz seiner winzigen Statur verhält sich das Löwchen nicht wie ein typischer Schoßhund, ist recht selbstbewußt, dokumentiert ernsthaft sein löwenähnliches Äußeres. Löwchen sind im Haus wunderbare Familienhunde, lieben aber auch das Spiel im Freien, erweisen sich als überraschend widerstandsfähig gegen kaltes Wetter. Viele Löwchen lieben den Schnee! Im Haus sind diese kleinen Hunde bestimmt nicht unglücklich, wenn sie auf dem Schoß ihres Besitzers sitzen, gemeinsam eine ruhige Zeit verleben können.

Bei Junghunden kann es zu Identitätskrisen kommen, kleine Hunde, die mit dem Aussehen einer großen Katze aufwachsen.
BESITZER: Virginia Denninger.

Wachstumsphase

Das Löwchen als Kleinhund wiegt mit acht Wochen so etwa vier bis sechs Pfund. Körperliche Reife erreichen die Hunde mit 18 Monaten, ihre endgültige Widerristhöhe aber meist früher. Da Löwchen in ihrer Jugend oft drastisch ihre Farben verändern, ist es für Züchter und Käufer schwierig, mit gewisser Sicherheit die Farbe des erwachsenen Hundes vorauszusagen. Man sollte sich in erster Linie für einen freundlichen, munteren, schön ausbalancierten, gesund aussehenden Welpen entscheiden. Aufgrund der Seltenheit der Rasse müssen Hundefreunde sich mit ihr zunächst sorgfältig vertraut machen, ausführlich mit Züchtern unterhalten, ehe sie ihren eigenen Hund auswählen. Sie brauchen auch unbedingt hinsichtlich Fütterung, Fellpflege und körperlicher Entwicklung zuverlässige Informationen.

Gesundheit

In den Händen ihrer Anhänger, die diese Rasse auf schmaler Zuchtbasis aufgebaut haben, hat sich das Löwchen recht gut entwickelt.

Farben sind immer eine Geschmacksfrage, es ist auch nicht leicht, die Farbe eines Welpen mit Sicherheit vorauszusagen. Im Vordergrund aller Erwägungen sollten immer gutes Wesen und Gesundheit stehen.

Noch im Jahre 1960 wurde in den USA das Löwchen als *seltenste Hunderasse* hervorgehoben. Dies muß man wissen, weil im allgemeinen bei einer schmalen Zuchtbasis Probleme wie Schilddrüsenstörungen, Epilepsie, von Willebrands Disease und Legg-Perthes Disease auftreten. Aber nach bisherigen Erkenntnissen scheint die Rasse hiervon erfreulich frei zu sein. Kaufinteressenten sollten sich aber bei der Auswahl ihrer Hunde sorgfältig vergewissern. Im Augenblick beunruhigen sich die Züchter etwas über PRA und Patellaluxation, beides beim Haushund Erbkrankheiten. Um die zum Wahrzeichen der Rasse gewordene Löwenform zu erreichen, muß man sich bewußt sein, daß man hierzu einen spezialisierten Hundesalon braucht, es sei denn, man will sich selbst zum Meister der Schere ausbilden lassen. Eine sehr viel weniger schwierige Schur bietet der *Pet Clip*, man sieht ihn immer häufiger bei reinen Liebhaberhunden. Diese Hunde verlangen sehr viel Zeit zum Spielen und menschliche Partnerschaft. Sie lieben es, im Garten umherzutoben.

Junghunde nach ihrer ersten Schur! Damit diese Hunde im richtigen Löwenstil gepflegt sind, müssen sie regelmäßig in einen Pflegesalon gebracht werden.

Der *Little Lion Dog* ist ein verspielter Hund, begeisterter Gesellschafter von Kindern. Diese Hunde entwickeln sich zu lebhaften Appartementhunden, leben ebenso glücklich als Einzelhunde wie in Paaren oder größeren Gruppen.
BESITZER: Virginia Denninger.

Löwchen

Malinois
Belgischer Schäferhund

Beschreibung

Der Malinois gehört zu den Belgischen Schäferhunden, ist ein quadratischer Hund von besonders eindrucksvoller, stolzer Körperhaltung. Ein beweglicher, kräftiger und sehr munterer Hund. Sehr schöne Körperproportionen, viel Eleganz, Widerristhöhe etwa 64 cm bei Rüden, 58 cm bei Hündinnen. Augen von mittlerer Größe, mandelförmig, nie hervortretend. Dreieckige Stehohren, schön getragen, kein Kippohr, kein Hängeohr. Widerrist etwas höher, setzt sich in einer waagrechten und geraden Rückenlinie fort. Brust tief, aber nicht breit. Bauchpartie weder übertrieben hochgezogen, noch durchhängend. Kruppe mittellang und leicht abfallend. Vorderläufe kräftig und parallel, Hinterläufe gleichfalls parallel und stark, Knochen eher oval als rund. Rute kräftig, nie kupiert. Fell charakteristisch kurz, gerade, hart und wetterfest, bei dichter Unterwolle. Um den Hals herum ist es etwas länger, formt eine Art Kragen, länger auch an den Hosen und im Rutenbereich. Farbe Falb oder Mahagonirot, wobei die schwarzen Grannenhaare über den ganzen Körper verteilt sind und einen interessanten Farbeffekt auslösen.

Der Malinois ist ein kräftiger, selbstbewußter Hütehund mit dichtem, kurzem Haarkleid. Beeindruckend ist die stolze Haltung des Tieres.
BESITZER: Rebecca J. Wasniewski.

Schwarze Grannenhaare auf dem Deckhaar bewirken auf dem falb- oder mahagonifarbenen Fell einen besonders reizvollen Effekt.
BESITZER: Sharon und James Burke.

Anpassungsfähigkeit

Ein vielseitiger, attraktiver Hütehund. Der Malinois ähnelt in vielen Äußerlichkeiten dem Deutschen Schäferhund, was für ihn teils zum Segen, teils zum Fluch wurde. Immer stand er im Schatten des unendlich populäreren Deutschen Schäferhundes. Aber gerade die geringere Popularität macht diese Rasse für viele Hundefreunde zu einer interessanten Wahl, wenn es ihnen nicht gelingt, einen Spitzenvertreter der Deutschen Schäferhunde zu erwerben oder sie einen besonders zuverlässigen Wachhund suchen. Der Malinois hat jedenfalls seinem Besitzer sehr viel zu bieten. Er ist ein guter Schutzhund, kräftig, liebevoll, Kindern gegenüber zuverlässig, gehorsam und insgesamt außerordentlich anspruchslos.

Wachstumsphase

Bei der Geburt wiegen Malinois etwa 450 Gramm, mit acht Wochen etwa vier Kilo. Die Entwicklungsrate ist von Hund zu Hund verschieden, im Durchschnitt erreicht die Rasse etwa mit 18 Monaten die körperliche Reife. Bei der Welpenauswahl sollte man übergroße Tiere meiden - Malinois sind mittelgroße Hunde - auf quadratischen, guten Körperbau achten. Das Fell muß kurz sein. Die Fellfarbe kann zwischen hell und dunkel variieren, immer aber sollte die charakteristische schwarze Maske und ein schwarzer Anflug an den Ohren vorhanden sein. Bei den Welpen trifft man häufig auf etwas weiße Farbe, starke weiße Abzeichen sind aber als fehlerhaft anzusehen, treten in der Regel auf der Brust auf, setzen sich an der Innenseite der Vorderläufe fort. Ein weißer Anflug am Fang - als *Frost* bezeichnet - ist nicht ungewöhnlich und kann akzeptiert werden. Beim Kauf sollte man auf Rückbiß und Vorbiß achten. Die schwarzen Grannenhaare setzen sich mit zunehmendem Alter durch. Der heranwachsende Hund verliert das weiche Welpenfell, entwickelt ein dichtes schützendes Haarkleid. Junge Rüden verhalten sich zuweilen dominant, versuchen herauszufinden, wer der Herr ist - das gleiche gilt für einige Hündinnen - im Grundsatz ist dies aber eine vorübergehende Zeit. Sehr viel Sozialisierung und frühe Erziehung führen zu einem loyalen, gehorsamen Hund mit sehr gutem, natürlichem Schutztrieb.

Die schwarze Maske des Welpen dunkelt mit dem Älterwerden, ebenso die dunklen Grannenhaarspitzen. Bei der Welpenwahl sollte man sich durch kleine weiße Abzeichen nicht abhalten lassen, aber Welpen von Übergröße meiden.
BESITZER: Frank und Carol Knock.

Gesundheit

Der Malinois gehört zu den gesunden und robusten Hunderassen, HD tritt aber bei allen Belgischen Schäferhunden auf. Durch verantwortungsvolle Zucht wird dieser Fehler im großen und ganzen recht gut kontrolliert. Nach vorliegenden Untersuchungen schätzt man die heutige Befallsquote auf etwa fünf Prozent. Auch Epilepsie ist in der Rasse beobachtet worden. Es gibt Berichte, wonach alle Belgischen Schäferhunde auf Schutzimpfung und anästhetische Medikamente stark reagieren - hierauf sollte man achten, es mit dem Tierarzt rechtzeitig besprechen. Während des Fellwechsels sowohl des Groenendaels wie des Malinois tritt zuweilen Dermatitis auf. Vorsorgliche Augenuntersuchungen sollten von allen Züchtern durchgeführt werden. Das kurze Fell des Malinois braucht wenig Pflege, um so höher sind seine Ansprüche an Auslauf und gute Erziehung. Bei vielen Malinois stellt man am Fang schon relativ früh eine Ergrauung fest - zuweilen bereits mit zwei Jahren. Die Lebenserwartung des Hundes liegt etwa zwischen 10 und 14 Jahren.

Malinois-Welpen haben ein wesentlich weicheres Haarkleid als der ausgewachsene Hund. Man sollte von früher Jugend den Welpen an Fellpflege gewöhnen, dann wird sie für ihn zu einer angenehmen Abwechslung.
BESITZER: Frank und Carol Knock.

Malinois

Malteser

Perfektion in reinem Weiß. Der Malteser besticht durch reinen üppigen Schneemantel, freundliches Wesen, lebhafte Persönlichkeit und unbeschränkte Liebe zu seinem Herrn.
BESITZER: J. Joly III, D. und S. Newcomb und V. Abbott.

BESCHREIBUNG

Ein Mantel aus weißer Seide bedeckt diesen kleinen Gentleman-Toydog von der Nasenspitze bis zum kleinen Zeh. Das Idealgewicht des Maltesers liegt bei vier bis sechs Pfund bei einer Widerristhöhe von 25 cm, ein Rassehund von hoher Qualität und Lebensfreude. Sein Kopf ist mittellang, schön proportioniert, Oberkopf leicht aufgewölbt, mäßiger Stop. Ohren ziemlich tief angesetzt, natürlich hängend, stark befedert. Augen nicht zu weit auseinander, nach vorne schauend, dunkel und rund, mit schwarzen Augenlidern, die für den richtigen Ausdruck unerläßlich sind. Nase schwarz. Fang mittellang, fein, aber nicht geschnürt. Hals von genügender Länge, um den Kopf stolz und hoch zu tragen. Rücken gerade, Brust ziemlich tief, schöne Rippenwölbung. Läufe feinknochig und gerade. Hinterhand mäßig gewinkelt, Pfoten klein und gerundet. Die Rute ist dicht befedert, wird elegant über dem Rücken getragen. Haarkleid einfach, keine Unterwolle. Lang und flach, fällt beidseits des Rückens über die Seiten bis nahe auf den Boden. Der Kopf ist in der Regel durch einen *Knot* geschmückt. Fell nie gedreht, gelockt oder von wolliger Struktur. Farbe immer einfarbig Weiß, wobei zitronenfarbene Markierungen oder Zitronenfarben mit heller Lohfarbe an den Ohren zulässig sind.

Die Ahnenreihe des Maltesers reicht 28 Jahrhunderte zurück ins alte Malta. Als Gesellschafter der Aristokratie wurde er dank seiner stolzen Haltung und seines angenehmen Wesens immer geschätzt.

ANPASSUNGSFÄHIGKEIT

So zart wie eine Porzellanfigur besticht der Malteser als ein intelligenter, einfallsreicher Toydog von vornehmer, nahezu königlicher Haltung. Im Idealfall ist dies der perfekte Kleinhund, süß und gehorsam, seinem Besitzer eng verbunden. Wie bei allen Kleinhunden wird davor gewarnt, diese Hunde zu verwöhnen. Dadurch vermeidet man jede Tendenz in Richtung schnappender Unsicherheit und schmollender Zurückgezogenheit! Die Malteser sind sehr klein und dennoch im Haus schnell in jeder Ecke. Man muß aufpassen, daß man nicht über sie fällt. Der Malteser gehört zu den allerschönsten Hunden der Welt, ist unter seinem seidigen üppigen Haarkleid ein recht angenehmer und robuster Bursche.

Wachstumsphase

Das Geburtsgewicht ist wie das Gewicht der Erwachsenen verschieden, liegt im Durchschnitt bei etwa 140 Gramm. Bei der Geburt wirken die Welpen immer sehr hell, kurz nach der Geburt bildet sich an Nase und Augenlidern das Pigment. Dieser Vorgang sollte mit drei bis vier Wochen abgeschlossen sein. Bei der Welpenauswahl achte man auf möglichst dunkles Pigment, natürlich aber noch mehr auf eine liebenswerte, freundliche, selbstbewußte Persönlichkeit. Malteser wachsen schnell heran, haben ihre volle Körpergröße bereits mit acht Monaten erreicht, zu diesem Zeitpunkt beginnt auch der Wechsel zum Erwachsenenfell. Im allgemeinen verläuft der Fellwechsel ohne Komplikationen, braucht aber zusätzliche Fellpflege. Aufgrund von Kleinheit und Schmalsein des Fangs gibt es in der Rasse Zahnprobleme. Die Besitzer sollten insbesondere den Zahnwechsel beobachten und über das ganze erste Jahr regelmäßig das Gebiß kontrollieren. Unter den möglichen Komplikationen trifft man auf nicht rechtzeitig ausgestoßene Welpenzähne und endgültige Zähne, die nicht in der richtigen Reihe stehen.

Meist geben die Züchter Malteser-Welpen erst mit 10 bis 14 Wochen ab. Obwohl sie noch klein sind, sind sie dennoch robust. Die Welpen wachsen schnell bis zu einem Alter von acht Monaten zur vollen Körpergröße heran.
BESITZER: Annette Feldblum.

Zitronenfarbene Flecken auf dem Haarkleid sind weniger erwünscht. Rosa Flächen im Gesicht der Welpen verändern sich nach und nach in Weiß.
BESITZER: Claudia Grunstra.

Gesundheit

Der Malteser ist bei all seinem Fell ein verhältnismäßig leicht zu pflegender Familienhund. Täglich 15 Minuten Bürsten ist alles, was erwartet wird. Das Fell hat keine Unterwolle, der Haarausfall ist deshalb viel geringer als erwartet, wodurch auch die Gefahr von Hautreizungen und Infektionen vermindert wird. Pigmentmangel ist zuweilen ein Problem. Die häufigsten Schwierigkeiten liegen bei der Zahnstellung. Vorbiß, verschobene Zähne und früher Zahnverlust im Alter treten häufiger auf. Milchgebißzähne bleiben häufig stehen, müssen vom Tierarzt gezogen werden. Zahnschäden sind verbreitet, befallene Zähne müssen gezogen werden, damit sich keine Infektion ausbreitet. Patellaluxation gehört zu den häufigsten Skelettstörungen. Taubheit, Blindheit, Monorchismus und Hypoglykämie werden aus der Rasse berichtet. Tränenablagerungen gehören zu den verbreitetsten Besitzerklagen, wobei möglicherweise eine chirurgische Korrektur erforderlich wird. Dies ist eine Vielzahl von Problemen, sie sind aber durchaus unter Kontrolle zu halten. Dies gilt insbesondere für Hunde aus guten Zuchten, weshalb Malteser eine positive Lebenserwartung von etwa 13 Jahren haben.

Sei nicht zu kritisch bei der Beurteilung des Fells der Mutterhündin. Sehr häufig verlieren die Malteserhündinnen nach der Geburt den Großteil ihres Fells.
BESITZER: Claudia Grunstra.

Malteser

Manchester Terrier

BESCHREIBUNG

Der Manchester Terrier hat eine Widerristhöhe bei Rüden von 40 bis 41 cm, Hündinnen 38 cm. Im Körperbau ist der Hund etwas länger als hoch. Er hat genügend starke Knochen und Muskulatur, um Beweglichkeit und Ausdauer zu gewährleisten. Der Manchester Terrier ist ein kurzhaariger Hund, schwarzlohfarben, mit schneidigem Ausdruck. Augen klein, dunkel und leuchtend, mandelförmig. Ohren klein, v-förmig, etwas oberhalb Kopfniveau angesetzt, hängend, am Kopf anliegend getragen. Kopf lang und schmal, ohne hervortretende Backenmuskulatur, stumpfkeilförmig. Fang und Oberkopf von gleicher Länge. Hals leicht gebogen, schlank und elegant. Brust schmal, aber tiefer Brustkorb. Rippen schön aufge-

Der Manchester Terrier ist ein eleganter, glatthaariger englischer Terrier, entsprechend seinen Farben trug er ursprünglich den Namen *Black and Tan Terrier*.
BESITZER: Pat Dresser.

wölbt, Bauchlinie hochgezogen, Hängerute. Vorderläufe gerade, Ellenbogen eng anliegend. Pfoten kompakt und schön aufgeknöchelt. Gute Kniewinkelung, tiefgestelltes Sprunggelenk, Hinterläufe parallel zueinander stehend. Großer Wert wird auf die exakte Fellmarkierung gelegt. Bei Ausstellungstieren verlangt man eine gleichmäßige Aufteilung der Mahagonimarkierung. In den lohfarbenen Abzeichen wiederum sind feine Bleistiftmarkierungen in Schwarz verlangt, darunter ein schwarzer Daumenabdruck direkt über der Pfote. Weiße Abzeichen sind außerordentlich unerwünscht. Farbe und Farbmarkierung nehmen im Standard einen ungewöhnlich großen Raum ein.

In England, dem Ursprungsland, ebenso auf dem gesamten Kontinent, wird das Ohr natürlich belassen, in den USA leider noch kupiert.
BESITZER: Pat Dresser.

ANPASSUNGSFÄHIGKEIT

Bei all den charakterlichen und anatomischen Vorzügen des Manchesters ist es seltsam, weshalb dieser englische Terrier nicht mehr Liebhaber gefunden hat. Einige Hundefreunde sehen in ihm einen Dobermann, der auf eine angenehmere Größe zusammengeschrumpft ist. Dies ist natürlich Unsinn, er ist eine völlig eigenständige Hunderasse, sogar viel älter als der Dobermann. Für aktive Menschen, Appartementbewohner, Reisende und viele andere ist dies der Hund von perfekter Größe mit einem angenehmen, anspruchslosen Wesen. Es sind Hunde voll Selbstvertrauen, auch als Wachhunde besonders bewährt. Naturgemäß brauchen sie als Terrier von früher Jugend an richtige Sozialisierung und sachgerechte Erziehung.

WACHSTUMSPHASE

Manchester-Welpen werden völlig schwarz geboren, wiegen etwa 180 bis 230 Gramm. Die lohfarbene Färbung entwickelt sich etwa mit einem Monat, mit dem schwarzen Daumenabdruck und den *Bleistiftmarkierungen* dauert es natürlich wesentlich länger. Fehlfarben sind in der Regel mit acht Wochen erkennbar. Die Käufer sollten sich mit dem Standard vertraut machen, aber bewußt sein, wie wichtig ihnen die genauen Farbmarkierungen sind. In den USA wird das Ohr noch kupiert, was anschließend beträchtliche Arbeit mit sich bringt, ganz abgesehen vom Tierschutz. Glücklicherweise werden im gesamten Bereich der FCI und auch beim Englischen Kennel Club natürliche Hängeohren gefordert. Von einigen Manchester Terriern wird berichtet, daß es zu Wachstumsstörungen kommt, wahrscheinlich in Verbindung mit einer Empfindlichkeit gegenüber Immunisationen. Diese Möglichkeit sollte man zumindest mit dem Züchter und Tierarzt diskutieren.

GESUNDHEIT

Ein echter Terrier mit kurzem Terrierfell. Der Manchester Terrier stellt wenig Ansprüche an die Fellpflege, etwas Bürsten und Kämmen ein über den anderen Tag, dazu regelmäßige Kontrolle von Augen, Ohren und Ballen reichen aus. In der Rasse bekannt sind Hautreizungen und Infektionen, meist werden sie mit medikamentösen Bädern und flüssigen Medikamenten behandelt. Zu den sehr ungewöhnlichen Hauterkrankungen gehört die Cutaneous Asthenia, ihre Anzeichen sind eine weiche, zarte, feuchte Haut, die in der Farbe verblaßt. Hüftgelenksdysplasie ist recht selten, in einigen Linien gibt es Epilepsie und vWD. Zahnprobleme sind in der Rasse recht selten. Aufgrund ihres athletischen Körperbaus brauchen Manchester Terrier sehr viel körperliche Aktivität, genügend Auslauf, um fit zu bleiben. Ein Hund, dessen Lebenserwartung auf 12 bis 15 Jahre geschätzt wird.

Ein anspruchsloser, freundlicher Bursche. Dem Manchester Terrier fehlt eigentlich nichts als größere Popularität.

Züchter haben ihre Aufgabe vorzüglich gelöst, den Manchester Terrier als eine natürliche, weitgehend problemfreie Rasse erhalten. Das einzig Negative liegt in einem viel zu sehr auf unwichtige Farbdetails ausgerichteten Rassestandard.

Maremma

Beschreibung

Der Maremma ist ein reinweißer, kräftig aufgebauter Hund, bei dem alles zusammenpaßt. Er wirkt in seiner gesamten Statur majestätisch und großartig. Langes Fell, leicht gewellt und ziemlich hart, sehr viel dichte Unterwolle. Der Kopf ist kegelförmig geformt und groß. Zwischen den Ohren breiter Oberkopf, sich zum Vorderkopf hin verschmälert. Fangpartie konvergent, nie aber geschnürt. Augen mit kühnem Blick, weder groß noch klein, weder tiefliegend noch hervortretend. Ohren klein und v-förmig, am Kopf hoch angesetzt. Hals von mittlerer Länge, kraftvoll, ohne Wammenbildung. Schultern lang und zurückgelagert. Starkknochige Vorderläufe, nicht zu schwer, völlig gerade. Körper schön entwickelt mit breitem und geradem Rücken, Lendenpartie leicht aufgewölbt. Hinterhand breit und kraftvoll, schön gewinkelt, Sprunggelenk tiefgestellt. Rute tief angesetzt, bis unter das Sprunggelenk reichend. Das Fell bildet um die Halspartie einen dicken Kragen, verfügt über dichte Unterwolle, die Rute ist stark behaart. Die Farbe ist immer reinweiß. Eine leichte Elfenbeinschattierung oder fahles Falb ist erlaubt. Ideale Widerristhöhe Rüden 65 bis 73 cm, Hündinnen 60 bis 68 cm. Idealgewicht Rüden 35 bis 45 Kilo, Hündinnen 30 bis 40 Kilo.

Der Maremma ist der italienische Herdenschutzhund, sein italienischer Name lautet *Cane da Pastore Maremmano-Abruzzese*. Damit wird dokumentiert, daß die Heimat dieses Herdenschutzhundes in zwei italienischen Regionen liegt.
BESITZER: Gordon und Anne Latimer.

Anpassungsfähigkeit

Bisher wurde die Rasse in den meisten Ländern außerhalb Italiens kaum bekannt, verfügt aber in ihrer Heimat über eine große Anhängerschaft. In kleiner Stückzahl findet man sie auch in England, USA, Österreich und Schweiz. Diese Rasse hat viele Gemeinsamkeiten mit dem Kuvasz und dem Großen Pyrenäen Berghund, mit denen sie häufig verwechselt wird. Der Maremma ist ein lebhafter, mutiger Hund, zeigt sich Fremden gegenüber zurückhaltend, ist aber im Alltagsleben - richtig sozialisiert - recht freundlich und ansprechbar. Fremden gegenüber bleibt er zurückhaltend. Der Maremma liebt die Nähe zum Menschen, braucht eine ganze Menge Auslauf, wenn er erst einmal ausgewachsen ist. Für ein Leben in der Wohnung sind diese Hunde möglicherweise zu groß, zu sehr auf ein Leben im Freien geprägt. Maremmas sind aber bemerkenswert anpassungsfähig, gelten als vorzügliche Wachhunde.

WACHSTUMSPHASE

Der Maremma wird ausnahmslos weiß geboren, wiegt bei der Geburt etwa 450 Gramm. Nase, Augenlider und Lefzen sind noch rosa, pigmentieren aber bis zum Alter von acht Wochen durch. In diesem Alter wiegen sie meist sechs bis neun Kilo, wobei die Rüden schwerer sind. Mit 18 Monaten erreichen sie volle Widerristhöhe, nehmen aber weiter über das zweite Lebensjahr an Substanz zu. Einige Maremmas sind erst mit drei Jahren voll ausgereift. Ein neugieriger, selbstbewußter Welpe ist immer die beste Wahl, scheue Tiere sollte man am besten meiden. Es ist durchaus möglich, den Welpen mit einem jungen Lamm zu verwechseln, denn das Welpenhaar ist weich und wollig, nicht lang, aber dick. Das härtere, nicht gelockte Fell entwickelt sich zwischen 6 und 12 Monaten. In der Rasse sind Wachstumsschübe verbreitet, Junghunde dürfen nie überfüttert werden. Mit etwa 18 Monaten erreicht der Maremma auch in seinem Charakter und Wesen das Stadium eines Erwachsenen.

GESUNDHEIT

Wie bei den meisten großen Hunderassen belasten Skelettprobleme die Züchter am meisten. Im Vordergrund stehen Hüftgelenksdysplasie, Achondroplasie und Patellaluxation. Wenn man sich die schmale Zuchtbasis des Maremmas vor Augen hält, sind die auftretenden Probleme wahrscheinlich der einzelnen Zuchtlinie zuzurechnen, vorliegende Berichte zeigen auch keine Gleichmässigkeit. Insgesamt ist die Rasse robust, erweist sich auch durchaus als pflegeleicht. Bei Maremmas kann man Narkotika leicht überdosieren, bei der Verabreichung von Medikamenten sind große Sorgfalt und tierärztliches Wissen angezeigt. Du solltest dies mit dem Tierarzt besprechen. Zur Vermeidung von Haut- und Fellproblemen wie Ekzeme oder *Hot-Spots* sollte der Maremma regelmäßig durchgebürstet werden. Über Jahrzehnte arbeitete der Maremma als Herdenschutzhund, wurde ausschließlich für diese Aufgabe gezüchtet. Dementsprechend halten sich auch die gesundheitlichen Probleme in Grenzen. Man kann von einer mittleren Lebenserwartung von acht bis zehn Jahren ausgehen.

Maremma-Welpen sind wie die Jungtiere von Kuvasz und Pyrenäenberghund zurückhaltender als die Welpen anderer Hunderassen.

Bisher haben wenige Maremmas ihren Weg nach Amerika oder England gefunden. In Italien trifft man diese Hunde unverändert im Gebirge an, wo sie die Herden schützen.
BESITZER: Gordon und Anne Latimer.

Maremma

Mastiff

Der Mastiff ist ein Nachkomme alter Zuchten großrahmiger Hunde, in Körpergröße und Gewicht übertrifft er die meisten seiner Molosserkollegen. Bei einer angestrebten Mindestschulterhöhe von 76 cm kann dieser Hund 90 Kilo auf die Waage bringen!
BESITZER: Nancy Hempel.

Beschreibung

Größe und Würde des Mastiffs stehen in engem Zusammenhang mit seiner massigen Größe, der überwältigenden Symmetrie und dem kraftvollen Körperbau. In den USA verlangt man beim Rüden eine Mindestschulterhöhe von 76 cm, bei Hündinnen 70 cm. Dabei ist anzumerken, daß Größen und Gewichtsangaben der USA im englischen Rassestandard keine entsprechende Grundlage finden. Der Mastiff ist rechteckig gebaut, Körperlänge mehr als Widerristhöhe. Starke Knochen und Muskulatur schaffen die erwünschten tiefen und breiten Formen. Kopf massiv, Augen breit auseinander eingesetzt, dunkel, mittelgroß, ohne sichtbare Nickhaut. Ohren klein, v-förmig. Oberkopf breit, ziemlich flach, ausgeprägter Stop. Fang kurz, unter den Augen breit, stumpf und quadratisch geschnitten. Hals sehr muskulös, kraftvoll, leicht gewölbt, ohne viel lose Haut. Rückenlinie gerade und fest. Breite, tiefe Brust, schön gerundet. Große Flankentiefe. Rute hoch angesetzt, bis zum Sprunggelenk reichend. Guter Schulterschluß, Ellenbogen parallel zum Körper stehend, gerade Läufe. Hinterhand breit und muskulös, Knie mäßig gewinkelt, nicht gerade. Haarkleid kurz und anliegend, an Schultern, Hals und Rücken nicht zu fein. Farben Apricot, Silber, Falb und dunkel Gestromt. Immer sollten Fang, Ohren und Nase schwarz sein.

Anpassungsfähigkeit

Willst Du wirklich einen großen Hund? Der Mastiff ist ein wahrer Riese und hat auch das Herz eines Giganten. Für Familien, die Platz und Lebensstil haben, um einen solch großen Hund zu halten, ist der Mastiff eine erstklassige Wahl, denn er liebt Menschen und paßt sich einer Vielfalt von Lebenssituationen an. Diese Hunde eignen sich nicht für reine Zwingerhaltung und Leben im Freien. Einige Mastiffs leben tatsächlich in Appartements und kleinen Häusern. Der Mastiff besitzt einen großen Appetit, verlangt einen kräftigen, aber freundlichen Erzieher. Er denkt etwas langsam, ist aber nicht dickköpfig. Laß ihm genügend Zeit, um zu lernen, und Du wirst viel Freude an ihm haben.

Das einzige, was Mastiff-Welpen schnell tun, ist wachsen. Im ersten Jahr können sie 60 bis 80 Kilo schwer werden, wiegen mit acht Wochen 12 bis 16 Kilo. Die folgenden 10 Monate verlaufen dann dramatisch.

Wachstumsphase

Das Geburtsgewicht der Mastiff-Welpen liegt zwischen 450 und 700 Gramm. Die Rasse wächst sehr schnell, von früher Jugend an ist sorgfältige Fütterung angezeigt. Mit acht Wochen können Rüdenwelpen schon 16 Kilo wiegen, Hündinnen meist etwas weniger. Von Natur aus sind Mastiffs große Hunde. Deshalb wäre es vollkommen unvernünftig, noch zusätzlich besonders knochenstarke Tiere auszuwählen, was von Massenzüchtern zuweilen empfohlen wird. Übertriebene Masse, ob hierauf gezüchtet oder einfach infolge von Überfütterung, ist ein *Mastiffkiller*. Beim Kauf sollte man auf einen gut aufgebauten, gesunden dynamischen Welpen achten, der ein freundliches, aufgeschlossenes Wesen besitzt. Die Eltern sollten gleichfalls gutes Wesen zeigen, kräftige Knochen besitzen, kurzes, eng anliegendes Fell, breiten quadratischen Kopf und einen tiefen massiven Körper. Es ist bekannt, daß heranwachsende Mastiffs manchmal Probleme mit dem Selbstvertrauen haben; das erfordert einen einfühlsamen geduldigen Besitzer, um diese Probleme zu lösen. Man achte auch über die Pubertät auf Hautprobleme. Ihre volle Widerristhöhe erreichen Mastiffs im allgemeinen bis 16 Monate, die Substanzanreicherung wird aber meist drei Jahre dauern.

Ja, Dein Mastiff-Welpe wird außerordentlich groß werden. Nicht ungeduldig sein, keine Überfütterung! Die Züchter empfehlen, zusätzliche Proteine in die Nahrung zu mischen, aber keinesfalls Vitamine und Mineralergänzungen zu füttern.
BESITZER: Robert S. Jones.

Gesundheit

Der Mastiff ist für seine Größe gar nicht so schwierig zu halten. Er ist bestimmt kein besonders aktiver Hund, braucht aber einen Garten von guter Größe, um umherzuwandern, im Idealfall täglich für einige Stunden. Von seiner reinen Größe betrachtet braucht der Mastiff weniger Futter als man im allgemeinen annimmt. Unbedingt füttere man entsprechend den Anweisungen des Züchters oder Tierarztes. Dadurch verhindert man soweit wie möglich Magenumdrehung, fehlerhafte Knochenentwicklung und zu starken Zug oder Druck auf Gelenke und lebenswichtige Organe. Zu den für die Rasse bekannten Problemen gehören Ektropium, Retinadysplasie, Nierensteine und vaginale Hyperplasie. Die Fellpflege erfordert minimalen Aufwand. Die Besitzer sollten aber besonders auf die vielen Hautfalten der Rasse achten, gerade im Kopfbereich, da hier leicht Hautinfektionen entstehen. Auch sollte man Augen und Ohren regelmäßig kontrollieren, sie sorgfältig reinigen. Die Züchter warnen vorsorglich, daß die Kosten für Medikamente schon wegen der Größe des Mastiffs doppelt so hoch sind wie bei einem Durchschnittshund. Die Lebenserwartung der größeren Mastiffs liegt bei sieben bis zehn Jahren, kleinere können durchaus zehn Jahre und älter werden.

Gestromte Färbung ist seltener als Falb oder Apricot.
BESITZER: Zoe A. Tice.

Wähle den Welpen nie einfach nach Größe oder Masse. Statistisch gesehen leben kleinere Mastiffs ein paar Jahre länger als die Riesenhunde.
BESITZER: Nancy A. Pitas.

Mastiff

Mastino Napoletano

Beschreibung

Der Mastino Napoletano ist ein Hund von eindrucksvoller Erscheinung. Riesige Knochen, massive Gestalt, großer, breiter Kopf mit ausgeprägtem Stop; große Nase, tiefer Fang und starke Belefzung. Die Augen sind ziemlich gerundet, nach vorne gerichtet. Ohren verhältnismäßig klein, hoch über den Jochbögen angesetzt, an den Backen hängend getragen. Sehr muskulöser Hals. Die dickfleischigen schweren Lefzen hängen tief, verbreitern und vertiefen den Fang. Lange Schulterblätter, schräggestellt. Ellbogen nicht zu eng am Körper anliegend. Körper länger als hoch, breite Brust, obere Linie gerade, breite Lendenpartie, lange und breite Schenkel, mässige Kniewinkelung. Starkes Sprunggelenk. Vorderpfoten leicht auswärts gestellt. Rute an der Wurzel dick, sich leicht verjüngend, meist um ein Drittel kupiert. Haarkleid kurz und dicht, von harter Struktur. Farben Schwarz, Grau, Blaugrau, Braun, Rotgelb und Hirschrot. Alle Farben können in sich gestromt sein, kleine weiße Abzeichen an Brust und Zehenspitzen erlaubt. Widerristhöhe Rüden 65 bis 75 cm, Hündinnen 60 bis 68 cm, Gewicht 50 bis 70 Kilo.

Dieser Hund schockierte einmal die Welt, denn der Mastino Napoletano erweckte Vorstellungen eines lebenden, atmenden, geifernden Ungeheuers. Dieser Hund wirkte wie aus alten Zeiten wieder auferstanden, und es gibt wenig mit dem Mastino Vergleichbares unter den übrigen domestizierten Hunden.

Anpassungsfähigkeit

Der Mastino Napoletano ist ein sehr kräftiger Hund - und ein großer kraftvoller Hund ist nicht gerade ein typischer Familienhund. Dabei ist im Regelfall der Mastino ein ausgeprägter Einmannhund. Diese Hunde sind größer und stärker als Du - deshalb sollten nur dominant veranlagte, erfahrene Hundehalter sich einen solchen Hund ins Haus holen. Mastini sind auch zum Spielen mit Kindern zu groß und intelligente Kinder ziehen sich sofort zurück, wenn so etwa 80 Kilo hügelabwärts auf sie zukommen. Mastini sind ungewöhnliche Fresser, ungewöhnliche Spielkameraden, ungewöhnliche Hunde. Am besten hält man sie - gut untergebracht - im Freien. Bei der Wohnungshaltung sollte man entweder die Hausratversicherung erhöhen oder nur unzerstörbares Mobiliar kaufen. Mastini haben Probleme mit den Treppen, es macht ihnen aber viel Freude, das Geländer anzunagen. Halte Dir vor Augen, Mastini wurden als große Wach- und Schutzhunde gezüchtet, von Natur aus werfen sie einen Gegner um. Seinem eigenen Herrn gegenüber ist der Mastino unendlich loyal, wie ein Kind. Einen solchen Hund zu besitzen macht Freude. Damit kein Irrtum entsteht - ein gut erzogener Mastino liebt Menschen, er bleibt aber dennoch seiner Natur nach für Familie und Besitz ein guter Schutzhund.

»Süß«... meinst Du? Vielleicht hast Du recht. Dieser kleine Schatz wird aber groß werden, frißt Dich aus Haus und Hof, möglicherweise zerstört er Deine Wohnung. Zeitweise solltest Du den Mastino schon im Zwinger unterbringen, damit er Dein Haus nicht umgestaltet.
BESITZER: Daniel Pellegrino.

Wachstumsphase

Mastini sind natürlich sehr große Hunde. Mit acht Wochen erreichen sie bereits ein Gewicht zwischen 10 und 15 Kilo. Diese Hunde sind außerordentlich kompakt und muskulös, jedes Kilo wirkt wie ein Kilo und noch ein halbes mehr! Die Wachstumsrate ist groß. Überfüttere keinesfalls Deinen Junghund, zuviel und zu schnell aufgebautes Gewicht führt zu Knochen- und Gelenkproblemen. Ausgereift sind diese Hunde erst mit gut zwei Jahren. Hundefreunde sollten sich Zeit lassen, die Rasse studieren, persönlich kennenlernen, ehe sie sich entscheiden. Sei vorsichtig! Die Popularität der Rasse hat viele Vermehrer angelockt, denen es nur um das Geld geht. Jeder Käufer sollte sich die Eltern des Welpen genau ansehen - süße Welpen wachsen sich zu riesigen Hunden aus, die ihren Eltern sehr ähneln werden. Um den introvertierten Mastino gegenüber Menschen und Tieren zu öffnen, ist die Sozialisierung der Welpen entscheidend. Kein Mastino bewegt sich elegant - unabhängig von seinem Alter. Junghunde hinken aufgrund der losen Bänder über vier bis sechs Monate. Richtig gefüttert und bei Schonung vor zuviel Bewegung wachsen sie aus diesem Stadium heraus. Jungtiere zeigen zuweilen das rassetypische Dominanzverhalten. Konsequente Erziehung bringt dies in die richtige Reihe. Bis zu einem Alter von vier Monaten pinkeln die Junghunde riesige Mengen, brauchen viel frisches Wasser, um Austrocknung zu vermeiden.

Gesundheit

Der kraftvolle Mastino verlangt von seinem Besitzer sehr viel Pflege, nicht zuletzt vorzügliche Hygiene. Mastini sind notorisch unsaubere Fresser und sabbern wirklich stark. Der Besitzer muß nach jeder Mahlzeit seinen Mastino säubern als wäre er die Mutter eines einjährigen Kindes. Das üppige lose Fell der Rasse fordert viel Säubern und häufiges Baden - kein Grund zur Beunruhigung, daß dabei die Haut austrocknen würde. Die allergrößten Probleme sind orthopädischer Art, insbesondere Hüft- und Ellenbogendysplasie, Osteochondrose und Arthritis. In der Ernährung braucht der Mastino einen hohen Anteil an Kohlenhydraten und Fett, weniger Proteine, zusätzlich Mineralien und Vitamine. Für richtiges Wachstum wird Trockennahrung weniger empfohlen. Junghunde brauchen nur mäßig Bewegung, besonders anstrengende Aktivitäten müssen vermieden werden, denn junge Mastini sind nur *lose zusammengesetzt*. Halte die Ohren trocken und sauber, damit es zu keinen Infektionen kommt. Diese Hunde sind allgemein gegen Narkotika und Beruhigungsmittel recht empfindlich. Es ist bekannt, daß Nierenentzündungen als Folge von zu Kaltliegen junge wie alte Hunde befällt. Aufgrund von Hitze und hoher Feuchtigkeit können Mastini sterben - Schatten und Wasser sind für das Gedeihen notwendig. Bei Sommerwetter sollten sie regelmäßig abgespritzt werden. Tierarzt und Züchter Sherilyn Allen betont, daß der Mastino einen niedrigen Schilddrüsen-Hormonspiegel hat, was zu Muskelschwäche, Steifheit, Cardiomyopathie, ungleichmässigem Knochenwachstum, Hautproblemen und Magen- und Darmstörungen führen kann, dadurch könnte auch Magenumdrehung entstehen. Schilddrüsenunterfunktion ist ein Rassemerkmal, ursächlich für das ungewöhnliche Äußere des Mastino. Eine gezielte Schilddrüsentherapie kann einige dieser Probleme lösen, dadurch sind aber einige charakteristische Merkmale bei den Hunden dann viel weniger ausgeprägt. Im Vordergrund sollte aber eigentlich immer der gesunde Hund stehen, was die Entscheidung für den Hundefreund einfacher machen sollte.

Du denkst über einen Mastino nach? Denke gründlich nach! Du solltest mit Deinem Tierarzt sprechen, Dir jeden Züchter ganz genau ansehen, der Dir einen solchen Hund bietet. Wo viel Licht ist, ist auch viel Schatten! Kein Hund für jedermann, dennoch eine faszinierende Hunderasse. Lese den gesamten Beitrag über die Rasse nochmals gründlich nach.
BESITZER: Janet Hachbarth und Susan Church.

Mastino Napoletano

Mexikanischer Nackthund

BESCHREIBUNG

Elegant und schnittig zeigt der mexikanische Nackthund das Äußere eines eleganten Windhundes. Der Xoloitzcuintli wurde von den Vorfahren der Azteken bei ihrer Wanderung von Asien nach Mexiko vor 3.000 Jahren ins Land gebracht. Diese Hunde dienten als Schoßhunde, Wärmflaschen und - als Nahrungsquelle. Die Haut des Xolos ist glatt, weich und warm. Sein Kopf ist keilförmig, weder grob noch geschnürt, sein Stop mäßig ausgeprägt. Augen mandelförmig und von mittlerer Größe. Ohren groß, ausdrucksstark und dünn. Hals lang, leicht geschwungen. Rücken fest, breit und eben. Bauchlinie gut aufgezogen; Lende leicht aufgewölbt. Vorderläufe gerade, Schultern schön nach hinten gelagert. Hinterhand kräftig, genügend gewinkelt, um einen flüssigen Bewegungsablauf zu ermöglichen. Sprunggelenk tiefgestellt. Pfoten hasenähnlich, aber gut aufgeknöchelt.

Der Mexikanische Nackthund trägt in seiner Heimat den Namen Xoloitzcuintli, wird deshalb häufig einfach nur *Xolo* genannt. Die Vorfahren der Azteken, mexikanische Ureinwohner, brachten vor etwa 3.000 Jahren bei ihrer Wanderung von Asien nach Mexiko diese Hunde ins Land.
BESITZER: Brian Terry.

Rute tief angesetzt, lang und fein, bis zum Sprunggelenk reichend. Es gibt drei Grössenvariationen: Toy 28 bis 30 cm, Miniature 33 bis 45 cm, Standard 45 bis 55 cm. Die FCI erkennt nur Standard und Miniature an. Diese Hunde können entweder vollkommen ohne Haare oder auch behaart sein. Bei den Haarlosen erscheinen einige grobe Haare auf dem Vorderkopf, an den Zehen und an der Rutenspitze. Die Behaarten *Powder Puffs* haben kurzes, flaches und dichtes Fell, ohne dünne oder kahle Flecken. Die Rasse tritt in vielerlei Farben auf, einfarbig, mit Abzeichen und auch mit Flecken.

ANPASSUNGSFÄHIGKEIT

Der Mexikanische Nackthund ist ein ungewöhnlicher Hund. Wenn Du aber das Ungewöhnliche anziehend findest, magst Du auch den Xolo. Wie die anderen Nackthunderassen - ja - es gibt noch andere - ist er ein ausgeprägt typischer Hund. Insbesondere sind Wesen und Temperament quer durch alle Größengruppen ausgeglichen, würdig, ruhig und freundlich. Ein unterordnungsfreudiger, fröhlicher Hund, liebevoll und ergeben. Fremden gegenüber sind Xolos meist reserviert. Diese Hunde sind in guter Qualität nicht leicht zu finden. Es gibt aber heute insbesondere in den USA zuverlässige Züchter, die eine gute Auswahl bieten.

Die sogenannte *Powder Puff Variety* nennt man *Perrillo*.
BESITZER: Robert McRae und Bernard Pearson.

Wachstumsphase

Mit acht Wochen wiegt der Toy zwei bis drei Pfund, der Mini drei bis fünf Pfund und der Standard fünf bis sechs Pfund. Volle Widerristhöhe erreichen die Hunde früh, zwischen sechs und acht Monaten. Die Käufer sollten sehr sorgfältig Umschau halten, ehe sie ihre Auswahl treffen. Die Welpen müssen nicht nur gesund aussehen, anatomisch gut aufgebaut sein, insbesondere meide man auch mögliches Scheusein, ein verbreiteter Wesensfehler in der Rasse. Junghunde unterliegen zuweilen Verhaltensänderungen, insbesondere treten Scheu und Nervosität auf. Damit muß der Besitzer rechnen, sehr viel Geduld und Verständnis aufbringen. Meist geht dieser Zustand wieder vorbei. Der Zahnwechsel der Junghunde erfordert viel Kauknochen oder Spielzeug zum Kauen. Über diese Zeit fallen meist die Ohren nochmals herunter, bei versprechenden Ausstellungshunden werden sie wieder hochgeklebt, was aber an ihrer Genetik nichts verändert.

Nicht nackt zu sein ist bestimmt kein Grund, sich zu schämen oder zu fürchten! Der Xolo sucht sich frei und furchtlos seine Freunde - hat nichts zu verstecken.
BESITZER: Linda Woods und Susan Corrone.

Gesundheit

Fehlende Zähne und fehlerhafte Gebißentwicklung gehören zu den am meisten zitierten Gesundheitsschäden. Weiterhin erscheint es wahrscheinlich, daß diese Rasse auch anderen verbreiteten Hundeerkrankungen, Wachstumsstörungen und Augenschäden unterliegt. Hautprobleme befallen vorwiegend Junghunde, insbesondere Rüden; meistens bereinigt sich dies mit etwa zwei Jahren - ähnelt den Akneerkrankungen bei Menschen. Die Besitzer müssen richtige Hautpflege lernen, erfragen am besten die Technik beim Züchter. Insbesondere müssen sie aber ihre Hunde jederzeit vor Zugluft und Kälte schützen. Im allgemeinen zeigen Xolos erstaunliche Widerstandskraft gegen Parasiten einschließlich Flöhen und Zecken. Bei vielen treten Abwehrreaktionen gegen Cortison, Flohpräparate und bestimmte Herzwurmmedikamente auf. Bei behaarten Xolos entwickelt sich in der Jugendzeit Räude, die sich aber als durch den Tierarzt gut behandelbar erweist. Weitere Rassedefekte sind verschlossener Ohrkanal und Hängeohren. Erstaunlicherweise kann der Xolo 12 bis 15 Jahre alt werden. Es wird sogar von Hunden berichtet, die bis zu 20 Jahre alt wurden.

Wahrhaftig eine seltene Rasse! Der Xolo bietet eine gute Lösung für Allergiker! Abgesehen von seinem Fell ist er ein völlig normaler Hund.
BESITZER: Susan Corrone.

Xolo-Welpen werden wie andere Nackthundewelpen behandelt, sie sind besonders gegenüber Zugluft und Kälte empfindlich, ebenso gegen Sonnenbrand und kleine Verletzungen.
BESITZER: Susan Corrone.

Mexikanischer Nackthund

Miniature Bull Terrier

Wer den Miniature Bull Terrier erst einmal näher kennt, muß sich für ihn begeistern. Dieser hübsche kleine Bruder des Bull Terriers, der Miniature Bull Terrier, verfügt trotz seiner Kleinheit über alle Vorzüge des Standard Bull Terriers, eignet sich durchaus als guter Wachhund.
BESITZER: Lora J. Lerch und Patricia W. Edwards.

Beschreibung

Bei einer Widerristhöhe von maximal 35,5 cm ist der Miniature Bull Terrier ein kräftig gebauter, schön proportionierter Hund mit langem, tiefem Schädel und vollem, eiförmigem Kopf. Der Kopf muß völlig ausgefüllt wirken, kein Stop, ungebrochene Kopflinie bis zur Nasenspitze. Ohren klein, dünn, eng beieinander stehend. Augen klein, tief eingesetzt, dreieckig, mit durchdringendem Blick. Gebiß völlig regelmäßig. Hals lang und kräftig, Rücken kurz und fest. Körper schön gerundet mit ausgeprägter Rippenwölbung. Breite Brust. Rute kurz, tief angesetzt, schön auslaufend. Schulterpartie kraftvoll, ohne schwer zu wirken. Läufe starkknochig, aber nicht grob. Vorderläufe mäßig lang, Hinterläufe parallel stehend, kräftig entwickelt, gute Kniewinkelung. Pfoten kompakt und katzenähnlich.
Haarkleid kurz, eng anliegend. Alle Bull Terrier-Farben. Mit Ausnahme der Widerristhöhe gelten alle Standardbestimmungen auch für den Miniature Bull Terrier.

Anpassungsfähigkeit

Obwohl es diese Rasse schon etwa seit 1860 gibt, stand sie immer im Schatten des größeren Bruders. Dabei könnte dies für viele Menschen der persönliche Traumhund werden. Hier haben sie einen attraktiven Bull Terrier, der frei von vielen Übertreibungen ist, die Fachleute heute beim Bull Terrier bemängeln. Für seine perfekte Größe verdient der Miniature Bull Terrier eine Auszeichnung, obwohl er etwas zu klein ist, um als Wachhund die Kraft seines größeren Bruders zu haben. Trotzdem ist er ein phantastischer Wächter, paßt in alle Lebensverhältnisse, ist aktiv und munter. Es macht viel Spaß, mit ihm zu leben. Kinder lieben diese Rasse besonders, die nachgewiesen sehr angenehme Familienhunde sind.

Laß Dich durch das Wort *Miniature* nicht irreleiten! Es ist ein aktiver Hund mit viel Energie, fordert einen ebensolchen Besitzer. Als Familienhund ideal fügt sich der Mini Bull auch gut in städtische Wohnverhältnisse ein, wenn man ihm genügend Zeit für Spiel und Auslauf einräumt.
BESITZER: Anne Marie Bergemann.

Wachstumsphase

Gut gezüchtete Mini Bulls sind nachweislich gesunde Tiere mit wenig Entwicklungsstörungen. Die Hunde wachsen sich ziemlich gleichmäßig zu ihrer vorgesehenen Widerristhöhe aus. Man muß aber wissen, daß häufig auch zu klein gebliebene Standard Bull Terrier eingekreuzt wurden, so daß es durchaus möglich ist, daß das Größenlimit überschritten wird. Wenn man keine Ausstellungsambitionen hat, scheint dies nicht so wichtig. Der Miniature Bull Terrier ist ein energiegeladener Lebensgefährte, fordert von Jugend an konsequente liebevolle Erziehung und einigen Auslauf. Die Fütterung muß darauf ausgerichtet sein, den Energiebedarf des Hundes abzudecken, darf aber keinesfalls zu Dickleibigkeit führen.

Robust, selbstbewußt und aufmerksam - von früher Jugend an besitzt der Mini Bull großes Selbstvertrauen und Willensstärke. Wie bei allen Bullrassen ist richtige Erziehung und Sozialisierung ein Muß. Der Besitzer braucht Geduld, muß intelligent sein, um die etwas eigenwillige Natur dieser Rasse zu verstehen und zu lenken.
BESITZER: James Gaignat.

Gesundheit

Beim Miniature Bull Terrier sind auch durch gezielte Umfrage bei den Züchtern wenig Erbkrankheiten bekannt geworden. Dies ist bemerkenswert, denn der Miniature Bull Terrier ist eine recht kleine Hunderasse, die auf einer verhältnismäßig kleinen Zuchtbasis aufgebaut wurde. Hinzuzusetzen ist aber, daß auch der größere Bruder - der Bull Terrier - wenig ernsthafte Erbkrankheiten aufweist. Auf eventuelle Taubheit in der Linie sollte man achten, sie beschränkt sich nicht auf die reinweißen Linien. Eine gewisse Anfälligkeit für Hautkrankheiten ist bei beiden Größenvariationen gegeben. Außerordentlich wichtig erscheint es, daß der Hundebesitzer selbst diesen energiegeladenen kleinen Kerl vor Verletzungen schützt, die Folge völlig fehlender Furcht und manchmal eines eifersüchtigen Wesens sind. Dann kommt es zu Knochenbrüchen und Hautverletzungen, praktisch die häufigsten Gesundheitsprobleme, denen sich Halter des Miniature Bull Terrier gegenübersehen. Die Fellpflege ist minimal, seine Stehohren sollten regelmäßig gereinigt werden. In manchen Linien treten Zwischenzehenekzeme und Spreizpfoten auf, wobei die Zwischenzehenekzeme meist recht hartnäckig verlaufen. Um diese kleinen Kobolde gesund zu halten, braucht man genügend Auslauf, zielgerechte Sozialisierung und Erziehung. Besonders wichtig ist die Frühsozialisierung mit Artgenossen und anderen Haustieren. Wenig empfehlenswert ist das gemeinsame Halten von Rüden, auch Hündinnen untereinander tragen zuweilen sehr energiegeladen ihre Meinungsunterschiede aus.

Wer würde mehr Hund in einer so kleinen Verpackung verlangen? Trotz seiner Kleinheit gibt es beim Mini Bull wenig gesundheitliche und genetische Probleme, die in vielen anderen kleinen Rassen Sorgen bereiten.
BESITZER: Anne Marie Bergemann.

Miniature Bull Terrier

Mops

Diese Hunde hielten einmal ihren Mittagsschlaf neben dem Sessel von William, Prinz von Oranien und in den Gemächern von Josephine, der Gemahlin Napoleons. Über alle die Jahre hat der Mops immer interessante Bettgenossen gefunden.
BESITZER: Hazel M. Martens.

Beschreibung

Der Mops ist quadratisch gebaut und untersetzt, hat eine harte Muskulatur und sehr gute Proportionen. Idealgewicht 6,3 bis 8,1 Kilo. Sein Kopf ist groß und gerundet, keinesfalls apfelköpfig. Augen groß und dunkel, kugelförmig und mit sanftem Blick. Rosen- oder Knopfohr, dabei immer klein, dünn und weich. Falten groß und tief, Fang charakteristisch kurz, quadratisch und stumpf, aber nie nach oben gebogen. Kieferstellung leicht vorbeißend. Hals kräftig und dick, leicht gebogen. Rücken gerade, Brust breit und tief. Rute hoch angesetzt, eng, möglichst doppelt gedreht. Vorderläufe sehr gerade und kräftig, mäßig zurückgelagerte Schultern und Ellenbogen unter dem Widerrist stehend. Hinterläufe kräftig, mäßig gewinkelt, kurzes Sprunggelenk. Fell glatt und fein, leuchtend, nie hart oder wollig. Farben Silber, Apricot, Falb oder Schwarz. Klare Schwarzmarkierung auf Fang und Ohren. Schwarze Linie vom Hinterhauptbein bis zur Rute gewünscht.

Anpassungsfähigkeit

Unternehmungslustig und voller eigener Ideen ist der Mops ein leicht zu haltender kleiner Hund. Seine Anpassungsfähigkeit und seine vielen Talente machen ihn für jeden Hundefreund zu einer guten Wahl. Möpse muß man gegenüber allen Zwerghunderassen wegen ihrer mannigfaltigen Funktionen hervorheben, wobei ihnen natürlich heute nicht mehr die Aufgabe ihrer Mastiff-Vorfahren zukommen. Aber wer könnte dies auch? Trotzdem ist er ein vorzüglicher Helfer im Garten, Mitarbeiter in der Wohnung, läßt sich leicht erziehen und freut sich, wenn er helfen darf. Der kurze Fang führt dazu, daß diese Hunde ab und zu schnarchen und keuchen, das ist aber nicht zu ernst zu nehmen. Möpse mögen Kinder und andere Hunde.

Eine ganze Menge Hund in kleiner Verpackung. Das Motto des Mopses könnte sein: *Multum in parvo*. Diese Verpackung enthält Charme, Würde und Ernsthaftigkeit, macht den Mops für eine Vielfalt von Besitzern mit gutem Geschmack attraktiv.
BESITZER: Ronald und Elizabeth Pizzano und Doris Aldrich.

Wachstumsphase

Mops-Welpen wiegen bei der Geburt zwischen 110 und 250 Gramm. Nach altem Mastiff-Erbe dauert die Gesamtentwicklung bis zu drei Jahren, die Widerristhöhe ist aber mit zehn bis zwölf Monaten erreicht. Schon in früher Jugend ist die Erwachsenenfarbe erkennbar, wobei die Farbe sich mit der Zeit leicht modifiziert und klarer wird. Bei der Auswahl achte man auf gute Substanz, Anzeichen guter Gesundheit. Die Läufe sollten gerade sein, die Nase richtiges Atmen erlauben. Die Augen müssen klar sein, keine Umwölkung zeigen, keine Anzeichen von kleinen Verletzungen oder übertrieben glotzäugig wirken. Hündinnen werden in der Regel zwischen neun und zwölf Monaten erstmals heiß. Vorbeißende Kieferstellung ist in der Rasse verbreitet, ein altes Erbe. Der Standard gestattet Vorbiß, nicht aber Kreuzbiß oder Sichtbarwerden der Zunge. Falsche Gebißstellung korrigiert sich beim älteren Hund meist nicht.

Sei bei der Welpenwahl vorsichtig. Achte auf klare Augen, sie dürfen weder getrübt sein, noch zu sehr hervortreten, auf gerade Läufe, normales Atmen und Kieferstellung, die nur leicht vorbeißt. Wichtig ist es, auch die Mutter des Welpen sollte die gleichen Eigenschaften besitzen.
BESITZER: Alexander und Amy White.

Gesundheit

Der Mops ist ein Zwerghund, eine brachycephalische Hunderasse, unterliegt einer Reihe erblicher Krankheiten. Hierzu gehören Gaumenspalten und Hasenscharte, verlängerter weicher Gaumen, ungenügend offene Nasenpassage. Das Atmen des Mopses erinnert verbreitet an Schnarchen. Nur bei extremem Auftreten kann dies ein Signal sein, daß Probleme in der Stirnhöhle oder Nasenpassage vorliegen. HD tritt selten auf, Kniegelenkluxation ist verbreiteter, die Tiere sollten darauf untersucht werden. Nicht besonders häufig berichten Tierärzte von Fällen von Nierensteinen, Kerato Konjunktivitis Sicca und subaortischer Stenosis. Zu den verbreitetsten Störungen gehören Verletzungen, insbesondere im Augenbereich. Fester Bestandteil der täglichen Pflege muß eine Kontrolle der Augen auf leichte Kratzer oder Reizungen sein. Hautreizungen beginnen meist in den Falten der Mopshaut, diese müssen vom Besitzer immer sauber und trocken gehalten werden. Analoges gilt für die Ohren. Im übrigen ist die Pflege recht einfach. Gesunde Möpse sind notorisch gute Fresser, Mopsbesitzer müssen auf Dickleibigkeit achten, die zu Problemen wie Herzattacken und Wirbelsäulenkomplikationen führen könnten. Übergewicht verringert auch die Hitzetoleranz der Rasse, die schon charakteristisch niedrig liegt. Weiter gibt es Berichte über Entropium und die Legg-Perthes-Erkrankung. Möpse leben im allgemeinen 12 bis 14 Jahre.

Wenn der Mops verwöhnt wird, kann er durchaus die Merkmale eines kleinen Teufels entwickeln. Nicht richtig behandelte Möpse werden futterneidisch, gefräßig und mürrisch. Wenn Du ihn gleichmäßig und freundlich behandelst, wird der gleiche Mops klever, liebevoll und ein echter Schmuser.

Mops

Neufundländer

Dieser Wunderhund von den Küsten Neufundlands mit Schwimmhäuten an den Pfoten, überwältigender Persönlichkeit und Freundlichkeit, ist der Stolz der Kanadier.
BESITZER: Carol Bernard Bergmann und Peggy Helming.

BESCHREIBUNG

Der Neufundländer ist ein sehr gut ausbalancierter Hund mit schwerem Körper, starken Knochen und üppigem Fell. Ein großer und schwerer Hund, Widerristhöhe Rüden 71 cm, Hündinnen 66 cm. Durchschnittsgewicht Rüden 64 bis 69 Kilo, Hündinnen 50 bis 54,5 Kilo. Widerristhöhe und Gewicht müssen harmonisch aufeinander abgestimmt sein. Das doppelte Fell von grober Struktur ist flach und dicht, fett und wasserabstoßend, für einen Schwimmer besonders wichtig. Der Kopf des Neufundländers ist massiv, breiter Oberkopf, betontes Hinterhauptbein, ausgeprägter Stop, stolze Kopfhaltung. Augen verhältnismässig schmal, tiefliegend, dunkelbraun. Ohren dreieckig geformt mit abgerundeten Spitzen, ziemlich klein, von kurzem Haar bedeckt. Der Kopf ist frei von Falten, elegant geformt bei breitem Fang. Kräftiger langer Hals; gerader fester Rücken, breite und tiefe Brust. Rute breit am Ansatz, kräftig ohne Knick. Vor- und Hinterhand kraftvoll, schön gewinkelt, guter Vortritt und kräftiger Schub. Einfarbig Schwarz, Braun oder Weiß mit schwarzen Markierungen. Der weißschwarze Neufundländer ist nicht identisch mit der Rasse Landseer.

ANPASSUNGSFÄHIGKEIT

Es ist gar nicht leicht, beim Neufundländer einen Fehler aufzuzeigen. Diese Hunde gehören zu den liebenswertesten und freundlichsten von allen, sie sind wunderbar athletisch gebaut - besonders für den Wassersport - und geradezu kinderverrückt. Dieser Hund ist groß genug, um jeden Eindringling abzuschrecken - es sei denn, der Eindringling weiß, daß der Neufundländer so menschenfreundlich ist. Für das Leben in der Stadt ist der Neufundländer eigentlich zu groß, paßt sich trotzdem dem Leben in der Wohnung an und genießt sein Mittagsschläfchen genauso wie andere 65 Kilo-Hunde. Dieser Hund sollte immer aufgeschlossen sein, deutlich zeigen, wie sehr er das Leben liebt. Sei immer freundlich zu ihm, denn er ist sehr empfindsam. Behandelt man ihn unfreundlich, kann dies sein Herz brechen, ihn zuweilen auch schreckhaft und nervös machen.

Trotz bronzefarbenem Haarkleid ist der Neufundländer unter den Schwimmern der Goldmedalliengewinner. Ein großartiger Leistungshund, der in der Familie für viel Spaß und umherfliegendes Haar sorgt. Ein Super-Kumpel!
BESITZER: Linda Mowins.

Wachstumsphase

Das Geburtsgewicht der Welpen liegt meist über 500 Gramm, eventuelle Wolfskrallen werden in den ersten Tagen entfernt. Das Wachstum erfolgt in Schüben und ist individuell verschieden. Das Durchschnittsgewicht acht Wochen alter Welpen liegt bei etwa sieben Kilo. Mit sechs Monaten haben diese Hunde bereits ein Gewicht von etwa 35 Kilo erreicht. Die volle Widerristhöhe haben die Hunde meist etwa mit 18 Monaten, voll ausgereift sind sie aber erst mit drei Jahren. Im allgemeinen ist das Wesen der Neufundländer vorzüglich. Die Welpen sollten immer freundlich und aufgeschlossen sein. Bei Junghunden treten nur sehr selten Verhaltensstörungen auf. Der Käufer sollte immer auf körperliche Ausgewogenheit achten, besonders auf gute Knochenstruktur und Fellqualität, auch der Elterntiere. Die Heranwachsenden sollten entsprechend den Empfehlungen des Züchters ernährt werden. Den Auslauf und die Bewegung muß man der Wachstumsphase anpassen, hier ist Vorsicht besser als jede Überforderung.

Die seltene Neufundländerfarbe Weiß mit schwarzen Markierungen. Nicht zu verwechseln mit dem weiß/schwarzen Landseer, einer ähnlichen, aber eigenständigen Rasse.

Gesundheit

Der Neufundländer gehört zu den länger lebenden Riesenrassen, vorausgesetzt gute Pflege und tägliche Bewegung sind gewährleistet. Wir betonen dies, weil die meisten Probleme in der Rasse einfach das Ergebnis unzureichender Fürsorge sind. Dies gilt auch für Hautinfektionen, tränende Augen, Lahmheiten aufgrund von Dickleibigkeit, Nierensteine, Hitzschlag und Herzprobleme. Besonders wachsam müssen die Besitzer gegen Magenumdrehung sein. Der Neufundländer sollte unbedingt artgerecht gefüttert werden, am gefährlichsten ist Überfütterung. Tägliche Fellpflege ist erforderlich, damit das Fell nicht verfilzt, dies hilft auch gegen feuchte Dermatitis (Hot-Spots). Vorsicht vor Überhitzung. In der Rasse sind Hüftgelenksdysplasie und andere orthopädische Probleme bekannt, aus diesem Grund müssen alle Zuchttiere sorgfältig geröntgt, die Untersuchungsergebnisse dokumentiert werden. Es gibt auch in der Rasse Schilddrüsenprobleme. Für Neufundländer ist Schwimmen die ideale Aufgabe, es kommt ihrer natürlichen Veranlagung entgegen, macht ihnen bis ins hohe Alter Freude. Sie lieben die Gesellschaft des Menschen ganz besonders, gesund und gut gepflegt leben sie häufig 10 Jahre und werden auch älter. Tierärzte weisen darauf hin, daß sie gegen Narkotika und manche Medikamente besonders empfindlich reagieren.

Neufundländer gehorchen so langsam wie sie sich bewegen und denken. Lobe sie immer wieder in überzeugendem Tonfall, und sie reagieren nach eigenem Zeitplan. Ungeduld oder gar Strafe ruinieren einen guten Neufundländer.
BESITZER: Harfild Sülzen.

Neufundländer

Norfolk Terrier

Ein ganz natürlicher, robuster, freundlicher Terrier mit hartem, drahtigem Fell. Der Norfolk Terrier hat seine britischen Landsleute dazu gebracht, ihn auf der Jagd als *perfekten Dämon* zu charakterisieren. Er ist vielseitig genug, um alles Raubzeug unter der Erde nachhaltig zu bekämpfen.
BESITZER: John F. und Pamela G. Beale.

BESCHREIBUNG

Der Norfolk Terrier ist ein Arbeitsterrier von kleinem Format. Seine Ohren fallen hübsch nach vorne, sind v-förmig und samtartig, werden eng an die Wangen angelegt getragen. Widerristhöhe 25 bis 26 cm, Gewicht etwa 5 Kilo. Für seine kompakte Größe besitzt er gute Substanz und Knochen. Er ist ein sich frei bewegender robuster Arbeitshund. Sein Deckhaar ist hart, drahtig, gerade, dicht anliegend, bis 5 cm lang, hinzu kommt eine dichte Unterwolle. Oberkopf breit, nur leicht gerundet. Fang keilförmig und kräftig, deutlich erkennbarer Stop. Hals kräftig und mittellang, Brust mäßig tief. Rute teilweise kupiert und wird aufrecht getragen. Sonst ist die Rute mäßig lang, an der Wurzel dick, sich schnell verjüngend, so gerade wie möglich getragen. Schulter gut zurückgelagert und gewinkelt. Hinterhand breit und kraftvoll, Sprunggelenk tiefstehend und völlig gerade. Farben: alle Schattierungen von Rot, Weizenfarben, Schwarzlohfarben und Grizzle. Weiße Flecken unerwünscht, aber erlaubt.

ANPASSUNGSFÄHIGKEIT

Norfolk Terrier haben viel Selbstvertrauen, sind unternehmungslustige kleine Terrier, lieben das Familienleben und die Gesellschaft von Kindern. Diese Hunde möchten stundenlang spielen, sind aber fähig, ihren Zeitplan gut auf den ihres Besitzers abzustimmen. Aufgrund ihrer Kleinheit ideal für das Wohnen im Appartement. Graben und Kläffen sind die häufigsten Beschwerden. Ein Hund von guter Auffassungsgabe, der Freude an der Erziehung hat. Erziehung wird von früher Jugend an empfohlen, damit kommen Kläffen und Graben unter Kontrolle. Norfolk-Welpen sind außerordentlich verspielt und lebhaft, strapazieren die Geduld ihrer Besitzer. Nochmals - frühzeitige Erziehung zur Unterordnung und viel Auslauf sind bei diesen Hunden ein Muß!

Die Ohren des Norfolk Terrier hängen gefaltet nach vorne, tragen wesentlich zum Ausdruck des Hundes bei.
BESITZER: Linda Haring und Howard und Bridget Holzhauser.

WACHSTUMSPHASE

Im allgemeinen haben Norfolk Terrier kleinere Würfe von etwa vier Welpen, das Geburtsgewicht liegt bei etwa 140 Gramm. Die Rute wird natürlich belassen oder etwa auf die Hälfte kupiert, auch die Wolfskrallen werden innerhalb der ersten Woche entfernt. Norfolks entwickeln sich rasch. Mit acht Wochen erreichen sie ein Gewicht von etwa drei Pfund, mit sechs Monaten etwa neun Pfund. Ideal als Erwachsenengewicht werden fünf Kilo angesehen. Die endgültige Widerristhöhe wird ungefähr mit einem Jahr erreicht. Im ersten Jahr entwickelt sich aus dem Welpenfell das harte Haarkleid des Erwachsenen. Zur Fellpflege wird mäßiges Trimmen und regelmäßiges Bürsten empfohlen. Ausgewachsen zeigen sich Norfolk Terrier im Wesen recht ausgeglichen, werden etwas ruhiger und gesetzter.

GESUNDHEIT

Norfolk Terrier erfreuen sich wie der nahe verwandte Norwich Terrier vorzüglicher Gesundheit, sind relativ frei von Erbkrankheiten. Von den zwei Rassen ist die natürlicher belassenere der Norfolk Terrier, daher gibt es auch weniger Gesundheitsprobleme. Diese kleinen Terrier sind ein Bündel von Kraft und Energie. Sie lieben das Umhertoben im Freien, balgen sich und graben über Stunden. Ihr furchtloses Wesen und die unveränderte Jagdleidenschaft bringt die kleinen Kerle leicht in Schwierigkeiten. Die Züchter sehen in Hautproblemen die wichtigsten gesundheitlichen Störungn. Allergische Reaktionen - besonders gegenüber Flohspray - wurden festgestellt. Wichtig ist richtige Ernährung mit essentiellen Fettsäuren und regelmäßige Fellpflege. Hat man erst einmal das Trimmen gelernt, ist die Fellpflege relativ einfach, denn nur ganz wenig Arbeit mit der Schere ist erforderlich. Das Hängeohr macht den Norfolk gegen Ohrentzündungen empfindlicher als den Norwich Terrier, regelmäßige Kontrolle ist angezeigt. Auch die Augen sollten auf mögliche Anzeichen von Verletzungen oder Reizung überprüft werden. Besonders wichtig beim Norfolk Terrier ist, die Hunde ab frühester Jugend an die Fellpflege zu gewöhnen, denn dieser ziemlich eigenwillige Terrier könnte sonst Schwierigkeiten machen. Auf die Wichtigkeit der Früherziehung wurde schon hingewiesen. Diese Hunde führen im allgemeinen ein gesundes Leben und haben eine Lebenserwartung von über zehn Jahren.

Wenn Du einen kleinen Terrier suchst, solltest Du Dir unbedingt einen Norfolk ansehen! Es gibt zahlreiche Gründe, einen solchen selbstbewußten, aber immer liebenswerten englischen Terrier ins Haus zu holen. Diese Rasse hat in den letzten Jahren sehr an Popularität gewonnen, erfreut sich einer wachsenden Anhängerschaft!
BESITZER: Karen Anderson.

Norfolk-Welpen sind neugierig und temperamentvoll. Im allgemeinen erfreut sich die Rasse vorzüglicher Gesundheit. Bei etwas Suche sollte es kein Problem sein, einen gesunden Welpen aufzutreiben.
BESITZER: Karen Anderson.

Norfolk Terrier

Norwegischer Buhund

Wenn Du Dir einen natürlichen, unverfälschten Hund wünschst, vielleicht ist dies Dein Hund! Der Norwegische Buhund (Bauernhund) ist ein Abkömmling Nordischer Hüte- und Wachhunde, dient dort in erster Linie als Hütehund, Jagdhund und als Wachhund auf dem Bauernhof.
BESITZER: Mr. und Mrs. A.A. Mole.

Beschreibung

Der leichtfüßig gebaute Norwegische Buhund ist mittelgroß, eine ausgewogene, elegante Erscheinung. Sein Kopf ist leicht und schlank, dabei zwischen den Ohren breiter, er verläuft keilförmig bei einem mittellangen Fang. Ohren hoch angesetzt, aufrecht getragen und spitz. Hals mittellang, ohne lose Haut. Augen dunkelbraun, lebhaft. Vorderläufe schlank und gerade, Körper kurz, muskulös aber leicht. Brust tief, Rücken gerade, feste Lendenpartie, leicht aufgewölbt. Hinterläufe kräftig, wenig gewinkelt. Rute hoch angesetzt, kurz, über den Rücken gerollt getragen. Deckhaar dicht, hart, mit weicher wolliger Unterwolle. Farben Weizenfarben, Schwarz, hellere Rotfarben und Wolf-Zobelfarben. Kleine symmetrische weiße Abzeichen zulässig. Widerristhöhe Rüden 45 cm, Hündinnen etwas darunter.

Anpassungsfähigkeit

Eine natürlich gebliebene Hunderasse, vorwiegend im Ursprungsland Norwegen zu sehen, aber auch vereinzelt in Europa und England. Dank seiner Vielseitigkeit und seines ausgeglichenen Wesens wird er häufiger für Taube und Blinde als Behindertenhund eingesetzt. Er eignet sich auch gut für Kinder. Ein außergewöhnlich gehorsamer Hund, der aber selbst zu denken vermag, deshalb zu häufige Wiederholungen überdrüssig wird. Ein echter Menschenhund, viel mehr als der Husky und viele andere Spitzrassen. Er kann sich den Stimmungen seines Herrn recht gut anpassen. Ob als Wettbewerber bei Unterordnungsübungen, bei Agility oder auf Ausstellungen, immer bemüht er sich darum, den Anforderungen gerecht zu werden.

Das Temperament des Buhunds bietet sich für die Arbeit als Wachhund oder Blindenführhund geradezu an. Sein freundliches Wesen und seine hohe Intelligenz machen das Zusammenleben mit ihm und seine Erziehung zum Vergnügen.
BESITZER: van Etteruk-Kroos.

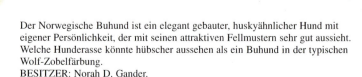

Der Norwegische Buhund ist ein elegant gebauter, huskyähnlicher Hund mit eigener Persönlichkeit, der mit seinen attraktiven Fellmustern sehr gut aussieht. Welche Hunderasse könnte hübscher aussehen als ein Buhund in der typischen Wolf-Zobelfärbung.
BESITZER: Norah D. Gander.

Wachstumsphase

Der acht Wochen alte Buhund wiegt etwa acht bis zehn Pfund, die Geburtsfarbe variiert in mehreren verschiedenen Grauschattierungen. Ab der achten bis zwölften Woche kann man die Erwachsenenfärbung klar bestimmen. Nach diesem Zeitpunkt braucht man nur noch mit wenigen Veränderungen zu rechnen, natürlich wird das Fell dicker und gewinnt an Leuchtkraft. Im allgemeinen ist die Widerristhöhe beim Buhund zwischen acht und zwölf Monaten erreicht, das endgültige Gewicht mit 12 bis 14 Monaten. Völlig ausgereift sind die Tiere mit etwa zwei Jahren. Der Fellwechsel beim Erwachsenenfell erfolgt im allgemeinen um sechs Monate, abhängig von der Witterung. Das doppelte Haarkleid des Buhundes verlangt während des Fellwechsels viel Bürsten, das gleiche gilt auch für die zweimal jährlichen Wechselperioden. Im Flegelalter der Junghunde zeigen diese einiges Dominanzgehabe, insbesondere gegenüber anderen Hunden. Aus diesem Grunde verlangt der Norwegische Buhund frühzeitige Sozialisierung und konsequente Erziehung.

Gesundheit

Der Norwegische Buhund ist seiner Herkunft nach ein Arbeitshund, seine Züchter bemühen sich um Funktionalität und Gesundheit. Der Buhund verlangt Familienanschluß, viel Auslauf und eine planmäßige Erziehung. Einer der Züchter weist besonders auf die Wichtigkeit hin, bereits in früher Jugend diesen Hunden das Kommando Hier und Platz beizubringen. Die Rasse hat als Hütehund eine erstklassige Veranlagung, liebt diese Aufgabe. Seine Pflegeanforderungen sind nicht besonders groß, Grundlage ist aber regelmässige Fell-

Die Suche nach einem guten Buhund fordert schon einige persönliche Mühen. Neben Norwegen und den benachbarten Nordischen Ländern findet man einige Züchter in England und Australien.

pflege, insbesondere über die Zeiträume des Fellwechsels. Seine Futteransprüche sind bescheiden, am besten richtet man sich nach dem vom Züchter festgelegten Ernährungsplan. Die Rasse ist weitgehend frei von erblichen, mit der Rasse verbundenen Krankheiten. Aus Züchterkreisen hört man, daß zuweilen erbliche Starerkrankungen auftreten, man bemüht sich in Zusammenarbeit mit Genetikern und Augenspezialisten um eine Problemlösung. Dies hat die Häufigkeit der Erkrankung bereits wesentlich reduziert. Der Welpenkäufer sollte sich aber vor jedem Kauf vom Züchter den Nachweis führen lassen, daß seine Zuchttiere regelmäßig auf Augenerkrankungen kontrolliert werden.

Norwegischer Elchhund

Diese Rasse geht auf die alten Wikinger zurück, ihre Familie kann über 6.000 Jahre nachgewiesen werden. Der Norwegische Elchhund ist ein robuster Jagdhund, hat auch außerhalb seiner Heimat viele Anhänger gefunden. BESITZER: Patricica Craige und Jeffrey und Nan-Eisley Bennett.

BESCHREIBUNG

Dieser robuste graue Jagdhund, der Norwegische Elchhund, ist ein klassischer Vertreter der Nordischen Hunde. Stehohren, keilförmiger Kopf, über dem Rücken gerollt getragene Rute, dichtes Winterfell und selbstbewußter Ausdruck. Widerristhöhe Rüden 52 cm, Hündinnen 49 cm, Gewicht Rüden 23 Kilo, Hündinnen 20 Kilo. Ein quadratisch aufgebauter Hund, kurzer Rücken, starke Knochen. Kopf breit, keilförmig. Augen dunkelbraun, mittlere Größe, leicht oval, mit freiem, furchtlosem und dennoch freundlichem Ausdruck. Ohren hoch angesetzt, sehr beweglich. Stop deutlich wahrnehmbar. Der Fang verjüngt sich, ohne spitz zu wirken. Mittellanger Hals, keine Wammenbildung. Gerader fester Rücken. Brust tief und mäßig breit. Rute hoch angesetzt, eng über dem Rücken gerollt getragen. Vor- und Hinterhand in Winkelung und Stärke aufeinander abgestimmt, wodurch sich der Hund ausdauernd und leicht bewegt. Haarkleid dick und wetterfest, eng am Körper anliegend mit weicher Unterwolle. Die Farbe des Norwegischen Elchhunds ist grau in verschiedenen Schattierungen, die schwarzen Haarspitzen bestimmen die Dunkelheit des Graus. Fang, Ohren und Rutenspitze sind schwarz. Die FCI erkennt den Norwegischen Elchhund unter separatem Rassestandard auch in der Farbe Schwarz an.

ANPASSUNGSFÄHIGKEIT

Die Elchhunde-Anhänger gehören zu den engagiertesten unter allen Rassehundezüchtern. Vieles in der Rassegeschichte liegt Tausende von Jahren zurück, ist von Mystik verklärt. In Norwegen schützten die Elchhunde die Herden gegen Wölfe und Bären und jagen nicht zuletzt auf den Elch. Der heutige Elchhund zeigt sich selbstbewußt, in sich gefestigt, ist dabei verspielt und unterordnungsfreudig. Da diese Hunderasse ein wahres Energiebündel ist, empfiehlt sie sich weniger für ältere Menschen oder Besitzer, die wenig Zeit für ihn haben. Der Elchhund lernt schnell, nimmt von seinem Partner immer neue Aufgaben an. Lobe ihn viel, und er wird stets positiv darauf reagieren.

Wachstumsphase

Wurfstärke und Geburtsgewicht sind in der Rasse recht unterschiedlich, stehen aber in direkter Korrelation untereinander. Das durchschnittliche Wurfgewicht liegt bei etwa 340 Gramm. In der ersten Woche werden die Wolfskrallen entfernt. Die meisten Welpen werden schwarz geboren, einige dunkelgrau. Auf Brust und an den Pfoten treten verbreitet weiße Abzeichen auf. Sind sie klein, werden sie in der Regel verschwinden, wenn das Fell seine vornehme graue Farbe annimmt; dies beginnt bereits nach wenigen Wochen. Zwischen sechs und zwölf Monaten sind Elchhunde sexuell ausgereift, wirklich ausgewachsen sind Hündinnen aber erst mit etwa zwei Jahren, bei Rüden kann es 30 Monate dauern. Das dichte Fell des Elchhunds erfordert beim Junghund viel Fellpflege, insbesondere während des Fellwechsels, der sich zweimal jährlich wiederholt.

Ein munterer, gut sozialisierter Elchhund-Welpe ist eine vorzügliche Wahl. Verantwortungsbewußte Züchter verbringen mit richtiger Sozialisierung der Welpen viel Zeit, kontrollieren alle Zuchttiere sorgfältig auf etwaige Krankheiten.
BESITZER: Fred und Margaret Sharis.

Gesundheit

Das Wohlergehen des Elchhunds ist entscheidend von richtiger Fellpflege beeinflußt. Die Rasse ist von Natur aus gesund, hat eine hohe Widerstandskraft gegen Krankheiten, es gibt nur wenige erbliche Probleme. Fellpflege und richtige Ernährung sind aber wesentlich, damit der Hund in diesen Gesundheitszustand hinein wächst. Dabei ist die Fellpflege recht einfach, braucht aber einige Zeit, sehr viel tägliches Bürsten und Kämmen. Beim Elchhund sind Hautprobleme verbreitet, die meisten treten bei richtiger Fellpflege gar nicht erst auf. *Hot-Spots,* eine feuchte Dermatitis, ist verbreitet, Seborrhea (Talgdrüsenstörung) tritt auf, ist aber mehr von der Ernährung als von der Pflege abhängig. Subkutane Zysten treten auf. Was die Ernährung angeht, hat der Elchhund einen besonderen Stoffwechsel mit einem hochwirksamen Verdauungssystem. Dies führt zur vermehrten Absorption und Nutzung der Nahrungsmittel. Die Ernährung muß entsprechend angepaßt werden, häufig werden auch Vitamin- und Mineralzusätze empfohlen. In dieser Frage bedarf es sorgfältiger Abstimmung mit Züchter und Tierarzt, um mögliche Komplikationen zu vermeiden. Seltener, aber von Natur ernsthafter sind PRA und Nierenerkrankung. Die Augen des Elchhunds können von Glaukom und Rod/Cone-Degeneration befallen werden. Bei *Rod-Dysplasie* wird der Junghund schon mit sechs Wochen nachtblind, behält aber sein Sehvermögen tagsüber bis zum Alter von zwei bis drei Jahren. Derartige Probleme sollte der Züchter in seiner Linie laufend untersuchen lassen und dadurch kontrollieren. Ansonsten kann man dem robusten Norwegischen Elchhund nur eine recht günstige Lebenserwartung prophezeien.

Elchhunde sind anpassungsfähige und verspielte Hunde, bevorzugen einen aktiven Besitzer und ländliche Umgebung. Ein Stadtmensch in einer kleinen Wohnung mit zehnstündiger Arbeitsroutine wäre für den Elchhund wenig geeignet.
BESITZER: Fred und Margaret Sharis.

Norwegischer Elchhund

Norwich Terrier

Ein kleiner, kräftiger Terrier mit der Haltung eines furchtlosen selbstbewußten Jagdhunds. Sei sicher, der Norwich Terrier wird sich seinen Weg in Dein Herz graben, denn er ist ein fröhlicher, loyaler und liebevoller Hund.
BESITZER: Ruth L. Cooper und Patricia P. Lussier.

Beschreibung

Der Norwich Terrier ist ein kleiner Arbeitsterrier, von gleicher Größe wie sein Bruder Norfolk Terrier. Er hat aufmerksame Stehohren und einen leicht fuchsähnlichen Gesichtsausdruck. Im Idealfall beträgt seine Widerristhöhe 25 bis 26 cm bei einem Gewicht von etwa 5,4 Kilo. Sein Haarkleid ist wetterfest, drahtig und hart, liegt eng am Körper an, ergänzt durch dicke Unterwolle. Deutlich erkennbar sind Bart und Augenbrauen, sonst ist das Haarkleid an Kopf, Ohren und Fang kürzer. Merkmal des Norwich Terrier-Haarkleids ist seine Naturbelassenheit - nur ganz wenig Säubern ist notwendig. Farbe: alle Schattierungen von Rot, Weizenfarben, Schwarzlohfarben oder Grizzle, weiße Abzeichen oder Flecken unerwünscht. Augen klein, dunkel, ovalförmig und voller Feuer. Stehohren schön auseinander am Oberkopf angesetzt, mit aufrechten Spitzen. Oberkopf breit und leicht gerundet, Fang keilförmig; klarer Stop, Scherengebiß. Hals mittellang, und kräftig. Körper mäßig kurz, kompakt und tief. Rute natürlich belassen oder mittellang so kupiert, daß sie sich fest greifen läßt. Schulterpartie schön zurückgelagert, Ellenbogen dicht anliegend, Läufe gerade mit festem Vordermittelfuß, Pfoten rund mit dicken Ballen. Hinterläufe breit, kräftig und muskulös, guter Schub.

Anpassungsfähigkeit

Der Norwich Terrier ist ein kleverer kleiner Hund, ein großartiger Spielkamerad für die Kinder und ein unermüdlicher Wachhund. Er paßt sich städtischem Leben gut an, wenn er auch das Land liebt, wo er auf den Feldern spielen und Mäuse jagen kann. Gemeinsam mit einer Katze aufgezogen verträgt er sich gut, andernfalls möchte er sie jagen. Dieser kleine Terrier liebt das Spazierengehen, kann Stunden lang umhertoben und graben. Vorsicht - sein furchtloses Wesen und seine ausgeprägten Jagdinstinkte können diesen Hund in Schwierigkeiten bringen. Auch ältere Menschen finden im Norwich Terrier wie in seinem Bruder Norfolk Terrier wunderbare Lebensgefährten, die viel Licht in dunklere Tage bringen.

Einige Norwich Terrier erlebten auf Ausstellungen Standing Ovations. *Beispiel hierfür ist Champion Willum the Conqueror, 1994 Best in Show Westminster.*
BESITZER: Ruth L. Cooper und Patricia P. Lussier.

Wachstumsphase

Norwich Terrier-Würfe sind meist klein, haben vier oder weniger Welpen. Das Geburtsgewicht liegt bei etwa 140 Gramm. Wenn die Ruten kupiert werden, dann etwa auf die Hälfte, gleichzeitig werden die Wolfskrallen entfernt. Norwich Terrier entwickeln sich schnell. Mit acht Wochen beträgt das Durchschnittsgewicht etwa drei Pfund, mit sechs Monaten 4,5 Kilo. Das ideale Erwachsenengewicht liegt bei etwa 6 Kilo. Die charakteristischen Stehohren des Norwich Terrier sollten bis etwa 12 Wochen aufrecht stehen, könnten aber während des Zahnwechsels noch vorübergehend absinken. Volle Widerristhöhe wird etwa mit einem Jahr erreicht. Norwich-Welpen sind außerordentlich verspielt und unternehmungslustig, strapazieren zuweilen die Geduld ihrer Besitzer. Frühe Erziehung zur Unterordnung und sehr viel Zeit zum Spielen und Spazierengehen sind erforderlich. Nach dem ersten Fellwechsel bildet sich das harte Erwachsenenhaarkleid. Für die Fellpflege braucht man einige Zeit, wobei aber gerade beim Norwich Terrier das Fell möglichst natürlich belassen bleiben soll. Erwachsene Norwich Terrier werden ruhiger und entwickeln sich zu vorzüglichen Lebensgefährten.

Bis 1979 sah man im Norwich und Norfolk Terrier die gleiche Rasse, so daß in einem Wurf beide Rassen vertreten waren. Heute werden die Rassen strikt getrennt. Diese Norwich-Welpen schauen sehr versprechend aus.
BESITZER: Karen Anderson.

Gesundheit

Norwich und Norfolk Terrier sind eng miteinander verwandt. Es ist noch nicht lange her, da beide Rassen eine waren. Erst 1964 erfolgte die endgültige Trennung, in den USA tatsächlich erst 1979. Das Wissen über die Gesundheit ist für beide Rassen recht ähnlich. Die Qualität beider Rassen besteht in vorzüglicher Gesundheit und dem relativen Freisein von ernsthaften erblichen Krankheiten. In einigen Linien des Norwich Terrier wird von Kaiserschnittgeburten berichtet. Das größte Anliegen aller Besitzer ist der Schutz ihrer Hunde vor Verletzungen. Ansonsten stehen Hautprobleme im Vordergrund. Allergische Reaktionen (auch bei Flohsprays) wurden festgestellt. Die Hunde sollten richtig ernährt werden - mit essentiellen Fettsäuren. Fellpflege ist bei beiden Rassen wichtig. Hat man erst einmal die Technik des Trimmens verstanden, ist die Fellpflege recht einfach, denn es bedarf nur wenig Nacharbeit durch die Schere. Man sollte regelmäßig die Augen auf Reizung oder Verletzung prüfen. Es ist sehr wichtig, die Hunde ab früher Jugend an die Fellpflege zu gewöhnen, als selbstbewußte und eigenwillige Terrier haben sie hier zuweilen ihre eigene Meinung. Diese Hunde besitzen eine robuste Gesundheit und werden problemlos zehn Jahre und älter.

Norwich Terrier wachsen schnell, die Welpen sind überraschend selbstbewußt und robust. Acht Wochen alte Welpen wiegen etwa drei Pfund.
BESITZER: Karen Anderson.

Norwich Terrier

Old English Sheepdog

Beschreibung

Der rutenlose, zottige Old English Sheepdog ist ein mittelgroßer Hund, mit dichtem Haarkleid über einem muskulösen, kräftigen Körper, der sehr beweglich ist, einen elastischen Trab zeigt. Das Fell des Bobtails ist nicht der sprichwörtliche Mop - es ist einfach wetterbeständig, bedeckt mit einer Art Vorhang die Augen des Hundes, ohne daß das Sehvermögen des Hundes beeinträchtigt wäre. Bei diesem kompakten, quadratischen Hund ist Gesundheit das Allerwichtigste. Seine Widerristhöhe beträgt bei Rüden zumindest 61 cm, bei Hündinnen 56 cm. Dabei sind Typ und Symmetrie am wichtigsten, dürfen keinesfalls der Größe geopfert werden. Seine Augen sind braun oder blau, manche Hunde haben je eine dieser Augenfarben. Ohren mittellang, flach am Kopf anliegend, von Haar mäßig bedeckt. Oberkopf ziemlich quadratisch mit ausgeprägtem Stop. Nase schwarz und groß. Diese Rasse steht im Lendenbereich höher als am Widerrist, hierdurch entsteht die einzigartige nach oben gerichtete Rückenlinie. Rute entweder natürliche Stummelrute oder ganz kurz kupiert - diesen Merkmalen verdankt die Rasse ihren Namen *Bobtail*. Vorderläufe gerade, Hinterläufe kräftig, gut gewinkelt, Sprunggelenk tiefgestellt. Das Fell ist dicht, von harter Struktur, keinesfalls gelockt, sondern zottig. Es soll die natürliche äußere Linie des Hundes nicht verbergen. Die Hinterläufe sind am dichtesten mit Haar bedeckt. Farben Grau, Grizzle oder Blau in jeder Schattierung. Körper und Hinterhand einfarbig, ohne weiße Flecken. Kopf, Hals, Vorderläufe und Bauch weiß, mit oder ohne Markierungen. Jede Braunschattierung unerwünscht.

Dem Bobtail - Old English Sheepdog - fehlt zwar eine Rute, sonst aber nichts Wesentliches! In England half dieser rutenlose Wunderhund den Hirten Schafe und Kühe zu treiben. Angeblich wurde ihm die Rute abgeschnitten, damit seine Schutzbefohlenen ihn nicht daran festhalten konnten.
BESITZER: Jere Marder.

Anpassungsfähigkeit

Viel Fell, aber ein kräftiger Hund. Der Bobtail ist ein selbstbewußter Hund mit gutem Wesen. Manchmal zeigt er sich etwas eigenwillig und reizbar. Frühzeitige Erziehung und gezieltes Einwirken sind notwendig, damit dieser Hund gehorsam ist. Der Bobtail liebt Kinder, spielt auch mit den Jüngsten der Familie ziemlich rauh, deshalb ist immer Überwachung angezeigt. Obgleich er von Haus aus ein Hütehund ist, wenig rauft, gilt er doch als furchtloser und vorzüglicher Wachhund.

Der Bobtail ist ein vorzüglicher Familienhund, für Kids von idealer Größe, um mit den Kindern durch den Garten zu toben. Aber Kinder wie Hund sollten dabei überwacht und von früher Jugend an richtig erzogen werden.
BESITZER: Arlene Pietrocola.

Wachstumsphase

Das Welpengewicht liegt bei 280 bis 450 Gramm. Die Welpen werden schwarzweiß geboren, meist noch mit unpigmentierter Nase. Die Pigmentierung beginnt aber mit wenigen Tagen, sollte zwischen acht und zwölf Wochen abgeschlossen sein. Bei einigen dauert es aber länger. Die Ruten werden kurz nach der Geburt so eng am Körper wie möglich kupiert, zumindest gilt dies in allen Ländern ohne Kupierverbot. Der Käufer sollte auf kräftige, gesund aussehende Welpen achten, die quadratisch gebaut, munter und neugierig sind. Man achte auch auf gut pigmentierte Nase, gerade Vorderläufe und gesunden Bewegungsablauf. Die Augenfarbe ist braun, aber auch blaue Augen werden toleriert. Im Ausstellungsring werden natürlich dunklere Augen und dunkle Augenränder bevorzugt. Für den Liebhaberkäufer sind aber Augenfarbe und Fellfarbe in erster Linie eine Frage des persönlichen Geschmacks. Von Jugend an brauchen diese Hunde beträchtliche Fellpflege, die beim Wechsel zum Erwachsenenfell und späteren Fellwechsel noch intensiviert werden muß.

Die Mutterhündin sollte sich immer ansprechbar und menschenfreundlich zeigen, nie mißtrauisch, scheu oder nervös. Meist erben ihre Welpen diese Eigenschaften.
BESITZER: Arlene Pietrocola.

Gesundheit

Beim Bobtail gibt es eine Reihe von Gesundheitsproblemen, was aber nicht besagen soll, daß die Rasse insgesamt von Haus aus nicht gesund wäre. Im Gegenteil - Bobtails haben eine Lebenserwartung von 10 bis 15 Jahren. Am wichtigsten ist HD, die Zuchttiere müssen unbedingt geröntgt werden. Das Wobbler-Syndrom - eine Halswirbelverformung - tritt auf, auch eine Erkrankung, die zu Verformungen der Wirbelsäule führt, ist nachgewiesen. Sie beginnt gewöhnlich mit Teillähmungen der Hinterhand, kann zu völliger Lähmung führen. Die ersten Anzeichen treten meist zwischen drei und 12 Monaten auf. Die meisten Probleme in der Rasse liegen bei Haut und Fell. Tierärzte berichten auch über Augenprobleme einschließlich Starerkrankungen. In einigen Linien tritt Taubheit auf. Die Fellpflege ist sehr umfassend, außerordentlich wichtig. Zumindest vier Stunden wöchentlich muß der Hundebesitzer hierfür einplanen. Besondere Aufmerksamkeit brauchen die Bereiche um Ohren, Hals, Brust, Läufe und die Pfoten einschließlich Ballen. Ohren wie Ballen müssen frei von Haarbewuchs gehalten werden, um Infektionen und Reizungen zu unterbinden. Weniger verbreitete Probleme der Rasse sind Jugendstarerkrankung und präpubertäre Vaginitis - letztere verschwindet meist beim ersten Heißwerden der Hündin.

Wähle weder den wuscheligsten noch den zurückgezogensten von den Welpen! Achte immer auf einen munteren, freundlichen Welpen mit mittellangem Fell, kräftigen Knochen, quadratischem Bau und geraden Läufen.
BESITZER: Arlene Pietrocola.

Old English Sheepdog

Otterhound

Beschreibung

Der Otterhound ist ein rauhhaariger, großer und schlanker Hund, erreicht eine Widerristhöhe von 60 bis 67 cm, besitzt einen imposanten Kopf, ist recht groß, dabei schlank. Rüden wiegen bis zu 52 Kilo, Hündinnen etwas weniger. Das rauhe, zottige Deckhaar wird durch eine dichte warme Unterwolle ergänzt. Das Fell ist natürlich fett, wodurch sich der Hund noch besser für die Wasserarbeit eignet. Der Otterhound ist für seine außerordentlich feine Nase allgemein anerkannt. Körperbau leicht rechtwinklig, schöne Muskulatur und immer ist der Hund einsatzbereit und fit. Der quadratische Fang und der leicht aufgewölbte Oberkopf sind fast von gleicher Länge. Augen dunkel, tief eingesetzt, Bindehaut leicht sichtbar. Ohren tief angesetzt, lang herunterhängend. Kiefer kraftvoll. Die Brust ist viel tiefer als breit, gute Rippenwölbung. Rute lang, stark behaart, säbelähnlich getragen. Auch für den Ausstellungsring wird das Fell nicht bearbeitet, sondern soll natürlich belassen bleiben. Alle Farben sind zulässig, besonders einfarbig Grizzle, Sandfarben, Rot, Weizenfarben und Blau, jeweils mit kleinen weißen Abzeichen an Kopf, Brust, Pfoten und Rutenspitze. Weiße Hunde tragen leichte zitronenfarbene, blaue oder dachsfarbene Markierungen. Hinzu kommen Schwarzlohfarben, Blaulohfarben, Schwarz und Cremefarben, zuweilen Leberfarben, Leber/Lohfarben, Lohfarben und Weiß. Das Pigment sollte immer mit der Fellfarbe harmonieren.

Möglicherweise bist Du der Erste, der in Deiner Stadt einen solch großartigen Hund besitzt. Auf der ganzen Welt gibt es nicht viele davon. Dieser wasserfreudige Jagdhund erreicht eine Widerristhöhe von 67 cm und besticht neben seiner Tauglichkeit für die Otterjagd durch eine Vielfalt positiver Eigenschaften.
BESITZER: Gael Lewis und Jack und Andrea McIlwaine.

Welpen erzieht man immer, wenn sie noch sehr jung, lernfähig und interessiert sind. Otterhounds sind kluge Hunde, verfügen über einigen Jagdtrieb. Wenn man sie nicht richtig erzieht, folgen sie lieber ihrer eigenen Nase als Kommandos.
BESITZER: Robin Anderson.

Anpassungsfähigkeit

Ein robuster, athletischer Jagdhund, besonders geeignet für die Wasserarbeit. Damit ist der Otterhound sicherlich als Familienhund eine ungewöhnliche Wahl - aber warum nicht? Sein rauhes Fell ist recht ansprechend, er ist ein großer und stolzer Hund, liebt Kinder und die ganze Familie. Sein Bellen hält Einbrecher selbst noch bei Deinem Nachbarn - nicht nur bei Dir - ab. Im Feld und im Wasser ist er ein ausdauernder, robuster Jäger. Viele glauben, die ganz große Liebe des Otterhounds sei das Wasser - dies stimmt nicht - seine große Liebe gilt dem *Schlamm!* Um ihn fröhlich und fit zu halten, braucht er viel Bewegung. Als echter Jagdhund ist er gesellig, freundlich, nett und unterordnungsfreudig. Man muß aber immer wissen, daß er ein Jagdhund ist - *wenn sich die Nase senkt, fallen die Ohren zu!* Otterhounds sind Meutehunde, ihr Besitzer muß der Rudelführer sein - und der Hund braucht ein Zuhause und Familienanschluß. Gute Einzäunung unerläßlich!

WACHSTUMSPHASE

Geburtsgewicht etwa ein Pfund, mit vier Wochen sind es schon sechs. Abgabegewicht mit sieben oder acht Wochen sollte etwa 9 bis 11 Kilo betragen. Mit sechs Monaten hat der Otterhound etwa drei Viertel seiner Widerristhöhe erreicht. Otterhounds gibt es in vielerlei Farben. Sowohl in der Wachstumsphase wie auch danach treten beträchtliche Änderungen ein. Zwischen sechs und acht Monaten zeigen sich Erwachsenenhaarkleid und Erwachsenenfarbe. Die meisten Welpen werden nahezu schwarz geboren - mit Ausnahme der helleren Farben - aber bereits mit zwei Wochen gibt es erste Hinweise über die endgültige Färbung. Dies gilt besonders für Schwarzlohfarbene, aber auch für Grizzle und Rot. Dreifarbige Welpen werden zuweilen grizzlefarbene Erwachsene. Allgemein betrachtet hellen Otterhoundfarben mit dem Alter auf, das gilt für das gesamte Hundeleben. Bei der Auswahl achte man stets auf aufgeschlossenes, freundliches Wesen, lasse sich Gesundheitsbestätigungen der Eltern zeigen. Vorbiß und Rückbiß treten häufiger auf, man sollte darauf achten. Heranwachsende sind häufig *häßliche junge Entlein* - insbesondere beim Fellwechsel. Manchmal fehlt es dann auch am Appetit. Nie sollte man einen Welpen wählen, der menschenscheu ist. Junge Otterhounds zeigen eine ganze Menge an Energie und Aktivität, werden aber mit zunehmendem Alter ruhiger. Auch der Futterbedarf verringert sich dann.

Mutterschaft ist nicht immer eine leichte Aufgabe. Wenn man einen Wurf Otterhounds aufzieht, kann auch das schönste Haar der Hündin ziemlich zerzaust und stumpf wirken.
BESITZER: Robin Anderson.

GESUNDHEIT

Zwei ernsthafte Krankheiten bedrohen die Rasse, Hüftgelenksdysplasie und Thrombocytopathie. Die Verantwortung der Züchter kann hier nicht genügend hervorgehoben werden, denn für eine längere Zeit waren diese Erkrankungen in der Rasse sehr verbreitet. Interessanterweise leiden viele Otterhounds an HD, aber nur wenige zeigten äußere Symptome - um so wichtiger sind Röntgenuntersuchungen. Hunde-Thrombocytopathie ist ein Defekt an den Blutplättchen. Die verantwortungsbewußte Zucht hat das Auftreten dieser Krankheit wesentlich vermindert, aber alle Welpen sollten zwischen sieben und acht Wochen darauf kontrolliert werden. Verbreitet treten in der Rasse Hautzysten und Tumore auf. Richtige Fellpflege ist notwendig, um andere Hautprobleme zu verhindern, denn das lange, rauhe, wollige Haarkleid kann verfilzen, Hautreizungen auslösen, Parasitenbefall verdecken. Zumindest tüchtiges Ausbürsten einmal wöchentlich ist unerläßlich. Im ersten Lebensjahr sollten diese Hunde vorsichtig bewegt werden, um mögliche orthopädische Probleme zu meiden. Schwimmen ist dagegen immer eine vorzügliche Ausgleichsbeschäftigung. Im allgemeinen erreichen Otterhounds ein Alter von zehn Jahren und mehr.

Für den Otterhound bringt das Erwachsenwerden viele Probleme. Alles ist zunächst Haar, die Läufe sind zu lang, die Ohren auch und dann die Rute! Die Hormone regieren - und wann findet man endlich eine Wasserfläche, um sich auszutoben.
BESITZER: Jack und Andrea McIlwaine.

Otterhound

Papillon

Von den Kissen und Ottomanen des Französischen und Englischen Adels hat der Papillon seinen Siegeszug als außerordentlich freundlicher und eleganter Kleinhund angetreten. Ein perfekter Kleinhund, der eine breite Anhängerschaft gefunden hat.
BESITZER: Pat Jones.

Beschreibung

Der Papillon ist ein zarter, feinknochiger kleiner Hund, seinen Namen verdankt er seinen wunderschönen, schmetterlingsartigen Ohren (in seinem Ursprungsland Frankreich heißen Schmetterlinge *Papillon*). Widerristhöhe 20 bis 28 cm, nicht höher. Seine Augen sind dunkel und rund, dürfen nicht hervortreten. Die Ohren werden aufrecht und in einem Winkel von etwa 45 Grad getragen. Der Hund sollte in der Lage sein, sie wie die Flügel eines Schmetterlings zu bewegen. Die Rasse besitzt einen hängeohrigen Verwandten namens *Phalenè* - dies bedeutet im Französischen Nachtfalter. Eine selbständige Rasse, die aber bisher noch wenige Anhänger gefunden hat. Der Kopf des Papillon ist klein, mit mittlerem, leicht aufgewölbtem Oberkopf und feinem Fang, der viel schmäler als der Oberkopf verläuft. Seine obere Linie ist gerade und fest, ziemlich tiefe Brust, leicht hochgezogene Bauchpartie. Rute hoch angesetzt, lang, leicht befedert, über dem Rükken getragen. Für einen freien Bewegungsablauf besitzt der Papillon gerade Vorderläufe, schön zurückgelagerte Schultern. Auch Hinterhand gut gewinkelt und schöner Schub. Das Fell ist üppig, lang, fein, seidenartig, legt sich flach am Körper an, bildet um Hals- und Brustpartie eine schöne Krause. Die Rasse ist mehrfarbig mit klarer weißer Gesichtsblesse und Nasenbänderung. Ohren und Augen sind farbig gezeichnet, wobei großer Wert darauf gelegt wird, daß das Gesicht symmetrisch markiert ist. Die Farben sind Rot oder Schwarzlohfarben, niemals Leberfarben.

Der Papillon leitet seinen Namen vom Schmetterling ab, ein Hinweis auf seine wunderschönen, beweglichen Ohren.
BESITZER: Lou Ann King und John Oulton.

Anpassungsfähigkeit

Wer wünscht sich heute einen so typischen Kleinhund? Der Papillon ist ein robuster Minihund, besticht durch Eleganz und Adel. Wesensmäßig ist er freundlich, aufgeschlossen, immer unternehmungslustig. Natürlich ruht er gerne auf dem Schoß, aber nie zu lang. Papillons gebärden sich gern wie große Hunde, sind aber dennoch zarte Tiere, eignen sich deshalb weniger für einen Haushalt mit kleinen Kindern (unter 10 Jahren). Papillons sind intelligente Individualisten, bevorzugen einen Besitzer, der ihre Eigenarten, Schönheit und freundliches Wesen schätzt. Diese Hunde lassen sich leicht erziehen. Wenn man es aber nicht von Jugend an tut, können Papillons leicht zu Kläffern werden.

Wachstumsphase

Die Wurfgröße liegt im allgemeinen zwischen 4 und 5, das Welpengewicht zwischen 110 und 140 Gramm. Die Farbe der Welpen verändert sich noch, so werden Zweifarbige zuweilen Dreifarbige. Im allgemeinen verschmälern sich die Blessen. Sorgfältige Auswahl wird empfohlen, man sollte sich sehr genau über Vater und Mutter und die Zuchtlinie informieren. Nie darf man mit Papillons vor der zweiten oder dritten Hitze züchten. Zucht mit sehr kleinen Hündinnen (unter vier Pfund) ist nicht empfehlenswert. Es besagt nichts, wenn die Mutter ein recht armseliges Haarkleid zeigt, denn nach der Geburt haaren Papillons im allgemeinen ab. Am besten läßt Du Dir ein Foto der Hündin vor dem Decken zeigen. Papillons reifen schnell heran, haben ihre Körpergröße bereits mit acht Monaten erreicht.

Achte bei der Auswahl immer auf ein Jungtier, das selbstbewußt, weder nervös noch scheu ist. Die Hündin sieht nach der Welpenaufzucht meist etwas mitgenommen aus, kein Anlaß, sie deshalb zu tadeln. Wichtig ist, daß sie ein fröhlicher, freundlicher und munterer Hund ist.
BESITZER: Cynthia Silvers.

Voll ausgereift sind sie zwischen 10 und 15 Monaten. Manchmal erweisen sich steckengebliebene Welpenzähne als problematisch, stehen sie mit sieben Monaten noch immer im Fang, sollten sie vom Tierarzt gezogen werden.

Gesundheit

Für einen Zwerghund erfreut sich der Papillon bester Gesundheit, ist frei von vielen Erkrankungen, die seine kleinen Verwandten häufig plagen, zum Beispiel erblichen Herzerkrankungen, Wasserköpfigkeit und Hypoglykämie. Die Rasse ist auch relativ frei von HD und PRA. Wichtig ist, daß die Züchter auf Patellaluxation und Epilepsie achten, ihr Zuchtmaterial untersuchen lassen. Selten trifft man auf Entropium. Papillons sind anfällig gegen Knochenbrüche und andere Verletzungen, einfach aufgrund ihrer Kleinheit und feinen Knochen. Die Anforderungen an Fellpflege sind nicht übermäßig, regelmäßiges Bürsten und zuweilen etwas Nachbessern sind erforderlich. Wichtig ist die Pflege der Bereiche um die Ohren, After und Pfoten. Hier muß das Haar kurzgehalten werden, um Infektionen zu vermeiden. Papillons sind zwar eine lebhafte Hunderasse, aber ihr Bewegungsbedarf läßt sich selbst in den Grenzen einer Wohnung erfüllen, wobei natürlich kleine Spaziergänge und Spielen im Freien besonders geschätzt werden. Papillons erreichen ein gutes Lebensalter von 12 bis 15 Jahren, häufig sogar noch mehr.

Dieses Foto zeigt die Phalène - die elegante vornehme Schwester des Papillon. Zugegeben - Nachtfalter wirken weniger romantisch als Schmetterlinge.
BESITZER: Michele Kunsli.

Papillon

Pekingese

Stolz und unabhängig wie eine Großkatze zeigt der Pekingese seine uralten chinesischen Vorfahren mit unverwechselbar orientalischem Gesichtsausdruck, Philosophie und uraltem Selbstbewußtsein.
BESITZER: Nancy H. Shapland.

Beschreibung

Der kaiserliche Pekingese ist ein reizender ausgeprägter Individualist, unleugbar chinesischer Herkunft und ähnelt dem Löwen in Kühnheit und Ausdruck. Sein Kopf ist groß und breit, nie aufgewölbt, mit breiter schwarzer Nase, die typisch kurz und flach ist und mit großen Nasenlöchern. Ausgeprägter Stop. Große, runde, leuchtende dunkle Augen. Ohren von herzförmiger Form, in Höhe des Oberkopfes angesetzt und mit langer Befederung eng am Kopf getragen. Der Körper wirkt vorne schwer. Breite Brust mit guter Rippenwölbung, gut zwischen den Ellenbogen gelagert. Vorderläufe kurz, Hinterläufe leichter, aber auch fest und schön geformt, flache Pfoten, die leicht nach außen gestellt werden. Gerader Rücken. Der Pekingese ist mittelgroß, Rüden sollten nie mehr als 5,5 Kilo, Hündinnen 5 Kilo wiegen. Haarkleid lang, gerade und flach anliegend mit dicker Unterwolle und üppiger Mähne rund um Hals und Schultern. Farben vorwiegend Rot, Falb, Schwarz, Schwarzlohfarben, Zobelfarben, Gestromt, Weiß und Zweifarbig, jeweils mit dunkler Maske und Brillenbildung. Nicht zulässig Albino- oder Leberfarben. Rute hoch angesetzt mit langer Befederung, wird leicht gekurvt eng am Rücken anliegend getragen.

Anpassungsfähigkeit

Es besteht überhaupt kein Zweifel, der Pekingese ist ein stolzer, selbstbewußter Hund mit mutigem Wesen. Kein Tier von dieser Haltung könnte nicht bei wachem Verstand sein. Selbst wenn er auch kein grosser Denker wäre, ist der Pekingese sich seiner Überlegenheit voll bewußt, behandelt alle seine Untertanen mit gnädiger Freundlichkeit. Durch all seine Unabhängigkeit kann er recht eigenwillig sein, ist dadurch nicht immer der ideale Familienhund. Seinen Besitzern gegenüber zeigt er sich freundlich und aufmerksam, möchte aber respektiert werden.

Sag Deinem Pekingesen, er sei hübsch, zart und empfindlich - und Du kannst Dich darauf vorbereiten, daß er Dir den Krieg erklärt. Der Löwe in Deinem Hund macht ihn mutig, kühn und kampfeslustig - wenn er sich auch sehr viel leichter erziehen läßt als andere Löwen.
BESITZER: Linda Nolker.

Wachstumsphase

Geburtsgewicht durchschnittlich 110 bis 170 Gramm, Gewicht mit acht Wochen eineinhalb bis zwei Pfund. Der Pekingese entwickelt sich schnell und weitgehend problemlos. Die Züchter müssen auf Nabel- und Leistenbruch achten, auch auf Augenprobleme, Verletzungen, möglicherweise Spaltrachen und Hasenscharte. Der Käufer sollte sich unbedingt genau informieren. Mit etwa zehn Wochen läßt sich der Körperbau des Welpen beurteilen. Dabei sollte man insbesondere auf Vor- und Hinterhand achten, sich vergewissern, daß sich der Welpe gut bewegen kann. Schon von Jugend an braucht der Hund Fellpflege, das ist besonders wichtig, wenn einmal das Jugendkleid in das Erwachsenenkleid übergeht und beim jährlichen Fellwechsel, wobei häufig die Unterwolle verfilzt. Die Fellfarbe verändert sich zuweilen bei den Roten und Falben, im allgemeinen lichten diese Farben weiter auf. Eine Züchterregel lautet, daß die Haarfarbe dicht an der Haut einen guten Hinweis bietet, welche Farbe das Erwachsenenfell zeigt. Von Jugend an müssen Pekingesen ausgewogen gefüttert werden. Vorsicht, die Rasse neigt zu Dickleibigkeit.

Aufmerksam und würdevoll - Pekingese-Welpen sind kluge, aber sensible Hunde. Bei einer so großen Farbenauswahl könnten Verwirrungen entstehen, man muß sich das Fell nahe der Haut ansehen, hier findet man die wahrscheinliche Erwachsenenfarbe.
BESITZER: Mary Gay und Ginny Ferguson.

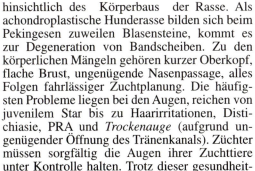

Das Haarkleid des Pekingesen unterliegt bis zum Erwachsensein mehreren Veränderungen. Um das Haar zu fördern, müssen die Hunde im ersten Jahr besonders tüchtig gebürstet werden.
BESITZER: Sandi Gibson und Linda Nolker.

Gesundheit

Im Grunde genommen sind Pekingesen leicht zu halten. Allerdings muß das Haarkleid wöchentlich im Durchschnitt mehrere Stunden gebürstet werden. Hierfür bedarf es aber keiner besonderen Geschicklichkeit oder gar des Schneidens oder Trimmens. Augen, Hautfalten und Afterpartie müssen vom Besitzer regelmäßig kontrolliert und saubergehalten werden. Die Ernährung ist nicht aufwendig, die meisten Pekingesen fühlen sich bei einem ausbalancierten Futterplan wohl. Es gibt Gesundheitsprobleme hinsichtlich des Körperbaus der Rasse. Als achondroplastische Hunderasse bilden sich beim Pekingesen zuweilen Blasensteine, kommt es zur Degeneration von Bandscheiben. Zu den körperlichen Mängeln gehören kurzer Oberkopf, flache Brust, ungenügende Nasenpassage, alles Folgen fahrlässiger Zuchtplanung. Die häufigsten Probleme liegen bei den Augen, reichen von juvenilem Star bis zu Haarirritationen, Distichiasie, PRA und *Trockenauge* (aufgrund ungenügender Öffnung des Tränenkanals). Züchter müssen sorgfältig die Augen ihrer Zuchttiere unter Kontrolle halten. Trotz dieser gesundheitlichen Probleme können Pekingesen mit Leichtigkeit 14 Jahre alt werden.

Pekingesen sind langlebige Lebensgefährten, die sich auch selbst lebenslänglich an ihren Partner binden. Bist Du bereit, Dir das Herz dieses edlen kleinen Löwen zu erobern?

Pembroke Welsh Corgi

Beschreibung

Der Pembroke Welsh Corgi ist ein mittelgroßer Hund mit kurzen, starkknochigen Läufen, tiefgestellt, mäßig lang. Widerristhöhe etwa 25,4 bis 30,5 cm, Gewicht Rüden 10 bis 12 Kilo, Hündinnen 9 bis 11 Kilo. Vom Cardigan Welsh Corgi unterscheidet er sich durch die kupierte Rute. Sein attraktiver Kopf wirkt fuchsähnlich, im Ausdruck aber durchaus nicht verschlagen. Fangpartie schön gemeißelt, unter den Augen nicht ganz ausgefüllt, Wangen etwas gerundet. Augen oval, mittelgroß, braun, zur Farbe des Fells passend. Ohren mittelgroß, aufrecht stehend, mit abgerundeten Spitzen. Hals ziemlich lang, leicht gewölbt und schön geformt. Rippenkorb leicht eiförmig, mäßig lang bei tiefer Brust, nicht zu nahe am Boden. Vorderläufe kurz, möglichst gerade, Oberarm um die Schulter geformt. Starkknochig. Ellenbogen schön angepaßt, weder locker noch zu fest. Schultern gut zurückgelegt und gewinkelt. Hinterhand kräftig, beweglich, gute Kniewinkelung, Läufe kurz. Von hinten gesehen stehen die Sprunggelenke gerade. Doppeltes, mittellanges, gerades Haarkleid mit dichter Unterwolle. Weder weich, gewellt oder drahtig, auch keine übertriebene Befederung. Der Pembroke Welsh Corgi trägt die Farben Rot, Zobel, Falb, Schwarzlohfarben, mit oder ohne Abzeichen auf Läufen, Brust und Hals. Wenig Weiß auf Kopf und Fangpartie erlaubt. Für seine ursprünglichen Aufgaben mußte sich der Pembroke sehr gut bewegen. Erwünscht ist flüssiger Bewegungsablauf mit gutem Vortritt und starkem Schub aus der Hinterhand.

Ein entzückender kleiner Hund mit dem Gesicht eines Fuchses und dem Körper eines Zwergs! Um den Ursprung des Pembroke Welsh Corgi ranken sich viele Jahrhunderte alte Geschichten bis zum Anfang der Rasse - etwa 1.000 Jahre nach Christi Geburt.
BESITZER: Mrs. Alan R. Robson und Ruth L. Cooper.

Anpassungsfähigkeit

Der Welsh Corgi ist als alte Arbeitshunderasse eine hervorragende Wahl, besticht bei der Unterordnungserziehung ebenso wie bei anderen Aufgaben wie Agility, Hütearbeit und Fährtensuche. Sein Erbe als Viehtreiber, der die Kühe in die Fesseln biß, macht ihn etwas *schnappig,* wenn sich die Familienherde zu undiszipliniert benimmt. Intelligente Hundebesitzer entschließen sich, den Corgi von Anfang an zu erziehen, anstatt sich von ihm erziehen zu lassen. Seine Läufe sind kurz, dies beschränkt aber nicht die Notwendigkeit von normalem Auslauf. Diese Hunde besitzen viel Energie und viel Talent mit einem gleichgesinnten Besitzer sportlich zu sein.

Pembroke-Welpen sind energiegeladen und kreativ. Die Erziehung muß früh beginnen, um seine Talente und Zeit in die richtigen Bahnen zu lenken. Er zwingt niemandem seine Gefühle auf, reagiert empfindsam auf Stimmungen und Grenzen. Nach jeder Definition ein idealer Haushund.
BESITZER: Beth Magnus.

Wachstumsphase

Wurfgröße und Welpengröße variieren, das Welpengewicht liegt im Durchschnitt bei etwa 280 Gramm. Schon früh werden die Ruten kupiert, Wolfskrallen entfernt. Die meisten Welpen werden grizzle-braun oder schwarzlohfarben geboren, einige mit weißen Markierungen. Acht Wochen alte Welpen wiegen etwa 3,5 Kilo. Die Ohren beginnen sich meist mit vier Wochen zu stellen, manchmal dauert es bis zu vier Monaten. Während des Zahnwechsels kommt es zeitweise nochmals zum Hängen der Ohren, was sich von selbst korrigiert. Corgis reifen langsam. Zwar ist der Großteil des Wachstums bereits mit sechs Monaten abgeschlossen, im allgemeinen dauert es aber drei Jahre, bis die Rasse wirklich voll ausgereift ist. Das Wachstum verläuft oft ungleichmässig, manchmal scheinen Ohren und Pfoten alleine zu wachsen, der Rest des Körpers holt dies aber dann später wieder auf.

Du solltest Dir einen munteren, gut sozialisierten Welpen aussuchen, bevor er Dich auswählt! Pembroke-Welpen verkörpern Individualität mit Munterkeit und Intelligenz. Wenn Du zwei zu Dir nach Hause holst, solltest Du darauf achten, daß sie nicht dem gleichen Geschlecht angehören.
BESITZER: Julia S. Clough.

Gesundheit

Nachweislich ist der Pembroke Welsh Corgi ein robuster Geselle, leicht zu pflegen, erfreut sich guter Gesundheit bis ins zweite Lebensjahrzehnt. Der Pflegeaufwand ist minimal. Die Besitzer müssen aber für richtige Ernährung sorgen, den Hund gegen Übergewicht schützen - übergewichtige Pembroke Welsh Corgis könnten Rückenprobleme entwickeln. Treppensteigen und schwierige Übungen könnten gleichfalls zu Rücken- und Gelenkproblemen führen. Wie beim Cardigan Corgi gehören Augenprobleme auch beim Pembroke zu den verbreitetsten Erkrankungen, gedacht ist an PRA, Linsenluxation und sekundäre Glaukomie. Auch Hüftgelenksdysplasie ist bekannt, sie scheint sich äußerlich nicht zu sehr auszuwirken, ist aber trotzdem außerordentlich unerwünscht. Halswirbel- und Rückenprobleme sind nachgewiesen, ebenso Epilepsie. Alle Zuchttiere müssen auf Hüften und Augen - einschließlich Retinadysplasie - genau untersucht werden. Eine sehr seltene und ungewöhnliche Krankheit namens Cutaneous Asthenie (Ehlers-Danlos-Syndrom) tritt in der Rasse auf. Zu den äußeren Anzeichen gehören lose Haut von samtartiger Struktur und Hautverletzungen. Außerdem sollten die Käufer sorgfältig die Gebißstellung der Hunde kontrollieren, Rückbiß und Vorbiß sind beide verbreitet. Ernsthafter ist ein Defekt namens *Shark Mouth* - Haimaul - dabei reicht der Oberkiefer weit über den Unterkiefer hinaus; der Fehler tritt aber seltener auf. Tierärzte berichten auch über Erkrankungen an vWD, Patent Ductus Arteriosus (beeinflußt die Lungen) und Nierensteine. Im Durchschnitt beträgt die Lebenserwartung von Pembrokes 14 Jahre.

So junge Welpen sieht man selten, weil aus Furcht vor Ansteckungsgefahr die Züchter etwas zurückhaltend sind, zu früh Besucher zu den Welpen zu lassen.
BESITZER: Cook.

Petit Basset Griffon Vendéen

Unter seinem zungenbrecherischen Namen und rauhem Haarkleid versteckt sich ein bezaubernder Franzose mit großer Passion für die Kaninchenjagd. Er erhebt seine melodiöse Stimme und erzählt allen, wie fröhlich er ist - und daß er frische Kaninchenwitterung entdeckt hat.
BESITZER: Jane E. Chesmel.

Beschreibung

Zerzaust und pflegeleicht - der Petit Basset Griffon Vendéen ist ein kleiner, tiefgestellter, rauhhaariger Jagdhund, robust aufgebaut und von selbstbewußtem Wesen. Widerristhöhe 34 bis 38 cm mit Toleranz von einem Zentimeter in jeder Richtung. Der Körper ist grundsätzlich 50 Prozent länger als hoch, die Hunde haben gute Knochen. Das Fell fühlt sich hart an, ist lang - ohne Übertreibungen. Dicke Unterwolle. Fell weder wollig noch seidig wirkend. Kinn und Backenbart geben der Rasse gemeinsam mit den langen Ohren einen wundervollen Ausdruck. Der Kopf ist gut proportioniert, wird stolz getragen. Augen groß und dunkel, Ohren schmal und fein. Oberkopf aufgewölbt, oval, mit deutlich erkennbarem Hinterhauptbein. Hals lang und kräftig, keine Wammenbildung. Rückenlinie gerade mit leichter Aufwölbung im Lendenbereich. Brust tief. Rute hoch angesetzt, mittellang und säbelähnlich getragen. Vorderläufe gerade, eine ganz leichte Krümmung wird akzeptiert. Schultern rückwärts gelagert, Ellenbogen eng am Körper anliegend. Hinterhand kräftig, schön gewinkelt. Farben Weiß mit Abzeichen der Farben Zitrone, Orange, Schwarz, Dreifarbig oder Grizzle.

In Frankreich ist der Petit Basset Griffon Vendéen ein populärer Meutenhund, außerdem ein beliebter Familienhund. Ausstellungshunde müssen unbedingt weiße Grundfarbe haben.
BESITZER: Andre Franchi.

Anpassungsfähigkeit

Der Petit Basset Griffon Vendéen gilt als rustikaler französischer Jagdhund, ein charmanter fröhlicher Bursche mit erstaunlich großer Stimme und viel Selbständigkeit. Trotz seines Selbstvertrauens und seines Schneids ist er gutartig, möchte alles tun, um seinem Herrn zu gefallen. Für einen Jagdhund lebt er keinesfalls in sich selbst zurückgezogen, ist vielmehr voller Leben und Liebe zum Menschen. Natürlich begeistert er sich für die Jagd und alle Arten von Betätigungen im Freien, spielt auch außerordentlich gerne mit Kindern.

Dies ist kein Dachshund! Zwar drehen die Pfoten auch etwas nach außen, aber der Hund hat gerade Vorderläufe und die Ellenbogen liegen eng am Körper an.
BESITZER: N. Quadling.

Wachstumsphase

Mit acht Wochen wiegen die Welpen acht bis neun Pfund, körperliche Reife erreichen diese Hunde im allgemeinen mit etwa 18 Monaten. Beim Kauf achte man auf einen aktiven Welpen, der fröhlich und unbefangen ist. Das Wesen der Elterntiere sollte man sich genau ansehen. Wenn möglich sollte das gesamte Zuchtmaterial freundliches und liebevolles Wesen zeigen. Ein gewisser Grad von Eigenwilligkeit und/oder Übermut ist aber immer zu erwarten. Hunde mit krummen Läufen oder Hunde, die Scheu zeigen, sollte man meiden. Farbveränderungen sind in der Rasse verbreitet, dunkle Farben verblassen, blasse Farben dunkeln nach. Die heranwachsenden Hunde brauchen konsequente Erziehung und Sozialisierung, dazu viel Auslauf im Freien und Spiel mit Artgenossen oder Menschen. Entsprechend Abstammung und Zuchtziel nutzen diese Hunde jede Gelegenheit zum Jagen oder einfach zum Streunen quer durch die Wälder.

Petit Basset Griffon Vendéen-Welpen sind gesellige und spielfreudige Tiere. Achte immer auf das Wesen der Mutter. Möglicherweise ist sie etwas eigenwillig und vorsichtig, sollte aber immer freundlich und Menschen gegenüber aufgeschlossen sein.
BESITZER: Marilyn Crownsberry.

Gesundheit

Der Petit Basset Griffon Vendéen ist eine sehr alte Hunderasse, wird vorwiegend von französischen Jägern und ernsthaften Züchtern gehalten. Als Ergebnis haben wir einen robusten, gesunden Hund, weitgehend frei von Erbkrankheiten. Epilepsie trat auf, ist aber in der Häufigkeit durch verantwortungsbewußte Zucht weitgehend eingedämmt. Natürlich sind Gesundheitsuntersuchungen immer noch angezeigt. Weder Fütterung noch Fellpflege sind aufwendig. Allerdings sollten die Hundebesitzer zumindest über das erste Wachstumsjahr entsprechend der Empfehlung der Züchter die Fütterung zusammenstellen. Die Fellpflege ist einfach, muß aber zumindest einmal wöchentlich erfolgen. Besonders achte man auf die Ohren, sie müssen sauber und frei von Infektionen gehalten werden. Auch der Bereich um Fang und Anus muß periodisch gereinigt, auf Infektionen geprüft werden. Bei einigen Hunden ist ein leichtes Trimmen dieser drei Bereiche erforderlich. Man sollte unbedingt darauf achten, daß der Tierarzt mit dieser weniger bekannten Rasse dennoch vertraut ist, sich das notwendige Wissen notfalls zulegt.

Eine in vielen Ländern verhältnismäßig neue Hunderasse; sie erfreut sich guter Gesundheit, ist weder durch hohe Popularität noch Massenzucht geschädigt. Glücklicherweise ist dies kein Hund für jedermann. Übermütig, eigenwillig, nicht besonders gehorsam - diese Hunde sind aber so charmant, daß man mit ihnen gut zurechtkommt.
BESITZER: Carol A. Strong.

Petit Basset Griffon Vendéen

Pharaoh Hound

Phönizische Händler haben vor Jahrtausenden den Pharaoh Hound von Ägypten nach Malta gebracht. Diese Rasse war immer ein Hund weniger Liebhaber, die den zeitlosen Wert einer etwa 5.000 Jahre zurückreichenden Hunderasse zu schätzen wissen.
BESITZER: G. von Zech, Liz Hanley und N. und B. Sowerbutts.

Beschreibung

Das bernsteinfarbene Auge, die kastanienrote Färbung und die eleganten Körperlinien verleihen dem Pharaoh Hound Adel und Leichtigkeit des Windhunds. Ideale Widerristhöhe Rüden 58 bis 63 cm, Hündinnen 53 bis 61 cm. Schöne große Ohren, sehr beweglich und aufrecht getragen, ein langer, fein gemeißelter Fang und eine fleischfarbene Nase, sie alle passen sich wie die Augen dem leuchtenden Haarkleid an. Der Kopf wird hoch getragen, ruht auf einem langen, schlanken, muskulösen Hals. Obere Linie nahezu gerade, die Rute ist hoch angesetzt, wirkt peitschenartig. Schultern kraftvoll, nie überladen und zurückgelagert. Vorderläufe gerade, Hinterläufe kraftvoll und muskulös mit mäßiger Kniewinkelung. Fell kurz und leuchtend, variiert von fein und dicht bis leicht harsch. Farbe Kastanienrot oder Lohfarben, weiße Abzeichen an Rutenspitze und Brust (Star genannt) erwünscht. Schlanke weiße Blesse erlaubt. Alle anderen weißen Abzeichen unerwünscht.

Anpassungsfähigkeit

Pharaoh Hounds sind zurückhaltend und außerordentlich empfindsam, eignen sich mehr für einen wohlgeordneten Erwachsenenhaushalt als für unruhige Kinder. Mit Ausnahme des Menschen ist der Pharaoh Hound das einzige Säugetier, das erröten kann. Ein aktiver Hund, aber nicht so aktiv, daß ihm ältere Hundefreunde nicht die notwendige Bewegung geben könnten. Der Pharaoh paßt sich auch dem Leben in einer kleineren Wohnung an, benimmt sich im Haus vorzüglich. Für Zwingerhaltung eignet sich die Rasse nicht. Von früher Jugend an muß man den Welpen sozialisieren, ihn in Gesellschaft vieler Menschen und Lebewesen bringen, andernfalls besteht die Gefahr, daß er übertrieben scheu ist. Sein Hörvermögen wie auch seine Sicht sind überraschend gut, dadurch läßt er sich während der Erziehung leicht ablenken. Eine Hunderasse für einfühlsame Hundefreunde, die gerade in einem solchen Hund ihre Herausforderung sehen.

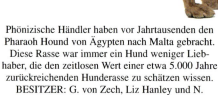

Halbstarke Pharaoh Hounds bestehen vorwiegend aus langen Läufen und Gliedern, es fehlt ihnen noch der charakteristische Adel und die Balance der erwachsenen Hunde.

Wachstumsphase

Bei der Geburt tragen Pharaoh Hounds bereits die Farbe der Erwachsenenhunde, es liegt eine völlig normale Wachstumsphase vor. Die Welpen sind außerordentlich unabhängig, eine Eigenschaft, auf die man bei der Auswahl des Welpen besonders achten sollte. Die Pflegenotwendigkeiten sind minimal, allerdings muß man von früher Jugend an immer die Ohren sauberhalten. Bei älteren Hunden sollte man die Analdrüsen regelmäßig kontrollieren. Was das Futter angeht, sollte man sich strikt an die Empfehlungen des Züchters oder des Tierarztes halten.

Nicht viele Menschen hatten je das Vergnügen, einen Pharaoh Hound-Welpen zu sehen. Nur wenige Würfe werden jährlich geboren, und die Züchter müssen in der Zucht wie bei der richtigen Plazierung ihrer Welpen sehr wählerisch sein. BESITZER: Deborah Kidwell.

Gesundheit

Die dem Pharaoh Hound typische Empfindsamkeit erstreckt sich auch auf seine Gesundheit. Es ist bekannt, daß er auf vom Tierarzt verschriebene Medikamente zuweilen empfindlich reagiert, man muß darauf achten, daß der Tierarzt sich dessen bewußt ist. Probleme bereiten auch Flohhalsbänder, Insektenpudersprays, gegen viele sind Pharaoh Hounds allergisch, Probleme gibt es auch bei Narkosemitteln. Bei der Behandlung des Pharaoh Hounds darf man niemals eine gewisse Vorsicht außer acht lassen. Die Rute ist etwas zerbrechlich gebaut, was leicht zu Brüchen führt. In einem solchen Fall muß der betroffene Bereich bis zur kompletten Heilung gut gefettet gehalten werden, um Komplikationen zu vermeiden, die aus einer Austrocknung der Haut entstehen könnten. Liegebeulen an den Ellenbogen treten auf, hierfür braucht man eine milde Hautcreme. Aufgrund der kleinen Zahl von Pharaoh Hounds gibt es wenig Untersuchungsergebnisse über etwaige Erbprobleme, ausgelöst durch zu enge Zucht. Erfreulicherweise lauten die Berichte, daß Pharaoh Hounds 15 bis 17 Jahre alt werden können.

Der Pharaoh Hound personifiziert geradezu die Definition des Wortes *Sight Hound* - seine Sinne für Hören und Sehen sind unübertrefflich, sein Wesen ist weder unnahbar noch besonders zutraulich. BESITZER: Marlene Hines.

Pharaoh Hound

Pinscher

Beschreibung

Der Deutsche Pinscher ist mittelgroß, schön ausbalanciert, glatthaarig, fester Körperbau und elegante äußere Linien. Sein Kopf ähnelt einem stumpfen Keil, ist kräftig, ohne schwer zu wirken. Augen dunkel und oval; Ohren hoch angesetzt, v-förmig getragen, nicht kupiert. Hals kräftig, nicht zu kurz oder gestaucht, keine Wammenbildung. Brust mäßig breit. Körper kompakt, kurzrückig, leicht abfallend. Rute hoch angesetzt, auf drei Glieder kupiert. Fell kurz und dicht, Farben leuchtend Rot, Hirschrot bis Falbfarben oder Schwarzlohfarben. Widerristhöhe 45 bis 50 cm.

Anpassungsfähigkeit

Ein pflegeleichter, hübscher Hund, der wenig Forderungen stellt, seinem Besitzer viel Liebe schenkt. Eine liebenswürdige, vielseitige Hunderasse! Keinesfalls eine Miniaturausgabe des Dobermanns, vielmehr eine recht alte und naturbelassene Hunderasse. Die Züchter betonen, daß dies kein Hund für kleine Appartements oder Einzimmerwohnungen ist, vielmehr braucht er tägliche Spaziergänge, vernünftige Erziehung, einen eingezäunten Garten und viel Kontakt mit seinem Menschen. Ein nicht geforderter Pinscher kann aus Langeweile eine ganze Menge Unheil anrichten.

Von Natur aus gehorsam läßt er sich leicht in der Wohnung halten. Es gibt in den meisten Ländern einige Züchter, die sich dieser Rasse verschrieben haben. Aber die Rasse ist in ihrer Stückzahl begrenzt, bleibt ein Hund für den Liebhaber.

Der Deutsche Pinscher ist ein zum Rassehund gewordener Bauernhund, er füllt die Lücke zwischen zwei bekannten Rassen - zwischen Zwergpinscher und Dobermann. Der Pinscher ist die älteste dieser Rassen, verfügt über eine kleine, aber begeisterte Anhängerschaft.
BESITZER: Socorro Armstrong.

Das schwarzlohfarbene Fellmuster des Pinschers dokumentiert hübsches Aussehen und Reinrassigkeit. Die Rasse ist für ihre guten Eigenschaften allgemein anerkannt. Ein empfindsamer, gehorsamer, natürlicher Hund, ohne irgendwelche Übertreibungen.

Wachstumsphase

Im Abgabealter von acht Wochen wiegt ein kleiner Pinscher etwa neun bis zehn Pfund. Die volle Widerristhöhe wird mit 10 bis 12 Monaten erreicht. Voll ausgereift sind die Hunde etwa mit 18 bis 24 Monaten, wobei typischerweise Hündinnen etwas länger brauchen. Beim Kauf achte man auf quadratische Körperform, gute Hinterhandwinkelung und gute obere Linie. Die Farbe sollte Tiefrot sein, dunkelt im allgemeinen mit dem Altern noch etwas nach. Es gibt zwar wenige Gebißprobleme, trotzdem sollte man kontrollieren. In den meisten Ländern ist das Ohrenkupieren heute verboten, früher wurde es zwischen acht und zehn Wochen durchgeführt. Bei dieser Rasse bleibt zuweilen der Fangzahn des Milchgebisses stecken, muß vom Tierarzt gezogen werden. Die Hauptwachstumsperiode liegt zwischen vier Monaten und einem Jahr. Über diese Zeit ist das Wachstum manchmal etwas unausgeglichen, es kommt auch zu Wachstumsschüben. Der erwachsene Pinscher ist als eigenwillig bekannt, dabei hochintelligent und reagiert sehr sensibel auf seine Umwelt. Diese Hunde brauchen von früher Jugend an Unterordnungserziehung, gleichmäßig und bestimmt. Deutsche Pinscher sind für ihr hervorragendes Gedächtnis bekannt. Sitzt erst einmal ein Befehl, wird er niemals mehr vergessen - es sei denn mit Absicht! Richtig ernährt und sozialisiert werden diese Hunde zu großartigen Lebensgefährten und auch zu Schutzhunden. Ausgewachsene Rüden sollte man nicht gemeinsam halten.

Ein Wurf kleiner Pinscher ist etwas Seltenes, aber Wunderbares. Auch in Deutschland werden heute nur wenige Pinscher gezüchtet, einige Züchter findet man in Österreich, England und in den USA. Nähere Auskünfte erhält man von den nationalen Zuchtvereinen.
BESITZER: Daniel H. und Rhonda L. Parks.

Gesundheit

Während richtige Erziehung und Sozialisierung von entscheidender Bedeutung sind, ist im übrigen der Deutsche Pinscher ein problemloser Familienhund, braucht weder spezielle Haarpflege noch besondere Ernährung. Am wichtigsten für eine gute Gesundheit ist bei dieser Rasse der tägliche Auslauf, häufige Beschäftigung zwischen Hund und Mensch. Die Züchter unterstreichen, daß es heute in dieser Rasse keine ernsthaften Gesundheitsprobleme gebe, unterstellen eine Lebenserwartung von 12 bis 15 Jahren.

Hat man erst einmal einen Züchter gefunden, wird man meist von ihm auch einen gesunden, problemfreien Welpen erhalten. Man muß sich aber auf etwas Geduld einrichten.
BESITZER: Daniel H. und Rhonda L. Parks.

Pinscher

Podenco Ibicenco

Obgleich dieser elegante Windhund bis auf die Pharaonen im alten Ägypten zurückgeht, beanspruchen die Spanier den Podenco Ibicenco als nationale Rasse.
BESITZER: Leslie D. Lucas und Glen E. Brand.

Beschreibung

Der Podenco Ibicenco verfügt über eine enorme Sprungfähigkeit. Seine Ohrhaltung erinnert an einen Jackrabbit - Eselhasen - in manchen Ländern sein Beutetier. Obwohl dieser Hund über die echte Spürfähigkeit eines Jagdhundes verfügt, wird er als Windhund gesehen. Dieser elegante Hund steht hoch auf seinen Läufen - manchmal sogar auf den Hinterläufen. Die Widerristhöhe in seiner Heimat liegt zwischen 56 und 74 cm, wobei es vor allem auf Ausgewogenheit ankommt. Seine Ohren, die harmonisch klaren äußeren Linien und seine blasse Löwenfarbe betonen die Einmaligkeit der Rasse. Der Kopf ist lang und schmal, der mäßig konvexe Nasenrücken unterscheidet den Podenco Ibicenco von den anderen Windhundetypen. Die großen Stehohren sind außerordentlich beweglich. Hals lang und schlank, Rücken gerade und fest. Die Brust reicht bis zu den Ellenbogen. Kruppenpartie nur leicht aufgewölbt, tief angesetzte Rute, die bis zum Sprunggelenk reicht, sichel- oder säbelartig getragen wird. Mäßige Vorhandwinkelung, Schulter nie lose, sondern elastisch am Körper anliegend, gut zurückgelagert. Die Hinterhand steht gut unter dem Körper, Sprunggelenk steil. Der Podenco Ibi-cenco ist kurzhaarig oder rauhhaarig, wobei das Rauhhaar bis zu 7,5 cm lang sein kann. Farben Weiß oder Rot, einfarbig oder die Farben kombiniert. Das Rot gibt es in Löwenfarben (Gelbrot) bis Tiefrot. Andere Farben sind nicht zulässig.

Anpassungsfähigkeit

Der Podenco Ibicenco ist ein eleganter, intelligenter Hund, wird richtig erzogen mit guten Manieren ein angenehmer Begleithund. Um diesen Hund in richtiger Form zu halten und glücklich zu machen, braucht er viel Auslauf für seine langen Glieder. Ein ziemlich unabhängiger Hund, der nicht besonders viele Schmuseeinheiten möchte. Wie die anderen Windhunde ist auch er auf seine Beute orientiert, wird einer vorüberstreichenden Katze über mehrere Häuserblocks und Strassen nachjagen. Auf Spaziergängen muß man deshalb diese Hunde anleinen. Im Grundsatz ist die Rasse gehorsam, es bedarf aber der Früherziehung, denn dieser Hund hat viel Phantasie und einen eigenen Willen. Im Haus ist er angenehm zu halten, hat keinen *Hundegeruch*.

Das Rauhhaar vermittelt diesem Podenco Ibicenco ein anderes Aussehen. Erwachsen zeigen diese Hunde meist einen üppigen Bart, die Fellänge beläuft sich auf 2,5 bis 7,5 cm.
BESITZER: Fernando Gonzalvo Ramon.

Wachstumsphase

Bei der Geburt wiegen die meisten Welpen etwa 400 Gramm, ihre Rotfärbung dunkelt mit dem Alter nach. Der Podenco Ibicenco wächst schnell, Gewicht mit 8 Wochen etwa 7 Kilo. Die volle Widerristhöhe erreichen die Hunde meist einjährig. Bis zur vollen körperlichen Reife dauert es aber zuweilen 3 bis 4 Jahre. Mit Ausnahme normalen Haarausfalls wird das Fell nicht gewechselt. Im Alter von 6 Monaten sollten die Ohren aufrecht stehen. Richtige Ernährung ist entscheidend, man richte sich unbedingt nach den Empfehlungen von Züchter oder Tierarzt. Junghunde brauchen reichlich Auslauf, damit sie richtig heranwachsen und fröhlich sind. Besonders aufmerksam muß der Besitzer sich der richtigen Sozialisierung mit Mensch und Tier widmen, andernfalls könnten diese Hunde recht introvertiert, zurückhaltend, scheu oder gar ängstlich werden. Dies wäre eine Gefahr für Mensch und Tier. Bei einigen Hündinnen kann es bis zu zwei Jahren dauern, ehe sie heiß werden, bei anderen tritt die erste Hitze bereits mit acht Monaten auf.

Der Podenco Ibicenco fordert wie die meisten Windhunde einen verständnisvollen Besitzer. Gerade als Welpe brauchen diese empfindsamen Hunde eine weiche, liebende Hand, verlangen viel Platz und Auslauf. Erforderlich ist ein Besitzer, der den edlen, Dritten gegenüber aber zurückhaltenden Charakter der Rasse schätzt.
BESITZER: Pamela Luther.

Gesundheit

Der Podenco Ibicenco besitzt einen natürlichen, vom Menschen wenig verdorbenen Körperbau, hat eine kleine feste Anhängerschaft. Ernsthafte erbliche Probleme sind sehr selten - auch HD tritt kaum auf. Trotzdem sollten die Welpen immer aus gesundheitlich überprüften Zuchttieren stammen. Es liegen Berichte über Hautprobleme einschließlich juveniler Akne und Ausschlägen vor. Am besten hält man Lager und Umfeld der Hunde sehr sauber, bürstet sie trotz ihres pflegeleichten Fells regelmässig. Wie bei anderen Windhunden wird bei Narkose und mit Flohbekämpfung Vorsicht geraten. Die große Schnelligkeit und Kraft der Rasse, vereint mit dem schlanken, fettarmen Körperbau kann zu Verletzungen, insbesondere Verrenkungen und Bänderrissen führen. Der Podenco Ibicenco braucht viel Auslauf und menschlichen Kontakt. Wenn man dies nicht beachtet, können die Hunde scheu und zurückgezogen werden, leiden körperlich und seelisch. Im allgemeinen erreicht der Podenco Ibicenco ein Alter von etwa 13 Jahren.

Als Junghund und Welpe ist der Ibizan-Hound nicht immer elegant, zeitweise wirken sie, als beständen sie nur aus Läufen. Etwa einjährig ist die volle Widerristhöhe erreicht, aber der übrige Körper braucht bis zu vier Jahren bis zur vollen Reife.
BESITZER: Laura Cano Villaseca.

Den Podenco Ibicenco kann man als *Ohrenrasse* sehen. Das große, steil aufgerichtete Ohr steht meist bis zum sechsten Monat, in vielen Fällen früher. Häufig sinkt es während des Zahnwechsels nochmals ab.
BESITZER: Bill Muller.

Podenco Ibicenco

Pointer

Beschreibung

Das Erste und Wichtigste - der Pointer ist ein aufgeweckter, hart arbeitender Jagdhund von kompakter Kraft und eleganter Beweglichkeit. Der Kopf dieses Vorstehhundes personifiziert Adel, er wird stolz getragen. Oberkopf mittelbreit, etwa ebenso lang wie der Fang, leichte Furchenbildung zwischen den Augen und scharf gemeißelte Wangen. Der Fang ist tief, frei von Hängelefzen. Die Ohren sind hoch angesetzt, fallen natürlich und reichen ohne oder mit wenig Faltung bis zum Unterkiefer. Ohrenform nicht rund, sondern leicht spitz auslaufend. Augen rund, leuchtend, mit freundlichem Ausdruck. Hals lang, muskulös, leicht gebogen. Schultern lang und schlank, schön zurückgelagert. Brustkorb gerade breit genug, um dem Herz viel Raum zu geben.

Der Pointer ist geradezu der Prototyp eines Jagdhundes, besticht durch seinen geschmeidigen, athletischen Körperbau. Dieser Hund kann mit keinem anderen verwechselt werden. Er ist ein vorzüglicher Jagdhund, angenehmer Familienhund und erweist sich auch als erstklassiger Ausstellungshund.
BESITZER: Phyllis B. Kroll.

Brustkorb tief nach unten reichend, mit den Ellenbogen abschliessend. Rücken kurz und fest, muskulös, im Lendenbereich leicht aufgewölbt. Bauchpartie nicht zu stark hochgezogen. Rute mittellang, im Ansatz breit, sich schnell verjüngend, niemals kupiert. Hinterhand stark bemuskelt, gute Kniewinkelung, starker Schub. Widerristhöhe Rüden 63 bis 69 cm, Hündinnen 61 bis 66 cm. Gewicht Rüden 25 bis 34 Kilo, Hündinnen 20 bis 30 Kilo. Fell fein, kurz und hart, völlig glatt anliegend. Farben im allgemeinen Zitronenfarben mit Weiß, Orangefarben mit Weiß, Leberfarben mit Weiß und Schwarz mit Weiß. Auch Einfarbige und Dreifarbige korrekt.

Der Kopf des Pointers ist das Qualitätsmerkmal einer der ältesten Jagdhunderassen.
BESITZER: Ron und Carolyn Twyman.

Anpassungsfähigkeit

Für Jagdbegeisterte ist der Pointer immer allererste Wahl, als Familienhund hat er bisher weniger Popularität gefunden, obwohl er sich für ein Leben in der Wohnung gut eignet. Natürlich ist er vor allem ein vorzüglicher Jagdhund, hat dadurch eine Vielzahl von Anhängern. Pointer sind aber auch mit Kindern sehr freundlich, zeigen sich besonders gegenüber Kleinkindern tolerant. Für diesen aktiven Arbeitshund ist konsequente, aber liebevolle Früherziehung ein Muß. Unbedingt sollte man darauf achten, daß man über einen hoch eingezäunten Garten verfügt, in dem sich der Hund frei bewegen kann. Aber auch regelmäßige Spaziergänge sind ein Muß.

Ausstellungspointer sind meist größer und starkknochiger als jagdlich geführte. Als Haushund eignen sich Welpen von Ausstellungslinien meist besser, verhalten sich auch in der Wohnung ruhiger.
BESITZER: Den und Elsa Lawler.

WACHSTUMSPHASE

Pointer bringen im allgemeinen mittlere bis große Würfe, das Welpengewicht liegt zwischen 280 und 450 Gramm. Im allgemeinen sind Welpen aus vorwiegend jagdlich geführten Linien kleiner, werden auch nicht ganz so groß wie Pointer, die vorwiegend für Ausstellungszwecke gezüchtet sind. Aber bei allen Pointern sollte das Wachstum gleichmäßig verlaufen, die Welpen wiegen mit drei Wochen etwa vier Pfund. Bei langsam heranwachsenden Welpen bedarf es eventueller Zusatzfütterung. Die Färbung ist bei der Geburt ziemlich verschieden. Zitronenfarbene

In der Wohnung aufgezogene Pointer-Welpen sind sehr menschenfreundlich und munter. Achte bei der Auswahl, daß der Welpe fröhlich, freundlich und körperlich gut aufgebaut ist.
BESITZER: Mary Ann Grace.

Hunde werden meist reinweiß geboren, andere Farben mit großen Flecken oder Markierungen, die sich aber mit dem Heranwachsen noch verändern. Die erste Tüpfelung beginnt etwa mit drei Wochen. Der Käufer sollte auf selbstbewußte, lebhafte Welpen achten, deren Eltern anatomisch gut aufgebaut und gehorsam sind. Wer sich einen guten Jagdhund wünscht, sollte seinen Welpen unbedingt aus den jagdlichen Linien wählen. Ausstellungsinteressenten achten besonders auf dunkle Augen, einfarbige Ohren und natürlich auf guten Körperbau.

GESUNDHEIT

Nachweislich sind Pointer leicht zu haltende Hunde, es gibt wenig Erbkrankheiten. Am allerwichtigsten ist Frühsozialisierung und Erziehung der Hunde. Dies sind energiegeladene, hart arbeitende Hunde, dazu gezüchtet, über lange Tage draußen im jagdlichen Einsatz zu stehen. Die Fellpflege ist minimal, allerdings gibt es einige Hautprobleme (darunter Demodexräude). Regelmäßiges Bürsten und Kontrolle des Fells sind notwendig. Hüftgelenksdysplasie gehört zu den ernsthaftesten Sorgen der Züchter. Hinzu kommt eine sehr ungewöhnliche und seltene Erkrankung, bekannt geworden als *Neurotropic Osteopathie*. Äußere Anzeichen sind gewöhnlich selbst zugefügte Verletzungen, die sich zwischen drei und neun Monaten zeigen, wobei die Wurzel dieses Übels in einer Degeneration der Wirbelsäule liegt. Entropium, PRA, Gicht und Nabelbrüche treten zuweilen auf. Diese Rasse hat eine mittlere Lebenserwartung von rund 10 Jahren.

Die Idealfamilie für einen Pointer besitzt gut erzogene Kinder, pflegt eine aktive, aber keine chaotische Lebensplanung, bietet ein Zuhause mit genügend Zeit für einen athletischen Hund mit gutem Wesen.
BESITZER: Mary Ann Grace.

Pointer

Polski Owczarek Nizinny - PON

PON, das ist die Abkürzung von dem Übersetzungstext »Polnischer Niederungs-Hütehund«, der Originalbezeichnung dieser alten polnischen Rasse. Die Liste der Vorzüge des PONs ist ebenso lang wie seine Ahnenreihe - ein liebenswerter, zottiger, mittelgroßer Hund, der wenig haart, dabei das Herz eines Riesen besitzt.
BESITZER: Sue Ainsley.

Beschreibung

Der Polski Owczarek Nizinny ist ein mittelgroßer, untersetzter Hund, muskulös, ziemlich langes, dickes Haarkleid, ein munterer und lebhafter Hund. Kopf mittelgroß, nicht zu schwer, mäßig tief getragen. Oberkopf mäßig breit, leicht aufgewölbt, Stop gut ausgeprägt, Fang stumpf. Augen mittelgroß, oval geformt, mit durchdringendem lebhaftem Blick, Farbe Haselnußfarben bis Braun. Ohren mittelgroß, herzförmig geformt, mäßig hoch angesetzt, im Ansatz breit. Hals mittellang, ohne Wammenbildung. Schultern gut zurückgelagert, Läufe gerade. Körper mehr rechteckig als quadratisch, tiefer Brustkorb, ausgeprägter Widerrist. Gerader Rücken, breite Lendenpartie. Hinterhand mit breiten Schenkeln und schöner Winkelung. Haarkleid lang, dicht und zottig, von harter Struktur bei weicher Unterwolle.
Alle Farben zulässig.

Widerristhöhe Rüden 43 bis 52, Hündinnen 40 bis 46 cm.

Anpassungsfähigkeit

Die Besonderheit des PON liegt darin, daß er dichtes Fell hat, ohne daß er laufend haart. PONs sind hervorragende Familienhunde, lieben ganz besonders die Kinder. Ein selbständiger Arbeitshund. Deshalb trifft der PON gerne seine eigenen Entscheidungen, fordert damit seinen Herrn, ihn frühzeitig zu erziehen. PONs haben ein unglaublich gutes Gedächtnis, sind allen Familienmitgliedern gegenüber sehr loyal. Richtig erzogen zeigt dieser Hund eine gute Selbstkontrolle, paßt im allgemeinen seine Entschlüsse denen des Menschen an. Dies ersetzt aber nicht frühe und konsequente Erziehung.

Viele glauben, der PON könne denken. Schon deshalb braucht er einen wachen Besitzer, der es jederzeit mit ihm aufnimmt. Ausgewachsene Hunde sind zuweilen etwas mißtrauisch, das könnte sich auf das Jungtier übertragen. Dein Welpe sollte wirklich Welpe sein - freundlich, fröhlich und verspielt.
BESITZER: Dorene W. Zalis.

Als der liebe Gott den PON erschuf, machte er diesen perfekten Teddybären zum Hüter der Herden. Heute hat der PON völlig neue Herden entdeckt, Menschen in allen Ländern, die er hüten und anbeten darf.
BESITZER: Thomas M. Wason und Loana J. Shields.

Wachstumsphase

Ein PON mit acht Wochen wiegt meist etwa acht Pfund. Der junge PON ist ein zottiger, rutenloser *Teddybär*. Natürlich müssen seine Besitzer sich die Zeit nehmen, etwas über die Rasse zu lernen, über Körperbau und Erbe, ehe sie ihre Wahl treffen. Neben guter Anatomie sollte die Auswahl stets auf gutes Wesen gerichtet sein, man meide Welpen, die nervös oder scheu sind. Von Natur aus sind ausgewachsene PONs mißtrauisch, Fremden gegenüber zurückhaltend, ohne dabei aber feige zu sein. PONs wachsen so heran, daß körperliche Reife etwa mit 18 Monaten erreicht wird. In der Jugendzeit kommt es zum ersten Fellwechsel, dabei verändern sich auch meist die Fellfarben. Im allgemeinen verändert sich auch das freundliche Wesen des Junghundes, er wird zum zurückhaltenden, erwachsenen PON.

Gesundheit

Die Rasse ist außer in ihrem Heimatland Polen noch relativ selten, es gibt noch nicht sehr viel tierärztliche Untersuchungen über sie. Nach den Berichten von Tierärzten und Züchtern in Polen gibt es wenig Hinweise, die auf Erbkrankheiten deuten. Danach unterliegt der PON den allgemeinen Krankheiten, die alle Hunde befallen, Einzelerkrankungen in der Rasse sind individuell, nicht rassebedingt. Selbstverständlich sollten Züchter und Besitzer vernünftige Vorkehrungen treffen, die Tiere grundsätzlich auf HD und PRA untersuchen lassen. Züchter aus den USA berichten, daß Hautentzündungen und allergische Reaktionen auftreten, was tüchtige, regelmäßige Fellpflege angezeigt sein läßt. Hierdurch wird das zottige, dicke Fell auch frei von Verfilzungen gehalten, kommt es dann auch nicht zu stärkerem Haarausfall. Die Lebenserwartung des PONs wird auf etwa 12 Jahre und mehr beziffert.

Obgleich das Wesen von Welpen zu Welpen immer etwas abweicht, werden nahezu alle PONs erstklassige Familienhunde. Man meide aber bei der Welpenwahl furchtsame Tiere.
BESITZER: Loana J. Shields.

Polski Owczarek Nizinny - PON

Pomeranian

Der winzige Pomeranian besticht durch seinen Charakter und seine Freundlichkeit. Heute ist er in den USA und England ein beliebter Kleinhund, eignet sich vorzüglich als Schoßhund. Diese Hunderasse ist weder von der FCI, noch von allen dieser internationalen Organisation angeschlossenen Rassezuchtvereinen anerkannt. Dies muß man wissen.
BESITZER: Jose A. Cabrera.

Beschreibung

Pomeranians gibt es in Gewichten von 1,8 bis 3,5 Kilo, so sieht der englische Standard die Idealgewichte. Ein äußerst gedrungener, kurzer Hund von munterem und intelligentem Auftreten. Sein Kopf ist keilförmig, schön proportioniert, wirkt fuchsähnlich. Die Augen sind leuchtend und mandelförmig. Ohren klein, aufrecht getragen. Oberkopf flach, im Verhältnis zum Fang groß. Der Fang läuft ziemlich spitz zu, ohne schwächlich zu wirken. Hals ziemlich kurz. Obere Linie gerade. Brust ziemlich tief, aber nicht zu breit, Rippen schön gewölbt. Rute über den Rücken geringelt getragen, sehr üppig behaart. Schulterpartie genügend zurückgelagert, mittellange, gerade Vorderläufe. Der Hund wirkt, als stände er immer auf Zehenspitzen. Sein Fell besteht aus dicker Unterwolle mit langem, völlig geradem, sich hart anfühlendem und abstehendem Deckhaar. Beim Zurechtmachen benutzt man auch Trimmwerkzeug. Die Farben sind Weiß, Schwarz, Braun, hell oder dunkel, möglichst blasses Blau, Orangefarben, Biberfarben und Mehrfarbig (auch mit Flecken). Die Fédération Cynologique Internationale erkennt die Rasse nicht an, man sieht in ihr unverändert eine deutsche Rasse, nämlich den *Deutschen Zwergspitz*, der von der FCI unter der Standardnummer 097 anerkannt wird.

Anpassungsfähigkeit

Von Natur aus unternehmungslustig und munter wird der Pomeranian zu einem angenehmen Haushund und liebt auch das Leben in Garten und in der freien Natur. Dabei ermöglicht ihm sein dickes Haarkleid das Leben im Freien besser als man seiner Kleinheit wegen von ihm annehmen möchte. Natürlich werden Poms umhergetragen und verwöhnt. Es wird aber den Besitzern empfohlen, diese Hunde nicht zu sehr zu umsorgen und zu verwöhnen, vielmehr richtig zu erziehen. Andernfalls wird der Pom recht unsozial und zuweilen sogar *schnappig*. Als Familienhund ist er freundlich, liebevoll und ausgeglichen, vermag auch durchaus mit Kindern auszukommen, vorausgesetzt man erzieht Hunde wie Kinder gleichermaßen.

Pomeranians gibt es in einer Vielfalt von Farben, es bereitet Spaß, sie zu sammeln. Ein Rudel Pomeranians macht viel Freude, ähnelt einer Herde Schafe, welche von den frühen Vorfahren der Rasse in Deutschland einmal gehütet wurden.
BESITZER: Mr. und Mrs. William A. Kerr.

Wachstumsphase

Da Pomeranians so kleine Hunde sind, überwiegen kleine Würfe. Welpengewicht von 85 bis 140 Gramm, es gibt aber auch noch kleinere. Neugeborene - insbesondere die kleineren - brauchen über die ersten Wochen besondere Pflege durch den Züchter, damit sie sich richtig entwickeln. Die Wachstumsrate variiert in der Rasse beträchtlich. Im allgemeinen verläuft das Wachstum der Poms schnell, volle Widerristhöhe ist meist mit sieben Monaten erreicht. Die Farben variieren bei der Geburt beträchtlich, verändern sich bis zum Erwachsenenhaarkleid noch häufig. Zum Ausreifen braucht das Fell drei bis vier Jahre, aber mit einem Jahr ist das erste Erwachsenenfell durch. Das Fell eines zwei Monate alten Welpen ist lang und flauschig, mit drei Monaten tritt der Fellwechsel ein, sieht der Hund ziemlich zerrupft aus. Mit fünf Monaten erscheint der Junghund nahezu kurzhaarig, so stark hat er Haare verloren - und mit zehn Monaten ist das erste doppelte Haarkleid vorhanden. Beim Kauf achte man auf Anzeichen guter Gesundheit, freundliches und intelligentes Wesen. Um den Fellwechsel zu fördern ist nicht nur über die gesamte Jugend laufende Fellpflege erforderlich.

Nie sollte man einen Welpen allein der Farbe wegen wählen. Schau Dir genau das Wesen der Mutter wie der Wurfgeschwister an. Bist Du von ihrem freundlichen Wesen nicht überzeugt, solltest Du irgendwo anders kaufen.
BESITZER: Benedetto.

Gesundheit

Ein gutartiger und lebhafter Pom stellt gegenüber seinem Besitzer wenig Anforderungen. Viele sehen im Pomeranian den intelligentesten, gehorsamsten und robustesten unter den Toy-Rassen. Sein Pflegebedarf ist nicht übertrieben, allerdings sind mehrere Sitzungen wöchentlich notwendig, auch muß das Fell manchmal getrimmt werden. Wie andere Zwerghunderassen verliert auch der Pom häufig mit dem Alter Zähne, regelmäßige Zahnpflege - auch Zähneputzen - wird nachhaltig empfohlen. Die Anforderungen an die Fütterung sind normal. Die allgemein Toy-Rassen befallenden Krankheiten liegen auch beim Pom vor. Patellaluxation (lockere Kniescheibe), niedriger Blutzucker und Kryptorchismus treten in der Rasse auf, allerdings begrenzt. Zwergwachstum, Wasserköpfigkeit, Schilddrüsenstörungen und Patent Ductus Arteriosus (die Lungen schädigend) werden von Tierärzten berichtet. Zu den bekannten Augenkrankheiten gehören PRA und Abweichungen im Tränenkanal. Aufgrund der Kleinheit der Rasse muß man sie gegen Knochenbrüche und Verrenkungen schützen. Pomeranians leben oft länger als 10 Jahre, Herz- und Nierenerkrankungen sind die häufigsten Todesursachen.

Ausgewachsene Pomeranians sollten keinesfalls über drei Kilo wiegen, achtwöchige Welpen wiegen etwa 680 bis 900 Gramm. Kaufe keinen übergroßen Welpen - auch nicht mit Rabatt! Er kostet Dich sonst später mehr!
BESITZER: Benedetto.

Pudel

Beschreibung

Zwischen FCI, England und USA gibt es unterschiedliche Pudelgrößen. USA und England sehen in allen Hunden mit Widerristhöhe *über 38 cm den Standard-Pudel,* FCI und alle angeschlossenen Länder unterscheiden in *Großpudel 45 bis 58 cm, Kleinpudel 35 bis 45 cm.* Abgesehen von diesen Größenunterschieden stimmen die übrigen anatomischen Merkmale überein, aber die einleitende Klarstellung scheint angebracht.

Wahrscheinlich ist er der auffälligste Hund in der ganzen Welt, der *Canis Familiaris Aquatius, le Caniche, der Pudel, el Perro de Lanas,* der Enten- und, der Pudel. In der Schur des alten Entenjägers bleibt der Pudel einer der populärsten Familienhunde und Ausstellungshunde.
BESITZER: Edward Jenner.

Der Gesamteindruck ist der eines intelligenten, stets wachsamen, munteren, harmonisch gebauten Hundes. Tänzelndes leichtes Gangwerk, das nie gestreckt und ausgreifend sein darf. Gradliniger edler Kopf, gut zum Körper proportioniert, schön geformter Schädel, von oben gesehen oval, von der Seite gesehen leicht konvex wirkend. Wenig Stop, kräftiger und edler Fang, aber nicht spitz. Lefzen eng anliegend, Ohren ziemlich lang, an den Wangen herabfallend, an den Enden abgerundet, mit langem welligem Haar bedeckt. Trockener fester Hals von mittlerer Länge. Kopf hoch und stolz getragen. Körper wohl proportioniert, Länge etwas mehr als Widerristhöhe. Rücken weder gewölbt noch eingesunken. Harmonische Linie, Lendenpartie fest und gut bemuskelt, abgerundete Kruppe. Rute hoch angesetzt, wird um etwa ein Drittel kupiert. Schultern schön zurückgelagert, Vorderläufe gerade und parallel. Pfoten oval, ziemlich klein. Hinterläufe gerade, gute Kniewinkelung. Üppige Behaarung von feiner Beschaffenheit, wollig, gut gekräuselt und elastisch, sehr dicht und reichlich, von gleichmäßiger Länge. Vereinzelt gibt es auch *Schnürenpudel* mit üppigem Haar, wollig und dicht mit charakteristischen Schnüren gleichmäßiger Länge von mindestens 20 cm. Es gibt eine Vielfalt von Schurarten, auf Ausstellungen überwiegen die englische Sattelschur und die kontinentale Löwenschur. Für Junghunde bis zum ersten Geburtstag ist die Puppy-Clip-Schur gestattet. Pudel müssen immer einfarbig sein. Nach der FCI sind die Farben Schwarz, Weiß, Braun, Silber und Apricot zulässig. Mit Ausnahme der braunen Pudel müssen alle Farbschläge dunkles Pigment haben.

Anpassungsfähigkeit

Pudel sind Egozentriker, gedeihen besonders gut bei Lob, Applaus und wollen immer Aufmerksamkeit finden. Großpudel und Kleinpudel gelten als die intelligentesten aller Hunderassen. Sucht man einen Hund für Unterordnung, einen leicht erziehbaren Hund, sollte man diese hübschen Hunde nie übersehen. Frühsozialisierung und Kontakt mit Menschen ist für den Pudel ein Muß, weil all seine Brillanz, sein angenehmes Wesen durch fehlende Sozialisierung schwer geschädigt werden. Manchmal reagieren sie Fremden gegenüber zurückhaltend, man muß daran arbeiten, daß sie diese Zurückhaltung abbauen. Pudel genießen das Leben in der Stadt, fühlen sich natürlich auch auf dem Land wohl. Pudel überzeugen durch ein besonders gutes Gedächtnis, sind darin kaum zu übertreffen. Man sagt ihnen auch Sinn für Humor nach. Pudelbesitzer müssen sich des Aufwands für die Fellpflege bewußt sein, gerade bei Kleinpudel und Großpudel. Warum Pudelschur? Sie geht zurück auf die Zeiten, wo der Entenjäger seinen Hund auf maximale Funktionalität für die Wasserarbeit zurechtmachte.

Wachstumsphase

Das Geburtsgewicht der zwei Schläge variiert von 230 bis 450 Gramm. Auch die Rutenlänge ist unterschiedlich, richtiges Kupieren fordert rassespezifische Erfahrungen. Meist werden auch die Wolfskrallen entfernt. Die Fellfarben verändern sich zwischen dem Welpenhaar und dem Erwachsenenfell noch beträchtlich. Beispielsweise werden graue Pudel schwarz geboren, verändern sich langsam in grau, wenn die Tiere älter werden. Apricotfarbene werden meist in einer sehr dunklen Schattierung geboren, hellen aber bis zum Erwachsensein noch bis zu einer weichen Pfirsichfarbe auf. Gute Pigmentbildung an Nase, Lefzen und Ballen ist wichtig. Mit acht Wochen wiegt ein Welpe zwischen fünf und sieben Pfund. Körperliche Reife erreichen die Hunde meist zwischen 12 und 18 Monaten. Wähle immer einen freundlichen, aufgeschlossenen Welpen, denn in dieser Rasse ändert sich das Wesen meist wenig.

Gesundheit

Trotz seiner schmückenden Schurarten ist der Standard-Pudel noch immer ein richtiger Hund, sogar einige seiner Jagdinstinkte blieben völlig intakt. Der Hundebesitzer sollte keinen Ausstellungsgegenstand erwarten, sondern einen Hund mit hohem Pflegebedarf und auch beträchtlichen Auslaufforderungen. Aufgrund von Größe und Haarbeschaffenheit ist der Pflegebedarf groß. Fast für alle Schuren - selbst die einfachsten - braucht man zumindest anfänglich fachmännische Hilfe.

Das Pudelfell ist üppiger als das vieler anderer Rassen. Auch wenn man den Liebhaberpudel nicht in einen der traditionellen Schuren zurechtmachen möchte, muß das Fell doch zum Wohlbefinden des Hundes regelmäßig geschoren werden. Man sollte den Junghund schon von früher Jugend an daran gewöhnen.
BESITZER: Karen S. Grace.

Ohrinfektionen treten verbreitet auf, wöchentliche Reinigung ist erforderlich. Hüftgelenksdysplasie wie Augenprobleme sind in der Rasse bekannt. Zu den nachgewiesenen Problemen gehören Entropium, Distichiasis, Iris Atrophie und jugendlicher Star. Starker Tränenfluß wird zuweilen auch zum Problem. PRA wurde zum wichtigen Zuchtproblem, der Käufer sollte sorgfältig darauf achten, denn PRA kann zum Erblinden führen. Es gibt Nachweise über Epilepsie, vWD, einige Herzerkrankungen und fehlerhafte Knochenentwicklung. Ein erbliches Hautproblem ist die *Sebaceous Adenitis,* hierauf sollten alle Zuchttiere untersucht werden. Auch Magenumdrehung bedroht den Pudel, alle notwendigen Vorkehrungen werden dringend angeraten. Von einigen Hunden werden starke Reaktionen bei Tollwutimpfung berichtet, auch hier sind Erkundigungen zweckmäßig. Beim Großpudel wie Kleinpudel kann man von einer Lebenserwartung von 10 bis 14 Jahren ausgehen.

Die Intelligenz des Groß- und Kleinpudels ist schwer zu übertreffen, sie gehören zu den klügsten von allen. Natürlich sagt man auch dem Border Collie höchste Intelligenzleistung nach, aber niemals findet man den Pudel beim Nachjagen hinter Schafen. »Wie drollig!« - ist dazu der Kommentar des Pudels.
BESITZER: Karen S. Grace.

Pudel

Puli

Beschreibung

Der leichtfüßige Puli mit seinem reichen Schnürenhaar ist das Wunder eines kleinen Hundes, der anstrengendste Arbeit zu leisten versteht. Außordentlich charakteristisch ist sein dichtes, wasserfestes Haarkleid, bestehend aus flachen oder gerundeten Schnüren. Widerristhöhe Rüden 40 bis 44 cm, Hündinnen 37 bis 41 cm. Ein schön aufgebauter, quadratischer, gut proportionierter Körper mit mittelstarken Knochen. Kopf mittelgroß mit großen, mandelförmigen Augen, hoch angesetzten Hängeohren. Oberkopf leicht aufgewölbt, klarer, aber nicht abrupter Stop. Fang kräftig und gerade. Hals mittellang, kräftig, ohne Wammenbildung. Brust

Ja, dies ist ein Hund! Und sogar ein sehr intelligenter Hund! Die Geschichte des Pulis ist eng mit der Geschichte der Schafzucht in seiner Heimat Ungarn verbunden. Er ist ein beweglicher, leichtfüßiger und überraschend muskulöser Hütehund unter einem dicken, ungewöhnlichen Fell.
BESITZER: Constance Peterson.

mäßig breit und tief, Lendenpartie kurz. Rute mittellang, eng über dem Rücken gerollt getragen. Schön zurückgelagerte Schultern, gerade Vorderläufe mit runden, kompakten, gut aufgeknöchelten Pfoten. Hinterhand gut entwickelt, gute Kniewinkelung, starker Schub. Farben Schwarz, Schwarz rostfarben, Weiß und verschiedene Schattierungen von Grau und Apricot. Die Haut zeigt einen bläulichen oder grauen Anflug. Einfarbigkeit bevorzugt, nur kleine weiße Brustflecken zulässig. Der Bewegungsablauf des Pulis ist ein natürliches, kurzes Steppen, schnell und regelmäßig, wenig raumgreifend.

In der Größe bringt der Puli nur ein Bruchteil seines Vetters Komondor, wodurch er leichter als Haushund gehalten werden kann. Sein Schnürenhaarkleid fordert regelmäßige, aber nicht übertriebene Pflege. Der Junghund wächst langsam in diese Schnüre hinein, das Fell ist erst nach mehreren Jahren voll ausgereift.
BESITZER: Jane Sable.

Anpassungsfähigkeit

Pulis sind außerordentlich spielfreudig, bevorzugen einen aktiven Besitzer, der Zeit für sie hat. Für sie sind Kinder ideale, unermüdliche Spielgefährten. Pulis aus guter Zucht sind niemals aggressiv, schützen aber ihre Familie. Unter all dem auffälligen Schnürenhaarkleid kann die Rasse dennoch eine gewisse Eigenwilligkeit nicht verstecken. Von Jugend an brauchen die Hunde freundliche, aber feste Erziehung. Zu selbstbewußte Pulis können unangenehm werden. Im allgemeinen lieben sie aber richtige Unterordnung und Erziehung, genießen all die Zeit mit ihrem Besitzer. Ihrer Natur nach sind sie notorische Raubzeugjäger. Zuweilen bedarf es zusätzlicher Erziehung, falls diese Eigenschaft für den Besitzer zu viele Probleme auslöst.

Wachstumsphase

In der Rasse liegen die Geburtsgewichte recht unterschiedlich. Das Welpenhaar ist kurz und glatt, entfaltet sich erst mit der Zeit. Die meisten Welpen werden einfarbig Schwarz geboren, mit dem Heranwachsen entwickelt sich das Erwachsenenfell Schwarz oder in allen Grauschattierungen. Pulis gibt es auch in Weiß, diese Hunde werden auch weiß geboren, was die Farbwahl leichter macht. Ohren und Rute werden natürlich belassen, Wolfskrallen innerhalb der ersten Woche entfernt. Der Puli ist ein robuster Hund mit sehr viel Energien. Diese Eigenschaften zeigen insbesondere die halbstarken Heranwachsenden. Sehr viel Auslauf und konsequente Erziehung zur Unterordnung ist erforderlich. Diese Hunde brauchen auch zusätzliche Pflegezeit, denn gerade bei Junghunden muß für das Haarkleid des ausgewachsenen Hundes Platz geschaffen werden. Möchte der Besitzer keinen Hund mit Schnüren, kann das Fell ausgebürstet werden. Das traditionell geschnürte Haarkleid beginnt sich mit vier bis sechs Monaten zu entwickeln. Über die richtige Pflege sollte man sich beim Fachmann orientieren. Pulis sind intelligente und häufig eigenwillige Hunde. Sie lieben es auch, ihren Besitzer auf seine Tauglichkeit als Rudelführer zu testen.

Richtig sozialisierte Puli-Welpen sind neugierig, Menschen gegenüber freundlich und insgesamt sehr angenehme Hunde. Meist wird die Mutter Fremden gegenüber etwas mißtrauisch sein, sollte dabei aber nicht zu eigenwillig, aufgeregt oder nervös wirken.
BESITZER: Georgina Dioslaki.

Gesundheit

Pulis sind weltweit noch nicht sehr populär, entsprechend begrenzte Informationen gibt es über den Gesundheitszustand der Rasse. Die außergewöhnlich hohe Lebenserwartung (mehr als 15 Jahre) ist aber eine Bestätigung der guten Gesundheit dieser Hunde. Die Herkunft als Arbeitsrasse, verbunden mit verantwortungsvoller Zucht, brachte einen robusten Hund, der gegen Krankheit recht widerstandsfähig ist. Das Hauptproblem der Züchter ist auf HD ausgerichtet, alle Zuchttiere werden geröntgt. Wenn man das Haar vernachlässigt, kann es zu Hautproblemen führen. Im Grundsatz muß diese Rasse wenig oder überhaupt nicht getrimmt werden. Das Aussehen des Pulis wird deshalb auch meist als *ungekämmt* beschrieben. Die Hundebesitzer sollten trotzdem zumindest wöchentlich eine Stunde einsetzen, um den Puli von groben Verfilzungen zu befreien, totes Haar aus der üppigen Unterwolle zu entfernen. Außerdem muß man an Ohren und Analbereich überschüssiges Haar entfernen, um Infektionen vorzubeugen. Augenverletzungen sind selten, man entdeckt sie aber manchmal aufgrund des üppigen Haarwuchses zu spät; regelmäßige Kontrolle wird empfohlen. Pulis sind lebhafte, energiegeladene Hunde, ausgeprägt intelligent. Sie brauchen unbedingt täglichen Auslauf und immer neue geistige Anregungen, um gesund zu bleiben.

Einen Puli sollte man nie aus einer Laune heraus kaufen. Diese Hunde können 15 bis 18 Jahre alt werden! Dies bedeutet eine Langzeitverpflichtung gegenüber einem Lebewesen. Wenn Du Dich für den Puli entscheidest, wird er Dich bestimmt nicht enttäuschen.
BESITZER: Mary Wakeman, DVM.

Puli

Pyrenäen Berghund

Der Pyrenäen Berghund bietet ein romantisches Ebenbild seines Herkunftgebietes, majestätisch, gewaltig und schneeweiß. Ein wunderschöner Hund von ausgeglichenem Wesen, er vereinigt Freundlichkeit, Kraft und Adel.
BESITZER: Guy und Karen Justin und Valerie A. Seeley.

Beschreibung

So majestätisch wie das Gebirge, dem er seinen Namen verdankt, so eindrucksvoll wirkt der Pyrenäen Berghund in seiner Größe, Schönheit und Eleganz. Seine stolze Haltung, ausgeglichenes Wesen und leuchtend weißes Haarkleid zeichnen diesen Hund aus. Widerristhöhe Rüden zumindest 70 cm, Hündinnen 65 cm, Mindestgewicht Rüden 50 Kilo, Hündinnen 40 Kilo, wobei Größe und Gewicht ausgewogen sein müssen. Der keilförmige Kopf mit leicht aufgerundetem Oberkopf steht in perfektem Verhältnis zum Hundekörper, darf nie übertrieben schwer wirken. Reibungslos geht der Fang in den Oberkopf über. Wangen flach, kein ausgeprägter Stop, zwischen den Augen leichte Furche. Augen mittelgroß, Ohren klein bis mittel, an den Spitzen abgerundet und v-förmig. Hals mittellang, etwas Wamme zulässig. Gerader Rücken, Brust mäßig breit. Die Rute ist stark befedert, reicht bis zum Sprunggelenk. Schultern gut zurückgelagert, geschlossene Ellenbogen. Gerade Vorderläufe, gute Hinterhandwinkelung. Doppeltes Haarkleid, Deckhaar grob und gerade oder ganz leicht gewellt, bedeckt eine dichte Unterwolle. Mähnenbildung um Hals und Schultern, Hosen an den Läufen. Das Haar sollte nie abstehen oder Locken bilden. Farbe einfarbig Weiß oder Weiß mit grauen, lohfarbenen oder dachsfarbenen Abzeichen, wobei die Markierungen nie mehr als ein Drittel des Körpers einnehmen dürfen.

Bei europäischen Hunden häufiger anzutreffen, wachsfarbene oder wolfsgraue Abzeichen am Kopf wie auch am Körper zulässig.

Anpassungsfähigkeit

Mit seiner kraftvollen Gestalt, seinem lauten, selbstbewußten Bellen zählt der Pyrenäen Berghund zu den beliebtesten Wachhunden. Dem heutigen Berghund fehlt aber das ursprüngliche Wesen, mit dem er selbst Wölfe kontrollierte. Einem Einbrecher würde er höchstwahrscheinlich eher die Nase zerkratzen als wirklich beissen. Ein so großer und substanzvoller Hund muß eine hohe Reizschwelle haben, sehr gut mit Menschen sozialisiert werden. Manchmal macht er sich durch selbständiges Umherstreunen unbeliebt, ebenso durch seinen kräftigen Haarwechsel. Mit Kindern, die er kennt, ist er freundlich, kann versehentlich natürlich auch einem Kind auf die Zehen treten. Eine gewisse Aggressivität gegenüber anderen Hunden ist meist vorhanden, er gewöhnt sich aber perfekt an Katzen und andere Haustiere. Trotz seiner Größe paßt er sich auch engeren Wohnverhältnissen an, braucht nicht soviel Bewegung wie die meisten anderen Herdenschutzhunde.

Wachstumsphase

Welpen wiegen bei der Geburt etwa 450 bis 600 Gramm. Sie werden reinweiß geboren, zeigen dabei aber schon sehr früh einige dachsfarbene Markierungen. Bei der Geburt haben die Welpen meist noch rosafarbene Nasen, Lefzen und Augenränder, diese sollten aber mit acht Wochen pigmentiert sein. Die Welpen wachsen schnell heran. Mit acht Wochen wiegen Hündinnen etwa sechs bis sieben Kilo, erreichen Rüden sogar acht bis neun Kilo. Voll ausgewachsen sind die Hunde etwa mit 18 Monaten, wobei sie vielleicht immer noch etwa zwei Zentimeter zulegen können. Trotz der starken Wachstumsrate entwickelt sich die Rasse langsam, volle Reife ist erst mit etwa drei Jahren erreicht. Der Käufer sollte darauf achten, Welpen nur von HD-freien Eltern zu übernehmen. Die Welpen müssen viel Selbstvertrauen, Unternehmenslust und Kontaktfreudigkeit zeigen; eine gewisse Unabhängigkeit ist aber für die Rasse charakteristisch. Der Käufer sollte auf Scherengebiß oder Zangengebiß schauen. Die Vorderläufe müssen gerade und parallel stehen, Kuhhessigkeit ist zu meiden. Schaue Dir den Welpen auch in der Bewegung an. Es kommt immer der Zeitpunkt, wo ein Halbstarker glaubt, er wisse alles. In dieser Zeit ist auch das Wachstum manchmal etwas ungleichmäßig, unterliegt Schüben. Junghunde haben im allgemeinen tüchtigen Appetit, Besitzer sollten darauf achten, daß sie nicht zuviel füttern - die Größe kommt mit der Zeit. Der Wechsel zum Erwachsenenhaarkleid tritt zu irgendeinem Zeitpunkt zwischen sechs und zwölf Monaten ein, meist beeinflußt durch klimatische Verhältnisse. Oft verläuft der Fellwechsel ungleichmäßig, manchmal macht der Hund einen ziemlich gerupften Eindruck. Charakteristisch verblassen die dachsfarbenen Markierungen mit dem Alter, während die wolfsgrauen Markierungen über das ganze Leben bleiben.

Glücklicherweise gibt es beim Pyrenäen Berghund wenig charakterliche Probleme. Die meisten Hunde sind freundlich und leicht zu halten, passen sich den Lebensverhältnissen an. Bei der Auswahl eines Welpen sollte man sich immer die Mutter genau ansehen.
BESITZER: Larry Helmstetle.

Gesundheit

Die Körpergröße und das üppige Haarkleid sind zu bedenken. Die Rasse braucht viel Pflege und gute Ernährung. Insgesamt gesehen erfreut sie sich sehr guter Gesundheit. Ihre Widerstandsfähigkeit gegen Krankheiten ist bekannt, oft erreichen die Hunde ein Alter von 15 Jahren. Die Hauptprobleme der Rasse liegen bei Knochen und Bändern einschließlich HD, Patellaluxation, Achondroplasie (übertriebene Verkalkung der langen Knochen) und zuweilen spröden Knochen. Zuweilen treten blaue Augen auf. Weniger häufig gibt es Probleme mit Monorchismus oder Kryptorchismus, Taubheit und Spaltrachen. Jeder Käufer sollte die Zuchtlinie seines Hundes sorgfältig prüfen. Gesundheit und Langlebigkeit der Vorfahren ist wesentlich. Man achte auf den Ernährungsplan des Züchters, insbesondere in den ersten Jahren. Starke körperliche Bewegung sollte nur in eingeschränktem Rahmen erfolgen.

Die hellen dachsfarbenen Markierungen am Kopf des Welpen werden sich mit zunehmendem Alter aufhellen. Das Haarkleid des Pyrenäen Berghund zeichnet sich dadurch aus, daß diese Hunde stark haaren. Die Hunde lieben das Leben im freien Gelände, brauchen aber unbedingt auch viel menschliche Gesellschaft.
BESITZER: Stephanie A. Wolk.

Pyrenäen Berghund

Rhodesian Ridgeback

Beschreibung

Der Rhodesian Ridgeback ist ein eleganter, kräftiger Jagdhund, trägt seinen Rassenamen aufgrund des eigentümlichen *Ridge*, der sich charakteristisch auf dem Rücken des Hundes bildet. Sein Verlauf ist genau festgelegt, er ist symmetrisch, beginnt direkt hinter den Schultern und verläuft bis zur Hüfte, enthält zwei identische *Kronen*. Der Ridge entsteht durch gegen die normale Wuchsrichtung stehende Haare, etwa 5 cm ist für die Breite des Ridge ein guter Durchschnitt. Im übrigen ist das Haarkleid kurz und dicht, von leuchtender Farbe. Die Farben reichen von einer hellen bis zu einer roten Weizenfarbe. Kleine weiße Abzeichen auf Brust und Zehen erlaubt. Widerristhöhe Rüden 63 bis 67 cm, Hündinnen 61 bis 66 cm. Kopf von guter Länge, flacher, aber zwischen den Ohren breiter Oberkopf, tiefer Fang. Kräftige Kiefer mit perfektem regelmäßigem Scherengebiß, enganliegenden Lefzen. Ohren ziemlich hoch angesetzt, von mittlerer Größe, an der Ohrmuschel ziemlich breit, in der Spitze abgerundet, dicht am Kopf hängend getragen. Hals ziemlich kräftig, frei von Wammenbildung. Brust nicht zu breit, aber schön tief, mit schöner Rippenwölbung (nicht faßförmig). Vorderläufe völlig gerade, kraftvoll, starkknochig, kompakte, gut aufgeknöchelte Pfoten. Hinterhand muskulös, gute Kniewinkelung, tiefgestelltes Sprunggelenk. Rute kraftvoll, nicht zu hoch angesetzt, in leicht aufrecht verlaufender Kurve getragen, nie gerollt. Gewicht Rüden etwa 34 Kilo, Hündinnen 30 Kilo.

Der Ridgeback hat seinen Namen ehrlich verdient. Sein Ridge entsteht dadurch, daß entlang der Wirbelsäule Haare gegen den Strich wachsen, den *Ridge* bilden.
BESITZER: Linda G. Hothan.

Anpassungsfähigkeit

Wer sich einen Rhodesian Ridgeback zulegen möchte, sollte daran denken, daß dieser robuste Jagdhund zur Jagd auf Löwen gezüchtet wurde. Nicht zum echten Angriff auf Löwen, aber um ihn für die Jäger zu stellen. Diese Hunde sind von Natur aus selbstbewußt, kraftvoll, eigenwillig, können recht wehrhaft sein. Ihr Bewegungsbedarf liegt hoch, naturgemäß ist die Haltung auf dem Land einfacher als in den Städten. Heute hat sich der Ridgeback - nach seinem Abschied aus den afrikanischen Dschungeln - zu einem angenehmen Haushund entwickelt, der auch gerne mit Kindern spielt. Man muß dabei wissen, daß er recht kraftvoll spielt, Kindern gegenüber manchmal zu grob wird. Sachgerechte Erziehung von frühester Jugend an steht noch vor ausgewogener Ernährung. Wenn man sich diesem Hund genügend zeitlich widmen kann, wird er zum angenehmen Begleithund und erstklassigen Wachhund.

Ein robuster tüchtiger Jagdhund, gezüchtet zur Jagd auf Großwild im afrikanischen Dschungel. Trotzdem kann er auch zum liebenswerten Haushund werden. Er braucht aber eine erfahrene Hundefamilie und einen guten Erzieher.
BESITZER: Judith Lichtman.

WACHSTUMSPHASE

Ridgebacks haben im allgemeinen große Würfe, das Welpengewicht schwankt beträchtlich. Hauptsächlich treffen wir auf zwei Farbtypen - rote Weizenfarbe mit dunkler Nase und helle Weizenfarbe mit leberfarbener Nase. Das Haarkleid des Welpen läßt die künftige Farbe noch nicht mit Sicherheit feststellen. Ab zwei Wochen aber beginnt die endgültige Pigmentierung, kann die Grundfarbe des Erwachsenen bestimmt werden. Allgemein gesagt dunkeln die roten Hunde mit dem Alter nach, während die Hellfarbenen weiter aufhellen. Mit Ausnahme des *Ridge* repräsentiert die Rasse einen völlig natürlichen Hund. Bei der Welpenwahl achte man auf fröhliches, selbstsicheres Wesen und Gesundheit. Gerade im ersten Jahr fordert die Rasse unbedingt frühe Sozialisierung und konsequente Erziehung, damit daraus der erwünschte selbstbewußte, familienorientierte Hund wird. In der Rasse gibt es Verhaltensstörungen wie Scheu und Aggression - deshalb sollte man keinesfalls einen übertrieben frechen oder einen furchtsamen Welpen kaufen.

Einen guten Ridgeback-Züchter zu finden ist gar nicht so einfach. Noch mehr als andere Hunderassen müssen die Jungtiere von früh an richtig sozialisiert und erzogen werden, damit die Welpen weder aggressiv, dickköpfig noch schwer zu halten sind.
BESITZER: Ulla-Britt Ekengren.

GESUNDHEIT

Der Ridge bringt für die Rasse ein besonderes Problem. Man geht davon aus, daß der Ridge ein Bestandteil eines ganzen Genkomplexes ist, nicht Folge eines einzigen rezessiven Faktors. Im Genkomplex tritt eine Erkrankung namens Dermoid Sinus auf, sie liegt praktisch in jeder Rhodesian Zuchtlinie. Dermoid Sinus ist dadurch charakterisiert, daß ein *Sinus,* ein *Kanal* oder *Tunnel* entweder oberhalb (in Kopfrichtung) und/oder unterhalb (in Rutenrichtung) der Linie des Ridge auftritt. Diese Sinuse wachsen in Richtung Wirbelsäule, machen jede korrigierende Chirurgie gefährlich. In schwereren Fällen ist Euthanasie die einzige humane Wahl. In der Rasse treten zuweilen auch Hüftgelenksdysplasie, Schilddrüsenüberfunktion, Verformungen der Wirbelsäule, Taubheit und andere Hundeerkrankungen auf; verantwortliche Züchter haben diese weitgehend aus ihren Linien ausgeschaltet.

Ridgebacks sind besondere Haushunde. Manche zeigen sich gegenüber anderen Hunden aggressiv, Fremden gegenüber mißtrauisch, erweisen sich territorial und als guter Schutzhund. Von allen Jagdhunderassen ist der Ridgeback bestimmt der beste Wach- und Schutzhund.
BESITZER: Linda G. Hothan.

Die Fellpflege bedeutet eine Kleinigkeit, auch der *Ridge* bringt keinerlei Spezialprobleme mit sich. Es wird empfohlen, bei Narkosemitteln Vorsicht walten zu lassen. Im übrigen ist er ein gesunder Hund mit guter Lebenserwartung.

Rhodesian Ridgeback

Riesenschnauzer

Der Riesenschnauzer verkörpert eindrucksvoll den imposanten Wachhund von kräftiger Gestalt und erkennbarem Schneid. Der robuste kräftige Rahmen, Mut und Intelligenz sind seine Vorzüge als Familien- wie als Schutzhund.
BESITZER: Kevin E. Schrum und Kyle Steigerwald.

Beschreibung

Der Riesenschnauzer ist ein vozügli-cher Schutz- und Wachhund von quadratischer Form. Der Größte aus der Deutschen Schnauzerfamilie, ein robuster, recht aktiver Hund. Widerristhöhe Rüden 65 bis 70 cm, Hündinnen 60 bis 65 cm; die mittleren Werte sind erwünscht. Kräftiger Kopf, rechteckig geformt. Oberkopf zwischen den Augen mäßig breit, Wangen flach, unter den Augen gut ausgefüllt. Kräftiger Fang, komplettes Scherengebiß. Ohren hoch angesetzt, unkupiert seitlich hängend getragen. In wenigen Ländern gibt es noch kein Kupierverbot. Kompakter kurzer Körper. Schulterpartie flach und leicht nach hinten gelagert. Schön gewinkelt, um maximalen Vortritt zu ermöglichen. Hoher Widerrist. Brustkorb ziemlich tief. Gerade Vorderläufe, Ellenbogen gut am Körper anliegend. Brustkorb schön gewölbt, mittelbreit, Brustbein gut zu erkennen. Rute mäßig hoch angesetzt, auf zwei bis drei Glieder kupiert. Hinterhand kraftvoll, gut gewinkelt, nicht überbaut. Schön aufgewölbte Katzenpfoten. Fell hart, drahtig und sehr dicht, doppeltes Haarkleid. Behaarung am Kopf grob mit Bildung von Augenbrauen und Bart. Farben rein Schwarz oder Pfeffer/Salz. Die Pfeffer/Salz-Farbigen mit etwas aufgelichteten Partien an Bart, Augenbrauen, Brust und Läufen. Weiße Abzeichen absolut unerwünscht.

Anpassungsfähigkeit

Ein vorzüglicher Wach- und Schutzhund. Der Riesenschnauzer hat viel Selbstvertrauen, ist für eine Ausbildung als Schutzhund vorzüglich geeignet. Besticht auch als Familienhund, denn er bewundert seine menschlichen Freunde, zeigt Fremden gegenüber Zurückhaltung. Eine verspielte Hunderasse, wobei das Spiel manchmal etwas rauh wird. Hierauf sollte man beim Spiel mit Kindern achten. Diese Rasse verfügt über einen guten Territorialinstinkt, ihr Selbstbewußtsein führt zu Dominanzverhalten; richtig erzogen wird der Riesenschnauzer aber zu einem echt mitdenkenden Arbeitshund.

In den meisten kultivierten Ländern eine Frage des Gesetzes, in den USA des Geschmacks! Jedenfalls wirkt der hängeohrige Riesenschnauzer auf den Betrachter freundlicher und anziehender, weniger *scharf* als sein kupierter *Bruder*.
BESITZER: Neu Bertam.

Wachstumsphase

Die Durchschnittswurfgröße liegt bei sieben, auch größere Würfe kommen vor. Die Welpengeburtsgewichte schwanken zwischen nur 180 bis 450 Gramm. Zwischen zwei und vier Tagen wird die Rute bis auf das zweite oder dritte Glied kupiert. Bei gleicher Gelegenheit sollte man Wolfskrallen an den Hinterläufen, wenn sie auftreten, gleichfalls entfernen. In den meisten Ländern ist Ohrenkupieren gesetzlich verboten, hiernach muß man sich richten. Der Riesenschnauzer zeigt etwa ab einem Alter von zwölf Wochen eine starke Wachstumsphase, die sich über mehrere Monate fortsetzt. Besitzer sollten in dieser Periode das Wachsen beobachten, die vom Züchter empfohlene Ernährung sicherstellen, Zusatzstoffe nur in Abstimmung mit dem Tierarzt. Es wird vereinzelt berichtet, daß die Rasse Vitamin B12 schlecht aufschließt. Heranwachsende haben ihre eigene Rüpelperiode, in der sich Dominanzstreben und Schutztrieb entfalten. Diese für eine Schutzhunderasse außerordentlich geschätzten Merkmale müssen in die richtigen Kanäle geleitet werden. Erziehung ab früher Jugend ist erforderlich und regelt auch diese Probleme. Beim ersten Fellwechsel verschwindet das Welpenhaar, wird durch das rassetypische harte Haarkleid ersetzt, dann wird es Zeit für ein erstes Durchtrimmen. Riesenschnauzer erreichen ihre beeindrukkende Körperkraft etwa mit zwei Jahren.

Die schnellwachsenden Junghunde brauchen mäßig Futter und Auslauf. Zu viel oder zu intensiv können den Junghund schädigen.
BESITZER: Ken und Robin Greenslade.

Gesundheit

Auch beim Riesenschnauzer gibt es eine Reihe von Erkrankungen. Durch verantwortungsbewußtes, eingeschränktes Züchten haben die Züchter diese Probleme weitgehend unter Kontrolle. Hüftgelenksdysplasie gehört zu den Hauptschwierigkeiten, Schutz bieten röntgenologische Überprüfungen aller Zuchttiere. Einzelne Tiere zeigen ein schlechtes Wesen, Wesensüberprüfungen der Zuchthunde wie auch Welpentests erscheinen angezeigt. Einige Riesenschnauzer erkranken an Osteochondritis - eine Gewebestörung, die zu Lahmheit führen kann. Vereinzelt wird von Haut- und Verdauungsproblemen berichtet, dies sind Einzelerscheinungen, nicht rassetypisch. Vereinzelt wird auch von Retinadysplasie berichtet. Magenumdrehung kann bei dieser großen Hunderasse auftreten, mehrere Mahlzeiten, eingeschränkte Bewegung nach dem Fressen und stets Bereitstellung von Frischwasser werden empfohlen. Die Fellpflege erfordert regelmäßiges sachkundiges Trimmen, entweder durch den Besitzer oder beim Spezialisten. Das Bewegungsbedürfnis der Rasse liegt hoch, fachgerechte Erziehung von Jugend an ist ein Muß. Die Lebenserwartung der Rasse beträgt 10 bis 12 Jahre.

Dieser Ausstellungsgigant ist ein eleganter, athletischer Hund. Er fordert gute Konditionierung und Trainingszeiten, für einen so langläufigen Hund absolute Vorbedingung.
BESITZER: K. und R. Greenslade.

Wenn man sich eine Schutzhunderasse zulegt, sollte man einige Erfahrungen und Hundeverständnis haben. Für Ersthundebesitzer ist diese Rasse nur bedingt empfehlenswert.
BESITZER: Kevin E. Schrum und Kyle Steigerwald.

Riesenschnauzer

Rottweiler

Der weltweite Ruhm dieses aus der kleinen Stadt Rottweil stammenden Metzgerhundes hat alle Vorstellungen übertroffen. Hohe Zuchtzahlen dokumentieren die internationale Wertschätzung dieses schwarzlohfarbenen wehrhaften Arbeitshundes.
BESITZER: Martin und Florence Thomson.

Beschreibung

Der Rottweiler ist kein riesiger Hund, vielmehr von mittlerer Größe, aber sehr kompakt und fällt durch sein flach anliegendes schwarzes Haarkleid mit klaren rotbraunen Abzeichen (Brand) auf. Die Rasse ist für ihre Kraft und Beweglichkeit bekannt, Widerristhöhe bei Rüden 61 bis 68 cm, Hündinnen 56 bis 63 cm. Gewicht Rüden etwa 50 Kilo, Hündinnen etwa 42 Kilo. Kopf zwischen den Ohren breit, von mittlerer Länge, im Profil gesehen wirkt der Oberkopf mäßig gewölbt, ausgeprägter Stop. Fang weder gestreckt noch verkürzt, kräftiger, breiter Ober- und Unterkiefer. Jochbogen schön ausgeprägt. Ohren hoch angesetzt, mittelgroß, dreieckig, weit voneinander hängend. Augen mittelgroß, mandelförmig, von tiefbrauner Farbe mit gut anliegenden Augenlidern. Starkes, vollständiges (42 Zähne) Scherengebiß. Vorbiß, Unterbiß, Kreuzbiß und fehlende Zähne disqualifizieren den Hund auf Ausstellungen. Der Rücken ist gerade und fest, Brust geräumig, breit und tief (ungefähr 50 Prozent der Widerristhöhe des Hundes). Kruppe nur leicht abfallend. Rute kurz kupiert oder naturbelassen. Läufe kräftig entwickelt, gerade, nicht enggestellt. Kräftige Hinterhand mit guter Kniewinkelung. Dieser Hund ist für den Trab gebaut, sollte sich harmonisch, sicher, kraftvoll und ungehemmt raumgreifend bewegen. Faßbeinigkeit oder Kuhhessigkeit unerwünscht. Haarkleid stockhaarig, Deckhaar mittellang, derb, dicht und straff anliegend. Unterwolle darf nicht aus dem Deckhaar hervortreten. Auf satte Brandfärbung (Rotbraun) ist zu achten, weiße Flecken sind nicht zulässig.

Anpassungsfähigkeit

Ein gut gezüchteter Rottweiler ist ein angenehmer, freundlicher Familienhund, dabei ein natürlicher Wach- und Schutzhund. Das Wesen ist je nach Zuchtlinie etwas unterschiedlich. Einige Hunde sind sehr eigenwillig, mißtrauisch und zurückhaltend, andere wieder voller Selbstvertrauen, freundlich gegenüber jedermann. Wichtig ist - der Rottweiler ist ein mittelgroßer Hund von unglaublicher Kraft. Er muß richtig und von Jugend an erzogen und sozialisiert werden, um Menschen zu lieben. Rottweiler sind aktive Hunde, für ihre Größe sehr beweglich, können mit Leichtigkeit galoppieren und auch Hindernisse überspringen.

Nie sollte man den Rottweiler nur nach der Größe auswählen. Er ist zweifelsohne ein großer Hund, seine wichtigsten Eigenschaften liegen aber in gutem Wesen, gesunden Hüften und angeborener Unterordnungsbereitschaft.
BESITZER: Scott und Lisa Cote.

Am wohlsten fühlen sie sich in der Gesellschaft von Menschen, können richtig erzogen im Haus leben. Schutzhundearbeit durch Laien sollte unterbleiben, dadurch würde das natürliche Schutzverhalten des Hundes überstimuliert, möglicherweise unkontrollierbar. Bis zu einem gewissen Grad sind aber alle Rottweiler sehr selbstbewußt, eignen sich deshalb wenig für furchtsame Hundebesitzer, denen es an Selbstvertrauen fehlt. Richtige Erziehung ist ein Muß!

Wachstumsphase

Das Geburtsgewicht liegt etwa zwischen 340 und 500 Gramm, Welpen aus großen Würfen wiegen weniger. Anfänglich verläuft das Wachstum langsam, beschleunigt sich dann aber stark. Mit acht Wochen wiegen die Welpen etwa sechs bis sieben Kilo. Die Käufer sollten übergroße Rottweiler, wie sie leider immer wieder angeboten werden, meiden, denn solche Hunde unterliegen verstärkt Skelettproblemen einschließlich HD, erkranken auch eher an Magenumdrehung und anderen Komplikationen. Von Natur aus ist der Rottweiler ein großer Hund, deshalb ist es schädlich und sinnlos, nach noch mehr Größe zu streben. Beim Welpenkauf sollte man Vorsicht walten lassen, auf Gesundheitszertifikate und Kontrolle des gesamten Zuchtmaterials achten. Schaue Dir genau den Bewegungsablauf von Welpen wie Eltern an, kaufe nur, wenn auch die Elterntiere gutes Wesen haben. Meide jeden scheuen Welpen und jeden, der von aggressiven Eltern stammt. Die Wichtigkeit richtiger Sozialisierung und Erziehung kann nicht genug hervorgehoben werden. Ausgereift ist der Rottweiler etwa zwischen zwei und drei Jahren.

Der Rottweiler-Welpe ist freundlich und neugierig, weder mißtrauisch noch scheu. Achte auf die Mutter, auch sie sollte nicht zu beschützend, keinesfalls aggressiv oder nervös sein.
BESITZER: Robert C. Sarro.

Gesundheit

Wesen und HD sind die zwei Hauptprobleme der Rottweilerzüchter. Käufer sollten nur von überprüften Elterntieren Welpen kaufen, die Zuchtüberwachung durch die Vereine ist von Verantwortung geprägt. Achte genauso auf frühe Sozialisierung des Welpen. Die Käufer müssen die Sozialisierung fortsetzen, mit ihrem Hund den Welpenkindergarten besuchen, um die positiven Merkmale weiter zu festigen. Vom Rottweiler ist nachgewiesen, daß er besonders anfällig gegen Parvovirose ist, hierüber machen sich die Züchter beträchtlich Sorgen. Weitere Gesundheitsstörungen sind Entropium, Retinadysplasie, Osteochondrose und Störungen der Bauchspeicheldrüse; diese Krankheiten treten aber nur vereinzelt auf. Es wurde auch schon über Ernährungsstörungen berichtet, wird dringend empfohlen, weitgehend den Futterplänen der Züchter Beachtung zu schenken. Der Pflegebedarf ist minimal, als Ausgleich brauchen diese Hunde aber sehr viel Erziehung und Auslauf. Vorsicht vor Hitzschlag! Ein Rottweiler kann über zehn Jahre alt werden - Herzerkrankungen, Krebs und Magenumdrehungen gehören zu den häufigsten Todesursachen.

Heutzutage haben sich weltweit viel zu viele Vermehrer auf den Rottweiler gestürzt. Sorgfältige Auswahl ist ein Muß! Achte darauf, daß Eltern wie Großeltern gutes Wesen und einwandfreie Hüften haben. Hüftgelenksuntersuchung gilt nicht nur für Ausstellungsfans! Wer möchte schon gerne einen Rottweiler, der mit zwei Jahren hinkt, mit fünf Jahren eingeschläfert werden muß?
BESITZER: Robert C. Sarro.

Saluki

So alt wie die Zivilisation selbst - der Saluki, so sagen einige, ist älter als alle anderen Haustierrassen, denn er wird bereits seit den Zeiten von Alexander dem Großen (329 v.Chr.) rasserein gezüchtet. Auch heute ist er ein königlicher Rassehund von hoher Intelligenz und vorzüglichem Sehvermögen.
BESITZER: Christine McIntyre und Charlie Cope.

BESCHREIBUNG

Der würdevolle Saluki ist ein eleganter und edler Windhund mit seiner charakteristischen, tiefen, weitschauenden Augen, einem wunderschönen langen und schmalen Kopf und schlanken Läufen. Ausgewachsene Salukis erreichen als Rüden eine Widerristhöhe von 58,4 bis 71,1 cm - die Hündinnen sind etwas kleiner. Der Oberkopf ist nicht aufgewölbt, auch der Stop nur schwach ausgeprägt. Die Ohren sind groß, mit langem, seidigem Haar bedeckt. Augen dunkel bis haselnußfarben, leuchtend, groß und oval. Hals lang, muskulös, Brustkorb tief und langgezogen, mäßig schmal. Schulterpartie schön nach hinten gelagert, Vorderläufe gerade. Vordermittelfuß kräftig, leicht schräggestellt, kräftige Hüftknochen, breitstehend, mäßig gewinkelte Knie, kraftvolle Hinterläufe, Sprunggelenk tiefstehend. Der Körperbau des Salukis ist für eine mühelose Fortbewegung ideal, bei der sich der Körper vom Boden erhebt, mühelos vorwärts geschleudert wird. Das Fell ist glatt, von seidiger Struktur, Befederung an Ohren, Läufen und Rute. Die glatthaarige Version *der Sloughi* bleibt frei von jeder Befederung. Die Saluki-Farben sind Weiß, Cremefarben, Falb, Goldrot, Grizzle, Silbergrizzle, Hirschgrizzle, Tricolor (Weiß mit Schwarzlohfarben), Schwarzlohfarben und verschiedene Variationen der Farben untereinander. Gestromt nicht zulässig.

ANPASSUNGSFÄHIGKEIT

Der Saluki ist nur ein Hund für den Kenner, eine uralte königliche Hunderasse, deren Eleganz und exotischer Charme unübertrefflich sind. Salukis bewegen sich meist mit der Eleganz einer Katze. Sie schlafen auch zu einem Ball zusammengerollt wie eine Katze, reinigen sich auf ähnliche Art wie Katzen. Sie können in völliger Harmonie mit Salukis wie auch anderen Hunden leben. Diese Hunde sind intelligent und zurückhaltend, Fremden gegenüber nie übertrieben aufgeschlossen, aber freundlich, verspielt. Und sie lieben es, voll in die Familie integriert zu sein. Einige Vertreter der Rasse zeigen sich besonders nervös und unruhig, meist eine Folge nicht angemessener Sozialisierung und Aufzucht.

Würde und Freundlichkeit verbinden sich miteinander, schaffen den einmaligen Ausdruck des Salukis. Dieser Hund ist ein recht empfindsames Tier, muß mit den gleichen Tugenden, die sein Ausdruck enthüllt, gehalten und erzogen werden.
Das Foto zeigt den kurzhaarigen Sloughi.
BESITZER: P. Reynolds.

Wachstumsphase

Geburtsgewicht und Wachstum sind in der Rasse etwas unterschiedlich, aber die meisten Junghunde wachsen während der ersten Monate schnell heran. Auch Größe und Ausreifung dauern verschieden, einige Linien sind typmäßig größer als die anderen. Die Käufer sollten immer auf Ausgewogenheit und gute Anatomie achten, besonders aber das Wesen berücksichtigen. Wichtig ist, sich die Eltern - zumindest die Mutter - anzusehen, ihr Wesen genau zu kennen. Da Salukis meist nach dem Werfen ihr Fell wechseln, sieht die Hündin oft etwas abgehaart aus. Bis zur endgültigen Reife dauert es lange, meist etwa vier Jahre. Salukis brauchen viel Platz zum Heranwachsen, sollten nie über längere Zeit im Zwinger oder gar Käfig gehalten werden. Die Halbstarkenzeit bei diesen Hunden dauert meist etwas länger, sehr gute und gründliche Sozialisierung ist ein Muß. Salukis sind schlau, testen ihre Besitzer und streunen, wenn man ihnen hierzu eine Chance gibt. Um zum fröhlichen, ausgeglichenen Familienhund zu werden, brauchen Salukis ein gutes Zuhause und viel Platz.

Obgleich Salukis eine königliche Behandlung fordern, kann Verwöhnen ihnen ebenso viel schaden wie guttun. Der Saluki braucht ein weiches Lager, um das Auftreten von Liegebeulen zu vermeiden.
BESITZER: Eileen Barbieri.

Gesundheit

Daß Salukis relativ frei von vielen Erbkrankheiten sind, wird einer sehr sorgfältigen Zucht im Heimatland Arabien zugeschrieben. Selbst HD und Kryptorchismus treten selten auf. Jede Rose hat aber ihre Dornen, der Saluki gehört zu den wenigen Rassen, bei denen ein Trend zu psychosomatischen Krankheiten besteht. Diese Krankheiten befallen in erster Linie Haut und/oder Verdauungssystem, man sieht sie als durch Streß ausgelöst. Für die Gesundheit dieses Hundes ist Sozialisierung und Gesellschaft außerordentlich wichtig. Der Saluki gedeiht alleingelassen oder im Zwinger eingesperrt schlecht, fühlt sich auch in Gesellschaft besonders selbstbewußter und ihn einschüchternder Rassen nicht wohl. Zu den anderen Rasseproblemen gehört das Lager, da Salukis deutliche Liegebeulen entwickeln, selbst auf der Brust, wenn ihnen kein weiches Lager zur Verfügung steht. Wählerisches Fressen kann gleichfalls zum Problem werden, die Hunde brauchen immer ein qualitativ hochwertiges Futter. Aufgrund mangelnden Körperfetts sind Salukis gegen Narkotika empfindlich, ebenso gegen Flohmittel und Barbiturate. In beschränktem Umfang wird vom Auftreten von Herzerkrankungen, PRA und Krebs berichtet. Im allgemeinen werden Salukis - wenn sie richtig gehalten sind - 13 bis 16 Jahre alt.

Rassehunde übertragen sowohl ihre anatomischen Merkmale wie rassetypisches Verhalten. Salukis sieht man häufig in dieser charakteristischen Stellung mit überkreuzten Läufen.
BESITZER: Melinda Camardella.

Samoyede

Von Haus aus immer Arbeitshunde, hüteten die Vorfahren des Samoyeden Rentiere und zogen Schlitten, während die arktische Sonne ihr Haarkleid schneeweiß ausbleichte.
BESITZER: Cheryl A. Wagner.

Beschreibung

Der wunderschöne Samoyede mit seinem üppigen Haarkleid glitzernden Schnees besitzt den Körperbau eines vorzüglichen Arbeitshundes. Hinter seiner Würde und seiner *schneeweißen Grazie* ist dieser Hund kraftvoll und beweglich. Auch das den ganzen Körper umfassende abstehende üppige Haarkleid läßt ihn nicht grob wirken. Dieser Hund ist kompakt, im Rücken kurz, muskulös, hat eine tiefe Brust mit guter Rippenwölbung, einen kräftigen Hals, gerade Front, mäßig lange Läufe, ist besonders kräftig im Lendenbereich und in der Hinterhand sehr schön gewinkelt. Der Samoyede ist ein substanzvoller Hund, hat viel schwerere Knochen als man bei einem mittelgroßen Hund erwartet, der eine Widerristhöhe bei Rüden von 51 bis 56 cm, bei Hündinnen von 46 bis 51 cm hat. Dennoch ist dieser Hund keinesfalls so massiv, daß dies seiner Beweglichkeit und Schnelligkeit hinderlich wäre, keinesfalls wirkt er schwer oder plump. Andererseits darf er natürlich weder leicht noch elegant sein. Das Deckhaar steht gerade vom Körper ab, die Unterwolle bedeckt den ganzen Körper, ist weich, dick, wie eng gesponnene Wolle. Ein üppiges Haarkleid ist erwünscht, wobei an erster Stelle die Qualität steht - das Fell muß wetterfest sein! Der hübsche Kopf des Samoyeden mit seinem lächelnden Ausdruck ist von ganz besonderer Wichtigkeit. Der Oberkopf ist breit, kräftig und keilförmig, keinesfalls rund und apfelköpfig. Fang von mittlerer Länge. Ohren kräftig und dick, dreieckig mit leicht abgerundeten Spitzen, sie werden aufrecht stehend getragen. Die Augen sind mandelförmig, mittelgroß, dunkelbraun, leicht schräggestellt und von intelligentem Ausdruck. Nase und Lefzen schwarz, wobei auch braune oder fleischfarbene Nase zulässig ist. Rute lang, dicht befedert, über den Rücken gerollt getragen. Farben Reinweiß, Weiß und Biskuitfarben, Cremefarben. Das Deckhaar wirkt an den Spitzen silbern.

Nur ein Narr würde versuchen, das Lächeln des Samoyeden in Worte zu fassen.
BESITZER: Mrs. Reynolds-Parnham.

Anpassungsfähigkeit

Trotz ihres schneeweißen Haarkleids und ihrer großen Liebe zum Schnee leben Samoyeden gerne im Haus, weil ihre Menschenliebe durch nichts übertroffen wird. Zumeist ruhig und friedfertig können Samoyeden auch eigenwillig, manchmal sogar dickköpfig werden. Sie brauchen als Besitzer einen Menschen, der ihnen liebevoll Disziplin beibringt. Der Fellwechsel erfolgt (je nach Klima) dreimal jährlich, ist sehr stark. Richtig erzogen wird Kläffen bei dieser Rasse nicht zum Problem, aber sie haben Freude an ihrer Stimme - einige Besitzer behaupten *sie sprächen*. Wenn Du den ganzen Tag arbeiten mußt, Deinen Hund zu Hause läßt, solltest Du dem Samoyeden die Agonie an Deiner Seite ersparen. Diese Hunde brauchen Gesellschaft, können - wenn man sie ignoriert - sehr zerstörerisch werden. Ihr freundliches Wesen und ihre absolute Hingabe an den Menschen machen sie im Charakter noch liebenswerter als ihr so schönes Äußere anzeigt.

Wachstumsphase

Der Samoyede ist eine natürliche, robuste Hunderasse, bei der es wenig Probleme gibt. Die Welpen wachsen schnell heran, erforschen früh neugierig die ganze Umwelt. Etwa mit sechs Wochen stehen die Ohren bereits, fallen zuweilen aber in der Zahnwechselperiode nochmal herunter. Mit acht Wochen wiegen die Welpen zwischen vier und nahezu sechs Kilo. Als Käufer achte man auf aufgeschlossenes, freundliches Wesen, quadratische äußere Linie, daß alle vier Pfoten fest auf dem Boden stehen, die Zehen gerade ausgerichtet sind. Das Haarkleid sollte dick und wollig sein, dazu dunkle Augen, breiter Kopf und kurzer Fang. Wichtig ist die Pigmentierung von Nase, Augenlidern und Ballen. Junghunde sind für ihre Zerstörungsfreude und ihren großen Appetit bekannt. Beides bedarf frühzeitiger Erziehung! Zwischen sechs Monaten und einem Jahr tritt der erste Fellwechsel auf. Der Hund braucht von da an bei jedem Fellwechsel sehr viel gründliche Fellpflege.

Gesundheit

Ein gut gehaltener Samoyede aus guter Zucht erfreut sich vorzüglicher Gesundheit, hat eine Lebenserwartung von über 10 Jahren. In der Rasse bekannt sind Hüftgelenksdysplasie, Taubheit, Zwergwachstum, PRA und andere Augenprobleme. Diese sind aber durch verantwortungsbewußte Zucht weitgehend einzugrenzen. Zuweilen treten blaue Augen auf - meist begleitet von Albinomerkmalen - sie sind ein disqualifizierender Fehler. Einige Fälle von Myasthenia Gravis (Muskelschwäche), Pulmonic Stenosis (Lungenkrankheit) sind bekannt, es gibt auch Berichte über genetisch bedingtes, mangelndes Zinkaufschließungsvermögen. Samoyeden sollte man vor zuviel Sonne und Dickleibigkeit schützen. Gerade eine nordische Hunderasse kann schnell zum Opfer eines Hitzschlages und der Erschöpfung werden. Das weiße Haarkleid wird leicht durch die Sonne verbrannt, dabei entstehen braune Flecken. Dickleibigkeit schmälert die Sonnenscheintoleranz des Hundes, kann zu weiteren Gesundheitsstörungen führen. Bei älteren Samoyeden ist bekannt, daß Nierenerkrankungen und Krebs auftreten. Von einigen Linien weiß man, daß sie gegen Narkotika sehr empfindlich reagieren.

Wenn Persönlichkeit und Lächeln nicht wie ein Eiszapfen funkeln, dann kann es einfach kein Samoyede sein. Das Wesen bedeutet beim Samoyeden alles! Diese Hunde sind seit undenklichen Zeiten engstens mit dem Menschen verbunden, verstehen die menschliche Spezies besser als irgendein anderer.

Um den Samoyeden immer sauber weiß zu halten braucht man weniger Zeit als angenommen. Dieses vorzügliche Fell ist eine nahezu selbstreinigende Isolierung für Deinen Hund.
BESITZER: C. E. Kight und Charlott J. Conniff.

Samoyede

Schipperke

Beschreibung

Als typischer Seemann ist der Schipperke immer in schwarzem Cape, Jabot, Culotten und Krause gekleidet. Sein Gesicht wirkt fuchsähnlich, seine Rute aber überhaupt nicht, denn die Hunde werden in der Regel kupiert. Dieser unternehmungslustige kleine Matrose wiegt im allgemeinen zwischen 5,4 und 7,3 Kilo. Im Profil wirkt er untersetzt und quadratisch, zeigt eine einmalige Silhouette mit steilem Abfall von den Schultern zur Kruppe. Der Oberkopf ist mittelbreit, erscheint gerundet. Der Hund hat ovale Augen, dunkelbraun, leuchtend und sehr ausdrucksstark. Seine Stehohren sind klein, hoch angesetzt, dürfen nie hängen. Hals kräftig, ziemlich kurz, leicht gebogen. Rückenlinie kurz, kräftig und gerade. Brust breit und tief, bis zu den Ellenbogen reichend, Rippen mäßig oval, Kruppe breit und schön gerundet. Schultern gut zurückgelagert, Vorderläufe gerade, Hinterläufe etwas feiner, gute Kniewinkelung, Sprunggelenk tiefstehend. Das Fell ist charakteristisch für die Rasse. Das längere Haarkleid um den Hals beginnt hinter den Ohren, bildet eine Mähne. Seine Brustkrause - *Jabot* - beginnt zwischen den Vorderläufen, dehnt sich bis zu den Hinterläufen aus, wo sie in die Hosen - *Culottes* - mündet. Haarkleid üppig, dicht und hart bei dichter Unterwolle. Farbe Schwarz. Der englische Standard gestattet aber auch andere Farben - Cremefarben sind dort sehr populär.

Wie leicht fällt es, einen ergebenen Matrosen mit nach Hause zu nehmen? In seiner Mähne *schimmert der Schipperke wie ein schwarzer Diamant, eine Kostbarkeit für jede richtige Seemannsfamilie! Er ist klein, fuchsartig und ein echter belgischer Flame.*
BESITZER: Dom und Claudia Orlandi und Brenda S. Bible.

Anpassungsfähigkeit

Der beste kleine Haushund! Schipperkes lieben Kinder, fühlen sich in der Familie außergewöhnlich wohl. Für ihre Familie werden sie schnell zu guten Beschützern, haben zu jedem Familienmitglied volles Vertrauen. Sie sind intelligent und unabhängig, brauchen vollen Familienanschluß, um sich wohl zu fühlen. Natürlich muß man diese Hunde auch früh erziehen. Insgesamt gesehen sind sie recht freundlich, aber Fremden gegenüber reserviert. Nach kurzer Zeit werden aber auch Fremde akzeptiert.

Wenn man Schipperkes von Jugend an viel mit fremden Erwachsenen und Kindern zusammenbringt, werden sie recht menschenfreundlich.
BESITZER: Vikki Ingram und Ann Walthall.

Wachstumsphase

Obgleich kleinere Würfe die Norm sind, fallen in einem Wurf zuweilen auch bis zu acht Welpen. Das durchschnittliche Geburtsgewicht liegt bei etwa 150 Gramm. Innerhalb der ersten Woche werden Rute und Wolfskrallen entfernt. Im Alter von acht Wochen wiegen Schipperkes etwa 2,3 Kilo. Das Wachstum ist etwas unterschiedlich, im allgemeinen erreichen die Hunde zwischen 6 und 12 Monaten volle Widerristhöhe. Voll ausgereift sind die Hunde aber erst mit etwa drei Jahren. Bei dieser Rasse empfiehlt sich, den Zahnwechsel zu überwachen. Die Welpen haben eine tiefschwarze Farbe, dreieckige Ohren, hoch am Kopf angesetzt. Etwa mit fünf Monaten wechselt das weiche Welpenkleid zu dem groberen Erwachsenenkleid. Aber die volle Schönheit des Haares mit vornehmer Halskrause ist meist unter einem Jahr nicht voll entwickelt.

Gesundheit

Der Schipperke ist bei weitem einer der gesundesten und langlebigsten Haushunde, es gibt Schipperkes, die 20 Jahre alt wurden. Erbliche Krankheiten sind sehr selten. Am häufigsten trifft man beim Schipperke auf ein allergiebezogenes Problem, das Folgeerscheinungen von Asthma bis zu Dermatitis auslöst. Richtige Behandlung des pflegeleichten Fells kann diese Probleme eingrenzen, läßt mit Sicherheit Schäden früh entdecken. Regelmäßige Kontrolle dieses leicht zu pflegenden Fells kann diese Probleme eingrenzen, ermöglicht mit Sicherheit Frühentdeckung von Schäden. Die Zahnpflege ist bei Schipperkes wichtiger als bei vielen anderen Rassen. Hierzu gehört, von Zeit zu Zeit den Zahnstein durch den Tierarzt entfernen zu lassen. Zuweilen tritt Entropium auf, aber nicht in größerem Umfang. Zwei ernsthafte Erkrankungen werden angezeigt, Epilepsie und Legg-Perthes-Erkrankung. Diese treten aber wohl primär in einzelnen Linien auf, worüber man sich beim Kauf informieren sollte. Der Schipperke ist ein aktiver, sehr gut erziehbarer Hund. Die Besitzer sollten diese Eigenschaft zur Freude von Hund und Menschen voll nutzen.

Immer munter und neugierig brauchen Schipperkes planmäßige Erziehung und Fütterung. Die Junghunde segeln durch ihre Flegelzeit, halten immer Ausschau nach einem interessanten Hafen oder neuen Gelände, um es zu erforschen.
BESITZER: Carolyn Krosinsky.

Schipperkes werden vorzügliche Haushunde, lassen sich gut erziehen. Trotz seiner kleinen Gestalt nimmt es der Schipperke, was den Schutz seiner Familie angeht, mit jedem Wachhund auf.
BESITZER: Dr. Charles Morgan und Patricia Nigey.

Schipperke

Schnauzer

Früher einmal von Künstlern wie Rembrandt gemeinsam mit der Madonna auf der Leinwand festgehalten ist der Schnauzer heute ein Hund für Kenner, steht etwas abseits vom großen Publikumsinteresse. Der Mittelschnauzer ist der älteste der drei anerkannten Schnauzerrassen, arbeitete ursprünglich als Rattenfänger und Wachhund bei der bäuerlichen Bevölkerung, verfügt aber über mannigfaltige weitere Talente.
BESITZER: Gabrio del Torre und Rita Holloway.

Beschreibung

Ein kräftig gebauter, mittelgroßer Hund mit typischem dicken, harten Haarkleid, was noch durch die starken Augenbrauen und den Bart der Hunde unterstrichen wird. Der Mittelschnauzer ist ein muskulöser, kräftiger Hund mit einer Widerristhöhe von 45 bis 50 cm. In Ausstellungskreisen werden Größenabweichungen wenig toleriert. Quadratischer Körperbau, bei dem Körperlänge und Widerristhöhe gleich sind. Kopf lang gestreckt, rechteckig; Augen mittelgroß, dunkel, oval. Ohren hoch angesetzt, unkupiert, v-förmig mit Klappfalte oder kleines Stehohr, gleichmäßig aufrecht getragen. Oberkopf flach, nicht aufgebogen, kräftiger Fang, starke, aber nicht übertriebene Backenmuskulatur, Scherengebiß. Hals edel geschwungen, nicht zu kurz und nicht zu dick, Nacken gewölbt. Obere Linie horizontal, kräftiger gerader und kurzer Rücken. Kompakter Körperbau. Brust mäßig breit, flachrippig und im Querschnitt oval. Rute hoch angesetzt, aufwärts getragen, auf drei Wirbel kupiert. Schulter schräggestellt. Vorderläufe kräftig, gerade, Ellenbogen gut anliegend. Hinterläufe kräftig bemuskelt, Sprunggelenk ausgeprägt gewinkelt, von hinten gesehen stehen die Läufe parallel. Haarkleid ist rauh, drahtig, hart und dicht. Deckhaar rauh, weder struppig noch gewellt, dichte Unterwolle. Zwei Farbvariationen, einfarbig Schwarz oder Pfeffersalzfarbig (mit gleichmäßig verteilter, gut pigmentierter Pfefferung der Farbnuancen vom dunklen Eisengrau bis zum Silbergrau). Das Deckhaar darf nie Rostfarben, Braun, Rot, Gelb oder Lohfarben, fleckig oder gestreift wirken, keinesfalls sollte die Pfefferung fehlen. Weiße Abzeichen auf Brust und Läufen unerwünscht.

Anpassungsfähigkeit

Der Schnauzer ist seinem Menschen gegenüber extrem loyal, gilt als Ein-Mann-Hund - oder man sollte zumindest sagen, daß er sich sehr stark an seine Familie anschließt. Gemeinsam aufgezogen ist er mit Kindern freundlich. Zurecht nennt man ihn territorial, seine Familie ist sein Mittelpunkt, deren Freunde kommen für ihn nur selten in den inneren Zirkel. Aus diesem Grund ist er ein vorzüglicher Wachhund, sein dunkles Bellen wirkt recht abschreckend. Der Schnauzer hat ein gutes Gedächtnis, vergißt nicht schnell, beharrt auf Dingen, die er mag und die er nicht mag. Gerade die Kombination seiner Intelligenz, Ausbildungsfähigkeit mit seiner Freude am Spiel machen ihn zum erstklassigen Familienhund. Voraussetzung ist aber Frühsozialisierung und konsequente Erziehung. Mit anderen Hunden kommt er nicht immer gut zurecht. Es könnte auch mit anderen kleinen Haustieren Schwierigkeiten geben, etwa mit Hamstern oder Mäusen. Seiner Herkunft nach ist er eben doch immer ein scharfer Raubzeugjäger gewesen.

Wachstumsphase

Neugeborene Schnauzer wiegen 200 bis 340 Gramm, sie werden meist alle schwarz geboren. Bereits in den ersten Wochen zeigen sich hellere Farbschattierungen, verbreiten sich weiter bis der Hund ausgereift ist. Die Wachstumsrate verläuft unterschiedlich. Die Ohren sollten immer natürlich belassen bleiben, werden später als Hänge- oder Stehohr getragen. Die Rute wird in den ersten Tagen kupiert, Wolfskrallen gleichzeitig entfernt. Mit acht Wochen liegt das Gewicht etwa bei 3,2 bis 4,5 Kilo. Bei einigen Hunden gibt es frühe Wachstumsschübe, andere scheinen zunächst zu klein, wachsen aber später plötzlich stark nach. Volle Widerristhöhe wird etwa einjährig erreicht, ausgewachsen ist der Hund aber erst mit etwa drei Jahren. Beim Kauf achte man auf einen gut sozialisierten Welpen. Schnauzer brauchen laufend Kontakt zum Menschen, von früher Jugend bis zum Erwachsensein. Die Züchter empfehlen den Besuch von Welpenkindergärten, Ausnutzung aller Sozialisierungs- und Ausbildungsmöglichkeiten. Wahrscheinlich wird der halbstarke Junghund erforschen, ob die Haushaltsregeln auch für ihn gelten. Der Fellwechsel bedarf immer spezieller zusätzlicher Pflege.

In England und vielen kontinentalen Ländern trifft man glücklicherweise heute nur noch den Schnauzer mit Hängeohr oder natürlichem Stehohr an.
BESITZER: Dorothe Henne.

Gesundheit

Mittelschnauzer sind eine robuste, aktive, intelligente, langlebige Hunderasse. Viele erfreuen sich noch mit 15 oder gar 17 Jahren ihres Lebens. Im Vordergrund stehen Verhaltensstörungen. Ungenügend sozialisierte Hunde, Hunde mit traumatischen Erfahrungen durch falsche Haltung und vernachlässigte Hunde könnten sich kritisch entwickeln. Die Fellpflege braucht einige Zeit und ist sehr wichtig. Wie beim Zwergschnauzer ist auch der Mittelschnauzer zuweilen von einer spezifischen Follikeldermatitis befallen, die man im englischen Sprachraum *Schnauzer-Comedo-Syndrom* nennt. Regelmäßiges Trimmen scheint das Auftreten dieser Störung zu mindern. Auch Augenentzündungen, ausgelöst durch zu lange Haare und PRA werden berichtet. Bei älteren Schnauzern kommt es zu Fett-Tumoren und Wucherungen. Auch Herzprobleme beeinträchtigen die Rasse, Herzversagen ist die verbreitetste Todesursache älterer Hunde. Pulmonic Stenosis befällt die Lungenpartie einiger Schnauzer, ebenso Nierensteine. Es gibt auch Berichte über Floh- und Futtermittelallergien.

Der Schnauzer ist wahrhaftig ein Hund fürs ganze Leben, manchmal kann er 17 Jahre alt werden.
BESITZER: Barbara M. Dille.

Beim Welpenkauf achte man immer auf einen gut sozialisierten Hund. Gesucht ist ein freundlicher, menschenorientierter Welpe, der bereits verschiedenartigen Umweltbedingungen ausgesetzt wurde.
Das wichtigste Problem der Rasse liegt im selbstbewußten Verhalten. Frühzeitige Sozialisierung und Ausbildung sind der Schlüssel zum angenehmen Familienhund.
BESITZER: Koehl Liwe.

Scottish Terrier

Der Scottish Terrier hat sehr viele Bewunderer, er begleitete schottische Könige und amerikanische Präsidenten und gewann oftmals prestigeträchtige Hundeausstellungen. Diese fehlerlose Lady ist Champion Gaelforce Post Script, sie war 1995 schönster Hund der Westminster Show.
BESITZER: Dr. Vandra L. Huber und Dr. Joe Kinnarney.

BESCHREIBUNG

Der Scottish Terrier ist recht kompakt, sehr muskulös, wirkt für seine Größe außerordentlich kraftvoll. Dieser drahthaarige Niederläufer-Terrier hat eine Widerristhöhe von 25,4 bis 28 cm, wiegt 8,6 bis 10,4 Kilo. Der Oberkopf ist lang, von mittlerer Breite, Gesichtsschädel kräftig, tief. Leichter Stop, Oberkopf und Fang von gleicher Länge. Kräftige Zähne mit regelmäßigem Scherengebiß. Ohren spitz, hoch, aber nicht zu eng beieinander angesetzt, stehend getragen, samtartig behaart. Augen mandelförmig, dunkelbraun, ziemlich breit eingesetzt, tief unter den buschigen Augenbrauen liegend, mit intelligentem Ausdruck. Hals mäßig lang, muskulös. Breite und tiefe Brust, schön tief zwischen den Vorderläufen gelagert. Rücken sehr muskulös und im Verhältnis kurz. Obere Linie gerade und fest, schön bemuskelte Lendenpartie, tiefe Flanken. Von besonderer Wichtigkeit sind die Läufe, sie müssen kurz und gerade sein, starke Knochen haben. Guter Ellenbogenschluß. Schöne Kniewinkelung, Sprunggelenk kurz und kräftig, weder nach innen noch nach außen gerichtet. Vorderpfoten geringfügig größer als Hinterpfoten, gut aufgeknöchelt. Der Bewegungsablauf ist frei und geschmeidig, gerade vorwärts mit gutem Schub aus der Hinterhand. Rute mäßig lang, ausgewogen zur Körpergröße, hoch angesetzt und senkrecht oder leicht nach vorne getragen (nie gerollt). Fell doppelt, dicht anliegend, kurze weiche Unterwolle, Deckhaar hart, dicht und drahtig. Farben Schwarz, Weizenfarben oder Gestromt jeder Schattierung. Ein populärer, kurzläufiger Terrier vom schottischen Hochland, selbstbewußt, ohne aggressiv zu sein.

ANPASSUNGSFÄHIGKEIT

Fachleute, die den Scottie wirklich lieben, unterstreichen, daß man dieser Rasse meist nicht auf den ersten Blick verfällt. Erst das Zusammenleben mit ihm führt zur lebenslänglichen Partnerschaft. Scotties glauben, sie seien sehr große Hunde, sie haben viel Selbstbewußtsein und Kühnheit, die schwerlich zu übertreffen sind. Ein unabhängiger, eigenwilliger Terrier. Deshalb braucht er von früher Jugend an Erziehung zur Unterordnung und Sozialisierung, tut sich mit der Stubenreinheit etwas schwerer. Im allgemeinen wirkt der Scottie etwas wie ein mürrischer, nüchterner Zeitgenosse, der weiß, daß das Leben ernst ist, man ihm mit Würde begegnen muß. Trotzdem sind diese Hunde recht anpassungsfähig, haben auch Freude an der Arbeit. Sie sind empfindsam für Lob wie Tadel, kommen mit gut erzogenen Kindern gut zurecht. Sie lieben die Zuneigung des Menschen, aber immer entsprechend ihren eigenen festliegenden Vorstellungen. Ein Hund für Menschen, die bereit sind, Eigenwilligkeit zu akzeptieren, diese Rasse entsprechend ihren Eigentümlichkeiten zu erziehen und zu pflegen.

Eine freudige Entdeckung für einen intelligenten, ausgeglichenen Besitzer. Der Scottish Terrier stellt wenig Anforderungen, macht den Menschen ohne besonderen Anlaß glücklich, verschenkt sein Herz immer nur einmal für ein ganzes Leben.
BESITZER: Donna M. Cone.

Wachstumsphase

Das Geburtsgewicht liegt zwischen 170 und 220 Gramm, die Welpenfarbe ist schwarz, gestromt oder weizenfarben. Nach wenigen Wochen verstärkt sich die Farbe, ist deutlicher zu erkennen. Weiße Flecken an Kinn und auf der Brust treten auf, sind sie nicht groß, verschwinden sie meist bis zum Erwachsensein. Als Käufer achte man auf einen großen Kopf (natürlich im Verhältnis zum Körper), etwas längeren Rücken bei gutem Stand und schöner Bewegung. Die Augen sollten klar und dunkel sein, nie rund. Rute ohne Haken. Das normale Wachstum verläuft komplikationsfrei, führt natürlich immer zu vorübergehenden Veränderungen. Zeitweise verlieren die Vorderläufe ihre Gradlinigkeit, die Augen können sich noch nach sechs Monaten aufhellen. Die volle Widerristhöhe ist meist mit einem Jahr erreicht, voll ausgereift sind die Hunde beträchtlich später. Mit der Fellpflege des Terrierkleides muß von früh an begonnen werden, man setzt dies über die gesamte Jugend und Erwachsenenzeit fort. Im allgemeinen muß das Fell alle zwei bis drei Monate getrimmt werden, je nach Stärke des Fellwachstums.

Wenn Du Deinen Welpen ausstellen möchtest, achte auf großen Kopf, mittellangen Rücken, geschmeidige Bewegung und vor allen Dingen auf ein Wesen, das zu diesem selbstbewußten kleinen Terrier paßt.
BESITZER: Lois Miller und Jane Robinson.

Gesundheit

Der Scottish Terrier ist ein robuster kleiner Hund mit guter Widerstandsfähigkeit gegen Krankheit und hoher Schmerzunempfindlichkeit. Scotties freuen sich ihres Lebens, zeigen meist Selbstbewußtsein und Eigenwilligkeit. Sinnvolle Erziehung ist ein Muß. Die Besitzer sollten sich vor Überfütterung hüten, denn zu hohes Gewicht kann zu Rückenproblemen führen. Während des ersten Jahres und zuweilen länger müssen Treppensteigen und ähnliche Aktivitäten eingegrenzt bleiben. Einige Erbkrankheiten treten in der Rasse auf, darunter die von Willebrands Disease (befällt die Blutplättchen), Craniomandibular Osteopathie, eine ungewöhnliche, noch wenig erforschte Erkrankung, welche die Kieferknochen befällt. Beide Erkrankungen sind selten. Eine hyperkinetische Krankheit ist rassespezifisch, wurde als *Scottie Cramp* bezeichnet, sie soll innerhalb der Rasse rezessiv vererbt werden. Diese Krankheit äußert sich durch plötzliche Spasmen, wobei Glieder, Rücken- und Rutenknochen plötzlich steif werden. Diese Krankheit kann behandelt werden. Erste Symptome können schon bereits mit sechs Wochen auftreten. Schilddrüsenprobleme, Hämatome am Ohr und verschiedene Allergien werden verbreitet berichtet, sind in aller Regel gut zu behandeln. Achondroplasie, Taubheit und Linsenluxation werden vereinzelt berichtet. Nierenerkrankung und verschiedene Krebsarten sind die Erkrankungen älterer Hunde. Die Lebenserwartung des Scottish Terrier liegt bei etwa 12 Jahren, wobei einige auch über 15 Jahre alt werden. Zur Fellpflege gehört fachgerechtes Trimmen, das in der Regel wöchentlich ein bis zwei Stunden fordert, wobei man zuweilen auf den Fachmann angewiesen ist. Mit persönlicher Geschicklichkeit läßt sich diese Aufgabe aber auch selbst meistern.

Der *Scottie Cramp* ist leider kein Scherz, kann mitten im Spiel und selbst während den *Standing Ovations* für den Ausstellungssieger auftreten.
BESITZER: Jack und Margaret Banker.

Scottish Terrier

Sealyham Terrier

Der Sealyham Terrier verdankt seinen Namen dem Landsitz Sealyham seines Züchters Kapitän Edwardes. Der Ende des 19. Jahrhunderts entstandene Terrier besitzt ein einmaliges Haarkleid, das sich aus weicher Unterwolle und hartem Deckhaar zusammensetzt. Sonst gibt es aber nichts Weiches an diesem Hund. Ein tapferer Jäger auf Dachse, Füchse und Otter.
BESITZER: Franel Brown, Christine Stephens und P. Stuckey.

Beschreibung

In allererster Linie muß der Sealyham Terrier perfekt ausbalanciert wirken. Er ist ein Jagdhund von größter Entschlossenheit und Durchsetzungsvermögen, für seine Größe besitzt er außergewöhnliche Substanz. Seine Widerristhöhe liegt maximal bei 31 cm, Idealgewicht Rüden 9 Kilo, Hündinnen 8,2 Kilo. Typ, Ausgewogenheit und Substanz sind die Hauptkriterien. Der Kopf ist lang, breit und kraftvoll, darf nie grob wirken. Oberkopf leicht aufgewölbt, zwischen den Ohren breit, mäßiger Stop. Wangenpartie flach, Lefzen eng anliegend, schwarze Nase. Augen dunkel, tiefliegend und breit voneinander eingesetzt. Gutes Augenpigment ist erwünscht. Ohren mittelgroß, leicht abgerundet, dünn, an den Wangen anliegend getragen. Hals von schöner Länge, dick und muskulös. Schultern gut zurückgelagert, schön anliegende Ellenbogen. Vorderläufe kurz, kräftig und gerade mit schönen Knochen. Brust breit und tief, gut zwischen den Vorderläufen gelagert. Pfoten rund, katzenartig mit dicken Ballen, gerade nach vorne stehend. Hinterläufe für die Größe des Hundes besonders kraftvoll. Schöne Kniewinkelung, Sprunggelenke tiefstehend und parallel zueinander stehend. Körper kraftvoll, von mittlerer Länge, gerade obere Linie. Haarkleid wetterfest mit dichter Unterwolle und langem, hartem und drahtigem Deckhaar, weder gelockt noch seidig wirkend. Farben Reinweiß oder Weiß mit zitronenfarbenen, lohfarbenen oder dachsfarbenen Markierungen an Kopf und Ohren. Viel Schwarz und starke *Ticks* unerwünscht.

Anpassungsfähigkeit

Energiegeladen und seinen Besitzern gegenüber loyal ist der Sealyham ein vorzüglicher Arbeitshund, aufmerksamer Wachhund und idealer Spielgefährte für Kinder. Zur harten Arbeit für die Jagd auf Dachs, Fuchs und anderes Raubzeug gezüchtet, besitzt der Sealyham eine deutliche Veranlagung zum Graben und Jagen, diese muß in die richtigen Bahnen gelenkt werden. Der heutige Hund ist gegenüber seinem Einsatz bei der Dachsjagd im Ausstellungsring insgesamt eleganter geworden, mit fließenderen Linien ringsum. Das hat aber an seinem Charakter nicht viel verändert. Seine körperlichen Energien liegen zuweilen höher als ältere Hundehalter zu beherrschen vermögen. Sorgfältige Erziehung und Sozialisierung von früher Jugend an sind unbedingt erforderlich.

Wachstumsphase

Mit acht Wochen wiegen Sealyhams 2,3 bis 3,2 Kilo. In der ersten Woche werden die Ruten auf ein Drittel oder die Hälfte kupiert. Ihre Widerristhöhe erreichen die Hunde etwa mit acht Monaten, völlig ausgereift sind sie nicht vor 12 bis 18 Monaten. Beim Kauf sollte man auf reinweißes Fell achten, frei von Markierungen mit Ausnahme von Kopf und Ohren. Für reine Liebhaberzwecke stören natürlich auch einige Fellflecken weniger. Wichtig sind dunkelpigmentierte Augenlider, dunkelbraune ovale Augen und ein mittellanger Rücken. Für den Körper sollte der Kopf etwas groß wirken. Die Läufe müssen gerade sein, Rute wird hochgetragen. Das Welpenfell ist glatt, aber nicht flaumig. Etwa mit vier bis fünf Monaten wechselt nach und nach das Fell, meist in der Periode des Zahnwechsels. Durch Trimmen erleichtert man den Haarwechsel. In dieser Zeit werden zuweilen die Farben heller, insbesondere wenn das Haar geschnitten wird - was zerstörerisch wirken kann! Junghunde sind zuweilen *wählerische Fresser*, brauchen regelmäßigen Auslauf. Etwa mit 18 Monaten kommt es zuweilen zu Aggressionen gegenüber anderen Hunden. Dem muß man rechtzeitig vorbeugen, erstem Auftreten entgegentreten. In aller Regel kommt es dann wieder in Ordnung.

Gesundheit

Die Hauptprobleme der Rasse liegen bei Augen, Haut und Fell. Retinadysplasie - schon bei Geburt erkennbar und Linsenluxation sind beide in der Rasse bekannt. Erbliche Retinadysplasie, oft begleitet von Starerkrankungen, kann zur frühen Erblindung führen. Grüner Star tritt auf, entsteht zuweilen durch Linsenluxation. Die meisten Haut- und Fellprobleme sind allergiebedingt. Die Früherkennung von Allergien ist außerordentlich wichtig. Zur Vorsorge gehören auch eine Überprüfung der Zuchtlinien, entsprechende Ernährung und Fellpflege. In Einzelfällen treten auch Epilepsie und Taubheit auf. Der Pflegebedarf des Felles ist beachtlich, zuweilen bedarf es professioneller Hilfe. Besitzer müssen bereit sein, zur Erhaltung des wunderschönen doppelten Haarkleides des Sealyhams zumindest eine Stunde wöchentlich aufzuwenden. Diese Hunde sind in keiner Weise ein Ausstellungsstück für die Wohnung, vielmehr aktive Terrier, die viel Auslauf und Spiel brauchen. Dabei muß man vor der Gefahr von Rückenverletzungen warnen. Zwar treten diese nicht gehäuft in der Rasse auf, aber die Anatomie langrückiger, tiefgestellter Hunde macht solche Verletzungen möglich. Die Lebenserwartung der Sealyhams liegt etwa bei 12 oder mehr Jahren.

Der Sealyham jagt heute nicht mehr auf Dachse, trotzdem ist sein Bellen in der Stimmlage eines großen Hundes für Möchtegerndiebe recht abschreckend.
BESITZER: France Bergeron.

Shar-Pei

Beschreibung

Zugegeben, der chinesische Shar-Pei erscheint auf den ersten Blick ungewöhnlich. Er wirkt durch sein weites Fell und starke Faltenbildung, seine *hippopotamus*-Schnauzenpartie, sein *pferde- oder bürstenartiges* Fell, seine hoch angesetzte Rute, seine winzigen *muschelartigen* Ohren und seine blauschwarze Zunge ungewöhnlich! Aber gerade aufgrund dieser Merkmale darf der Shar-Pei nie zu einem hoffnungslos übertrieben gezüchteten, nicht mehr hundlich wirkenden Hund werden. Die Falten des ausgewachsenen Hundes sollten auf Kopf, Hals und Widerrist beschränkt bleiben. Der Kopf ist groß, wird hochgetragen, zeigt dunkle, kleine, mandelförmige Augen mit eng anliegenden Lidern; diese müssen völlig normal sein, ihre Funktion darf nicht durch umliegende Haut beeinträchtigt werden. Die Ohren sind außerordentlich klein und ziemlich dick, haben leicht abgerundete Spitzen, dürfen nie als Stehohr getragen werden. Fang mäßig lang, breit, darf sich nicht verschmälern. Zunge, Mundhöhle, Gaumen und Lefzen einfarbig blauschwarz, nur bei hellfarbigen Hunden lavendelfarbene Pigmentation zulässig. Rosagefleckte Zunge unerwünscht. Hals kurz, kräftig, muskulös, gut in die Schulterpartie übergehend, mit loser Haut, die eine Wamme bildet. Obere Linie leicht hinter dem Widerrist eingesunken. Brust breit und tief, Rücken kurz und muskulös. Rute hoch angesetzt, an der Wurzel breit, sich schnell verjüngend, aufrecht oder über den Rücken gerollt getragen. Fehlende Rute außerordentlich unerwünscht. Vorderläufe gerade mit kräftigem Vordermittelfuß, mit substanzvollen, aber nicht schweren Knochen. Ellenbogen schön anliegend. Hinterhand mäßig gewinkelt, muskulös und kraftvoll, Sprunggelenk tiefgestellt, weder kuhhessig noch faßbeinig. Fell kurz und borstig, sich außerordentlich hart anfühlend, weder glänzend noch weich, trotzdem gesund wirkend. Das *Pferdehaar* ist kürzer als das *Bürstenhaar*. Keine Unterwolle. Maximallänge 2,5 cm. Niemals getrimmt. Shar-Peis sind einfarbig Schwarz, Rot, Falb oder Cremefarben, Schattierungen müssen immer im gleichen Farbton liegen. Albinos, gestromte, mehrfarbige oder gefleckte Hunde, Schimmelung, Schwarzlohfarben und Sattelbildung werden disqualifiziert.

Dieser Ausstellungshund par Excellence vereint chinesische Eleganz mit königlicher Haltung. Ein außergewöhnlicher Hund.
BESITZER: Vicky Teshera.

Nichts am Shar-Pei ist zufällig. Er ist ein ausgeprägt dominanter Hund, der von jung an sorgfältige Erziehung, Sozialisierung und freundliche Behandlung braucht.
BESITZER: Edward Bronson.

Anpassungsfähigkeit

Shar-Peis haben von Haus aus Dinge, die sie lieben, und Dinge, die sie nicht mögen. Dieser Hund hat seinen eigenen Willen, den er vertritt - er kann eigenwillig, aggressiv, territorial und zuweilen sogar rauflustig sein. Gut sozialisierte Shar-Peis, richtig erzogen, werden zu wunderbaren Familienhunden und besonders angenehmen Kinderhunden. Mit anderen Hunden vertragen sie sich im allgemeinen nicht gut. Ein Hund, der ins Haus gehört, Kälte weniger gerne mag. Er haßt auch das Wasser, und das Baden kann zu einem Zweikampf werden. Seine Besitzer lieben ihn aufgrund seiner Intelligenz und seines Aussehens, betonen insbesondere seinen großen Sinn für Humor.

Wachstumsphase

Mit acht Wochen wiegen Shar-Peis etwa 4,5 bis 5,5 Kilo. Die Rasse entwickelt sich im allgemeinen schnell, erreicht einjährig volle Körpergröße. Bis zum Ausgereiftsein dauert es dann noch meist ein weiteres Jahr. Shar-Peis sind intelligent und unabhängig, werden dadurch als Junghunde zur Herausforderung. Kleine Hunde sind typisch reizvoll, lassen sich bekannterweise leicht stubenrein erziehen. Heranwachsende gewinnen schnell an Körpersubstanz, wachsen in all die *Welpenhautfalten*. Ja - es muß klar herausgestellt werden, all die so süß wirkenden Falten verschwinden mit dem Heranreifen des Hundes. Der Fellwechsel verläuft nicht immer gleichmäßig, zuweilen entsteht ein etwas *zerrupftes* oder *fleckiges* Aussehen. Das helle, weiche Welpenhaar wird Stück um Stück vom dunkleren, harten Fell des ausgewachsenen Shar-Peis ersetzt. In dieser Zeit beobachtet man häufig Dominanzverhalten, damit muß man sich sofort und verantwortlich befassen. Richtige Erziehung formt den Shar-Pei.

Standardgerecht! Der Papa zeigt den typischen *HippopotamusFang*. Das Jungtier arbeitet am *Scowling Expression*, zeigt einen *finsteren Blick*.
BESITZER: Dennis Kirby und Deanna Brown.

Unter allen Umständen sollte man durch Falschbehandeln diesen Hund nicht verderben - ein verdorbener Shar-Pei kann sich schlimmer verhalten als ein angeketteter, zorniger Drachen. Es ist unerläßlich, daß der Hundekäufer sich viel Wissen um die Rasse aneignet, den Züchter und seinen Welpen sehr sorgfältig aussucht.

Gesundheit

Laß Dich durch *Kalender-pinups* nicht in die Irre führen. Der Shar-Pei wächst aus den jugendlichen Falten immer heraus, leider wird er aber nicht immer zu einem gesunden Familienhund. Bei der Welpenwahl ist größte Sorgfalt angezeigt!
BESITZER: Rose McKinstry.

In kurzer Zeit hat sich der Shar-Pei vom *seltensten Hund* zum sehr populären Modehund entwickelt. Diese Entwicklung erfolgte auf einer sehr kleinen Zuchtbasis. Vereint mit einer Reihe von anatomischen Merkwürdigkeiten führte dies zu vielen Gesundheitsproblemen. Unerwünscht sind anatomische Fehler - von aufrechtstehenden Ohren über fehlfarbenes Fell zu übertriebener Haut- und Faltenentwicklung. Es ist von entscheidender Wichtigkeit, daß bei der Auswahl eines Shar-Peis sich der Käufer seiner Aufgabe bewußt ist. Zu den Hauterkrankungen gehört die teilweise durch Streß ausgelöste Demodexräude, sie zeigt sich häufig im Alter zwischen vier und acht Monaten. Fleckenförmiger Haarverlust tritt auf, auch Dermatitis. Übertriebene Hautfalten rund um die Augen führen häufig zu Entropium, zum Grund einer Augenoperation. Zu den Deformationen gehört auch der *Papageienkiefer*. Krumme Läufe, Gelenkluxationen, HD und andere Skelettprobleme sind bekannt. Nierenerkrankung, IgA-Mangel, Amyloidosis und Hypothyroidismus werden aufgezeigt. Shar-Peis aus guter Zucht haben eine Lebenserwartung von etwa acht bis zehn Jahren. Die Züchter bemühen sich sehr um größere Gleichmäßigkeit des Rassetyps, dessen Fehlen die Rasse seit Beginn der Popularitätswelle beeinträchtigt. Aufgrund des einzigartigen Fells bedarf es besonderer Pflege. Shampoos sollte man nur mit viel Vorsicht einsetzen. Zum Schutz der Pfoten müssen die Krallen regelmäßig geschnitten werden. Shar-Pei-Krallen wachsen schnell, viele Hunde hassen Maniküre. Früherziehung und Sozialisierung sind von größter Wichtigkeit. Gleichmäßige Fütterung ist ebenfalls notwendig, damit das empfindliche Verdauungssystem des Shar-Peis nicht gestört wird. Auf Sojabohnen basierende Futtermittel sollten vermieden werden. Trockenfutter wird dagegen von den Züchtern nachhaltig empfohlen.

Shar-Pei

Shetland Sheepdog

Liebevoll nennen seine Freunde ihn *Sheltie*, die Rasse stammt von den Shetland Islands im Nordosten von Schottland, sieht aus wie eine Miniatur des Collies.
BESITZER: Kathleen Schmutz und Linda S. Griffith.

Beschreibung

Die Bezeichnung *Show Collie en Miniature* trifft voll auf den Shetland Sheepdog zu. Er ist ein kleiner, langhaariger Arbeitshund von symmetrischen äußeren Linien, die zuweilen der Perfektion sehr nahe kommen. Ideale Widerristhöhe Rüden 37 cm, Hündinnen 35,5 cm. Der schön geformte und ausdrucksstarke Kopf ist lang wie ein stumpfer Keil, der sich von den Ohren bis zur Nase langsam verschmälert. Der korrekte Ausdruck entsteht durch die Ausgewogenheit aller Einzelteile. Die Ohren sind klein und flexibel, hoch angesetzt, drei Viertel aufrecht getragen, wobei die Ohrspitzen nach vorne fallen. Korrekte Ohren sind ganz wichtig, sie dürfen nie jagdhundartig, fledermausähnlich, stehend oder gedreht wirken. Das Auge ist mittelgroß, mandelförmig und dunkelbraun (bei Merlefarbenen auch blau). Nur leichter, aber deutlich erkennbarer Stop. Oberkopf flach, nicht aufgewölbt. Backenknochen flach, nicht heraustretend, Fang schön gerundet, aber nicht spitz zulaufend. Hals schön gewölbt, tiefe Brust, wobei der Brustkorb bis zum Ellenbogen reicht, nicht schmal wirken darf. Rückenpartie weder zu lang, noch zu kurz, weder aufgewölbt noch absinkend. Rippenpartie schön gerundet, wobei der Hund weder flachrippig noch faßrippig wirken darf. Rute von schöner Länge, nicht zu kurz oder gedreht. Vorderhand genügend gewinkelt, mit schöner Oberarmlänge. Hinterhand muskulös, schön gewinkelt. Bewegungsablauf geschmeidig und raumgreifend. Doppeltes Fell mit langem, geradem, hartem Deckhaar, kurze dichte Unterwolle. Schöne Halskrause, Vorderläufe, auch Hinterläufe bis zum Sprunggelenk stark befedert, darunter aber ziemlich glatt. Kurzes und flaches Fell, Seidenartigkeit, fehlende Unterwolle sind fehlerhaft. Die Farben umfassen Zobelfarben, Tricolor, Bluemerle, Black and White und Black and Tan. Verwaschene Farben, weiße Körperflecken und Gestromte sind nicht erwünscht.

Bei der Welpenwahl sollte das Wesen, nicht die Farbe den Ausschlag geben. Welpen ähneln immer ihren Eltern, die freundlich und aufgeschlossen sein sollten.

Anpassungsfähigkeit

Ein gut sozialisierter ruhiger Welpe eignet sich als Familienhund am besten. Diese Rasse ist Kindern gegenüber besonders freundlich. Shelties sind aber im allgemeinen recht lebhafte Hunde, brauchen deshalb Beschäftigung und sehr viele Spielmöglichkeiten. Man muß wissen, daß der Sheltie ein ziemlich lauter Hund werden kann. Sein Bellen ist sehr hoch im Ton - rette das gute Verhältnis zur Nachbarschaft, bring ihm von Jugend an bei, daß er nicht kläffen darf! Shelties sind leicht zu erziehen, anpassungsfähig, auch wenn später noch Kinder neu in die Familie kommen, werden sie ihnen gegenüber freundlich sein, sie schützen, sie als Bestandteil der Herde sehen, die ihnen anvertraut ist. Shelties sind empfindsam und fröhlich, teilen all ihre Liebe, verstehen die Stimmungen ihres Besitzers und passen sich gut an.

Wachstumsphase

Das Geburtsgewicht schwankt zwischen 120 und 200 Gramm. Im allgemeinen bietet die Welpenfarbe einen zuverlässigen Hinweis auf die Farbe des erwachsenen Hundes, mit Ausnahme der Farben Gold und Mahagoni, sie erscheinen zunächst dunkel, hellen auf. Dreifarbige und Bluemerlefarbene zeigen bei der Geburt nur sehr wenig Zobeleinschlag, der erst zwischen zwei und drei Wochen auftritt. Bluemerlefarbene haben ein typisches Graublau mit schwarzer Marmorierung. Weiße Abzeichen verändern sich wenig, mit Ausnahme der Blesse, die sich gewöhnlich verkleinert oder verschwindet. Aber die Farbe ist in erster Linie eine Frage des persönlichen Geschmacks. Allerdings sollte man Hunde mit mehr als zwei Drittel Weiß und zobelfarbene Hunde mit blauen Augen nicht auswählen. Am wichtigsten ist, daß die Welpen gut sozialisiert, lebhaft und freundlich sind. Halbstarke sehen zuweilen etwas hochläufig, fellarm, unausgewogen aus, sind naturgemäß weniger attraktiv als der erwachsene Hund. Vor dem Fellwechsel hat die Farbe zuweilen einen grauen Stich. Meist dauert es über zwei bis drei Fellwechsel, bis die endgültige Erwachsenenfarbe durchgefärbt ist. Während des Zahnwechsels fallen die Ohren häufig nochmal herunter. Ausstellungshunde werden zuweilen mit Ohrgewichten oder -stützen versehen, damit die gewünschte Ohrhaltung entsteht. Dabei übersieht man leider, daß dies eine rein kosmetische Veränderung ist, welche die Genetik des Tieres in keiner Weise verändert. Man sollte grundsätzlich von derartigen *Verschönerungen* Abstand nehmen.

Der Sheltie sollte mit viel Liebe großgezogen, von Jugend an aber erzogen werden. Dann verliert er niemals sein von Natur aus aufgeschlossenes Wesen, wächst sich zu einem geschätzten, wohlerzogenen Familienhund aus. Diese Rasse ist sehr intelligent, kann Gefühle und Stimmungen ihrer Besitzer wahrnehmen und sich danach richten.
BESITZER: Sherry Lee.

Gesundheit

Ein gut gezüchteter Sheltie ist ein robuster, hochintelligenter Hund, der eine Lebenserwartung von über 10 Jahren hat. Ja es wurden Shelties bekannt, die sogar mehr als 16 Jahre alt wurden. Es scheint im Augenblick vermehrt zu Hautproblemen zu kommen, das Fell der Rasse erfordert viel Bürsten, insbesondere während des Fellwechsels. Spezielle Fellpflege wie Trimmen ist minimal. Um aber Verfilzungen und damit in Verbindung stehende Hautprobleme zu vermeiden, sollte der Sheltie täglich gebürstet werden. Die Anforderungen an Auslauf sind mäßig. Das gute Wesen der Rasse macht die Erziehung zum Vergnügen, die Hundebesitzer sollten dies auch nutzen. Augenprobleme treten in größerem Umfang auf. Dabei unterstreichen die Züchter, daß Augenerkrankungen weitgehend herausgezüchtet wurden. Trotzdem sollten die Käufer ihre Tiere auf PRA, Starerkrankungen, Ectasia Syndrom (ein Problem der Netzhautgefäße) untersuchen, auch Trichiasis kann vorkommen. Man sollte ausschließlich von Zuchttieren kaufen, deren Augen untersucht sind, auch den eigenen Welpen untersuchen lassen. Zu den weiteren Krankheitsproblemen gehören in beschränktem Umfang HD, Schilddrüsenunterfunktion, Epilepsie, Sonnennasendermatitis (Collienase), Kryptorchismus, Taubheit, Pemphigus (schwerwiegende Hauterkrankung), vWD und Zwergenwachstum.

Bei der Welpenauswahl achte man auf einen gut sozialisierten, lebhaften, selbstbewußten und freundlichen Welpen. Richtig erzogen wird er für die ganze Familie zum angenehmen Haushund.
BESITZER: Sherry Lee.

Bei bluemerlefarbenen Welpen sollte man sich vergewissern, daß das Hörvermögen in Ordnung ist. Hunde dieser Farben sind wesentlich häufiger taub als andere.

Shiba Inu

Der Shiba Inu hat allen seinen japanischen Wettbewerbern eine Menge voraus. Er steht an der Spitze, wenn es um Persönlichkeit, Haltung und Einfallsreichtum geht. Unser Bild zeigt den ersten Shiba des Autors Jacquet Tengu, Züchter Rick Tomita. Und Tengu ist gewitzter als irgendein Shinto-Gott, teilt mit niemandem seine Geheimnisse und weigerte sich, diesen Text zu genehmigen.
BESITZER: Andrew De Prisco.

BESCHREIBUNG

Die Kleinausgabe des perfekten Hundes! Auf den ersten Blick wirkt der japanische Shiba Inu überhaupt nicht wie ein kleiner, vielmehr wie ein großer muskulöser Hund, der in Kleinausgabe zur Perfektion wurde. In Wirklichkeit ist er doch ein kleiner Hund, wenn man mit dem Zollstock mißt, nicht nach seinem Auftreten urteilt. Die Widerristhöhe bei Rüden liegt bei 39,5 cm, bei Hündinnen bei 36,5 cm mit einer Toleranz von 1,5 cm in beiden Richtungen. Der Kopf wirkt stumpfkeilförmig, mit stark entwickelten Backen und ausgeprägtem Stop. Fang mäßig breit. Nase schwarz, Lefzen eng anliegend und schwarz pigmentiert. Augen verhältnismäßig klein, oval, dunkelbraun und etwas schräg gestellt - nie rund, sondern orientalisch wirkend. Ohren klein, dreieckig stehend, leicht nach vorne geneigt. Hals von mittlerer Länge und muskulös. Rücken gerade, Lendenpartie breit und muskulös. Tiefe Brust. Rute hoch angesetzt, dick und geringelt oder sichelartig über dem Rücken getragen. In den Körperproportionen ist der Hund geringfügig länger als hoch. Vorderläufe gerade, Hinterläufe gut bemuskelt, mäßige Kniewinkelung. Doppeltes Haarkleid, Deckhaar hart und gerade, Unterwolle weich und dicht. Behaarung der Rute etwas länger. Farben Rot, Schwarz, Schwarzlohfarben oder Gestromt. Weiß mit leichtem Anflug von Rot oder Grau. In den USA werden nur Rot, Rotsesam und Schwarzlohfarben anerkannt, während die anderen Farbgebungen als anderen japanischen Rassen zugehörig angesehen werden.

»Das hübscheste Mädchen auf der ganzen Welt« ist Maikohime of Akatani. Zu Hause bei dem Autor als *Kabuki* bekannt, besticht sie durch dramatischen Wechsel zwischen Unfugtreiben und Küssen. Kabuki hat nie einen schlechten Tag, wacht jeden Morgen für den schönsten Tag auf auf!
BESITZER Andrew de Prisco.

ANPASSUNGSFÄHIGKEIT

Sein Äußeres ist bezaubernd, aber der Shiba Inu ist bestimmt kein Hund für jedermann. Dies sind schnelle, temperamentvolle kleine Hunde mit plötzlichen Einfällen, sie besitzen ebensoviel Energie wie die japanische Industrie. In ihren Gewohnheiten sind sie sauber und katzenartig, versuchen sogar auf Tische und Fenstersimse zu klettern. Sie lieben Spaziergänge im Freien, ebenso sehr aber auch die Bequemlichkeit im Haus. Wenn Du es ihnen gestattest, bringen sie einige Unordnung in Deine Wohnung. Zweifelsohne weiß der Shiba Inu, daß er etwas ganz Besonderes ist, aber sein Besitzer muß wissen, daß auch er besonderen Anforderungen gegenübersteht. Diesen Hund zu erziehen ist eine Herausforderung, denn der Shiba Inu glaubt, er sei schlauer als sein Herr, insbesondere dumme Wiederholungen mag er überhaupt nicht. Richtig betrachtet sehen Shibas ein Problem darin, daß man sie Dinge zu tun heißt, von denen sie glauben, sie eigentlich nicht zu mögen. Bei Ausstellungsjunghunden sollte man täglich den Fang kontrollieren, denn Shibas benehmen sich wie echte Idioten, wenn man ihren Fang berührt. Shibas besitzen starke Fluchtinstinkte, sind sehr beuteorientiert - schnellfüßig und kurz entschlossen, wobei sie am liebsten für sich selbst jagen. Wenn Du einen Shiba magst, wirst Du einen zweiten lieben - vom *anderen Geschlecht*.

Wachstumsphase

Geboren werden Shiba-Welpen ziemlich dunkel, nahezu schwarz. Die Erwachsenenfarbe zeigt sich etwa mit fünf bis sechs Wochen. Mit acht bis zehn Wochen stehen die Ohren natürlich. Der Shiba Inu ist eine so natürliche Rasse, daß sich die Aufzucht recht wenig dramatisch gestaltet. Vom Augenblick an, da sie auf ihren Pfoten stehen, sind Shiba-Welpen Individualisten. Mit der Unterordnungserziehung sollte man so früh wie möglich beginnen. Shibas werden gegen das Anleinen Widerstand leisten, wenn man sie nicht von klein an daran gewöhnt. Versuche nie, mit dem Shiba ohne Leine spazieren zu gehen. In der Erregung machen Shibas einen hupenähnlichen Lärm, kein Grund zur Aufregung!

Gesundheit

Der Pflegebedarf ist nicht besonders groß, einmal wöchentlich tüchtiges Durchbürsten hält das Fell sauber und frei von Verfilzungen. Beim zweimal jährlichen Fellwechsel hilft das Auskämmen mit einem mittleren Stahlkamm die Unterwolle zu entfernen, ebenso nützlich ist dann ein warmes Bad. Einige Shibas mögen Wasser überhaupt nicht, lassen sich auch mit sehr viel Mühe nicht daran gewöhnen. Bleibe fest und fröhlich, Dein Shiba wird Dich immer wieder herausfordern. Diese Hunde sind außerordentlich robust, einige davon erweisen sich aber als empfindlicher als andere. Ohren und Analdrüsen müssen kontrolliert werden, Vorsicht vor Flohbefall und *Hot-Spots*. Hüftgelenksdysplasie und PRA sind keine großen Probleme, man sollte aber Zuchttiere untersuchen lassen. Bei einigen Linien gibt es Herzstörungen und eine Unterfunktion der Schilddrüse. Einige Tiere leiden auch an Patellaluxation. Die Lebenserwartung der Shibas liegt bei 12 bis 16 Jahren.

Shibas tanzen und zelebrieren ihr japanisches Erbe auf den Zehenspitzen - wie Kabuki hier mühelos demonstriert. Entsprechend ihrem Namen gebraucht Kabuki ihre dramatische Sopranstimme freizügig, wann immer sie sich herausgefordert fühlt.
BESITZER: Andrew De Prisco.

Shiba-Mütter nehmen ihre Aufgaben sehr ernst. Shiba Inus sind eine natürliche Rasse, es gibt wenig Gesundheitsprobleme. Schon von sehr früher Jugend an sind die Welpen selbständig, man sollte sie aber immer auf eine enge Beziehung zum Menschen ausrichten.
BESITZER: Richard Tomita und Karen Steitz.

Laß Dich weder durch die Begeisterung des Autors noch durch diese süßen kleinen Rangen beeinflussen. Der Shiba Inu entwickelt sich zu einem eigenwilligen, oft besonders kreativen Hund, fordert einen erfahrenen, entschlossenen Besitzer mit viel Sinn für Humor. Katzenähnlich sind diese Hunde sehr sauber, überraschend intelligent und wunderbar zu erziehen!
BESITZER: Richard Tomita und Karen Steitz.

Shiba Inu

Shih Tzu

Beschreibung

Der Shih Tzu ist ein stolzer Kleinhund von edler Haltung, präsentiert arrogant sein langes, fließendes Haarkleid, besonders reich als Gesichtsschmuck, *Topknot* und Rutenschmuck über dem Rücken. Dies alles dokumentiert unmißverständlich reine langjährige chinesische Zucht. Trotz gewisser Größenunterschiede muß der Shih Tzu immer kompakt und fest gebaut sein, von Substanz und entsprechendem Gewicht (4,5 bis 8 Kilo). Die maximale Widerristhöhe beträgt 27 cm. Sein Kopf ist rund, zwischen den Augen breit, mit langem über die Augen reichendem Haar. Schöner Bart. Das über die Nase wachsende Haar bewirkt den vornehmen Chrysantheneneffekt. Augen groß und rund, gerade nach vorne schauend. Ohren groß und stark behaart. Oberkopf aufgewölbt, ausgeprägter Stop. Fang kurz und quadratisch. Hals schön angesetzt, von genügender Länge, um dem Hund zu erlauben, seinen Kopf natürlich und stolz zu tragen. Körper kurz und untersetzt, etwas länger als hoch. Brustkorb breit und tief, aber nicht faßartig. Rute hoch angesetzt, stark behaart über den Rücken gerollt getragen. Läufe gerade mit guter Kniewinkelung, tiefstehendem Sprunggelenk. Das doppelte Fell wirkt luxuriös, ist lang und dicht, nicht gelockt, mit guter Unterwolle. Leichte Wellung gestattet. Das Kopfhaar wird zusammengebunden getragen. Alle Farben zulässig, bei mehrfarbigen Hunden werden eine weiße Blesse und eine weiße Rutenspitze sehr geschätzt.

Was sich der Eunuch einmal sehnlichst wünschte: den Shih Tzu, als perfekten kleinen Gefährten, in ein Löwenfell gehüllt, ein Tribut an die buddhistische Gottheit und Jahrhunderte sorgfältiger Zucht. Der Hund mit dem Chrysanthemengesicht bringt heute Farbe in viele Wohnungen und Paläste.
BESITZER: Gregory und Tammarie Larson und Susan Bletzinger.

Shih Tzu-Besitzer behaupten, dies seien gar keine Hunde... vielleicht sind es Gottheiten in Taschenausgabe... trotzdem brauchen sie Fellpflege, Erziehung und Fürsorge, genauso wie auch weniger göttliche Haushunde. Das allerbeste daran - der Shih Tzu ist gegenüber allem ein liebevoller und aufgeschlossener Hund.
BESITZER: Ginger J. Raber.

Anpassungsfähigkeit

Es gibt wenige Hunde, die so bedingungslos Menschen lieben wie der Shih Tzu. Dies sind in Wahrheit kleine Menschen, gekleidet in ein seidiges Fell, die intuitiv jedes Wort verstehen, auf die menschlichen Gefühle eingehen. Diese Hunde sind die Verkörperung von einem Schoßhund. Sie lieben es, sich verwöhnen zu lassen und umhergetragen zu werden, werden dabei aber nicht verwöhnt und eigensinnig wie einige andere Kleinhunde. Sie verbinden sich besonders eng mit der Dame des Hauses, sind verspielt und akzeptieren andere Hunde und Kinder. Trotzdem - man sollte nicht vergessen, sie zumindest etwas zu erziehen.

Wachstumsphase

Bei der Geburt wiegen Shih Tzus etwa 170 Gramm, rezessiv treten in der Rasse Spaltrachen und Hasenscharte auf, man muß die Welpen darauf sorgfältig überprüfen. Die Welpen werden glatthaarig geboren, ihr Welpenhaar wächst schnell - schon mit sieben Wochen sehen sie wie langhaarige Hunde aus. Mit drei Monaten beginnen die Chrysanthemen zu blühen! Der erste Welpenschnitt erfolgt meist mit etwa sechs Monaten. Die Farbwahl ist in erster Linie eine Frage des persönlichen Geschmacks, bei Junghunden variiert die Farbe beträchtlich. Aber erst beim Erwachsenenhaarkleid kann die Farbe endgültig beurteilt werden. Beim Welpenkauf achte man auf dunkle, gut pigmentierte Nase. Dies gilt nicht für leberfarbene Hunde, die auch entsprechende Lebernasen haben. Man achte auch auf klares Auge, meide lethargische Hunde. Der Käufer sollte sich mit dem Rassestandard vertraut machen, was Rute, Läufe und Kopf angeht. Vor allem muß man auf das Wesen achten, scheue oder zurückhaltende Hunde meiden. An die Fellpflege sollte man den Shih Tzu schon früh gewöhnen, sein Fell braucht viel Pflege, wenn man es nicht schneidet.

Bei der Welpenauswahl achte man auf freies Atmen, nicht hervorstehende Augen und daß der Welpe weder lethargisch noch übertrieben erregbar scheint. Ausstellungshunde sollten dunkles Pigment zeigen, in der Hinterhand nicht zu hoch stehen.
BESITZER: Polliot.

Gesundheit

Bei Shih Tzus tritt Patellaluxation auf, was zuweilen einen chirurgischen Eingriff erfordert. Am allerwichtigsten ist die richtige Pflege der Augen. Durch das etwas hervortretende Auge sind sie verletzungsgefährdet, zuweilen stehen auch die Augenlider etwas unregelmäßig. Die Augen müssen auch auf übertriebene oder zu wenig Tränenflüssigkeit kontrolliert werden, entsprechende Behandlung ist angezeigt. Verstopfte Nasengänge treten zuweilen mit etwa sechs bis acht Wochen auf, ursächlich ist der kurze Fang. Befallene Hunde schnüffeln und niesen, wäßriger Ausfluß kommt aus der Nase.

Die Haarspange eignet sich für einen jungen Shih Tzu, der viel spielen möchte.
BESITZER: Gay Payne.

Diese Hunde muß man besonders gegen Hitzschlag schützen, auch vor allgemeinen Atemschwierigkeiten. Shih Tzu-Besitzer sollten bereit sein, zumindest zwei Stunden wöchentlich zu opfern, um das Fell gepflegt und frei von allen Verfilzungen zu halten. Auch die Zähne müssen regelmäßig gereinigt, erforderlichenfalls Zahnstein entfernt werden. Sind die Zähne verkümmert oder die Kieferstellung unkorrekt, brauchen sie natürlich noch mehr Pflege. Die ernsthaftesten Erbkrankheiten der Rasse sind *Renal Cortical Hypoplasia* (eine Lebererkrankung), Spaltrachen und Hasenscharte. Auch eine Disposition zu Nabelbruch ist in der Rasse gegeben. Fehlfunktion der Schilddrüse, von Willebrands-Krankheit, *Cherry-Eye* und Augengeschwüre sind gleichfalls problematisch. Bei richtiger Pflege lebt ein gut gezüchteter Shih Tzu 10 Jahre und einiges länger. Man achte beim Sichlösen des Shih Tzus sofort darauf, daß keine Kotreste im Fell hängenbleiben.

Shih Tzu verbinden sich engstens mit dem Menschen, brauchen deshalb einen für sie immer erreichbaren und liebevollen Besitzer. Wenn Du nicht auch tagsüber zu Hause bist, bittet Dich der Shih Tzu höflichst, diese Seite umzublättern... oder... für ein ständiges Kindermädchen zu sorgen.
BESITZER: Gay Payne.

Shih Tzu

Siberian Husky

Auf große Ausdauer beim Schlittenziehen quer durch die erstarrte Tundra gezüchtet, nimmt der Siberian Husky das Kommando *mush* sehr ernst. Champion Kontokis E-I-E-I-O hat seinen Weg als Best in Show-Winner gefunden, sieht hier im Alter von viereinhalb Jahren ganz fabelhaft aus.
BESITZER: N. Wisniewski, B. Moye, M. DePalma, und T. Oelschlager.

Beschreibung

Der Siberian Husky ist eine ausdauernde, attraktive Arbeitsrasse typischen nordischen Ursprungs. Wesentliche Merkmale sind die buschige Rute, Stehohren, munterer und freundlicher Gesichtsausdruck. Der schöne Kopf ist mittelgroß, am Oberkopf leicht aufgewölbt mit mittellangem Fang, weder grob noch geschnürt wirkend, sich langsam zur Nase verjüngend, weder spitz noch quadratisch auslaufend. Augen mandelförmig, schräg eingesetzt. Farbe Braun oder Blau oder beide Farben. Dreieckige Stehohren von mittlerer Größe, relativ dicht beieinander stehend. Hals von mittlerer Länge, schön gewölbt. Brust tief, aber nicht zu breit. Rücken gerade und kraftvoll, nie schwächlich, durchhängend oder aufgezogen. Gerade obere Linie. Rute buschig behaart, Form ähnlich einer Fuchslunte, oft elegant sichelförmig über dem Rücken getragen. Schultern schön zurückgelagert, niemals steil oder lose. Vorderläufe gerade, parallel stehend, guter Ellenbogenschluß. Hinterläufe stark bemuskelt, parallel stehend, gute Kniewinkelung, klar ausgeprägtes Sprunggelenk. Pfoten oval, nicht lang, weder nach innen noch nach außen gestellt. Das doppelte Haarkleid ist mittellang, Deckhaar gerade, eng anliegend, nicht abstehend, sich nicht hart anfühlend. Alle Farben und Markierungen zulässig, einschließlich Weiß. Man trifft auffällige Farbmuster, die man bei anderen Rassen selten antrifft, in aller Regel gekoppelt mit der typischen nordischen Gesichtsmaske. Das Fell darf nicht so lang sein, um die Körperlinien zu verdecken. Rüden haben eine Widerristhöhe von 53 bis 60 cm, Hündinnen von 51 bis 56 cm. Rüden wiegen 20 bis 27 Kilo, Hündinnen 16 bis 23 Kilo. Der Bewegungsablauf ist geschmeidig und scheint mühelos. Schön ausgreifende Vorhand und guter Schub aus der Hinterhand.

Anpassungsfähigkeit

Der Siberian Husky gehört bestimmt zu den schönsten Hunden der Welt, entzückt seine Besitzer immer durch sein rückhaltlos freundliches Wesen, seine Liebe zu Kindern und zum Spielen. Dies sind energiegeladene, sehr emotionsstarke Hunde, die in menschlicher Gesellschaft aufblühen, sich besonders gut ihren Besitzern anschließen. Alleingelassen trauert er, gedeiht aber in Gesellschaft eines anderen Hundes - selbst auch einer Katze. Sein Bewegungsbedürfnis ist groß, er explodiert geradezu, wenn es nach draußen geht. Da er immer darauf aus ist, sich neue Freunde zu suchen, ist er ein miserabler Wachhund.

Siberian Huskies sind robuste Arbeitshunde, brauchen täglich viel Auslauf. Sie gewöhnen sich weniger gut an ein Leben im Haus als die meisten anderen Hunde. Jede nordische Hunderasse, zum Laufen gezüchtet, braucht ein hocheingezäuntes Grundstück und sollte beim Spazierengehen angeleint bleiben.
BESITZER: Kathleen Kanzler.

WACHSTUMSPHASE

Geburtsgewicht etwa 340 bis 450 Gramm. Die Farbe variiert beträchtlich, im gleichen Wurf trifft man auf viele verschiedene Farben und Farbmuster. Auch die Augenfarbe ist unterschiedlich, Braun, Haselnußfarben und Blau sind möglich, auch zwei verschiedene Augenfarben. Kryptorchismus tritt häufiger auf. Viel wichtiger als die Farbe ist die Pigmentierung. Das Wachstum verläuft in der Rasse unterschiedlich, bei der Auswahl hilft Vertrautsein mit der einzelnen Linie. Hunde mit starken Wachstumsschüben gehen meist etwa zwischen vier und sechs Monaten durch ein unansehnliches Stadium. Futterempfehlungen des Züchters können helfen. Ausgereift sind die Hunde meist erst mit drei Jahren. Siberian Huskies sind manchmal futtermäklig. Am besten gedeihen die Hunde bei kleineren Mahlzeiten von relativ hohem Nährwert. Bei Junghunden kommt es dann und wann zu losem Stuhl, möglicherweise ein Hinweis, daß ein höherer Proteingehalt erforderlich ist.

Für eine so populäre Rasse gibt es beim Siberian Husky bei der Auswahl wenig Probleme. Sei vernünftig und achte vor allen Dingen auf gutes Wesen, daß die Mutter freundlich und ruhig ist. Erkundige Dich beim Züchter, ob er sein Zuchtmaterial gewissenhaft auf Gesundheitsprobleme untersuchen läßt.
BESITZER: Margaret Cook.

GESUNDHEIT

Im allgemeinen erfreut sich der Siberian Husky guter Gesundheit, nur wenige rassetypische Probleme treten auf. Glücklicherweise haben die Züchter schon früh mit HD-Kontrolle begonnen, so daß die Rasse heute von dieser Krankheit sehr wenig befallen wird. Augenprobleme treten verbreiteter auf. Dabei geht es um PRA, Corneal Dystrophie, Starerkrankungen und andere. Diese Augenschäden sind eingeschränkt, es empfiehlt sich trotzdem, nur Welpen von auf Augen überprüften Elterntieren zu kaufen. Wie bei anderen reich behaarten nordischen Hunderassen ist tägliches Bürsten ein Muß, um Hautprobleme zu verhindern. Hierzu gehören auch Hauterkrankungen aufgrund von Zinkmangel, Dermatitis, *Hot-Spots*, fleckiges Haarkleid, etc. Naturgemäß ist die Toleranz der Rasse gegenüber Hitze geringer als bei anderen, man sollte deshalb darauf achten, daß die Tiere nicht übermäßig der direkten Sommersonne ausgesetzt sind. Eingeschränkter Auslauf bei Hitze und Bereitstellung von viel Wasser bei wärmerem Wetter sind angezeigt. Die Ausdauer des Huskies ist phänomenal, sein tägliches Auslaufbedürfnis liegt recht hoch. Welpen aus arbeitenden Schlittenhundelinien könnten als Haushunde zuweilen übertriebene Ansprüche stellen. Insgesamt achte man bei dieser Hunderasse auf frühe Sozialisierung und Erziehung der Tiere.

Mit der Erziehung sollte man früh beginnen, den Husky von den Vorzügen des Lernens überzeugen.
BESITZER: Margaret Cook.

Wenn der acht Wochen alte Welpe abgabereif ist, sollte er freundlich, selbstbewußt und aufgeschlossen sein.
BESITZER: C. Rand.

Siberian Husky

Skye Terrier

Nur erfahrene, fachkundige Hundebesitzer lassen sich auf einen lebenslangen Ausflug auf die Isle of Skye ein. Der Skye Terrier verfügt über grenzenlosen Stil, Eleganz und Würde, dazu ist er ein echter Terrier, furchtlos, territorial und eindeutig familienfixiert.
BESITZER: Roxana L. Rohrich und Gleanntan Knis Reg.

Beschreibung

Trotz seines an den Himmel erinnernden Namens ist der Skye Terrier zweimal so lang wie hoch. Ein eleganter Terrier mit dickem Haarkleid, das beidseits des Körpers herunterfällt. Das Fell ist hart und gerade, bildet über Vorderkopf und Augen einen charakteristischen Vorhang, auch die Ohren sind mit langer Befederung geschmückt. Die ideale Widerristhöhe des Skyes liegt bei 25 bis 26 cm bei einer Länge von Nasenspitze bis Rutenspitze von 103 cm. Der Hund muß lang, schlank und ausgewogen sein. Kopf lang und kräftig, mit mittleren, eng beieinanderstehenden braunen ausdrucksstarken Augen. Symmetrische Ohren, Stehohren oder Hängeohren. Hängeohren sind meist etwas größer. Fang mit kräftigem Kiefer, mäßig breit, aber nie geschnürt. Die Nase muß schwarz sein. Der Hals ist lang und elegant geschwungen, die Rückenlinie gerade. Rute lang und stark befedert. Schultern gut zurückgelagert, weder zu eng noch lose. Vorderarm gerade und muskulös. Brust tief mit ovalförmigen Rippen. Große hasenähnliche Pfoten, gerade nach vorn ausgerichtet. Hinterläufe kraftvoll, kurz und muskulös, gute Winkelung. Skyes sind immer einfarbig schwarz, dunkel oder hellgrau, falb, cremefarben, immer mit schwarzen Haarspitzen. Farbschattierungen der gleichen Farbe erlaubt, auch hellere Unterwolle, solange Nase und Ohren dunkel sind. Kleiner weißer Brustfleck erlaubt.

Anpassungsfähigkeit

Wie alle Liebhaber bestätigen werden ist der Skye ein typischer Terrier, empfindsam, einfallsreich. Ein Hund, der seine Menschen kennt, Menschen braucht, die ihn verstehen. Wie alle anderen guten Terrier ist er etwas eigenwillig, braucht feste und konsequente Erziehung. Trotz seiner Eigenwilligkeit und Furchtlosigkeit muß man wissen, daß der Skye empfindsam ist, harte Behandlung recht schlecht verträgt. Er ist ein großartiger Hund im Haus, liebt aber auch mäßigen Auslauf. Von vielen Kindern ist er nicht begeistert, paßt eigentlich am besten zu erfahrenen Hundeleuten.

Hängeohrige Skye Terrier trifft man verbreitet an, sie stammen aus den gleichen Würfen wie ihre stehohrigen Brüder.
BESITZER: Catherine McLeod.

WACHSTUMSPHASE

Wenn Du Dir einen Skye kaufst, siehst Du *nicht,* was Du erhältst! Junge Skyes sind klein und süß, haben wenig Fell und ähneln zweifelsohne einer *Mickey Mouse.* Skyes werden aber viel größer als eine Maus oder ein Yorkie, man muß sie als einen großen Hund betrachten - mit kleinen Hundeläufen! Anfänglich ist das Fell immer weich, wird etwa im Alter von fünf Monaten durch gut strukturiertes hartes Haar ersetzt. Welpenfell, das baumwollartig ist, wird sich auch nicht verbessern. Haar von guter Struktur in diesem Alter wird nur noch besser. Hunde mit schmalem Kopf haben mit dem Ohrenstellen einige Probleme. Hunde mit starker Fangpartie brauchen zuweilen zum Ohrenstellen Hilfe. Bis beide Ohren richtig stehen, bedarf es manchmal einiger Mühe - einschließlich Abscheren des Haares, damit die Ohren leichter werden. Auch der Zahnwechsel bringt hier noch Probleme. Die Farben der Welpen verändern sich, allerdings nicht gerade dramatisch. Oft zeigt

Du mußt Deinem Züchter vertrauen, daß er weiß, wie sich der Welpe abschließend entwickelt. Mit der Zeit entwickeln sich Fell, Ohren und Farben, werden die Junghunde dem Skye Terrier immer ähnlicher.
BESITZER: Joan Fingar.

ein Farbstreifen die Erwachsenenfarbe. Der Skye hat ein anspruchsvolles Fell, das von Jugend an gut gepflegt werden muß. Erst mit 18 Monaten oder später ist das Fell ausgereift. Im gleichen Wurf findet man hängeohrige wie stehohrige Welpen. Im allgemeinen empfiehlt man, stehohrige Skyes wieder mit Stehohrigen zu paaren. Achte beim Welpengebiß auf richtige Kieferstellung, besonders wichtig in der Rasse. Fehlende Prämolare und Molare sind ein verbreitetes Problem.

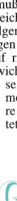

»Ich bin auf dem Weg nach Disneyland!« Mäuseohren lassen sich leichter voraussagen als Skyeohren.
BESITZER: Dian Tebo.

GESUNDHEIT

Alles in allem gesehen ist der Skye ein robuster, langlebiger Hund. Seine Freunde müs-

Ehe diese zwei Welpen ihre Mutter verlassen, solltest Du sehen, daß aus einer hängeohrigen Mutter zwei stehohrige Welpen stammen. Die Erziehung des Skyes muß gleichmäßig erfolgen, braucht einige Erfahrung und viel Geduld.
BESITZER: Susan Parsons und Robin Stiles.

sen wissen, daß der erwachsene Hund beachtliche Fellpflege braucht. Tägliches Bürsten garantiert Freisein von Verfilzungen. Ein verfilztes Skye-Fell ist ein echter Horror. Knickruten, meist bei der Geburt erkennbar, treten häufiger auf, sind unerwünscht, obgleich sie im Rassestandard als Fehler nicht erwähnt werden. Bei vielen Skyes trifft man im Alter von drei bis acht Monaten ein jugendliches leichtes Lahmen an den Vorderläufen. Beschränken des Auslaufs ist über diese Periode hilfreich, obgleich sich das Problem meist von selbst löst. Es gibt aber auch eine ernsthafte Vorderhanderkrankung - *Premature Closure* genannt. Eindeutig kann man diese durch Röntgen diagnostizieren, viele Züchter röntgen ihr Zuchtmaterial. Eine seltene Nervenstörung führt zu ungewöhnlichem Zwangsverhalten wie starkem Ohrenkratzen, es ist begleitet von einer Vergrößerung des *Foramen Magnum*. In der Rasse fehlt es aber noch an Einzeluntersuchungen. Tierärzte berichten von genetisch bedingter toxischer Kupferansammlung wie auch von erblichem metabolischem Leberschaden.

Skye Terrier

Soft Coated Wheaten Terrier

Ein eleganter Ire, stark wie das weltberühmte irische Bier! In seiner Heimat arbeitet der Soft Coated Wheaten Terrier als Allround-Jäger, Terrier, Wach- und Familienhund. Sein weiches Haar zeigt sein großes Herz. Er ist weniger aggressiv und streitlustig als die meisten anderen Terrierrassen.
BESITZER: Helen Wilson und Elena Landa.

BESCHREIBUNG

Ein gut ausbalancierter, ausgewogener Arbeitsterrier, dessen Wahrzeichen das Maßhalten ist. Der Soft Coatcd Wheaten Terrier meidet alle Übertreibungen - im Körperbau wie Präsentation - er ist ein *Middle-of-the-Road Terrier*. Wie sein Name schon ankündigt ist sein Fell weich, seidig und weizenfarben, bevorzugt in warmem Farbton. Die Widerristhöhe beträgt 46 bis 49 cm bei Rüden, bei Hündinnen etwas weniger. Gewicht ungefähr 16 bis 20,5 Kilo, wiederum Hündinnen etwas weniger. Der Kopf ist schön proportioniert, mäßig lang, wirkt rechteckig. Augen mittelgroß, leicht mandelförmig, in Kopfhöhe gefaltet und nach vorne fallend, eng an den Backen anliegend. Oberkopf flach und mit mäßig langem dichtem Haar bedeckt, das Richtung Augen nach vorne fällt. Ausgeprägter Stop, kräftiger Fang, Nase groß und schwarz. Hals mittellang, keine Wammenbildung. Rücken gerade und kraftvoll. Tiefe Brust, gute Rippenwölbung, die aber nicht rund wirken darf. Rute hoch angesetzt, meist kupiert, so daß sie beim erwachsenen Hund 10 cm bis 13 cm lang wird. Pfoten kräftig und kompakt. Vorderläufe gerade, Hinterhand muskulös mit guter Kniewinkelung. Das Erwachsenenfell steht nicht ab, fällt völlig natürlich, üppig über den gesamten Körper, besonders stark an Kopf und Läufen. Die Haarlänge muß in richtigem Verhältnis zu den Proportionen von Kopf und Körper stehen. In vielen Ländern wird das Haar natürlich belassen, aber auch in den anderen wird übermäßiges Trimmen abgelehnt. In der Regel sollte nur die äußere Linie etwas gesäubert werden. Die Farbe ist die guten Weizens in verschiedenen Schattierungen. Sowohl weißes wie rotes Fell sind fehlerhaft, die Gesamtfarbe muß vielmehr Weizenfarben sein mit helleren und dunkleren Schattierungen.

ANPASSUNGSFÄHIGKEIT

Eine anpassungsfähige Persönlichkeit mit gutem Herzen - der Soft Coaten Wheaten ist ein vorzüglicher Familienhund und ein verläßlicher Wachhund. Aufmerksam und gehorsam entzückt er die gesamte Familie durch sein humorvolles Herangehen an alle Probleme. Als Welpe ähnelt er sehr einem ausgestopften Teddybären, aber unter all seinem weichen Fell bleibt er ein ausgeprägter Terrier. Diese Hunde möchten immer etwas zu tun haben - Du solltest Deinem Wheaten Aufgaben geben, ehe er zuviel Unfug anrichtet. Dieser Hund kann eigenwillig sein - bei einem Terrier keine Überraschung - sei deshalb freundlich und beharrlich - und er wird Dir gehorchen.

Als einer der großen Terrier besticht der Soft Coated Wheaten Terrier als guter Wachhund, er ist ziemlich territorial und schützt seine Familie.
BESITZER: Neil und Diana Edwards.

WACHSTUMSPHASE

Das Geburtsgewicht liegt bei 150 bis 230 Gramm. Kurz nach der Geburt werden die Wolfskrallen entfernt, die Rute meist kupiert. Die Farbe bei der Geburt unterscheidet sich stark von der zukünftigen, variiert zwischen einem hellen Grau bis nahezu völligem Schwarz, wobei Braun oder Rotbraun die verbreitetsten Geburtsfarben sind. Mit drei Wochen sollten Nasenspiegel und Ballen schwarz pigmentiert sein. Mit dem Heranwachsen verändert sich die Geburtsfarbe beträchtlich. In den Anfangsmonaten sind eine schwarze Maske und ein schwarzer Rückenstreifen recht häufig, sie verblassen mit zunehmendem Alter, führen zu dem Rassemerkmal des Soft Coated - zur Weizenfarbe. In ihren späteren Jahren hellen die Soft Coated Wheaten weiter auf, verlieren den warmen Farbton. Während des Fellwechsels ist tägliche Zusatzpflege erforderlich, wenn das Haar verfilzt, ist es sehr schwierig, es wieder in Ordnung zu bringen. Der Käufer sollte blond geborene Welpen meiden, ihnen fehlt Pigment, ebenso meide man Welpen mit gelben oder grünen Augen, meist tragen sie einen genetischen Fehler. Soft Coated Wheaten Terrier sind im allgemeinen keine großen Fresser. Sie brauchen eine proteinreiche Ernährung, möglicherweise mit Ergänzung durch Vitamine und Mineralien.

Der Soft Coated Wheaten-Welpe trägt Dir sein Herz entgegen - wer könnte sich einen muntereren Welpen vorstellen?
BESITZER: Hilton.

GESUNDHEIT

Das Erbe des Soft Coated Wheaten als Jäger und Wachhund verlangt einen robusten Hund mit Widerstandskraft gegen Krankheiten - und das ist er. Es gibt keine abschließenden tierärztlichen Forschungen, trotzdem zeigen sich beim Soft Coated Wheaten nachstehende Erbkrankheiten. HD und PRA, aber in sehr begrenztem Umfang. Die Hauptprobleme liegen beim Herzen, die Untersuchungen deuten auf einen rassetypischen Defekt. Ältere Hunde erliegen im allgemeinen einer Herzerkrankung. Tierärzte berichten über Fälle von Lymphdrüsenerkrankungen beim Wheaten. Im übrigen sind Allergien und Hautprobleme ein verbreitetes Übel, zuweilen leiden die Hunde an beidem. Richtige Fellpflege ist wichtig. Wenn man wöchentlich mehrmals 30 Minuten als Norm zugrunde legt hilft dies, Hautreizungen zu verhindern und Probleme früh zu entdecken. Etwas Säubern des Fells gehört mit dazu, insbesondere in den Bereichen rund um Augen, Ohren und After; hier sollte zur Verhinderung von Infektionen überschüssiges Haar entfernt werden.

Wheatens lassen sich so leicht beschäftigen. Dieser kleine Kerl glaubt, er sei ein Zirkushund.

Soft Coated Wheaten Terrier

Spinone Italiano

Als einer der besten italienischen Jagdhunde präsentiert sich der Spinone Italiano als einer der vielseitigsten alten Vorstehhunde des Kontinents. Der Name ist abgeleitet von dem ialienischen Wort *Spino - Dorn* - ein Hinweis auf sein drahtiges Fell.
BESITZER: F. Riley.

Beschreibung

Ein quadratisch gebauter, kräftiger Jagdhund mit rauhem, robustem Fell. Der Spinone Italiano hat eine Widerristhöhe bei Rüden von 60 bis 70 cm, Hündinnen 59 bis 65 cm. Rüden wiegen 34 bis 39 Kilo, Hündinnen 29 bis 35 Kilo. Der Kopf ist lang, Oberkopf flach und schlank, nur sehr leicht gerundet. Augen groß, ziemlich rund. Augenfarbe bei weißen und weißorangen Hunden dunkelgelb, bei Braunschimmeln ockerfarben. Ohren lang, von dreieckiger Form, hängend getragen. Hals kräftig, muskulös, ziemlich kurz, leichte doppelte Kehlwamme. Schulterpartie kräftig, gut zurückgelagert. Vorderläufe gerade, Vordermittelfuß seitlich gesehen leicht nachgebend, guter Ellenbogenschluß. Breite, tiefe Brust, obere Linie vom Widerrist zur Lendenpartie leicht abfallend. Hinterhand kräftig und muskulös mit breiten Schenkeln. Sprunggelenk tiefgestellt, Pfoten kompakt und rund. Haarkleid dick, leicht drahtig, eng anliegend. Länge am Körper 3,8 bis 6 cm. Stärker behaarte Augenbrauen und Bart. Farben Weiß, Weiß mit Orange, Weiß mit Braun, Gefleckt oder Geschimmelt, mit oder ohne Flecken.

Anpassungsfähigkeit

Ein sehr guter Jagdhund mit vorzüglicher Ausbildungsfähigkeit, in den meisten Ländern außerhalb Italiens noch wenig bekannt. Trotzdem ist dies für den Gentleman ein angenehmer Jagdhund, der mit der Familie recht gut zurecht kommt. Er ist voller Selbstvertrauen, ziemlich unabhängig, von ausgeglichenem Wesen. Er lebt gerne in Gesellschaft mit Hunden, kommt auch mit anderen Tieren sehr gut zurecht. Sein großväterliches Äußeres verleiht ihm einige Vornehmheit, für Kinder ist er ein guter Beschützer. Diese Rasse ist ein Hund für den Jäger, denn ihre jagdlichen Instinkte sind sehr ausgeprägt, und der Spinone Italiano läßt sich vorzüglich abrichten. Seine Selbständigkeit fordert von früher Jugend an richtige Sozialisierung und Erziehung.

Ein höflicher Vorstehhund - der Spinone erwartet von seinem Herrn die gleiche Höflichkeit.
BESITZER: Vinola Valentino.

Wachstumsphase

Im Alter von acht Wochen wiegt der Spinone vier bis fünf Kilo, im allgemeinen dauert es zweieinhalb Jahre, bis die körperliche Reife erreicht ist. Es wird dringend empfohlen, Fütterungs- und Ausbildungsprogramm des Züchters einzuhalten, insbesondere bis zur vollen Reife. Besonders sollten die Besitzer auf die Knochenentwicklung von Läufen und Rücken achten. Die meisten Spinones lieben gutes Futter, deshalb muß man Überfütterung meiden. Die Junghundphase ist durch den Wechsel zum harten Erwachsenenfell gezeichnet, wobei die Fellfarbe meist etwas abdunkelt. Erziehung und Sozialisierung sollten planmäßig in die Richtung gehen, einen ausgeglichenen Hund voller Selbstvertrauen zu formen.

Gesundheit

Über viele Jahre war das Verbreitungsgebiet des Spinones auf sein Ursprungsland Italien beschränkt, sein Auftreten in der englischsprechenden Welt ist noch verhältnismäßig kurz. Zuverlässige medizinische Daten liegen noch nicht vor. Es besteht aber die Auffassung, daß insgesamt gesehen der Spinone ein gesunder und robuster Hund ist, nicht zuletzt aufgrund seiner Herkunft als hart arbeitender Jagdhund. Wie bei anderen Hunderassen mit tiefer Brust kann Magenumdrehung auftreten, entsprechende Vorsichtsmaßnahmen in der Fütterung und beim Auslauf sollten getroffen werden. Es wird auch über das Vorkommen von HD berichtet, hierzu gibt es noch keine zuverlässige Prozentzahl. Der Käufer sollte aber darauf bestehen, daß die Elterntiere geröntgt sind. Züchter berichten über Hautallergien, in beschränktem Umfang auch über Schilddrüsenprobleme. Die Fellpflege ist nicht besonders schwierig, für Gesundheit und richtige Fellentwicklung aber sehr notwendig. Man sollte die Ohren der Hunde, die ja ziemlich schwer sind, regelmäßig kontrollieren und reinigen, um Entzündungen vorzubeugen.

Bei all seinen Vorzügen ist der Spinone Italiano bisher eine sehr selten gefragte Rasse, die noch auf ihre Tage an der Sonne wartet.
BESITZER: F. Riley.

Obgleich seine äußere Erscheinung ihn als freundlichen Jagdhund ausweist, ist der Spinone Italiano ein tapferer und zu jeder Zeit schutzbereiter Familienhund. Im Haus benimmt er sich gut, bevorzugt aber viel Auslauf und jagdliche Möglichkeiten.
BESITZER: F. Riley.

Spinone Italiano

Staffordshire Bull Terrier

Beschreibung

Der Staffordshire Bull Terrier verfügt über einmalige Qualitäten, bietet für Ausstellungen wie auch als Familienhund eine vortreffliche Wahl. Er ist ein muskulöser, glatthaariger Hund, eine Verkörperung von Aktivität und Beweglichkeit. Widerristhöhe 35,5 bis 40,5 cm, Höhe immer in richtigem Verhältnis zum Gewicht stehend. Gewicht Rüden 12,7 bis 17 Kilo, Hündinnen 11 bis 15,4 Kilo. Kopf breit und tief, ausgeprägte Backenmuskulatur, schwarze Nase. Augen dunkel und rund, mittelgroß, gerade nach vorne blickend. Ohren klein, als Rosenohr oder halb aufgerichtet getragen, Hängeohren oder Stehohren außerordentlich unerwünscht. Hals ziemlich kurz und stark bemuskelt, keine Wammenbildung. Rumpf gedrungen, waagrechte Rückenlinie, tiefer Brustkorb. Rute mittellang, tief angesetzt, unkupiert, ziemlich tief getragen. Vorderläufe gerade und starkknochig, breit gestellt. Hinterläufe gut bemuskelt, parallel stehend. Bewegungsablauf frei, kraftvoll und kraftsparend flüssig. Haarkleid glatt, kurz, dicht und eng anliegend. Farben Rot, Falb, Weiß, Schwarz oder Blau, alle diese Farben auch mit weißen Abzeichen. Jede Farbvariation auch mit Stromung. Schwarzlohfarben oder Leberfarben außerordentlich unerwünscht.

Ursprünglich für den Hundekampf gezüchtet hat der Staffordshire Bull Terrier zwar seinen Schneid bewahrt, seine Aufgaben aber völlig gewechselt. Ein Musterbeispiel für Loyalität und guten Ruf ist der Stafford, ein vorzüglicher, außerordentlich populärer Familienhund. Beim richtigen Züchter gekauft kann man diesem Hund bedenkenlos vertrauen.
BESITZER: Michael Goldfarb.

Anpassungsfähigkeit

Der Stafford braucht eine Familie und Menschen, die bereit sind, Zeit in ihn zu investieren, sich um Erziehung und Sozialisierung zu kümmern. Staffords lassen sich leicht erziehen, sie sind unterordnungsfreudig, lieben es, Beschäftigung zu haben. Ein außerordentlich menschenorientierter und hochintelligenter Hund, aber zweifelsohne auch ein Energiebündel mit vielfältigen Talenten und athletischen Fähigkeiten. Dies ist nicht die beste Wahl für einen Haushalt mit sehr vielen Hunden, gleichgeschlechtliche Hunde vertragen sich schlecht. Der Hundefreund sollte klar wissen, daß diese englische Hunderasse *nicht* mit dem Pit Bull verwechselt werden darf, was durch gewisse äußerliche Ähnlichkeiten manchmal passiert. Der Stafford Bull Terrier stammt aus einem völlig anderen Zuchtmaterial, wurde in England systematisch auf gute Verträglichkeit mit Menschen und Tieren gezüchtet, ist außerordentlich vertrauenswürdig! Alle anderslautenden Geschichten beruhen auf Verwechslungen und irregeleiteten Medienfantasien.

WACHSTUMSPHASE

Mit acht Wochen wiegt ein Staffordshire etwa 3,6 bis 4,6 Kilo, die Entwicklung erfolgt ziemlich gleichmässig. Überfütterung und Fütterung zusätzlicher Stoffe sollten vermieden werden. Hat der Hund volle Widerristhöhe erreicht, gewinnt er noch weiter an Substanz. Besonders typisch verbreitert sich der Oberkopf bis zur vollen körperlichen Reife, irgendwann zwischen 18 und 24 Monaten, wobei Rüden im allgemeinen später fertig sind als Hündinnen. Der Käufer sollte auf einen kräftigen, munteren und selbstbewußten Welpen achten, kompakt und untersetzt, mit kräftigem Kopf und schönen ausgewogenen Linien. Die Farbe ist zweitrangig, man achte aber auf dunkle volle Pigmentbildung auf Nase und Ballen. Heranwachsende Hunde zeichnen

Staffords brauchen einen verständnisvollen Besitzer, der das Erbe dieser Rasse richtig sieht. Keinesfalls darf man diese Hunde gegenüber anderen Hunden oder Menschen aggressiv machen. In den falschen Händen kann der Staffordshire Bull Terrier zu einem gefährlichen Hund werden.
BESITZER: Harry L. Rodeheaver.

sich durch überschüssige Energien aus, ziemlich verbreitet lieben sie auch das Ankauen verschiedenartiger Gegenstände. Sowohl Energie- wie Kautrieb sollten vom vernünftigen Hundehalter in die richtigen Bahnen gelenkt werden. Es bedarf sehr viel Frühsozialisierung und Ausbildung, um aus dem Staffordshire Bull Terrier einen gut angepaßten, verläßlichen Familienhund und Wachhund zu machen.

GESUNDHEIT

Es gibt wenig Berichte über medizinische Probleme beim Staffordshire Bull Terrier, auch die Züchter bestreiten spezifische Probleme in den einzelnen Linien. Beidseitiger Star ist bekannt geworden, pflanzt sich rezessiv fort, Gaumenspalten und Hasenscharten sind gelegentliche Erbfehler. Bei einigen Hunden wird von Nierensteinen berichtet. Ähnlich wie beim Bull Terrier gibt es eine Reihe von Hautallergien und Hauterkrankungen. Für einen so kräftigen und selbstbewußten Hund ist

Heute wie in der Vergangenheit ist der Staffordshire Bull Terrier Menschen gegenüber außerordentlich liebevoll und freundlich, wie diese drei gut gezüchteten, richtig erzogenen Ausstellungshunde zeigen. Vorsicht - der rechte Hund zeigt eine rassetypische Hautempfindlichkeit. Dieses Bild darf auch nicht suggerieren, daß gleichgeschlechtliche Hunde sich im gleichen Zuhause miteinander vertragen.
BESITZER: Joaquin Tormo Esteve.

Früherziehung und Sozialisierung mit Mensch und Tier ein Muß. Zuweilen treten Verletzungen, insbesondere an Gliedern und Gelenken auf. Die hohe Schmerzunempfindlichkeit der Rasse und das stoische Wesen dieser Hunde macht eine Früherkennung schwierig. Deshalb ist es besonders wichtig, daß Du Deinen Hund genau kennst. Die Pflegeanforderungen sind zwar minimal, trotzdem sollte man täglich einmal den ganzen Hund kontrollieren. Dabei prüft man Ohren und Augen auf Fremdkörper und erste Anzeichen von Infektionen. Dies gilt auch für Fell und Haut. Nach den Berichten kommt es bei der Rasse auch zu Tumorbildungen, auch hierauf sollte der Besitzer bei seinen Kontrollen achten.

Staffordshire Bull Terrier

Sussex Spaniel

In der englischen Grafschaft Sussex war der Zwinger ansässig, in dem vor etwa 150 Jahren der Sussex Spaniel entstand. Sein tiefgestellter massiver Körper macht ihn zu einem etwas langsameren Jagdhund. Dabei ist seine Nase immer viel schneller als seine Läufe. Er ist ein entschlossener Jagdhund, zuverlässiger Begleiter des zu-Fuß-jagenden Jägers.
BESITZER: Norman und Constance Grenier.

Beschreibung

Lang, tiefgestellt und ziemlich massiv! Der Sussex Spaniel ist ein Jagdhund von leuchtend goldbrauner Farbe, hat eine Widerristhöhe von 38 bis 41 cm bei einem durchschnittlichen Gewicht von 23 Kilo. Rechteckiger Körperbau, Körper wesentlich länger als hoch. Er ist ein muskulöser Jagdhund mit freien Bewegungen. Charakteristisch sein etwas düsterer, würdiger Gesichtsausdruck. Oberkopf breit, starke Augenwölbung, Schädel mäßig lang, ausgeprägter Stop. Starkes Hinterhauptbein. Fang breit und quadratisch, niemals schwach. Insgesamt wirkt der Kopf schön ausgewogen. Augen ziemlich groß, haselnußfarben, freundlicher Ausdruck. Ohren dick, ziemlich groß, mäßig tief angesetzt, schwer, seitlich anliegend getragen. Rücken lang und gerade, sehr muskulös. Brustkorb breit und tief. Läufe gut unter den Hund gestellt, sehr kurz, kräftig und starkknochig. Hinterhand schön gerundet und muskulös, breit und parallel stehend. Pfoten groß und rund. Die Farbe ist bei Sussex Spaniels besonders wichtig, die vom Standard geforderte leuchtende Goldleberfarbe muß so sein, daß das Gold wirklich dominiert. Weißer Brustfleck unerwünscht. Das Haarkleid ist üppig, liegt flach an, ohne gewellt oder gelockt zu sein. Läufe mäßig stark befedert. Ohren mit weichem, leicht gewelltem langem Haar. Rute mäßig befedert, lange Haare auf den Zehen überdecken die Nägel. Rute tief angesetzt, immer in lebhafter Bewegung, meist auf eine Länge von 13 bis 18 cm gekürzt.

Anpassungsfähigkeit

Der Sussex Spaniel ist ein freundlicher liebenswerter, loyaler Hund. Seine wunderschönen haselnußfarbenen Augen drücken seine nahezu menschlich wirkende Persönlichkeit aus. Sussex Spaniels sind in Bewegung oder Verhalten nie übertrieben. Ein besitzergreifendes, sich eng dem Menschen verbindendes Tier, ein echter Familienhund, der das Leben im Haus genießt. Laß Dich aber weder durch seine Größe, noch durch sein Temperament täuschen. Der Sussex Spaniel ist ein aktiver, lebhafter Jagdhund, erfreut sich jeder Gelegenheit des gemeinsamen Auslaufs. Er ist ein empfindsamer Hund. Man muß ihn mit viel Liebe erziehen, und er wird gerne gehorchen.

Was Du siehst wirst Du auch bekommen. Der Sussex Spaniel liebt das Familienleben, ist völlig glücklich, auch wenn er sich nur an die Hausschuhe seines Herrn kuscheln darf. Man sollte aus diesem Hund aber keinen Sofarutscher machen, vielmehr gedeiht der Sussex Spaniel besonders bei allen Aktivitäten im freien Feld. Du solltest sie ihm ermöglichen.
BESITZER: Ann S. Cummings.

Wachstumsphase

Obgleich ausgewachsen ein substanzvoller Hund, wiegen Neugeborene nur etwa 120 bis 170 Gramm. Die Ruten werden auf etwas weniger als zwei Drittel kupiert, gleichfalls in der ersten Woche werden die Wolfskrallen entfernt. Die erste Wachstumsphase verläuft recht langsam. Mit fünf Wochen wiegen Sussex-Welpen nur etwa drei Pfund, danach beschleunigt sich das Wachstum jedoch. Mit acht Wochen kann man ein Gewicht zwischen sechs und acht Pfund erwarten. Die körperliche Reife erreichen die Hunde etwa mit zwei Jahren. Der Käufer muß bei der Auswahl auf kurze Läufe, starke Knochen, große Pfoten und einen langen Körper achten. Das Wesen sollte etwas ruhig, aber sehr freundlich sein. Beim Junghund hellt sich die Farbe auf, die richtige Farbentwicklung braucht Sonnenlicht. Die

Beginne schon am ersten Tag mit der Erziehung Deines Sussex Spaniels. Selbst die kuscheligen Welpen schätzen schon diese Erziehung. Früherziehung stärkt das Sozialverhalten und führt zu schneller Stubenreinheit.
BESITZER: Ann S. Cummings.

Züchter berichten, daß junge Sussex Spaniels im allgemeinen weniger aktiv sind als andere Rassen, aber trotzdem regelmäßigen täglichen Auslauf brauchen. Die Futtergewohnheiten sind normal, ausgewachsene Hunde brauchen aber im allgemeinen weniger Futter als andere Rassen gleichen Gewichts. Man achte darauf, um Dickleibigkeit zu vermeiden.

Ein Ausstellungswelpe sollte kurze Läufe, große Pfoten und ausgeprägte kräftige Knochen haben.
BESITZER: Ann S. Cummings.

Gesundheit

Es gibt wenige Erbkrankheiten, an denen der Sussex Spaniel leidet, im allgemeinen erfreut er sich einer hohen Lebenserwartung von bis zu 15 Jahren. Im Grundsatz ist der Sussex ein leicht zu haltender Hund, weder Fellpflege noch Auslauf sind besonders anspruchsvoll. Die jagdlichen Instinkte des Hundes sind erhalten geblieben, die Besitzer müssen dafür sorgen, daß sie in die richtigen Bahnen gelenkt werden. Die längere Behaarung sollte frei von Verfilzungen gehalten werden, zuviel Haar im Bereich von Ohren und After muß man trimmen. Die schweren Ohren des Sussex sind entzündungsgefährdet, auch von Milbenbefall bedroht. Die Besitzer müssen sie sauber halten, Ohrenschmalzentwicklung rechtzeitig bekämpfen. Ernsthafte Erkrankungen, welche die Rasse belasten, sind Herzprobleme und Krebserkrankungen, die insbesondere ältere Hunde befallen. Hüftgelenksdysplasie ist nur wenig verbreitet, die Züchter berichten, daß der Sussex Spaniel bei leichtem Befall damit recht gut zurecht kommt.

Sussex-Welpen sind zutiefst davon überzeugt, daß unsere Welt ihnen einen schönen Platz bietet. Wenn Du das Glück hast, einen Wurf Sussex-Spaniels zu finden, stehst Du sicherlich schnell in der Versuchung, den hübschesten Welpen mit nach Hause zu nehmen.
BESITZER: Ann S. Cummings.

Sussex Spaniel

Tervueren Belgischer Schäferhund

Beschreibung

Der Tervueren ist ein quadratischer Hund, beweglich, kräftig, sehr munter, von stolzer Haltung. Ein gut proportionierter und eleganter Hund, Widerristhöhe Rüden 64 cm, Hündinnen 58 cm. Der Kopf ist kräftig, steht in richtigem Verhältnis zum Körper. Augen mittelgroß, mandelförmig, nie hervortretend. Ohren dreieckig und als Stehohr getragen, niemals hängend. Hals gebogen, lang genug, um den Kopf stolz zu tragen. Widerrist etwas höher, setzt sich in einer waagrechten und geraden Rückenlinie fort. Brust tief, aber nicht breit. Bauchpartie weder übertrieben hochgezogen noch hängend. Kruppe mittellang und leicht abfallend. Vorderläufe kräftig und parallel, Hinterläufe gleichfalls parallel und stark, Knochen eher oval als rund. Rute kräftig, nie kupiert. Das Fell ist gerade und reich, Struktur mittelhart. Ohren schön befedert, um den Hals bildet sich eine Art Halskrause. Gute Befederung an den Vorderläufen, starke Hosenbildung an den Hinterläufen, Rute dicht behaart. Bei Hündinnen entwickelt sich die Haarpracht immer etwas weniger als beim Rüden. Unterwolle außerordentlich dicht, sie unterliegt aber klimatischen Schwankungen. Die Körperfarbe zeigt ein reiches Falb oder Dunkelrot - einige Länder gestatten auch Grau, darüber schöne schwarze Grannenhaare. Einfarbig Schwarz oder Leberfarben nicht gestattet.

Das Haarkleid des Tervueren ist gerade und üppig, Ohren, Halspartie, Läufe und Rute sind stark behaart. Ausstellungstiere zeigen alle diese Merkmale, bieten ein wunderschönes perfektes Bild.
BESITZER: Judy Baumeister und Steve Sorenson.

Anpassungsfähigkeit

Die Anhängerschaft des Tervueren ist davon überzeugt, daß es sich bei dieser Rasse um den vielseitigsten aller Belgischen Schäferhunde handelt, sie zumindest die gleiche Arbeitsqualität mitbringt wie der außerordentlich populäre Deutsche Schäferhund. In der Erziehung fordert der Tervueren Bestätigung, keinesfalls aber harte Unterdrückung. Diese Hunde lernen laufend und behalten das Gelernte im Gedächtnis. In Unterordnung ist die Rasse besondes hervorzuheben, ihr stärkster Wunsch ist es, ihrem Besitzer zu gefallen. Tervueren sind im Freien sehr aktive Hunde, eignen sich nicht für ein Zusammenleben im kleinen Appartement. Mit Kindern vertragen sie sich vorzüglich, sind zuverlässige Babysitter, die es sogar schaffen, zur Schlafenszeit die Kinder zu Bett zu bringen.

Ein herzliches Willkommen einem problemlosen, mit vielen Talenten versehenen liebenden Lebensgefährten. Diese Eigenschaften vereint der Tervueren in sich.
BESITZER: Joelle G. White.

Wachstumsphase

Mit acht Wochen wiegt der Tervueren-Welpe 3,5 bis 5,8 Kilo. Das weitere Wachstum verläuft recht gleichmäßig. Bei Einzeltieren gibt es aber immer Zwischenzeiten, wo die Läufe schneller gewachsen sind als der Körper. Die Züchter gehen davon aus, daß es bis zur vollen Reife drei Jahre dauert, aber einige Hunde - insbesondere Hündinnen - sind früher fertig. Bei der Auswahl sollte man sorgfältig auf das Wesen achten, nur einen Welpen kaufen, der über die ersten acht Wochen sehr gut durch den Züchter auf Menschen und auf Tiere sozialisiert wurde. Tervueren-Welpen müssen selbstbewußt und anpassungsfähig sein, immer freundlich. Mit vier Monaten sollten die Ohren stehen, fallen aber zuweilen nochmals während des Zahnwechsels herunter. Während der Wachstumsphase sind Tervueren zuweilen schlechte Fresser, man sollte auf gute Ernährung achten. Ausgewachsene Hunde wiederum haben hier keine Schwierigkeiten. Bei jedem Fellwechsel wird das Haarkleid des Tervueren roter und schwärzer.

Gesundheit

Hüftgelenksdysplasie ist beim Tervueren wenig vertreten, sie kommt aber vor und Vorsorgeuntersuchungen sind ein Muß. Zuweilen tritt Epilepsie auf, die aber durch ein EEG bereits im frühen Alter festgestellt werden kann. Schilddrüsenfunktionsstörungen und Probleme der Bauchspeicheldrüse treten auf, hierüber sollte man sich mit den Züchtern unterhalten. Einige Züchter empfehlen zur Meidung von Problemen mit der Bauchspeicheldrüse eine fettarme Ernährung. Bei Tervueren wurde auch Hypothyroidismus festgestellt, erkennbar an krampfartigen Anfällen. Man sollte sich auch erkundigen, ob in der Linie bei Schutzimpfung und Anästhesie ungewöhnliche Reaktionen auftreten. Das üppige Haarkleid des Tervueren wird beim Fellwechsel sehr stark abgestoßen, tägliches Bürsten ist unbedingt zu empfehlen. Die Anforderungen der Rasse an Auslauf und Erziehung sind beachtlich, dies gilt aber für alle Belgischen Schäferhunde. Die Züchter gehen von einer Lebenserwartung von 12 bis 16 Jahren aus.

Im Alter von vier Monaten sollten die Welpenohren aufrecht stehen. Tervueren sind aufnahmefähige, schnelldenkende Hunde, die einen Besitzer verlangen, der seinerseits seine Hunde fordert.
BESITZER: Robin M. West.

Das Wachstum verläuft in der Regel gleichmäßig, manchmal stehen beim Junghund trotzdem die Läufe zuweilen etwas vor oder hinter der allgemeinen Entwicklung.
BESITZER: Robin M. West.

Tervueren

Tibet Dogge

Beschreibung

Die Tibet Dogge (Tibet Mastiff) ist ein kraftvoller, schwerer Hund mit guten Knochen, bietet ein würdiges, ausdrucksstarkes Bild. Einer der ältesten und ausgeprägtesten Hunderassen, die ihren Typ über tausende von Jahren erhalten hat. Schönes dichtes Fell, ziemlich lang, dick, mit starker Unterwolle. Der Kopf ist ziemlich breit und schwer. Massiver Oberkopf, Fang ziemlich breit und ausgefüllt, ausdrucksstarke mittelgroße Augen von brauner Farbe. Ohren mittelgroß, dreieckig, hängend tief getragen. Kräftiger Hals, schön aufgewölbt, ohne zuviel Wammenbildung. Die ihn bedeckende Mähne besteht aus harten, geraden, abstehenden Haaren, darf nie seidig, gelockt oder gewellt wirken. Rücken kräftig, gerade. Schultern schön gelagert. Vorderläufe kräftig, starkknochig und gerade. Tiefe Brust, die bis zu den Ellenbogen reicht. Rute mittel bis lang, stark befedert und über den Rücken gerollt getragen. Kraftvolle, freie, leichte und elastische Bewegung. Die Farben sind einfarbig Schwarz, Braun, verschiedene Schattierungen von Goldfarben, Graufarben, auch Grau mit goldenen Markierungen. Die Lohfarbe rangiert von leuchtendem Braunrot bis zu den helleren Farben. Kleiner Bruststern oder minimale weiße Pfotenmarkierung zulässig. Widerristhöhe Rüden zumindest 66 cm, Hündinnen zumindest 61 cm.

Wenn Du nicht gerade auf der Goodwill-Liste des Dalai Lama für Geschenke stehst, mußt Du wohl oder übel diesen kostbaren tibetischen Hund auf eigene Faust suchen. Die Tibet Dogge ist ein eindrucksvoller Wachhund, seiner Natur nach sehr territorial und als Schutzhund veranlagt.
BESITZER: Susan Engle.

Anpassungsfähigkeit

Die Tibet Dogge ist ein großer Hund, ein vorzüglicher Wächter, Fremden gegenüber zurückhaltend, aber nicht unfreundlich. Ein wunderbarer Gefährte, aber kein Hund für jedermann. Der teddybärähnliche Junghund wächst sich zu *sehr viel Hund* aus. Entsprechend braucht die Tibet Dogge einen sicher eingezäunten Garten, so daß sie ihr Territorium kennt, nicht zu streunen beginnt. Für Kleinkinder zu groß, um sich rauh behandeln zu lassen, gegenüber gut erzogenen Kindern geduldig und freundlich, aber ausschließlich gegenüber den *eigenen* Kindern. Du solltest weder Fremden noch ihren Kindern erlauben, sich diesem Hund zu nähern, ehe sie ihn näher kennen. Die Tibet Dogge ist ein anpassungsfähiger, recht unabhängiger Hund, der richtig sozialisiert werden und von seinem Besitzer gestärkt werden muß. Von entscheidender Bedeutung ist auch hier die Früherziehung. Er ist in den Nächten ein vorzüglicher Wächter, sein Bellton kommt aus großer Tiefe, wie dies bei einem guten Wachhund sein sollte.

Das wahrscheinlich ansprechendste Farbmuster ist Schwarzlohfarben. Nicht zu verwechseln mit einem Rottweiler in langem Plüschfell!
BESITZER: M. Pilat.

WACHSTUMSPHASE

Tibet Doggen reifen langsam, bei Hündinnen dauert es bis zur völligen Reife zwei bis drei Jahre, bei Rüden noch etwas länger. Die Größe der Welpen ist außerordentlich unterschiedlich, immer wieder wird von zu großen Jungtieren berichtet. Mit 12 bis 13 Wochen wiegt ein Junghund etwa 18 Kilo. Gute Frühsozialisierung eines Junghundes ist von entscheidender Wichtigkeit, um später einen liebenswerten, gehorsamen Hund zu haben. Diese Hunde können auch dickköpfig und aggressiv sein. Heranwachsende Hunde sind zuweilen im Fressen etwas wählerisch.

Tibet Doggen-Jungtiere sollten nur mäßig Auslauf und eine proteinhaltige Ernährung haben, die das Wachstum nicht überstimuliert. Zusatzstoffe verboten. Diese Kombination meidet mögliche Wachstumsprobleme, denen viele große Hunderassen unterworfen sind. Zuviel Weiß ist für Ausstellungshunde weniger erwünscht.
BESITZER: Melissa Wolfe.

GESUNDHEIT

Tibet Doggen sind allgemein gesund, alle Hunde sollten aber auf Hüftgelenksdysplasie untersucht werden. Da die Tibet Dogge nicht zu den Riesenhunden gehört, ist eine Lebenserwartung von über 10 Jahren normal. Es gibt Berichte über Schilddrüsenunterfunktion, ebenso auch über erbliche *Demyelinative Neuropathie,* eine genetische Nervenstörung, welche die Welpen schon vor einem Alter von 12 Wochen befällt - die Welpen können nicht auf den Beinen stehen. Die Pflegebedürfnisse sind nicht besonders groß, diese Hunde wechseln nur einmal jährlich das Fell. Die Tibet Dogge paßt sich bemerkenswert leicht unterschiedlichen Wetterverhältnissen an, die Vorfahren der Rasse haben auch bei extremen Temperaturen im Ursprungsland Tibet überlebt. Was die Witterung angeht, könnten diese Hunde auch gut im Freien leben, sie bevorzugen aber bei weitem das Leben im Haus bei der Familie.

Besonders Kinder sind von dem teddybärartigen Aussehen begeistert. Dieses Trio von Teddybären wird sich jedoch schnell zu recht großen Hunden auswachsen. Sie bleiben aber gegenüber Kindern, die sie kennen, freundlich.
BESITZER: Melissa Wolfe.

Tibet Dogge

Tibet Spaniel

Beschreibung

Ein Kleinhund, gut ausbalanciert, etwas langgestreckt, ohne Übertreibungen. Der Tibet Spaniel hat eine Widerristhöhe von 25 cm bei einem Idealgewicht von 4,1 bis 6,8 Kilo. Er trägt seinen Kopf stolz, verfügt über viele Qualitäten, ist frei von jeglicher Grobheit. Kopf leicht aufgewölbt, mässige Breite und Länge, schwacher Stop. Augen dunkelbraun, oval und leuchtend, mittelgroß, nach vorn gerichtet. Ohren mittelgroß, hängend getragen, ziemlich hoch angesetzt, gut befedert. Fang mittellang, stumpf, schön ausgepolstert. Leichter Vorbiß, Zähne sind gleichmäßig gestellt, Vollzahnigkeit erwünscht. Bei geschlossenem Fang sind Zähne und Zunge nicht sichtbar. Hals kräftig, mäßig kurz, gerader Rücken. Vorderläufe leicht gebogen, aber im Schulterbereich fest. Hasenpfoten, klein mit hübscher Befederung. Hinterhand kräftig mit mäßig gewinkeltem Knie, von hinten gesehen gerade stehend. Hoch angesetzte Rute, reich behaart, über den Rücken gerollt getragen. In der Bewegung flüssig, gerade und frei. Doppeltes Haarkleid von seidiger Struktur. Ohren, Vorderläufe, Rute und Hosen länger behaart als der übrige Körper. Die Mähnenbildung ist bei Rüden kräftiger als bei Hündinnen. Tibet Spaniels gibt es in allen Farben und Farbkombinationen.

Mehr ein Wunder sorgfältiger Zucht tibetischer Züchter als eine Reinkarnation. Tibet Spaniels versprechen in ihrem irdischen Leben volle Hingabe. Ein vernünftiger Hund in Größe, Haltung, Körperbau und Anpassungsfähigkeit.
BESITZER: Arlene Tanel.

Anpassungsfähigkeit

Bei den großen Ausstellungssiegen ist der Tibet Spaniel leider etwas benachteiligt. Er wirkt nicht so dramatisch, ist nicht so außerordentlich auf sich selbst konzentriert und hat auch kein besonders auffälliges Äußeres. Er ist auch keine Taschenausgabe eines anderen Hundes oder sieht aus wie ein Mop. Dem Himmel sei aber Dank für einen solchen hübschen, vernünftigen kleinen Hund! Der Tibet Spaniel ist ziemlich klein, besitzt aber ein sehr großes Herz und eine Persönlichkeit, die das Leben verschönt. Ein idealer Familienhund, mit den Kindern sehr verspielt. Seine Anforderungen sind bescheiden, um so mehr gibt er zurück. Früherziehung und Sozialisierung werden empfohlen. Diese Rasse ist verhältnismäßig selten, wer sie sich aber ins Haus holt, wird tausendfach belohnt.

Wenn auch wenig verbreitet, doch immer in stolzer Haltung! Der Tibet Spaniel ist ein selbstbewußter Rassehund mit einem großen Herzen, steht eine Klasse vor seinen Wettbewerbern.
BESITZER: Mrs. K.M. Lowe.

Wachstumsphase

Ein achtwöchiger Tibet Spaniel wiegt etwa 1,8 Kilo. Trotz der kleinen Form reift die Rasse langsam, sie braucht gute drei Jahre bis zur endgültigen Reife. Welpen sollten selbstbewußte, fröhliche kleine Persönlichkeiten sein. Meide unbedingt armselig ernährte, scheue Hunde, die ein dünnes oder schlechtes Fell, rote, entzündete Ohren und andere Anzeichen von Gesundheitsstörungen zeigen. Junge Hunde entwickeln sich gleichmäßig, aber unausgewogene Übergangsperioden muß man einkalkulieren. Die Farben hellen meist auf. Dreifarbige bleiben weitgehend gleich, nur das Gold wird heller. Mehrfarbige verändern sich wenig, Flecken mit Ausnahme der schwarzen werden heller. Das flauschige Welpenkleid beginnt sich auf dem Rücken mit 8 bis 12 Wochen zu verändern, und mit sechs Monaten ist das neue Fell weitgehend fertig.

Im Vergleich mit den populären Pekingesen oder anderen löwenartigen Orientalen sind Tibet Spaniel-Würfe eine Seltenheit. Die Welpen sollten selbstbewußt sein, alle Anzeichen von Munterkeit und Gesundheit aufweisen.
BESITZER: Cheryl A. Kelly.

Gesundheit

Tibet Spaniels erfreuen sich guter Gesundheit, sind relativ frei von ernsthaften erblichen Krankheiten. Die Lebenserwartung der Rasse kann bis zu 15 Jahren reichen.
PRA ist ein Problem, tritt aber selten auf. Bekannt ist, daß die Rasse gegen Flöhe empfindlich ist, schlecht Flohhalsbänder und andere die Haut reizende Stoffe verträgt. Auch sollten die Besitzer sorgfältig darauf achten, daß sich keine Kotreste im Afterbereich im Fell ansammeln. Die Futteransprüche sind niedrig, die Züchter empfehlen aber, proteinreiche Ernährung zu meiden, auch keine Fleischabfälle zu verfüttern. Sie verweisen darauf, daß im Ursprungsland Tibet Hunde weitgehend fleischlos ernährt werden. Die Rasse ist als pflegeleicht anzusehen, es reicht, wenn sie dreimal wöchentlich tüchtig ausgekämmt wird.

Um hervorragend auszusehen, braucht das Fell des Tibet Spaniels wenig Pflege.
BESITZER: Sandra Fournier.

Wenn es noch weitere Welpenposter dieser Art gäbe, würde die Eintragungszahl von Tibet Spaniels sich in den Himmel erheben!
BESITZER: Cheryl A. Kelly.

Dies gilt nicht für den Zeitraum des Fellwechsels im Frühling und Herbst, dann muß das Fell täglich gekämmt und gebürstet werden. Die Rasse hat keine großen Anforderungen an Auslauf. Man muß darauf achten, daß die Hunde vor Hitzschlag geschützt werden.

Tibet Spaniel

Tibet Terrier

Beschreibung

Der wunderschöne Tibet Terrier stammt aus dem Westen Tibets, aus schwierigem Gelände mit dem rauhen Klima seines Heimatlandes, gegen das ihn sein dichtes Haarkleid und seine einzigartigen Pfoten schützen. Ein mittelgrosser, kräftig gebauter Hund, dessen quadratischer Körper mit vollem und feinem Deckhaar bekleidet, durch weiche Unterwolle geschützt ist. Widerristhöhe Rüden 35 bis 40,6 cm, Hündinnen etwas kleiner, Gewicht etwa neun bis elf Kilo mit etwas Spielraum nach oben wie unten. Oberkopf mittellang, weder breit noch grob, sich vom Ohr zum Auge leicht verschmälernd. Markierter Stop, aber nicht übertrieben. Große runde Augen, dunkelbraun, nicht tiefliegend, aber auch nicht hervortretend. Hängeohren v-förmig, nicht zu groß, dicht am Kopf getragen und stark befedert. Schwarze Nase. Fang kräftig, gut entwickelter Unterkiefer. Länge vom Auge zur Nase gleich Länge vom Auge zum Hinterkopf. Kompakter Körper, quadratisch und kräftig. Gerade Rückenlinie, Brust nicht zu breit, Lendenpartie leicht aufgewölbt. Rute mittellang, ziemlich hoch angesetzt, über dem Rücken gerollt getragen. Anatomie von Vor- und Hinterhand ermöglichen guten Vortritt und kraftvollen Schub. Doppeltes Haarkleid, Unterwolle fein, Deckhaar dicht, fein, aber nicht seidig oder wollig; lang - entweder gerade oder gewellt, nie aber gelockt. Der Scheitel über Rücken und Hals fällt natürlich. Die Farben umfassen Weiß, Golden, Creme, Grau oder Rauchfarben, Schwarz, Zweifarbig und Dreifarbig. Alle Farben mit Ausnahme von Schokolade- oder Leberfarbe zulässig.

Der perfekte Skipartner! Der Tibet Terrier hat seine eigenen Schneeschuhe und ein natürliches Gefühl für Steilhänge.
BESITZER: Joyce Ayotte.

Anpassungsfähigkeit

Diese *kleinen Menschenhunde* segnen ihre Besitzer mit einer aufopferungsvollen Persönlichkeit, ausgeprägten Wachhundeigenschaften, bei nur mittlerer Körpergröße. Wie auch die anderen aus dem Tibet stammenden Hunderassen ist dies ein robuster, anspruchsloser ausdauernder Hund, der Beschäftigung braucht. Er dient nicht nur als Dekoration, obgleich er eine ganze Menschenansammlung anziehen und unterhalten kann, wenn er gerade in Spitzenkondition ist. Im Grunde ist dies aber ein echter Familienhund, er liebt sein Zuhause und seine Familie, die er eindeutig in Besitz nimmt. Er paßt sich verschiedenen Lebensstilen gut an, ist gehorsam und lernfreudig, zeigt aber zuweilen auch eine seine Besitzer prüfende Dickköpfigkeit. Man sollte mit der Erziehung von früher Jugend an beginnen und gleichmäßig und beharrlich fortsetzen.

Schon seit Jahrhunderten als Talisman hochgeschätzt, bringt der Tibet Terrier allen Glück, die ihn in ihrem Zuhause willkommen heißen.
BESITZER: Sheryl Rutledge-Schultis.

WACHSTUMS-PHASE

Bei der Geburt wiegen Tibet Terrier 120 bis 140 Gramm. In der ersten Woche werden die Wolfskrallen entfernt. Acht Wochen alte Welpen wiegen etwa fünf Pfund. Die Farben variieren in der Rasse beträchtlich. Verantwortungsbewußte Züchter warnen davor, die Welpenauswahl nach den Farben zu treffen, denn diese haben keine große Bedeutung. Mit dem Alter kann sich die Farbe auflichten oder abdunkeln. Die Käufer sollten sich bei dieser noch wenig bekannten Hunderasse das notwendige Fachwissen aneignen, beim Kauf auf einen freundlichen, verspielten neugierigen Welpen achten, der gesund ist, guten Körperbau und Typ hat. Gute Fellpflege ist sehr wichtig, insbesondere in der Entwicklungszeit. Nie darf die Unterwolle entfernt werden, das Deckhaar in einen Scheitel entlang dem Rücken gezwungen werden. Man sollte auch häufiges Baden vermeiden, mehr bürsten und kämmen.

Aufgrund sorgfältiger Zucht findet man in den Würfen des Tibet Terrier Welpen, die nahezu unwiderstehlich und fast immer gesund sind.
BESITZER: Susan B. Nerdahl.

GESUNDHEIT

Über die Rasse gibt es wenig medizinische Informationen. Die Züchter berichten von sehr wenigen Problemen, auch von keinen schwerwiegenden mit Ausnahme von HD und PRA. Das Auslaufbedürfnis des Tibet Terriers ist normal. Die Hunde fühlen sich bei mäßiger täglicher Bewegung wohl, freuen sich aber immer an allen Aktivitäten. Ihre Pflegeanforderungen erscheinen nicht übertrieben, trotzdem braucht das üppige Haarkleid die notwendige regelmäßige Pflege. Der Haarwechsel kann manchmal lästig werden. Die Bereiche rund um die Ohren und After müssen sauber gehalten, von überflüssigem Haar befreit werden, damit es zu keinen Infektionen kommt. Die klugen Augen müssen regelmäßig auf eventuelle Probleme kontrolliert werden. Vom Tibet Terrier werden Linsenluxation berichtet, auch Leistenbrüche, aber verantwortliche Zucht hat ihre Häufigkeit begrenzt. Zuweilen tritt Schilddrüsenüberfunktion auf.

Du kannst sicher sein, der erwachsene Tibet Terrier wird immer zum festen Bestandteil einer aktiven Familie. Für die meisten Menschen und anderen Tiere ist er freundlich, vertraut und gutartig.
BESITZER: Susan B. Nerdahl.

Selbst das mißtrauischste Kind wird es glauben, dieser junge Tibet Terrier ist ein *Muppet*.
BESITZER: Susan M. Carr.

Tibet Terrier

Toy Fox Terrier

Eines der best gehütetsten Geheimnisse der amerikanischen Hundezucht, der Toy Fox Terrier, bereits 1936 vom *United Kennel Club* anerkannt, aber in keinem anderen Land von den maßgebenden Hundezuchtverbänden zugelassen wurde.
BESITZER: Ann Mauermann.

Beschreibung

Diese Hunderasse blieb bisher ausschließlich auf die USA beschränkt, wurde dort auch nur von einem weniger bedeutenden Club anerkannt. Er hat aber in den USA viele Anhänger gefunden. Der Toy Fox Terrier ist ein vorwiegend weißer Hund mit schwarzen und/oder lohfarbenen Markierungen. Gewicht zwischen 1,6 und 3,2 Kilo, nie mehr. Oberkopf leicht aufgewölbt, aber nicht apfelköpfig wie beim Chihuahua. Fang etwa ebenso lang wie Oberkopf, leicht spitz zulaufend. Augen rund, dunkel und etwas herausragend, von freundlichem Ausdruck. Mittelstarker Stop. V-förmige Stehohren, nicht zu breit voneinander angesetzt. Hals mäßig lang, leicht gebogen. Schultern gut zurückgelagert, gerader Rücken. Brustkorb weder flach noch zu stark gerundet. Rute hoch angesetzt, auf drei Fünftel Länge kupiert, aufrecht getragen. Hinterläufe gut bemuskelt und kräftig. Kniewinkelung steil, Sprunggelenk gleichfalls steil gestellt. Bauchlinie mäßig hochgezogen. Vorderläufe gerade, Pfoten leicht auswärts gestellt. Haarkleid kurz und samtartig, in der Halspartie etwas länger.

Anpassungsfähigkeit

Dieser winzige Toy Fox Terrier verfügt über eine außerordentliche Vielfältigkeit, stammt von kleinen englischen Jagdhunden, hat noch voll deren Instinkte und Jagdleidenschaft geerbt. Diese Hunde sind freundlich, lieben jedermann. Ihre eigenen Menschen schützen sie, werden dadurch zu einem recht ordentlichen Wachhund, der tüchtig Alarm schlägt. Ein eindrucksvoller kleiner Kobold, der in kürzester Zeit Deine eigenen schlechten Gewohnheiten übernimmt. Du solltest ihm ein gutes Vorbild sein! Toy Fox Terrier gedeihen nur bei viel Liebe und Zuneigung. Ihre Erziehung macht wenig Schwierigkeiten, ja, man findet Vertreter der Rasse bei Unterordnungswettbewerben häufig auf dem Siegertreppchen. Die Amerikaner haben mit dem Toy Fox Terrier einen Allround-Sieger für die nächsten Jahre gefunden. Es bleibt abzuwarten, ob dies auch andere Länder so sehen.

Für einen so kleinen Hund hat der Toy Fox Terrier ziemlich große Ohren! Von diesem intelligenten Zwerg wird behauptet, er sei der am leichtesten Erziehbare von allen Hunden unter 2 Kilo Gewicht.
BESITZER: Lisa Vettraino.

Wachstumsphase

Das Abgabegewicht mit acht Wochen liegt zwischen ein und zwei Pfund. In den Linien wie bei Einzeltieren ist die Wachstumsrate unterschiedlich. Die volle Widerristhöhe erreichen die Hunde meist bereits mit sechs Monaten, bei einigen dauert es aber auch 12 Monate. Toy Fox Terrier sind eine auf die USA begrenzte Hunderasse, beim Kauf sollte man darauf achten, daß die Welpen aus bekannten Linien stammen. Heute gibt es viele winzige terrierähnliche Welpen - als Toy Fox Terrier angeboten - achte darauf, daß es sich wirklich um einen Rassehund handelt! Beim Kauf sollte man auf gute Knochen, richtige Gebißstellung achten, auch die Standardregeln über Kopf-, Augen- und Ohrenform beachten. Unbedingt meide man langen Rücken, schwache Knochen, jedes Anzeichen für Hauterkrankungen oder tränende Augen. Der wichtigste Gesichtspunkt ist aber immer das Wesen. Der Welpe muß ruhig und freundlich auftreten, darf weder hektisch noch scheu sein.

Gesundheit

Alles in allem ist der Toy Fox Terrier eine robuste, gesunde Hunderasse - noch im Entwicklungsstadium - wenige erbliche Probleme sind bekannt geworden. Die Züchter unterstreichen die Wichtigkeit, einen Welpen nur aus einer gesunden Zuchtlinie beim erfahrenen Züchter zu kaufen. Zu den Hauptproblemen gehören Augen, Knochen und Haut. In einigen Zuchtlinien treten schwache, brüchige Knochen auf, Komplikationen - vor allen Dingen Verletzungen - sind die logische Konsequenz. Weiterhin wird von Hautproblemen - in erster Linie Allergien - berichtet. Der Auslaufbedarf dieses Hundes ist normal. Von seinem Besitzer fordert der Toy Fox Terrier aber viel Spiel und Zeit für gemeinsame Unternehmungen, um ein fröhlicher und zufriedener Hund zu sein. Im allgemeinen sind Toy Fox Terrier gute Fresser, bei Erwachsenen sollte man darauf achten, daß sie kein Übergewicht ansetzen. Übergewicht ist schädlich für Knochen, Bänder und Herz. Es bleibt abzuwarten, wie sich die Rasse weiter entwickelt, ob sie irgendwann einmal internationale Anerkennung findet.

Den Toy Fox Terrier kann man zu den gesundesten Hunden zählen. Obgleich Junghunde vorübergehend sprunghaft wachsen, dadurch nicht besonders attraktiv sind, dürfen sie keinesfalls schwächlich oder übertrieben erregbar sein. Man achte bei der Wahl immer auf einen ruhigen und freundlichen Welpen.
BESITZER: Ann Mauermann.

Der Toy Fox Terrier diente zunächst nur als laut kläffender Wachhund, läßt sich aber heute praktisch für eine Vielfalt von Aufgaben programmieren: Das reicht vom frühen Wecken bis zur Erinnerung, daß ja Herrchen seine Tabletten noch nicht eingenommen hat. Ideale Wohnungshunde, perfekt für Kinder wie für ältere Hundefreunde.
BESITZER: Lisa Vettraino.

Toy Manchester Terrier

Beschreibung

Hier haben wir die kleinere Ausgabe des Manchester Terrier, den Toy Manchester Terrier mit einem Gewicht von nur 2,7 bis 3,6 Kilo bei einer Widerristhöhe von 25 bis 30 cm. Von seinem größeren Verwandten, dem Manchester Terrier, unterscheidet er sich nicht nur durch Kleinheit, sondern auch durch seine natürlich aufrecht stehenden Ohren, geformt wie eine Kerzenflamme mit leicht gerundeten Ohrspitzen. Die Ohren sind hoch am Hinterkopf angesetzt, stehen verhältnismäßig eng beisammen. Wenn man sie nach vorne überschlägt, erreichen sie das Auge. Ohrenkupieren bei dieser Rasse ist verboten, die Ohren sind nach vorne gerichtet. Insgesamt gesehen ist dieser Terrier schön ausgewogen, kompakt, elegant, eine Idee länger als hoch. Er braucht genügend Knochen und Muskulatur, um Beweglichkeit und Ausdauer zu sichern. Kopf lang, schmal, flacher Oberkopf, Keilform, leichter Stop.

Ein freundlicher, anspruchsloser Kleinhund! Einigen wird der Toy Manchester Terrier auch unter dem Namen *English Toy Terrier* bekannt sein. Unabhängig vom Namen handelt es sich um einen eleganten, kleinen, schwarzlohfarbenen Terrier mit einem wunderbaren Wesen.
BESITZER: Peter J. und Patricia Lapinski.

Augen dunkel bis schwarz, klein, mandelförmig, lebhaft. Hals lang, elegant. Brustkorb schmal, aber tief, mit guter Rippenwölbung, hochgezogene untere Linie. Vorderläufe gerade, Ellenbogen gut anliegend. Pfoten kompakt, schön aufgeknöchelt. Gut gerundete Lendenpartie, kräftige Hinterhand mit schöner Winkelung, Sprunggelenke tiefliegend, parallel stehend. Rute tief angesetzt, nicht länger als bis zum Sprunggelenk. Übertrieben fröhlich getragene Rute unerwünscht. Guter Trab - aber ohne Hackney-Gangart - erwünscht. Fließender Bewegungsablauf mit gutem Schub und weit ausgreifend. Haarkleid kurzhaarig, dicht und leuchtend. Farbe Schwarzlohfarben, wobei die einzelnen lohfarbenen Markierungen im Standard sehr präzise festgelegt sind. Weiße Flecken - gleich wo - absolut unerwünscht.

Anpassungsfähigkeit

Selbst beim Welpen schimmern Intelligenz und Lebensfreude des Manchester Terrier schon durch.
BESITZER: Louise H. Strickland.

Der Toy Manchester Terrier ist unter den Kleinhunden eine ziemlich seltene Wahl. Dieser *English Toy Terrier* hat in England über Jahre seine kleine Anhängerschaft, gehört zu den alten englischen Hunderassen. Ein kleiner Hund, keineswegs zerbrechlich, durch sein leuchtendes schwarzlohfarbenes Haarkleid recht attraktiv. Toy Manchester Terrier sind liebevolle Hunde, brauchen einen freundlichen menschlichen Partner, der das Leben mit ihnen teilt, sie richtig erzieht. Werden diese Hunde verwöhnt oder schlecht gehalten, können sie zuweilen recht leicht erregbar, sogar aggressiv werden. Wie die meisten Kleinhunde braucht dieser Hund frühzeitig Sozialisierung und richtige Erziehung, um sein wirklich bezauberndes Wesen richtig zu entfalten.

Wachstumsphase

Geburtsgewicht etwa 140 bis 170 Gramm, in der ersten Woche werden die Wolfskrallen entfernt. Meist werden die Welpen völlig schwarz geboren, zeigen nur minimale lohfarbene Markierungen. Die endgültigen Markierungen werden meist mit vier Wochen deutlich erkennbar. Daumenmarkierungen und *Pencil Markings,* wie sie der Standard detailliert vorschreibt, kommen um einiges später zum Vorschein. Die Ohrenhaltung ist wichtig, die kerzenflammenähnlichen Ohren sind das Wahrzeichen der Rasse. Nie kupiert stellen sich die Ohren meist bereits mit einem Monat, es kann aber auch sechs Monate dauern. Ohren, die mit sechs Monaten noch nicht stehen, werden manchmal vom Fachmann geklebt, früheres Kleben ist nicht empfehlenswert. Im übrigen ändert das Kleben nichts an der Genetik des Hundes. Bleiben beim Zahnwechsel Welpenzähne des Toy Manchester Terriers im Kiefer stehen, müssen sie vom Tierarzt gezogen werden.

Gesundheit

Der Toy Manchester Terrier ist ein pflegeleichter, sehr kleiner Gesellschaftshund. Die Fellpflege erfordert wenig mehr als jeden zweiten Tag Kämmen und Bürsten, hinzu kommt die regelmäßige Inspektion von Augen, Ohren und Pfotenballen. Die Rasse ist anfällig gegen Knieluxation, was sich notfalls chirurgisch behandeln läßt. Ihre Haut ist sehr empfindlich, man muß den Hund bei kaltem und feuchtem Wetter gegen Erkältungen schützen. In der Rasse treten Hautinfektionen auf, was sich durch richtige Pflege in gewissem Umfang einschränken läßt. Beim großen Manchester Terrier kommt es zu einer sehr ungewöhnlichen Hauterkrankung namens *Cutaneous Asthenia,* die Anzeichen sind in der Regel weiche, zarte, feuchte Hautstellen mit Verblassungen. Aufgrund der engen genetischen Verbindung könnte diese Erkrankung möglicherweise auch den Toy Manchester Terrier befallen. Ganz vereinzelt wird über Epilepsie und vWD berichtet. Beim Toy Manchester gibt es einige Berichte über Blutstörungen wie auch über Zahnfleischentzündung und andere Zahn- oder Gaumenerkrankungen.

Die Welpen des Toy Manchester Terriers brauchen meist etwas Zeit, um fest auf allen vier Beinen zu stehen. Junghunde wirken manchmal unausgewogen, dürfen aber nie zerbrechlich oder schwächlich sein. Die Mutterhündin muß freundlich und selbstbewußt sein, nie scheu oder übertrieben nervös.
BESITZER: Louise H. Strickland.

Laß Dir bei der Welpenauswahl Zeit. Ein guter Züchter wird Dir am besten die einzelnen Charaktere im Wurf erklären können. Sein Rat ist wertvoller als jede impulsive Entscheidung, die Du treffen könntest.
BESITZER: Louise H. Strickland.

Toy Manchester Terrier

Toy Pudel

Natürlich ist der kleinste unter den Pudeln zu winzig, um wie seine größeren Brüder eine Ente anzuschleppen. Die Rasse hat sich aber zu einem idealen Familienhund entwickelt und überragt als Ausstellungshund viele ihrer Konkurrenten.
BESITZER: Norma Strait.

Beschreibung

Die Widerristhöhe des Toy Pudels liegt unter 28 cm, erstrebt sind 25 cm Widerristhöhe. Die Kleinheit des Toy Pudels ist von überragender Bedeutung, vorausgesetzt, Ausgewogenheit und Proportionen bleiben gewährleistet. Die Augen sind sehr dunkel und oval, nicht rund, hervortretend oder zu groß. Die Ohren liegen eng am Kopf an, langes Ohrleder, aber keine übertriebene Behaarung. Oberkopf mäßig gewölbt, mit leichtem, aber deutlichem Stop. Wangenpartie flach, Fang lang, gerade und fein, unter den Augen leicht ausgemeißelt, darf aber nicht geschnürt wirken. Schultern schön zurückgelagert, nicht steil gewinkelt. Vorderläufe gerade und parallel stehend, Pfoten oval, ziemlich klein, gute Ballen, keinesfalls gespreizt. Hinterläufe gerade, gute Kniewinkelung. Das Fell hat eine natürliche harte Struktur, ist immer sehr dicht. Wenn auch nur vereinzelt trifft man die Rasse auch als *Schnürenpudel* mit engen, gleichmäßigen Schnüren. Pudel können in einer der vier Schurarten vorgestellt werden: Puppy, English Saddle, Continental und Sporting. Pudel sind immer einfarbig, wobei es gewisse Farbschattierungen gibt. Die Pudelfarben sind Schwarz, Weiß, Braun, Silber und Apricot (nach FCI). In England und in den USA gibt es noch die Farben Blau, Grau, Silber, Milchkaffeefarben und Creme. Mehrfarbige Hunde werden auf Ausstellungen disqualifiziert. Nase, Augenlider, Lefzen, Nägel und Augenfarbe sollten immer zu der Fellfarbe passen.

Anpassungsfähigkeit

Ein gut gezüchteter Toy Pudel läßt sich von keinem in Partnerschaft und liebevoller Zuwendung übertreffen. Dieser Winzling besticht durch Persönlichkeit, Einfallsreichtum, verehrt sein Frauchen (oder Herrchen) über alles. Richtig sozialisiert und geschickt geführt kann der Toy Pudel zu einem sehr munteren und aufgeschlossenen Hund in unserer Gesellschaft heranwachsen. Dieser Zwerg hat einen wachen Verstand. Unterschätze nie seine Fähigkeit, Situationen zu erkennen. Die Erziehung kann schwierig werden, wenn der Hundebesitzer diesen Hund mit einem kleinen, unmündigen Baby verwechselt. Von frühester Jugend an solltest Du Deinen Toy Pudel wissen lassen, daß Du ihn sehr liebst, trotzdem aber der Boß bist. Der Toy Pudel ist für jeden Kleinhundefreund ein großes Vergnügen.

Der Toy Pudel nimmt es jederzeit in Intelligenz und Persönlichkeit auch mit den größten Hunden auf.
BESITZER: Lynn DeRosa

Wachstumsphase

Mit sieben bis acht Wochen wiegen Toy Pudel um die 680 Gramm, größenmäßig ausgewachsen sind sie mit sechs bis sieben Monaten. In der ersten Woche werden die Ruten kupiert, meist auf etwas weniger als zwei Drittel der Originallänge. Pudel gibt es in einer Vielfalt von Farben, man muß mit gewissen Farbveränderungen vom Welpen bis zum erwachsenen Hund rechnen. Das Wahrzeichen des Pudels - sein wunderschönes Fell - wächst schnell, ist aber nicht vor etwa eineinhalb Jahren voll ausgereift. Auch die sexuelle Reife dauert bei einigen Tieren bis zu einem Jahr. Bei der Auswahl eines Welpen sollte man sorgfältig darauf achten, daß er aus guter Zucht kommt, gesund ist und gutes Wesen hat. So attraktiv sie sein mögen, Hunde von Untergröße oder mit schwachen Knochen sollte man nicht kaufen. Bei solchen Tieren kommt es leicht zu Verletzungen und Gesundheitsproblemen. Schon von früher Jugend an muß mit der Fellpflege begonnen werden, einerseits um den Hund an diese regelmäßige Übung zu gewöhnen, zum anderen, um der Entwicklung zum Erwachsenenhaarkleid voranzuhelfen.

Wenn Du Deinen Pudel ausstellen willst, solltest Du sorgfältig Ausstellungskataloge studieren, um einen Züchter zu finden, dessen Hunde erfolgreich sind. Möchtest Du aber nur einen Familienhund, mußt Du vor allen Dingen darauf achten, daß der Welpe munter, freundlich, ruhig und voll Selbstvertrauen ist, weder Augen- noch Hautprobleme zeigt.
BESITZER: Patricia A. Zbock.

Gesundheit

Die Toy Pudel haben eine große und opferbereite Schar ernsthafter Züchter hinter sich. Das einzigartige Aussehen der Rasse und ihre Winzigkeit bringen ihr immer neue Bewunderer. Interessierte Hundefreunde sollten sorgfältig auswählen, denn es gibt eine ganze Reihe von Gesundheitsproblemen, die bei der Rasse vorkommen. Hinzu kommt, daß trotz der Kleinheit der Hunde ihr Pflegebedarf groß ist, in aller Regel braucht man Hilfe durch den Fachmann. Ein gut gezüchteter Toy Pudel kann mit Leichtigkeit älter als zehn Jahre werden, einige erreichen ein Alter von 15 Jahren. Ohren-, Augen- und Hautprobleme sind recht verbreitet, besonders Ohrinfektionen. Hinzukommen Distichiasis, Tränenkanalabnormitäten und PRA, atopische Dermatitis, erbliche Sebaceous Adenitis und Seborrhea. Der Käufer muß auch auf Kryptorchismus, fehlende Zähne und korrekte Kieferstellung achten. Die zarte Kleinheit des Hundes läßt ihn leicht zum Opfer von Verletzungen werden, insbesondere wird von Knochenbrüchen und Augenproblemen berichtet, die durch Fremdkörper und Kratzer entstehen. Hypoglykämie befällt die kleinsten Zwerghunde, und die meisten Tierärzte wissen, daß diese Erkrankung beim Toy Pudel auftritt. Vereinzelt wird auch berichtet, daß er empfindlich auf Tollwutschutzimpfungen reagiert.

Unglaublich empfindsam und klug können Toy Pudel nahezu alles lernen, wenn man es sie geduldig lehrt. Sie reagieren erstaunlich gut auf freundliches sanftes Erziehen.
BESITZER: Marion Usher.

Toy Pudel

Västgötaspets

In Schweden wurde der Västgötaspets oder Swedish Vallhund als Hütehund eingesetzt. Obgleich seine Stärke darin liegt, aufsässige Färsen zur Ordnung zu rufen, findet er heute als Familienhund viel Anklang, hütet Kinder und andere Haustiere.
BESITZER: Kate Duncan.

BESCHREIBUNG

Ein ziemlich langer, kleiner Hund, den man auf den ersten Blick als einen robust gebauten Arbeitshund erkennt. Im englischen Sprachkreis trägt er den Namen Swedish Vallhund, Deutsch Västgotenspitz, FCI-Name Västgötaspets. Sein Kopf ist ziemlich lang, wie ein stumpfer Keil geformt. Fang etwa quadratisch, schwarze Nase. Mittelgroße, ovalförmige Augen, dunkelbraun. Spitzzulaufende Stehohren mittlerer Größe. Der Hals sollte lang und kräftig sein, Schulterblätter lang, gut zurückgelagert. Rücken gerade mit kurzer, kräftiger Lendenpartie. Brustkorb tief und lang, oval geformt. Kruppe breit, leicht abfallend. Hinterhand schön gewinkelt, tiefstehendes Sprunggelenk. Rute, so vorhanden, sollte nicht länger als 10 cm sein, wird horizontal oder leicht nach unten, nie über Rückenhöhe getragen. Haarkleid mittellang, hart, festes Deckhaar, üppige weiche Unterwolle. Farben Stahlgrau, Graubraun oder Gelb, Rotgelb oder Braun. Dunkleres Deckhaar auf Rücken, Hals und an den Körperseiten. Erwünscht ist eine dunkle, sich klar abzeichnende Maske und hellere Markierungen rund um Augen, Fang und Kehle. Widerristhöhe Rüden 33 bis 35 cm, Hündinnen 31 bis 33 cm. Verhältnis Widerristhöhe zur Körperlänge zwei zu drei. Gewicht 11,4 bis 15 Kilo.

ANPASSUNGSFÄHIGKEIT

Eine schwedische Rasse, die sich langsam auch in England, vereinzelt in Amerika zeigt. Der Västgötaspets wurde in diesen Ländern als ein Corgi gesehen, dessen Farben anders sind. Wenn er auch den beliebten welshen, kleinen Hütehunden ähnelt, steht er doch wesentlich höher auf den Läufen, ist aktiver, hat auch ein angenehmeres Wesen als die Corgis, verfügt über ein völlig eigenes Persönlichkeitsbild. Wahrscheinlich wird er nie den Corgirassen den Rang ablaufen, in deren Schatten er zur Zeit lebt. Er ist für seine Menschen ein ihnen ergebener Familienhund, gehorsam, möchte immer in alle Familienaktivitäten mit einbezogen werden. Empfehlenswert ist auch für diese Rasse, daß sie von Jugend an gut sozialisiert und konsequent erzogen wird.

Auf den ersten Blick erscheint er wie ein Corgi von anderer Farbe. Der Västgötaspets ist auch mit diesen welshen, kurzläufigen Hütehunden gut zu vergleichen, unterscheidet sich von ihnen aber in Farbe und Popularität.
BESITZER: Mrs. R. Biss.

WACHSTUMSPHASE

Acht Wochen alte Västgötaspets wiegen etwa 4 bis 5 Kilo. Der Welpenkäufer sollte diese Rasse sehr genau studieren, einige Ausstellungen besuchen, mehrere Züchter um Rat fragen, ehe er sich an die Auswahl macht. Vallhund-Welpen sollten immer aktiv, selbstbewußt, fröhlich und dabei freundlich sein. Man achte auf kleine hübsche Ohren und den Gesamteindruck des Welpen. Ein Züchter faßt dies zusammen: »Rundum ein kleiner Teufel!«. Wenn der Västgötaspets heranwächst, verändert sich sein Fell in eine leuchtende Zobelfarbe (Wolfzobel), unter der die dicke Unterwolle liegt. Seine Erziehung erfordert Konsequenz, aber der Besitzer sollte sehr sorgfältig darauf achten, daß er nicht aufgrund zu harter Ausbildungstechniken einen scheuen Hund schafft. Der Västgötaspets ist ein typischer Spitz, kann deshalb auch ziemlich stimmgewaltig sein. Dem sollte man durch Erziehung rechtzeitig entgegentreten. Die Rasse ist zwischen 18 und 24 Monaten voll ausgereift.

»Rundum ein kleiner Teufel!« - Diese Beschreibung paßt auf den einzigartigen Västgötaspets, der in keiner Weise zurückhaltend ist, seine eigenen Pläne verfolgt und dessen Bellen manchen Einbrecher abschreckt. Wenn Du einen Vallhund aufnimmst, wird er Dein ordentliches Zuhause gehörig umstellen, aber viel Freude bereiten.

GESUNDHEIT

In seinem Heimatland Schweden arbeitete der Västgötaspets über lange Jahre als kleiner Hütehund. Die heutigen Züchter besitzen deshalb einen Hund, der weitgehend frei von irgendwelchen Erbkrankheiten ist. Die Züchter sehen keine Probleme in der Rasse, trotzdem wäre es sicherlich richtig, wenn Zuchttiere auf Allgemeinerkrankungen wie HD, PRA und andere untersucht würden. Der Västgötaspets ist eine ziemlich langlebige Rasse, kann 12 bis 15 Jahre alt werden. Der lange Rücken der Hunde scheint keine größeren Probleme mit sich zu bringen. Die Besitzer sollten aber ihre Hunde immer durch gesunde Fütterung und ausreichend Bewegung muskulös und schlank halten. Diese Hunde sind sehr aktiv, fordern viel Auslauf. Ihre angenehme Persönlichkeit hängt mit ihrer leichten Sozialisierung mit Mensch und Tieren zusammen.

Ob Du es glaubst oder nicht, die Erziehung dieses »kleinen Teufels« ist gar nicht so schwierig wie Du glaubst. Der Västgötaspets reagiert erstaunlich gut auf Erziehung. Er gestattet Dir gerne für ihn zu denken - dann und wann.

Västgötaspets

Vizsla

In Ungarn als leistungsfähiger Jagdhund entstanden, wird der Vizsla oder Ungarischer Vorstehhund in seiner leuchtend rot-goldenen Farbe schon seit dem 10. Jahrhundert gezüchtet. Ein Allzweckjagdhund, leichtfüßig und schnell.
BESITZER: Ron und Patricia Folz.

Beschreibung

Viele glauben, dieser Hund sei es wert, in reinem Gold, *seiner Fellfarbe,* aufgewogen zu werden. Der Vizsla ist ein robuster und leichtfüßig gebauter Jagdhund mit kurzem, eng anliegendem Fell. Kopf schlank und edel, zwischen den Ohren mäßig breit. Leichter Stop. Der Fang verjüngt sich nach und nach, bleibt aber quadratisch und tief. Kein *Dish-face* (wie der Pointer). Nasenpigment braun, schwarzes Pigment wäre fehlerhaft. Ohren mäßig tief angesetzt, verhältnismäßig lang, v-förmig, an den Wangen anliegend. Augen mittelgroß, etwas dunkler als Fellfarbe, nie Gelb oder Schwarz. Hals kräftig und muskulös, mäßig lang, ohne Wammenbildung, schön in die Schultern übergehend. Kurzer Rücken, gut bemuskelt, hoher Widerrist. Brust mäßig breit und tief. Schöne Rippenwölbung, Bauch unter der Lendenpartie leicht aufgezogen. Schultern schön zurückgelagert, guter Ellenbogenschluß. Vorderläufe gerade, fester Vordermittelfuß. Hinterhand gerade, kräftig, mässige Winkelung. Rute mäßig dick, ziemlich tief angesetzt, meist auf zwei Drittel kupiert, in der Bewegung horizontal getragen. Fell kurz, gerade, dicht, glatt anliegend oder drahthaarig. Farbe leuchtend Rotgold bis dunkles sandiges Gelb, kleine weiße Abzeichen auf Brust und Pfoten zwar akzeptabel, aber unerwünscht. Widerristhöhe Rüden 57 bis 64 cm, Hündinnen 53 bis 60 cm. Gewicht etwa 20 bis 30 Kilo.

Anpassungsfähigkeit

Eine interessante, liebenswerte Hunderasse. Der Vizsla bindet sich eng an alle Familienmitglieder. Zwar ist er ein Jagdhund für das offene Gelände, ein großartiger Athlet, trotzdem sollte er im Haus in der Familie gehalten werden, da er die Trennung besonders schlecht verträgt. Er neigt nicht zum Stromern und bleibt gerne dicht beim Haus. Selbst auf der Jagd ist der Vizsla dafür bekannt, daß er immer in Augennähe zu seinem Führer arbeitet. Bei dieser Rasse sind Jagdhunde und Familienhunde gleich, brauchen nicht unterschiedlich gesehen oder behandelt zu werden. Seine Instinkte sind bemerkenswert, er zeigt sehr viel Jagdtrieb und Veranlagung für seine Aufgaben. Entsprechend braucht dieser Hund natürlich auch von früher Jugend an sinngerechte Erziehung und frühe Sozialisierung mit dem Menschen. Nicht geeignet für Zwingerhaltung.

Im Ausstellungsring trifft man den Vizsla kurzhaarig oder drahthaarig, die FCI hat für beide Schläge verschiedene Rassestandards aufgestellt, wobei die Unterschiede vorwiegend im Fell liegen.
BESITZER: M. Voorn.

Wachstumsphase

Bei der Geburt wiegen Vizslas 280 bis 400 Gramm, wachsen schnell heran, bringen mit acht Wochen etwa 5,4 Kilo auf die Waage. Innerhalb der ersten Lebenswoche werden die Ruten um ein Drittel kupiert, Wolfskrallen entfernt. Bis zu acht Wochen bleibt die Welpenaugenfarbe häufig noch blau, verändert sich dann nach und nach, um sich der Fellfarbe anzupassen. Bei der Welpenwahl sollte man vor allem das Wesen berücksichtigen. Die Rasse gilt als sensibel, die Junghunde müssen selbstbewußt und lebhaft sein. Gerade Welpen aus vorwiegend jagdlicher Zucht werden nicht zu den besten Familienhunden, wenn sie nicht im Haus gehalten sind. Vizsla-Welpen sind freundlich, wedeln mit der Rute, lecken den Besucher im Gesicht. Beachte trotzdem immer das Wesen und den Körperbau der Elterntiere. Beim Kauf meide man Welpen mit gelben Augen oder sehr heller Fellfarbe. Die Nasenfarbe sollte braun sein, nie schwarz. Der endgültige Fellwechsel zum Erwachsenenhaarkleid erfolgt etwa mit einem Jahr, wenn das zuvor hellere und weichere Welpenhaar abgeworfen wird.

Gesundheit

Hierzu werden über den Vizsla wenige Probleme berichtet. Hüftgelenksdysplasie ist nicht beunruhigend verbreitet, die Züchter arbeiten laufend daran, sie weiter zurückzudrängen. Zu den weiteren Problemen gehören Entropium und Ektropium, falsche Kieferstellung, Kryptorchismus und Monorchismus, aber auch Allergien. Dies sind aber im Grundsatz die gleichen Probleme wie bei den meisten Hunderassen.

Vizslas sind empfindsame Hunde, brauchen die volle Zuneigung ihres Besitzers. Welpen sollten frei und unbefangen sein, nach kurzer Zeit Freundschaft schließen. Vizlas sind freundliche Hunde, man erwartet von ihnen Furchtlosigkeit und auch Aufgeschlossenheit gegenüber Fremden.
BESITZER: Lucille Jardin.

Jüngere Untersuchungen berichten vom Auftreten von Schilddrüsenproblemen. Fellpflege beim Vizsla ist minimal, ebenso der Fellwechsel. Dagegen sind seine Ansprüche an Auslauf hoch. Die jagdlichen Eigenschaften der Rasse sind unverändert vorhanden und aktiv. Frühe und fortgesetzte Sozialisierung und gute Früherziehung sind wichtig. Diese Hunde fühlen sich im Zwinger überhaupt nicht wohl, fordern menschliche Gesellschaft. In der Erziehung muß man auf die Empfindsamkeit Rücksicht nehmen, mit viel Geduld und Beharrlichkeit die Aufgaben lösen.

Damit er sich Menschen gegenüber öffnet, ist für den jungen Vizsla frühe Sozialisierung besonders wichtig. Dann wird er auch zu dem lebhaften Jagdhund, als der er geboren ist. Der Ungarische Vorstehhund sollte immer als Familienmitglied gehalten werden, um so besser ist er auf der Jagd.
BESITZER: Anne Denehy.

Ein richtig erzogener Vizsla ist freundlich, aufgeschlossen, liebt die Gesellschaft von Menschen wie anderen Hunden.
BESITZER: Joy Lyons.

Vizsla

Weimaraner

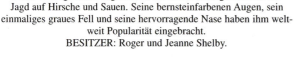

Bewundere den *Grey Ghost!* Der Weimaraner ist in der Aristokratie der Jagdhunde angesiedelt, ein deutscher Jagdhund für die Jagd auf Hirsche und Sauen. Seine bernsteinfarbenen Augen, sein einmaliges graues Fell und seine hervorragende Nase haben ihm weltweit Popularität eingebracht.
BESITZER: Roger und Jeanne Shelby.

BESCHREIBUNG

Auf vielerlei Art ist der Weimaraner ein einmaliger Jagdhund. Wunderschön sind sein vornehmes mausgraues bis silbergraues Haarkleid, seine bernsteinfarbenen Augen, seine Eleganz, seine aristokratische Jagdhundehaltung. Widerristhöhe Rüden 61 bis 69 cm, Hündinnen 56 bis 64 cm, Gewicht etwa 32 bis 38 Kilo. Dieser ausgewogene Hund bietet ein Bild von Eleganz, Schnelligkeit und Ausdauer, er zeigt die vorzügliche Bemuskelung eines Arbeitshundes. Der Kopf ist mäßig lang, aristokratisch, mit mäßigem Stop und deutlichem Hinterhauptbein. Belefzung mäßig tief, sie bedeckt kräftige Kiefer. Ohren lang, leicht gefaltet, hoch angesetzt. Augen mittelgroß, Farbe Bernstein oder Blaugrau. Intelligenter, selbstbewußter und freundlicher Ausdruck. Rücken kräftig, obere Linie gerade, im Kruppenbereich leicht aufgewölbt. Brust tief bis zu den Ellenbogen reichend, schöne Rippenwölbung. Vorderläufe gerade und kräftig, guter Ellenbogenschluß.

Pfoten kompakt und fest. Hinterläufe gut gewinkelt, Sprunggelenke tiefstehend, parallel, mühelose, bodendeckende Bewegung. Fell kurz, glatt anliegend. Langhaarige Weimaraner mit Haarlänge 2,5 bis 5 cm am Körper, etwas länger an Hals, Brust und Körper. Rute und Hosenbereich stärker befedert. Farbe Silbergrau bevorzugt, aber auch Farbschattierungen wie Rehgrau und Mausgrau zulässig. Das gesamte Fell erweckt den Eindruck metallenen Glanzes. Kleiner Brustfleck erlaubt.

ANPASSUNGSFÄHIGKEIT

Der Weimaraner besticht als Jagdhund wie als Gesellschafter der Familie, ist sehr unterordnungsbereit und anpassungsfähig. Dies ist ein *perfekter Allzweckjagdhund,* der auch das Familienleben schätzt. Für Zwingerhaltung nicht geeignet. Ein intelligenter Hund, der in Unterordnung und beim jagdlichen Einsatz hinter keinem anderen zurücksteht, dessen natürliche Apportierveranlagung, seine vorzügliche Nase und Spurleistung ihm gegenüber vielen Rassen einen Vorsprung geben. Weimaraner sind aber auch eigenwillig, können bei der Erziehung dickköpfig werden. Wenn die Besitzer ihren Energiebedarf nicht in die richtige Richtung lenken, können Weimaraner einigen Unsinn anrichten. Sie jagen am liebsten alleine, vertragen sich nicht besonders gut mit fremden Hunden.

Weimaraner gibt es auch langhaarig, sie sind in allen Ländern außer den USA in dieser Haarart zugelassen. Die Erziehung des Weimaraners fordert einen geduldigen erfahrenen Führer, der genügend Zeit für diesen Hund aufwendet.
BESITZER: Mr. und Mrs. P. Keller.

Wachstumsphase

Bei der Geburt wiegen Weimaraner etwa 290 bis 450 Gramm. Innerhalb der ersten Woche werden die Ruten kupiert, Wolfskrallen entfernt. Die Farbe ist bei Geburt meist ein ungewöhnliches Lohfarben bis Grau mit dunklen Streifen, die über die Länge des Körpers laufen. Die endgültige Farbe entwickelt sich später, hier muß man etwas Geduld haben. Zuweilen treten auch weiße Abzeichen auf, sind aber unerwünscht. Sehr kleine weiße Abzeichen verschwinden meist beim Älterwerden. Das Wachstum in der Rasse verläuft zuweilen in Schüben. Dies führt dazu, daß der Bewegungsablauf manchmal unkoordiniert wirkt, der Körper in den einzelnen Entwicklungsstadien wenig Harmonie zeigt. Bekannt für die Rasse ist ein zeitweise unschöner Bewegungsablauf, was sich aber auswächst. Der Weimaraner ist eine Hunderasse mit weichem Fell und weicher Haut. Gerade beim jagdlichen Einsatz bedarf es Vorkehrungen gegen Verletzungen und sorgfältiger Kontrolle.

Einige Ausbilder nennen den Weimaraner dickköpfig. Aus diesem Grund sollte man den Welpen von früh an erziehen, ihm Kauen, Verunreinigen des Hauses und andere schlechte Manieren abgewöhnen. Diese Hunde sind eigenwillig, beim richtigen Ausbilder aber durchaus unterordnungsfreudig.
BESITZER: Lance A. Wolfe.

Gesundheit

Weimaraner sind robuste Hunde, bewähren sich im jagdlichen Einsatz und auf Jagdleistungsprüfungen vorzüglich. Sie sind pflegeleichte Begleithunde, brauchen wenig Fellpflege, aber sehr viel Bewegung. Optimal wäre es, wenn ihre jagdlichen Fähigkeiten genutzt würden. Aufgrund der langen Hängeohren kommt es leicht zu Ohrinfektionen. Weimaraner unterliegen auch allgemeinen Hundeerkrankungen wie HD, Entropium, Ausstülpung des dritten Augenlids (Nickmembran) und Kryptorchismus. Es gibt aber keine Auffälligkeiten in der Rasse. Zwei ungewöhnliche Erkrankungen befallen die Rasse, nämlich eine farbverändernde Dermatitis und *Spinal Dysraphismus*. Die Dermatitis befällt in erster Linie blaue Weimaraner. Die Züchter erklären hierzu, daß diese Krankheit beim Weimaraner nicht so schwer oder verbreitet sei wie bei anderen. *Spinal Dysraphismus* ist zwar selten, aber eine schwere, jedoch nicht zu Tode führende Erkrankung. Sie führt zu einem abnormalen Bewegungsablauf - hoppelnd - und einem ungewöhnlichen Stehen des Hundes, in einer mehr kauernden Stellung. Die Krankheit läßt sich diagnostizieren, aber nicht behandeln. In der Rasse wurde auch Hämophilia A und bösartiger Oralkrebs dokumentiert.

Achte bei der Welpenwahl auf Unerschrokkenheit und Freundlichkeit. Auch die Mutterhündin sollte diese Eigenschaften verkörpern.
BESITZER: Ellen Grevall.

Wenn Du selbst den ganzen Tag über arbeitest oder nur im Appartement lebst, solltest Du keinen Weimaraner quälen, sondern eine andere Hunderasse wählen.
BESITZER: Lance A. Wolfe.

Weimaraner

Welsh Springer Spaniel

BESCHREIBUNG

Ein handlicher Jagdhund in leuchtend rotweißer Farbe, gezüchtet für harte Feldarbeit und Ausdauer. Er besitzt ein natürliches flaches, gerades Fell, ist an den Extremitäten stark und dicht genug behaart, um ihn in dichtem Unterholz und gegen die Elemente zu schützen. Das Fell darf nicht so lang sein, um ihn bei der Jagd zu stören. Widerristhöhe Rüden etwa 48 cm, Hündinnen 46 cm. Symmetrischer kompakter Körper, schnell und aktiv in der Bewegung. Schöner Kopf in gutem Verhältnis zur Körpergrösse, mittellang, Oberkopf leicht aufgewölbt, klarer Stop, unter den Augen

Ebenso unverdorben und hart arbeitend wie die alten original rotweißen Spaniels, die vor Jahrhunderten die Jäger begleiteten. Der Welsh Springer Spaniel eignet sich hervorragend zur Arbeit an Land wie im Wasser, ist ein vorzüglicher Begleithund.
BESITZER: Darlene K. Ferris und A. Candy Carswell.

fein gemeißelt. Augen dunkel, mittelgroß. Ohren verhältnismäßig klein, mäßig tief angesetzt, eng an den Wangen hängend, wie Weinlaub geformt. Fang mittellang, gerade, ziemlich quadratisch. Nase stark entwickelt, braun oder schwarz. Hals lang, muskulös, keine Wammenbildung. Rücken nicht lang, gerade obere Linie, Lendenpartie leicht aufgewölbt. Brust tief, schöne Rippenwölbung, Rute gut angesetzt, niedrig, nie über Rückenlinie getragen, meist kupiert, lebhaft in Bewegung. Vorderläufe mittellang, gerade mit guten Knochen. Hinterhand muskulös mit kräftigen Schenkeln, mäßige Kniewinkelung, tiefstehende Sprunggelenke, parallelstehend. Pfoten rund mit dicken Ballen, fest, schön aufgeknöchelt. Fell gerade oder flach, dicht, seidige Struktur, niemals drahtig oder gewellt. Farbe ausschließlich leuchtend Rot und Weiß.

Als Allzweckhund hat der Welsh Springer weder Ecken noch Kanten. Was für eine kleine Rute, die trotzdem die echten Gefühle dieses charmanten Hundes ausdrückt!
BESITZER: Darlene K. Ferris und A. Candy Carswell.

ANPASSUNGSFÄHIGKEIT

Was dem Welsh Springer an Popularität fehlt, kompensiert er durch jagdliche Tüchtigkeit und Persönlichkeit. Dieser Spaniel bietet all die sanftäugige Treue der meisten populären Spaniels, aber in völlig unverdorbener Verpackung. Er lernt schnell und ist immer ausgeglichen. Er ist ein zurückhaltender Hund, der seine Gefühle nicht zu Markte trägt, aber seine Ergebenheit ist grenzenlos. Als Jagdhund empfehlen ihn Ausdauer und Geschicklichkeit, auch in schwierigem Gelände. Er ist ein guter Jagdhund, der aber auch sachgerecht ausgebildet werden muß. Auslauf ist ein zwingendes Muß!

Wachstumsphase

Bei der Geburt wiegen Welsh Springer 230 bis 340 Gramm. Mit drei bis fünf Tagen werden die Ruten kupiert, Wolfskrallen entfernt. Die Welpen werden weiß geboren, zeigen blasse lohfarbene oder rote Markierungen. Ihre Nase ist rosa, sollte aber in wenigen Tagen abdunkeln. Farbe wie Pigment werden sich über die nächsten sechs Monate laufend verändern. Volle Widerristhöhe erreichen Welsh Springer mit etwa einem Jahr, es dauert aber ein weiteres Jahr bis zur vollen Reife. Eine sehr liebenswerte und auf Menschen ausgerichtete Hunderasse. Gutes Wesen ist die Norm. Junghunde sind zuweilen außerordentlich energiegeladen, brauchen unbedingt Auslauf und richtige Erziehung zur Unterordnung. Der Fellwechsel erfolgt ohne Probleme, fordert aber tägliches Bürsten. Im Grunde genommen ein pflegeleichter Hund mit wenig Forderungen an den Menschen - dies gilt für die Wachstumsperiode wie auch danach.

Auf der Suche nach einem lieben Familienhund mit flehendem Gesichtsausdruck und großer Loyalität bist Du bei diesem Welshman gerade an der richtigen Stelle. Welpen des Welsh Springer Spaniel sind bezaubernd.
BESITZER: Richard und Sandra Rohrbacher.

Gesundheit

Über Jahrhunderte wurde der Welsh Springer Spaniel gezielt auf Arbeitsfähigkeit und Gesundheit gezüchtet. Hieraus entstand ein recht natürlicher Körperbau ohne irgendwelche Übertreibungen. Die Rasse ist relativ frei von erblichen Problemen. Der Pflegebedarf ist minimal, man muß allerdings auf die Ohren achten, sie sauber und frei von überflüssigem Haar halten. Die beträchtliche Befederung des Hundes fordert regelmäßiges Bürsten und Auskämmen, damit es zu keinen Verfilzungen kommt. Der *Welshie* ist ein vorzüglicher Familienhund im Haus, fordert aber auch genügend Zeit für draußen, er liebt Bewegung, Ausbildung und das Jagen. Neben den allgemeinen Erkrankungen, welche die meisten Hunderassen befallen wie Entropium, Kryptorchismus, Allergien und so weiter, wird in dieser Rasse von Epilepsie berichtet. Züchter sprechen von auftretender Unfruchtbarkeit bei Rüden nach drei bis vier Jahren, das sind wahrscheinlich Einzelerscheinungen. Für den Liebhaberhundehalter sollte dies weniger Bedeutung haben, denn es scheint keine Verbindung zu anderen Gesundheitsproblemen zu geben. Welshies werden im allgemeinen 10 Jahre und älter.

Brittany, smittany... think Welsh!
BESITZER: Richard und Sandra Rohrbacher.

Welsh Springer besitzen all den Charme ihrer populären Jagdhundemitbewerber - machen aber weniger Probleme.
BESITZER: Linda S. Brenan.

Welsh Springer Spaniel

Welsh Terrier

Als Nachkomme von ziemlich wilden, rotschwarzen, welshen Terrierschlägen präsentiert sich der Welsh Terrier heute sowohl als galanter Ausstellungshund wie als fröhlicher Familienhund.
BESITZER: Karen und R.C. Williams, Jr.

Beschreibung

Ein solider Arbeitsterrier mit dichtem, drahtigem Fell. Der Welsh Terrier ist ein quadratisch aufgebauter Hund mit festem, ausgreifendem Trab, freundlicher, aber furchtloser Haltung. Sein Kopf ist rechteckig geformt mit kräftiger Fangpartie, kleinen v-förmigen Ohren, die sich gerade oberhalb der Linie des Oberkopfes falten.

Die Augen sind klein, dunkelbraun, ziemlich breit eingesetzt. Der Fang mißt die Hälfte der Gesamtkopflänge. Nasenspiegel schwarz. Hals mäßig lang und dick, leicht gewölbt, schön geformt. Körper mit schöner Rippenwölbung und guter Substanz. Schultern lang, schräggestellt. Läufe gerade und muskulös mit guten Knochen, aufrechtem kräftigem Vordermittelfuß. Pfoten klein, rund und katzenartig. Die Hinterhand ist kräftig, muskulös, verleiht dem Hund guten Schub. Schöne Kniewinkelung, Sprunggelenk mäßig gerade. Rute gut angesetzt, kupiert, nicht zu fröhlich getragen. Sie vollendet das quadratische Bild des Hundes. Widerristhöhe nicht über 39 cm, Gewicht 9 bis 9,5 Kilo. Haarkleid drahtig, hart, üppig, sehr dicht anliegend. Farben Schwarzlohfarben oder Schwarzgrizzle mit Lohfarben, keine schwarze Bleistiftmarkierungen auf den Pfoten.

Anpassungsfähigkeit

Ein richtiger Clown! Der Welsh Terrier ist eine besonders einfallsreiche Terrierrasse, könnte mit seinen Streichen und Einfällen ein ganzes Zirkuszelt belustigen. Seine Besitzer finden ihn amüsant, manchmal auch ermüdend. Als echter Terrier hat er einen starken Willen, seine eigenen Vorstellungen, von denen viele recht originell wirken. Diesen Hunden muß man frühzeitig gute Manieren beibringen, bei richtiger konsequenter Erziehung reagieren sie sehr gut darauf. Sie sind athletische Hunde, immer munter und beweglich. Mit Kindern kommen sie gut zurecht, sind für sie vorzügliche Kindermädchen. Nochmals - Terrier sind selbstbewußte, eigenwillige Hunde, frühe Sozialisierung mit Menschen und Tieren und richtige Erziehung sind von entscheidender Bedeutung.

Mit fünf Wochen steht dieser kleine Welshie noch auf etwas wackligen Läufen. Wähle immer einen Welpen, der ruhig und freundlich ist. Besonders erregbare Welpen können zu reizbaren, aggressiven Erwachsenen werden.
BESITZER: Erign H. Seacord.

Wachstumsphase

Welshis untersuchen sorgfältig die gesamte Umwelt, möchten sich hiervon durch Erziehung ungerne ablenken lassen. Diese einfallsreichen, opportunistischen Terrier sind hochintelligent, dabei ziemlich sensibel. Lehre die Welpen frühzeitig gute Umgangsformen, behandle sie aber immer mit Respekt - und sie werden dasselbe tun.
BESITZER: Erign H. Seacord.

Sein Geburtsgewicht von 170 bis 220 Gramm liegt beachtlich hoch, wenn man die Größe der Rasse in Betracht zieht. Die Wurfgröße liegt meist zwischen vier und sechs, der bisherige Rekord beträgt 10. Die Welpen sind bei der Geburt vorwiegend schwarz. Die kleinen lohfarbenen Flecken auf den Pfoten breiten sich beim Heranwachsen über die Läufe aus. Die Lohfarbe auf den Augenbrauen wächst gleichfalls nach oben und unten, bedeckt bald Kopf und Ohren. Mit drei bis vier Tagen werden die Ruten kupiert, die Wolfskrallen entfernt. Nach wenigen Wochen dringen die lohfarbenen Markierungen oder die Grizzlefellmarkierung durch, werden mit dem Älterwerden immer deutlicher. Volle Widerristhöhe ist etwa mit neun Monaten erreicht, volle Reife erst mit 18 Monaten bis zwei Jahren. Die Ohren müssen klein, v-förmig, aber nicht dünn sein. Die Entwicklung zum Junghund ist durch den ersten Fellwechsel markiert, dabei wird das weiche Welpenfell durch das harte Arbeitskleid des Terriers ersetzt. In dieser Zeit bedarf es zusätzlicher Pflege. Der Welsh Terrier ist ein energiegeladener Hund, besonders in der Jugend. Frühe Erziehung zur Unterordnung hilft, daß daraus ein umgänglicher und zufriedener ausgewachsener Hund wird.

Gesundheit

Welsh Terrier brauchen Flohpuder oder Insektizidbäder, weil ihr wasserfestes Fell jeder Sprühbehandlung widersteht. Im allgemeinen sind sie gegen solche Behandlung nicht empfindlich. Die Fellpflege erfordert einigen Aufwand, regelmäßiges Trimmen, um mögliche Hautreizungen zu meiden. Besonders achten muß man auf die Bereiche rund um die Augen und Ohren, weil zuviel Haar dort Reizungen auslöst. Beim Welsh Terrier sind auch Hautallergien bekannt, die besonders Ohren und Brustbereich befallen. Vorwiegend entstehen diese durch Kunstfasertextilien. Reizfreie Baumwollunterlagen tragen maßgebend zur Besserung bei. Medizinisch gesehen sind Welsh Terrier von sehr wenigen Krankheiten bedroht. Der eingeschränkten Zucht in der Hand von hingebungsvollen Züchtern gebührt vorwiegend das Verdienst für diese Tatsache. Man sollte die Hunde auf Entropium und Kryptorchismus prüfen, im übrigen gibt es aber bisher keine rassespezifischen Probleme. Beim Welsh Terrier kann man eine Lebenserwartung von 10 Jahren und mehr unterstellen.

Die Züchter haben eine vorzügliche Leistung gebracht, den Welsh Terrier weitgehend problemfrei gezüchtet. Diese Welpen lieben Menschen nahezu ebenso sehr wie andere Welpen. Achte darauf, wie diese kleinen Individualisten Dir direkt ins Auge blicken.
BESITZER: Erign H. Seacord.

Welsh Terrier

West Highland White Terrier

Immer steht der Westie vor seinem Konkurrenten an der Spitze. Dieser kompakte »weiße Engel« übertrifft alle anderen Raubzeugfänger als Ausstellungshund wie als Familienhund.
BESITZER: Frederick C. Melville und Mark und Sally George.

Beschreibung

Ein reinweißer Terrier, ein erfolgreicher Raubzeugfänger, kräftig aufgebaut, mit dem Selbstvertrauen eines alten Ausstellungshasen ausgestattet. Der West Highland White Terrier hat ein einzigartiges doppeltes Haarkleid mit geradem, hartem weißem Haar, Länge etwa 5 cm, über weicher, kurzer, dichter Unterwolle. Das Deckhaar darf nie weich, flauschig oder seidig wirken. Kurzes Fell und fehlende Unterwolle sind ebenso fehlerhaft. Dieser Hund ist eine großartige Kombination von Kraft und Aktivität. Der Oberkopf ist leicht aufgewölbt, verschmälert sich vom Auge zum Fang bei ausgeprägtem Stop. Nase schwarz und ziemlich groß, das dichte, abstehende Kopfhaar formt den rassetypischen, runden *Chrysanthemen-Kopf*. Ohren klein, aufrecht getragen, spitz auslaufend. Augen breit eingesetzt, mittelgroß, so dunkel wie möglich, mit intelligentem und durchdringendem Blick unter den schweren Augenbrauen. Helles Auge sehr unerwünscht. Hals genügend lang, um den Kopf elegant zu tragen. Schultern rückwärts gelagert, breite Schulterblätter, schöner Ellenbogenschluß, Vorderläufe kurz und gerade. Kompakter Körper, gerader Rücken, tiefe Brust. Hinterhand breit, muskulös, breit gestellt. Sprunggelenke schön gewinkelt, nie gerade oder schwächlich. Ringsum gute Knochen. Vorderpfoten größer als Hinterpfoten, karottenförmige Rute, 12,5 bis 15 cm lang, mit hartem Haar bedeckt, so gerade wie möglich, darf keinesfalls kupiert sein. Sie wird fröhlich, aber nicht über den Rücken gezogen getragen. Widerristhöhe ungefähr 28 cm.

Anpassungsfähigkeit

Als bester Freund der Kinder erfreut sich der kleine Westie weltweit größter Popularität, nicht zuletzt aufgrund seines munteren und ausgeglichenen Wesens. Der Hund besitzt viel Energie, spielt nur zu gerne draußen wie im Haus. Westies sind perfekte Haus- und Appartementhunde, passen sich praktisch jedem Lebensstil an. Hinzu kommt, daß der West Highland White Terrier eine der attraktivsten Terrierrassen auf Ausstellungen ist, aufgrund seiner Intelligenz auch Unterordnungsprüfungen zu gewinnen vermag. Wenn Du viel Zeit und Liebe in Deinen Westie investierst, wirst Du ein einmaliges Familienmitglied gewinnen, das nie zu beschäftigt ist, um sich hinzusetzen und auf die Probleme von Frauchen zu lauschen und sie zu teilen.

Habachtstellung! Der Westie besitzt *Selbstbewußtsein* in reichlichem Ausmaß. Unser Bild zeigt Champion Aberglen Lucky Lindy, der viele Auszeichnungen als Bester Hund der Ausstellung errungen hat.
BESITZER: Frederick C. Melville und Mark und Sally George.

Wachstumsphase

Trotz ihrer weißen Farbe sind West Highland White Terrier stark pigmentiert. In den ersten Wochen färben sich Nase und Ballen schwarz. Die Pigmentierung läßt die Haut zuweilen schmutzig erscheinen. Westies entwickeln sich recht zügig. Während des Zahnwechsels fallen die Ohren teilweise herunter oder neigen sich nach vorne, sollten sich aber danach wieder aufrichten. Wenn sie mit fünf Monaten noch hängen, werden sie zeitweise geklebt. Während des Fellwechsels muß das Welpenhaar tüchtig ausgekämmt werden. Das Erwachsenenfell muß von Anfang an getrimmt werden, danach wird zumindest zweimal jährlich das Trimmen wiederholt. Damit das Haar angemessen hart bleibt, muß übertriebenes

Wenn Du zum Kauf Deines Westies Kinder mitnimmst, haben sie garantiert den besten Freund für das Leben gefunden, noch ehe sie die Wohnung des Züchters verlassen.
BESITZER: Marian Moeller.

Baden vermieden werden. Tägliches Bürsten und Kämmen mit anschließend leichtem Abwischen ist alles, was notwendig ist. Hinzu kommen die beschriebenen Trimmzeiten. Geistig sind Westies oft schon vor ihrem ersten Geburtstag ausgereift, beim Körper dauert es meist zwei Jahre.

Gesundheit

Nachweislich ist der Westie ein pflegeleichter, sehr robuster und anpassungsfähiger Hund. Die Pflegeanforderungen sind für Terrier typisch, regelmäßig müssen die Hunde getrimmt und zurechtgemacht werden. Westies genießen alle Aktivitäten draußen im Freien, bewähren sich bei Unterordnungserziehung hervorragend, zögern keinen Augenblick, Mäuse, Ratten und Raubzeug anzugreifen, wenn sie Gelegenheit dazu haben. Der Westie unterliegt den Allgemeinerkrankungen wie auch andere Hunde, nur wenig rassespezifische Probleme werden berichtet. Hierzu zählen *Legg-Calve-Perthes,* eine Knochenerkrankung, *Craniomandibular Osteopathie* (CMO), eine extreme Kieferschwellung bei Junghunden unter einem Jahr; *Krabbes Disease,* eine globoide Zell-Leukodystrophie, eine degenerative Nervenerkrankung. Sie alle sind selten, aber in der Rasse bereits aufgetreten. Auch Epidermisdysplasie könnte beim Westie erblich sein. Zusätzlich berichten Tierärzte über erbliche metabolische Leberkrankheiten, *Kerato Konjunktivitis Sicca,* erbliche Erkrankung der roten Blutzellen und eine genetisch bestimmte Kupfertoxität. Einige Hunde leiden an Hauterkrankungen. Im allgemeinen werden Westies etwa 13 Jahre alt, wobei es danach zu einem starken Abfall kommt. Vereinzelt tritt in einigen Linien Taubheit auf.

Verspielt, selbstbewußt und fröhlich. Der Westie lauert darauf, daß Du den Ball zum Spiel übernimmst. Obgleich dies ein vorzüglicher Hund auch für kleine Appartements ist, sollte er nie zu lange alleine bleiben. Er wartet ununterbrochen auf Dich, vom Augenblick, da Du die Tür hinter Dir schließt.
BESITZER: Marian Moeller.

West Highland White Terrier

Whippet

Beschreibung

Elegant und fit - der Whippet ist ein Rennhund von großer Schnelligkeit und Kraft. Sein Bild vereint seine athletische Kraft und Geschicklichkeit mit der eleganten äußeren Linie des reinrassigen Windhunds. Widerristhöhe Rüden 47 bis 51 cm, Hündinnen 44 bis 47 cm. Langer schlanker Oberkopf, zwischen den Ohren recht breit. Augen groß und dunkel, oval, mit sehr aufmerksamem Ausdruck. Rosenohren, klein und von feiner Struktur. Fang lang und kraftvoll, schön geschnitten. Schwarze Nase, Hals lang, elegant geformt, muskulös. Rücken breit, etwas lang, im Lendenbereich aufgewölbt. Lendenpartie kraftvoll. Sehr tiefe Brust mit schöner Rippenwölbung. Gerade Vorderläufe, nicht zu breite Front, kräftiger, leicht federnder Vordermittelfuß. Ellenbogen gut unter den Widerrist gestellt. Hinterhand kraftvoll, breit, gute Kniewinkelung, große Schubkraft. Haarkleid fein, kurz, dicht und glatt. Farben variieren beträchtlich, einfarbig und Farbkombinationen mit Schwarz, Weiß, Falb, Blau, Grau, Gestromt, Rot und anderen.

Schneller als ein Kaninchen - auf der Rennbahn wie in der Natur - wurde der Whippet für Hunderennen gezüchtet, heute lebt er aber häufig als sportlicher Familienhund und eleganter Ausstellungshund.
BESITZER: Mrs. James Butt, Debbie Butt, E. Hansen und A. Truxal.

Anpassungsfähigkeit

Whippets sind außerordentlich ruhige und saubere Hunde, dabei kraftvolle Athleten, vorzügliche Begleiter von Joggern. Whippets sind geduldig und tolerant, mögen deshalb auch die Gesellschaft gut erzogener Kinder. Bei kalter Witterung sollte man den Whippet entsprechend schützen, denn sein kurzes, knappes Fell gibt ihm nicht viel Schutz gegen Kälte. Fremden gegenüber ist der Whippet reserviert, zu Unrecht bezeichnet man ihn aber als scheu. Seine langen Glieder machen ihn gegen Verletzungen anfällig. Die meisten Whippet-Freunde besitzen mehr als einen Whippet, was deutlich für die Rasse und ihre phantastischen Eigenschaften spricht. Festzuhalten ist, daß Früherziehung und Sozialisierung mit Menschen und Tieren auch bei Windhunden sehr angezeigt ist.

Obgleich die meisten Whippets am liebsten dem Wind nachjagen - oder der Katze des Nachbarn - sind sie ideale Wohnungshunde, passen sich den meisten Lebensgewohnheiten gut an.
BESITZER: Ceila Downen.

Wachstumsphase

Das Geburtsgewicht liegt zwischen 230 und 340 Gramm. Das Wachstum verläuft rapid, mit acht Wochen wiegt der Welpe etwa 3,6 Kilo. Die Farben variieren in der Rasse beträchtlich, das Studium der Erblichkeit der Whippetfarben ist recht kompliziert. An dieser Stelle reicht es aus, wenn wir betonen, daß sich im allgemeinen die Farben mit dem Alter aufhellen, während die Pigmente dunkeln. Augen- und Nasenpigment gerade bei sehr hellfarbigen Hunden brauchen zur Vollendung oft bis zu einem Jahr. Die Stromung ist meist bereits bei der Geburt zu erkennen, verstärkt sich mit dem Alter. Volle Widerristhöhe wird bereits mit sechs Monaten erreicht, voll ausgereift sind die Hunde aber frühestens mit 18 Monaten. Whippet-Welpen sind außerordentlich infantil, man sollte beim Kauf fragile oder schlecht entwickelte Welpen meiden. Der junge Whippet ist ansprechend, aufmerksam und furchtlos. Junghunde wachsen sehr schnell heran, brauchen proteinreiche Nahrung und viel Auslauf. Über den Zahnwechsel fallen die Ohren meist nach unten. Nach Auskunft der Züchter lassen sich Whippets leicht zur Stubenreinheit erziehen. Probleme bereitet zuweilen, daß sie sehr gerne Gegenstände ankauen.

Es gibt Whippets in einer Vielfalt von Farben. Die Pigmentbildung ist meist erst mit einem Jahr abgeschlossen.
BESITZER: Robert E. und Mona Maytag.

Ein achtwöchiger Welpe darf weder zerbrechlich wirken noch Angst zeigen. Junghunde müssen aufmerksam, munter und Menschen gegenüber freundlich sein.
BESITZER: Sarah Stegemann.

Gesundheit

Richtig gezüchtete und gehaltene Whippets sind ziemlich frei von Gesundheitsstörungen. Wichtig ist jedoch, den Anforderungen an richtige Ernährung und Auslauf Rechnung zu tragen. Man muß den Whippet schlank halten, proteinreich ernähren und täglich Auslauf geben. Unbedingt sollten die vom Züchter oder Tierarzt empfohlenen Futterpläne und das Konditionierungsprogramm eingehalten werden. Nicht richtig ernährte Hunde leiden häufig an Durchfall. Der Pflegeaufwand ist einfach, das dünne Fell und die zarte Haut werden am besten durch Abreiben mit einem Tuch gepflegt. Hautverletzungen sind häufig. Und die Züchter bestätigen, daß im Laufe eines Hundelebens manche Verletzungen genäht werden müssen. Vor allem bei rosahäutigem weißen Hunden tritt zuweilen Demodexräude auf, farbverändernde Dermatitis gefährdet blaue Whippets. Beim Whippet gibt es auch eine Empfindlichkeit gegen starke Insektizidbademischungen und andere Medikamente einschließlich Narkotika und Beruhigungsmittel. Das größte Zuchtproblem in der Rasse scheinen Kryptorchismus und Monorchismus zu sein, beide treten verbreitet auf. Die Lebenserwartung liegt bei 12 bis 13 Jahren, manche Whippets werden sogar 16 Jahre alt.

Whippet-Welpen sind empfindliche Geschöpfe. Für Kinder zuweilen zu fragil, denn sie fordern vorsichtige Behandlung. Junghunde werden leicht Opfer von Unfällen, sollten gut überwacht werden.
BESITZER: Laurey Weiner.

Whippet

Yorkshire Terrier

Der Yorkie besteht fast nur aus seinem großen Herzen, paßt selbst in die Westentasche seines liebenden Besitzers. Auf Hundeausstellungen sind diese Toy Terrier große Wettbewerber, dokumentieren all ihren Sinn für die Wichtigkeit der eigenen Persönlichkeit und hohe Intelligenz.
BESITZER: Dr. Ivan und Marie Kaufman Cardona.

Beschreibung

Der winzige Yorkshire Terrier besticht durch sein bis zum Boden reichendes, seidiges, dunkelstahlblaues Fell mit leuchtender Lohfarbe. Sein Haar ist lang, völlig gerade und fein. Der Kopf wird durch den *Topknot* geziert, wobei gewöhnlich eine oder zwei Spangen das delikate Haar einfangen. Kopf ziemlich schmal und flach, Fang nicht zu lang. Schönes Scherengebiß, v-förmige Stehohren, klein, nicht zu weit auseinanderstehend. Augen mittelgroß, dunkel, leuchtend, dunkle Augenlider. Bei diesem weniger als 3,1 Kilo wiegenden kleinen Terrier ist der Körper sehr kompakt. Ziemlich kurzer gerader Rücken. Vorderläufe gerade, Ellenbogen gut anliegend. Hinterhand mässig gewinkelt, gerade Läufe, Pfoten rund. Die Fülle des Fells ist von größter Wichtigkeit. Die blaue Farbe muß dunkel Stahlblau sein, nicht Silberblau oder Blau, mit falben bronzefarbenen oder schwarzen Haaren. Das Blau bedeckt den Körper vom Hals bis zur Rute, die leuchtende Lohfarbe die Seiten des Kopfes, Ohransatz, Fang, Brust und Läufe. Rute meist auf halbe Länge kupiert, etwas höher als der Rücken getragen, in der Farbe etwas dunkler als der übrige Körper.

Anpassungsfähigkeit

Die geballten fünf Pfund Körpergewicht des Yorkshire Terriers dokumentieren Selbstbewußtsein und Haltung. Das kleine Terrierherz verleiht ihm starke Beschützerinstinkte. Ein Kavalier, dessen Tapferkeit man sonst nur mit einem Hund der 20fachen Größe verbinden würde. Und trotzdem ist dies ein fröhlicher Schoßhund, liebt es sehr, von seinem geliebten Menschen verwöhnt zu werden. Er ist rückhaltslos loyal, eine erfreuliche Ergänzung jeder Familie. Auch kleine Hunde müssen erzogen werden, früh mit Menschen und Tieren Bekanntschaft schließen. Verwöhne Deinen Yorkie nicht, andernfalls könnte er so kläffig und paranoid werden wie viele Politiker.

Du solltest Dir nur einen Yorkie kaufen, wenn Du ihn den ganzen Tag über bei Dir hast. Yorkies sind vorzügliche Reisebegleiter, lieben Spaziergänge, verhalten sich ruhig wie ein Mäuschen, wann immer es notwendig ist.
BESITZER: Sharon L. Jones.

Wachstumsphase

Yorkies entwickeln sich langsam, hierauf muß man auch nach der Übernahme in den ersten Wochen und Monaten Rücksicht nehmen. Geboren werden sie schwarz mit kleinen lohfarbenen Markierungen seitlich des Kopfes und an den Ohrwurzeln, auf dem Fang, hinten am Hals, an allen vier Pfoten und unter der Rute. Aus den leuchtend lohfarbenen Körperbereichen müssen alle Anflüge von schwarzem oder grauem Welpenhaar herauswachsen, sonst würden sie das schöne Bild stören. Wenn Haarschäfte zu dick sind, lassen sie das Fell nicht richtig fallen und sich anlegen. Die Welpen werden mit Hängeohren geboren, die sich erst mit der Zeit aufrichten, meist in der Zahnwechselphase nochmal herunterfallen. Das Welpenhaar entwickelt sich langsam, wobei man den Topknot mit einer Spange erstmals so etwa im Alter von fünf Monaten befestigen kann. Im allgemeinen dauert es acht bis zehn Monate, bis das Haarkleid des Hundes den Boden erreicht und dann die schützenden Haarwickler braucht.

Welpen werden schwarz mit lohfarbenen Markierungen geboren, das klassische stahlblaue Haarkleid und die Leuchtkraft der Lohfarbe entwickeln sich langsam. Wie bei allen Kleinhunden sollte man bei der Auswahl vor allem auf das Wesen achten.
BESITZER: Claudia Grunstra.

Gesundheit

Aufgrund seiner lebhaften, furchtlosen Persönlichkeit ist der Yorkie ein typischer Terrier, macht diesem Namen alle Ehre. Sein Fell braucht beträchtliche Pflege. Ausgiebiges tägliches Bürsten und Auskämmen ist erforderlich, dazu Spezialpflege, um das ideale Haarkleid zu erzielen. Der Yorkie sieht sich den gleichen Gesundheitsproblemen gegenüber wie die meisten anderen Kleinhunderassen, darunter Patellaluxation, Knieluxation, Rückenprobleme und *Congenital Hydrocephalus*. Die Legg-Perthes-Erkrankung ist selten, befällt aber einige Yorkies im Alter von 4 bis 12 Monaten. Berichte liegen über Augenprobleme wie Keratitis Sicca, PRA und Distichiasis vor. Bei Yorkies treten Verdauungsschwierigkeiten häufiger als bei anderen Rassen auf, zeigen sich durch Erbrechen und Durchfall. Man sollte sich hier strikt an die Fütterungsempfehlungen des Züchters oder des Tierarztes halten. Empfohlen wird Futter, das den guten und kräftigen Zähnen Beschäftigung gibt. Tierärzte berichten von auftretendem Kryptorchismus und Nierensteinen. Jeder Yorkie-Besitzer sollte sich darüber im klaren sein, daß, um den Hund in Ausstellungskondition zu halten, es sehr beträchtlicher Haarpflege bedarf, die auch die Lebensqualität des Hundes zuweilen beeinträchtigt. Erwähnt sei das umstrittene Einbinden der langen Haarbündel in »Papiercrackern«. Familien-Yorkies brauchen keine solche detaillierte Pflege, trotzdem ist der Aufwand für die Schönheit dieser Hunde nicht zu unterschätzen.

Trotz seiner Vorliebe für Tragetaschen und den menschlichen Schoß - der Yorkie ist ein lebhafter Begleiter, immer auf den Zehenspitzen, immer bestrebt, seinem Besitzer zu gefallen.

Selbst der winzigste Yorkie weiß nichts über seine körperliche Größe. Dieser kleine Teufel ist vollkommen furchtlos und unerschrocken.
BESITZER: Claudia Grunstra.

Yorkshire Terrier

Zwergpinscher

Beschreibung

Der kompakte Zwergpinscher ist ein kurzrückiger, kleiner Hund mit glattem Fell und großartigem Schneid und Temperament. Widerristhöhe 25 bis 30 cm, Körperbau quadratisch, Hündinnen sind meist etwas länger. Kopf und Körper schön proportioniert, Kopfform mehr länglich als kurz und rund, niemals grob. Auge weder voll noch rund, eher leicht oval. Ohren hoch angesetzt, klein, als Stehohr oder Hängeohr getragen. Oberkopf flach, verjüngt sich Richtung Fang, der recht kräftig ist, in richtigem Verhältnis zum Oberkopf steht. Eleganter Hals, muskulös, ohne lose Haut. Gerader Rücken, kompakter Körper. Vorbrust gut entwickelt, kurze Lendenpartie, Kruppe in Höhe der Rückenlinie. Rute hoch angesetzt, kupiert. Schultern schön geformt, Läufe gerade und kräftig. Pfoten gut aufgeknöchelt. Hinterhand parallel stehend. Das Fell muß glatt und hart sein mit schönem Glanz und reicher Farbe. Zulässig sind Schwarz, Blau und Schokoladenfarbe. Gefordert werden scharf abgegrenzte lohfarbene Abzeichen auf Wangen, Lefzen, Unterkiefer, Kehle und Fleckung über den Augen und auf der Brust, im unteren Bereich der Vorderläufe, an der Innenseite der Hinterläufe und am After. Einfarbig Rot der Hunde gibt es in verschiedenen Schattierungen. Kleiner weißer Brustfleck erlaubt, aber unerwünscht. Einzigartig bewegt sich der Zwergpinscher in einer hackney-ähnlichen Vorderhandaktion, dabei bewegen sich Vorder- und Hinterläufe parallel mit gutem Schub aus der Hinterhand. Erwähnt werden muß, daß diese *Hackneyaktion der Vorhand* im FCI-Standard nicht vorgesehen ist.

Der Zwergpinscher erfreut sich insbesondere in den USA als *MinPin* großer Beliebtheit. Ein selbstbewußter, stolzer Zwerghund, der sein eigenes Zuhause braucht, um sich wohlzufühlen.
BESITZER: Roberta McCartney.

Ein geborener Ausstellungshund auf dem Weg zum Championat. Obgleich im Ausstellungsring rote Zwergpinscher dominieren, gibt es vorzügliche Schwarzlohfarbene, die durchaus ernsthafte Konkurrenten sind.
BESITZER: Ann Nelsen.

Anpassungsfähigkeit

Zwergpinscher sind intelligente hübsche Hunde mit einer ganzen Menge Energie. Natürlich brauchen diese Hunde entsprechende Betreuung, Verständnis, Möglichkeiten, ihre Energien in die richtigen Kanäle zu leiten. Unbedingt sollte man sofort mit der Erziehung beginnen. Einige Hunde sind Kläffer, richtig erzogen werden sie zu guten Wachhunden. Kindern muß man rechtzeitig klarmachen, daß Zwergpinscher ihre eigene Art haben, nicht zuviel Necken und Schreien vertragen. Zwergpinscher sind manchmal recht eigenwillig, passen sich nicht leicht neuer Umgebung oder Kindern an. Ihren Besitzern gegenüber sind sie recht liebevoll und anpassungsfähig.

Niemand hat je dem Zwergpinscher erklärt, warum er in der Gruppe Kleinhunde steht. Diese Hunde haben überhaupt kein Verhältnis, zu ihrer Größe, marschieren selbstbewußt durch die Gegend, geraten in Raufereien und fühlen sich so stark wie ein Dobermann.
BESITZER: Rose J. Radel.

WACHSTUMSPHASE

Der Zwergpinscher ist eine außergewöhnlich gesunde Kleinhunderasse, weitgehend frei von Entwicklungsstörungen. Eine mögliche Schwierigkeit ist das Auftreten von Spaltrachen, alle Welpen müssen darauf überprüft werden. Bei großen Würfen sollte man durch Zufütterung dafür sorgen, daß alle satt werden. Bis zum Alter von fünf Tagen werden die Ruten kupiert, Wolfskrallen entfernt. Ohrenkupieren ist in den meisten Ländern der Erde verboten. Da die Rasse teils natürliches Stehohr, teils Hängeohr zeigt, gibt es hierfür auch keinerlei vernünftigen Grund. Bei der Auswahl der Welpen sollte man auf munteres, aufgeschlossenes Wesen und festen Körper achten. In der Regel verändert sich die Welpenfarbe noch. Ein helles Rot dunkelt meist mit dem Alter nach, mahagonifarbene erwachsene Hunde werden meist nahezu schwarz geboren. Dies macht die Auswahl auf Farbe bei Welpen schwierig. Fehlerhafte Markierungen - einschließlich weiße Flecken und Daumenabdruck - werden im Ausstellungsring als ernsthafte Fehler betrachtet, hierauf sollte man achten. Kleine Markierungen verschwinden zuweilen, wenn die Fellfarbe ausreift.

Gutartigkeit und Aufgewecktheit der Mutter sind Anhaltspunkte, um das Wesen ihrer Welpen zu beurteilen. Zwergpinscher müssen konsequent und liebevoll erzogen werden, man sollte sie nicht verwöhnen, keinesfalls reizen oder ignorieren.

Schwarzlohfarbener Zwergpinscherwelpe, vier Wochen alt.

GESUNDHEIT

Aus gutem Grund wird der Zwergpinscher zuweilen der *King of the Toys* genannt. Ursächlich ist seine hohe Intelligenz, seine grenzenlosen Energien und sein furchtloses Wesen. Dies alles ist eine gute Grundlage für Gesundheit, insbesondere bei einer Kleinhunderasse. Krankheiten sind in der Rasse nicht häufig, kommen aber vor, darunter Legg-Perthes (eine Auflösung des Femurkopfes ohne Bakterieneinwirkung), PRA, Taubheit, Nierensteine und Pigmentmängel. Häufiger wird von Hauterkrankungen berichtet, darauf sollte der Käufer in den einzelnen Zuchtlinien achten, erforderlichenfalls in Abstimmung mit dem Tierarzt Präventivmaßnahmen ergreifen. Pigmentmangel bezieht sich meist auf Nasenspiegel, Krallen, Augenlider, kann im späteren Leben zu Hautproblemen führen. Aufgrund der Kleinheit und des überschäumenden Wesens dieser Hunde sind Verletzungen nicht selten. Zerrungen, gebrochene Glieder und Hautverletzungen treten häufig auf, es kommt auch zu Leistenbrüchen. Wichtig ist, daß dem Zwergpinscher immer sehr viel geistige Anregung und körperliche Aktivitäten ermöglicht werden. Dann sollten diese Hunde durchaus ein Durchschnittsalter von 12 Jahren erreichen.

Wenn Du einen ruhigen und gesetzten Schoßhund suchst, solltest Du diese Seite überschlagen! Zwergpinscher überlisten, überrennen und übertönen die meisten vornehmen Zwerghunde. Der Zwergpinscher sieht sich selbst als den *King of Toys*.
BESITZER: Marlene Dunbury.

Zwergpinscher

Zwergpudel

Beschreibung

Der Zwergpudel hat nach dem FCI-Standard eine Widerristhöhe von 28 bis 35 cm. Er ist größer als der Toy Pudel, kleiner als der Kleinpudel. Seine Augen sind dunkel und oval, nicht rund, nicht zu groß und herausragend. Die Ohren liegen dicht am Kopf, haben langes Leder, aber keine zu langen Fransen. Oberkopf mäßig gerundet mit leichtem, jedoch klarem Stop. Flache Backen, langer Fang, gerade und fein, mit leichter Meißelung unter den Augen. Der Fang darf nicht geschnürt wirken. Schultern schön zurückgelagert, nicht steil gewinkelt. Vorderläufe gerade und parallel, Pfoten ziemlich klein, oval, nicht flach (mangelhafte Ballen) oder gespreizt. Hinterläufe gerade, gute Kniewinkelung. Fell gelockt, in seiner Struktur natürlich hart und immer sehr dicht. Es ist heute sehr selten, aber zuweilen trifft man die Rasse auch mit engen gleichmäßigen Schnüren. Der Pudel kann in vier verschiedenen Schurarten aufgemacht werden, Puppy, English Saddle, Continental und Sporting. Pudelfarben sind immer gleichmäßig und einfarbig (wobei gewisse Schattierungen zulässig sind). FCI-Farben sind Schwarz, Weiß, Braun, Silber und Apricot. Mehrfarbige Pudel werden beim Wettbewerb disqualifiziert. Nase, Augenlider, Lefzen, Krallen und Augenfarbe sollten zur Fellfarbe passen.

Wird beim Pudel Perfektion erreicht, wirkt dies manchmal atemberaubend. Beim Auftritt im Ausstellungsring mit Pompons und großartiger Mähne hat der Zwergpudel wenig Wettbewerber.
BESITZER: Robert A. Koppel.

Was sind Pudelmenschen? Es sind völlig normale Hundemenschen, die aber Schwerstarbeit mit Scheren und Maschinen lieben. Nie brauchen sie zu niesen, weil Pudel keine Haare verlieren. Sie sind stolze, intelligente Halter der schönsten Hunde auf unserer Welt.
BESITZER: Judith Bray.

Anpassungsfähigkeit

Der Zwergpudel ist die populärste Pudelrasse, sie paßt sich fast allen Lebensstilen an. Der Zwergpudel ist die vollkommenste Verbindung guten Geschmacks - nicht zu sehr *Zwerg,* und nicht zu sehr *Toy*. Der Zwergpudel ist verspielt und - außergewöhnlich intelligent. Alle Pudel lieben es, erzogen zu werden, rivalisieren darum, ihrem Besitzer zu gefallen. Allerdings werden viele Pudel auch von ihren pflegebesessenen Besitzern verdorben. Dies ist schade, denn diese Hunde besitzen ein so natürliches, wunderbares Wesen. Sie lieben Menschen und andere Hunde, hören viel intensiver zu als irgendeine andere Hunderasse.

WACHSTUMSPHASE

Die Wurfgrößen liegen meist zwischen vier und acht Welpen, sie wiegen bei der Geburt 170 bis 200 Gramm. In der ersten Woche wird die Rute kupiert, es verbleiben etwas weniger als zwei Drittel der Originallänge. Es gibt Pudel in einer Vielzahl von Farben, dabei steht zu erwarten, daß sich das Welpenfell noch verändert. Das rassetypische Pudelfell wächst schnell, erreicht aber seine volle Schönheit erst einige Zeit nach dem ersten Lebensjahr. Sexuelle Reife tritt häufig auch erst mit einem Jahr ein. Bei der Welpenwahl ist Vorsicht angezeigt. Erkundige Dich sorgfältig über Gesundheit und Wesen, achte auf planmäßige Zucht. Mit der Fellpflege sollte man schon von früh an beginnen, den Hund daran gewöhnen. Dies hilft auch wesentlich, daß das Erwachsenenhaarkleid richtig gedeiht.

GESUNDHEIT

Die handliche Größe, hohe Intelligenz und die Freude an menschlicher Gesellschaft sind hervorzuheben. Allerdings ist der Pflegebedarf recht hoch, unabhängig vom modischen Stil braucht man in aller Regel den Fachmann, der den Hund pflegt. Die Bedeutung der sorgfältigen Auswahl muß hier nochmals unterstrichen werden, denn es gibt eine Reihe von Problemen in der Rasse, die aber unterschiedlich auftreten. Ohren, Augen und Hautprobleme sind verbreitet, auch Ohrinfektionen. Weiter berichtet wird von Distichiasis, Tränenkanalabnormitäten, Starerkrankungen, Rod-Cone-Degeneration (mit drei bis fünf Jahren) und PRA. Hinzu kommen Atopic Dermatitis, erbliche Sebaceous Adenitis und Seborrhea. Zu den ernsthaften Erkrankungen gehören von Willebrands Disease, Legg-Perthes, Nierensteine, Achondroplasie, Epilepsie und amaurotische Idiocy. Es gibt sie alle, sie sind aber nicht verbreitet. Der Käufer sollte auf möglichen Kryptorchismus achten, auf fehlende Zähne und falsche Kieferstellung. Vorsicht, von Pudeln wird eine gewisse Empfindlichkeit bei Tollwutschutzimpfung berichtet. Die meisten, wenn nicht alle bekannten Züchter führen in ihren Linien umfangreiche Gesundheitsüberprüfungen durch. Notwendige Informationen sollten für interessierte Käufer immer verfügbar sein. Die Hundebesitzer müssen über in der Linie liegenden erblichen Krankheiten Einiges wissen, viele lassen sich durch Bluttests, Augenprüfungen, Röntgen oder Hautbiopsie feststellen.

Das wichtigste - Pudel-Freunde sind recht wählerisch. Unter den populärsten Pudelarten gibt es endlose Wahlmöglichkeiten. Ein schlecht gezüchteter Zwergpudel verheißt Jahre kläffender und schnappender Enttäuschungen. Aus diesem Grunde solltest Du Deinen Zwergpudel keinesfalls verwöhnen, andernfalls ruinierst Du einen wunderbaren, aufmerksamen Lebensgefährten.
BESITZER: Maryann K. Howarth.

Zwergpudel

Zwergschnauzer

Der Zwergschnauzer wirkt in der Pfeffersalzfärbung besonders attraktiv, bereichert das Leben seines Besitzers mit viel Lebhaftigkeit und gutem Charakter.
BESITZER: Larry und Georgia Drivon.

Beschreibung

Der Zwergschnauzer ist ein sehr hübscher und harmonischer Hund, kräftig gebaut, muskulös, robust und aktiv. Ein Hund aus deutschen Landen, der gezüchtet wurde, um Ratten und Mäuse kurz zu halten. Sein Fell ist hart und drahtig, Farben rein Schwarz, Pfeffersalz und Schwarzsilber. Widerristhöhe 30 bis 35 cm, Körperform nahezu quadratisch. Kopf kräftig, lang gestreckt, der Fang endet in einem mäßig abgestumpften Keil. Die dunklen Augen sind oval, nach vorne gerichtet, Ohren hoch angesetzt, v-förmig getragen, nach vorne geklappt oder als kleines Stehohr aufrecht getragen. Der Kopf darf nie grob wirken, keine ausgeprägte Backenbildung. Scherengebiß, gut schliessend. Hals edel geschwungen, schön auf den Körper aufgesetzt, weder kurz noch dick. Rumpf mäßig breit. Vorderläufe gerade, kräftig bemuskelt, Ellenbogen liegen an. Hinterläufe schräg gestellt, kräftig bemuskelt, Knie und Sprunggelenke schön gewinkelt. Rute hoch angesetzt, auf etwa drei Wirbel kupiert, aufwärts getragen. Haarkleid rauh, drahtiges hartes Deckhaar, dichte Unterwolle. Typisches Rassemerkmal sind harrsche Bartbildung am Fang und buschige Brauen, welche die Augen leicht überschatten. Weiße Abzeichen auf Brust und an den Läufen außerordentlich unerwünscht.

Wie verfeinert und für Ausstellungen zurechtgemacht ein Schnauzer aussehen mag, von Hause aus ist er durch und durch ein Menschenhund, möchte mit Verstand und Freundlichkeit behandelt werden. Man muß den Schnauzer immer früh erziehen, um Eigenwilligkeit, Aggressivität gegen andere Hunde und Dominanzprobleme zu vermeiden.
BESITZER: Carol P. Beiles.

Anpassungsfähigkeit

Zwergschnauzer sind erstklassige Begleithunde, haben über ihr Leben mit dem Menschen recht zivilisierte Vorstellungen. Ihre Tauglichkeit für Alltagsaufgaben besteht unverändert, deshalb ist es gar nicht selten, einen Ausstellungssieger der Rasse beim tüchtigen Graben nach einem Maulwurf anzutreffen. Die meisten Rassevertreter könnten durchaus Einsatz für Gartenbau und Landschaftsgestaltung finden. Ein angenehmer Haushund, der sich in der Gesellschaft von Menschen sehr wohl fühlt, Fremden gegenüber aber durchaus zurückhaltend sein kann. Er liebt sein Fressen, nimmt es außerordentlich ernst. Man sollte darauf aufpassen, daß er dieser Leidenschaft nicht zu heftig frönt. Mit Kindern kommt er zurecht, wenn man Hunde und Kinder richtig miteinander vertraut macht, die Kinder den Hund nicht necken und plagen dürfen.

Wachstumsphase

Im allgemeinen haben Zwergschnauzer kleinere Würfe, drei bis fünf Welpen. Das Welpengewicht schwankt zwischen 120 und 240 Gramm. In der ersten Woche werden die Ruten kupiert, Wolfskrallen entfernt. Das Wachstum verläuft ziemlich gleichmäßig. Welpenkäufer sollten auf schönen Körperbau und munteres, aufgeschlossenes Wesen der Welpen achten. Die Farben unterliegen vielfältigen Veränderungen. Der Welpenkäufer muß davon ausgehen, daß bis zum Erwachsenenfell noch Farbveränderungen auftreten, insbesondere die Markierungen deutlicher werden.

Gesundheit

Ein gesunder Zwergschnauzer ist ein robuster, feiner Hund. Es sind aber eine Reihe ernsthafter Erkrankungen dieser Rasse bekannt. Hier sind Blasenprobleme und Nierenerkrankungen nachgewiesen. Zwergschnauzern sollte man keine Vitamin C-Präparate füttern. Eine ganz spezifische Follicular Dermatitis tritt so häufig auf, daß sie bereits den allgemeinen Namen *Schnauzer-Comedo-Syndrom* erhalten hat. Achalasie, ein Schaden in der Speiseröhre, wurde bei Welpen festgestellt, führt zu Fütterungsproblemen. Jugendliche Starerkrankungen befallen eine Reihe von Hunden. Weitere Augenprobleme sind Retinadegeneration, Kerato Konjunktivitis Sicca und PRA. Zu den Problemen im Fortpflanzungssystem gehört Pseudohermaphrodismus und Kryptorchismus. Beim Zwergschnauzer kommt es zu Fällen von Legg-Perthes-Erkrankung, metabolischem Leberschaden und der von Willebrand Disease. Alle diese Erkrankungen machen die richtige Auswahl des Zwergschnauzers außerordentlich wichtig. Die hierfür notwendige zusätzliche Zeit zahlt sich aus, wenn man dann einen hübschen und robusten, gesunden Hund im Haus hat. Schnauzer lieben und fordern Aktivität, sie brauchen dies für ihren wachen Verstand und für ihre körperliche Gesundheit. Der Pflegeaufwand ist besonders dann beträchtlich, wenn man bei seinem Hund die Fellpflege für einen Ausstellungshund betreibt. Man kann davon ausgehen, daß alle zwei bis drei Monate der Hund getrimmt werden muß, meist vom Fachmann. Scheren des Schnauzer-Fells würde die Fellstruktur zerstören.

Dieses Foto zeigt übertriebene amerikanische Friseurleistungen. Am besten achtet man bei der Welpenwahl darauf, daß der Züchter über Generationen seine Zuchthunde gesundheitlich überwacht. Schnauzer kann man überall finden. Um aber den richtigen zu kaufen, braucht man einige Geduld und fundiertes Wissen.
BESITZER: Geraldine Kelly.

Die Züchter kümmern sich nachhaltig um mögliche Augenerkrankungen in der Rasse. Gerade in jüngster Zeit wurde ein neues Problem entdeckt - *Hot Eye* - es befällt die Welpen, muß innerhalb der ersten zwei bis drei Tage behandelt werden, kann sonst bereits am fünften Tag zur völligen Erblindung führen.
Diese Krankheit bedarf eines Spezialisten.
BESITZER: Geraldine Kelly.

Zwergschnauzer

Rassenverzeichnis

Affenpinscher (186)	32	Cardigan Welsh Corgi (038)	114
Afghane (228)	34	Carlin (253)	248
Airedale Terrier (007)	36	Cavalier King Charles Spaniel (136)	116
Akita (255)	38	Chesapeake Bay Retriever (263)	118
Alaskan Malamute (243)	40	Chien de Saint Hubert (084)	88
American Bulldog (--)	42	Chihuahua (218)	120
American Cocker Spaniel (167)	44	Chinese Crested (288)	122
American Eskimo (--)	46	Chow Chow (205)	124
American Foxhound (303)	48	Clumber Spaniel (109)	126
American Pit Bull Terrier (--)	50	Collie (156 / 296)	128
American Staffordshire Terrier (286)	52	Congo Dog (043)	70
American Water Spaniel (301)	54	Curly Coated Retriever (110)	130
Anatolischer Hirtenhund (331)	56	Dachshund (148)	132
Australian Cattle Dog (287)	58	Dalmatiner (153)	134
Australian Kelpie (293)	60	Dandie Dinmont Terrier (168)	136
Australian Shepherd (--)	62	Deerhound (164)	138
Australian Silky Terrier (236)	64	Deutsch Drahthaar (098)	140
Australian Terrier (008)	66	Deutsch Kurzhaar (119)	142
Barzoi (193)	68	Deutsche Dogge (235)	144
Basenji (043)	70	Deutscher Schäferhund (166)	146
Basset Hound (163)	72	Dobermann (143)	148
Beagle (161)	74	Dogo Argentino (292)	150
Bearded Collie (271)	76	English Cocker Spaniel (005)	152
Bedlington Terrier (009)	78	English Foxhound (159)	154
Belgischer Schäferhund (015)	184	English Setter (002)	156
Berger de Brie (113)	100	English Springer Spaniel (125)	158
Berner Sennenhund (045)	80	English Toy Spaniel (128)	216
Bernhardiner (061)	82	Épagneul Breton (095)	160
Bichon Frisé (215)	84	Field Spaniel (123)	162
Black and Tan Coonhound (300)	86	Finnenspitz (049)	164
Black and Tan Terrier (071)	236	Flat Coated Retriever (121)	166
Bloodhound (084)	88	Fox Terrier Drahthaar (169)	168
Blue Heeler (287)	58	Fox Terrier Glatthaar (012)	170
Border Collie (297)	90	Französische Bulldogge (101)	172
Border Terrier (010)	92	Golden Retriever (111)	174
Boston Terrier (140)	94	Gordon Setter (006)	176
Bouvier des Flandres (191)	96	Great Dane (235)	144
Boxer (144)	98	Greyhound (158)	178
Briard (113)	100	Griffon Bruxellois (080)	180
Brittany (095)	160	Griffon d' Arrêt à Poil Dur (107)	182
Bulldog (149)	102	Groenendal (015)	184
Bullmastiff (157)	104	Großer Münsterländer (118)	186
Bull Terrier (011)	106	Großer Schweizer Sennenhund (058)	188
Cairn Terrier (004)	108	Harrier (295)	190
Canaan Dog (273)	110	Havaneser (250)	192
Cao de Agua (037)	112	Irish Red and White Setter (330)	194

* Für die Leser, die ausführliche Informationen über die Einzelrasse wünschen, wurden die Rassestandardnummern der FCI hinter den Rassennamen in Klammer gesetzt. Unter dieser Nummer ist die jeweilige Hunderasse bei der FCI registriert, kann man von den Hundezuchtvereinen den ausführlichen Rassestandard anfordern.
Um die Einzelrassen besser zu finden, sind sie dann in diesem Register mehrfach aufgeführt, wenn sie verbreitet auch unter einem anderen Namen kynologisch geführt werden.

Irish Setter (120)	*196*
Irish Terrier (139)	*198*
Irish Water Spaniel (124)	*200*
Irish Wolf Hound (160)	*202*
Italienisches Windspiel (200)	*204*
Jack Russell Terrier (339)	*206*
Japan Chin (206)	*208*
Japanischer Spitz (262)	*210*
Karabash Dog (331)	*56*
Keeshond (--)	*212*
Kerry Blue Terrier (003)	*214*
King Charles Spaniel (128)	*216*
Kleiner Münsterländer (102)	*186*
Komondor (053)	*218*
Korthals Griffon (107)	*182*
Kuvasz (054)	*220*
Labrador Retriever (122)	*222*
Laekenois (015)	*224*
Lakeland Terrier (070)	*226*
Lhasa Apso (227)	*228*
Löwchen (233)	*230*
Malinois (015)	*232*
Malteser (065)	*234*
Manchester Terrier (071)	*236*
Maremma (201)	*238*
Mastiff (264)	*240*
Mastino Napoletano (197)	*242*
Mexikanischer Nackthund (234)	*244*
Miniature Bull Terrier (011)	*246*
Mops (253)	*248*
Neapolitan Mastiff (197)	*242*
Neufundländer (050)	*250*
Norfolk Terrier (272)	*252*
Norwegischer Buhund (237)	*254*
Norwegischer Elchhund (242 / 268)	*256*
Norwich Terrier (072)	*258*
Old English Sheepdog (016)	*260*
Otterhound (294)	*262*
Papillon (077)	*264*
Parson Jack Russell Terrier (339)	*206*
Pekingese (207)	*266*
Pembroke Welsh Corgi (039)	*268*
Petit Basset Griffon Vendéen (067)	*270*
Petit Brabançon (082)	*180*
Pharaoh Hound (248)	*272*
Pinscher (184)	*274*
Podenco Ibicenco (089)	*276*
Pointer (001)	*278*
Polski Owczarek Nizinny (PON) (251)	*280*
Pomeranian (--)	*282*
Portuguese Water Dog (037)	*112*
Pudel (172)	*284*
Pug (253)	*248*
Puli (055)	*286*
Pyrenäen Berghund (137)	*288*
Rhodesian Ridgeback (146)	*290*
Riesenschnauzer (181)	*292*
Rottweiler (147)	*294*
Saluki (269)	*296*
Samoyede (212)	*298*
Schipperke (083)	*300*
Schnauzer (182)	*302*
Scottish Deerhound (164)	*138*
Scottish Terrier (073)	*304*
Sealyham Terrier (074)	*306*
Shar-Pei (309)	*308*
Shetland Sheepdog (088)	*310*
Shiba Inu (257)	*312*
Shih Tzu (208)	*314*
Siberian Husky (270)	*316*
Skye Terrier (075)	*318*
Soft Coated Wheaten Terrier (040)	*320*
Spinone Italiano (165)	*322*
St. Bernhard (061)	*82*
Staffordshire Bull Terrier (076)	*324*
Sussex Spaniel (262)	*326*
Swedish Vallhund (014)	*342*
Tazi (228)	*34*
Teckel (148)	*132*
Tervueren (015)	*328*
Tibet Dogge (230)	*330*
Tibet Spaniel (231)	*332*
Tibet Terrier (209)	*334*
Toy Fox Terrier (--)	*336*
Toy Manchester Terrier (013)	*338*
Toy Pudel (172)	*340*
Västgötaspets (014)	*342*
Vizsla (239 / 057)	*344*
Weimaraner (099)	*346*
Welsh Springer Spaniel (126)	*348*
Welsh Terrier (078)	*350*
West Highland White Terrier (085)	*352*
Whippet (162)	*354*
Xoloitzcuintli ((234)	*244*
Yorkshire Terrier (086)	*356*
Zwergpinscher (185)	*358*
Zwergpudel (172)	*360*
Zwergschnauzer (183)	*362*

Auf den Ball kommt es an!
BESITZER: Carolyn Krosinsky.

Wichtige kritische Anmerkungen zur deutschsprachigen Fassung

Warum dieses Buch?

Mit dieser Übersetzung präsentiert unser Verlag das dritte Lexikon über Hunderassen, das dem englischen Sprachraum entstammt. Die Erklärung hierfür ist ganz einfach: die Kosten eines so umfassenden Werkes, der Zeitaufwand der Autoren wie auch das Zusammentragen der richtigen Fotos sind so gewaltig, daß nur internationale Zusammenarbeit führender Verlage über die Sprachgrenzen hinaus es ermöglicht, zu günstigen Bedingungen dem Hundefreund solche Bücher anzubieten. Die Autoren dieses Buches hatten Zugriff auf etwa 300 verschiedene Hundebücher und das gesamte Archiv des größten Anbieters von Hundebüchern weltweit. Seit vielen Jahren arbeiten sie als verantwortliche Herausgeber mit den einzelnen Autoren dieses Verlages eng zusammen und vermochten dadurch, umfassendes Wissen über Hunde in ihrem Hundeführer zu erarbeiten.

Aber doch nicht jetzt, Liebling!
BESITZER: Cindy Sellitto.

Übertragungsprobleme für den deutschsprachigen Raum

Die Welt unserer Hunde umspannt heute alle Kontinente, ist eine Einheit! Trotzdem gibt es von Kontinent zu Kontinent eigene Standardinterpretationen, Standardformulierungen, eigene Rassen in bestimmten Ländern, die bei derartigen Übersetzungen sorgfältig berücksichtigt werden müssen. American Kennel Club (AKC), English Kennel Club (KC) und Fédération Cynologique Internationale (FCI) bemühen sich zwar um Übereinstimmung, es ist aber noch ein weiter Weg. Deshalb müssen bei derartigen Übertragungen eine Reihe von Änderungen und Ergänzungen vorgenommen werden, etwa bei unterschiedlich verlangten Größenmaßen, Fellfarben, Gruppenzugehörigkeit und vielen anderen. Es gibt keinen Menschen, der von sich behaupten könnte, daß er sich selbst das persönliche Wissen erarbeitet hätte, um diese Unterschiede bei 166 verschiedenen Hunderassen genau zu kennen. Ich möchte meinen Lesern versichern, alle Sorgfalt geübt zu haben, damit die einzelnen Rasseportraits auch in Übereinstimmung mit den Reglements der FCI stehen. Aber wer Fehler sucht, wird sie mit Sicherheit finden! Wichtig erschien mit auch, die USA-spezifischen Hunderassen zu kennzeichnen, die zwar hochinteressant, zur Stunde aber noch nicht von der FCI anerkannt sind. Dies bedeutet für den Hundekäufer, daß er sich beim Kauf nicht darauf verlassen kann, daß Welpen und Aufzuchtverhältnisse durch einen anerkannten Zuchtverein sorgfältig kontrolliert werden.

Du stehst mir in der Sonne!
BESITZER: Susan M. Carr.

Gesundheitsfragen

Dieser Hundeführer diskutiert mit mutiger Offenheit rassespezifische Aufzuchtprobleme und Hundekrankheiten - zum Wohle des Hundefreundes wie seines Vierbeiners. Es gibt zur Zeit eine völlig überzogen geführte öffentliche Diskussion über *Qualzuchten,* bei der mit *teutonischer Gründlichkeit* einmal wieder *der Hund mit dem Bade ausgeschüttet wird!* Ende des zwanzigsten Jahrhunderts haben wir keine einzige, von Krankheiten freie Hunderasse - bestimmt auch nicht nur gesunde Menschen! Wir alle zahlen *unseren Tribut an die Zivilisation!* Aber Totschweigen wäre genauso schädlich wie Panikmache1

Der mit der Kamera gefällt mir!
BESITZER: Deb Redder.

Zu fordern ist, Hunde weniger nach belanglosen, äußeren Schönheitsidealen zu züchten - die in vielen Rassen heute stark übertrieben und gekünstelt wirken. Zuchtziel des seriösen Züchters sollte immer in erster Linie *Gesundheit und belastbares Wesen* sein. Wenn sich das mit dem Schönheitsideal des Rassestandards verträgt - umso besser! Wenn nicht - muß der Standard angepaßt - darf keinesfalls die Gesundheit geopfert werden. Die bei den einzelnen Rassen aufgezeigten gesundheitlichen Probleme spiegeln amerikanische Verhältnisse - es besteht aber wenig Hoffnung, daß sie nicht beidseits des Atlantiks auftreten. Bewußt haben wir die englischen Begriffe übernommen, sie sind internationale Tierarztsprache. *Diese Krankheiten können auftreten - sind aber nicht die Regel!* Von Rasse zu Rasse haben sie unterschiedliche Gewichte! Für jeden Hundefreund ist aber wichtig, vom Auftreten dieser dieser Krankheiten zu wissen, beim eigenen Hund sorgfältig auf Frühwarnzeichen zu achten, im Zweifel einen guten Tierarzt hinzuzuziehen.

Was machen wir jetzt?
BESITZER: Stephen und Nancy Machinton.

Hallo! Keine Geheimnisse!
BESITZER: Susan Pinkus.

Stop! Mutter schaut schon herüber.
BESITZER: Wendy Archinal.

Und jedem unserer Leser wünsche ich von ganzem Herzen, daß sein Hund gesund, munter und fröhlich ist - ein hohes und schönes Alter erreicht!

Mürlenbach, im April 1997   Dr. Dieter Fleig

DAS BESONDERE HUNDEBUCH

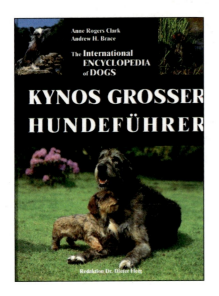

Anne Rogers Clark/Andrew H. Brace

KYNOS GROSSER HUNDEFÜHRER

The International Encyclopedia of Dogs
Redaktion: Dr. D. Fleig

496 Seiten Großformat, 450 Farbfotos,
DM 110,--

In Zusammenarbeit führender Verlage in USA, England und Deutschland erscheint dieses umfassende Werk. Mit herausragenden Profi-Fotos und fachkundigen Texten werden alle von der FCI, den Kennel Clubs in Amerika, England und Canada anerkannten Hunderassen ausführlich vorgestellt.

Ein Traumteam der besten Hundekenner der Welt führt den Leser durch populäre wie auch nahezu unbekannte, dafür umso faszinierendere Hunderassen. Auch Rassen, die noch nicht anerkannt sind, kynologisch aber Bedeutung haben, wurden voll aufgenommen.

Aber nicht nur äußere Formen und schöne Fotos zeigt dieser Führer, vor allem erfährt der Leser, ob die Rasse in ihrem Charakter, Bewegungsbedarf, Pflege und Haltungsanforderungen zu ihm paßt.

Diese Encyclopedia führt den richtigen Hund zum richtigen Hundefreund!

KYNOS VERLAG Dr. Dieter Fleig GmbH, Am Remelsbach 30, D-54570 Mürlenbach   Tel. 0 65 94/6 53 - Fax: 0 65 94/4 52